HENRI COUDREAU

CHEZ
NOS INDIENS

QUATRE ANNÉES

DANS LA GUYANE FRANÇAISE

(1887-1891)

OUVRAGE CONTENANT 98 GRAVURES ET 1 CARTE

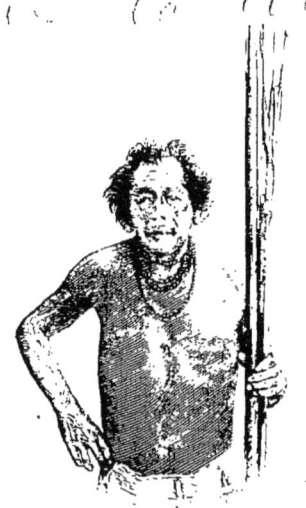

PARIS
LIBRAIRIE HACHETTE ET Cie
79, BOULEVARD SAINT-GERMAIN, 79

1895

CHEZ

NOS INDIENS

QUATRE ANNÉES

DANS LA GUYANE FRANÇAISE

(1887-1891)

24221. — PARIS, IMPRIMERIE LAHURE
9, rue de Fleurus, 9

HENRI COUDREAU

HENRI COUDREAU

CHEZ
NOS INDIENS

QUATRE ANNÉES

DANS LA GUYANE FRANÇAISE

(1887-1891)

OUVRAGE CONTENANT 98 GRAVURES ET 1 CARTE

PARIS
LIBRAIRIE HACHETTE ET CIE
79, BOULEVARD SAINT-GERMAIN, 79

1893

Droits de traduction et de reproduction réservés

A

M. CHARLES MAUNOIR

A

M. CH. GAUTHIOT

EN TÉMOIGNAGE DE PROFONDE GRATITUDE

Henri COUDREAU

PRÉFACE

Henri Coudreau est l'un des plus populaires entre les explorateurs contemporains. Toutes nos Sociétés de Géographie le connaissent et l'apprécient, et chaque fois que son nom est inscrit au programme de l'une d'elles, on est sûr de faire salle comble. C'est que ce causeur au geste animé, à l'œil qui brille, à la bouche un peu moqueuse, dit ses histoires d'outre-mer avec une verve rare, et qu'il excelle à combiner l'anecdote pittoresque aux récits scientifiques. Ses livres sont comme ses discours, pleins de renseignements intéressants et utiles, d'épisodes spirituellement détaillés, de vues originales et bien personnelles.

Henri Coudreau est né le 6 mai 1859 à Sonnac, Charente-Inférieure. Comme il est fort brun et fort vif, il s'amuse parfois à croire, — tel Richepin se disant Touranien, — qu'il se pourrait bien qu'il ait dans les veines quelques gouttes du sang de l'un des vaincus de Poitiers. Nous persistons à le croire de pure race de Gaule : il a bien plus de parenté avec Caillié et Champlain, ou même avec Pierre Loti, ses compatriotes Charentais, qu'avec le moins sémite des guerriers d'Abderame; et il a l'esprit trop net et trop probe, même dans ses plus étranges fantaisies philosophiques ou artistiques, pour que nous l'acceptions facilement comme fils de Sarrasin.

Tout enfant, Henri Coudreau voulait être marin; sa famille, peu romanesque, s'efforça d'en faire un notaire. Dégoûté bien vite des inventaires et des contrats, et de plus en plus porté vers les choses lointaines par un esprit curieux et agité, il entre à l'École de Cluny avec la pensée secrète d'atteindre, par le professorat, aux Missions scientifiques qui l'attirent. C'est la terre d'Afrique qui le séduit tout d'abord, et, pendant ses trois années de Cluny, il lui donne tous ses loisirs.

Une chaire d'histoire et de géographie lui est offerte à l'école professionnelle de Reims ; c'est l'année du Congrès de l'Association française, et le jeune professeur fait des communications sur Ouargla et le Sahara et tente, heureusement sans succès, de se faire admettre parmi les membres de la seconde expédition du colonel Flatters. On le nomme au lycée de Clermont-Ferrand, sous couleur de compensation ; il est bientôt fatigué de la monotonie d'une existence trop bien réglée, demande les Colonies et part pour Cayenne (1881).

La Guyane devient dès lors son champ d'exploration, et depuis douze années il est resté fidèle à cette *France équinoxiale*, qu'il a explorée en tous sens avec un courage et une persévérance admirables. Une première mission, obtenue du sous-secrétariat des Colonies, le conduit, de 1883 à 1885, à travers les Territoires Contestés (Counani, Mapa, Araguary), à l'Amazone, au Rio Negro, au Rio Branco et aux montagnes de la Lune. Le ministère de l'Instruction publique, aidé de quelques ressources fournies par l'administration des Colonies, l'envoie de 1887 à 1889 au Maroni, à l'Oyapok et aux Tumuc-Humac. Enfin, sous les auspices des mêmes administrations, il visite de 1889 à 1891, les hauts affluents de l'Oyapok et du Yari, et toute la Guyane centrale : Inini, Camopi, Approuague, etc.

Le *Pays de Ouargla* (1881) est le produit de ses premiers rêves de jeunesse ; les *Richesses de la Guyane Française* nous montrent, en 1883, l'emploi de son temps à Cayenne ; un gros ouvrage en deux volumes avec Atlas sur la *France Equinoxiale*, en 1887, et deux notices intitulées *Voyage au Rio Branco*, les *Français en Amazonie*, publiées à la même époque, renferment les résultats de la première mission. Les *Dialectes Indiens de Guyane* (1892) et le volume actuel sont les fruits du second et du troisième voyage. Qu'on ajoute à tout cela une *Carte de la Guyane Française jusqu'à l'Équateur*, au 625,000^e et une vingtaine de brochures sur le *Contesté Franco-Brésilien*, la *Haute Guyane*, les *Indiens de Guyane*, les *Caraïbes*, les *Tumuc-Humac*, les *Légendes des Tumuc-Humac*, le *Brésil nouveau*, l'*Émigration au Nouveau-Monde*, etc., etc., on se trouvera en présence d'une œuvre dénotant une activité peu commune de voyageur et d'écrivain.

Réveiller la vieille question du Territoire Contesté Franco-Brésilien et tenter de la résoudre au plus grand bénéfice de notre pays ; mettre en lumière les grands intérêts de la France en ces régions immenses du merveilleux bassin Amazonien ; réagir contre la mauvaise réputation de la Guyane, réputation fondée sur les souvenirs d'anciennes tentatives de colonisation, mal conduites et désastreuses ; démontrer l'acclimatement possible de la race blanche par le métissage avec les races indigènes ou acclimatées ; justifier enfin de leur renom de sauvagerie ces Indiens dont il est l'apôtre et avec lesquels il a vécu pendant sept longues années (qui lui paraissent brèves), — telles sont les tâches multiples que s'est imposées Henri Coudreau. Il a mis au service de ces diverses causes beaucoup de conscience scientifique, une grande indépendance d'esprit, et une forme littéraire que le public a déjà appréciée.

Je ne doute point du grand succès du nouvel ouvrage d'Henri Coudreau, dont j'ai pu, l'un des premiers, constater tout le mérite. Je le recommande tout particulièrement à ceux qui aiment à trouver dans un livre et la forme et le fond, et le fait et l'idée.

E. T. HAMY,
De l'Institut.

VILLAGE D'APATOU.

CHAPITRE PREMIER

PARIS-CAYENNE. — CAYENNE-APATOU. — APATOU SECONDE MANIÈRE. — POURQUOI APATOU N'A PAS ACCOMPAGNÉ CREVAUX DANS SON VOYAGE AU PILCOMAYO. — HISTOIRE DE LA TRIBU D'APATOU.

Chargé par le Ministre de l'Instruction publique et le Sous-Secrétaire d'État des Colonies d'une mission scientifique de deux années dans la Haute Guyane française, je m'embarque le 10 mai 1887 à Saint-Nazaire, à bord du paquebot *Amérique*.

J'emmène avec moi un jeune homme de vingt-deux ans, François Laveau.

Le 30 mai je revois Cayenne d'où j'étais parti en mai 1883 pour commencer ma grande exploration à travers les Guyanes et l'Amazonie.

Le gouverneur, M. Le Cardinal, m'accueille de la façon la plus cordiale et me remet une lettre pour chacun des deux grands fonctionnaires du Maroni, le commandant supérieur des établissements pénitentiaires, un blanc, et le grand-man des Bonis, un nègre. Le commandant supérieur doit me fournir hommes, vivres et canots, et le grand-man doit se mettre entièrement à mon service.

Je retrouve à Cayenne mon cénacle de jadis, alors que, professeur au collège, j'apprenais à la jeunesse cayennaise l'histoire, et à moi-même la patience. Mon ancien collègue, mon excellent ami Élie Peyrot, est maintenant Principal et officier d'académie. Mon fidèle Henry Richard est toujours là, l'injustice du sort le maintenant, en dépit, ou peut-être en raison de ses mérites supérieurs, dans son modeste bureau de receveur de l'enregistrement. Mon bon gros et toujours spirituel Gustave Leboucher est toujours une des gloires du barreau cayennais et une des lumières de la politique locale. Théodule Leblond, le petit-fils du plus illustre des voyageurs en Guyane, est actuellement président du Conseil général. J'ai le regret de ne pas rencontrer parmi ces messieurs l'ancien maire de Cayenne, mon vieil ami Achille Houry : le vaillant colon est allé faire un petit voyage en France; il y a trente ans qu'il n'y avait mis les pieds. Et Louis Hérard, et François Hérard. Et j'en passe.

La saison des pluies va durer encore pendant juin et juillet; comment utiliser ces deux mois? Cette époque de l'année est mauvaise : Laveau prend bientôt les fièvres, je le soigne en me réacclimatant et en mettant la dernière main à mes préparatifs.

Entre temps je réussis à fonder à Cayenne une section guyanaise de la Société de Géographie commerciale de Paris, section qui compte aujourd'hui une trentaine de membres.

Juin passe et les pluies continuent.

L'intérieur, en juillet, est on ne peut plus propice pour essayer un débutant. J'emmène Laveau remonter le Sinnamary jusqu'au confluent du Courcibo, à une quinzaine de lieues de l'embouchure. Je l'en ramène avec des fièvres copieuses, ainsi qu'il convenait. Je les lui coupe encore et le crois vacciné. Nous allons partir.

Mes instructions me disent d'étudier la chaîne des monts Tumuc-Humac et le pays compris entre le Haut Maroni et le Haut Oyapock. M. Le Cardinal m'a déjà déterminé à me rendre aux Tumuc-Humac par le Maroni; le Gouverneur tient à ce que je commence de ce côté afin que je le renseigne sur les affaires des placers du Contesté franco-hollandais.

Mais voici une nouvelle qui me fait désirer bien vivement d'arriver au plus vite au Maroni : Apatou, l'ancien compagnon de Crevaux, Apatou me fait écrire, du Bas Maroni où il habite maintenant, qu'il est disposé à m'accompagner.

Apatou, le fidèle Apatou, le fameux Apatou, l'illustre Apatou! précieuse acquisition, bonne aubaine. Et je vais répandant autour de moi la bonne nouvelle.

On essaye bien de me mettre en garde contre mon enthousiasme. M. Le

ITINÉRAIRE DE M. COUDREAU.

Cardinal me fait une foule de réserves à l'endroit de la fidélité et de la probité du célèbre Boni. N'importe, j'y vais de confiance. La légende a plus de force que l'histoire.

Le 8 août, le beau trois-mâts *Zante*, à bord duquel MM. Wacongne et Antier, les consignataires, avaient bien voulu m'accorder passage, le

Zante nous pousse, toutes voiles dehors, vers Saint-Laurent du Maroni, où nous touchons au bout de trente-six heures, quelques heures de plus que n'en met pour ce trajet l'aviso à vapeur de la colonie, le légendaire *Oyapock*, vieux bateau à roues qui périodiquement, et pour la quatrième fois depuis vingt ans, renaît de ses cendres sans en devenir meilleur.

J'avais retrouvé toute la France sur le pont de ce trois-mâts de la Basse-Loire, au milieu de ces matelots de Pornichet. Un bon souvenir, de loin, une bonne poignée de main à travers l'espace, à tous ces vaillants qui ne me liront point, au vieux capitaine, le père Lancau, et aux braves gens de son équipage. Si ma poche est jamais assez pleine, mes bons loups de mer, pour me permettre de voyager à mon plaisir, nous nous retrouverons un jour dans quelque mer lointaine et je vous régalerai encore à Batavia ou à Mascate !

Et voici maintenant que je tombe au milieu de l'Administration Pénitentiaire.

Ni hommes, ni vivres, ni canots. Le grand-man de l'endroit s'est esquivé dès qu'il m'a su au mouillage, et c'est son vice-recteur qu'il a chargé de me rire au nez.

« Monsieur, me dit Laveau, je cours de suite chez Apatou. Vous ne trouvez pas que tous ces gens-là, avec leur casaque ou avec leurs galons, offensent l'odorat autant les uns que les autres ?

— Laveau, mon ami, il n'est pas charitable à vous d'accabler ainsi des malheureux. »

Trois jours plus tard, à neuf heures du matin, j'étais occupé à faire du roucouyenne dans ma chambre quand j'entendis frapper à la porte de la véranda qui donne sur le jardin. Étant allé ouvrir, je vois, escortés de quatre grands nègres vêtus de colliers de cuivre, deux hommes, l'un, un blanc, pâle, maigre, aux yeux caves. Je ne tarde pas à reconnaître Laveau. Le pauvre garçon avait canoté tout le temps et me rapportait une tête de deux jours de fièvre et de deux nuits sans sommeil. L'autre était Apatou.

Apatou est un homme de cinquante ans, grisonnant, presque chauve, et d'une ossature massive. Il porte une moustache assez forte. Ses dents sont très blanches, ses yeux sont un peu jaunes, le regard est trouble par instants. L'expression est tantôt doucereuse et tantôt dure ; ce qui surnage en lui, c'est une expression de bonhomie pateline. Il a l'abord modeste, presque timide : il se revêt, pour se présenter, d'un faux air d'humilité. Il est coiffé d'un panama, chaussé de pantoufles à semelles de caoutchouc, et vêtu d'un pantalon de toile bleue et d'une chemise-veston en toile fine, blanche, à brandebourgs, avec de petits boutons de cuivre. C'est élégant pour un costume de voyage. Apatou est coquet. Je découvre même à l'instant qu'il sent, assez peu discrètement, l'horrible opopanax. Ce gaillard-là joue au jeune homme.

« Je suis ici, me dit-il, le serviteur de la Société de Géographie. Partons, mes Bonis, mes Youcas, mes Saramacas vont vous conduire à Cottica, où le grand-man des Bonis nous fournira des canots et des hommes pour pousser chez les Roucouyennes. Il vous faudra passer par les prix de la rivière qui ne sont pas doux, mais moi je ne serai pas exigeant. » Ceci dit en créole de Cayenne véritablement mauvais.

Il y a longtemps qu'il m'attendait, ajoute-t-il. Quand M. Le Cardinal vint chez lui en mars dernier passer un traité avec Anato, grand-man des Bonis, le gouverneur lui annonça ma prochaine arrivée.

Au chapitre de l'argent, je vois un homme intéressé, mais qui fait des manières. Il ne tient qu'à la gloire. Il abandonne de grands intérêts, car il gagne dix mille francs par an chez lui. Mais il veut « agrandir sa réputation ». Aussi ne me prendra-t-il que deux cents francs par mois. Toutefois, comme on ne sait qui meurt, qui vit, il ne serait pas fâché que je lui signe un engagement. Il veut avoir un « papier ». « Le *pampila*, voyez-vous, ça vaut mieux que tout. » Apatou est homme de précaution.

Le lendemain de mon arrivée chez lui, sous le pauvre prétexte d'aller chercher son rasoir qu'il avait oublié chez un de ses amis, il s'en va soumettre mon papier à ses conseillers ordinaires. De retour, il ne me montre point de rasoir, mais seulement un visage radieux : il sait maintenant que je ne l'ai pas trompé. Voilà une confiance qui m'honore.

J'ai un instant l'idée de remercier sur-le-champ ce sympathique personnage; mais dans ce Maroni, qui trouverai-je qui n'aura pas au moins autant de défauts que le fidèle Apatou sans avoir peut-être ses qualités ?

Il me faut d'ailleurs faire tout de suite cette confession qui sera mon excuse. Ne m'attendant pas à trouver chez ces néo-civilisés beaucoup de délicatesse ni de qualités morales, cela me met fort à l'aise, chaque fois que je vois ma théorie confirmée. Un de ces individus qui serait psychiquement mon égal me paraîtrait une pièce d'histoire naturelle tératologique.

Ce qui ne nous empêche pas, pour le moment, de mener ensemble joyeuse vie.

Dans la maison du fidèle Apatou, nous buvons, nous mangeons, nous festoyons. Tout le monde festoie avec nous. Ce sont mes provisions qui font les frais de la fête. C'est comme cela qu'Apatou aime à commencer et aimerait, je crois, à continuer ses voyages et à les terminer.

Le grand Boni rayonne. Majestueux, olympien, il pontifie. Laveau, qu'il commence à énerver fortement, interpelle un jour dans le vide et sans regarder personne :

« Dis donc, le *grand Français*, apporte-moi ma pipe[1] ! »

Apatou a bien compris que c'est de lui que l'on parle, et, sans se départir de la noblesse et de la solennité de son maintien, il apporte le calumet demandé.

Cependant Apatou, dans son village, pour qui ne veut pas le passer au crible, pour qui sait se contenter d'un coup d'œil superficiel, Apatou est réellement intéressant et fait assez grand effet. L'ancien compagnon de Crevaux est maintenant capitaine des Bonis du Bas Maroni. Les Bonis d'Apatou sont au nombre de cent cinquante environ, ce qui représente le quart de la peuplade. Apatou a été promu à ce grade de capitaine des Bonis du Bas Maroni par le gouverneur de la Guyane française. Le gouvernement colonial ne reconnaît pas les quatre autres capitaines des Bonis, mais seulement leur chef suprême, le grand-man Anato[2]. Apatou est donc, officiellement, le second personnage de sa tribu.

C'est fort honorable, mais c'est d'ailleurs tout ce qu'il mérite. Pourquoi faut-il que sa colossale vanité vienne à chaque instant nous indisposer contre lui ! Il ne parle qu'avec le plus parfait dédain de son titre de capitaine, qu'il estime fort au-dessous de ses mérites. Un homme comme Apatou était fait pour commander à tous les Bonis, à toutes les tribus nègres du Maroni, que sais-je encore ? à toute la Guyane, et si on lui avait appris à lire, il eût été un grand homme « dans tous les pays de la terre ».

A son retour de Paris en 1881, en laissant le docteur Crevaux avec qui il venait de passer trois années dans d'héroïques voyages, Apatou ayant vu la France, ses grandes villes, ayant assisté à mainte conférence dont il avait été le héros presque autant que Crevaux lui-même ; Apatou, honoré d'une médaille d'or de la Société de Géographie, d'une médaille d'honneur pour belles actions, décernée par le Ministre de l'Intérieur, ayant la pro-

---

1. Je prie le lecteur de ne pas perdre de vue que ceci a été écrit au Maroni en 1887.
2. Anato est mort à la fin de 1891.

messe d'une concession territoriale à titre de récompense nationale, promesse accomplie en 1885, Apatou, sentant qu'il était devenu trop grand personnage pour retourner vivre au milieu de ses frères encore sauvages, résolut de se fixer dans le Bas Maroni, à la portée des civilisés.

Il tomba sur un excellent point stratégique. Personne ne peut descendre ou monter le saut Hermina, le premier saut du Maroni, sans être vu par Apatou, dont le village est à un kilomètre environ au-dessous de la chute, à un étranglement du fleuve, qui n'a guère, en cet endroit, que 500 mètres de largeur. Il s'est constitué le portier du Maroni. Aussi le village est-il extrêmement fréquenté, on y compte parfois en même temps jusqu'à quinze canots et cent individus de passage.

En plus des anciennes tribus réfugiées, Bonis et Youcas, et de quelques Saramacas venus du haut du fleuve Surimam, à huit jours au-dessus de Paramaribo, il a rassemblé autour de lui une petite population de peu intéressants créoles de Cayenne, des jeunes, des vieux, vagabonds, fainéants, vauriens de toute espèce. Il utilise tout ce monde le mieux qu'il peut, étant, de sa nature, fort âpre au gain. En raison de cette Cour des Miracles qu'il a réunie pour l'exploiter, le malin nègre joue au patriarche, et, aussi bien pour les fonctionnaires de Saint-Laurent que pour son petit peuple, il est devenu *monsieur Apatou*. Cet appellatif de *monsieur* lui procure un bien plus grand plaisir que le titre de capitaine. On peut devenir capitaine et n'en rester pas moins un sauvage aux trois quarts nu. Mais quand on en est arrivé à être *monsieur*, eh! c'est que l'on est quelque chose de bien. Être devenu *monsieur Apatou*, c'est là le bâton de maréchal de France d'Apatou le sauvage. Au-dessus de cela il n'y a plus rien, c'est l'apothéose en pleine gloire.

C'est à peu près comme quand un de nos écrivains arrive à être promu « *grand chêne*, ou *vieux chêne* » par la critique. « Grand chêne à large ramure » ou même « avec des gazouillements d'oiseaux dans l'épaisse feuillée », ce qui est un galon de plus. Hugo a eu, longtemps avant de mourir, les honneurs du « *grand chêne* », et voici que cela commence pour M. Zola. Après cela il n'y a plus qu'à mourir, pour se faire oublier.

Le village d'Apatou, appelé différemment, et indifféremment, Hermina, Apatou, Saint-Bernard, commencé il y a cinq ans, en 1882, compte aujourd'hui, en 1887, vingt cases habitées et environ quatre-vingts habitants. Il est propre, bien tenu, au milieu d'un grand abatis[1] qui se

---

1. Abatis : défrichement, plantation.

voit de loin et s'étend le long du fleuve sur plus d'un kilomètre de longueur.

Le style des cases est le style général du Maroni des noirs réfugiés : de très petites maisonnettes basses couvertes en feuilles de palmier, quelquefois ouvertes aux deux extrémités, quelquefois fermées par deux petites portes de moins d'un mètre et demi de hauteur dans une cloison où parfois des grecques sont dessinées à jour avec plus ou moins d'art.

APATOU PRIMITIF.

Le mobilier ne se compose guère que des ustensiles de cuisine : quelques marmites, une vaisselle sommaire. Qu'on ajoute à cela des hamacs et leurs moustiquaires, quelques fusils, et l'inventaire est terminé.

Seule la maison d'Apatou est une construction créole, toute en bois, avec un plancher sur terre, une véranda donnant sur la rivière. Elle contient trois petites pièces : une salle à manger au centre et une chambre à coucher de chaque côté. Elle est couverte en *bardeaux*, ces tuiles plates en bois, qui flambent si bien (ainsi qu'ont pu le constater les Cayennais dans la nuit du 10 août 1888); elle possède, sous couleur de mobilier, un petit bric à brac à l'européenne. Apatou va faire agrandir sa maison, il lui donnera un étage, l'entourera d'une véranda sur les quatre côtés, et la clôturera d'une palissade enfermant une grande cour.

(Yaou, le plus jeune frère d'Apatou, s'est fait construire en 1888 une case créole plus grande que la case primitive de son frère. C'est pour cela qu'Apatou a, depuis, conçu le projet de faire des agrandissements.)

Seul dans son village, Apatou ne laisse jamais le costume européen et vit comme les noirs créoles, ayant chaises, fauteuils, table et couvert. Encore tout cela n'est-il guère que pour la représentation. L'ordinaire d'Apatou est celui du commun des Bonis : du riz et du poisson qu'il mange dans un bol avec ses doigts, couché dans son hamac. Mais qu'il lui arrive des blancs, il fera laver la table, il exhibera la nappe, le vin et le couvert, et il affirmera avec modestie que depuis son retour de France il prend tous les matins son chocolat et ne saurait manger autrement que les Parisiens. Ces Bonis sont un petit troupeau d'une vanité des plus amusantes, ils se croient *la grande nation* par excellence, et, comme Laveau l'a remarqué, Apatou, de bonne foi, joue parmi eux au *grand Français*.

Retour de France avec les quelques milliers de francs que lui avait donnés Crevaux, Apatou s'ingénia de tout pour devenir riche. Il fit d'abord du canotage. Il s'employa ensuite comme chasseur à la Société forestière de Sparouine, moyennant 150 francs par mois.

APATOU SECONDE MANIÈRE.

Là il s'associa, me dit-il, aux trafics clandestins de quelques employés.

Pendant ce temps il se faisait défricher un abatis pour vendre farine de manioc, ignames et tous les produits du sol. Il plantait canne à sucre, maïs, barbadines, ananas, acajous à pommes, papayers, avocatiers, goyaviers, citronniers, orangers, manguiers, pour vendre les fruits. Il élevait des volailles, des poules, des canards pour les vendre.

Il faisait défricher des abatis pour sa famille, sa mère, ses sœurs, ses frères, et il les leur cédait ensuite moyennant une redevance du tiers ou de la moitié des produits. Sa famille est fermière et non copropriétaire de sa concession. C'est pour cela qu'il a amené tout ce qu'il a pu : mère, sœurs, frères, beaux-frères, belles-sœurs, oncles, tantes, cousins, cousines, et les huit ou dix enfants de ses anciennes femmes. Plus il y en a, plus cela lui rapporte. Toutefois ses enfants, sauf deux petites filles, ne veulent pas rester avec lui. Je lui connais quatre ou cinq garçons de douze à vingt-cinq ans : pas un n'a pu rester à son village. Ils vivent auprès de leurs différentes mères, ou passent leur temps en canotages et en grandes pêches dans le Maroni.

Apatou n'est pas seulement producteur, il est hôtelier, marchand. Il loue ses carbets[1] un franc par jour aux placériens de passage qui établissent parfois chez lui des magasins de dépôt. Il tient table d'hôte à cinq francs par jour. Il achète de tout et vend de tout, des arcs, des hamacs, des chiens, du saindoux, de l'indienne, des fusils, des couteaux. Que ne vend-il pas !... Je lui ai vu vendre de l'iodure de potassium.

Tout cela ne suffisant pas à son insatiable avidité, il essaye d'exploiter l'or à son compte, il s'associe à des exploitations aurifères. Tout sauvage naît mercanti. Apatou comprit bientôt les affaires comme un vieux routier. Un honorable négociant de Cayenne, qui avait à se plaindre de lui, l'ayant un jour, à Cayenne, apostrophé en pleine rue d'une sanglante épithète, le fidèle Apatou lui fit cette réponse désarçonnante : « Monsieur, un homme bien élevé comme vous aurait dû attendre que je fusse chez lui pour me faire des reproches. Ce n'est pas bien de me faire ainsi du tort en public. » Niez après cela, la perfectionnabilité des nègres Bonis !

Toute la famille suivit ce beau mouvement de trafic forcené. La sœur Affini est arrivée belle première. Elle a aujourd'hui, dit-on, 8 000 francs, cachés dans la terre, en pièces de cinq francs, dans des bouteilles de bière hollandaise à large goulot, tirelire ordinaire des Bonis. Le frère Yaou, le frère Couami, la maman, doivent avoir chacun environ de 4 à 5 000 francs. Pour Apatou, en argent prêté à bon escient, argent enfoui dans les fameuses bouteilles, pépites et billets de Banque de Guyane serrés dans des cassettes au fond des tiroirs de son armoire, il pourrait réaliser plus de 40 000 francs.

Il n'est donc point étonnant qu'un tel personnage, si atrocement mercanti, me fasse payer non seulement sa gloire, mais encore sa situation nouvelle d'homme riche. Mais il me revaudra tout cela en services rendus.

Pour ce qui est des mœurs intimes du milieu, elles ne sont ni meilleures

---

1. Carbet : petit hangar à la sauvage.

ni plus mauvaises que les vieilles mœurs bonis. De ce côté il ne s'est pas produit la moindre tentative d'européanisation. Aussi, ces bonnes mœurs bonis, dans leur dévergondage candide, il est assez difficile de les rendre telles quelles dans notre chaste langue française. A défaut du latin il n'y a que le patois créole qui puisse y arriver.

« So maman qui vié coum ou voué là, li ka oulé marié enco. Apatou, so papa mouri, zot papas di zot pitits, gagné qui là, aut' qui mouri. »

Son frère Couami, qui s'est dessiné au rasoir, en plein crâne, une magnifique calvitie, vit avec ses deux femmes.

« So so Affini gagné quat pitit qué deu trois Saramacas. » La sœur Affini a la spécialité des Saramacas, elle en est à son troisième.

La belle Ayouba de Crevaux (la pauvre fille est laide comme le péché) donne aussi dans les Saramacas. Toutefois les deux sœurs, pratiquant volontiers l'éclectisme, s'en vont parfois jusqu'à Saint-Laurent faire des tournées pour voir si elles ne trouveront pas plus heureuse fortune qu'au village fraternel.

C'est un sujet d'Apatou, un nègre africain appelé Gouacou, qui me donne ces renseignements sur la smala du « grand Français ».

Et tout ce peuple, qui a de l'argent plein de grosses bouteilles, vit sans chemise, sans pantalon ni jupe. Un chiffon entre les jambes ou une camisa autour des reins, c'est plus économique. Car c'est par économie qu'ils ne s'habillent pas. Un peu de riz, de calalou, de poisson, et la gent ferme ses portes et chacun dévore en se cachant du voisin. Et quand ce grouillement sera sorti, vous allez voir le génie mendiant de cette Cour des Miracles! L'un vous demandera des chemises, l'autre une jupe, celle-ci une pipe, celle-là du tafia.

Il est triste de constater que le premier vice que le sauvage nous emprunte en se civilisant, c'est l'avarice. Et ce n'est pas seulement chez le nègre qui s'est élevé péniblement au-dessus de sa situation première, comme Apatou, qu'il est donné de voir ce phénomène se manifester; je l'ai constaté chez des primitifs chauffés à blanc dans nos grandes écoles, privilégiés arrivés par hasard, grâce aux faveurs qui leur sont faites aujourd'hui dans nos provinces exotiques, à de hautes situations administratives. Et cela m'a toujours paru tout particulièrement révoltant. Qu'un de ces parvenus des races rachetées, sorti, si vous voulez, de l'École polytechnique — cela m'est égal — devienne mon supérieur hiérarchique, c'est déjà assez sévère, mais qu'il se permette d'être d'une avarice à faire rougir une douzaine d'usuriers, cela me donne de singulières idées de notre fraternité française si hypocrite chez nous et si niaise au delà des mers.

Mais tout cela n'est point pour Apatou, qui, au fond, malgré tous ses défauts, est assez bon diable. Toutefois le bon apôtre, qui se fait de la réclame avec sa famille qu'il protège, dit-il, mais qu'en réalité il exploite, devrait bien apprendre un peu aux siens à perdre, même dans l'intimité, ces allures de fauve affamé qui dévore sa pitance dans sa cage fermée en roulant des yeux et en poussant des grognements à travers les barreaux. Mais est-ce que cela s'improvise?

Cependant voyez le village un jour de fête, fraternitaire qui passez : tout le monde habillé, tout le monde ayant laissé le patois boni pour le créole de Cayenne; du tafia, du vin, de la bière sur la table; tout le monde étant un peu ivre, tout le monde veut vous faire manger, boire et danser. Pourquoi ne votent-ils pas, demanderez-vous, pourquoi ne nous envoient-ils pas un député?

Un jour, Apatou me déclare que s'il était député des Bonis en France, « *li qua fai grand zaffai* ».

« Oui, mais en attendant, partons. J'ai hâte de fuir dans les déserts.

— *Dimain nous qua pati.*

— Demain seulement? Très bien. Alors, avant que nous partions, tu vas me conter une histoire : pourquoi n'as-tu pas accompagné Crevaux dans le voyage où il a été tué? »

Ainsi pris à l'improviste, notre homme bougonne, roule des yeux obscurs, tousse, crache. Il s'apprête à m'arranger une fable.

Tout à coup, solennel comme un oracle qui va parler :

« Allons nous asseoir sous l'allée de barbadines, je vous conterai cela. »

Cette allée de barbadines est historique. C'est là qu'a été conclu, en mars dernier, entre M. Le Cardinal, gouverneur de la Guyane française, et Anato, grand-man des Bonis, un traité relatif à l'exploitation des gisements aurifères du Contesté de l'Aoua.

Apatou, après m'avoir très longuement et très minutieusement entretenu de certaine affaire matrimoniale dont l'échec détermina, dit-il, Crevaux à poursuivre la carrière des voyages, Apatou achève ainsi :

« Eh bien, *puisqu'on ne veut pas*, me dit M. Crevaux, je vais faire un
« voyage, un grand voyage. Mais auparavant je vais me reposer pendant
« quelques mois encore. Va voir ta famille, n'achète rien ici avant de par-
« tir : au retour de notre grand voyage, je te meublerai comme il faut. »

« Il me paya mes trois ans et me dit : « Je t'écrirai deux ou trois cour-

« riers à l'avance. *Tu viendras me rejoindre à la Martinique.* Au revoir,
« Apatou, à bientôt. »

« Je n'étais pas dans mon village depuis quatre mois qu'on me remet une lettre de M. Crevaux. Quelle joie, c'est pour partir! Non. M. Crevaux me dit qu'il est parti, je ne puis même pas aller le rejoindre, il doit être déjà à la Plata. Il m'envoie mille francs comme souvenir de lui et me recommande à un monsieur, directeur de la Société forestière de Sparouine. Je suis congédié.

« Quelques mois après, un de mes amis passant dans son canot devant ma maison me jette négligemment, sans même s'arrêter, comme s'il se fût agi pour moi de la chose la plus indifférente du monde, cette nouvelle : « Tu sais, Apatou, Crevaux vient d'être tué ». Je tressaillis, j'eus comme un éblouissement, je cherchai instinctivement mon fusil pour tirer je ne sais pas sur qui. C'était donc pour que je ne l'empêche pas de se faire tuer qu'il n'avait pas voulu m'emmener avec lui? C'était donc l'adieu de l'ami qui va à la mort qu'il m'envoyait avec ses mille francs?

— Mais pourtant, Apatou, Crevaux, qui était si soigneux de la santé et de la vie de ses compagnons, aurait-il voulu sacrifier ainsi, de gaieté de cœur, l'existence de son escorte avec la sienne, se faire une réclame *post mortem* de ces vingt cadavres entourant le sien?

— Bien sûr que je ne l'ai pas connu ainsi! il a toujours été pour nous la générosité même, le sacrifice en personne. Il vidait ses poches dans les nôtres! Il aimait à s'imposer les plus rudes corvées : oh! c'était un bon chef. Je ne m'explique pas pourquoi il m'a abandonné. On m'a raconté sa mort, je ne m'explique pas qu'il se soit fait tuer dans une telle passe. Je sais seulement une chose, c'est que dans les derniers temps que j'ai passés avec lui en France, la violence de sa passion commençait à lui chavirer la tête. »

Telle est la version d'Apatou. Je n'y crois pas. Ce récit sent trop l'huile. Voici probablement ce qui se sera passé.

Ou bien Apatou aura reçu mille francs pour rejoindre Crevaux au Brésil et aura gardé les mille francs sans bouger de place, — ce qui est admissible, puisque dès le second voyage il ne voulait plus l'accompagner;

Ou bien Crevaux, après s'être fait de la réclame avec son nègre, après l'avoir exhibé partout, se sera lassé à la fin de la rapacité et de la suffisance de son sauvage devenu de plus en plus insupportable au contact de la civilisation. Par amour-propre, il n'aura pas voulu dire son fait à ce compagnon devenu intolérable, mais qui avait pourtant, pendant trois ans, partagé ses fatigues et ses privations. Il s'en sera débarrassé en l'envoyant l'attendre sous l'orme en Guyane, pendant que lui-même prenait tranquillement le chemin de la Plata. Ne lui avait-il pas indiqué *la Martinique* comme point de ralliement, comme si le paquebot du Brésil passait par là? Et il lui aura envoyé mille francs pour souligner cette rupture en douceur, exactement comme on en use avec la belle adorée dont on ne veut plus entendre parler.

« Vraiment, Apatou, vraiment! Mais partons donc! »

Les préparatifs de voyage sont longs chez ces Bonis. C'est toujours demain que nous partons. Et puis ce sera encore demain. Et j'en suis toujours à la préface.

Aussi bien, puisque nous sommes dans les longueurs, pouvons-nous nous y attarder encore un peu. Je voudrais, pour rendre plus intelligible le récit qui va suivre, dire ce que sont et d'où viennent ces nègres Bonis, dont le fleuve Maroni, que nous allons remonter jusqu'aux sources, raconte les exploits, depuis la mer jusqu'aux Tumuc-Humac.

Les nègres Bonis, de même que les nègres de la Moyenne Guyane, Youcas, Saramacas, etc., descendent d'esclaves de la colonie hollandaise de Surinam, réfugiés dans les forêts au siècle dernier.

La cause principale, pour ne pas dire unique, de la fuite dans les bois des esclaves de Surinam fut l'extrême cruauté des planteurs et des commandeurs.

A partir de 1726, de nombreuses bandes d'esclaves marrons s'organisèrent dans l'intérieur. Plus les planteurs se montraient féroces contre ceux qu'ils reprenaient, plus les évasions se multipliaient.

On eut bientôt affaire à des forces redoutables et, dès 1751, on dut renforcer de 600 soldats d'Europe l'effectif militaire de Surinam.

En 1761, on fut obligé de traiter, à la plantation d'Auca, avec une bande nombreuse qui depuis devint la tribu des *Aucas* ou *Youcas*.

En 1762, on traita avec une nouvelle bande, celle des *Saramacas*.

Les Aucas et les Saramacas laissaient des otages à Paramaribo, et recevaient des cadeaux annuels en fusils, poudre, camisas et diverses autres marchandises.

Un Hollandais de la métropole était envoyé comme résident au milieu de chaque tribu. Les Aucas étaient alors environ 8 000 et les Saramacas 12 000.

On pouvait croire la colonie pacifiée quand, en 1772, de nouvelles bandes d'esclaves marrons entrèrent en campagne. Ces bandes commencèrent par un affreux ravage des plantations de la rivière de Cottica. En peu de mois elles arrivèrent aux portes de Paramaribo. Ces bandes, au début, servaient sous différents chefs nègres indépendants les uns des autres et agissant chacun à leur corps défendant; mais, peu à peu, elles se placèrent toutes sous la conduite d'un chef unique, le mulâtre Boni, qui a donné son nom à la tribu.

Comme l'existence même de la colonie était menacée, on dut appeler d'Europe un corps expéditionnaire spécial qui, sous la conduite du colonel suisse Fourgeoud, opéra contre les bandes de Boni de février 1773 à février 1777, avec 1 200 soldats d'Europe et un corps de 300 créoles.

Boni et ses lieutenants furent successivement chassés des criques Cottica, Comewine, Cormontibo, Ouana, Paramaca, et de la rive gauche du Maroni. Boni, passant le fleuve, s'établit sur la rive française, à l'endroit appelé depuis Boni Doro. Fourgeoud, pour défendre le Maroni, créa, rive hollandaise, un peu en aval de Boni Doro, et presque en face du village actuel d'Apatou, le poste militaire de Vrydenbourg.

La lutte avait été meurtrière. Cette guerre de quatre ans avait coûté à Fourgeoud 1 100 soldats d'Europe, 3 colonels, 1 major, plusieurs officiers. Presque tous ses soldats créoles avaient été tués, car Boni s'acharnait tout particulièrement contre eux : « Vous êtes des traîtres, leur disait-il, des lâches qui vous battez contre vos frères ; je serai sans pitié pour vous. Pour les soldats d'Europe, ce ne sont que de malheureux esclaves blancs qui se battent contre n'importe qui, pour quatre sous par jour ». Fourgeoud avait détruit successivement aux Bonis 21 villages et 200 habitations, mais ils s'étaient reformés sur la rive française du Maroni.

Fourgeoud rentra en Hollande pour y mourir, en cette même année 1777. L'officier commandant le poste de Vrydenbourg n'avait plus, toute la colonie étant pacifiée, qu'à surveiller Boni installé à Boni Doro.

Si Boni se fût tenu tranquille sur la rive française du Maroni, nul n'eût pu l'inquiéter. Mais, de tempérament batailleur, il passait le fleuve et faisait de fréquentes incursions au milieu des plantations hollandaises, qu'il ravageait. Loin d'accepter la paix et d'en jouir en liberté comme les Youcas et les Saramacas, il ne voulait que la guerre. Le gouvernement français, absorbé par la Révolution, dut laisser le gouvernement hollandais poursuivre sur notre territoire cette espèce de chef de bandits.

Cette espèce de chef de bandits était, en somme, un héros. Et c'étaient des vaillants, ces braves nègres insurgés qui vingt ans durant l'accompagnèrent, jusqu'au jour où il tomba, victime de la trahison de ses frères, des insurgés noirs comme lui.

Ils allaient! On brûlait leurs villages, on détruisait leurs plantations. Ils allaient toujours plus loin, devant eux, portant dans leur cœur la sombre et grandiose devise de toutes les plèbes révoltées : Terre et liberté !

Et c'est pour cela que nous allons retrouver Boni et ses hommes partout sur notre route, toujours plantant, toujours bataillant contre les officiers de Surinam, jusque dans l'Aoua, et jusque dans la rivière Marouini, en vue des Tumuc-Humac.

FEMME BONIE VÊTUE.

PIROGUES INDIENNES.

CHAPITRE II

EN ROUTE. — MON CUISINIER GOUACOU. — HISTOIRE D'UN PLACER. — LE SAUT HERMINA. — LE MARONI EST UN FLEUVE NOIR. — LE « BERIBERI ». — LES PARAMACAS. — PRISE DE BONI DORO. — NASSON. — PREMIER NAUFRAGE. — LES PREMIERS TOUCAS. — LES GRANDS SAUTS DU MARONI. — POLIGOUDOUX ET LES POLIGOUDOUX. — LE CONTESTÉ FRANCO-HOLLANDAIS.

Août-septembre 1887. — Le capitaine Apatou fait à sa famille des adieux solennels qui me font penser à Agamemnon partant pour la guerre de Troie.

Mes colis sont embarqués, c'est maintenant au tour des siens. Qu'emporte-t-il dans ces volumineux pagaras[1]? Des cadeaux qu'il envoie, me dit-il, à la belle Dilobi, au long cou, sa nouvelle femme, qui habite le Tapanahoni. Ce sont sans doute des pacotilles, selon la mauvaise habitude qu'il en a, habitude qui a failli, par deux fois, le faire congédier par Crevaux.

Je commande à trois hommes, un de moins que si j'étais caporal. J'ai Laveau, mon intendant, Apatou, mon patron, et Gouacou, mon cuisinier.

1. Pagara : panier indigène à couvercle.

Laveau est parti de France plein d'ardeur. Il était employé à la pension de famille où je vivais : il a fait tant et si bien qu'il m'a déterminé à l'emmener. Laveau est Mâconnais d'origine, mais depuis sept ans il vivait à Paris, s'utilisant tantôt ici, tantôt là, dans le Paris qui va du quartier Malesherbes à Passy. Le climat moins aristocratique des forêts de Guyane a déjà commencé à l'éprouver sévèrement. Son adaptation à ce nouveau milieu ne se fera point, je le crains, sans de cruelles secousses.

Le vieux Gouacou était un des ilotes d'Apatou, qui m'en a fait faire la précieuse emplette au prix de soixante-quinze francs par mois. Quand Gouacou débuta dans la carrière des voyages, il y a environ quarante-cinq ans, au beau pays Bagou, en terre d'Afrique, il fut payé vingt-cinq francs, mais pour toute la vie, par un négrier de ce temps-là qui narguait le droit de visite. Le jeune homme, qui montrait déjà les plus belles dispositions, réussit à s'évader, en rade, de la cale du négrier, et à se faire accepter comme homme de peine à bord d'un autre trois-mâts moins réactionnaire qui faisait voile vers la Guyane. L'émigrant avait alors un nom africain, qu'il a oublié pour le moment. A Cayenne on l'a doté de celui de Grégoire, qu'Apatou a *bonisé* en Gouacou.

Depuis ces quelque quarante-cinq ans qu'il est en Guyane, Gouacou a perdu ses habitudes d'anthropophagie; mais, dans le milieu créole et placérien, il a affiné ses qualités natives : il est vaniteux, superstitieux, peureux, hâbleur, menteur, voleur, comme il n'est pas permis à un Bagou de l'être. De plus il est sorcier. Dire qu'il est très fainéant serait un pléonasme. Il respire la fausseté et tous les vices les plus bas. Il est impossible de ne pas être frappé, en le voyant, de la parfaite égalité qui est susceptible d'exister entre les différents hommes. Je l'emporte. Ce sera mon porte-bonheur. Et puis, il faudra toujours bien qu'il fasse la cuisine.

Apatou, en me le présentant, ne manque pas, avec sa loyauté et sa prudence ordinaires, d'adoucir quelque peu les couleurs. « C'est une bonne bête, me dit-il, un nègre de confiance. » Or, six mois auparavant, mon Apatou venait de débaucher ledit Gouacou à un chercheur d'or, qui en fut pour le montant de ses avances. Apatou comptait utiliser l'individu à faire des prospections aurifères dans son domaine. Mais, en six mois, le vaillant Bagou ne fit que deux trous de prospection, travail de six heures pour un bon ouvrier. Il est vrai qu'il en fit plusieurs dans les barils de riz et de morue laissés aux carbets de dépôt du village. Ces deux Arcadiens n'en sont pas moins restés bons amis : « deviner l'or », « amarrer l'or[1] ».

---

1. Amarrer l'or : empêcher qu'on découvre l'or là où il se trouve.

et donner « toutes piayes[1] », cela a une grande influence sur l'esprit de notre bi-médaillé. Et peut-être est-ce de bonne foi que celui-ci me l'a recommandé comme un homme utile et « moun di raison ».

J'ai trois canots. Je monte le plus petit, conduit par Apatou et l'un de ses fils, le jeune Coffi, garçon de dix-huit à vingt ans. Un autre est monté par deux Youcas. Le troisième, où Laveau et Gouacou ont pris place, porte la plus grande partie de mes marchandises. Il est monté par deux inoubliables Saramacas, un saint et un colosse. Le saint, appelé Amombé, a l'air d'un ange; il lit et chante toute la journée des cantiques en créole de Surinam. Le colosse, un grand escogriffe très maigre et très fort dont je n'ai jamais su le nom, geint, hurle, grimace et se contorsionne toute la journée, à se faire prendre pour un mangeur de lapins crus en foire. Ce saint et ce cannibale devaient me naufrager mon grand canot. Il est vrai que six mois après ils noyaient, au saut Balonsine, près de Poligoudoux, un créole de Cayenne appelé Agneau.

« Apatou, il faut me raconter toutes les histoires que tu connais se rattachant aux sauts, aux criques, aux îles de la rivière. Tiens, voici une pipe, bourre, allume et commence. »

Mon patron avec pudeur :

« Je n'aime pas beaucoup la pipe, il n'y a pas longtemps que j'ai cette mauvaise habitude, je suis un fumeur de cigares. Aussi cela me fait-il de la peine de voir ma mère et mes sœurs fumer le brûle-gueule du matin au soir sans désemparer.

« Eh bien, je vais vous conter l'histoire de ce placer dont vous voyez le dégrad[2] sur la rive hollandaise, en face de mon village. C'est le placer Sacoura. *Sacoura* est un mot galibi qui désigne une espèce de cachiri que les Roucouyennes appellent *chacola*. Le placer Sacoura appartient à un gros marchand wurtembergeois appelé Martine Duttenhofer, lequel est en train d'accaparer, à Saint-Laurent et à Albina, tout le commerce du Bas Maroni.

« Un jour, un Galibi vend un hocco à Martine. Martine trouve dans l'estomac de l'oiseau une petite pépite.

« — Où as-tu tué le hocco que tu m'as vendu? » demande, quelque temps après, Martine à l'Indien.

« — Je ne sais pas. Qu'est-ce que cela te fait? Je te l'ai apporté, tu
« me l'as payé, tu l'as trouvé bon, que te faut-il de plus?

---

[1]. Piaye : sorcier, remède de sorcier.
[2]. Dégrad : point d'atterrissage.

« — C'est que je voudrais aller voir si je trouverais des hoccos, moi aussi, là où tu as tué celui-ci.

« — Il y a des hoccos partout.

« — Il n'y a pas de crique en cet endroit?

« — Il y a des criques partout. »

« Duttenhofer prend patience. Quelque temps après, le Galibi, qui avait grande envie de tafia, revient voir le Wurtembergeois.

« — Donne-moi deux litres de tafia, nous irons chasser ensemble, peut-être retrouverai-je l'endroit où j'ai tué le hocco. »

« Ils vont par le Grand Bois.

« — C'est ici », dit le Galibi, en arrivant sur le bord d'un ruisseau. »

Deux mois après, le placer fonctionnait.

Admirez donc, après cela, les gens qui font fortune!

Une demi-heure après être partis du village d'Apatou, nous arrivons au saut Hermina.

Hermina vient du mot galibi *arimina* qui signifie gymnote. Le saut Hermina est le premier des quatre-vingt-huit sauts que l'on rencontre quand on se rend aux Tumuc-Humac par le Maroni, l'Aoua et l'Itany; le premier des cent cinquante-sept passages dangereux, sauts, rapides, courants, défilés, qu'il faut franchir dans cette voie périlleuse.

Quelques mots sur la distribution de ces sauts éclaireront notre marche.

Dans le Maroni, au-dessus d'Hermina, un grand parcours libre se présente jusqu'à l'extrémité septentrionale de la chaîne de la Montagne Française. Alors commencent les grands sauts. Sur un parcours restreint, de moins de 40 kilomètres, de l'extrémité nord de la Montagne Française au confluent du Tapanahoni et de l'Aoua, ils s'étendent presque ininterrompus. Ils sont occasionnés par les cordons rocheux qui relient latéralement la Montagne Française aux prolongements méridionaux de la chaîne des Paramacas.

Les sauts de l'Aoua présentent deux groupes. A la hauteur de la montagne de Cottica, sur moins de 20 kilomètres de parcours, on en rencontre plusieurs fort dangereux. Le second groupe se trouve immédiatement au-dessous du confluent de l'Itany et du Marouini : plusieurs grands sauts y sont espacés sur moins de 10 kilomètres.

Dans l'Itany, ces grands sauts en aval du confluent du Marouini et de l'Itany se continuent encore en amont pendant environ 5 kilomètres. La Moyenne Itany ne compte qu'un petit nombre de sauts et la Haute Itany en est complètement libre.

Les premiers rapides du saut Hermina ne présentent aucun danger. Entre ces premiers rapides et le saut se trouve l'ilot du Cramanioc (Chuiti Cassaba Tabiki). On me montre dans cet îlot un arbre sur le tronc duquel le lieutenant de vaisseau Vidal, président de la Commission franco-hollandaise d'exploration du Maroni, écrivit, en 1861, avec la pointe de son couteau, son nom, lisible encore aujourd'hui.

Je n'ai jamais compris cette tendance, pourtant si générale, de laisser de soi, partout où l'on passe, un souvenir matériel aussi ineffaçable que possible. On peut me suivre sur les bancs du collège, sur ceux de l'École, dans mes chambres d'hôtel et dans tous mes itinéraires, on ne trouvera pas une seule fois mes initiales. Ne vaut-il pas mieux se faire petit pour passer dans la vie, alléger sa charge, ne rien laisser de soi sur la route, brûler périodiquement les papiers, les souvenirs? Il serait même souverainement agréable de pouvoir oublier à son gré certains côtés de son existence, mais la mémoire nous poursuit, parfois avec ses reproches, souvent avec ses dégoûts, toujours avec ses regrets, et l'ennui sans cesse accru des ans.

Nous passons Hermina sans encombre. L'été, le saut n'est pas dangereux, mais, l'hiver, il faut transporter les bagages par la rive française où un mauvais sentier a été tracé à cet effet.

C'est en face de la grande chute, rive hollandaise, que se trouvait le poste de Vrydenbourg établi à la suite des luttes de Fourgeoud contre Boni, pour protéger les plantations de la route de Paramaribo contre les incursions du redoutable révolté.

Au-dessus d'Hermina les noms géographiques du Maroni et de la plupart de ses affluents sont en créole de Surinam, langue des Bonis et des Youcas. Le Maroni est un fleuve noir. Là où les Bonis n'habitent plus aujourd'hui, là où ils n'ont jamais habité, aussi bien que dans leur domaine actuel, ils ont partout, étant grands voyageurs de leur nature, laissé des traces de leur passage en donnant des noms de leur langue, noms qui prévaudront sans doute longtemps, aux accidents géographiques qu'ils ont rencontrés.

Cet exode du vieux chef, l' « ancêtre », comme ils l'appellent aujourd'hui : *Tata Boni*, cet exode des portes de Paramaribo aux Tumuc-Humac, toujours bataillant, toujours construisant des villages et toujours travaillant, pendant vingt années consécutives, de 1772 à 1792, cet étrange exode ne cesse point d'offrir une véritable grandeur.

« Après Napoléon, le plus grand homme qui ait jamais existé sur la terre, dit emphatiquement Apatou, c'est Boni. »

Voici Féti Tabiki (l'île de la bataille), évoquant un premier souvenir de Boñi.

Un peu plus haut, au sud de Langa Tabiki (l'île longue), rive française, nous jouissons une dernière fois dans le Maroni du confort européen, grâce à l'excellente hospitalité que nous offrent, au dégrad de leur placer, les frères Du Serre, deux charmants jeunes gens fort intelligents et très énergiques qui luttent depuis une dizaine d'années pour, ou, si l'on veut, contre la fortune, avec une persévérance digne d'un meilleur sort.

On vient de constater, au placer Du Serre, quelques cas de la terrible maladie que les Brésiliens appellent *beriberi* et nos créoles *enflure*, maladie qui se manifeste par une espèce de paralysie des jambes avec inflammation. Parfois, en vingt-quatre heures cette paralysie monte au cœur, et c'est fait du malade. Le plus souvent on échappe à la première attaque, mais à la seconde ou au plus tard à la troisième il faut changer d'air immédiatement, sinon l'on est mort. Le changement d'air est, je crois, le seul curatif connu.

C'est en 1881 que le beriberi fit sa première apparition dans la Guyane Française. 80 personnes en moururent aux placers de la crique Hermina, 19 au placer « Espérance », au Maroni. Dans la Mana il y eut, cette même année, des cas plus nombreux encore. Depuis, la maladie s'est répandue dans tous les quartiers.

En amont de Du Serre on prend possession d'une nouvelle nation nègre.

Les *Bonis* d'Apatou restent en aval, voici maintenant les *Paramacas*.

Le premier village paramaca, en aval, se trouve un peu en amont de Du Serre, dans un petit îlot qu'on a appelé îlot Abouca, du nom d'un capitaine paramaca qui y a fondé un petit centre d'une douzaine de cases habitées.

Un peu en amont, rive hollandaise, se trouve le village actuel du grand-man des Paramacas, l'illustre Apensa. Le « grand homme », chef d'une nation de 200 âmes, est philosophe à l'endroit du linge, il n'est vêtu que d'un calembé incontestablement trop court et il n'a pas, m'assure-t-on, la moindre feuille de vigne de rechange.

Mais quand je le revis huit mois plus tard, que les temps étaient changés ! Ce n'était plus le pauvre vieux bonhomme tout nu, à l'air horriblement bête, que j'avais connu jadis. Une vareuse et un pantalon, le tout en laine bleue et abondamment galonné de rouge, un feutre à larges bords également galonné, abritaient la gloire du grand-man. Depuis qu'il avait reçu ces présents du gouverneur de Surinam, Apensa avait changé l'air niais qui lui allait si bien contre une pose martiale et arrogante. Toutefois, malgré cette hautaine attitude, il émanait de tout Apensa, oublieux de la modestie discrète qui caractérise sa race, un rayonnement de joie béate qui planait sur le Maroni ensoleillé !

On ne saurait imaginer l'influence du costume sur l'esprit de ces chers nègres ! Que sera-ce quand ils seront civilisés ?

La capitale des Paramacas, le « grand village » actuel d'Apensa, ne compte encore que quatre cases habitées. En amont, toujours rive hollandaise, ce village se poursuit, avec des solutions de continuité, par quelques autres cases paramacas entourées de maigres abatis.

C'est à côté de ces carbets épars que se trouve la bicoque d'un transporté arabe évadé, qui vit là tranquillement depuis huit ans sans être inquiété par personne. Quand les évadés des pénitenciers se réfugient sur le territoire de la tribu des Youcas, le grand-man actuel, le sévère Osséissé, les fait arrêter et reconduire à Saint-Laurent. Apensa et Anato sont plus hospitaliers. Seul de tous les Bonis, Apatou se livre à la chasse de l'évadé. Cela rapporte vingt francs de prime. Il n'y a pas de petits profits.

Un peu en amont du « grand village » d'Apensa, on découvre, dans sa sévère beauté, la chaîne de montagnes des Paramacas barrant l'horizon au nord-ouest. Cette chaîne a au moins 500 mètres d'altitude. Au milieu de cette région aux paysages plats, elle est d'un effet saisissant.

Nous voici à Boni Doro (le campement de Boni), rive française.

Boni, rejeté par Fourgeoud sur la rive française du Maroni, eut longtemps à Boni Doro son principal établissement. Au lieu de rester en paix il sortait souvent de son campement et faisait des incursions sur le territoire hollandais pour ravager les plantations. Le gouvernement hollandais prit sur lui de poursuivre Boni sur notre territoire.

Les hostilités étant toujours ouvertes, le commandant du poste de Vrydenbourg cherchait à surprendre Boni, et celui-ci, de son côté, entretenait un petit corps de troupes presque en face de Vrydenbourg pour surveiller les Hollandais, tout en laissant la masse de ses forces à Boni Doro. Déjà, par deux fois, le commandant de Vrydenbourg avait attaqué Boni Doro. Par deux fois il avait été repoussé.

Un incident trivial fit réussir la troisième attaque. Un Boni et sa femme s'étant pris de querelle à Boni Doro, la femme s'habilla en homme, troqua la tangue contre le calembé long que les Bonis portaient alors, et, armée d'un sabre et d'un fusil, vint offrir à son seigneur et maître un combat doublement singulier. Le pauvre homme s'écria que jamais chose pareille ne s'était vue sous le soleil et il jura de faire châtier le pays infâme où se produisaient de pareilles abominations.

Il se rendit au poste hollandais.

« Je vous apporte un moyen infaillible de prendre Boni Doro.

— Comment faire?

— Voici. Quand Boni entend un bruit de fusillade en bas, il envoie une partie de ses soldats voir ce qui se passe et prêter, au besoin, main-forte aux siens. Vous allez faire tirer beaucoup de coups de fusil au fort : Boni enverra beaucoup de monde, ce qui dégarnira Boni Doro, que vous prendrez pendant ce temps-là. »

L'officier suit le conseil et part avec le gros de sa troupe, laissant au fort un petit nombre de soldats avec ordre de se livrer à des exercices de cible continuels. Boni, entendant la fusillade, ne manque pas d'envoyer du monde.

Les éclaireurs partent sous les ordres d'Agossou, fils de Boni. Arrivés en face de Vrydenbourg, les soldats Bonis en surveillance apprennent à Agossou que les soldats se bornent à tirer à la cible.

Pendant ce temps l'officier attaque Boni Doro. Agossou, qui a vite compris, rebrousse chemin aussitôt. Mais il est trop tard : Boni Doro est pris.

Un peu avant d'arriver à la « ville », Agossou rencontre son père dans un îlot.

« Boni, lui crie-t-il, la « ville » est prise?

— Oui, répondit le chef, mais nous, pas encore. »

Et les Bonis remontèrent le fleuve.

Un peu en amont de Boni Doro se trouve le petit saut du même nom. Au milieu de ce saut se trouve l'îlot Ablafo. L'îlot Ablafo (*Ablafo* : couper la tête) doit au Spartacus du Maroni une célébrité sinistre. C'est là que Boni fit pendant longtemps ses exécutions capitales, tandis qu'il était installé à Boni Doro. Il emmenait à Ablafo les personnes dont il avait à se plaindre et il leur coupait lui-même la tête. Il aimait beaucoup ce genre d'exercice.

Il prenait son fusil et son sabre et conduisait lui-même et tout seul son canot. Le condamné était à l'avant, sans même une pagaye, oisif.

« Ne te sauve pas, lui disait Boni, car je t'arrêterais d'un coup de fusil dans les jambes et ensuite je te ferais souffrir.

— Non, chef, je ne chercherai pas à me sauver. »

Et telle était la terreur qu'inspirait Boni que la malheureuse victime arrivait sur le lieu du supplice sans même avoir songé à fuir.

Sur une grande pierre plate baignée par les eaux tapageuses des rapides, à l'ombre d'un tamarinier, en face d'un des plus ravissants paysages du Maroni, Boni, féroce, inexorable, commandait :

« Tu vas mourir. A genoux. Les mains derrière le dos. Baisse la tête. »

Le malheureux, plus mort que vif, obéissait, machinalement. Le sabre de Boni se levait, manié par une main sûre. Une tête roulait sur la pierre plate, et Boni se rembarquait. Il n'avait pas encore franchi les rapides, que déjà des vols tournoyants de vautours urubus planaient sur Ablafo.

L'îlot Nasson, où nous voici arrivés, est aussi une station du chemin de Boni. Il y fit, dit l'histoire, ou plutôt la tradition, un grand massacre des soldats hollandais envoyés à sa poursuite. A la suite de cet événement, les Hollandais, quelque temps après victorieux, entretinrent pendant quelques années un petit poste militaire à l'îlot Nasson.

C'est à l'îlot Nasson que fut longtemps le « grand village » des Paramacas. Le vieil Apensa y résida au début de son règne. Il se donna même beaucoup de peine pour embellir sa capitale, qui compta jusqu'à trente cases habitées. Quand Apensa fut satisfait de son œuvre, il l'abandonna. Il n'a pas été en Guyane le seul administrateur à user de cette sage pratique. Il abandonna Nasson pour aller établir plus bas son nouveau « grand village », qui ne compte encore que quatre cases.

Ce digne grand-man, fonctionnaire colonial de la bonne école, n'en était point à sa première migration. Avant de se fixer à Nasson il habitait une autre capitale plus ancienne, sur la rive hollandaise.

Le village actuel de Nasson présente bien. Il compte encore dix cases habitées, mais il tombe en ruines. L'entrée en est fort belle : on va du dégrad au village par une magnifique allée d'ébéniers noirs qui jonchent maintenant le sol de leurs fleurs jaunes flétries.

Des Bonis et des Youcas descendus du *Grand Pays* — c'est ainsi qu'ils appellent modestement l'Aoua et le Tapanahoni — commencent aujourd'hui à se fixer aux environs de Nasson.

Le plus ancien des « grands villages » d'Apensa présente maintenant un bien triste spectacle. Au milieu de plantations de manguiers, d'orangers, de papayers, au milieu de nombreuses cases en ruines échelonnées le long de la rivière, deux petits carbets où vivent seuls, infirmes, impotents, sans une femme, sans un chien, deux Paramacas centenaires dont l'un n'a qu'un bras.

Apatou, qui ne brille pourtant pas par la sensibilité, porte à ces malheureux, avec de grandes démonstrations, du riz, de la morue, du tafia, du tabac. Je l'en félicite. Mais cela se reproduira vingt fois dans le cours du voyage. Il donne à ses tantes, à ses oncles, à ses anciennes femmes, à ses nouvelles femmes, à ses amis, et, qui mieux est, sans me rien dire. Mon fidèle cicérone fait, à mon insu autant que possible, de la générosité et de la popularité avec mes marchandises. Tel un candidat préparant son élection.

Un peu en amont du village des deux vieillards se trouve, rive gauche, l'embouchure d'un affluent assez important appelé Grand Crique.

C'est un peu avant d'arriver à Grand Crique que je fis mon premier naufrage.

Les Saramacas sont des mangeurs. La nuit, pendant que vous dormez, ils se lèvent et s'empiffrent. En route, quand vous vous arrêtez un quart d'heure, ils sortent quelques provisions cachées, quelques marmites de riz de six litres tenues là en en-cas comme le poulet froid de Louis XIV, et ils goinfrent rapidement en roulant de gros yeux brillants de bonheur. En quinze jours, à eux deux, ils me dévorèrent, en sus de leur ration, un baril de riz de cent kilos, cinquante kilos de couac[1] et une caisse de biscuits. Ils acceptaient, demandaient, prenaient, volaient.

Comme j'arrivais à un carbet pour m'y arrêter un instant, le canot saramaca, qui suivait le mien, jugea le moment propice pour faire un de ses huit ou dix repas journaliers, le troisième, je crois, car il n'était que neuf heures du matin. L'ange Amombé fait un signe à son camarade le grand cannibale et voici qu'ils poussent le canot sous un grand arbre mort fortement incliné sur la rivière. Ils étaient là, commodément attablés sur leur arbre, en train d'ingurgiter leur marmite de riz, quand tout à coup l'arbre craque, tombe et enfonce le canot au fond de la rivière. J'ai déjà dit que ce canot contenait la plus grande partie de mes marchandises. Heureusement qu'il n'y avait en ce point qu'un mètre d'eau.

Nous accourons, on dégage le canot, on sort les malles, on parvient à mettre l'embarcation à flot et à la vider. Maintenant il nous faut aviser quelque plage de sable voisine où nous verserons le contenu de nos malles pour les faire sécher.

Il est triste, quand on commence un voyage, de regarder ses bagages au fond de l'eau. Cependant, quand on descend les sauts, le voyage terminé, l'appréhension du naufrage est plus pénible encore : ce n'est pas tant la peur de se noyer que l'ennui de tout perdre, et tout un travail laborieusement élaboré, et la récompense, le plus souvent illusoire, qu'on espère qu'il vous vaudra.

1. Couac : farine de manioc.

Et maintenant, pendant que mes Saramacas sont revenus à leur marmite, qu'Apatou fait des réflexions morales, voici Laveau sur la plage de sable, déballant les malles sous un soleil de 45 degrés. Tout est avarié, rien n'est perdu, sauf une barrique de couac, et un sac de sel qui a fondu. Mes plaques photographiques sont atteintes, les boîtes sont mouillées. Quel travail pour faire sécher cela à l'abri du soleil et de la lumière! Pourtant je pus expérimenter, à Poligoudoux, que la gélatine des plaques n'avait été attaquée qu'au pourtour. C'est égal, vous allez avoir là à révéler quelque chose de pas bien propre, mon pauvre monsieur Jonte !

Le soir, tout est sec. Il faut remballer. Laveau s'est trop dépensé aujourd'hui. Ce travail nerveux sous le redouté soleil du Maroni, avec le dépit de voir si bêtement endommagées tant de si belles et si bonnes marchandises, sa colère concentrée contre ces deux drôles de Saramacas qui mangent en le regardant faire, lui valent dès le lendemain de nouveaux accès de fièvre.

Un peu en amont de mon naufrage et aussi un peu en amont du confluent du Grand Crique, on trouve encore un campement de Bonis, l'ancien village de Coumati Condé. C'était, sans doute, une espèce de village saint : *Condé* : village, *coumati* : piayeries, sorcelleries. Boni, chassé de Nasson, résida quelque temps à Coumati Condé, après quoi il se rendit à Pampou Gron, dans l'Aoua.

C'est dans cette région de Coumati Condé que finissent les abatis Paramacas et que commencent les abatis Youcas.

Les *Youcas*, ou Aucas, vulgairement appelés Bosch, sont des protégés de la Hollande, comme les Bonis sont les protégés de la France. Les Youcas habitent : 1° partie sur le territoire hollandais (rive gauche du Tapanahoni et du Maroni) ; 2° partie sur le territoire français (dans les îlots, et sur la rive droite de l'Aoua et du Maroni) ; 3° partie dans le Contesté franco-hollandais, entre l'Aoua et le Tapanahoni. C'est dans le Contesté qu'habite leur grand-man, à Dri Tabiki, dans un îlot de la rive droite du Tapanahoni. De même le grand-man des Bonis habite dans le Contesté, à Cottica, sur la rive gauche de l'Aoua. C'est de 1861 que date le traité officiel de protectorat de la Hollande sur les Youcas, et de la France sur les Bonis. Depuis 1762, lors de leur premier traité avec les Aucas, les Hollandais entretiennent un agent auprès du grand-man des nègres. La France n'a jamais entretenu d'agent auprès du grand-man des Bonis.

C'est au commencement des grands sauts du Maroni que l'on rencontre les premiers abatis youcas.

Cette région des grands sauts du Maroni est une région d'une multitude d'îlots formant un grand nombre de rapides latéraux et successifs dans un fleuve élargi jusqu'à trois kilomètres d'une rive de terre ferme à l'autre. Sur cette énorme largeur, le saut ne présente pas une chute unique, il se divise en plusieurs chutes ou rapides diversement orientés et répartis en groupes séparés par les îlots. Les Nègres ont distingué ceux de la rive droite de ceux de la rive gauche dans la continuation latérale les uns des autres, et, en effet, ceux de la rive hollandaise sont plus faciles, moins dangereux, présentent moins de dénivellations à pic. C'est le chemin des sauts de la rive gauche que suivent généralement les canots.

Voici la liste des grands sauts des deux rives :

Pétersongou (pierre à naufragé), rive française, est continué vers la rive hollandaise par Anaesponse (Anaes a enivré la rivière) ; Grand Coumarou Gnangnan (le grand manger des coumarous[1]), par Ampouman ; Mombin Soula (le saut des mombins[2]), par Gun Soutou (le fusil qui part); Pachi-choro (petit poisson), par Kété (théière); Man Caba (tout le monde finit), par Man Bari (tout le monde crie). Man Bari est le seul grand saut de la rive hollandaise.

Je ne suis pas assez sûr de mes Saramacas pour chercher la difficulté : nous prenons par les sauts de la rive gauche.

Après avoir passé Anaesponse et Ampouman, nous rencontrons, à l'embouchure de la rivière Beïman, dans un îlot, sous un mauvais carbet, avec cinq coolies et presque pas de vivres, sans un canot, M. Eugène Couy, le fils de l'honorable colon qui inaugura en Guyane l'industrie aurifère. Couy est là depuis cinq semaines, revenu de la rivière Beïman où il avait essayé d'exploiter un placer qui s'est trouvé stérile. Ses deux compagnons, deux jeunes Flamands récemment débarqués, MM. Hudlet et Bisson, viennent de descendre avec l'unique canot de l'exploitation, le premier pour entrer à l'hôpital à Saint-Laurent, le second pour aller chercher des vivres et des hommes. Couy attend son canot pour monter, avec une équipe bien ravitaillée, tenter de travailler du côté de l'Aoua.

C'est un peu en aval de Gun Soutou que l'on trouve, dans un îlot, près de la rive hollandaise, le plus septentrional des villages youcas : Sangato, petit centre de quatre cases habitées.

Un peu en amont se trouve l'embouchure de la crique Youca. Youca est le nom d'un oiseau qui prononce distinctement ces deux syllabes : you-ca.

---

1. Coumarou : espèce de turbot indigène, à la chair exquise.
2. Mombin : grand prunier indigène.

Quand les Aucas quittèrent Surinam, après leurs premières luttes contre les troupes hollandaises, de forts partis passèrent par cette crique peuplée de ces oiseaux. Les *loucoumans* ou piayes des Aucas tinrent assez longtemps le peuple dans cette petite rivière, pour essayer d'y élaborer le nouveau système social. De grandes fêtes, de grands sacrifices y furent célébrés. Cette crique est encore aujourd'hui sainte pour les descendants des Aucas, lesquels, arrivés au Tapanahoni, changèrent leur nom primitif contre celui des mystérieux oiseaux de la crique sainte. On me montre, à l'embouchure de Youca Crique, un autel sommaire orné de bouteilles de tafia actuellement vides, mais qui avaient été, paraît-il, apportées pleines et laissées pleines sur l'autel. « Personne, me dit Apatou, n'oserait boire de ce tafia sacré. » Alors il faut attribuer ce vide, dont la nature a horreur, soit à l'évaporation, soit au passage de quelques chercheurs d'or païens.

En face, rive droite, la Montagne Française baigne ses contreforts dans le fleuve, qu'elle borde comme d'une muraille de là jusqu'à Kété.

Toute cette région est très riche en copahus. Ces arbres, dans le Haut Maroni, l'Aoua et la Basse Itany, sont assez nombreux dans les îlots et sur les deux rives pour faire l'objet d'une exploitation importante.

J'ai également remarqué, dans ces mêmes parages, un arbre que nous avons pris, Apatou et moi, pour la coca du Haut Amazone.

Le village de Capaci Tabiki (l'îlot du tatou) est le premier centre youca important que l'on rencontre en remontant le fleuve. Il compte une douzaine de cases habitées. Son capitaine, Amaca, passe la plus grande partie de son temps à Mana, où il fait le canotage pour les placers. C'est un oncle d'Apatou qui, étant de père youca et de mère boni, a une foule de parents dans les deux tribus.

Il ne faudrait pas se faire illusion sur ce titre de *capitaine*. Capitaines comme administrés ne sont pas beaucoup plus vêtus que les Indiens et ne vivent pas toujours aussi bien que ceux-ci, malgré les belles pièces de cinq francs qu'ils gagnent dans leurs canotages. Je dis pièces de cinq francs, car c'est la seule monnaie qu'acceptent les noirs réfugiés. Ils ne connaissent guère les pièces d'or et ne veulent plus de billets de banque depuis que de mauvais plaisants leur ont donné, comme billets de la Banque de la Guyane, des rectangles de papier fort réguliers découpés dans des journaux quelconques.

Beaucoup de Youcas et de Bonis ont des fusils Lefaucheux, ce qui ne les empêche pas de s'en tenir au calembé. Le pantalon et la chemise sont d'un luxe rare. L'argent du canotage est gaspillé en tafia, en futilités, ou absorbé par les exigences usuraires des marchands qui vendent à ces malheureux à 500 pour 100 de bénéfice. Ce qui leur reste de plus saillant de leurs canotages dans le Maroni et la Mana, au point de vue de leurs progrès dans la voie de la civilisation, c'est la connaissance plus ou moins rudimentaire, parfois complète, du créole de Cayenne. Jusqu'au fond du Tapanahoni, et même jusque chez les Saramacas, à huit jours au-dessus de Paramaribo dans le fleuve Surinam, le créole de Cayenne est plus ou moins parlé et compris.

Un peu plus haut que Capaci Tabiki, on trouve le village youca de Man Bari, qui compte quinze cases habitées. Un autre village voisin en compte cinq.

On reçoit, dans tous ces villages youcas, la meilleure hospitalité. On apporte au visiteur de la cassave, des plats de riz, des fruits, de la pimentade, plus qu'il n'en peut manger. Hommes et femmes vous accueillent en vous saluant en créole de Cayenne et se font un plaisir de s'entretenir avec vous dans cette espèce de langue.

Les premières passes dangereuses que l'on rencontre quand on suit le côté hollandais sont celles de Man Bari. Les quatre chutes qui constituent ce saut sont périlleuses à franchir. C'est le saut des naufrages.

Quand on a passé Man Bari, on prend une nouvelle série de sauts, les sauts de l'embouchure, où l'on remarque surtout Singa Tétey et Poligoudoux.

Singa Tétey (halez le canot) est encore plus dangereux que Man Bari. C'est un court et étroit canal entre deux îlots. Il faut nécessairement passer par là, les autres passes sont à sec. Le courant, extrêmement violent, se précipite par trois chutes hérissées de hauts bouillons d'écume. Le fond, qui est de deux à trois mètres, ne permet pas de se mettre à l'eau pour pousser et tirer le canot, il faut le haler à la corde en suivant le parapet de roches. Il est prudent de décharger les bagages et de les porter par terre, quelques difficultés que présente cette opération, car l'embarcation peut fort bien être engloutie.

Le saut de Poligoudoux (richesses perdues) se compose de cinq rapides guère moins dangereux que ceux de Man Bari.

C'est ici la bifurcation de l'Aoua et du Tapanahoni.

Le village de Poligoudoux se trouve dans le Tapanahoni, à un kilomètre environ de l'embouchure, sur la rive droite de cette rivière, et par conséquent dans le Contesté. Poligoudoux est un village de quelque importance, comptant une trentaine de cases habitées. Ces cases sont bien construites pour le pays, mais malheureusement elles sont trop petites et trop basses. Le village est spacieux, une grande place a été ménagée au centre. Entre les maisons et autour du village se trouvent de nombreux arbres fruitiers. L'altitude de Poligoudoux est à 75 mètres au-dessus du niveau de la mer.

Les nègres Poligoudoux, jadis autonomes, n'ont plus aujourd'hui de grand-man, mais seulement un capitaine aux ordres du grand-man des Youcas. Ils sont vassaux des Youcas, ou, plus exactement, des assimilés sous certaines réserves. Les Youcas ont confiné là les Poligoudoux et leur ont interdit de monter ou de descendre : les Poligoudoux sont rivés à leur district. Ces malheureux sont assez durement traités par le grand-man actuel des Youcas, le sévère Osséissé.

Ce petit potentat, si j'en crois les Poligoudoux, ne serait guère tendre non plus pour son propre peuple. Il punit ses délinquants youcas de la défense de sortir de leur village et des abatis de leur village pendant cinq ans, huit ans, dix ans. Le condamné, jusqu'à ce qu'il ait purgé sa peine, ne peut plus faire de canotage pour les blancs, ni même se rendre au « grand village » pour implorer sa grâce. Il est prisonnier chez lui. Le malheureux qui désobéirait s'exposerait à être mis à mort.

Anato, le grand-man actuel des Bonis, est bien loin, lui, de prétendre à la réputation de justicier rigide de son collègue Osséissé. C'est, dit-on, un petit roi d'Yvetot qui pense beaucoup moins à affirmer avec énergie son autorité qu'à prélever la bonne part sur les productions aurifères qui sortent de ses domaines. C'est là sa manière de gouverner.

Je suis mis au courant de toutes ces choses à Poligoudoux. Apatou m'y a planté là sans cérémonie. Mon patron, dont les affaires ne doivent pas souffrir des miennes, s'en est allé dans le Tapanahoni, au village de Bénanou, où il naquit voici quelque cinquante ans. C'est à Bénanou, son doux village natal, que sont aujourd'hui ses amours.

Il m'est donné, quatre jours après, de voir de mes yeux la belle Dilobi, actuellement l'amoureuse en titre de notre sensible Apatou. C'est une femme youca plus que mûre, ayant déjà expérimenté cinq ou six maris. Elle est décolletée par en haut jusqu'à la ceinture et par en bas jusqu'au-dessus du genou. Le galant n'est pas large en camisas. Il eût pourtant bien fait de lui cacher ses deux vieilles mamelles plates et ridées, d'un pied de long chacune, qui offensent la vue. Apatou raffole de Dilobi parce qu'elle a un cou très long surmonté d'une toute petite tête toute ronde en pochade anglaise. Et puis aussi parce qu'elle excelle à faire des espèces de briquettes comestibles à base de bananes et de pistaches, dont j'ai failli étouffer pour en avoir mangé une once.

Et comme il a mis son plus beau linge, lui, ce brave Apatou! Comme il est élégant, comme il est pommadé, comme il sent bon! Ah! ce n'est plus le fidèle Vendredi, c'est un beau Léandre sur le retour. C'est égal! pour un homme qui ne cesse de se vanter de ses bonnes fortunes avec les « dames de France », il faut que son esthétique ait bien changé pour qu'il puisse prendre aujourd'hui le moindre plaisir avec cette caricature.

A Poligoudoux, nous sommes à la tête du Contesté franco-hollandais.

Ce territoire contesté d'entre Aoua et Tapanahoni est assez important. Les nègres Youcas ont sur les bords du Tapanahoni la masse de leur population, répartie en dix-huit villages.

Les dix-huit villages youcas du Tapanahoni sont, d'aval en amont : Tabiki, dans une île, rive gauche; Ouanfinega, dans une île, rive gauche; Bénanou, dans une île, rive droite; Manlobi, dans une île, rive gauche; Draye, dans une île, rive droite; Momponsou, dans la même île; Pooui, encore dans cette même île; Clémenti, dans une île, rive gauche; Sayé, dans la même île; Sangamasousa, dans une île, rive gauche; *Pokéti*, rive droite, en terre ferme : Pokéti est l'un des deux chefs-lieux, c'est le village où se tient le Grand Conseil depuis le grand-man Bamba dont c'était le village; Mohitac, rive droite, dans une île; Machinhi, rive droite, dans une île; *Dri Tabiki*, rive droite, dans une île, l'autre chef-lieu, résidence des grands-mans depuis le grand-man Beïman dont c'était le village; Polacaba, rive gauche, dans une île; Kissaye, rive droite, terre ferme; Godolo ou Miranda, rive droite, terre ferme; Avisite, rive droite, terre ferme. Soit onze villages dans le Contesté et sept en territoire hollandais.

Avec Poligoudoux, village unique des nègres du même nom, et Cottica, village chef-lieu des nègres Bonis, plus un petit village youca de la rive gauche de la Basse Aoua, celui d'Assounanga, on arrive au total de quatorze villages et de plus de 1500 habitants pour le Contesté franco-hollandais, sans compter les tribus indiennes de l'intérieur, dont une seule, il est vrai, celle des Oyaricoulets, Indiens en hostilité avec leurs voisins, est réellement connue. L'existence des autres tribus, Comayanas, Yapocoyes, pour certaine, d'après les Roucouyennes, n'a pas encore été constatée par les Bonis. Enfin il se trouve quelques villages trios et roucouyennes sur le haut Tapanahoni. La superficie totale de la région contestée peut atteindre 25 000 kilomètres carrés.

Il n'y a pas plus de trente ans que la question du Contesté franco-hollandais a été soulevée. Pendant les siècles précédents on s'en était tenu à cette délimitation en apparence fort claire : « Le fleuve Maroni séparera les deux colonies ».

Récemment, il y a quelque trente ou cinquante ans, quand on s'avisa de parcourir le bassin supérieur du Maroni, on se trouva, à une dizaine de jours de canotage au-dessus de l'embouchure, en présence de deux rivières à peu près d'égale importance : l'Aoua et le Tapanahoni. Laquelle de ces deux rivières était la véritable continuation du fleuve? Conformément à leurs intérêts, les Hollandais dirent que c'était l'Aoua qui continuait le Maroni. La France affirma que c'était le Tapanahoni.

Entre deux rivières sœurs, qu'est-ce qui constitue la plus grande importance ?

1° Le plus fort débit ;
2° Le plus long parcours ;
3° La direction générale ;
4° La plus grande importance ethnographique et politique.

En 1861, une commission franco-hollandaise fut nommée pour étudier l'Aoua et le Tapanahoni et formuler ses conclusions. Le président de cette commission était un Français, M. Vidal, lieutenant de vaisseau.

Les Hollandais de la commission nous ont laissé une assez bonne carte du Maroni, au 200/000e, jusqu'au 4e degré de latitude nord.

Pour la Commission elle-même, ses conclusions, à la suite d'une étude rapide, se résument ainsi : « L'Aoua a un débit plus considérable que celui du Tapanahoni ».

Tout cela fut fait avec une grande précipitation. Nos commissaires semblent s'être montrés généreux par lassitude.

1° En effet M. Vidal dit ceci : « Lorsque j'ai pris mes mensurations des deux cours d'eau, *en septembre, époque du débit moyen des deux rivières*, le débit de l'Aoua était de 35 000 mètres cubes à la minute et celui du Tapanahoni de 25 000 seulement ». Je ne doute pas de l'exactitude de ces chiffres. Mais qu'est-ce qui a prouvé à M. Vidal qu'en septembre a lieu le débit moyen des deux cours d'eau? Il est de notoriété, par exemple, qu'à la fin de l'hiver, c'est-à-dire de mars à juin, le débit de l'Aoua est beaucoup moins considérable que celui du Tapanahoni. Souvent même, à cette saison, les eaux du Tapanahoni refoulent celles de l'Aoua sur plus d'un kilomètre en amont.

Pour avoir le débit moyen des deux cours d'eau, il faudrait, pendant une période climatique d'une dizaine d'années, prendre des jauges hebdomadaires.

Les conclusions de la Commission n'ont donc pas de valeur à cet endroit.

2° La question du plus long parcours, sur laquelle vient se greffer celle de la plus grande largeur, n'est pas davantage résolue.

Pour ce qui est de la largeur, c'est l'Aoua qui se présente d'abord avec le plus vaste lit. Le Tapanahoni, très profond à son embouchure, est plus étroit pendant un jour de canotage, puis il atteint ou dépasse même l'extension de l'Aoua. D'ailleurs cette question de la plus grande largeur ne prouve rien. Le Rio Negro, par exemple, est plus large que l'Amazone et pourtant il n'est pas considéré comme la continuation du grand fleuve.

Quant au parcours, les commissaires français, fatigués des sauts terribles du Tapanahoni, arrivés à un étranglement, une *angostura*, au saut de Huingui Foutou, acceptèrent sans vérification cette assertion inexacte des Hollandais, que le Tapanahoni prenait ses sources non loin du point où l'on se trouvait. Or l'on avait remonté à peine la moitié du cours de la rivière.

Apatou a remonté le Tapanahoni à une douzaine de jours au-dessus de Huingui Foutou, jusqu'aux savanes du Haut Trombetta où il prend naissance. Les Roucouyennes qui habitent les sources du Tapanahoni, et qui ont descendu la rivière jusqu'à Poligoudoux, m'ont dit que Huingui Foutou était à moitié chemin.

En remontant le Tapanahoni, une fois arrivé au point où la rivière cesse d'être navigable, on prend par terre, par les savanes, laissant au sud-est les sources contiguës d'Oyaricoulet Crique et d'Itany, puis, après quatre jours de marche à l'ouest, et avoir successivement passé la hauteur des sources du Yary, puis du Parou, on arrive aux sources du Tapanahoni contiguës à celles d'un des hauts bras du Trombetta.

Ces faits, que nos commissaires dédaignèrent de connaître, montrent que le Tapanahoni présente un plus grand parcours que l'Aoua continuée par l'Itany.

3° Au point de vue de la direction générale, il suffit de jeter les yeux sur une carte pour se rendre compte que c'est le Tapanahoni qui continue la direction générale, S. 1/4 S.-O., du Maroni.

4° Enfin, au point de vue ethnographique et politique, les Bonis, qui occupent les deux rives de l'Aoua, sont, depuis 1861, des protégés de la France, de même que les Youcas, qui occupent les deux rives du Tapanahoni, sont des protégés de la Hollande.

En résumé, l'argument ethnographique n'a pas de valeur dans l'occasion, puisqu'il nous donnerait droit à tout le bassin de l'Aoua, et aux Hollandais à tout celui du Tapanahoni. La question du débit des deux cours d'eau n'a pas encore été sérieusement étudiée. Nous savons seulement que le Tapanahoni offre un plus grand parcours que l'Aoua et qu'il continue la direction générale du Maroni. La question reste donc ouverte.

Il faut reconnaître que cette question a été étudiée par nous jusqu'à ce jour avec quelque légèreté. Ainsi Crevaux croit que l'Aoua est la véritable continuation du Maroni parce que les Poligoudoux lui ont dit que l'Aoua était « la maman » du fleuve. A moi aussi ils ont dit cela, mais ils ont ajouté que le Tapanahoni en était « le papa ». Et tels sont les documents que notre Ministre des Affaires étrangères peut consulter pour éclairer sa religion.

Mais nos Contestés ne nous préoccupent guère. Et celui-ci, dix fois moins vaste que celui que nous avons en litige avec le Brésil, celui-ci, bien qu'aussi grand encore que la Belgique, avec ses 1 500 nègres demi-civilisés et ses quelques tribus indiennes, n'aurait point sans doute ému de sitôt les Chancelleries, n'eût été la récente découverte des placers de l'Aoua.

Le différend est aujourd'hui vidé. La sentence arbitrale du Tsar, en mai 1891, a attribué tout le territoire à la Hollande.

Cette sentence n'a pas été sans impressionner l'opinion. Beaucoup de gens se sont montrés surpris que notre « ami », sinon notre allié, se fût prononcé contre nous. Mais, d'autre part, les sympathies mêmes que l'Empereur de Russie a, si fréquemment, manifestées à la France, nous font une obligation de nous incliner avec respect devant sa décision sans appel. Les relations actuelles du gouvernement russe et du gouvernement français n'ont-elles pas, du reste, engagé quelque peu le Tsar à nous appliquer le *summum jus*, afin d'éviter l'ombre d'un soupçon de partialité?

Voilà ce que tout le monde dit, en juin 1891.

Qu'il me soit permis à mon tour de hasarder quelques remarques.

Aux termes de la sentence du Tsar, « l'Aoua devra être considérée comme fleuve limite et servir de frontière entre la Guyane française et la Guyane hollandaise. Le territoire en amont des rivières Tapanahoni et Aoua doit désormais appartenir à la Hollande. Seront respectés, d'ailleurs, tous les droits acquis de bonne foi par les ressortissants français dans les limites du territoire qui a fait l'objet de la présente discussion. »

Il semble que cela soit bien net et que le différend soit bien tranché. Malheureusement ce n'est qu'une apparence. Qu'on me permette d'épiloguer sur les termes géographiques : cela ne sera pas absolument oiseux.

Qu'est-ce que l'Aoua, qui doit servir de frontière entre les deux colonies? Tout le monde sait que l'Aoua change de nom en amont, se divise en deux branches, dont l'une, la branche occidentale, s'appelle l'Itany, et l'autre, la branche orientale, s'appelle Maroni (Marouina en idiome boni, Marouini en roucouyenne). D'après mes dernières explorations, ces deux rivières sont à peu près d'égale importance. Laquelle des deux choisira-t-on, en dernière analyse, pour frontière? La Marouini ou Marouina ne deviendra-t-elle pas le prétexte d'une nouvelle chicane? La Hollande, mise en goût par son récent succès, ne cherchera-t-elle pas à profiter, pour des empiétements futurs, de ce qu'il y a de vague et d'incomplet dans le texte du jugement arbitral?

Je ne voudrais pas mettre en doute un seul instant que notre administration des Colonies et celle des Affaires étrangères n'aient fourni à l'éminent et sympathique arbitre tous les documents relatifs à la question et capables de l'éclairer. Il n'était pas besoin d'appartenir à l'administration ni à la diplomatie pour savoir où les prendre. Les explorateurs français ont recueilli sur place la plus grande partie de ces documents, et ces documents prouvent parfaitement nos droits.

Comment donc expliquer cette sentence, d'une impartialité au-dessus de tout soupçon, et qui a dû pourtant causer un étonnement aussi général en Hollande qu'en France? Y aurait-il des dessous inconnus du vulgaire? Tout cela est étrange, car autant nous avons une haute confiance dans le souverain du peuple russe, autant nous croyons aux lumières des deux grandes administrations de la rue Royale et du quai d'Orsay.

Le second point de la sentence arbitrale n'est pas, lui aussi, sans appeler nos méditations : « Seront respectés, d'ailleurs, tous les droits acquis de bonne foi... ». De bonne foi! Qu'est-ce à dire? Tous nos ressortissants, sans exception, n'auraient-ils pas acquis leurs droits « de bonne foi »? Mais ce n'est là sans doute qu'un vocable habituel du formulaire diplomatique.

Considérons seulement le principe établi par cette seconde partie de la décision arbitrale : il fait honneur à l'équité chevaleresque du Tsar. C'est la consécration du droit qu'ont les bonnes volontés, les intelligences et les capitaux, de garder toujours dans leurs mains — sinon sous leur pavillon national, — malgré les fluctuations des frontières, un pays qu'ils ont colonisé et créé en quelque sorte. Cela est gros de conséquences dans l'avenir et même dans le présent. Nous pouvons nous dire : « Partout où nous avons des intérêts, commençons par les faire valoir ; installons-nous, exploitons, commerçons : voilà la vraie diplomatie. Une fois que nous aurons le pays dans nos mains, nous serons moins pressés de recourir à des arbitrages qui ont leurs hasards, comme les guerres. »

Tout compte fait, l'homme qui entend le mieux la colonisation, à notre époque, c'est donc, en somme, Cécil Rhodes. Il s'empare, avec sa Compagnie, d'immenses territoires dans le Sud Africain, il les exploite, les conquiert et les défend avec une force armée ; à la tête de ses colons, de ses mineurs, de ses négociants et de ses miliciens, il est prince du Zambèze, prince du Désert : il faudrait des millions et des armées à son gouvernement ou à tout autre pour le déloger !

Mais son gouvernement n'a garde d'y songer, car c'est le Gouvernement Anglais ; loin de là, il le suit, l'encourage, le protège. C'est très beau, les droits diplomatiques, et les chartes, plus ou moins obscures ; mais rien ne prévaut contre le fait. Dans les territoires déserts et litigieux, pénétrez, occupez, établissez quelque chose de solide, créez une force et vous resterez maître. En ces matières comme en beaucoup d'autres, il n'y a qu'une vérité : c'est d'être fort.

Il ne faut pas oublier que, dans ces contrées sauvages, la diplomatie, l'administration, les petites parlottes sentimentales sont des non-sens. Pour créer dans ce néant, il n'y a que la volonté intelligemment et indomptablement agissante de quelques hommes de fer.

Nous avons eu le tort de l'oublier à l'endroit du Contesté de l'Aoua.

Toutefois, quand de salutaires leçons, comme celle que vient de nous donner notre impérial ami le Tsar, nous coûtent si peu, nous serions vraiment ingrats de ne pas envoyer une fois de plus au noble souverain du peuple russe l'expression de nos sympathies les plus sincères.

Sans qu'il nous soit interdit cependant, la question étant vidée, de nous la résumer, pour mémoire.

I. Le territoire que l'arbitrage nous a enlevé était important. Il était important : 1° par sa superficie ; 2° par ses populations nègres et indiennes ; 3° par ses gisements aurifères.

II. La moitié orientale de ce territoire, celle où ont été découverts les gisements, était depuis 1861 sous notre protectorat, de par les nègres Bonis, nos protégés, qui l'occupaient.

III. Cette moitié orientale est habitée par des tribus Indiennes, Roucouyennes, Oyaricoulets, Trios, avec lesquelles les Français seuls ont eu des relations, les Hollandais jamais.

IV. Les richesses de cette moitié orientale du territoire hier contesté ont été découvertes par nos créoles, explorées par eux, par eux exploitées en très grande partie; et elles sont, encore aujourd'hui, presque entièrement dans leurs mains.

Pour cette moitié orientale, au moins, nous avions le droit et nous avions le fait.

Voilà la vérité.

VILLAGE DE BONIS.

LE MARONI, A L'ANCIEN PÉNITENCIER DE SAINT-LOUIS.

CHAPITRE III

L'AOUA. — LES YOUCAS DE LA BASSE AOUA. — UN NOUVEAU QUARTIER EN GUYANE FRANÇAISE. — EXPÉDITION DE BONI CONTRE POKÉTI. — LES PREMIERS GRANDS SAUTS DE L'AOUA. — COTTICA. — UN ROI PROTÉGÉ. — RELAIS DE POSTE. — LES VILLAGES BONIS. — LES PLACERS DE L'AOUA. — L'ININI. — RÉCAPITULATION DES NOIRS RÉFUGIÉS. — COUP D'ŒIL D'ENSEMBLE SUR LES NOIRS RÉFUGIÉS. — MARONI ET OYAPOCK.

Pour entrer dans l'Aoua on longe un grand îlot appelé Grand Santi (grand banc de sable), qui sépare l'Aoua de l'Abounami, grand affluent de droite du Maroni. C'est à l'extrémité méridionale de Grand Santi que l'officier commandant les forces hollandaises opérant contre Boni établit son quartier général pendant les luttes qui eurent lieu dans l'Aoua contre le fameux chef de révoltés.

Immédiatement au-dessus de l'îlot de Grand Santi, on rencontre, dans un îlot, un premier village youca d'une douzaine de cases habitées.

Les Youcas occupent aujourd'hui la Basse Aoua jusqu'à Gonini Crique, rive gauche, et à Dagouédé, rive droite, — bien que les Bonis considèrent cette rivière comme leur propriété exclusive. De nombreux abatis youcas se font actuellement sur la rive française.

Du pays paramaca au pays boni, dans le Haut Maroni et la Basse Aoua, sur la rive française et dans nos îlots du fleuve, on ne compte pas moins, aujourd'hui, de 515 Youcas.

Si l'on ajoute à ces 515 Youcas les 150 Bonis du district d'Apatou, les 50 Paramacas habitant en terre française à Abouca et à Nasson, plus les 325 Bonis habitant les villages de la rive française de l'Aoua, on arrive à un total de 1 040 noirs réfugiés en terre française, constituant, d'Hermina à la rivière Inini, un assez sérieux élément de peuplement et de colonisation.

Tous ces noirs se trouvant sur notre territoire incontesté, la création d'un quartier du Haut Maroni, s'étendant du territoire pénitentiaire à la rivière Inini, s'imposera d'ici quelques années. La plupart de nos quartiers actuels de Guyane n'ont pas 1 000 habitants, et ne présentent pas, il faut bien le reconnaître, un développement de civilisation beaucoup plus imposant.

Toutefois, comme l'assimilation immédiate serait assurément chose prématurée, l'administration des anciens commissaires-commandants des quartiers de la Guyane avant 1870 pourrait parfaitement convenir au nouveau territoire, en attendant la créolisation complète des Bonis et des Youcas. Ce serait, en effet, un *territoire* nouveau, à côté des 13 petits *États* ou quartiers constitués en communes que compte la colonie, et à côté du territoire pénitentiaire.

L'exode des Youcas est un phénomène très digne d'intérêt. Leur Tapanahoni étant trop peuplé pour les besoins de leur pêche et de leur chasse, les terres de cette rivière étant de qualité médiocre pour les abatis, les Youcas sont forcés d'émigrer. Ils ne sont encore que cinq cents sur notre territoire, mais dans dix ans ils pourraient bien être trois ou quatre fois plus nombreux.

C'est à Langa Tabiki (l'île longue) et à la côte française d'en face, que se trouve le centre principal des Youcas de l'Aoua.

Un peu plus haut, rive contestée, on trouve un village de vingt-cinq habitants, celui du capitaine Assounanga. Assounanga, capitaine au Tapanahoni et inspecteur à l'Aoua pour le compte d'Osséissé, est un homme fort intelligent et de grande autorité dans la contrée. Sans parler qu'il est aussi très grand piaye, ce qui ne gâte jamais rien, c'est même ce qui l'a conduit aux honneurs. Chez les sauvages comme chez les civilisés, la médecine est la grande route de la politique.

Apatou ne manque pas de faire des largesses à un si grand personnage. Toujours, bien entendu, avec mes marchandises et sans m'en demander la permission, sans même m'en informer. Il en a pris l'habitude. Ce n'est pas qu'il veuille me faire une impolitesse : il ne se gêne pas parce qu'il croit que je ne m'aperçois de rien.

J'entre à mon tour en scène. Apatou ne peut disposer que de menus objets parce que la plupart de mes marchandises sont sous clef, heureusement. Or Assounanga aurait grande envie et grand besoin d'un pantalon. Apatou lui fait comprendre qu'il faut qu'il me le demande lui-même. Assounanga me présente sa supplique avec l'aisance d'un Bélisaire. Je fais remettre à cet homme d'État le pantalon sollicité, qui est utilisé sur-le-champ.

Nous voici, un peu plus haut, à la frontière nord-ouest des territoires bonis-youcas, à l'embouchure de la rivière Gonini (la rivière de l'aigle), grand affluent de gauche de l'Aoua.

Cette rivière Gonini fut suivie par Boni dans une de ses plus folles expéditions.

Boni se rendait à Pokéti, la vieille capitale des Youcas. Il remonta Gonini pendant quatre jours, puis il fit par terre un sentier qui subsiste encore, celui de Grand Cancanti (du grand fromager).

Boni allait tout simplement prendre de force, au milieu des Youcas, le commissaire hollandais qui résidait auprès du grand-man. Il s'imaginait qu'une fois qu'il aurait le commissaire en son pouvoir, il obtiendrait aisément de lui un traité avec la Hollande et les conditions qu'il lui plairait imposer. Il était à Pampou Gron, dans la Moyenne Aoua, lorsqu'il organisa cette expédition admirable.

Tombé à l'improviste au milieu des Youcas, il put en effet enlever le commissaire au milieu des coups de fusil échangés. Mais les Youcas ayant poursuivi Boni en nombre, celui-ci dut abandonner son prisonnier, qu'il avait d'ailleurs traité avec considération.

Cette folle algarade fut l'origine de l'alliance des Youcas avec les Hollandais contre Boni, et de la mise à prix par le gouvernement de Surinam de la tête de ce chef turbulent. C'était vers 1785.

Cette expédition, que déconseillait Agossou, fils et premier lieutenant de Boni, était bien tout ce qu'on peut imaginer de plus impolitique. Agossou disait avec raison à son père qu'il valait mieux envoyer à Pokéti des ambassadeurs au commissaire pour offrir la paix, et attendre ensuite la réponse du gouvernement de Surinam. Ce gouvernement, fatigué de la longue guerre contre Boni, n'eût pas manqué de profiter des bonnes dispositions du vieux batailleur et de lui reconnaître liberté pleine et entière pour lui et les siens. Mais, au lieu d'entrer en pourparlers, Boni commence par une attaque à main armée contre le représentant du gouvernement hollandais! Le vieux chef eût dû pourtant savoir que ce n'est pas toujours le meilleur moyen d'obtenir quelque chose d'un chef blanc que de lui mettre le couteau sur la gorge. D'ailleurs le commissaire n'était que l'agent du gouvernement hollandais et non pas le gouvernement hollandais lui-même.

Boni aurait dû voir aussi qu'en agissant de la sorte il déclarait la guerre aux Youcas, dont la neutralité lui était si précieuse. Les Youcas, libres depuis 1762, ayant chez eux dès cette époque un agent du gouvernement hollandais, ne pouvaient laisser attaquer cet agent sans passer pour traîtres, sans s'exposer à une guerre avec leurs protecteurs, guerre qui pouvait leur amener la perte de leur récente liberté. Les Hollandais faisaient la guerre à Boni, mais les Youcas étaient neutres. Boni en attaquant les Youcas les obligeait à sortir de leur neutralité, à se déclarer pour ou contre lui. Les Youcas vivaient en bonne intelligence avec les Hollandais depuis 1762, ils s'allièrent à eux contre ce brouillon guerroyeur.

Les Bonis actuels ne sont donc guère fondés à reprocher aux Youcas, avec autant d'amertume qu'ils le font, leur ancienne trahison. Ils ne devraient accuser que la maladresse de leur vieux chef.

C'est ici, à l'embouchure de Gonini, qu'eut lieu la dernière palabre des Bonis avant de se lancer définitivement dans leur expédition contre Pokéti. La discussion y fut des plus vives entre Agossou et son père. A la fin, Boni impatienté eut recours à un terrible argument *ad hominem* :

« C'est que tu as peur », dit-il.

Et Agossou, nouveau Rodrigue, eut un mouvement sublime. Il brandit son sabre vers son père, et, devenu fort pâle :

« Qu'il soit appelé lâche, celui de nous deux dont le sabre ne sera pas le premier à se désaltérer dans le sang des Youcas. Père, suivez-moi! »

Et, se jetant dans son canot, il se mit à pagayer comme un enragé.

En amont de Gonini Crique et du saut Dagouédé qui est un peu plus haut, on ne trouve plus trace des Youcas. Mais ils ont organisé, à la manière sommaire des sauvages, ce territoire de la Basse Aoua qu'ils viennent de s'annexer. Plusieurs sentiers rattachent leurs petits centres de l'Aoua à leurs villages du Tapanahoni. Le plus méridional de ces sentiers est ce vieux sentier du Grand Cancanti qu'ils viennent, après cent ans, de restaurer quelque peu.

C'est au pied du saut Dagouédé (tête de chien) que se trouvent, dans les îlots de Bamba, les derniers centres youcas, cinq petits villages de quatre cases chacun. A partir du saut Dagouédé, lequel est fort dangereux sur la rive française, mais ne présente qu'un rapide inoffensif sur la rive contestée, on commence à apercevoir distinctement la chaîne de la montagne de Cottica.

Ici nous canotons au sein de forêts historiques : Apatou me montre çà et là les points qu'il a rendus célèbres :

« Voici l'abatis de ma grand'mère, où j'ai été élevé jusqu'à l'âge de quinze ans. »

Puis il ajoute bientôt, ne voulant me priver d'aucun détail intéressant :

« On y entend souvent, le soir et le matin, le canon de Cayenne. »

Nous en sommes à 220 kilomètres à vol d'oiseau!

J'entends pourtant, le lendemain matin, cette prétendue artillerie de Cayenne. C'est un exemple de plus, parmi tant d'autres, de ces détonations produites dans les montagnes, et spécialement dans les grottes et cavernes, sous l'influence des changements de température, soit par la dislocation des roches, soit par la brusque formation de courants électriques.

Nous voici arrivés au pied d'un saut qui est le plus majestueux qu'il m'ait été donné jusqu'à présent de contempler dans le Maroni, le saut Abounasonga.

Avec Abounasonga (Abouna a sombré), nous entrons dans les grands sauts d'où nous ne sortirons qu'à Cottica. Ces sauts sont au nombre d'une vingtaine. C'est la région où les cartes marquent le saut unique d'Itoupoucou. Voilà bien comme on écrit l'histoire! Lorsque, en 1767, Simon Mentelle descendit le premier, en revenant de l'Araoua, tous ces grands sauts de l'Aoua, il demanda aux Indiens qui l'accompagnaient comment s'appelaient toutes ces chutes. Les Indiens se mirent en frais d'imagination, car c'étaient des Indiens des centres, qui ne devaient guère connaître le Maroni, et ils dirent au blanc que tout cela c'était Itoupoucou, ce qui dans les dialectes tupiques signifie le *long saut* : *itou* (saut), *poucou* (long). Et depuis cent ans Itoupoucou est resté sur les cartes. Dût le lecteur s'en fatiguer un peu, je donnerai le nom de la plupart de ces grandes cataractes.

Aux grosses eaux, Abounasonga, tout couvert d'écume blanche, est d'une majesté suprême. Mais dès août il est presque à sec sur les deux tiers de sa largeur. De très petits, mais nombreux îlets, de quelques mètres carrés de superficie chacun, impossibles à mentionner avec exactitude sur un itinéraire, font, avec leur végétation maigre et basse, des taches jaunes au milieu des eaux écumeuses qu'entoure d'un cadre vert sombre l'ovale haut boisé de la rivière élargie. La grande chute est rive française, elle est infranchissable, elle mesure 4 mètres de hauteur sur 50 mètres de longueur. Elle se compose de trois brèches successives d'un mètre à pic chacune. L'ensemble offre près de 10 mètres de dénivellation sur 1 kilomètre de parcours, et 500 mètres de largeur pour la nappe centrale entre les ilots, principalement répartis sur les rives. La passe est rive contestée, elle est mauvaise, il faut y franchir plusieurs dangereux rapides, dont l'un mesure 2 mètres de chute sur moins de 20 mètres de longueur.

Un peu au-dessus d'Abounasonga, l'étranglement de l'Aoua entre l'îlot Coumati Condé et la côte française, au lieu dit Fouto Ouata (eau violente), est, l'hiver, très difficile à remonter. Les eaux font une *angostura*, c'est-à-dire un rapide étroit et violent, resserré entre des berges à pic. On lutte quelquefois tout un jour pour vaincre le courant.

Toutes ces chutes, tous ces rapides, toutes ces angosturas, s'échelonnent pour ainsi dire de kilomètre en kilomètre. Nous allons les passer sans nous arrêter. Aussi bien cela donnera-t-il une idée des facilités et des agréments que le voyage réserve aux novices dans ces rivières sauvages et indomptables.

La grande chute de Panabisongou (Panabi a sombré) est un saut d'un mètre à pic, large seulement de 10 mètres. L'autre chute dont se compose le saut passe entre un petit îlet et l'îlet[1] Panabisongou. Son courant est d'une extrême violence.

Le premier saut Papaye (bois canon) est fort mauvais. La rivière fait toujours angostura et est entraînée au milieu de roches périlleuses. Il faut décharger les bagages. Le second saut Papaye est aussi mauvais que le premier. L'angostura se trouve entre un îlet et la côte française. Mais les roches sont plus favorables et permettent de haler le canot, que l'on passe sans décharger.

Voici peut-être le plus mauvais saut de l'Aoua : Lansédédé (Lansé est mort), il a donné beaucoup de mal à Apatou, lequel est réellement excellent dans les sauts. Lansédédé se compose de deux chutes fort rapprochées, de chacune un mètre de hauteur. Toutes deux contournent, à angle droit, des roches à pic. On passe, en halant, au prix des plus périlleux efforts, et si l'on a de la chance. Apatou tombe dans la seconde chute, se blesse, est entraîné et manque se noyer. Lansédédé est un des tombeaux du Maroni : on compte ses victimes par douzaines. Quand la rivière n'est pas trop à sec, on peut trouver un passage dans les îlots du sud-est.

1. En français de Guyane on emploie le plus souvent *îlet* à la place de *îlot*.

Panabisongou et Lansédédé sont encore plus mauvais en hiver, à cause de l'extrême violence de leurs angosturas.

Un peu en amont de Lansédédé, voici Pampou Gron (le champ de giraumons), où Boni séjourna longtemps et où il eut un village fort important. Ce fut son dernier établissement avant d'entrer dans la rivière Marouini.

Le saut Bachiambo, au-dessus de Pampou Gron, est assez considérable et surtout d'un bel effet. Il se compose de deux chutes, de plus d'un mètre à pic chacune, distantes de cinquante mètres l'une de l'autre et reliées par un courant violent.

Le saut de Caumou-Caumou, en amont de Bachiambo, est un rapide très long, de plus de 2 kilomètres, mais peu difficile.

« Voici, me dit Apatou, en passant entre Bachiambo et Caumou-Caumou, voici l'habitation où je vivais avec ma mère et mes sœurs quand je partis avec Crevaux en 1877. »

Le saut Gramponougon est un long rapide entre les îlets du milieu du fleuve. Sur la rive française se trouvent les sauts Boma Soula (saut du boa) et Grampana (les vagues), que l'on ne passe pas dans la route que je poursuis.

Un peu en amont de Gramponougon on a une vue magnifique de la chaîne de la montagne de Cottica. Ce massif commence à la hauteur de Toutou Crique (Crique Bambou), s'accentue en face du saut Kolobouba, un peu en aval de Cottica, et se continue jusque vers le bas de la rivière Inini. Du saut Kolobouba on distingue nettement, derrière la montagne de Cottica, une autre chaîne plus élevée qui se trouve entre les deux branches de l'Abounami supérieure. Les plus hauts sommets de ces chaînes ont environ 500 mètres d'altitude.

Le premier saut que l'on rencontre au-dessus de Gramponougon est Langatétey. Langatétey (longue corde) est un rapide violent et écumeux. On y a une vue magnifique de la rivière, large en cet endroit de deux kilomètres, et de chaque côté de laquelle les montagnes du Contesté, Langatétey, Kolobouba, Dikipempé (les petits bambous), Gui Mongo (les trois montagnes), avec la double chaîne des montagnes de Cottica et de l'Abounami, dessinent à l'œil un ovale plein d'îlets verts, de nappes d'eau bleue et de sillons transversaux d'écume blanche.

Le saut Hou (saut du bruit), à l'ouest de Langatétey, sur la rive contestée, est réputé fort dangereux.

Après Langatétey on prend Kolobouba.

Le grand saut Kolobouba (le dos de tortue), le plus grand saut de

Maroni-Aoua-Itany, et le plus beau en même temps que le plus difficile, coupe toute la rivière sans ménager de passes. La partie située du côté français est appelée Ouanpandeponsou. Kolobouba a plus de trois kilomètres en rive droite, du premier rapide au dernier. Sa hauteur totale atteint 20 mètres. Quand on le monte, on a la sensation de grimper sur le flanc d'une montagne liquide. Aux grosses eaux, toutes les énormes roches dont le saut est encombré sont couvertes d'une vaste nappe de mousse écumeuse jetant sous le soleil du 4e degré des feux comme des brillants. En été, le saut apparaît semé de hauts pans de murailles, fantastiques comme des ruines, entre lesquelles on se fraye péniblement un chemin sur des colonnes d'eau violemment descendantes engouffrées dans des portes demi-écroulées. Au milieu de ces cent cataractes, de vastes bassins libres, circulaires, d'un tracé parfait, où tombent, sur un miroir de lac immobile, des douzaines de chutes qui ne réussissent ni à remplir le bassin ouvert haut encadré, ni à troubler le calme éternel de sa surface azurée. C'est une vaste arène antique ruinée, c'est un désert de Palmyre que cet immense saut plein de rochers bizarrement découpés par les eaux, un cirque géant qui toujours retentit des bruits du combat sans trêve et sans fin que les eaux vivantes livrent à l'impassible granit. Des carbets de pêcheurs y ont été édifiés, que parfois la crue balaye de la cime des monticules de pierre. A partir de la plage de Krassiaba, en été vaste champ de muraire fluviatile, nourriture des coumarous, les derniers rapides se calment et l'on aperçoit un grand fromager qui annonce la capitale des Bonis, Cottica, pauvre village dans un cadre digne d'une Babylone ou d'un Paris.

Cottica avec les deux villages qui le continuent, La Paix et Séeye (à côté) — Providence ou Pobianchi a complètement disparu, — Cottica compte environ une trentaine de cases, habitées par 150 Bonis. Cottica a pour sa part une vingtaine de petites cases basses, peu confortables, entassées les unes sur les autres.

On y remarque une seule construction civilisée, la maison que le grandman Anato s'est fait construire depuis qu'il est devenu riche. C'est une bonne petite habitation créole, plus importante et plus confortable que celle d'Apatou, également construite en bois et couverte en bardeaux.

Cottica est à environ 125 mètres au-dessus du niveau de la mer, d'après une moyenne prise sur plusieurs observations faites simultanément avec mes deux baromètres.

Septembre 1887. — Me voici donc à Cottica. Nous sommes au commencement de septembre 1887.

Comme il est défendu par les Bonis aux Youcas de remonter l'Aoua au-dessus de Cottica, de même qu'il est défendu par les Youcas aux Bonis de remonter le Tapanahoni au-dessus de Dri Tabiki, mes Youcas et mes Saramacas n'iront pas plus loin.

Tous mes bagages sont déchargés, me voici sans hommes et sans canots.

Mais le grand-man Anato, grâce à ma lettre du gouverneur et à ma situation d' « envoyé du ministre », va m'arranger tout ce qu'il faut, canots, pagayeurs et vivres.

Attendons.

Anato et Cottica : un roi protégé et sa capitale.

Anato est un nègre de cinquante-cinq ans, avec un petit air rusé tempéré par une certaine bonhomie. Il est plus modeste et plus fin qu'Apatou. Il a un grand respect pour les « hommes du gouvernement » et les reçoit de son mieux. Or le confort d'Anato, sous la latitude de Cottica, n'est pas à dédaigner. Anato a du vin, de la bière, des conserves, de bon rhum, quelques douceurs. Pendant les quelques jours que je devais passer chez lui, la cordialité de sa réception ne s'est pas démentie un seul instant.

Anato est maigre, élancé, et porte élégamment un costume européen de bon goût. Il paraît qu'il est polygame, comme beaucoup de Bonis. Toutefois je n'ai jamais vu chez lui qu'une seule femme et toujours la même, une cousine d'Apatou, excellente personne avec laquelle il paraît faire très bon ménage.

La coutume de la polygamie est encore aujourd'hui assez générale chez les Bonis. Si Anato s'en cache, c'est qu'il s'est beaucoup européanisé. Mais ces femmes ne sont pas des épouses, à proprement parler, ce ne sont que des concubines. Le mariage de fait, pas plus que le mariage de droit, n'existe chez les Bonis. C'est l'union libre avec une femme ou plusieurs. On est libre de quitter sa femme trois mois après qu'elle a accouché, c'est l'usage. Un homme étant absent, si sa femme devient enceinte des œuvres d'un autre, elle continue à demeurer avec son nouvel homme si l'ancien arrive. Trois mois après l'accouchement, le nouveau peut abandonner la femme, de même que, de son côté, celle-ci est libre d'aller faire des excuses à l'ancien, qui peut-être les agréera. Les enfants sont abandonnés à la mère, l'homme ne s'en occupe pas. Quand les enfants sont devenus hommes, ils abandonnent leur mère à leur tour.

Anato, depuis le traité de 1861, est protégé par la France au même titre que le grand-man des Youcas est, depuis 1762, protégé par la Hollande. « Nous considérons officiellement le grand-man des Bonis comme un chef de noirs chassé de la colonie voisine, noirs auxquels, à titre d'asile et dans un but de colonisation ultérieure, nous avons laissé nos terres ouvertes. Si, en raison du point qu'ils occupent, des difficultés d'accession que présente cette région, nous avons négligé de soumettre ces réfugiés à nos mœurs et à notre discipline, l'indépendance de fait qu'ils ont conservée de même que les tribus indiennes, ne saurait constituer un état politique. Notre action sur eux doit être la même que celle exercée sur les nègres Bosch (Youcas) par le gouverneur de Surinam. Les Youcas reconnaissent leur dépendance du gouverneur de la Guyane hollandaise bien que fixés cependant sur le Territoire Contesté. » Telle est la situation de ces médiatisés, d'après de récentes instructions de l'administration des Colonies à M. Le Cardinal[1].

Sans doute la créolisation de ces grands-mans et de leurs sujets va vite. Mais il importe de se bien convaincre qu'ils sont fort récemment émergés de la sauvagerie. Voici une petite anecdote qui en dira plus long à ce sujet que de prolixes réflexions.

Quand Anato, devenu riche, commença de faire construire sa petite case créole, son collègue youca, le grand-man Osséissé, lui envoya des « ambassadeurs » pour lui représenter que les ancêtres, dans leur sagesse, s'en étaient toujours tenus aux petits carbets où l'on entre à quatre pattes. La case créole d'Anato, celle d'Apatou étaient de mauvais exemple et de mauvais augure, la nation boni en serait châtiée de Gadou pour cette imitation pernicieuse des coutumes des blancs. Les ambassadeurs assurèrent que ledit Gadou, le bon dieu des nègres du Maroni, le dieu en calembé[2], était absolument furieux et avait envie d'écraser tout. Anato réfléchit, hésita. Finalement son charpentier, un brave homme de transporté évadé (qui récemment est parti en lui emportant 12 000 francs), le décida à poursuivre. Ce que voyant, Osséissé, jaloux, se mit à son tour à se faire construire une maison créole!

Il a été beaucoup parlé d'Anato dans ces derniers temps, à Cayenne et à la rue Royale. D'importantes découvertes aurifères ayant été faites sur la rive gauche de l'Aoua, un peu en amont de Cottica, le gouvernement de Paris et celui de la Haye donnèrent simultanément l'ordre aux gouverneurs de Cayenne et de Surinam d'interdire provisoirement aux chercheurs d'or toute prospection sur le territoire en litige.

---

1. 1888.
2. Calembé : le vêtement des hommes chez les sauvages. C'est une étroite bande d'indienne attachée par une ficelle autour des reins.

Mais aucune défense ne put y tenir. Le territoire contesté fut envahi par les chercheurs d'or de Cayenne et de Surinam. Anato résolut alors de tirer aussi son épingle du jeu. En prélevant 15 à 20 pour 100 de l'or sortant de son territoire, en louant ses carbets aux mineurs de passage, en vendant ses marchandises d'approvisionnement, il est arrivé en moins de deux ans à faire une petite fortune. On évaluait, en avril 1888, à plus de 100 000 francs le pécule ainsi acquis par le grand-man.

L'invasion du Contesté et les droits de souveraineté exercés par Anato indisposèrent le gouvernement français.

« Il paraîtrait que le grand-man Anato frappe d'une sorte de droit régalien toutes les productions d'or qui descendent le Haut Maroni, et qu'il ne laisse accéder aux territoires découverts que les chercheurs d'or qui lui conviennent ou qui composent avec lui.

« Par le fait, Anato est devenu le véritable dispensateur de ces terrains et le bénéficiaire réel de la matière imposable au détriment des deux colonies prétendantes. Il est à craindre que cela nous expose plus tard à des revendications légitimes si la délimitation du territoire se liquidait définitivement en faveur de la Hollande.

« M. le Ministre des Affaires étrangères sera saisi à nouveau de la question de délimitation et de l'intérêt qui s'attache à ce qu'elle soit promptement réglée. Mais, comme cette rectification de frontières présentera d'inévitables lenteurs, on insistera auprès du cabinet de la Haye pour que l'exploitation des terrains situés entre l'Aoua et le Tapanahoni soit d'ores et déjà autorisée.

« Les droits perçus sur la production seraient versés à la Caisse des dépôts et consignations au profit de la colonie qui bénéficiera du territoire sur lequel l'or aura été recueilli.

« Il y a nécessité pressante d'intervenir dans la nouvelle région minière pour en arrêter l'effréné pillage. S'il est réel que le gouvernement de Surinam aurait offert d'y envoyer de compte à demi une force policière, si le Conseil général de la Guyane a émis un vœu dans le même sens, il ne faut pas hésiter à user des moyens dont on dispose. Ils présenteront certainement, dans la pratique, des inconvénients moins sensibles que l'intervention du grand-man Anato. »

Pauvre Anato ! il ne s'en porte pas plus mal[1].

Avec une bonne grâce, une bonne volonté, un empressement dont je

---

1. Au moins est-il mort après fortune faite !

dois me louer sans réserves, Anato m'a arrangé vivres, hommes et canots. Je vais donc repartir.

Comme vivres, Anato me donne une énorme quantité de cassave[1] et de riz, beaucoup plus que je ne lui en avais demandé.

Je pars sous la conduite de Yélou, capitaine à Cottica, et d'Adam, capitaine à Assissi. Me voici avec trois capitaines et trois canots.

Le capitaine Adam est un vilain petit nègre au nez outrageusement épaté et avec une petite moustache xviie siècle. Il se donne des airs très civilisés parce qu'il porte généralement un pantalon de gros bleu, une chemise vareuse du même et un petit feutre gris. Ses airs doucereux et modestes cachent une vanité bien légitime : il possède trois kilogrammes d'or dans une cassette. Je traite avec tous les égards imaginables un personnage si considérable et que je paye huit francs par jour. Pour lui, il se rend parfaitement compte de l'honneur qu'il me fait en daignant pagayer pour moi.

Le capitaine Yélou est un vieux simiesque, maigre, efflanqué, décharné, sordide ; mais rapace, pingre, mendiant, au delà de tout qualificatif.

L'un de mes pagayeurs est un gros garçon pleurard, épais, qui a toujours l'air de sortir de quelque gras pâturage de Normandie pour être conduit à l'abattoir. Il répondait au nom harmonieux d'Abochito. L'autre est un petit loustic borgne, nerveux, moqueur, qui s'appelle Couacou.

Avec ce nouveau personnel, continuant à remonter l'Aoua, nous poursuivons notre route vers le pays indien.

Apatou me montre, rive droite, la route la plus méridionale des Bonis : c'est un sentier de chasse, Pingo Pachi (le sentier des cochons marrons), sentier qui, à environ 20 kilomètres d'ici, par-dessus la montagne de Cottica, va finir à la branche sud de l'Abounami.

Un peu en amont, même rive, voici le petit village boni de Ouécondo (pois sucré à l'ombre), aussi appelé Pomofou.

Pomofou est un village récent, fort joli, comptant dix cases habitées. Bien construit, bien aéré, avec des maisons espacées, il respire la santé. Du plateau élevé sur lequel il a été édifié, on jouit d'une vue superbe de l'Aoua qui coule à une dizaine de mètres en bas, et de la montagne de Cottica qui domine le paysage. L'une des cases de Pomofou, case appartenant au nommé Aponchi, un des nombreux oncles d'Apatou, est la plus

---

1. Cassave : galette faite de farine de manioc.

grande, la mieux bâtie, la mieux comprise des cases indigènes du Maroni des Noirs réfugiés. Elle a un étage, et est entièrement construite en bois avec des galeries sur les deux côtés.

Aux environs de Pomofou, au pied de la Montagne de Cottica, la salsepareille serait, d'après ce qu'on me dit, très abondante. Les anciens Bonis avaient, paraît-il, commencé à l'exploiter.

On trouve beaucoup d'anciens villages dans ces contrées, ce qui ne signifie pas que la population diminue, mais simplement qu'elle se déplace. Les Bonis, comme les Indiens, et pour les mêmes raisons que ceux-ci, se croient obligés de changer d'installation au bout de cinq ans au moins et de dix ans au plus. Le premier ancien village que l'on rencontre est celui de Fau Ouata (quatre fois de l'eau), l'ancien village du grand-man Gongo, petit-fils de Boni. Tout de suite en amont de Fau Ouata, on arrive vers les deux villages de Assissi et de la Paix, villages ayant pour capitaine Adam, mon canotier.

Assassi (la sangle) est actuellement le plus important et le plus beau village des Bonis, le véritable « grand village ». Il a façade sur les deux côtés de l'îlet où il a été construit, et ses trente cases propres, bien entretenues, espacées, au milieu des arbres fruitiers, sont du plus bel effet. On remarque aussi à Assissi un *pacolo* roucouyenne. Cette maison a été construite, pour un des Bonis influents du pays, par un Roucouyenne du Parou. Ce notable, appelé Couami, homme vêtu, et, qui plus est, oncle d'Apatou, se trouve détenteur, lors de mon passage, de certain cognac allemand de provenance de Surinam qui fait honneur au goût de l'acheteur ou à la probité du vendeur, et qui ne me paraît pas mauvais du tout sous ces latitudes.

Le petit village de la Paix, autrefois plus important, ne compte plus aujourd'hui que cinq maisons. Il est également situé dans un îlet.

Voici Guingué Tabiki (l'îlet des cloches), je m'explique difficilement d'où vient ce nom. C'est ici que le grand-man Adam avait son village quand il eut l'idée de fonder Cottica. A Adam succéda Atiaba, qui a eu pour successeur Anato. Matériaux pour servir à l'histoire de France :

Adam avait eu pour prédécesseur Gongo, fils d'Agossou, fils de Boni. Les Bonis ont donc eu jusqu'à ce jour six grands-mans. Boni a régné de 1772 à 1792. Voici les dates probables pour les cinq autres : Agossou, de 1792 à 1810; Gongo, de 1810 à 1840; Adam, de 1840 à 1870; Atiaba, de 1870 à 1876 ; et Anato, *régnant* depuis 1876.

Voici encore — abondance de bien ne nuit pas — la liste des grands-mans des Youcas : Bambi, qui fit la paix avec Agossou, en 1791, à la mort de Boni; Coucouyacou, Béi, Béimofou, Osséissé.

Une heure avant d'arriver à Cormontibo, l'écho nous apporte les sons affaiblis d'un orchestre sauvage. On fait de la musique et des libations en l'honneur d'une vieille femme morte depuis deux mois. Cormontibo est en fête ; Gabari Mongo, qui continue la Montagne de Cottica, en retentit.

Cormontibo, le dernier village des Bonis en amont, compte une quinzaine de cases dispersées dans un immense abatis en friche. Ce sera bientôt une ruine de plus à inscrire sur la carte de l'Aoua, à côté de Misséi et de Maripa, un peu en amont, villages dont il ne reste plus aujourd'hui vestige susceptible d'être soupçonné par un œil d'Indien.

On commence à voir d'ici la montagne de Fat Chuiti, où l'on a découvert les magnifiques gisements aurifères qui ont si fortement passionné les deux colonies limitrophes.

Les sauts de Krassiaba (rivière barrée) et de Matitiki (pilon) ne sont que des rapides. Le premier saut de Krassiaba s'appelle Krassiaba des femmes (Ouman Krassiaba), et le second, Krassiaba des hommes, ou simplement Krassiaba. C'est en face du second, rive française, que se trouvait le village de Krassiaba, récemment abandonné et aujourd'hui complètement disparu.

Un peu plus haut voici les rochers de Féti Campan, théâtre, du temps de Boni, d'un combat entre les Bonis et les Youcas.

Et voici enfin, rive contestée, le premier des deux dégrads des placers de l'Aoua.

Ces placers s'étendent autour de la petite montagne de Fat Chuiti (la bonne graisse), ainsi nommée parce que les Bonis y allaient jadis recueillir l'huile que fournit la graine du palmier coumou. La presque totalité de ces placers se trouvent dans le bassin de l'Aoua; cependant quelques exploitations sont établies jusque dans le bassin du Tapanahoni.

Les découvreurs de ces gisements sont, en réalité, Anato et ses hommes, mais le grand-man et ses Bonis n'en connaissaient ni la richesse ni l'étendue et ils ne savaient pas exploiter.

Un créole de Cayenne qui s'était rendu à l'Aoua par l'Approuague et l'Inini démontra l'extrême richesse de cette zone. A partir de cette époque (1885), la nouvelle de la découverte de cet Eldorado s'étant répandue, les placériens de Guyane et de Surinam accoururent en foule aux terrains aurifères.

Les défenses portées par les gouvernements de Cayenne et de Surinam contre la prospection et l'exploitation des terrains aurifères de l'Aoua demeurent sans aucun effet.

Au commencement de 1888, les deux gouvernements durent déclarer libres les recherches et les exploitations à l'Aoua.

Au début, les premiers exploiteurs, installés en dépit des défenses des gouvernements de Cayenne et de Surinam, essayèrent de garder pour eux le monopole de l'exploitation de ces merveilleux champs d'or, mais ils ne purent opposer une digue au torrent : tout le monde accourut.

Dès lors chacun s'ingénia à tirer son épingle du jeu.

Les Bonis élevèrent le taux de leurs frets jusqu'au chiffre énorme de 90 francs par baril. Un homme est un baril, une dame-jeanne est un baril, un sac de voyage est un baril : cela donne à peu près 1000 francs la tonne pour un parcours d'environ 500 kilomètres. Les Bonis devinrent rapidement riches. Les placériens n'évaluent pas à moins de 500 000 francs la valeur totale des pièces de cinq francs et de l'or natif actuellement entre les mains des Bonis.

Non contents de ces superbes bénéfices qu'ils retiraient du canotage, les Bonis voulurent les garder strictement pour eux. Ils voulurent interdire aux autres tribus de la rivière le canotage de l'Aoua. Mais les Youcas, non moins âpres au gain et plus nombreux que les Bonis, ne voulurent pas se laisser faire la loi. Anato fut d'abord obligé de laisser les Youcas conduire les placériens jusqu'à Man-Bari. De là les canots bonis les conduisaient aux placers. Peu à peu, les Youcas s'enhardirent et bientôt ils ne craignirent pas de conduire les placériens jusqu'à Cottica. Les deux tribus faillirent en venir aux mains. Osséissé envoya un jour trois cents hommes faire une démonstration dans l'Aoua. Il y eut de fréquentes rixes entre les Bonis et les Youcas, et aussi entre les Youcas et les Saramacas, que les Youcas, victorieux, voulaient, à leur tour, empêcher de monter.

Tout cela prit fin en mai 1888. Anato et Osséissé convinrent que l'Aoua, le Tapanahoni, le Maroni seraient complètement libres et que les « nations » pourraient parcourir ces cours d'eau jusqu'où bon leur semblerait, les Youcas jusqu'aux sources de l'Itany et les Bonis jusqu'à celles du Tapanahoni. Depuis cette époque Youcas, Bonis, Paramacas, Saramacas, Indiens Galibis, pratiquent la libre concurrence dans le grand fleuve et ses deux grandes branches supérieures. D'ailleurs, bientôt, les créoles de Surinam et de Cayenne, qui s'apprennent à passer les sauts, vont apporter leur contingent, et sans doute les prix ne manqueront pas de baisser sensiblement. Mais alors les placers de l'Aoua seront peut-être épuisés.

Anato, voyant tout le monde s'enrichir dans son Contesté, ne pouvait se désintéresser de la fortune qui s'offrait à lui. Comme les placériens étaient à sa merci pour obtenir les pagayeurs bonis indispensables pour passer les mauvais sauts du Maroni, il se montra exigeant et préleva 15 et même 20 pour 100 sur le brut des productions qui descendaient. Il fallut en passer par là, surtout au début, car on n'avait pas alors les Youcas. Il eût en effet été facile à Anato d'affamer les placers en coupant leurs communications.

Dans ces conditions, le premier souci des placériens devait être d'échapper, dans la plus large mesure possible, aux exigences du grand-man. Le placérien qui avait fait 50 kilogrammes d'or en accusait 10 à Anato, et ne payait ainsi à la douane du grand-man que 2 kilogrammes au lieu de 6. Seul pour exercer son contrôle, car il n'avait évidemment pas de fisc organisé, Anato ne pouvait guère empêcher ces fraudes. Toutefois il ne tarda pas à s'apercevoir qu'on le trompait et alors il inventa des droits nouveaux : droit d'accostage à Cottica à raison de 15 francs par canot, droit de 15 à 20 grammes à payer par tout ouvrier qui descend, droit de séjour à acquitter par les patrons, etc. Tous ces droits, joints à la location de ses carbets aux mineurs, transformèrent, en deux ans, le chef des Bonis de gueux en capitaliste.

Puis, en mai 1888, fatigué de tous les ennuis que lui causait son rôle de collecteur de droits de douane, il promet spontanément de supprimer tous ces droits. Son désintéressement n'est pourtant pas, en réalité, aussi grand qu'il semble le paraître : avec la liberté de canotage dans la rivière, rien ne serait plus facile aux expéditions que de se rendre directement aux dégrads des placers sans toucher à Cottica.

Les placériens, dans la région contestée où ils se trouvaient, loin de toute loi, de toute police, ne pouvaient manquer de se donner libre champ. Les plus honnêtes d'entre eux essayèrent bien, au début, d'établir quelques règlements, mais ce fut en vain : on en arriva à adopter ce principe, que toute crique, prospectée ou non, est ouverte à tous. Je découvre une crique, je la prospecte ; elle est riche, je m'y installe, je pose un sluice. Quelques jours après, peut-être le lendemain, à 10 mètres en amont de mon sluice, à 10 mètres en aval, à côté de moi dans ce ruisseau de 2 mètres de largeur, partout des sluices. Aussi, aujourd'hui, s'en tient-on aux criques déjà vérifiées, et personne ne veut-il plus prospecter.

Messieurs les patrons s'étant montrés si habiles à se dépouiller les uns les autres de leurs découvertes, messieurs les ouvriers ne voulurent pas être en reste. Vous arrivez aux placers du Contesté avec dix ouvriers. Trois jours après il vous en reste deux : les huit autres se sont installés à côté de vous et travaillent à leur compte, sous prétexte que leurs trois jours de travail suffisent à vous rembourser des frais qu'ils vous ont coûté. Aucune autorité, chacun à sa guise : « Nous sommes à l'Aoua », disent-ils. La plupart de ces ouvriers travaillant ainsi à leur compte laissent entre les mains des vendeurs de tafia et de vivres de Cottica les pépites sur lesquelles comptaient leurs engagistes. Ils remontent, descendent peu après à Cottica avec quelques centaines de grammes, qui ont le même sort que les premiers, et font ainsi la navette de Cottica aux placers, quelques-uns depuis deux ans. Les patrons se voient obligés, pour ne pas être abandonnés par leurs ouvriers, de s'associer avec eux par acte régulier dès Cayenne ou Surinam. Ils leur abandonnent le quart de la production brute, faible part dont cependant les ouvriers se contentent.

Cette exploitation des gisements aurifères du Contesté n'a nullement contribué, comme on le pense bien, à moraliser la contrée. Les placériens se dépouillent à qui mieux mieux, les vols sont fréquents, des coups de fusil ont été échangés. Cependant, ce qui aurait plutôt lieu d'étonner, c'est que rien de véritablement grave ne se soit produit : il n'y a eu personne de tué.

Les deux dégrads des placers présentent une physionomie originale : ce sont de grands bazars de 20 à 50 cases chacun, où, sous des espèces de paillotes annamites, des mercantis avisés viennent vendre des vivres aux travailleurs de cette petite Californie. Le métier sera lucratif jusqu'à ce que la concurrence ait fait baisser les prix. Qu'on juge des facilités de la vie aux placers de l'Aoua par cet aperçu des prix du mois de mai 1888. L'unité monétaire est le gramme d'or brut, lequel est payé 2 fr. 85 à la Banque de la Guyane, à Cayenne. Un litre de vin, 15 grammes ; un litre de tafia, 8 grammes ; 1 kilogramme de morue, 8 grammes ; un kilog. de riz, 4 grammes ; le kilog. de farine de manioc, 5 grammes ; le kilog. de sucre, 10 grammes ; une boîte de lait condensé valant 0 fr. 80 à Cayenne, 15 grammes ; une petite tortue, 15 grammes ; un agouti (un lapin), 40 grammes ; un hocco (une dinde), 40 grammes.

Les ustensiles de travail sont à vil prix : ceux qui descendent sans esprit de retour laissent là leur matériel, dont le fret coûterait plus que ne valent les objets.

On comptait, en 1887-88, environ 5000 personnes travaillant en permanence dans les placers de l'Aoua. C'est une population des plus mêlées :

créoles de Cayenne et de Surinam, Français, Hollandais, transportés libérés, Arabes, coolies, Antillais, Anglais, Espagnols, Chinois.

On évalue la production totale depuis l'origine jusqu'à novembre 1888, époque à laquelle les gouvernements français et hollandais ont fait évacuer les placers et ont installé trois postes militaires mixtes avec un commissaire de chaque nation, à Hermina, à Poligoudoux et aux dégrads des placers, pour empêcher les placériens de se rendre aux champs d'or, on évalue cette production totale à environ 5 000 kilogrammes. En raison des facilités plus grandes que les placériens ont trouvées pour vendre leur or à Surinam, plus de 4 000 kilogrammes ont pris le chemin de cette ville et 1 000 seulement celui de Cayenne. Toutefois, dans les derniers temps, le gouvernement de Cayenne, mieux avisé, et au plus grand profit de la douane coloniale, admettait sur simple déclaration de provenance, et sans chicane ni tracasserie, l'or venant des placers de l'Aoua.

Je ne connais personne qui ait fait de grande fortune aux champs d'or du Contesté franco-hollandais, mais beaucoup sont revenus, au bout de quelques mois, avec 20, 30 et même 40 kilogrammes.

Il s'en faut que les gisements soient épuisés. On pourrait repasser toutes les criques, car l'exploitation, hâtive, a été faite avec des instruments des plus primitifs et des plus défectueux. De plus, toutes les criques n'ont pas été exploitées. Enfin on affirme que la *poche* se prolonge de l'autre côté de l'Aoua, en territoire français. Toujours est-il que trois ou quatre Bonis ont exploité longtemps, en se cachant d'Anato, d'excellents petits placers dans les environs immédiats et médiats de la zone actuelle, tant rive française que rive contestée.

Tel était l'état des choses en mai 1888.

Mais nous ne sommes encore qu'en septembre 1887.

Après deux jours d'une hospitalité charmante offerte par quelques placériens du Contesté, je poursuis la route vers les Tumuc-Humac.

A quelques heures au-dessus des dégrads des placers, les paysages de l'Aoua deviennent magnifiques. En arrivant à l'embouchure de l'Inini, nous contemplons, à notre gauche, la double chaîne d'Atachi Bacca (le dos d'Atachi), qui s'étend depuis l'embouchure de l'Inini jusque vers celle de l'Araoua, et devant nous l'Aoua élargie à 500 mètres, du milieu de laquelle s'élève, dans le fond, l'îlet de Caapa.

Nous vivons bien, dans cette région. Apatou, levé le premier, a déjà fléché, quand nous sortons du hamac, notre nourriture de la journée : aymaras, coumarous, toucounarés, morocos, coumatas, excellents poissons dont on ne se lasse jamais; ou bien il nous apporte la meilleure plume de la forêt : hocco, couyououi, maraye, inamou. Souvent, en route, il s'adonne à un exercice des plus pittoresques. Quelque iguane, effrayé par le bruit des pagayes, se livre à une course bruyante dans les halliers et vient chercher un refuge juste en face du canot en plongeant dans la rivière.

Apatou aussitôt, plongeant à son tour, saisit l'iguane par sa longue queue et le jette ainsi tout vivant dans notre embarcation à la portée de mon gourdin expert, qui brise du premier coup la tête de la pauvre bête. Apatou, pour être un bon patron, un chasseur très praticien du grand-bois, n'en est pas moins un maître flécheur et un grand amateur d'exercices nautiques. C'est d'ailleurs le cas de tous ces noirs des Tribus Réfugiées.

Mais ni iguane, ni aymara, ni maraye ne sauraient causer le moindre plaisir à

FEMMES DES PLACERS.

ce malheureux Laveau. Il est tout changé, il est maussade, bilieux, rageur, il ne mange plus : la fièvre le tient et le tient bien. Il l'a à peu près cinq fois la semaine. Ses yeux sont creux, son teint est couleur de terre, il est presque méconnaissable. La quinine, l'ipéca, l'arsenic sont impuissants : que faire?

Voici l'embouchure de l'Inini. Malgré son très grand parcours, cette rivière n'a qu'une embouchure modeste, de 50 mètres de largeur environ.

L'Inini conduit en pays indien. Les sources de cette rivière sont habitées par les Emerillons. Plus haut toutes les rivières coulent en terre indienne : Marouini et Itany ont des Roucouyennes dans leur cours supérieur, Oulémary a des Oyaricoulets et Aroué aurait des Comayanas : nulle part des Noirs Réfugiés.

C'est à l'embouchure de l'Inini que finit la Guyane coloniale et que commence le Territoire Indien.

Avant de poursuivre notre route, d'entrer dans le domaine des nations indiennes, un coup d'œil statistique rétrospectif ne sera pas inutile pour donner une idée d'ensemble de l'importance numérique et de la distribution des Noirs Réfugiés du Maroni.

D'aval en amont on rencontre tout d'abord un groupe de *Bonis* dont le village d'Apatou est le centre le plus important. En dehors du village on trouve aussi des Bonis à l'îlet Souto Couma, à l'îlet Banagon et à l'îlet Chuiti Cassaba, le tout dans les parages du saut Hermina et en terre française. Ils sont environ 150 dans ce district.

Du saut Hermina à l'ancien placer Du Serre, à l'extrémité sud de Langa Tabiki, le Maroni est désert.

De l'extrémité sud de Langa Tabiki à l'îlet Nasson habitent les *Paramacas*, qui sont au nombre de 200 environ, dont 50 en terre française au village de l'îlet Nasson. Les autres Paramacas, sauf ceux de l'îlet Abouca et ceux du « grand village », occupent des habitations éparses, rive hollandaise, habitations réparties en deux groupes, l'un en face de l'extrémité sud de Langa Tabiki, l'autre en face de l'îlet Nasson.

De l'îlet Nasson à Mombin Soula, le Maroni est désert.

A Mombin Soula commencent les *Youcas*, émigrés du Tapanahoni. Cette migration youca est assez importante pour qu'on l'étudie en détail. Les Youcas possèdent au Maroni, en terre française, plusieurs centres dans les îlets et un seul sur notre rive. Dans les îlets ils ont d'abord deux habitations, dans deux îlets situés en face de Sangato ; puis un petit village de 4 cases au-dessus de Gun Soutou ; une habitation à Dou Tabiki ; 2 à Ga Caba ; le village de Capaci Tabiki qui compte 12 cases habitées ; plus en amont une habitation dans un petit îlet ; à Man Bari, deux villages, l'un de 15 cases, l'autre de 5 ; et enfin, avant d'arriver à Poligoudoux, à Kété, un village de 5 cases. Le petit centre de la rive française se trouve un peu en aval de l'embouchure de l'Abounami ; il compte 5 cases ; son capitaine s'appelle Montout. Les Youcas ne possèdent au Maroni, en terre hollandaise, que le petit village de Sangato qui a 5 cases. Total : en terre française

52 cases et environ 260 habitants; en terre hollandaise 5 cases et 25 habitants, soit 285 Youcas au Maroni.

Dans l'Aoua on trouve d'abord, rive contestée, le village des Poligoudoux avec 30 cases et 150 habitants.

La Basse Aoua n'est peuplée que de *Youcas*. Comme dans le Maroni, ils sont principalement établis en terre française. Rive contestée, ils n'ont qu'une habitation en face de Cofi Camisa, et, un peu en amont, le village d'Assounanga, qui compte 5 cases et 25 habitants. En terre française ils possèdent, dans un îlet en face de Grand Santi, une habitation; un village de 10 cases à l'îlet des Bois Canons; une habitation un peu plus haut, une autre à Sante Crique; 5 dans Langa Tabiki; 8 en face de Langa Tabiki, rive française; une autre à Bofi Tabiki; une autre un peu en amont; une en face de Gonini; 4 villages de 5 cases chacun dans des îlets au-dessus de Bamba Crique. Total, en terre française, 51 cases et environ 255 habitants; dans le Contesté 6 cases et 30 habitants; soit, pour les Youcas de l'Aoua, 57 cases et 285 habitants.

De Mombin Soula à Dagouédé on trouve donc 570 Youcas, dont 515 en terre française, 25 en terre hollandaise et 30 dans le Contesté.

De Dagouédé à Amerigon, l'Aoua est déserte.

A Amerigon commencent les *Bonis* de l'Aoua. A Amerigon on trouve une habitation boni, à Bambaouaoua une autre, une troisième à Aguidigon et deux en amont de Kolobouba, le tout en terre française. Cottica et ses deux faubourgs de la Paix et de Sééye, rive contestée, comptent ensemble 35 cases et 150 habitants. Tous les autres villages bonis sont en terre française : Pomofou, 10 cases et 50 habitants; Assissi, 30 cases et 150 habitants; la Paix, 5 cases et 25 habitants; Cormontibo, 15 cases et 75 habitants. Total, à l'Aoua, en terre française, 65 cases bonies et 325 habitants; dans le Contesté, 30 cases et 150 habitants; soit, pour les Bonis de l'Aoua, 95 cases et 475 habitants.

Avec les Bonis du district d'Apatou, cette peuplade compte donc environ 625 individus, dont 475 en terre française et 150 dans le Contesté.

Total de la population de l'Aoua : 475 Bonis, 285 Youcas, plus 150 Poligoudoux, soit 910 habitants.

Total de la population du Maroni : 150 Bonis, 200 Paramacas, 285 Youcas, soit 635 habitants.

Total général : 1 545 Noirs Réfugiés, dont 1 040 en terre française, 175 en terre hollandaise, 330 dans le Contesté, répartis en 18 villages, dont 13 en terre française, 2 en terre hollandaise et 3 dans le Contesté.

Voici, enfin, quelle est la récapitulation générale par tribus.

Pour les *Bonis*. En terre française : 475 ; dans le Contesté, 150 ; total, 625 répartis dans 6 villages, qui sont, d'aval en amont : Apatou, Pomofou, la Paix, Assissi, Cormontibo, en terre française, et Cottica, dans le Contesté.

Pour les *Youcas*. En terre française : 515 ; dans le Contesté, 30 ; en terre hollandaise, 25 ; total : 570, répartis en 9 villages, qui sont, d'aval en amont : Sangato, en terre hollandaise ; Gun Sontou, Capaci Tabiki, Man Bari, Petit Man Bari, Montout, Bois Canon, en terre française ; Assounanga, dans le Contesté.

Pour les *Poligoudoux*. Dans le Contesté, 150, au village de Poligoudoux.

Pour les *Paramacas*. En terre française, 50, au village de Nasson ; en terre hollandaise, 150 ; principal village, Apensa. Total : 200.

Pour en terminer avec ces Noirs Réfugiés, quelques mots sur leur état social.

Paramacas et Poligoudoux n'augmentent ni ne diminuent sensiblement en nombre.

Les Bonis ont beaucoup diminué. Lors de la guerre de Boni contre les Hollandais, les Bonis passaient pour être la plus nombreuse des tribus de nègres marrons. Lors de leur défaite en 1792, leur chef mort, ils furent arbitrairement confiés par les Hollandais à la surveillance des Youcas. Ceux-ci firent peser sur les Bonis une lourde tyrannie, dont ils ne furent complètement délivrés qu'en 1861 par le protectorat de la France. C'est pendant cette période d'« esclavage », comme ils disent, qu'ils durent se réduire considérablement en nombre. Ils semblent avoir aujourd'hui une tendance à augmenter.

Les Youcas sont la plus prospère de ces tribus. Ils sont très prolifiques, et leur nombre, également beaucoup réduit depuis l'époque de la « grande fuite », puisqu'ils sont tombés de 8 000 à 5 000, tend à s'accroître aujourd'hui d'une façon régulière. Les Youcas du Maroni-Aoua, tout spécialement, augmentent en nombre avec beaucoup de rapidité, grâce à l'incessante immigration de leurs frères du Tapanahoni.

Une étude détaillée du caractère social et moral de ces Noirs Réfugiés nous entraînerait trop loin. Qu'il nous suffise de dire que, selon nous, tous ces gens-là, avec tous leurs défauts, pourront très bien, d'ici vingt ans, faire des créoles aussi intéressants que leurs frères de la côte de Guyane.

Avant de voir absorber par une créolisation prochaine ces Noirs depuis cent ans autonomes, voyons quel est le gouvernement chez les Bonis et les Youcas.

Le mécanisme gouvernemental chez les Bonis et les Youcas se compose de trois rouages : le grand-man, le grand conseil, les capitaines.

La dignité de grand-man est à vie, mais non héréditaire. Le grand-man, chez les Bonis, a été héréditaire jusqu'à et y compris Gongo. Mais à partir de Gongo on cessa de prendre pour nouveau grand-man le fils aîné du grand-man défunt, on le prit parmi les enfants les plus jeunes, ou même parmi les collatéraux. Ce sont les capitaines qui choisissent le nouveau chef. Le grand-man ne peut, de son vivant, choisir son successeur, mais le grand-man ne peut, quoi qu'il fasse, être destitué. Parmi les Bonis on a toujours pris les grands-mans, jusqu'à ce jour, dans la famille du vieux chef.

Le grand-man est capitaine du « grand village » ; c'est lui qui choisit les capitaines auxquels il donne ses ordres. Chez les Youcas, le grand-man envoie ses capitaines à Surinam après qu'il les a choisis : ils reçoivent du gouverneur de Surinam une espèce d'investiture consistant en une canne, un costume et un diplôme. Chez les Youcas, ces capitaines sont au nombre de douze. Chez les Bonis, un seul capitaine a reçu l'investiture du gouvernement de Cayenne, c'est Apatou : il a un diplôme, mais sans canne ni costume. Les autres capitaines bonis, au nombre de quatre, ne sont connus ni reconnus par le gouvernement de Cayenne. Non seulement le grand-man choisit ses capitaines, mais encore on ne peut, sous peine d'être accusé de haute trahison, refuser cette dignité quand le grand-man l'a offerte.

Le grand-man réunit le grand conseil, composé de tous les capitaines. Ce grand conseil, aujourd'hui presque complètement tombé en désuétude, du moins chez les Bonis, ce grand conseil n'avait que voix délibérative. Le grand-man n'était pas obligé de se conformer aux avis que ce corps politique émettait. En réalité, les grands-mans avaient le pouvoir législatif comme le pouvoir exécutif. Il s'agissait d'ailleurs bien moins de lois que de décisions, tout ce que nous entendons par loi étant remplacé chez ces peuples primitifs par la coutume, la tradition, que seule pouvait faire fléchir la volonté, expressément manifestée, du grand-man. Le grand conseil n'était donc qu'une assemblée consultative.

Chez les Bonis comme chez les Youcas il n'y a jamais qu'un seul capitaine par village, mais il arrive qu'un seul capitaine commande à deux ou plusieurs petits centres. Le capitaine n'est pas astreint à la résidence.

Chez les Bonis l'autorité du capitaine sur son village est aujourd'hui aussi illusoire que celle du grand-man sur les capitaines. Le capitaine boni ne donne guère plus d'ordres dans son village : il sait qu'ils ne seraient pas exécutés; pour les ordres du grand-man, d'ailleurs fort rares, car Anato se rend parfaitement compte de son peu d'autorité, le capitaine les fait exécuter quand il peut, comme il peut. Il paraît que chez les Youcas l'ancienne règle est encore aujourd'hui fidèlement observée : Osséissé a, dit-on, beaucoup d'autorité sur ses capitaines, et ses capitaines en ont beaucoup sur leurs villages.

Chez les Bonis, le grand-man n'a plus guère que l'autorité judiciaire; et encore je doute fort qu'aujourd'hui, si un crime était commis par un Boni sur la personne d'un autre Boni, la première pensée des voisins ne soit pas d'envoyer le coupable à Saint-Laurent du Maroni. Mais le grand-man des Youcas, celui des Saramacas, exercent toujours haute et basse justice sur leurs terres. Il n'y a encore que deux ou trois ans que ce dernier faisait pendre un de ses hommes à un manguier, devant le sylvestre palais grand-manal.

Voici quelle était l'antique procédure. Un homme est tué dans un village, ou gravement blessé. Le capitaine du village fait mettre le coupable à la barre de justice, puis il va trouver le grand-man. Celui-ci fait venir le coupable, l'interroge, réunit le grand conseil et prononce en dernier lieu. On applique généralement, quand cela est possible, la peine selon la loi du talion : qui a donné un coup de fusil, un coup de sabre, un coup de couteau, recevra un coup de couteau, de sabre, de fusil au même endroit du corps. C'est le grand-man qui opère, avec lenteur et méthode, quand il s'agit d'un coup de sabre ou d'un coup de couteau : il importe de ne pas entamer le coupable plus profondément qu'il n'a entamé la victime. Le vol est puni par des amendes. Les rixes ne sont pas poursuivies. La prison est inconnue : on n'a recours qu'à la barre de justice : les ceps du moyen âge.

Aujourd'hui le grand-man des Bonis, en dehors de ses droits chancelants de justicier, de grand chef des canotages et de collecteur de redevances aurifères, a juste assez d'autorité pour réquisitionner quelqu'un et l'envoyer chasser ou pêcher pour le grand-man, travailler pour le grand-man, sans rémunération. Mais les Bonis trouvent souvent des prétextes pour se dispenser de ces corvées. Si l'on obéit encore un peu à Anato, c'est par respect pour la tradition. Osséissé continue à être redouté, obéi, servi. Mais les canotages changent rapidement tout cela. Demain ces deux rois vont être détrônés par un troisième : la pièce de cinq francs.

En pays boni, ce qui reste encore de plus apparent au sein des anciennes coutumes en ruine est une tendance à ce que tout se passe en petits conseils particuliers. C'est aussi le génie youca. Le nègre est né « palabreur ». De tous côtés, à propos de tout, à propos de rien, sur les sujets les plus futiles, les plus ridicules, on fait un conseil. Assis en rond sur de petits bancs, ils discutent des heures entières, tout un jour. Si l'on arrive à s'entendre, on n'est pas obligé de se conformer à la décision prise. J'ai subi plus de quarante conseils chez les Bonis et les Youcas : c'est le fléau de la contrée. Je ne me souvenais jamais, une heure après, de ce dont il s'agissait : c'était un prétexte pour parler. Le nègre adore jacasser; le moins disert d'entre eux rendrait des points à la plus loquace de nos commères. Une des vanités d'Apatou était de se croire orateur, surtout dans sa langue, l'élégant *takitaki*. Il me faisait parfois en créole un discours de deux heures sans s'arrêter. La harangue finie, j'avais beau la feuilleter : pas l'ombre d'une idée ou d'un fait. Notre belle France verra un jour tous les rôles d'avocat de second ordre tenus par des nègres de nos départements coloniaux.

Tels sont nos nègres marrons du Maroni.

Cette nombreuse population des Noirs Réfugiés du Maroni semblerait, à première vue, faire de ce fleuve une base plus solide que celle de l'Oyapock pour procéder à la colonisation de la Haute Guyane. Sur la moitié de son parcours total, des établissements pénitentiaires à Cormontibo, les rives du Maroni sont habitées : 1 500 Noirs Réfugiés, dont 1 000 en terre française incontestée, constituent évidemment un élément sur lequel on peut s'appuyer.

A première vue le Maroni plaît par ses magnifiques paysages, ses nombreux villages, la vie, le mouvement qui l'animent. Qui n'y fait qu'un voyage rapide ne manque pas de rester sous le charme.

Cependant, si l'on y regarde de plus près, on voit que c'est là une médiocre base de colonisation. En bas des transportés et des récidivistes, plus haut des nègres que l'on pourra créoliser, mais qui n'en resteront pas moins ce qu'ils sont. Cette population a, sans conteste, sa valeur économique comme producteurs, consommateurs, commerçants; mais pour qui est épris de l'idée d'une colonie nationale en Guyane, ces transportés, ces récidivistes, ces Youcas, ces Bonis, ne sont que des utilités d'un ordre absolument inférieur. Restent les Roucouyennes, bloqués par ces éléments de population assez médiocre du Bas et du Moyen Fleuve, et qu'il faudrait aller chercher à une énorme distance de la côte.

L'Oyapock, bien que moins peuplé, présente sur le Maroni ces avantages : il n'a pas de forçats, il n'a pas de nègres marrons; sa population maritime est un mélange ou un croisement de blancs, d'Indiens et de Noirs, excellente population toute parfaitement créolisée et fournissant autant de culture à la colonie que tous les autres quartiers réunis. L'Oyapock est la voie la plus directe et la plus courte de la Haute Guyane vers la côte. C'est même l'ancienne voie des Roucouyennes, qui descendaient jadis par le Camopi et l'Oyapock; c'est le chemin que nos explorateurs avaient commencé à suivre à la fin du xviie siècle et au commencement du xviiie. L'Oyapock, fleuve rectiligne, presque sans sinuosités, de moindre parcours, se monte ou se descend en deux fois moins de temps que le Maroni. On descend, aux grandes eaux, des Tumuc-Humac de l'Oyapock à la mer en huit jours. L'Oyapock est la grande artère qui, il y a cent ans, drainait, et qui est destinée à drainer encore tous les Indiens du centre de la Guyane orientale. Il présente, dans ses immenses forêts de cacao, des richesses que n'offre pas le Maroni. L'Oyapock est la voie centrale de notre Guyane Indienne; le Maroni n'en est qu'un boulevard.

Suivons maintenant ce boulevard jusqu'au Territoire Indien, à travers les espaces de la Haute Guyane.

PÊCHE AU COUMAROU.

CHASSE AUX COCHONS MARRONS.

CHAPITRE IV

ENTRÉE EN HAUTE GUYANE. — HISTOIRE DE LA MORT ET DE LA TÊTE DE BONI. — LES VOYAGES A L'ININI, A LA HAUTE APPROUAGUE, A L'ARAOUA ET AU MAROUINI. — HISTOIRE D'UNE FEMME. — ÉPIDÉMIE DANS MON EXPÉDITION. — MASSACRE. — INDIENS FÉROCES. — LES GRANDS SAUTS DE LA HAUTE AOUA ET DE LA BASSE ITANY, THERMOPYLES DES ROUCOUYENNES. — SECOND NAUFRAGE. — LES OYARICOULETS ET LEURS VOISINS LES TRIOS. — LES COMAYANAS. — RENCONTRE DES ROUCOUYENNES. — COMBAT D'UN LÉZARD, D'UNE COULEUVRE ET D'UN HOMME. — VILLAGE ROUCOUYENNE DE PIQUIOLO — LA MOYENNE ITANY. — LES YAPOCOYES. — BAPTÊMES GÉOGRAPHIQUES. — LA HAUTE ITANY. — LE DÉGRAD D'ALAMA. — QUESTION D'ALTITUDE. — SECOND RELAIS DE POSTE. — AU-DESSUS DES DÉGRADS. — LE VILLAGE D'APOÏKÉ. — LES SOURCES DE L'ITANY. — LES TRIBUS DES TUMUC-HUMAC OCCIDENTALES. — LE DISTRICT D'APOÏKÉ. — ARRIVÉE AU SENTIER DES ROUCOUYENNES DU MAROUINI.

La Haute Guyane! il faut nous arrêter quelques instants avec recueillement sur le seuil de cette terre mystérieuse.

Depuis trois cents ans, la science, qui a révélé jusque dans leurs moindres détails les cantons les plus reculés du globe, les plus inaccessibles, semble impuissante à faire une lumière complète sur l'intérieur de la Guyane. Des renseignements tronqués ou erronés sur l'orographie et l'hydrographie, pour l'ethnographie quelques données vagues ou fantaisistes, voilà à peu près tout ce que nous savons sur cette mystérieuse

Guyane intérieure où cependant de nombreux explorateurs, Grillet et Béchamel, Patris, Mentelle, Leblond, Milthiade, Leprieur, de Bauve, Crevaux, ont accompli d'héroïques voyages.

Ces voyageurs n'ont pu que faire des trouées rapides qui ne nous ont valu que quelques levés incomplets, la plupart aujourd'hui perdus. Seul Leblond, robuste intelligence, homme de fer, entreprit une œuvre, séjourna, et put nous léguer des données nombreuses et positives tant sur le pays de Haute Guyane que sur les nations qui l'habitent. Mais l'œuvre qu'il commença ne fut pas poursuivie et depuis cent ans nous vivons sur le fonds de Leblond. Crevaux, au début de sa courte et brillante carrière, passa comme un boulet au travers de ces obscurs déserts, mais il ne laissa derrière lui qu'un étroit sillage lumineux : la Haute Guyane demeure encore la terre peu connue, mal connue, mystérieuse et attachante du passé.

Ainsi, autour de la Guyane des quartiers récemment accrus du territoire des placers, s'étend, comme une marche inabordable, la Haute Guyane des grands plateaux et des Tumuc-Humac, la terre de l'inconnu et des épouvantements, où nul n'ose se risquer même pour chercher de l'or, et qu'ont seuls entrevue quelques aventureux qui l'ont affrontée pour se rendre historiques. Et derrière cette marche sinistre de la Haute Guyane, derrière, à l'est, à l'ouest, au sud, la Guyane des Contestés, suprême cercle de découragement.

Cet état de choses devait avoir une conséquence désastreuse : la colonisation, bloquée par un intérieur mal connu et redouté, abdiqua les hautes espérances, et, tournant avec résignation le dos au haut pays, s'allongea, découragée, sur le bord de la mer, et se mit à végéter en rêvant de la France qui, de son côté, oublia son enfant rachitique et malheureux.

Mes précédents voyages en Guyane centrale, ce voyage-ci aux Tumuc-Humac, ne me donnent pas la fatuité de me présenter comme le découvreur ou le révélateur de la Haute Guyane. Comme mes prédécesseurs je n'ai fait que l'entrevoir ; cependant moi seul y devais séjourner deux ans. De plus, comme j'ai minutieusement étudié tout ce qu'ont laissé mes devanciers, peut-être suis-je autorisé à synthétiser tout ce que l'on sait actuellement de cet intérieur peu connu.

Ce n'est pas ici le lieu d'une description orographique et hydrographique détaillée de la Haute Guyane incontestée : pour l'intelligence de ce qui va suivre, une esquisse suffira.

La Guyane monte en amphithéâtre de la mer aux Tumuc-Humac comme par une série de hautes marches d'escalier. La première série de gradins, comprenant les petits bassins de la Mana, du Sinnamary et de l'Approuague, constitue un plateau de 100 à 200 mètres d'altitude moyenne avec des sommets épars de 500 mètres au plus : c'est la Basse Guyane.

La seconde série, comprenant les bassins supérieurs du Maroni et de l'Oyapock, constitue un plateau de 200 à 400 mètres d'altitude avec des sommets s'élevant jusqu'à 800 mètres. Cette seconde série de gradins, ce second plateau, c'est la Haute Guyane.

La Basse et la Haute Guyane ont à peu près la même superficie, soit environ 40 000 kilomètres carrés chacune.

Au point de vue hydrographique, à l'entrée dans chaque plateau, les rivières sont semées de sauts nombreux, rapprochés et dangereux. Dans la partie moyenne les sauts sont plus rares et moins accusés. En Haute Guyane, au-dessus des confluents des grandes rivières affluentes, Inini, Araoua, Marouini, Camopi ; le Maroni et l'Oyapock, ainsi que les rivières affluentes, présentent généralement des sauts plus espacés.

Au point de vue ethnographique, la Basse Guyane est le Pays Noir. Noirs créoles, Noirs réfugiés du Maroni, quelques hommes de couleur et presque pas de Blancs : voilà le pays, orné en plus de forçats et de récidivistes. La Haute Guyane est terre indienne : on n'y trouve absolument que des Indiens, des Indiens purs de tout métissage.

La Basse Guyane a été le domaine privilégié et séculaire des entreprises malheureuses. Tout un passé de fautes, de maladresses et de malheurs y pèse sur l'avenir d'une petite population découragée et impuissante. La Haute Guyane est terre vierge ; de nombreuses tribus, plusieurs milliers d'autochtones y attendent, dans leurs solitudes inviolées, l'heure désignée par les destins pour la civilisation et le progrès.

Restant dans le domaine des généralités, ce qu'il importe le plus de connaître c'est le climat de la Haute Guyane, ses productions, ses moyens d'accession.

La Haute Guyane jouit d'un climat intermédiaire entre celui de la côte guyanaise et celui de la France du sud. La moyenne de la température y est d'environ 22 degrés. Point de cette tension électrique énervante, de cette lourdeur d'atmosphère, de cette humidité latente qui débilitent sur la côte et éloignent du travail. Il fait chaud le jour et frais la nuit, mais franchement De grands vents d'est balayent quotidiennement l'atmosphère. On ne connaît presque pas les orages dans la basse contrée ; dans le Haut Pays ils sont beaucoup plus fréquents : ils purifient et vivifient l'air qu'ils rendent plus sain. On jouit d'un inaltérable firmament bleu, où, même en hiver, des nuages aux fortes couleurs, sobrement répandus, font ornement et non tache. Des cieux où vibre une lumière claire invitent à l'activité et à l'espérance. En bas la vie sommeille, en haut elle veille toujours.

Comme depuis trente ans on ne parle plus que d'or en Guyane, il me faut aussi parler d'or. Si j'en juge par des faits isolés, l'or n'est pas plus rare en Haute Guyane que dans le vieux territoire des placers, et même que dans le canton fabuleusement riche du contesté de l'Aoua. Mais ce n'est pas l'or qui m'intéresse le plus.

La Haute Guyane est avant tout un pays de produits spontanés et un pays agricole. Ce n'est plus l'alternance de sable et de boue qui caractérise la Guyane de la côte, c'est une épaisse couche d'humus assurant au sol une productivité exceptionnelle.

Le manioc, le maïs, le riz, le tabac, le coton, le rocou, le café y donnent des résultats admirables que la côte ne connaît pas.

Dans les forêts, le cacao, le caoutchouc, la salsepareille, le copahu, l'ipécacuanha poussent en extrême abondance. Le cacao en famille constitue de grandes forêts, des sources de l'Oyapock aux sources du Maroni.

Pour ce qui est des difficultés d'accession, elles existent, il est vrai, mais c'est un bienfait. Si la Haute Guyane avait été aisément pénétrable, elle eût déjà partagé le sort misérable et le discrédit de la vieille colonie. Ces difficultés d'accession sont une barrière derrière laquelle la Haute Guyane pourra s'ouvrir à des destinées meilleures que celles de la colonie sœur et se développer à l'abri de la contamination, de la malchance et de la vieille routine de la Guyane de Cayenne. D'ailleurs si ces difficultés d'accession sont suffisantes pour empêcher un facile envahissement, elles ne sont pas assez grandes, le régime hydrologique du pays étant bien connu, pour entraver une exploitation normale. Le régime un peu défectueux des cours d'eau du pays ne sera en somme qu'un fort léger obstacle au magnifique développement qu'on peut prévoir pour cette riche contrée.

Avec la force que nous donne cette espérance, continuons notre voyage au pays indien.

Et vous, pagayeurs bonis, soldats et capitaines, pagayez avec la force que donne un légitime orgueil : la gloire de votre tribu nous accompagnera longtemps des deux côtés de la route !

Les roches de Féti Campan (le champ de bataille) vont vous rappeler un douloureux souvenir, celui d'une magistrale frottée que les Youcas vous y infligèrent jadis du temps de votre vieux chef, mais voici des souvenirs moins amers.

Ici, sur les deux rives de l'Aoua, des roches de Féti Campan à Caapa Tabiki et à l'embouchure de l'Inini, c'étaient jadis de grands abatis et de nombreux villages, — de *grandes villes*, comme vous dites avec une modestie si judicieuse. Aujourd'hui plus rien, tout a disparu jusqu'au dernier vestige : Grandeur et décadence des nations !

A la mort de Boni, en 1792, les Bonis se trouvaient établis dans le haut du Marouini. Ce fut vers 1788, après avoir été chassé de Pampou Gron, que Boni emmena ses hommes faire leurs villages dans le haut du Marouini, au pied du Tumuc-Humac. Sous Agassou (1792-1810), le gros des villages bonis se trouvait encore dans le Marouini. Ce ne fut guère qu'au commencement du grand-manat de Gongo, vers 1815, que cette rivière fut évacuée. Les Bonis y étaient restés environ vingt-sept ans, de 1788 à 1815. On trouve encore aujourd'hui, sur les bords de ce cours d'eau, des vestiges de ces anciens villages bonis disparus depuis tantôt cent ans : des pieds de manguiers, d'aouaras, montrant d'une manière frappante qu'une civilisation autre que la civilisation indienne, qui ne connaît pas ces arbres, était venue s'installer jadis dans ce golfe perdu du massif des Tumuc-Humac.

Sous Gongo (1810-1840), les Bonis se concentrèrent dans la Haute Aoua. Ils restèrent dans cette artère principale et n'établirent de villages ni dans l'Itany, ni dans l'Araoua, ni dans l'Inini. Sous Gongo, les villages des Bonis, établis dans la Haute Aoua, étaient au nombre de six. C'étaient, d'amont en aval : Godoro, rive gauche de l'Aoua, au pied de Domofou Soula ; Doméké, rive droite, et quatre villages, rive gauche, en face d'Aouara Soula et de Laoua Mofou Tabiki.

Sous Adam (1840-1870), ces six villages furent abandonnés et les Bonis s'établirent plus en aval, dans dix autres villages : Petit Songou, rive gauche, en haut d'Arifia Soula ; Sépo Condé, même rive, en bas du même saut ; trois villages, rive gauche de l'Aoua, en face de l'embouchure de l'Inini ; Couyacou, rive gauche, en face de Gabari Mongo ; Krassiaba, rive droite ; Maripa, rive droite, à l'embouchure de la crique Grand Bamba, et Misséi, rive gauche, en face de Maripa.

Ce fut Atiaba (1870-1876) qui fonda les villages actuels.

Entre les anciens villages de Sépo Condé et de Petit Songou se trouve le saut historique d'Arifia Soula (le saut du crime).

Ici se place une histoire lugubre, horrifique, que je vais conter tout au long.

C'était en 1792. La guerre se poursuivait dans le Marouini entre les Bonis et les Youcas auxiliaires des Hollandais. Les Youcas désiraient vivement couper la tête à Boni pour la porter à Paramaribo, car les Hollandais leur avaient promis de payer cette tête au poids de l'or. Dans un combat, dans le haut du Marouini, non loin des villages bonis qu'un traître de la tribu avait révélés aux Youcas, Boni fut blessé au bras. Le vieux chef eût pu se sauver, mais il était las de vivre. Il dit : « Je vais mourir en combattant ». Il se jeta sur les canots ennemis et, dans la mêlée, il prononça cette parole mémorable que la postérité a recueillie : « Un guerrier doit mourir à la guerre ». Ayant rajusté son calembé il se mit à faire de nouveaux prodiges de valeur, et comme il cherchait la mort, il la trouva.

Les Youcas aussitôt se mirent à lui couper la tête, cette précieuse tête qui devait leur être payée quelques kilogrammes d'or. Supputez ce que cela représente en dames-jeannes de tafia. Lui ayant coupé la tête, ils la mirent dans le canot de leur chef de guerre, et, chantant leurs hauts faits comme des héros de l'*Iliade*, ils descendirent le Marouini. Ils avaient hâte d'arriver à Paramaribo pour y vendre leur marchandise.

Mais, arrivés à Arifia Soula, dans l'Aoua, le canot du chef de guerre chavira, la tête de Boni, roulée par le saut, ne put être retrouvée. « Hélas ! pauvres Youcas, » pleurèrent ces braves, « nos dames-jeannes de tafia sont à l'eau ! » Mais le Nestor de la bande suggéra qu'au bout d'un mois toute tête coupée étant méconnaissable, on n'avait qu'à couper celle d'un de leurs guerriers, mort le matin même d'une maladie de poitrine ; cette tête jouerait fort bien le rôle de la tête de Boni. On aiguisa proprement un sabre, et, l'ablation faite, le cœur des Youcas tressaillit d'allégresse en constatant que la tête du poitrinaire était fort grosse et fort lourde. Et cela se passait à Arifia Soula en 1792.

Le gouverneur de Surinam, qui d'ailleurs n'avait pas l'avantage de connaître personnellement Boni, paya, sans regarder à la ressemblance, la tête du faux Smerdis, après s'être assuré toutefois, auprès des officiers hollandais du détachement, que le vrai Smerdis avait bien et dûment rendu son âme à Satan.

Un peu en amont d'Arifia Soula, un peu avant d'arriver à la région de roches et de rapides appelée Saut Simayé, on me montre l'îlot de Baca Campou (le campement du Blanc).

Ce Blanc, c'était Leprieur, pharmacien de la marine, un des plus remarquables de nos voyageurs en Guyane. Quand, en 1832, Leprieur sortit de l'Inini qu'il venait de descendre, il remonta l'Aoua pour chercher les Bonis alors établis dans le haut de la rivière, sous le commandement du grandman Gongo. Il rencontra, à l'îlot appelé depuis Baca Campou, le capitaine Cofi et un vieux Boni appelé Panabi. Les deux Bonis conduisirent Leprieur dans les villages, où il fut très bien accueilli. Mais bientôt les Youcas, suzerains des Bonis depuis la paix signée en 1792, à la mort de Boni, entre Agossou d'une part, les Youcas et les Hollandais de l'autre, les Youcas attaquèrent leurs vassaux sous prétexte que le Français qui était chez eux venait pour les rendre indépendants des Youcas chargés par les Hollandais de la surveillance des Bonis; pour « donner la liberté » aux Bonis, selon leur propre expression.

Leprieur, sommé par les Youcas d'avoir à retourner à l'Oyapock par l'Inini, et ne voulant pas poursuivre sa route soit par le haut, soit par le bas du fleuve au prix d'une guerre entre les Bonis et les Youcas, Leprieur, craignant des complications diplomatiques, s'en retourna par l'Inini, le Camopi et l'Oyapock.

Déjà, dès Sparouine, une femme boni de passage au village m'entretenait de « Lepiô » (Leprieur), qu'elle avait connu dans sa jeunesse et dont elle me dit le plus grand bien.

Tous les papiers, toutes les cartes de Leprieur concernant ce voyage s'étant perdus, nul voyageur n'ayant depuis suivi cet itinéraire, l'Inini se trouve encore aujourd'hui, scientifiquement parlant, complètement inconnue. Il ne reste du voyage de Leprieur à l'Inini et à l'Aoua que le souvenir encore vivant chez les Bonis du vieux « baca » bon et généreux.

En 1822, un aspirant de marine, Milthiade, dans un voyage du Camopi aux bords de l'Araoua, avait déjà traversé les sources de l'Inini, à un jour de marche de celles de l'Approuague, par 3 degrés de latitude nord. Il n'a pas laissé de carte, mais seulement un journal de voyage publié dans la *Feuille de la Guyane française*.

Au retour de son voyage du Maroni-Yary, Apatou, en 1878, remonta l'Inini jusque chez les Émerillons pour y acheter des hamacs et des chiens. Après quatre jours de canotage rapide avec un petit canot, il arriva à un premier village émerillon, puis, une heure plus haut, à un second. Deux jours plus haut (il rencontra en chemin quelques habitations éparses sur les rives), il arriva à un grand saut que les Bonis appellent Inguié Foutou. A quelque distance en amont de ce saut, l'Inini se bifurque : une branche vient du nord, l'autre vient du sud. A quelques kilomètres en amont dans la branche sud, Apatou prit la bouche d'un sentier qui, après 10 kilomètres environ dans la forêt, arrive au village d'un chef émerillon appelé Macoucaoua (ou Moutacaoua), village de trois cases. Le sentier, qui, de ce côté, ne franchit aucune montagne, se continue jusqu'à l'Approuague et à l'Inipi, vieux dégrad des Émerillons sur le Camopi.

L'Inini, d'après Apatou, serait une rivière relativement facile. On rencontre seulement, dit-il, aux grosses eaux, dans le bas de la rivière, deux sauts que les Bonis appellent : Langa Soula (le saut long) et Grand Soula (le grand saut), puis, dans le haut, le grand saut Inguié Foutou. Mais les courants sont forts. Avec un grand canot chargé il faudrait une douzaine de jours pour arriver à la bouche du sentier des Émerillons. Le seul affluent important qu'on rencontre, dit-il, est un affluent de droite dont l'embouchure est à un jour de canotage en montant.

Apatou connaît, dans l'Inini, deux villages émerillons, plus celui de Macoucaoua (ou Moutacaoua). On lui a parlé également d'un autre village émerillon voisin, sur les bords de l'Ouacqui, à un ou deux jours de Macoucaoua dans la direction sud-ouest. Vers 1820 ou 1850, les Émerillons avaient eu, dit-on, plusieurs villages dans le Moyen et le Haut Camopi. Ces villages auraient depuis longtemps disparu.

Le saut Simayé, auquel nous arrivons pendant cette digression, se compose de plusieurs barrages de roches entre lesquels la rivière coule dans tous les sens. Maintenant les passes des sauts et des rapides n'ont pas plus de 20 centimètres d'eau.

Un peu plus haut, sur la rive d'Amponou Tahiki, on a une très belle vue des montagnes d'Aouara Soula et de l'Aoua élargie coulant sud et libre d'îlots jusqu'à Laoua Mofou Tabiki.

C'est derrière Laoua Mofou Tabiki (l'île de la bouche de l'Aoua) que se trouve en effet l'embouchure de l'Araoua.

La rivière que nous appelons Araoua est appelée, par les Bonis, Laoua, comme leur propre rivière. Mais, pour eux, cette Laoua qui tombe dans la grande Laoua, derrière Laoua Mofou Tabiki, n'est qu'un affluent de la *grande rivière*, laquelle est formée par l'Itany et le Marouini. Cette dernière rivière porte, dans l'idiome des Bonis, le même nom que le fleuve Maroni, ils appellent l'un et l'autre Marouina. Les géographes ont suivi cet exemple et ils appellent Crique Maroni la rivière que les Roucouyennes appellent Marouini.

Pour éviter de faire prendre cette crique Maroni pour la véritable continuation du fleuve, nous lui laisserons son nom roucouyenne de Marouini Polili (rivière Marouini).

L'Araoua est une rivière connue dans la plus grande partie de son cours.

En 1767, un autre de mes prédécesseurs, l'ingénieur Simon Mentelle, dans un *Voyage géographique dans l'intérieur de la Guyane française, allant de Cayenne par la rivière de l'Oyapock aux Indiens Aramichaux, aux Indiens Émerillons, et redescendant par l'Araoua et par le Maroni pour regagner Cayenne par la côte d'Iracoubo, en mars et trois mois suivants,* 1767, *voyage publié dans la* Feuille de la Guyane française *et accompagné d'une dissertation de Mentelle sur la carte qu'il a tracée de son voyage* », l'honnête Simon Mentelle nous a fait connaître cette rivière, toutefois un peu bien sommairement. La carte de Mentelle doit s'être perdue, mais Leblond, qui voyageait vingt ans plus tard, en 1787, a dû l'utiliser pour la confection de la carte de la Guyane française qu'il a publiée en 1814. Le Keierekourou, affluent de gauche de l'Araoua supérieure, y est tracé aussi avec toutes les apparences d'un cours d'eau déjà levé.

L'Ouaqui, important affluent de droite de l'Araoua, affluent habité, naguère encore, dans sa partie supérieure, par les Émerillons, est aussi marqué comme ayant été levé, sur la carte de Leblond, bien que je ne sache pas cependant que l'Ouaqui ait jamais été relevé par personne. On peut, grâce à la carte de Leblond, considérer que l'Araoua, tout au moins, n'est pas complètement inconnue ; mais elle est mal connue.

Un an avant Mentelle, en 1766, le médecin botaniste Patris était parti avec une mission du gouverneur Fiedmont. Avec cinq canots il remonta en quatre jours l'Oyapock jusqu'au confluent du Camopi, puis le Camopi pendant huit jours jusqu'à l'embouchure du Tamouri, et le Tamouri jusqu'à une grande chute au-dessus de laquelle il prit terre. Ce fut aussi la route de Leblond, en 1787, quand il se rendit dans la Haute Ouaqui et à la Haute Araoua alors peuplée de Poupourouis (Oupourouis). Après deux jours par terre, Patris arriva chez les Calcucheens (Caïcouchianes), aux sources de l'Ouaqui. Il rencontra ensuite des Aramichaux, chez lesquels il vit des Émerillons chassés de leur pays par les Tayras. Il descendit l'Araoua, puis remonta l'Aoua et le Marouini. Par le Marouini il arriva chez les Roucouyennes de Tripoupou (Pililipou), dont le chef, qui était alors chef général de la tribu, *yapotoli*, était établi à la crique Carapahetpé, petit affluent du Marouini qui descend du mont Pililipou. Patris voulait se rendre à l'Amazone, mais les Roucouyennes ne voulurent pas l'accompagner parce qu'ils étaient en guerre avec les Oyampis qui habitaient alors le Bas Yary. Patris revint sur ses pas par le Marouini, l'Araoua, le Camopi.

Sur la carte de Leblond, le Marouini, marqué Ouaoui, est tracé d'une açon fort inexacte. De plus, la position de Tripoupou (Pililipou) est absolument fausse. On voit que la rivière est indiquée par à peu près. Ou bien Patris n'a pas laissé de levé pour le Marouini, ou bien ce levé était déjà perdu du temps de Leblond, à moins que Patris ne l'ait absolument fait au jugé.

En 1790, un autre voyageur remonta aussi le Marouini, l'officier hollandais qui accompagna les Youcas jusqu'au saut de Baca Campou. Mais il n'a pas dû laisser de levé non plus, car j'ai vérifié que le tracé de cette rivière donné par la grande carte hollandaise était absolument fantaisiste.

La rivière Marouini est donc, jusqu'à ce jour, totalement inconnue, on n'en connaît ni le cours ni les sources.

Au voyage de Patris se rattache une piquante anecdote :

Ce médecin botaniste voyageait avec une certaine « demoiselle Dujay » qu'il « s'était adjointe comme dessinatrice ».

Cette « dessinatrice » l'accompagna jusqu'à Tripoupou, mais là il la perdit dans les parages de la montagne, sans qu'on ait jamais pu savoir ce qu'elle était devenue.

« Toutes les démarches qu'on a faites pour la retrouver, écrivait, au commencement de ce siècle, Noyer, député de la Guyane, n'ont jamais rien appris de cette infortunée. »

Or il me fut donné de savoir, d'apprendre, chez les Roucouyennes de Pililipou, ce qu'était devenue la « femme française ».

Je découvris, non sans peine, que la demoiselle Dujay, devenue la femme du chef de Pililipou, avait encore chez les Roucouyennes des descendants vivants.

Mais n'anticipons pas.

Nous n'en sommes encore qu'à Laoua Mofou Tabiki.

C'est dans un piteux état que ma petite expédition arrive à l'île de la bouche de l'Araoua : tout le monde est malade. Laveau voit s'aggraver tous les jours la fièvre bilieuse qui le tient depuis notre naufrage à Grand Crique, la quinine est impuissante, je ne suis pas sans inquiétudes. Gouacou a le typhus ou quelque chose d'approchant. Ce pauvre vieux squelette de Yélou ne mange pas et se tord dans les coliques, il arrive à la transparence. Couacou et Adam ont la fièvre, Apatou a des vomissements. Pour moi, je joue de bonheur dans ce voyage : de Saint-Laurent aux Tumuc-Humac je ne devais pas être une seule fois indisposé. J'ai même un appétit qui m'inquiète, car je suis assez accoutumé à vivre sans manger.

Me voici même arrivé, de dépravation en dépravation, à m'accoutumer au *chibet*. Le chibet est de la farine de manioc délayée dans de l'eau. Le grand art consiste à manger la farine en même temps qu'on boit l'eau, en se servant, comme cuiller, de l'index recourbé.

Quel dommage que tout mon monde soit malade : voici que nous tuons neuf cochons marrons !

La côte ferme qui se trouve au nord de l'embouchure de l'Araoua, en face de Laoua Mofou Tabiki, est appelée par les Bonis Pingo Campou (le campement des cochons marrons). Une grande bande de ces animaux y a élu domicile depuis plusieurs années, elle y fait tribu. Ces cochons marrons sont fort dangereux à terre, mais quand ils traversent la rivière il est aisé, de son canot, de les assommer à coups de trique. Comme une bande de quelques centaines traverse la rivière, nous faisons force de pagayes, l'atteignons et nous nous livrons à la joie du massacre sans péril.

Dépeçage, long boucanage, nous perdons un jour dans un îlot voisin pour achever de sécher notre viande. Gouacou, appréhendant en secret un retour agressif de la bande de « pingos », amarre son hamac à 2 mètres de hauteur.

Hélas ! en route, je suis seul à manger. J'en aurais bien là pour dix-huit mois.

Dans corps malade esprit timide. Le père Yélou ne cesse de me fatiguer les oreilles de ses histoires d'Oyaricoulets. Les Oyaricoulets, marqués Oyacoulets sur les cartes, et désignés par les créoles sous la périphrase peu rassurante de « Indiens grand zoreis qui mangé moun », sont peut-être les anciens Amikouanes ou Longues Oreilles signalés par le P. Lombard, en 1729, et par Thébault de la Monderie, en 1819, dans la région du Grand-Sud d'Oyapock. Ils viennent à la pêche jusqu'à la bouche de l'Araoua. Il y a une vingtaine d'années, les Bonis, les ayant rencontrés dans ces parages, en tuèrent cinq et firent prisonnières deux femmes, qu'ils emmenèrent à Cottica, où elles moururent quelques années plus tard. Les Bonis prétendent que ces Oyaricoulets n'ont point de « grandes oreilles », qu'ils n'ont point de barbe et qu'ils ne sont nullement blonds, comme le voudrait certaine légende. Ils sont « comme les autres Indiens ». Naturellement.

Apatou me prévient que si nous rencontrons les Oyaricoulets, ils nous salueront à coups de flèche et nous leur rendrons leur salut à coups de fusil : c'est la politesse du pays.

L'Aoua, libre d'îlots, coule, sur 200 mètres de largeur, entre les collines de la rive gauche qui plongent à pic dans la rivière et les montagnes d'Atachibacca et d'Aouara Soula qui dominent la rive droite. Ce serait ici un magnifique emplacement pour s'aligner avec les Oyaricoulets.

Mais nous ne nous battrons pas. Les Oyaricoulets ne descendent plus comme jadis, à cette époque de l'année : ils laissent les œufs de lézard aux Bonis. En novembre, quand la saison des œufs de lézard est complètement passée, ils descendent ramasser des espèces d'escargots qu'ils trouvent dans le lit de l'Aoua et de l'Itany.

Au-dessus de Laoua Mofou Tabaki, Aouara Soula (le saut des aouaras), superbe aux basses eaux, coupe l'Aoua dans toute sa largeur par une chute de 2 mètres. On trouve, rive contestée, une passe au prix de trois rapides.

Nous voici aux Thermopyles des Roucouyennes, aux grands sauts de la Haute Aoua. Cinquante hommes pourraient les défendre contre une armée. Sur 11 kilomètres, dont 6 dans l'Aoua en aval du confluent du Marouini et 5 dans l'Itany en amont de ce confluent, une douzaine de grands sauts, les plus périlleux du Maroni-Aoua-Itany, barrent complètement le chemin.

Quatre grands sauts et de nombreux rapides, dans une rivière élargie par endroits jusqu'à 2 kilomètres et encombrée d'îlots, donnent passage de l'Aoua à l'Itany.

Le premier saut, Domofou (le saut de la porte), est une jolie chute de 1 mètre dans les rochers et les îlots.

Policoumarou (beaucoup de coumarous), le second, est difficile à franchir. On trouve en tous sens, au milieu des rochers, des rapides presque à sec.

Couitiqui (bâton) est formé par un épais barrage de rochers coupant toute la rivière, qui s'est frayé un étroit sentier dans l'épaisseur de la bâche rocheuse. Ce sentier, juste assez large pour un canot, a plusieurs sauts de 1 mètre.

A l'un de ces sauts mon canot remplit. Tout le monde était pourtant au travail et Apatou dirigeait les mouvements. Mais la chute avait plus de un mètre cinquante à pic ; le courant étant violent, l'avant du canot n'était pas assez levé, en une seconde le canot coulait. L'embarcation, pleine d'eau, est remise à flot dans la chute même, au prix des plus grands efforts. On décharge les malles, qu'on aurait bien dû décharger plus tôt. Le canot allégé, on le porte sur une roche où on le balance bord sur bord pour vider l'eau, qu'on achève d'épuiser avec des couis[1], des assiettes. On passe, et on recharge un peu plus haut. Nous allons déballer et faire sécher à la plage qui est en face du saut Kon, au-dessous de la grande chute. Ma malle de photographie a encore pris un bain ; je vais avoir de la gélatine de la plus grande fraîcheur.

Décidément est-ce que la prétendue supériorité d'Apatou comme patron

---

1. Coui : calebasse coupée en deux et vidée.

ne serait que pure légende? Il chavire comme un petit garçon. Adam, dont le canot était plus chargé, a passé Couitiqui sans encombre.

Avant d'arriver au-dessous de Kon, nous passons Krassiaba (rivière barrée), petit modèle de Couitiqui avec des passes moins dangereuses.

Arrivés à notre plage, nous procédons, Apatou et moi, au déballage et au séchage des bagages. Laveau, qui a une fièvre violente, gît sur une roche bossuée, dans des taches d'ombre et de soleil, sous un buisson maigre. Il fait 46 degrés sous ce buisson. Le soleil est dans le seul petit coin du ciel qui soit libre, le reste est plein de gros nuages noirs ou fauves entassés en désordre et en surabondance les uns sur les autres. Ce ciel, bourré de cet entassement de nuages massifs, fait des ténèbres sous la lumière du soleil. Il y a beaucoup de tristesse dans l'air, l'orage gronde au loin, la pluie menace. Dépêchons-nous, Apatou, dépêchons-nous !

La poudre n'a pas été endommagée, mes boîtes de plaques photographiques sont seulement humides, à moins cependant qu'elles n'aient séché en un clin d'œil sous ce soleil de 46 degrés. (Je pus néanmoins constater, plus tard, qu'elles pouvaient encore servir.) L'orage chasse au nord, devant nous le ciel est libre. Poursuivons.

Dans l'Itany les sauts continuent sans interruption.

Laissant à notre gauche l'embouchure du Marouini qui est derrière notre îlot, nous passons Kon (viens), lequel barre complètement la rivière. Il faut monter deux passes distantes l'une de l'autre de cent mètres et hautes d'un mètre et demi chacune. Ces deux passes sont unies par un courant d'une effroyable violence qui décrit un demi-cercle autour de rochers escarpés. Il faut décharger les bagages. A deux cents mètres plus haut on passe une porte de deux mètres de hauteur : on tire, d'en haut, le canot qui est dans le gouffre, comme on donnerait la main à une personne qui se noie. Tout cela, c'est le Petit Kon.

Le grand saut Kon, plus long et plus mauvais encore que le petit, ne peut être franchi que par la passe de l'ouest, et au prix de difficultés et de périls qui font regretter Lansédédé.

Un instant après c'est Apoumali Bali (Apoumali crie), continuation de la passe du grand saut Kon. Il est long et dangereux, toutefois il n'oblige pas à décharger les bagages.

Le saut Lolo (traverse pour faire glisser les bois) est le plus mauvais saut de l'Itany. La rivière, complètement barrée, ne s'est ménagé qu'une passe de quatre mètres de hauteur sur dix mètres de long. Il faut décharger complètement les canots sans y laisser une calebasse.

Mompé (mombin) est encore un mauvais saut qui demande beaucoup d'efforts et de peine pour être passé sans encombre. Il se compose de trois passes successives où l'eau s'engouffre en gros bouillons.

Le défilé des sauts de l'Itany, de Kon à Mompé, nous a pris la plus grande partie de la journée. Nous avons fait cinq kilomètres en sept heures.

Ces grands sauts de l'Aoua et de l'Itany, de Domofou à Mompé, sont la plus mauvaise série que l'on rencontre d'Hermina aux Tumuc-Humac. C'est un étroit sentier d'eaux qui tombent à travers un long barrage de roches couvertes de mousse desséchée, au milieu d'un canal de vingt à cinquante mètres, resserré entre les îlots. Si l'on ne met les bagages à terre aux plus mauvais sauts, et sans de bonnes cordes, on ne passera là aucun canot chargé.

Au-dessus des grands sauts, l'Itany, libre d'îlots, présente d'abord une direction rectiligne sud-sud-ouest de quatre kilomètres. Cela fait plaisir à voir, cela repose du fossé dans les roches que l'on vient de quitter.

La Moyenne Itany est presque libre de sauts, la Haute Itany le sera complètement.

Un peu au-dessus du petit saut Yacoutoc (l'homme qui a vu la bataille) se trouve, rive contestée, l'embouchure de l'important affluent qui est désigné par les Roucouyennes sous le nom de Oulémary et que les Bonis appellent Grand Pati (la grande branche). Les Bonis et les Roucouyennes prétendent qu'il n'y a plus que des Oyaricoulets dans cette rivière ; les Trios qui en habitaient jadis les sources se sont éloignés des Oyaricoulets et établis aux sources du Tapanahoni et du Parou.

Toutefois les Trios ont encore de temps en temps à souffrir des incursions des Oyaricoulets. Quand ceux-ci savent que les hommes d'un village sont à la chasse, ils tombent à l'improviste sur le village sans défense, tuent ou emmènent les femmes après avoir incendié les pacolos pour y voler, dans les décombres fumants, les sabres et les haches que les Trios ont toujours la précaution de soigneusement cacher. C'est ainsi que les Oyaricoulets se procurent à bon compte leurs sabres, leurs haches et leurs couteaux.

C'est à la tête de la rivière des Oyaricoulets que commencent les grandes savanes qui s'étendent sur le Haut Tapanahoni et le Haut Parou et se poursuivent sur une grande partie du bassin du Haut Trombeta. Apatou qui, au temps de son enfance, a fait le voyage au pays trio par le Tapanahoni, a traversé ces savanes pendant plusieurs jours. C'est, dit-il, un pays plat.

Notons, en passant, que les quelques mots trios rapportés par Crevaux ne sont pas du tout du trio. Les Trios, en relations fréquentes avec les Roucouyennes d'une part et les Youcas de l'autre, parlent avec les uns et les autres une langue conventionnelle dont les deux principaux éléments constituants sont le roucouyenne et le takitaki des Youcas, avec extrêmement peu de mots trios. Ce sont des mots de cette langue conventionnelle que Crevaux a rapportés. Le véritable idiome trio n'a, m'assure-t-on, aucune ressemblance avec le roucouyenne.

Notons aussi que les Oyampis signalés par Crevaux sur sa carte, entre les sources du Yary et celles du Parou, sont de pure imagination. On lui a dit, il est vrai, que les Roucouyennes et les Youcas allaient souvent dans cette région parce qu'il s'y trouvait beaucoup d' « Oyampis ». Mais il ne s'agissait nullement d'Indiens. Il s'agissait de certains colliers, dont les Trios ont la spécialité, et qu'ils appellent des colliers « oyampis », ou plus simplement des « oyampis ».

Depuis qu'ils ont fait fuir les Trios, les Oyaricoulets occupent, en réalité, tout le versant occidental, inférieur et moyen de l'Itany : Oulémary, Aroué et tous les affluents de gauche intermédiaires depuis Laoua Mofou Tabiki jusqu'à Grand Soura.

Le Petit Pati, ainsi nommée par les Bonis (la petite branche), est la rivière appelée Aroué par les Roucouyennes. Aux sources de cette rivière il n'y a plus de Trios, mais une tribu d'Indiens solitaires alliés, dit-on, des Oyaricoulets, les Comayanas. Vers 1780, les Camayanas étaient les maîtres de la Moyenne Itany, ils furent, à cette époque, refoulés dans l'intérieur par les Roucouyennes.

Le cours inférieur et moyen du Petit Pati est occupé par les Oyaricoulets.

Bien que les Roucouyennes disent qu'ils sont aujourd'hui en paix avec les Oyaricoulets, les deux tribus ne se visitent pas. L'entente cordiale est loin d'exister.

Ces Oyaricoulets et ces Comayanas n'en constituent pas moins un danger sérieux pour la région. Il leur suffirait de faire une installation, ou même seulement quelques incursions sérieuses dans l'Itany, pour intercepter les communications entre les Roucouyennes et les Bonis et fermer le haut fleuve[1].

Cependant les Roucouyennes se sont tranquillement installés dans la Moyenne Itany, au village de Piquiolo où, nous allons bientôt arriver.

« Savez-vous d'où vient le nom de ce saut que nous passons, Inguié

---

1. En novembre 1888, deux créoles de Cayenne, chercheurs d'or à l'Aoua, s'étant aventurés jusqu'à Yacoutoc, ont été attaqués par les Oyaricoulets : l'un d'eux a été tué, l'autre blessé.

Foutou ? me demande Apatou. Il y a longtemps (les peuples primitifs, pour repérer leur chronologie, ne possèdent que ces deux dates : il y a longtemps, il n'y a pas longtemps), — il y a longtemps, un créole de Cayenne vint s'installer dans la Moyenne Itany, les Bonis lui donnaient le nom d'Inguié. Un jour il se démit le pied en tirant son canot dans le saut. Depuis, le saut s'appelle Inguié Foutou : le pied d'Inguié. »

Il y aurait à faire un curieux recueil d'anecdotes sur l'histoire de la Guyane sans histoire. Que venait faire dans ces parages ce créole de Cayenne ?

« Les Indiens ! » me crie Laveau qui est devant, dans le canot d'Adam.

Ce sont en effet les hommes rouges qui arrivent, debout, dans quatre pirogues. Ce sont des Roucouyennes venus les uns du Yary et les autres du Parou et qui descendent à Cottica faire des échanges. Il y en a aussi de l'Itany et même, dit-on, du Marouini.

Nous leur remettons, pour nos amis de Cotticca qui meurent certainement de faim, selon leur déplorable habitude, de fort beaux jambons, les jambons de ces cochons marrons que nous ne pourrions jamais manger en totalité ; les Calinas[1] acceptent de grand cœur les morceaux de second choix ; nous, nous ne gardons pour nos estomacs fatigués que les morceaux les plus fins de nos victuailles surabondantes.

Deux canots roucouyennes continuent leur route avec nos inutiles quartiers de cochons marrons, deux autres retournent avec nous.

La rencontre des Indiens a fortement impressionné Laveau. Il ne cesse de me faire part de ses sentiments à leur endroit. C'est généralement ce qui arrive la première fois que l'on rencontre les Indiens chez eux. La vie sauvage dans son cadre est pleine de grandeur par certains côtés. Pour moi, de longue date habitué aux hommes rouges, il me semble, lorsque je rencontre les Indiens en terre indienne, que je rentre dans mes foyers.

Poursuivant notre route, nous passons encore un saut, Grand-Man Ponsou (le grand-man a enivré la rivière), qui est un long, fatigant et dangereux rapide défilant au milieu d'une multitude d'îlots.

« Accostons, monsieur, accostons ! crie le capitaine Adam ; voyez cette couleuvre qui tient ce lézard. »

Laveau, qui supposait qu'en créole le mot couleuvre devait avoir la même signification qu'en français, tressaille en voyant, à demi déroulé dans la

---

1. Calinas : nom que se donnent beaucoup de tribus caraïbes et notamment les Roucouyennes.

brousse, un énorme boa de douze mètres qui avalait un iguane récalcitrant. Mais, sa bravoure et ses instincts philanthropiques prenant le dessus, de son premier coup de fusil, Laveau tue le lézard pour lui épargner la mort affreuse qui lui était réservée, du second il casse la tête au monstre, qui se tord dans de hideuses convulsions. Puis on va ramasser le lézard, que nous mangerons d'une façon beaucoup plus humaine que ne l'eût fait la couleuvre.

Nous vîmes beaucoup de serpents dans ce voyage : la couleuvre de Laveau ; une autre à Grand-Man Pousou qui dormait sur la berge, dans l'herbe, au soleil : un coup de fusil d'Apatou lui fit dérouler avec lenteur ses anneaux brillants ; une autre près de Coulé Coulé. Sans parler d'un grage rouge, le plus dangereux serpent de la Guyane, à un mètre duquel nous fîmes, à Cottica, Laveau et moi, derrière la maison d'Anato, des exercices de cible, une bonne heure durant. Le grage, à la fin réveillé, s'étant avisé de nous faire des menaces, nous servit de cible à son tour. Nous tirâmes plusieurs de ces gibiers chez les Roucouyennes. Pour les petits serpents, corails et autres, nous ne les comptions plus.

A propos de vermine, voici l'ancien dégrad principal des Oyaricoulets.

Un peu plus haut, le canal des Hollandais, bras de la rivière récemment élargi. Quand il était plus étroit, on y trouvait, fréquemment embusqués, des canots oyaricoulets qui guettaient au passage Bonis et Roucouyennes. « Il ne faisait pas bon, n'est-ce pas, père Yélou, entrer en conversation avec ces amis-là ? » Yélou est peureux comme un lièvre. Il n'est d'ailleurs qu'un simple capitaine civil, il n'a jamais « battu la guerre », pas plus que tous ces autres capitaines nègres. Seul Apatou est un grand guerrier : il a vu, chez les Ouitotos, bouillies dans des marmites, des têtes de singe qu'il a prises pour des têtes de « moun ».

Tout de même immortel, le père Yélou, géographiquement. Voici les roches qui s'appellent depuis quelques années et qui désormais s'appelleront toujours, je l'espère, les roches de Yélou Bofo, les roches du maïprouri de Yélou. Le vaillant capitaine tua là jadis, de sa propre main, un maïpouri énorme qui ne pensait pas à mal. Et c'est pour cela, Yélou, que tu seras immortalisé au 100 000e.

Après les petits sauts de Yancoi Pousou (Yancoi a enivré la rivière) et de Piquine Soula (petit saut), voici, à un coin de la rivière, en face de deux petits îlots, rive contestée, dans un abatis en agrandissement, un village à nom italien, Piquiolo, le premier village roucouyenne que l'on rencontre en remontant l'Itany.

Piquiolo (Piquine holo : petit port) ne date guère que de sept à huit ans. Il n'existait pas lors du passage de Crevaux en 1877. Le tamouchi s'appelle Tatayel. Piquiolo n'a encore que trois maisons avec une soixantaine d'habitants. Il s'y trouve actuellement une grande affluence d'Indiens de passage.

L'altitude de Piquiolo est d'environ 175 mètres.

Au-dessus de Piquiolo, l'Itany commence à décrire des sinuosités nombreuses entre des berges élevées dominées çà et là par de petits mornes.

Voici le saut de Dam Soula (le saut bouché), rapide presque à sec ; puis, rive gauche, l'embouchure de la crique Ouéi Dagou (œil de chien), marquée à tort sur les cartes Ouéi Foutou, et indiquée, également à tort, comme importante.

L'Itany est bien, actuellement, la grande route des Roucouyennes. Ceux du Yary et ceux du Parou y arrivent par le sentier d'Apaouini, et la descendent pour se rendre à Cottica. De nombreuses traces de leur passage attestent la fréquence de leurs voyages durant cette saison favorable aux déplacements. Ce sont des patatouas sur les roches ; des boucans aux endroits propices pour bivouaquer ; des arêtes de poisson, des os de gibier, auprès de charbons éteints, toutes sortes de débris de cuisine, kjökkenmöddings récents, et cent objets sans valeur que leur fantaisie de grands enfants a suspendus aux branches des arbres.

L'Itany est belle dans ces parages. Des berges hautes, de fréquentes plages de roches, une fraîche brise matinale : une paisible rivière dans de paisibles forêts.

Mais les eaux diminuent très rapidement. A la passe des roches de Gnaman Bomo (l'aymara qui brûle la bouche), il n'y a pas dix centimètres de fond.

A chaque rapide, à chaque saut, la rivière est sensiblement élargie. Cela est dû à des roches de consistance plus dure, généralement granitiques, que les eaux n'ont pu détruire. De là les rapides. Quand ces roches granitiques présentent une grande surface, les eaux ont dû également respecter leur revêtement de forêts : de là les îlets.

Voici encore, rive gauche, un village roucouyenne. Il est en formation, l'abatis seul est terminé.

Voici Grand Soura[1] (le grand saut), qui est en effet le grand saut de la Moyenne Itany. C'est une fort jolie cascade d'un mètre et demi à pic,

---

1. Grand Soura : en roucouyenne, saut Vérévérétépou.

coupant toute la rivière, laquelle, en cet endroit, n'a pas d'îlets. La passe du saut est rive contestée sur une grande roche en dos d'âne où l'eau ne m'arrive pas à la cheville. Il faut décharger tous les bagages. Le chemin sur les roches est très bon.

Comme nous allons repartir, nous entendons, en bas du saut, sur une plage de sable, un pauvre chien qui hurle lamentablement. Cette petite plage est ravissante. D'innombrables papillons, jaunes, blancs, bleus, rangés comme des soldats en bataille, dessinent des squares de fleurs aux couleurs fraîches et vives sur le sable nu et brillant. Le chien, éperdu, court d'un côté à l'autre de la plage, implorant dans sa langue, avec des modulations désespérées, ces hommes qu'il voit passer. Et les squares de fleurs s'envolent et vont se poser un peu plus loin.

Ce pauvre chien est la propriété d'un des Indiens qui nous accompagnent. Son maître, chassant dans ces parages, l'avait perdu il y a environ deux mois.

La pauvre bête a dû cruellement jeûner, car elle est aussi maigre que le père Yélou. Mais ce chien est assurément plus brave que le capitaine, car sans cela la crainte du tigre l'eût déjà fait mourir de frayeur.

Avec notre nouveau compagnon de route qui, lui, ne dédaignerait pas la viande dont nous avons fait l'aumône aux gens de Cottica, nous passons trois sauts, Tari Soura, Kampé Soura et Parou Soura (saut des balourous), qui ne sont que des rapides.

Seul Kroboï Soura (sauts finis), composé de trois rapides très profonds et faisant angostura, est dangereux.

Kroboï Soura est le dernier saut de l'Itany. Nous en avons donc fini avec les sauts... pour ce voyage.

Cela procure tout de même une certaine joie de savoir qu'on a désormais affaire à une rivière libre de chutes, et qu'ils sont derrière, dans le passé, les quatre-vingt-huit sauts du Maroni.

Mais il faudra pourtant les descendre, ceux-là ou d'autres. Il n'est pas dans la vie, le repos sans mélange. Comme ce fleuve, de péril en danger, de la joie du triomphe à l'appréhension de la lutte, de l'horreur du naufrage à la paix ennuyeuse des eaux calmes, par beaucoup de chutes, venus du néant des infiltrations invisibles, nous hâtons notre course pour nous perdre bientôt dans cet abîme béant où plus rien de nous ne survivra.

Bienheureux les *Yapocoyes*, qui n'ont que des idées fort vagues de la vanité des choses humaines.

Les Yapocoyes sont des Indiens pacifiques qui vivent dans les forêts de la rive gauche de l'Itany, immédiatement au-dessus de Kroboï Soura. Les Yapocoyes sont vêtus comme les Roucouyennes et ont à peu près les mêmes mœurs. Ils comprennent la langue ouayana (ou roucouyenne). Les Roucouyennes n'ont avec eux que des rapports de chasse et de pêche dans l'Itany, mais ils n'ont jamais voulu s'aventurer dans les villages yapocoyes qui ne sont pas loin, paraît-il, dans l'intérieur. De leur côté, les Yapocoyes ne sont jamais allés non plus dans les villages roucouyennes. Ces Indiens s'étendent assez loin, paraît-il, dans l'intérieur, jusqu'aux environs du village d'Apoïké.

Les anciens villages roucouyennes sont déjà nombreux sur les rives de la Moyenne Itany. Les villages sont obligés de se déplacer fréquemment : les produits de l'abatis ne suffisant pas à la consommation, les Indiens n'élevant pas d'animaux domestiques, quand le gibier et le poisson d'un district sont épuisés, il faut aller ailleurs. C'est en somme à cette loi, commune à tous les peuples primitifs, qu'ont obéi les Bonis en descendant du Marouini dans la Haute Aoua, puis dans la Moyenne Aoua [1].

Je compte dans la Moyenne Itany trois anciens villages et deux anciennes habitations isolées, le tout rive gauche.

On me montre même, toujours rive gauche, un peu en amont de Kampé Soura, une habitation que des Émerillons, sortis de l'Inini, étaient venus établir dans ces parages si éloignés de leur tribu.

Sous le grand-man Atiaba, une cinquantaine d'Émerillons descendirent de l'Inini et demandèrent la permission de s'établir dans l'Itany. Atiaba refusa en leur disant qu'ils étaient de mauvais Indiens qui ne faisaient que vagabonder, qu'ils étaient récemment sortis de l'Approuague, que maintenant ils voulaient sortir de l'Inini et que sans doute ils devaient traîner quelque maladie à leur suite. Les Émerillons restèrent assez longtemps à Cottica, puis, petit à petit, se dispersèrent. Ce furent quelques-uns de ces Émerillons qui, malgré la défense d'Atiaba, vinrent s'établir à Kampé Soura, où ils ne restèrent pas longtemps.

Je fais, dans la Moyenne Itany, un peu au-dessus de Kroboï Soura, un baptême géographique ; c'est celui d'une crique, non indiquée sur la grande carte hollandaise, et qui a quinze mètres de largeur à l'embouchure. Je donne à cette crique le nom d'un de mes prédécesseurs, celui du médecin de marine Chevalier, qui, antérieurement à Crevaux, se rendit une fois au

---

1. Il faut dire aussi que la productivité des terres hautes ne tarde pas, faute d'engrais, à s'épuiser, ce qui oblige à faire fréquemment de nouveaux abatis en terre vierge.

dégrad des Roucouyennes et une autre fois à Cottica, et fut, aux deux reprises, empêché de continuer sa route, la fièvre l'ayant accablé. Honneur au courage malheureux !

Au-dessus de Kroboï Soura, c'est la Haute Itany, complètement libre de sauts.

La rivière, jusque chez Apoïké, décrit, dans une région marécageuse, d'innombrables méandres.

Nous passons, rive droite, l'ancien village habité par Apoïké en 1877, lors du voyage de Crevaux, puis un autre ancien village roucouyenne, ensuite une ancienne habitation.

Un peu plus haut, rive droite, encore une forte crique non encore indiquée sur la grande carte hollandaise, décidément fort incomplète pour ces parages. Cette crique paraît être importante, elle mesure vingt mètres à l'embouchure avec un mètre d'eau et un assez fort courant. Elle est plus importante, comme débit, comme largeur et profondeur à l'embouchure, qu'Alama et Coulé Coulé. Je la crois l'affluent de droite le plus important en amont du Marouini. Voilà un cadeau à faire, un cadeau présentable. Je n'ai pas besoin de réfléchir longtemps pour trouver à mon cours d'eau le nom de Rivière Crevaux.

Pauvre Crevaux! j'aurais bien voulu trouver autre chose à lui offrir qu'un ruisseau de soixante kilomètres ; mais, dans notre Guyane, toutes les grandes criques ont des noms indigènes, et les débaptiser ne réussit pas toujours.

Les rives, toujours basses, serpentent entre de fréquents marais de moucoumoucous, laissant voir de petits mornes assez proches. C'est la même végétation que sur la côte: pinots, ouapas, moucoumoucous, avec des marais au pied des monticules. Le lit de la rivière, d'abord granitique, devient bientôt vaseux, sablonneux, et demeure ainsi jusqu'au-dessus de chez Apoïké. La rivière conserve toujours un mètre d'eau. Il serait presque impossible de faire un voyage par terre en longeant l'Itany : presque partout la rivière coule au milieu de marécages s'étendant jusqu'au pied des collines qui bordent la vallée. Les raies venimeuses, par centaines, habitent ces pays noyés.

Cette partie de l'Itany ne prête guère aux descriptions : pas de sauts, pas de montagnes, pas d'habitants.

Rive droite, encore une crique de douze mètres, à l'embouchure, crique que la grande carte hollandaise a négligé de marquer et que les Roucouyennes et les Bonis ont négligé de baptiser. Je lui donne pour parrain, le président de la Commission franco-hollandaise de 1861, M. Vidal.

Heureuses les Commissions internationales! Apatou, qui y faisait ses premières armes, me raconte que l'on y vivait bien.

On voyageait avec huit grands canots. On emportait un four pour cuire le pain quotidien. On était abondamment pourvu de vin, de bière, de liqueurs. Tous les jours que le bon Dieu faisait on s'arrêtait à une heure ou deux de l'après-midi pour les apprêts du repas du soir. A cinq heures, au sacramentel : « Monsieur est servi », c'était comme à bord d'un vaisseau amiral.

C'est ainsi que j'aimerais à comprendre les voyages d'exploration.

M. Vidal a aussi sa montagne, un peu plus haut, avant d'arriver chez Apoïké. C'est Crevaux qui la lui a donnée.

Moi aussi je veux avoir ma montagne. J'aime les montagnes; c'est ferme, c'est solide, tandis que les criques sont trompeuses, infidèles, cela vagabonde, et dans ce pays-ci les hommes s'amusent à les détourner pour de l'or. Mais je veux en jouir vivant, de ma montagne. Ne connaissant pas ceux qui « entreront dans la carrière quand leur aîné n'y sera plus », je ne puis m'en rapporter à eux. Je vais me choisir, par les Tumuc-Humac, quelque haut pic solitaire et sourcilleux, surmonté de roches de quartz blanc : telle la haute tour d'un vieux burg au milieu de campagnes désertes.

Ma montagne! ce sera probablement la seule chose qui restera jamais de ma banale existence. Si toutefois l'on ne me débaptise pas bientôt comme une simple rue de Paris.

Il en sera de moi, évidemment, ainsi que de nous tous à quelques années près, comme de ces anciens villages et de ces anciennes habitations roucouyennes que la tradition dit avoir jadis existé ici sur les rives de l'Itany déserte. Pas un fétu qui révèle le passé, qui dise : « J'étais ». La forêt vierge a tout repris, tout effacé et ne se souvient pas. « Tout est tombé, tout est évanoui, tout est échappé. »

J'ai du moins la joie présente de t'avoir, ô père Yélou, immortalisé dans mon levé en trois feuilles du majestueux Maroni.

Aussi, tout en pagayant vers la postérité, pagaye gaiement, vieux squelette, vers la bouche de l'Alama.

L'Alama, à son confluent, a 15 mètres de largeur. En ce point l'Itany en mesure 55.

A quelques centaines de mètres en amont, rive droite, à l'embouchure de Saranaou, est la bouche du sentier qui va à l'Apaouini, chemin des Roucouyennes du Yary.

A cette saison d'étiage, pour descendre du confluent d'Alama à Saint-Laurent, il faut quinze jours, dont neuf pour descendre à Cottica. L'hiver on ne met que onze jours, dont sept jusqu'à Cottica.

Pour remonter le fleuve, de Saint-Laurent au dégrad d'Alama, déduction faite des arrêts plus ou moins longs chez Apatou, à Poligoudoux, à Cottica, à Laoua Mofou, à Piquiolo, j'ai mis vingt-sept jours. Crevaux en avait mis trente-trois. L'hiver, il faudrait beaucoup de temps, à cause de la violence extrême des courants.

Je ne me suis pas occupé de la partie maritime du fleuve, partie levée déjà plusieurs fois. Depuis le saut Hermina j'ai suivi le tracé de la Commission franco-hollandaise, la boussole et la montre sous les yeux. Je n'ai guère eu de corrections à faire à ce tracé, sauf dans la Haute Itany, mais j'ai eu partout beaucoup à compléter. Enfin j'ai poussé, dans la Haute Itany, mon levé à un jour de canotage au-dessus du point où s'était arrêtée la Commission.

D'après dix-huit observations faites simultanément pendant plusieurs jours consécutifs, aux heures favorables de la journée, avec deux bons baromètres de Naudet soigneusement réglés à mon passage à Cayenne, et moyenne prise de mes dix-huit observations, je trouve que le confluent de l'Alama est à 200 mètres d'altitude.

Or, à quelques centaines de mètres en amont, à la bouche du sentier d'Apaouini, Crevaux ne trouva que 110 mètres d'altitude.

Dans ce premier voyage, Crevaux n'avait qu'un seul baromètre, un petit baromètre « gros comme une boussole de poche », me dit Apatou. Ce même baromètre, qui ne lui donnait que 372 mètres pour le sommet de Cassabatiki (mont Lorquin), devait être un mauvais instrument, car Cassabatiki est une des plus hautes montagnes du sentier d'Itany-Apaouini.

Outre que mes deux baromètres me donnent l'un comme l'autre, à 10 mètres près, pendant plusieurs observations, 200 mètres au dégrad d'Alama, remarquez que dans son second voyage, Crevaux, muni d'un meilleur baromètre, « de grande dimension et très compliqué », dit Apatou, et d'un gros holostérique altimétrique compensé, trouve 353 mètres à l'endroit qu'il appelle le Pic Crevaux, petite éminence située sur le sentier du Rouapir au milieu du large col bas et marécageux qui fait dépression entre les montagnes de Kerindioutou et celles de Montaqouère et d'Ourouaïtou. Or comment admettre que ce col bas, cette dépression, aurait la même altitude que des montagnes importantes comme Cassabatiki et Adidonbogogoni? En admettant que l'erreur ait été proportionnelle, on aurait

600 mètres et plus pour ces montagnes, ce qui concorde avec les indications de la carte hollandaise, laquelle indique dans ces parages plusieurs sommets de 600 mètres environ.

C'est un métier qu'il faut apprendre comme celui de forgeron ou de cordonnier, le métier d'explorateur, et le choix des outils n'est pas la partie la moins difficile de l'apprentissage. La première expédition est généralement maigre en résultats scientifiques, et ces résultats sont, le plus souvent, défectueux. Au troisième ou au quatrième voyage, après dix ans de travail, on arriverait à être d'une assez jolie force. Mais on meurt généralement avant, de maladie, d'accident ou assassiné.

Mes deux canots bonis m'ont déchargé tous mes bagages au dégrad de l'Alama. Ils ne vont pas plus loin : ils ne sauraient aller plus haut dans l'Itany, maintenant presque à sec. Apatou va chercher des pirogues chez Apoïké avec une des embarcations des Indiens qui nous accompagnent, ces braves Indiens de la crique Rencontre, qui sont de Piquiolo, et qui ont bien voulu, pour un modique payement, venir se promener avec nous jusqu'ici.

Apatou ayant fait diligence est de retour le surlendemain.

Nouveau relais de poste. Mes Bonis, le capitaine Adam, Couacou, Abocnito, s'en retournent à Cottica. Pour le père Yélou, il s'en va avec son jeune fils, un enfant de dix ans, faire un voyage chez ses amis du Yary.

Bon voyage, messieurs!

Maintenant me voici seul avec les Indiens de Piquiolo et ceux d'Apoïké.

Comme je ne vais pas rester longtemps au village d'Apoïké et que je vais bientôt tâcher de me diriger vers l'est, je laisse la plus grande partie de mes malles au dégrad d'Alama, sous un ajoupa[1] que je fais construire à cet effet. Elles sont là plus en sûreté qu'au milieu de la place de la Concorde.

Puis nous nous embarquons dans les pirogues d'Apoïké.

Apoïké est un petit Indien de quarante ans, maigre, sérieux, froid, parlant peu et à voix basse, riant d'un petit rire sournois. Crevaux en dit du bien. De plus, il est l'ami d'Apatou. Il a été élevé chez les Bonis, dont il parle la langue aussi bien que la sienne. Il a fait plusieurs voyages dans le bas fleuve, et même celui de Surinam. Il a longtemps travaillé pour MM. Cazal et Labourdette à leur placer, aujourd'hui évacué, d'Aouara Soula, au confluent de l'Araoua.

Nous partons.

---

1. Ajoupa : petit carbet indien, sorte de petit hangar.

LE VILLAGE D'APOÏKÉ.

C'est après avoir passé, rive droite, les petites criques Mopépan et Sipiténi, l'ancien village roucouyenne de Tribici, qu'on arrive à la bouche du sentier d'Apaouini. Le canot de mon capitaine Yélou est là, amarré avec une liane. Il attendra deux mois le retour de son propriétaire.

Saranaou, importante, paraît-il, n'a pourtant que 6 mètres de largeur à son embouchure. Un peu en amont, la crique Yapocohini, affluent de gauche, en mesure 8.

Coulé Coulé, grande crique qu'on met plus de deux jours à suivre par terre pour arriver jusqu'à sa source, est encombrée de bois tombés dès son embouchure, qui n'a que 6 mètres de largeur.

Ouaremapan en a 15, pourtant on dit qu'elle va moins loin que Coulé Coulé. C'est à la bouche de Ouaremapan que s'est arrêtée, en 1861, la Commission franco-hollandaise.

Un peu avant d'arriver à ce point, on aperçoit un instant, à un coude de la rivière, une jolie montagne abrupte et rocheuse élevée d'environ 200 mètres sur le plateau. C'est Knopoyamoye (le joli bouton), le Piton Vidal de Crevaux.

On met un jour de l'embouchure de Ouaremapan au village d'Apoïké. La navigation de cette partie de l'Itany présente de grandes difficultés. A chaque pas ce sont des bois tombés, par-dessus lesquels il faut hisser les petites pirogues, qui seules peuvent être employées pour ces voyages. Le plus souvent c'est au-dessous de ces bois tombés que l'on passe, en se courbant en deux, le dos éraflé, et sous une pluie d'insectes. Par endroits les bois tombés forment rapide. Pour détruire tous ces obstacles il faudrait plusieurs jours de travail à la hache, besogne de voirie qui n'est guère dans les habitudes indiennes.

Dans cette partie de son cours, l'Itany présente constamment un fond de sable. Aux coudes de la rivière, quelques plages sablonneuses, quelques roches émergées. Partout la végétation de la côte, des berges marécageuses couvertes de moucoumoucous et de pinots. Quelques bouches de petits lacs à droite et à gauche. Maintenant que les petites criques sont à sec, les eaux de l'Itany, grossies par les pluies qui tombent encore aux Tumuc-Humac, remontent l'embouchure de ces petites criques.

Ouaïpan et Capohini, que nous venons de passer, sont deux affluents de droite aussi importants que Coulé Coulé; le premier mesure 6 mètres à l'embouchure et le second 5. Leurs sources sont inconnues.

Nous voici arrivés au village d'Apoïké.

Je suis le premier Blanc qui visite ce village. Il se trouve rive droite, en terre française, au confluent de l'Itany et d'une assez forte crique qui vient d'un lac voisin. Le village se compose de quatre grands *pacolos*[1] où vivent plusieurs familles. Ces pacolos sont fort espacés et ménagent entre eux une grande place publique, avec l'*otomane*, la maison des hôtes, au milieu. Le village, auquel conduit une large allée partant de la crique du lac, est entouré d'un des plus vastes abatis que j'aie jamais vus en pays indien. L'altitude est de 225 mètres, le climat est agréable.

Le village, spacieux, bien aéré, bien découvert, propre, confortable, où l'on vit fort bien et où l'on nous reçoit avec de nombreuses jarres de cachiri, est tout à fait du goût d'Apatou :

« C'est comme à Paris », dit-il.

L'Itany mesure encore une trentaine de mètres de largeur en face du village d'Apoïké. En hiver on remonte cette rivière à trois jours au-dessus d'ici, soit d'environ 45 kilomètres en amont ; toujours au milieu d'une vallée marécageuse, toujours dans la direction du soleil couchant. L'Itany vient donc de beaucoup plus loin qu'on ne le supposait. Après ces trois jours de canotage en pirogue on voit l'Itany se bifurquer, un affluent fait nord-ouest ; la plus grande branche, la véritable Itany, que l'on peut remonter encore une demi-journée, fait sud-ouest. Au-dessus d'Apoïké on ne rencontre plus de bois tombés, seulement deux, paraît-il, pendant ces trois jours et demi. Cela est dû simplement à l'absence de grands arbres sur les rives, entièrement marécageuses. C'est heureux, car l'hiver aucune des autres petites criques des Tumuc-Humac n'est navigable même pour pirogue, les eaux grossies charriant alors des branches, des feuilles qui forment autant de barrages successifs. Aucun Roucouyenne n'est allé aux sources de l'Itany.

La rive droite de la rivière est déserte ; il n'y a d'Indiens ni dans Capohini, ni dans Ouaïpan, ni dans Ouaremapan, ni dans Coulé Coulé, ni dans Saranaou, ni dans Alama.

C'est à une demi-journée de canotage au-dessus d'Apoïké que les montagnes commencent de chaque côté de l'Itany, derrière les marécages de la vallée. Ce sont de hautes montagnes rocheuses entremêlées de savanes qui sont le commencement de celles du pays des Trios. Ces montagnes constituent un des chaînons des Tumuc-Humac.

A quelques heures d'Apoïké, au sud-ouest, rive droite de l'Itany, se trouve une montagne de 400 mètres qui fait partie de ce chaînon. On la

1. Pacolo : maison roucouyenne.

voit distinctement du village : je l'appelle Piton Apoïké. Au sommet se trouve un bassin tombant en cascade de toute la hauteur de la montagne. Au-dessus de ce bassin planent incessamment des oiseaux inconnus aux Indiens, qui n'ont jamais pu les atteindre avec leurs flèches et qui ne les ont jamais rencontrés ailleurs.

La rive gauche de l'Itany et les forêts de l'intérieur, depuis les Yapocoyes jusqu'aux sources du Tapanahoni et jusqu'au Trombetta, seraient loin d'être désertes si l'on en croit les Indiens du village d'Apoïké. Dans leurs chasses vers les sources de la rivière, ces Indiens auraient fréquemment rencontré d'autres Indiens inconnus, dont quelques-uns entendraient le ouayana. Ils ne sont, disent les Roucouyennes, ni farouches, ni peureux, mais ils ne veulent pas nouer de relations avec leurs voisins, qui, de leur côté, ne se hasardent pas à les aller visiter dans leurs villages.

Ces Indiens problématiques des Tumuc-Humac occidentales seraient au nombre de dix tribus, dont voici la liste complète :

Les Cantachianas, qui sont barbus ;

Les Caouayons ;

Les Caraouayanas ;

Les Taouahinayes, de complexion lascive ;

Les Pianayes, qui sont de haute taille et se peignent sur la poitrine un quadrillage gris ;

Les Campoyanas ;

Les Poïtopitianas ;

Les Chiquianias ;

Les Orichianas ;

Les Patacachianas ou Tounayanas, qui se retirent la nuit dans les marais et les rivières pour y dormir sur des pilotis.

Ces tribus s'échelonneraient de Kroboï Soura aux sources du Tapanahoni et jusqu'au Trombetta.

Vivant dans une région de montagnes, de savanes et de petites criques, sans un seul grand cours d'eau, elles n'auraient pas de pirogues et ne voyageraient que par terre, ce qui aurait favorisé et ce qui expliquerait l'isolement dans lequel elles n'ont cessé de vivre.

Toutefois, malgré leurs dénégations, les Roucouyennes de la Haute Itany, du Haut Yary et du Haut Parou entretiennent peut-être des relations avec ces tribus. Mais nos malins Roucouyennes ne se soucient nullement de montrer aux Bonis et aux Youcas le chemin de nouveaux acheteurs de couteaux, de sabres, de camisas et de colliers, préférant garder pour eux tout le commerce de leurs voisins nègres et aller vendre ensuite leur petite pacotille, à un taux fantastique, aux tribus de l'intérieur. D'ailleurs l'existence de ces tribus, malgré les assertions d'Apoïké et de ses peïtos, l'existence de ces tribus me paraît fort hypothétique. Elles seraient trop nombreuses pour ce territoire très restreint. Plus probablement les noms qu'ils m'ont donnés sont des noms de nations légendaires qui auraient jadis passé par la contrée, où il n'en reste peut-être plus aujourd'hui un seul représentant.

Octobre. — Les eaux sont maintenant trop basses pour que je puisse continuer dans la direction des sources de l'Itany. Je voudrais me diriger vers l'est, mais je ne sais trop comment m'y prendre. Je suis à la porte de l'inexploré.

On sait en effet que la chaîne des Tumuc-Humac est restée jusqu'à ce jour complètement inconnue et dessinée au hasard sur les cartes. Aucun des voyageurs en Guyane, ni Grillet, ni Patris, ni Mentelle, ni Leblond, ni Leprieur, ni Crevaux, ne l'a pu étudier.

Crevaux l'a traversée aux sources du Maroni, puis à celles de l'Oyapock; mais, la première fois, il s'est contenté de citer quatre noms de sommets sans laisser de levé, et la seconde fois il a passé par des cols et n'a pas vu de montagnes. Parlant à peine le roucouyenne et ne parlant pas du tout l'oyampi, il n'a pu prendre d'informations.

D'ailleurs, aux deux fois, il était malade et il a passé en hâte.

« Il ne faut pas séjourner dans ces contrées, disait-il à Apatou, il faut toujours marcher et marcher vite. Vois, nous sommes déjà malades; si nous nous arrêtions, nous ne tarderions pas à mourir. »

C'est cependant dans cette contrée qui inspirait si peu de confiance à Crevaux qu'il faut que je passe plusieurs mois.

J'ai devant moi un massif montagneux de 500 kilomètres de longueur sur 100 de largeur, grand comme la Belgique. Depuis trois cents ans que nous possédons la Guyane, nos voyageurs n'ont encore pu donner absolument rien de positif sur cette chaîne mystérieuse des Tumuc-Humac.

Ce massif, il s'agit de le découvrir dans son ensemble, de l'étudier dans ses détails.

Pour me guider, nul document écrit, nul renseignement indigène un peu précis, rien.

Je rassemble Apatou et les Indiens et tiens conseil. La mauvaise volonté des uns et des autres est absolue.

Apatou veut m'entraîner au Yary pour que nous nous rendions à l'Oyapock par le sentier des hauts de Rouapir, la route suivie par Crevaux, vieille voie bien connue et facile ; mais il s'agit pour moi de parcourir les Tumuc-Humac et non de les contourner.

De son côté, Apoïké, désireux de me garder dans son village pour bénéficier le plus longtemps possible de mes marchandises de traite, me cache soigneusement le peu qu'il sait sur la grande chaîne voisine.

Il me faut ainsi passer tout un mois, jusqu'à la fin d'octobre, cherchant à déterminer les Indiens à me conduire vers l'est et utilisant ce temps d'attente et de préparation en faisant la topographie du district d'Apoïké, que je parcours et que j'étudie de mon mieux jusqu'au Haut Apaouini, sur une étendue de dix lieues de montagnes.

J'y serais peut-être encore, si je n'avais eu un jour une inspiration. Je demandai un grand cachiri. Toutes les boissons roucouyennes : *cachiri, omani, chacola, meli, coutouliécoure,* coulèrent à flots. Et de danser, nos Roucouyennes, et de boire, et d'être loquaces. Vers le milieu de la nuit, ils étaient tous complètement ivres. Je les fis jaser. *In cachiri veritas.* J'appris qu'il existait deux villages roucouyennes aux sources du Marouini, en pleines Tumuc-Humac.

Au petit jour, je sers moi-même d'énormes rasades et j'arrive sans trop de peine à déterminer mes Indiens, qui regrettent, mais un peu tard, leur bavardage intempestif, à me conduire chez les Roucouyennes du Marouini.

J'envoie le jour même deux hommes d'Apoïké informer ceux du Marouini qu'ils aient à venir chercher mes malles au dégrad de l'Alama, au bout d'un nombre de jours que je leur indique en faisant des entailles sur un petit morceau de bois.

Le délai expiré, sachant que mes Indiens doivent maintenant être en route pour le dégrad de l'Alama, je pars avec Apoïké, une de ses trois femmes et quatre de ses hommes.

Nous repassons devant Capohini, Ouaïpan, Ouaremapan, Coulé Coulé, Saranaou, Alama, et arrivons, à quelques centaines de mètres au-dessous du confluent de cette crique, à la bouche du sentier qui conduit au Marouini.

Nous y sommes depuis vingt-quatre heures, quand nous entendons des flûtes dans la forêt. Peu après, nous voyons déboucher en file indienne une quinzaine d'hommes superbes : ce sont nos Roucouyennes du Marouini.

Le lendemain matin, on va chercher mes malles au dégrad voisin. Puis nous nous mettons en marche.

« Apatou, voici près de trois ans que je n'ai pris le sentier des Indiens, que je n'ai fait plusieurs jours consécutifs de marche en forêt vierge.

— Et moi, sept; depuis que j'ai quitté le docteur Crevaux. »

PANIERS DES ROUCOUYENNES.

CAMPEMENT A PILILIPOU.

CHAPITRE V

DE L'ITANY A PILILIPOU. — LA MARCHE EN FORÊT. — PLAISIRS ET TRAVAUX DU CANTONNEMENT. — LA SOCIÉTÉ DE PILILIPOU. — REPRISE DE L'HISTOIRE DE « LA FEMME FRANÇAISE ». — LE VILLAGE INDIEN. — POÉSIE DU DÉSERT. — LES VILLAGES DE PEÏO ET DE CHINALÉ. — DANS LES TUMUC-HUMAC. — REPOS ET ÉTUDES. — LA FEMME ROUCOUYENNE. — ENFANTS ET VIEILLES FEMMES. — FUNÉRAILLES. — COSTUME. — LA VIE MATÉRIELLE.

De l'Ytany au village de Pililipou, où nous conduisent les Roucouyennes du Marouini, c'est une marche de trois jours en forêt.

Le sentier de Pililipou suit l'Alama comme le sentier d'Itany-Apaouini suit Coulé Coulé. Il est à remarquer que les sentiers indiens longent presque toujours les criques et ne leur sont presque jamais perpendiculaires.

De pittoresque, aucun. On ne trouve de pittoresque qu'en savane ou encore au sommet des hautes montagnes dénudées. Le récit d'une marche en forêt est nécessairement d'intérêt médiocre : pas de paysages, pas d'incidents ; il n'y a qu'à donner le nom des criques que l'on traverse, la liste des ajoupas que les voyageurs construisent pour se reposer au bout de leur étape, les anciens villages, les abatis actuels ou abandonnés.

Le premier jour nous traversons d'abord Tayecoure, grand affluent de droite qui vient de la montagne de Tacapatare-nord, où la rivière Crevaux doit prendre aussi sa source. On traverse ensuite l'Alama pour suivre la rive gauche de ce cours d'eau ; on traverse de ce côté, près de leur confluent, plusieurs petits affluents non nommés, puis on s'arrête sur le bord d'une petite crique, dans une petite clairière où ont été construits deux ajoupas.

Le second jour, on continue à longer l'Alama. On passe un petit morne, beaucoup de ruisseaux à sec, puis on arrive sur la rive gauche de cette rivière, large en cet endroit de 15 mètres et libre de bois tombés. On passe l'Alama sur un pont qui ferait honneur à l'administration des ponts et chaussées de Cayenne : c'est un gros arbre carré sur lequel deux hommes peuvent passer de front. Sur la plupart de ces criques on ne rencontre qu'un petit arbre tombé le plus souvent en travers, noueux et tortu. Très peu équilibriste, je ne me risque jamais là-dessus : si j'ai pied, je passe dans l'eau, sinon je me mets à cheval sur l'étroite et incommode passerelle, et, faisant effort sur les poignets, je glisse jusqu'à l'autre rive. Ce n'est pas élégant, mais c'est la sécurité. Les Indiens, mieux aguerris, passent d'un pied sûr avec leur malle sur le dos.

Poursuivant au delà de l'Alama, nous rencontrons un ancien village, une petite montagne, puis la crique Carapa que l'on franchit et dont on suit la rive gauche dans une région de mornes séparés les uns des autres par des marais de pinots.

Le troisième jour, on passe une seconde fois la crique Carapa ; puis, laissant au midi la petite montagne de Yomhetpeu, on franchit la chaîne de montagnes peu élevée qui sépare les eaux de l'Itany de celles du Marouini, on traverse la crique Ticapi, sous-affluent du Marouini par la rivière Chinalé, et enfin, entre les ruisseaux d'Ariué et de Maracanaï qui vont également à Chinalé, on arrive au village roucouyenne de Pililipou, situé à 250 mètres au-dessus du niveau de la mer.

J'ai compté au podomètre 59 490 pas, et à ma montre 10 heures 5 minutes de marche. J'évalue la longueur de la route à 43 kilomètres, y compris les sinuosités.

En hiver, on fait environ la moitié de ce chemin en pirogue. On remonte l'Alama, puis le Carapa jusqu'au point où nous avons coupé une première fois cette dernière crique : c'est là le dégrad hivernal de Pililipou.

La direction générale du sentier est à peu près sud-est. Ce sentier n'est pas trop mauvais pour un sentier indien, surtout dans la première moitié

PASSAGE DANS LES BOIS TOMBÉS.

de la route. Il devient marécageux et malpropre à partir du second passage du Carapa.

Les essences dominantes de la forêt sont l'acajou, le cèdre, le carapa, le ouacapou, le coupi et le mamantin. L'encens, la fève tonka sont aussi fort abondants. Le chêne d'Amérique est fort répandu à partir de 280 mètres d'altitude. Il en est de deux sortes : une variété donne des glands verts, l'autre les donne noirs.

On est véritablement fort heureux d'arriver à un village quand on a fait seulement trois jours de marche en forêt. Car c'est une chose bien ennuyeuse que la marche dans le Grand-Bois, même quand on en a l'habitude.

C'est une prison que ces étendues couvertes d'une épaisse forêt vierge, ce sentier obscur et indécis dont l'œil se fatigue à suivre la trace. Les jours se passent sans soleil et les nuits sans étoiles. Les longues marches se poursuivent au milieu d'un pesant clair-obscur, dans les feuilles mortes, les racines traçantes, les arbustes épineux, les lianes entortillées, les marais où l'on enfonce jusqu'à la ceinture. Il faut presser le pas pour ne point perdre de vue l'Indien qui vous précède. On n'a pas le loisir de regarder à droite ni à gauche, ni devant ni derrière. On n'y perd guère, car de tous les côtés c'est l'épaisse masse de feuillage, insondable. On passe sur des bois tombés, dans l'eau, dans la boue, des criques dont l'Indien ne sait pas le nom et dont il indique la direction d'un geste vague qui ne renseigne pas. La prison se referme à chaque pas que l'on fait, sans une seule échappée vers le ciel, pendant de longs jours, de grande rivière à grande rivière.

Descendu au fond des ravins, parvenu au sommet des mornes, on ne voit rien. On s'est exténué à descendre une gorge, à escalader une montagne, mais l'épaisse masse de feuillage dérobe toujours le ciel et l'horizon. Agacé, las, nerveux, colère, pestant, courbé, heurté, flagellé, déchiré, trébuchant, tombant, se relevant, il faut poursuivre dans l'interminable sous-bois feuillu qui s'emplit de plus en plus d'insectes, de bruits, d'odeurs, d'ennui, d'effroi.

Impossible d'aller au plus court, la forêt est sans fin, et seul vous n'y trouveriez pas plus votre route qu'au sein des catacombes sans torche et sans fil. Suivez avec docilité le guide qui vous précède et prenez bien garde à ne pas le perdre de vue, car vous pouvez être certain qu'il ne s'occupe pas de vous. Seul, avec la faim et l'épouvante pour compagnes, vous tourneriez par les bois dans un cercle d'angoisse, et, comme cela est arrivé à d'autres, vous deviendriez fou de rage et de peur et seriez bientôt impuissant à disputer aux vautours et aux fourmis votre cadavre encore vivant.

Marchez! Des plateaux, des ravins, des pics, des crevasses, des marais, toujours les mêmes; de grands arbres, des lianes, des arbustes, toujours les mêmes; toujours la même masse de verdure entre vos aspirations à la lumière et l'invisible ciel; une fatigue croissante; un pénible mouvement machinal des jambes, le mécanisme de la pensée arrêté : le sombre cercle se rétrécit à chaque pas.

Où sont les canotages d'antan, les longues journées contemplatives au sein des paysages changeants de la rivière, les perspectives sans cesse variées, les cataractes qui faisaient battre le cœur, et cette liberté de conquérant qui va où il veut, porté par les eaux soumises, et la fière indépendance du bivouac solitaire sur la plage rocheuse que l'on élisait chaque soir! Il est doux d'aller toujours ainsi, devant soi, vers le nouveau, vers l'inconnu, par un grand chemin bien tracé, avec du grand ciel et du grand soleil sur la tête. Heureux qui peut ainsi couler sa vie, le cœur et l'esprit allégés des dégoûts, des injustices et des sottises de la civilisation; heureux, trois fois heureux si, au milieu de ses conquêtes, dans quelque coin innomé du désert, une mort soudaine le fait passer brusquement de l'action enivrante au repos éternel!

Mais les longues marches dans la forêt vierge, mes ennemis en soient préservés! De l'air, de la lumière, une issue : ce sera le village du désert. Il me faudra m'y cantonner pendant plusieurs mois.

Oh! que les longs cantonnements sont plus tristes que le canotage!

Plus triste même que la marche en forêt!

Car il y a pourtant, dans la marche en forêt, je ne sais quelle horreur sacrée, quel douloureux enivrement, quelle sombre et morne quiétude qui épouvantent d'abord mais que l'on chérit bientôt. C'est comme la paix profonde du philosophe prisonnier à qui quelque vieux livre bien triste mais sublime ferait oublier son cachot. Cela allège d'une partie du fardeau du *moi*.

Entre deux ruisseaux presque à sec, dans un cercle de montagnes, quatre maisons indiennes autour d'une petite place poudreuse, des champs de culture étreints par la forêt, un beau sentier, large comme une route, allant à chaque ruisseau.

Nous ferons les itinéraires que nous pourrons, nous poursuivrons nos études, nous récolterons nos collections, l'été passera, nous nous construirons des canots, et quand l'hiver aura mis de l'eau dans nos rivières, nous descendrons à Cayenne renouveler nos provisions épuisées.

Le cantonnement! Dans la maison des étrangers, tout le long du jour, des Indiens dont la curiosité indiscrète nous énerve; toujours les mêmes visages, les mêmes maisons, les mêmes champs de culture, les mêmes sentiers, et la même obsession bienveillante de nos hôtes. Pour être seul avec soi-même il faut, au cœur de la nuit, se réfugier à l'écart, assis sur quelque tronc d'arbre abattu, et, sous la protection des ténèbres, s'abîmer dans une rêverie aux étoiles. Mais comment les fuir, ces montagnes trop voisines, ces colosses noirs toujours là, qui nous oppressent, qu'on voudrait écarter de la main; et ce terne coin de ciel d'où tombe sans fin, sans trêve, lourd comme le plomb d'un catafalque, un morne ennui? Travaillons.

J'ai connu, par le monde, certains aventuriers chercheurs de fortune, outrecuidants rastaquouères qu'une furieuse envie de la richesse n'importe comment, unie à quelque intrigue véreuse, avait jetés des cafés du boulevard dans quelque exploitation copieusement installée avec des capitaux crédules. Pour ces messieurs, Crevaux n'était qu'un « farceur » et nous autres tous, missionnaires scientifiques, sommes dans le même cas.

« Il est des âmes viles, pétries de boue et d'ordure.... » La Bruyère les avait pressentis! Comme tous ceux qui ont l'âme mauvaise, toute supériorité les blesse, tout sentiment élevé les irrite, ils bavent leur venin aux talons où ils peuvent atteindre.

Ils émargent pour de grosses sommes à des budgets édifiés avec les capitaux naïfs. Tant que leur pseudo-compétence de chevaliers du parchemin, ou leur problématique honorabilité d'hommes d'affaires très comme il faut n'ont pas été percées à jour, en attendant qu'elles soient remisées à Mazas, ils les tarifent à des appointements de ministre pour contresigner les machineries financières les plus véreuses du marché.

Toujours au point scabreux où le chemin bifurque d'un côté vers le million et de l'autre vers le bagne, il est naturel que, dans leurs inquiétudes angoissées, ils accablent, sous couleur de dédain, des traits de leur jalousie haineuse, le pauvre diable de missionnaire scientifique qui se contente, pour son dur métier, d'émoluments dont leurs Bertrands ne se contenteraient pas pour parader derrière leurs maîtres.

Dans leurs placers ou leurs factoreries, ils retrouvent plus que le confort auquel ils n'étaient pas toujours habitués en France. Ils ont une maison bien installée et bien montée. Ici nous sommes sous un hangar nu ouvert à tous les vents. Ils ont pain, vin, biscuits, tafia, bière, liqueurs, cigares, café, sucre, conserves, lit, domestiques et prostituées. Ici c'est la grossière démocratie de la vie indienne : du bouillon de piment, quelque brouet sauvage, et nous sommes tous accroupis autour de la même marmite où nous trempons fraternellement notre cassave quotidienne. Ni lit, ni domestiques, ni conserves, ni sel, ni sucre, ni liqueurs, ni tafia, ni biscuits, ni vin, ni pain. Ils supputent tous les jours les appointements qui courent et les bénéfices de toute nature qui s'accumulent. Uniquement préoccupés de notre travail et de l'achat de nos collections, nous ne nous demandons même pas s'il nous restera assez d'argent pour rentrer en France, où ils nous appelleront *farceurs*.

Qu'importe! Nous ne vivons pas dans les mêmes sphères. Les quolibets enragés de cette caste impure ne sauraient émouvoir un atome de la poussière des pieds des brahmanes.

Travaillons, une noble besogne nous convie. Quand on travaille, on n'a de temps ni pour le dédain ni pour l'ennui.

Le transport sur toile, avec toutes les vérifications de rigueur, des itinéraires relevés sur le cahier de notes, tant en rivières qu'en forêt; les observations d'altitude, de longitude et de latitude; les observations météorologiques; le recueil de vocabulaires et de formes grammaticales des idiomes indigènes; les mensurations anthropométriques; la confection de mémoires purement scientifiques de géographie, d'ethnographie, de linguistique, de climatologie; l'élaboration, enfin, selon l'usage, d'une relation de voyage que l'on s'efforce de rendre lisible : tous ces travaux suffisent à remplir les courtes heures de la journée.

La relation de voyage prend beaucoup de temps : la coordination des documents, des matériaux recueillis, constitue un travail des plus ardus et des plus absorbants. Une relation de voyage que l'on voudrait présenter sous une forme littéraire coûterait infiniment plus de travail qu'une œuvre d'imagination. Il n'est pas aisé de rendre agréable la lecture d'une série de faits techniques. Pressé par le temps, on est obligé de laisser courir la plume sans s'arrêter à polir à l'ongle les aspérités du chemin parcouru.

Une chose non moins laborieuse est la confection de vocabulaires indigènes. Si l'on savait exactement ce qu'il en coûte de peines pour colliger un vocabulaire, recueillir des phrases, ébaucher un essai de grammaire d'un dialecte totalement ou à peu près inconnu, on accorderait à ce travail plus d'importance qu'on ne lui en attribue d'ordinaire. Il est vrai de dire aussi que tels voyageurs se sont donné à bon marché des airs de linguistes. On traduit commodément, de l'espagnol ou du portugais, dans quelque confortable village de l'intérieur, en prenant de la bière anglaise, les travaux contemporains des spécialistes américains inconnus de l'Europe, et l'on revient avec un vocabulaire de deux mille mots copié en quelques heures, et on le donne modestement comme le fruit de ses patientes recherches personnelles. Et de rire, les linguistes de l'Amérique du Sud, quand ils voient notre héros médaillé, lauréat, décoré.

D'autres, parfaitement honnêtes, ne peuvent recueillir que des vocabulaires tronqués et défigurés, dictés par quelque interprète ignorant, qui comprend mal la langue indigène et qui comprend mal celle du voyageur. Le vocabulaire roucouyenne de Crevaux, par exemple, a été colligé consciencieusement sous la dictée d'Apatou; mais la méthode de voyager précipitamment qu'avait adoptée l'infortuné explorateur, l'a empêché de voir qu'il prenait pour le véritable dialecte roucouyenne un patois de traite dont les inventeurs sont les nègres bonis.

Pour confectionner un vocabulaire quelque peu complet, recueillir avec exactitude quelques phrases typiques, la première condition est de séjourner. On ne fait pas cela en passant, sous la dictée d'un interprète. Les premiers travaux sur les langues de l'Amérique du Nord étaient, le plus souvent, le fruit de dix ans, de vingt ans de séjour et d'études d'un missionnaire dans une tribu.

Puis il y a les collections. La confection d'un herbier des essences et des plantes des hautes terres inconnues à la côte; la chasse aux bestioles et insectes supposés rares; l'achat des collections ethnographiques; la conquête, dans les montagnes, sur une section faite à travers la grande chaîne, de fragments de la roche en place et de cailloux roulés dans le lit des criques; la prise photographique de paysages et de types du pays : tous ces exercices n'auront pas de peine à remplir notre temps.

Un rude métier, pour parler dans toute la sincérité de mon âme, c'est celui de collectionneur de roches. Il faut monter et descendre les montagnes, se risquer dans les crevasses, grimper sur des rochers à nu, se glisser dans les précipices, les trous, les grottes, les cavernes! Il faut avoir le feu sacré ou bien des pieds d'équilibriste.

Je n'avais pourtant ni l'un ni l'autre, mais au contraire, et bien malheureusement — ce n'est pas ma faute, — un très profond mépris pour les exercices physiques un peu violents, lesquels ne tardent pas à m'horripiler. En dépit de toutes les belles théories actuelles sur l'éducation physique et sur la divinité de la gymnastique, je ne trouve guère ces jeux anglais à leur place que chez les bouquetins, fort habiles, comme on sait, à escalader d'un pied sûr les flèches de nos cathédrales; chez les singes, qui excellent à se servir de leur queue comme pas un homme de ses mains; et chez les éléphants créés par Brahma pour humilier les membrus rougeauds que l'Université forme sur le modèle du lutteur Marseille ou de son lieutenant Bamboula.

Il est à croire que le dieu des alpinistes est un dieu débonnaire jusqu'au point de n'être pas vindicatif; car, malgré mes blasphèmes quotidiens, il voulut bien permettre que je conservasse jusqu'à la fin mes côtes intactes.

Ce qui me valut de jouir, dans toute la plénitude de mes facultés physiques et morales, du séjour enchanteur de l'illustre village de Pililipou, capitale dont je vais, sans plus tarder, faire les honneurs au lecteur.

Le village de Pililipou est placé dans un site magnifique, au pied du mont Pililipou. Il est dominé par la chaîne des montagnes voisines, Maracana, Ariquinamaye et Yomhetpeu. Le plateau sur lequel se trouve le village est à 250 mètres d'altitude; les montagnes de la chaîne voisine le dominent de 100 à 200 mètres. Le mont Pililipou a 450 mètres d'altitude, Ariquinamaye en a 550, Maracana 550 et Yomhetpeu 500. Le plateau de Pililipou est étroit, il n'a guère que 5 kilomètres entre Pililipou et Yomhet; au sud de Chinalé il en mesure le double. Il a environ 5 kilomètres de longueur. Il est fermé de tous les côtés, excepté du côté de la Chinalé, sur la rive sud de laquelle il vient mourir en pente douce.

En arrivant par le ruisseau d'Ariué, on voit d'abord, au bout de l'allée traversant l'abatis qui entoure le village, la maison des étrangers, l'*otomane*, demeure hospitalière que l'on trouve dans chaque village roucouyenne. C'est ici un vaste hangar ouvert à tous les vents, dont le toit, en feuilles de palmier pinot bien tressées, descend jusqu'à 1 mètre du sol. Ce pacolo, fort vaste, est de forme ovale. Son grand axe mesure 15 mètres.

Nous nous installons sous l'otomane. Mes malles sont rangées d'un côté, nos quatre hamacs de l'autre. De loin nos moustiquaires ont un faux air de draperie qui prête à l'idée d'ameublement. Ce sont, bien entendu, les seules du village. Une large malle plate me sert de table, en face une malle plus petite me sert de siège : c'est là mon bureau. Des sacs de voyage, des fusils, des instruments de précision suspendus aux poutres qui soutiennent l'édifice, donnent au pacolo je ne sais quel air de confort. Nous finissons par appeler cela notre maison.

Autour de l'otomane momentanément habitée, et voisines jusqu'à la toucher, se trouvent quatre autres cases.

Nous commencerons nos visites par la maison du seigneur du lieu, le tamouchi Touanké, fils de Ouané et frère de Tatayel, le tamouchi de Piquiolo.

Touanké ne manquera pas de nous apprendre que ce fut son père Ouané qui conclut, à la crique Coutou, affluent du Marouini, le traité de paix et d'amitié avec Gongo, grand-man des Bonis. Touanké appartient à une vieille famille roucouyenne qui depuis longtemps donne des tamouchis aux Roucouyennes du Marouini et de l'Itany.

Le tamouchi Touanké est un petit vieux à l'air jeune, toujours souriant et ricanant d'un petit air fin, il est fort tranquille, fort paisible et semble

VILLAGE DE PILILIPOU.

avoir toujours peur de tenir trop de place. Avec cela il est rusé, pas mal filou, de peu de parole et fort débauché. Madame la tamouchi — le vieux chef n'a qu'une femme, — madame la tamouchi est une petite vieille au visage heureux, comme son mari; comme lui, souriant toujours, goûtant dans toute sa plénitude la joie ineffable de vivre. Mais son pauvre corps tout ridé, aux chairs flasques et pendantes, est bien laid! Ses caresses, dont elle abuse, sont moins agréables que si elles avaient trente ans de moins,

MARCHE EN FORÊT.

et ses petites mains vieillottes, qui ne sont pas toujours propres, touchent trop souvent ma barbe et mes cheveux et fouillent sans cérémonie mes poches, jusqu'à celles de mon pantalon, pour me demander quel est l'usage des objets qu'elle y trouve; car pour ratatinée, parcheminée, momifiée, elle est femme, la pauvre grand'maman.

Leur fils Païké, qui n'est pas héritier présomptif — c'est le gendre Acouli qui est désigné, — Païké est un hercule indien découplé dans la perfection et qui parle avec une petite voix flûtée. C'est un superbe garçon d'une vingtaine d'années, doux comme son père, aux yeux doux, au timbre doux, à l'air timide; mais rusé, élégant, admirablement costumé à son ordinaire, le plus intrépide chasseur du pays roucouyenne, redoutable aux femmes : quelque chose comme le Chérubin de Beaumarchais ou le Don Juan de Byron. Pour son ordinaire il a sa petite femme Améta, enfant de quinze ans à la mine éveillée, au regard droit et intelligent, une fort jolie fille admirablement faite. C'est un des plus beaux couples que l'on puisse rencontrer au pays rouge. Pourquoi faut-il que l'Adam de cette Ève si désirable coure des distractions illicites en dehors de son paradis terrestre et cherche à ajouter, le plus souvent qu'il peut, une nouvelle victime à son hécatombe donjuanesque? Apparemment que ce n'est pas la civilisation qui a dépravé les mœurs, mais que c'est au contraire la fidélité qui est une chose contre nature.

LE « TAMOUCHI » ACOULI.

Monsieur et madame la tamouchi sont de la plus haute civilité. Ils sont d'une parfaite éducation, du meilleur monde. Ils ne se conduisent point, dans leurs relations sociales, exactement comme le commun de leurs villageois. Ils reçoivent; ils invitent de temps à autre à déjeuner ou à dîner quelques membres de la haute société. Parfois, quand le père ou le fils ont tué quelque gros gibier, on donne un repas royal : tous les *peïtos* (les sujets) sont invités.

Monsieur et madame ne manquent pas non plus de faire honneur aux visiteurs qui peuvent leur arriver des villages voisins, de l'Itany, du Yary ou du Parou. Ils les invitent de temps à autre à manger du miel, des papayes, toutes sortes de douceurs. Madame la tamouchi fait, à leur départ, des cadeaux aux dames de ses hôtes : le plus souvent ce sont de gros morceaux de terre à poterie qui devront être portés huit jours, quinze jours en catouri par les heureuses favorisées avant d'arriver à leur destination lointaine où, sous des doigts habiles, ils deviendront des marmites.

Sous le toit du tamouchi vivent des « clients », je veux dire des hommes de sa *gens*, des *peïtos*, comme on les appelle ici. C'est Akessé, un grand vieil Indien maigre, osseux, aux cheveux longs et plats, aux pommettes saillantes, vrai type de Comanche ou d'Apache, et d'une voracité qui le ferait prendre en effet pour un cannibale du Far West. Il est atrocement jaloux de sa jeune femme Anoli, qu'il surveille avec autant d'assiduité et

TYPE DU VILLAGE DE PILILIPOU.

d'importunité que d'insuccès. Sa fille, qui a pour mari à poste fixe le nommé Toti, mais qui souvent convole pour quinze jours ou un mois avec tel ou tel autre monsieur de son goût, toujours un nouveau, sa fille et Toti le débonnaire, le mari qui toujours pardonne, complètent la clientèle de Touanké. Il faut y joindre aussi deux orphelins, Tampi, laideron de quinze ans fort couru, et sa sœur, à peu près de son âge, qui joue les utilités dans le village.

Le vieil Akessé est aussi appelé « tamouchi », mais ce n'est là qu'un qualificatif respecteux qui n'implique pas de fonction politique. On appelle *tamouchi* tout individu qui a l'air d'avoir passé la cinquantaine. Touanké dit à Gouacou, mon cuisinier nègre : « Bonsoir, tamouchi ». On peut traduire ce tamouchi-là par notre expression familière : mon vieux bonhomme.

« Tamouchi » signifie donc tantôt vieillard, tantôt chef. Ainsi nos Indiens m'appellent, moi, « tamouchi », non qu'ils me prennent pour un Géronte, j'espère, mais parce que je suis chef. Dans ma tribu de quatre hommes il ne saurait y avoir qu'un tamouchi de grade; Apatou n'a donc pas les honneurs de ce titre, bien qu'il soit tamouchi en pays boni. Comme ils ne le trouvent pas assez vieux pour en faire un tamouchi d'âge, il est passé *yakérénou*, c'est-à-dire cher ami. Le double sens du mot « tamouchi » a son origine dans l'essence même de la politique, de la hiérarchie des peuplades indiennes : les chefs, ce sont les vieillards, les sachems. C'est pour cela que le fils trop jeune d'un tamouchi ne peut succéder à son père. Et il est trop jeune s'il n'a pas au moins quarante ans. De même chez nous, pour être père conscrit, il faut n'être plus bon à faire un soldat.

Acouli, lui, est triplement tamouchi, d'abord parce qu'il a une cinquantaine d'années; ensuite parce que Touanké l'a désigné, Païké étant trop jeune; enfin parce que c'est lui qui fonde le nouveau village de Chinalé où tous les Roucouyennes de la région du Marouini vont se réunir quand les abatis seront terminés.

Celui qui fonde un village en pays roucouyenne en est de droit le tamouchi, quitte à avoir au-dessus de lui un autre tamouchi, plus élevé en hiérarchie à cause de sa race. C'est ainsi que le nommé Toumtoum, qui a fondé le village actuel de Pililipou, en est le tamouchi véritable. Mais Touanké, qui habitait un village voisin, étant venu, à la mort de son père, s'établir à Pililipou, c'est lui qui fut considéré comme le principal tamouchi, comme étant de plus grande race que Toumtoum. Voilà bien des tamouchis pour un village de quatre maisons. On voit que ce n'est pas seulement la France qui est le pays des chinoiseries, ni même la Chine !

Acouli, avec sa jambe torse et son sourire parfois étrange, a quelque chose d'un Méphisto indien. S'il boite, c'est qu'il s'est brisé le tibia en abattant un arbre. L'opération, qu'il s'est faite lui-même et qui a d'ailleurs parfaitement réussi, lui a laissé une légère claudication. S'il a parfois un étrange sourire, c'est que, voilà, il est grand docteur — il l'a prouvé en se raccommodant lui-même son tibia —; de plus, c'est un redoutable docteur. Cet Aplaï — car il est Aplaï — a fait, dans son pays, de profondes études de médecin satanique. Personne comme lui pour vous dire où et comment Yolock (le diable, le sort) vous a jeté un maléfice. Personne comme lui pour connaître tous les chants sacrés, toutes les formules cabalistiques, tous les rites mystérieux qui obligent un malade à guérir en le débarrassant du Yolock qui le tourmente. Personne comme lui pour connaître tous les *tayas* (les plantes), les tayas qui font aimer, les tayas qui exorcisent le Yolock, les tayas qui rendent fou, les tayas qui tuent lentement, les tayas qui tuent vite. Aussi les Roucouyennes, pourtant si accoutumés à parcourir à la ronde le cercle des épouses d'autrui, ont-ils le plus profond respect pour les deux femmes du piaye redouté! C'est incroyable, l'influence qu'il exerce, avec sa médecine et sa magie, jusqu'au Yary et jusqu'au Parou. Ajoutons à son honneur qu'il n'y a non plus personne comme lui pour faire vite un abatis et le bien cultiver ensuite, pour dresser ses femmes et ses enfants au travail, pour bien traiter ses hôtes, pour tenir la parole donnée, pour commander et se faire obéir.

Acouli, gendre de Touanké par une de ses femmes et héritier désigné, Acouli, fondateur de Chinalé, le « grand village » de demain des Roucouyennes de la contrée, Acouli, qui est d'ailleurs le plus actif, le plus intelligent, le plus sûr de tous ces Indiens, est donc, en réalité, le chef le plus influent du pays. Je l'ai d'ailleurs fait consacrer, par le gouverneur Gerville-Réache, quand je l'ai emmené à Cayenne, capitaine en chef des Roucouyennes français, c'est-à-dire des Roucouyennes du Marouini et de l'Itany. Le gouverneur lui a remis lui-même une canne et un diplôme comme insignes officiels de son grade.

Acouli a trois garçons et quelques peïtos : son neveu Mayarou, Aplaï comme lui, et l'ancien tamouchi du village de Caréta, au Parou, le pauvre Tatala, dont les affaires ont sans doute mal tourné. Tatala est à la tête d'une charmante petite femme, une fine mouche qui s'appelle Yane, ce qui veut dire *pou*.

Une courte visite au pacolo de Toumtoum. L'individu qui répond à ce nom formidable, mais aussi à cet autre beaucoup plus doux de Cantamari, est un grand être aux cheveux ondulés, d'ailleurs majestueux en diable. Comme Akéssé, vieillard à jeune femme et à infortunes, Toumtoum, lui, a des enfants qui ressemblent, d'une manière frappante, à tous ses voisins. Ce profond aphorisme d'Alphonse Karr : « On est toujours un peu le mari de ses voisines », ne s'est jamais vérifié plus brutalement qu'ici. Ce ne sera pas Mme Toumtoum, la suave Opichéoua, qui se plaindra de ces douces libertés qu'autorisent au pays indien les relations de bon voisinage.

Du temps de leur lointaine jeunesse, Toumtoum et Akéssé ont fait le voyage de Cayenne, par l'Oyapock, avec des Oyampis. Ils ont rapporté de la Guyane française deux airs de messe et deux mots français : *bonzou* et *coçon*, qu'ils n'ont pas encore oubliés.

Le tamouchi primitif du village de Pililipou a pour peïto son frère, le très malin et très loustic Yacana, d'ailleurs le meilleur chasseur de la contrée. Yacana est affligé d'une femme, la grosse Mariki, qui s'est rendue coupable des deux enfants les plus malpropres qu'il soit possible de voir parmi les petits des hommes et des animaux. Je dis affligé, parce que cette femme est pour lui un sujet d'affliction. Bien qu'il soit presque aussi débonnaire que le philosophe Toti, il trouve qu' « elle ne devrait pas en faire tant. — Que veux-tu, mon ami, c'est le sort commun ; que peut-on dire à des voisins ? » Il n'y a que des caractères comme Acouli qui seraient capables d'empoisonner le plaisant.

Toumtoum et Akéssé se disputent, assez platoniquement il est vrai, un peïto qui n'en vaut guère la peine. Il devrait être peïto de Toumtoum comme étant frère de sa femme, et d'Akéssé comme étant son gendre... de temps à autre. C'est le jeune et beau Taloulipan, un petit fat, odieusement soigneux de sa personne, toujours peint de frais, élégamment peigné, très arrogant, insolent et moqueur, très fainéant, plus débauché encore, — et, comme tel, coqueluche de toutes les dames de l'endroit, Taloulipan, qui est à Païké ce que Lovelace est à Chérubin, a pour spécialité de faire l'intérim de toutes les femmes en vacance de mari ou d'amour. Il est fort maigre.

Permettez-moi une présentation spéciale pour le propriétaire du quatrième pacolo, un Indien qui n'est guère peïto de personne et qui vit tranquille, sans peïtos, avec sa vieille mère et ses trois jeunes femmes ; mon ami Counicamane, arrière-petit-fils de la demoiselle Dujay.

C'est par Counicamane que j'ai su en détail tout ce qui advint à la demoiselle Dujay après que le docteur Patris l'eut perdue à Tripoupou en 1767.

J'avais d'abord demandé aux tamouchis des nouvelles de la dessinatrice. Ils m'avaient répondu qu'ils ne connaissaient point cette histoire. Après les avoir retournés en véritable juge d'instruction, j'avais fini par leur faire avouer que leurs anciens leur avaient bien raconté ce voyage de Patris, qui était venu à Pililipou avec une femme — mais ils ne savaient pas ce que la femme était devenue.

J'observai du coin de l'œil mon Counicamane, un Indien clair, velu, ayant de la barbe non seulement sur la lèvre et au menton, mais encore sur les joues ; un Indien qui, deux fois la semaine, se rasait au couteau — et j'avisai d'un stratagème.

J'allai chercher une liasse de papiers. Je les parcourus.

« Vous avez entendu tout ce que le papier m'a déjà appris, leur dis-je ; eh bien, il vient de m'apprendre encore autre chose : la « femme fran- « çaise » a laissé des enfants en pays roucouyenne, elle a un descendant à Pililipou, et ce descendant, c'est toi, Counicamane ! »

Les tamouchis virent bien qu'il y avait du *Yolock* dans ce papier-là. Peu à peu, j'appris tout.

A l'époque du voyage de Patris, le yapotoli, ou chef général de la contrée, habitait derrière Pililipou, à la crique Carapahétpé, affluent du Marouini. Ce yapotoli, à qui Patris conféra, avec des insignes confirmant son grade, le nom de Zanpié (Jean-Pierre), ce yapotoli s'appelait Toropé. Ayant vu la femme française, il la trouva belle et il la désira. Des femmes de la tribu furent chargées de lui faire visiter les abatis. Elles lui firent perdre le chemin du village et la retinrent dans une habitation voisine. On revint disant qu'elle s'était égarée dans la forêt et qu'on n'avait pu la retrouver. Patris attendit quelque temps, mais en vain ; la demoiselle Dujay était bien perdue. Peut-être Patris n'en était-il pas fâché. Peut-être même...; mais pourquoi une aussi odieuse supposition ? D'ailleurs le cas n'est point prévu dans l'*Art de rompre* de Claude Larcher.

Patris parti, la « femme française » fut amenée à Toropé. Peut-être n'en était-elle pas fâchée. Peut-être même..., mais pourquoi une aussi étrange supposition ? Est-il caprice de femme qui puisse aller jusque-là ?

La « femme française » fut amenée à Toropé. Elle devint sa femme. On l'appela Tori, ce qui veut dire Pois sucré.

Tori eut de Toropé deux filles, dont une mourut jeune et sans enfants. Mais comment vécut-elle, la pauvre Dujay ? Et si on voulait maintenant lui élever une statue, dans quel costume la représenter ?...

L'autre fille de Tori eut un garçon et une fille. Le garçon est aujourd'hui centenaire ; c'est Talouman, tamouchi au Parou. La fille, centenaire aussi, c'est Enéoua, la *couni*, comme on l'appelle, l'aïeule, qui demeure au village de Peïo.

Talouman, de la femme d'un de ses demi-frères, eut un fils adultérin dans sa vieillesse. Ce fils, c'est Counicamane.

Et maintenant les Roucouyennes qui, au début, me cachaient soigneusement cette histoire de rapt, rapt réel ou simulé, dans la crainte d'indisposer le blanc contre eux, les Roucouyennes ne cessent de me désigner Counicamane le velu, l'Indien à favoris, l'arrière-petit-fils de la Dujay, sous la périphrase glorieuse de *Parachichi pitani*, le fils de la Française.

Counicamane est un garçon de trente-cinq ans, très intelligent, érudit dans la tradition, complaisant et de relations sûres. Il a trois femmes; il bat souvent les deux plus jolies, deux douces créatures à peu près fidèles, mais il raffole de la plus laide, qu'il se garde bien de frapper jamais, mais qui le trompe quotidiennement.

Et l'on connaît maintenant toute la société de Pililipou. Cela fait au total, enfants compris, une cinquantaine de personnes.

L'architecture de Pililipou ne saurait nous entraîner à une longue description. Notre maison est un hangar ovale. Les autres pacolos sont des hangars plus ou moins circulaires, surmontés d'un toit à peu près conique descendant jusqu'à 2 mètres du sol. Les poteaux qui supportent le toit supportent aussi un plancher fait en lattes attachées entre elles. Dans cette sorte de plancher, plancher assez bien joint et élevé d'environ trois mètres au-dessus du sol, est ménagé un petit trou où accède une échelle faite d'un petit tronc d'arbre entaillé ou d'une échelle de meunier à l'européenne, dont les échelons sont fixés aux montants par des lianes. Seule l'otomane n'a pas de plancher; toutes les autres maisons roucouyennes ont un étage.

La nuit, on dort là-haut, au premier, autour d'un feu qui brûle dans un foyer fait d'argile réfractaire. Ce foyer, de forme circulaire et mesurant environ 1 m. 70 de diamètre, se compose d'une plaque d'argile avec des rebords verticaux de 25 centimètres de hauteur. En bas, c'est l'appartement diurne avec le mobilier indien: en haut, c'est l'appartement nocturne, à l'abri des insectes ou à peu près. Cependant il est des saisons où les insectes sont tellement envahissants qu'il faut se réfugier dans l'*itoutapacolo*, la maison de la forêt, au toit descendant jusqu'à terre et hermétiment close, où les insectes ne pénètrent pas.

Il faut balayer fréquemment en bas et en haut, sans quoi la vermine ne tarde pas à envahir encore, et, malgré ces précautions, il est bien rare que le foyer du premier étage n'attire pas des scorpions entre les lattes des planches, et des serpents dans les feuilles de la toiture.

Dans de petits ajoupas, à côté des cases, quelques chiens, de vilains chiens sans race, petits, maigres, ne sachant pas chasser : abominables roquets toujours jappant. Quelques perroquets, aras, hoccos, agamis, deux douzaines de coqs et de poules élevés pour leurs plumes : voilà tous les animaux domestiques de Pililipou.

Tous ces coqs et toutes ces poules, comme dans tout le pays roucouyenne, sont de la plus parfaite blancheur. Pas un de gris, ni de jaune, ni de brun. Pourquoi? Ils les ont sans doute obtenus ainsi par sélection. Ne voulant que de la volaille blanche, la seule dont ils prisent les plumes, seule chose qu'ils prisent dans une volaille, ils ont dû tuer et manger au fur et à mesure tout ce qui leur venait de coqs et de poules qui n'étaient pas rigoureusement blancs. Mais il y a sans doute longtemps de cela, car la tradition est muette à cet endroit.

Les abatis sont nombreux et vastes. Mais le village commence à être vieux. Le gibier et le poisson ne se trouvent plus qu'à d'assez grandes distances. La plupart des petites rivières voisines, Alama, Carapa, les affluents supérieurs du Marouini au midi de Pililipou, ont été à peu près dépeuplés. C'est pour cela qu'ils vont se porter au nord, sur les bords du Chinalé, grande crique à peu près navigable et dont le district est riche en gibier.

Le site de Pililipou est agréable et il n'a pas fallu moins que la monotonie d'un long séjour pour nous en fatiguer.

La température à l'ombre, qui varie de 16 à 18 degrés à 6 heures du matin, à 28 ou 30 à deux heures de l'après-midi, est très supportable pour l'Européen. Cette moyenne de 22 degrés n'a rien d'excessif.

Les soirs sont superbes. Le déclin du jour, de cinq heures à six, est délicieux. Il est suivi d'un doux crépuscule, jaune laiteux à l'horizon, s'élevant, par teintes dégradées, jusqu'au zénith d'un bleu sombre.

Les nuits, d'un ton très foncé, sont magnifiques. Les étoiles sont comme des points d'or très brillants sur du velours noir. La nuit est la poésie des régions équatoriales.

Cette poésie a ses côtés réalistes : tels les bruits de la nuit.

C'est ce crapaud dont le cri monotone imite le bruit des rames frappant le canot en cadence. Cet autre qui donne l'illusion d'un forgeron battant le fer. C'est cet oiseau qui soudain imite, quand règne le plus profond silence, le cri d'une personne jetant dans la nuit un appel désespéré. C'est le ouétou qui frappe de son bec un arcaba sonore, assez fortement pour faire croire à des coups de hache entendus à une portée de fusil. L'onoré, ce grand efflanqué d'échassier, au cri lugubre et bête. Le couata, dont la voix hideuse fait croire aux plaintes rauques de quelqu'un qu'on étrangle. Les singes rouges dont le concert étrange et formidable finit par faire rire quand on connaît le grotesque artisan de cet effroyable vacarme. Un coup de fusil dans la nuit : quelque roche calcaire échauffée par le soleil, et qui, à la fraîcheur, se contracte et se fend. C'est le lézard angamal qui, par son cri de

8

locomotive sous le vent, nous apprend que l'été durera longtemps encore. Quand les pluies sont proches, le cri de ce lézard ressemble au tic-tac d'un moulin. Et par moments, éteignant tous ces bruits, le vent qui ondule les cimes de la forêt avec un bruit d'orage lointain ou d'averse qui accourt.

Par les nuits argentées, quand la lune verse sa douceur sur la terre endormie, le tigre qui appelle sa compagne promène autour du village ses rauques soupirs. Il y a quelques jours, sous cette même otomane, un de ces fauves déchiqueta une pauvre Indienne qui passait la nuit dans la maison des voyageurs. Quand on accourut pour porter secours à la malheureuse, elle râlait déjà, et, à côté d'elle, le redoutable rôdeur commençait à opérer une retraite menaçante. Un bébé que la pauvre Indienne allaitait fut trouvé enroulé dans le hamac, sain et sauf, mais couvert de sang. Ces visites ne sont pas très rares : une nuit de novembre, à deux heures du matin, Gouacou abattit à dix pas de notre pacolo un tigre rouge d'assez belles dimensions.

Le matin, un léger brouillard, un peu de rosée, puis c'est le soleil qui perce les vapeurs de la nuit. Jusqu'à neuf heures règne un doux printemps.

Si nous allons nous promener en montagne, quelque beau paysage nous dédommagera peut-être de nos peines. Abattons ce gros arbre, et par la clairière regardez sur ce versant : c'est la forêt fleurie avec toute la gamme des couleurs.

Voyez! c'est : le tacouara dont le vert si tendre et si doux guérit les yeux malades ; le simarouba aux fleurs bleu de ciel ; l'ébénier noir qui donne le jaune d'or ; le maonticouali couvert d'épaisses touffes lie de vin ; le moutienguétiengué revêtu d'un beau rouge écarlate ; le mouchinga, noir de jais, dont la coupe des branches est tellement régulière, par couches parallèlement superposées, qu'on dirait que le ciseau du jardinier vient de passer par là ; le génipa, aux fleurs blanches semblables à celles du muguet ; le guinguiandou, couvert de petites fleurs veloutées, couleur fauve. Et presque tous ces bouquets sont portés par des arbres de cinquante mètres de hauteur.

Si nous avons soif sur la montagne, nous ne serons pas obligés de descendre à une crique. La liane à eau est très commune dans la région des Tumuc-Humac. C'est une liane haute de 20 à 50 mètres, ordinairement grosse comme le bras, et qui tombe, d'une façon presque rectiligne, du sommet touffu des grands arbres, où elle cache ses feuilles que l'on ne voit pas, pour venir prendre racine au pied de son tuteur. On coupe la liane au ras de terre, puis à 2 mètres d'appui, jusqu'où le bras peut atteindre. On obtient l'eau, la sève ascendante, en ramenant dans la bouche le bout supérieur, taillé en biseau pour plus de commodité. La section faite à la liane montre une surface pleine, compacte, herbacée, mais fort dure, et percée de petits trous presque imperceptibles par lesquels l'eau s'écoule. Deux mètres de liane donnent environ un demi-litre d'une eau très fraîche et un peu douce. Une autre variété, à la surface et dans l'intérieur de laquelle se trouvent des fourmis, donne une eau rougeâtre et amère fort désagréable à boire.

Mais si nous nous sentons pris par le sommeil, prenons garde au mancenillier de Guyane, assez commun aux Tumuc-Humac. Malheur à qui tombe dans son ombre, comme dans des rets. Il s'y endort, parfois toute une journée, et en demeure malade pour plusieurs jours. Bienheureux si le tigre ne l'a pas réveillé. Une autre liane jouit aussi de ces funestes propriétés, c'est l'*ouet*, qui pousse sur les endroits sales des montagnes.

Il ne nous faut point chercher de ruines dans la campagne de Pililipou. Ces sites ont pourtant vu se succéder depuis un siècle et demi bien des villages et bien des tamouchis. Mais ici l'homme passe sans même laisser un griffonnage sur le registre des visiteurs, et tel qu'une ombre sur un mur. Il ne reste rien de leurs maisons de paille, de leurs sentiers à peine tracés, de leurs plantations éphémères. Ils ne nous ont pas laissé un signe sur un rocher, pas un tertre, rien qui dénote l'œuvre de leurs mains. Leurs os mêmes, ils les ont brûlés, et le vent en a dispersé la poussière.

Des hangars croulants qui durent à peine cinq ans avant de s'effondrer sur le sol déjà recouvert d'arbustes, des vestiges d'abatis abandonnés reconnaissables encore pendant cinquante années, des sentiers repris par la végétation du sous-bois au bout de deux hivers : telles sont en effet les seules traces matérielles de l'histoire des Indiens. En dehors de cela il faut consulter nos annales coloniales qui, de temps à autre, projettent une vague petite lueur sur ces épaisses ténèbres, et surtout il faut interroger la tradition. Quelques polissoirs, quelques haches de pierre, quelques rares dessins sur les roches des cours d'eau, vestiges que l'on ne trouve pas toujours et que je n'ai point rencontrés aux environs de Pililipou, n'apprennent rien autre chose quand on les voit, sinon que jadis des Indiens existaient là.

Avant de poursuivre à travers les Tumuc-Humac, nous devons d'abord une visite à nos voisins du village de Peïo et au futur « grand village » de Chinalé.

Peïo, le tamouchi Peïo — tamouchi parce qu'il a plus de soixante ans,

— Peïo est un vieux rhumatisant, traînant péniblement ses jambes et remuant péniblement ses bras. Il me fut donné d'acquérir moi-même un peu plus tard cette allure de télégraphe aérien rouillé.

Peïo est gendre d'Akessé, et par suite, en droit, peïto de celui-ci.

Le véritable tamouchi de ce village est Aïsso, son fondateur, neveu de Touanké.

Mais tout cela va se confondre avec le grand village d'Acouli.

Le village de Peïo est à environ 6 kilomètres au nord de celui de Pililipou, et celui de Chinalé à 2 kilomètres à l'est du premier.

A un quart d'heure de Pililipou, sur le sentier d'Itany, après avoir traversé un abatis qui appartient à Toumtoum, on prend le sentier qui va à Peïo. Après avoir passé un petit affluent de l'Ariué, on arrive à un grand abatis appartenant à Païké. Le sentier se poursuit sur des hauteurs séparant le bassin du Ticapi de celui du Maracanaï. On coupe, sur ces hauteurs, trois petits affluents de cette dernière rivière. On arrive ensuite au Ticapi, affluent important du Chinalé, et qui descend de Tacapatare du sud. Après avoir passé un petit affluent du Chinalé, on prend une petite montagne de 290 mètres d'altitude sur le versant de laquelle se trouve le village de Peïo, composé de quatre cases dans un grand abatis.

Faisant ensuite est-nord-est, on arrive, après avoir passé le Ticapi et le Maracanaï près de leur embouchure, au futur village d'Acouli, sur la rive droite du Chinalé qui, en cet endroit, se partage en trois bras. C'est sur la rive droite du bras méridional que se trouvent les abatis où va être édifié bientôt le « grand village ». Acouli a construit une petite case provisoire au milieu d'un vaste défrichement. Un sentier direct, plus court, longeant le Maracanaï, va, sans passer par Peïo, de Chinalé à Pililipou.

A partir de ce point, le Chinalé devient navigable l'hiver. Le dégrad actuel du futur village est le même que celui des anciens Bonis qui, du temps où ils étaient à Marouini, se rendaient par Chinalé aux villages des Roucouyennes alors établis à Atouptoc, au sud de Pililipou. On voit encore le tronc d'arbre auquel ils amarraient leurs canots.

La société du village de Peïo, outre ledit tamouchi, sa jeune femme, un grand garçon de vingt ans qu'il a eu d'une épouse précédente et qui est promis à la fille d'Apoïké, laquelle a six ans; outre encore deux autres garçons, se compose essentiellement d'Aïsso et de ses peïtos au nombre de quatre, avec plusieurs femmes et plusieurs enfants.

Aïsso, qui vit avec deux femmes, est un beau jeune homme de trente-cinq ans, au teint clair, aux cheveux fins et bouclés, couleur châtain.

Il est laborieux, doucereux et souriant comme son oncle Touanké, fourbe comme lui, grand ami d'Apatou et filou distingué.

La curiosité du village de Peïo est la *couni*, l'aïeule, la vieille Enéoua, la petite-fille de la Dujay. Elle a vu Leblond quand il se rendit à Paritou (la montagne Leblond), où se trouvaient des villages roucouyennes. Elle était alors enfant, ce qui lui accuse aujourd'hui cent cinq ans environ. Elle n'a pas un cheveu blanc, elle est encore agile, fait encore des marches de plusieurs heures en forêt, et n'est affligée d'aucune infirmité.

Novembre. — De retour à Pililipou, nous faisons nos préparatifs pour entrer dans les Tumuc-Humac.

Il n'est pas commode de mettre les Indiens en branle ; ils se trouvent bien au pacolo, et lorsque la route qu'on veut leur faire faire est à peine tracée, ce qui est le cas, on ne les fait mouvoir qu'en leur promettant de fortes récompenses.

Depuis cinquante ans que les Bonis font un commerce d'échange assez régulier avec les Roucouyennes, ceux-ci ont appris à se montrer exigeants. Depuis ces dernières années, les Bonis étant devenus riches par suite de leurs canotages pour les placers, et tout récemment de leurs canotages pour les placers de l'Aloua, les Bonis se sont montrés vis-à-vis de leurs amis les Roucouyennes d'une générosité que je vais être obligé d'imiter en partie et qui me doublera les dépenses du voyage.

Ces Indiens sont gâtés. Le mercanti boni, très jaloux de ses compères, est arrivé, pour s'assurer, quand il y a compétition, la préférence des Indiens, à payer, surtout depuis l'époque des placers de l'Aoua, des prix extravagants les marchandises et les services des Roucouyennes, ce qui n'empêchera pas ledit mercanti de voler de son mieux son bon « yakérénou » dès qu'il n'y aura plus compétition. Aujourd'hui tout est hors de prix. Sous ce rapport le pays a complètement changé depuis Crevaux.

On ne peut avancer que pas à pas dans cette contrée, à cause des grandes difficultés provenant les unes de la configuration du sol, les autres des Indiens. On ne peut naviguer le haut des rivières l'été, il n'y a pas assez d'eau et on rencontre trop de bois tombés. Cette navigation n'avancerait guère : un jour de marche dans le bois mènerait plus loin que deux jours en remontant les obstacles et les sinuosités d'une petite crique. Comme, dans le cœur de l'hiver, il pleut trop pour s'exposer à un long voyage, il s'ensuit que dans la région des montagnes le seul mode possible d'exploration est le voyage pédestre pendant l'été.

Mais pour les marches en forêt il est extrêmement difficile de déterminer ces Roucouyennes de Pililipou, gent épicurienne et danseuse, à faire un voyage de plus de trois ou quatre jours au delà de leur village. Ils ne voudraient aller que de village à village. Or les villages sont rares. Au nord des Tumuc-Humac, les Roucouyennes ne possèdent que les trois centres de Pililipou, d'Apoïké et de Piquiolo. Et ils n'ont de relations ni avec les Émerillons ni avec les Oyampis. Il n'existe ni sentier ni cours d'eau qui les fasse communiquer avec ces tribus. Il faudrait, au préalable, faire faire des pistes dans la forêt.

Quand ces Indiens ont fait un petit voyage de six à huit jours, ils veulent se reposer ensuite quinze jours ou un mois. Or je suis à leur merci, car il me faut des guides et des porteurs. Ce n'est que bien lentement et bien difficilement qu'on pourra faire la conquête scientifique de ce pays.

Enfin les voici en route.

Nous défilons dans le sentier. Femmes, chiens, arcs, flèches, sabres, haches, marmites, roucou : l'Indien, tel que Bias, porte tout avec lui. Je voudrais bien pouvoir en faire autant — quand j'aurai quelque chose.

Ce n'est pas un long voyage que celui de Pililipou aux Tumuc-Humac. La montagne où nous nous rendons, Mitaraca, n'est qu'à trente kilomètres d'ici ; mais, outre que le sentier est mauvais ou même qu'il n'existe pas, les Indiens font le voyage avec une assez grande mauvaise volonté, dissimulée, comme toujours, sous des dehors d'une placidité parfaite.

Nous nous trouvons sur un plateau d'une altitude minimum de 250 mètres. Cette altitude ne représente rien d'exceptionnel, c'est celle de tout le plateau de Haute Guyane, dont l'altitude maximum paraît être de 400 mètres.

On passe d'abord, au pied d'Ariquinamaye, un bras de la crique Maracanaï, après quoi on commence l'ascension d'Ariquinamaye, ascension assez rude, la pente étant longue et rapide. De grosses roches couvrent les flancs de la montagne.

C'est au sommet du cap sud-ouest d'Ariquinamaye, à 550 mètres d'altitude, que se trouvait, il y a environ cent cinquante ans, le grand village des Roucouyennes du Marouini, village de guerre d'où l'on dominait quinze lieues des Tumuc-Humac occidentales, d'Adidonbogogoni aux chaînes qui s'étendent vers l'Oyapock. D'après la tradition, le plateau de Pililipou était alors un lac, qui s'est depuis écoulé par le Chinalé.

Sur le flanc sud d'Ariquinamaye, on passe la crique Maracanaï, que l'on suit quelque temps au fond du profond ravin où elle prend sa source, ravin qui sépare Ariquinamaye de Maracana.

Arrivés sur une éminence abrupte, à l'extrémité des caps qui terminent Ariquinamaye et Maracana, nous découvrons au sud-ouest Mitaraca, grâce à une éclaircie que font, dans la forêt, deux arbres abattus. Cet endroit est appelé l'« Abatis de Tapi ». On y jouit d'une assez belle vue des Tumuc-Humac, beaucoup moins belle cependant que celle que l'on découvre de l'ancien village de guerre d'Ariquinamaye.

Tapi est un vieil Indien Emerillon qui, de passage à Pililipou, voulut voir Mitaraca, la montagne à la grande roche.

Le belvédère de Tapi est à 295 mètres d'altitude. Mitaraca en ayant 580 et ne se trouvant qu'à 27 kilomètres à vol d'oiseau de notre poste d'observation, nous distinguons nettement les deux énormes tours qui surmontent Mitaraca, émergeant au-dessus du profil peu découpé des Tumuc-Humac. Les Bonis parlent de Mitaraca comme d'une montagne dénudée, et la grande carte hollandaise a enregistré cette assertion : c'est inexact. La base de la montagne est parfaitement boisée; seuls les deux pics qui la surmontent d'environ 100 mètres sont aux trois quarts dénudés et ne présentent à l'ascensionniste que leurs flancs de roche nue, sans un arbuste.

Des derniers contreforts de Maracana et d'Ariquinamaye jusqu'à Caïmot Patare (la montagne Caïmot), le sentier traverse un plateau un peu plus élevé que celui de Pililipou, de 270 mètres d'altitude environ, et fort marécageux. Ce plateau, resserré entre Ariquinamaye, Caïmot, Tacapatare du sud et la petite chaîne d'Araïmoura, pourrait bien être aussi un ancien lac, encore plus récemment desséché que celui de Pililipou.

Cette région a été longtemps un centre important des Roucouyennes. De l'ancien village de Toropé à Carapahetpé, jusqu'aux anciens villages d'Atouptoc, au pied de Mitaraca, je compte une dizaine de villages disparus.

Un peu avant d'arriver à la crique Palilipan, qui va directement au Marouini, on trouve une habitation évacuée il y a une dizaine d'années. La maison est encore debout. En bas, les herbes ont poussé. L'échelle paraissant encore bonne, je m'aventure au premier étage pour voir si j'y trouverai quelque chose. Le plancher de lattes, pourri, craque sourdement; je marche sur des scorpions, des chauves-souris s'envolent; une odeur âcre me prend à la gorge, il fait noir. Quand mes yeux se sont un peu habitués à l'obscurité, je distingue un hamac au fond de la pièce. Une bouffée de vent d'orage qui s'engouffre dans le pacolo fait osciller le hamac, d'où part une musique bizarre. Le coup de vent est passé, la musique cesse. Nouveau coup de vent : le hamac, en loques, oscille encore entre les deux traverses où il a été amarré, et c'est de nouveau comme un bruit harmonieux de castagnettes lointaines. J'approche, le sabre en main, croyant à des reptiles : c'est un squelette encore assez bien emboîté qui grince au souffle de l'ouragan. Ce squelette fut jadis un tamouchi d'Atouptoc qui exigea ce genre de sépulture, fort à la mode chez les anciens Roucouyennes. Je voudrais envoyer hamac et squelette en France, mais comment faire? Les Indiens sont à se laver à la crique, ils ne se sont aperçus de rien; je ne parlerai à personne de ma trouvaille; au retour j'emporterai le bagage en le dissimulant de mon mieux.

Mais j'entends des pas dans l'échelle. Les Indiens montent. Menaçants, ils entrent, l'arc en main. Il paraît que j'ai commis un affreux sacrilège. Ils roulent dans le hamac à moitié pourri la carcasse qui se démantibule. La tête, qui passe par un trou entre une main et un tibia, me regarde avec son rire sinistre. On va enterrer tout cela dans la forêt, dans quelque endroit secret.

Maintenant il faut nous en retourner, car il paraît que l'esprit du guerrier mort, pour punir les Indiens d'avoir laissé violer par un blanc le secret de sa tombe aérienne, ferait mourir tous les enfants roucouyennes avant la fin de la saison. Il paraît qu'il n'y a qu'un moyen de conjurer sa fureur et sa vengeance, c'est de s'en aller enterrer tout de suite, loin de la vue du blanc, ce brave tamouchi que j'ai dérangé sans le vouloir, et de se rendre ensuite au village faire un grand cachiri à sa santé.

Cela me causa un retard de quatre jours, mais de quatre jours seulement. Cinq jours après, à la même heure, nous étions encore sur les bords de la crique Palilipan.

Au delà de la crique Palilipan, on traversa de grands marais qui donnent naissance à l'Imooua, sous-affluent du Marouini par l'Araïmoura. Plusieurs ajoupas nous montrent que les Roucouyennes d'aujourd'hui vont fréquemment faire des chasses dans la région.

Après avoir passé le Courmouricoure, qui va à l'Imooua, et le Cayemoncoure, qui va à l'Araïmoura, nous nous arrêtons à un ajoupa au pied de l'importante montagne de Tacapatare, grosse gibbosité élevée d'environ 500 mètres au-dessus du niveau de la mer.

C'est là notre première journée de marche : nous n'avons marché que trois heures.

Le second jour, nous passons d'abord, dans un marais de pinots, le Macara, affluent de l'Araïmoura. Sur les bords du Macara se trouvait l'habitation de Ouané, père de Touanké. Un peu plus loin, c'est l'importante

UN MARAIS.

rivière Araïmoura, sur le bord de laquelle se trouvait jadis, au pied de Tacapatare, un grand village entouré d'immenses abatis.

Un peu en aval du confluent de l'Araïmoura, le Marouini reçoit deux grands affluents de droite, chacun de l'importance de l'Alama, c'est-à-dire d'environ 50 kilomètres de cours : le Pitandé en amont et l'Amana en aval. Ces deux rivières prennent leurs sources non loin de celles du Couyary et du Camopi.

Ce second jour, après une heure de marche, il faut nous arrêter. Il n'y a plus de sentier. J'envoie les Indiens en avant, sabrer une trace.

Le troisième jour est un jour d'une heure et demie. Nous franchissons Caïmot Patare, qui a 430 mètres, et nous nous arrêtons sur les bords de l'Atouptoc, grand affluent de gauche du Marouini. A notre droite se trouve l'ancien « grand village » de Ouané, père de Touanké. On trouve encore des ignames dans l'abatis que la forêt a reconquis. A notre gauche, sur le flanc sud de Caïmot, se trouvent Erouqueu Patare, Iro Patare et Araïmoura Patare, formant une petite chaîne qui s'étend de l'est à l'ouest, entre les deux criques Araïmoura et Atouptoc.

Le Marouini coule à une heure d'ici. Les hommes y vont flécher des aymaras. Dans l'Atouptoc nous trouvons les tomates indigènes, les *counouis*, qui poussent dans le lit de la rivière. Les poissons mangent les counouis qui tombent. On trouve aussi des counouis au Marouini, dans les anfractuosités des rochers. On rencontre, sur les bords de la crique Amana, un papayer, dont les oiseaux auront sans doute apporté la graine jusque-là, et, dans la forêt, des ignames, provenant peut-être d'un grand abatis ; ou peut-être ces ignames sont-elles indigènes. On trouve bien une bananeraie naturelle dans l'Alaméapo, affluent de droite du haut Yary, des rizières et des champs de canne à sucre indigènes, sur plusieurs points de la Guyane centrale.

Ces excellents Roucouyennes veulent m'empêcher de faire un long séjour dans le pays de Mitaraca. Ils font des journées d'une heure et demie, et la nuit ils se lèvent pour manger la cassave. Quand la cassave sera finie, il faudra bien retourner.

Le soir du troisième jour, un incident tragi-comique égaye la monotonie du bivouac. Mon inénarrable Gouacou, s'étant pris de querelle avec Apatou, entre dans un accès de fureur : il dépèce le boucan, jette les aymaras dans le bois, menace Apatou de son fusil et vient me réclamer impérativement sa ration de bacaliau[1]. Il n'est qu'un argument que cette

---

1. Le boucan : le trépied à rôtissage des anciens boucaniers. Bacaliau : sorte de morue franche d'Amérique, nourriture administrative des forçats, des rationnaires, des ouvriers de placer.

brute abjecte comprenne avec quelque lucidité : c'est l'argument du revolver sous le nez. Le voici maintenant qui se roule à terre en pleurant. Apatou s'était contenté de dire au vieux drôle qu'il était un fainéant, un vantard et un imbécile. Mais la réconciliation se fait vite entre individus de cette espèce. Le lendemain, les deux Arcadiens étaient amis comme larrons en foire.

Les Indiens ne font que rire de cette scène. Mais si Gouacou eût été seul avec eux, ils l'auraient assommé à coups de bâton. Les Indiens ont cette vertu grande : ils ne se querellent guère et agissent sans parler.

Le quatrième jour, nous faisons une marche de trois heures et demie pour arriver d'Atouptoc à l'extrémité sud-ouest de Pouipoui Patare, en face de Mitaraca.

On longe d'abord, puis on passe plusieurs fois l'Atouptoc, dans une vallée où se trouve un autre ancien « grand village » dont les abatis sont accusés par une brousse claire dans la forêt épaisse. On passe le bras sud de l'Atouptoc, qui roule entre Pouipoui Patare et la chaîne d'Atouptoc, puis on procède à l'ascension de Pouipoui Patare, montagne de 460 mètres d'altitude. Du flanc sud-ouest de cette montagne, on voit, à 3 kilomètres environ, les deux tours coniques et rocheuses de Mitaraca, surplombant la montagne, qui est séparée de Pouipoui Patare[1] par une gorge profonde.

Le cinquième jour, jour de l'ascension de Mitaraca, a été une rude journée. Au lieu de prendre par Pouipoui Patare, on prend un chemin plus facile, par Atouptoc et le flanc nord de Mitaraca. Il faut trois heures de marche pour se rendre de notre campement à Atouptoc-sud, au sommet de la tour sud-ouest de Mitaraca, bien qu'il n'y ait que 7 kilomètres de distance.

Le sentier n'est pas autrement difficile que tout autre sentier de montagne ; mais l'ascension de la grosse roche coûte beaucoup d'efforts et présente bien des dangers. La tour, en forme de cône tronqué, présente une pente très rapide, et, après 30 ou 40 mètres d'ascension, la forêt cesse brusquement, on ne trouve plus ni arbres ni arbustes pour se retenir au moment de glisser ou pour s'aider à monter. Il faut grimper pieds nus, sur les genoux, en ayant soin de ne pas regarder en bas, si l'on est sujet au vertige. Une fois au sommet, nous sommes en butte à un violent vent du nord-est, et il nous faut positivement nous cramponner des pieds et des mains pour ne pas être culbutés. Pendant

---

1. Patare en roucouyenne, signifie : l'emplacement de telle chose.

ce temps on entend, dans les anfractuosités broussailleuses de la roche, des cochons marrons qui se sont fixés dans ce sauvage séjour. Le sommet de la tour n'est malheureusement pas bien plan ; il présente plusieurs déclivités fort glissantes, surplombant des crevasses qui descendent jusqu'au pied de la montagne. Si l'on ne veut pas s'exposer à faire quelque chute de 2 ou 300 mètres, il faut s'asseoir, se caler pour ainsi dire, et alors on peut contempler à l'aise le magnifique panorama qui se déroule sous les yeux.

Laveau eut beaucoup de mal pour prendre des vues photographiques. Il ne trouvait pas une surface plane assez large pour poser les pieds de son appareil, et il lui fallait prendre garde aux périlleuses déclivités qui l'entouraient. Il dut faire tenir par les Indiens les trois pieds de sa machine et opérer à peu près comme un équilibriste sur une corde.

De la tour sud-ouest de Mitaraca on découvre tout le système des Tumuc-Humac Occidentales.

Les Tumuc-Humac Occidentales se composent de deux chaînes sensiblement parallèles, distantes l'une de l'autre de 40 kilomètres environ, et ayant chacune plusieurs contreforts.

La chaîne du nord se voit distinctement. Elle s'étend du Pic d'Amana à Adidonbogogoni. Au delà d'Adidonbogogoni (en roucouyenne : Ténének Patare), elle se continue par le Piton Apoïké et les montagnes de la Haute Itany. Elle compte, de Ténének Patare au Pic d'Amana, une vingtaine de sommets. Mitacara appartient à cette chaîne, dont elle est le pic le plus élevé. Ses 580 mètres d'altitude et son sommet dénudé lui permettent de dominer tous les autres sommets, tous moins élevés et boisés.

La chaîne sud a pour plus haut sommet Timokaème, qui a environ 800 mètres au-dessus du niveau de la mer et qui se trouve exactement au sud de Mitaraca, à environ 30 kilomètres de distance. Timotakème est le sommet le plus élevé des Tumuc-Humac Occidentales. A l'est de ce grand pic, la chaîne sud se continue par trois sommets assez élevés, dont le dernier est Mopi Patare. A l'ouest, elle se rattache par cinq petits pics aux montagnes du chemin du Yary. Timotakème a trois sommets, c'est une grosse masse boisée, du plus magnifique aspect vue de Mitaraca.

La chaîne nord envoie entre l'Itany et le Marouini un important chaînon de quinze à vingt sommets principaux. Ce chaînon s'embranche à Mitaraca. C'est à ce chaînon qu'appartiennent les montagnes des environs de Pililipou. Les plus grandes altitudes de ce chaînon ne dépassent pas 500 mètres. Tous ces sommets se voient distinctement du belvédère de Mitaraca.

Cette même chaîne nord envoie un autre chaînon au sud, entre l'Itany et l'Aprouini. C'est un chaînon de sept montagnes. Il s'embranche à Ténénck Patare. C'est par ce chaînon que passent le sentier d'Apaouini-Itany.

A l'est, les deux chaînes sont reliées ensemble par plusieurs chaînons nord-est que l'on voit se prolonger jusque vers l'Aaoua et qui sont l'amorce de la grande chaîne, haute comme les Tumuc-Humac, qui, par les montagnes du Haut Sinnamary et la montagne de Plomb, court du sud au nord de la Guyane Française, des Tumuc-Humac à l'Atlantique.

Ainsi ce panorama unique de Mitaraca me révèle les Tumuc-Hamac Occidentales. Si je pouvais explorer les environs, je résoudrais le problème des sources du Marouini. Les Roucouyennes disent que le Marouini vient de Timotakème. Je n'ai pu le vérifier.

Tous les sommets des environs de Mitaraca sont séparés les uns des autres par des gorges abruptes de plus de 100 mètres de profondeur. La gorge qui sépare Mitaraca du système de Conomi, à l'est, est une des plus fortes de la région; le Marouini paraît y couler à plus de 200 mètres au fond.

Les Roucouyennes du Marouini avaient jadis commencé un sentier direct sur le Yary par Mitaraca et la crique Pilili. Il n'a jamais été achevé. Un autre ancien sentier allait, en trois jours de marche, coupant les sources de l'Alama et du Saranaou, des anciens villages d'Atouptoc au village, également disparu, du tamouchi Basha, sur le sentier actuel de Saranaou-Apaouini.

Nous ne pousserons pas plus loin. Nous ne ferons pas, comme je me l'étais proposé, le tour de Mitaraca.

La petite stratégie de mes Indiens a réussi : depuis avant-hier la cassave est finie. Or il est très dur de faire des voyages en montagnes avec du chou palmiste pour remplacer le pain. Un chou pinot, cela n'est pas mauvais, mais cela ne donne guère de jambes. Devant la famine il nous faut battre en retraite. Nous avons d'ailleurs un malade, Laveau, que ces fatigues exténuantes ont mis sur les dents et qui vient d'être pris hier, en revenant de Mitaraca, d'un violent accès de fièvre.

Nous partons à six heures du matin. Je chemine derrière Yacana et Taloulipan qui ouvrent la marche. Laveau me suit. Apatou, qui a le pied blessé, vient derrière avec d'autres Indiens. Nous ne savons au juste si nous coucherons à mi-chemin, quittes à envoyer un Indien au village chercher de la cassave.

Mes guides marchent d'un pas accéléré. Mes jambes me font honneur ce jour-là. A Caïmot, Laveau s'arrête un instant. Cet instant suffit pour que le malheureux nous perde de vue et peu après perde le sentier.

Je marche sur les talons de mes Indiens. Je leur dis de ralentir leur course, ils me répondent qu'ils ont faim et qu'ils vont tout droit au village. Ils me conseillent, si je ne puis suivre, de m'asseoir sur le sentier et d'attendre Apatou et les autres Indiens. C'est ce qu'aura fait sans doute Laveau qui ne nous suit plus.

Mes deux chenapans veulent décidément m'essayer. Nous allons : nous passons les criques, les marais, les montagnes, sans faire une pause.

A midi, après six heures de marche forcée, des heures de 5 kilomètres en forêt vierge et en montagne, nous arrivons à Pililipou. Les autres arriveront quand le soleil sera là, me disent les deux Indiens en me montrant un point du ciel qui indique deux heures de l'après-midi.

A deux heures, pas de Laveau, pas d'Apatou, personne.

A trois heures, rien.

A quatre heures Counicamane arrive en courant et me dit tout essoufflé :

« *Amou Parachichi natati!* (L'autre blanc est mort!)

— *Natati apoye?* (Tout à fait mort?)

— *Natatipsic.* (Non, un peu seulement.) »

Alors il m'explique que l' « autre blanc » a la fièvre, de violentes coliques, qu'il se roule sur les bords d'une crique, mais qu'Apatou est avec lui.

A cinq heures, Laveau arrive. Apatou porte le fusil et le sac du malade.

A Caïmot il avait perdu le sentier, crié longtemps, et poursuivi sa route au hasard. Il arriva, sans trop se tromper, jusqu'à une heure et demie du village; là une syncope le coucha sur le bord d'une crique.

Pendant ce temps Apatou et les Indiens qui étaient derrière prenaient également à travers bois pour chercher Gouacou qui était aussi perdu. A la chasse de Gouacou, Apatou prend le devant et arrive ainsi jusqu'à une heure de Pililipou, au pied d'Ariquinamaye. Il allait pousser jusqu'au village pour y demander des nouvelles et y prendre des provisions pour continuer ses recherches, quand, au moment de franchir la montagne, il rencontre Counicamane qui s'était de bonne heure séparé de la bande et qui lui apprend que Laveau se mourait à une demi-heure de là.

Apatou jette son sac, son fusil, et court éperdu jusqu'à ce qu'il rencontre, sur le bord d'une crique, et Laveau qui était revenu à lui, et Gouacou dont le hasard avait dirigé les pas de ce côté. Et ces deux malheureux débris, qui sont loin de se consoler entre eux, reprennent clopin-clopant, derrière leur guide, le chemin de Pililipou.

Tout est bien qui finit bien. Après une verte semonce à ces peïtos qui mettent cinq jours pour aller à Mitaraca et qui en reviennent en six heures, un cachiri soigné panse le lendemain les blessures de tout le monde, la fièvre de Laveau, le pied d'Apatou et la peur de Gouacou.

Et maintenant reposons-nous sur nos lauriers.

Reposons-nous en étudiant les personnes et les choses qui nous entourent.

A tout seigneur tout honneur : commençons par la femme roucouyenne.

Comme dans la plupart des sociétés primitives, la femme roucouyenne vit un peu à l'écart. Elle ne mange pas avec les hommes et ne participe qu'à quelques-unes de leurs danses.

La femme roucouyenne, malgré les qualités plastiques qu'elle présente quelquefois, n'est pas toujours pour l'Européen une personne bien tentante. La façon qu'elle a de s'offrir parfois à vous, toute enduite de roucou fraîchement posé qui déteint, ne sourit pas à tout le monde. Médiocrement poétique et sentimentale, pas très bien faite, beaucoup moins vêtue que l'homme, pas toujours très propre, elle semble parfois justifier le nom de *Yane* (pou) que portent quelques-unes d'entre elles. Il est vrai qu'elles ont des hommes qui s'appellent très bien *Caïcoui* (chien).

En pays roucouyenne l'homme ne demande pas la femme en mariage, ni à elle, ni à son père, ni à sa mère. Un père de famille se choisit un gendre, puis il offre sa fille à son futur peïto. On trouverait aussi, assez aisément, un Indien polygame qui, pour un prix débattu, vous céderait une de ses femmes.

Il serait aisé de se procurer un assez grand nombre de femmes, même mariées. Chaque homme, chaque femme, avant de se fixer à une union définitive, change fréquemment, trois fois, quatre fois, de femme, de mari. On n'aurait qu'à demander à chaque Indien une de ses femmes, celle à laquelle il tient le moins, elle vous serait livrée pour des colliers, une hache, des couteaux. Peut-être exigera-t-on un fusil. La fidélité n'est pas garantie. De même pour les jeunes filles : on les obtient au même prix, de leur père, de leur oncle, du tamouchi.

Ils marient leurs filles en très bas âge, comme à l'ancienne cour de France, dès quatre ou cinq ans. L'époux attend le second maraké[1] de la jeune fille pour consommer le mariage. Le père et la mère élèvent l'enfant, le futur la visite.

---

1. Le maraké : fête philosophique de la puberté. Voir p. 228.

Quand un mari perd sa femme, il épouse la sœur ou les sœurs de la défunte. Quand une femme perd son mari, elle épouse le frère aîné, ou, à défaut de frères, le père du défunt. C'est un droit strict, auquel celui qui en bénéficie renonce quelquefois.

On chercherait vainement, chez les Roucouyennes, les vertus de l'âge d'or ; ce ne sont pas de petits saints. Presque tous ont deux femmes, mais je n'ai vu personne en avoir plus de quatre. Hommes et femmes sont

LES TUMUC-HUMAC A L'EST DU MONT MITARACA.

très débauchés. Celui qui s'établirait dans ce pays, et qui s'y créerait une famille, devrait assurément dépouiller les préjugés de la vertueuse Europe.

Pourtant on voit fréquemment les femmes d'un polygame être jalouses les unes des autres. J'en ai connu une qui chantait sa « chanson des pleurs » chaque fois qu'elle savait son mari sorti avec une autre de ses femmes.

Généralement ils ne sont pas très jaloux. Ils ne se scandalisent guère des infidélités de leurs compagnes. La constatation du flagrant délit n'entraîne pas souvent de rixe. Un coup de poing à la femme et c'est fini. Une heure après, si le mari est amoureux de sa volage compagne, il vient lui demander pardon en lui embrassant les mains et les bras d'un air contrit. Comment un Roucouyenne pourrait-il s'amuser à empoisonner l'homme qu'il a surpris avec sa femme? Il faudrait qu'il empoisonnât tout le village, car il ne peut guère aller à la chasse sans que ses femmes aillent de leur côté causer avec les voisins. Seuls quelques piayes redoutés passent pour s'être ainsi débarrassés d'un rival; encore, dans la plupart des cas, s'agissait-il plutôt d'un mari qu'on empoisonnait pour s'annexer sa femme que d'un galant dont on voulait se venger.

D'ordinaire, cela se passe d'une façon beaucoup moins tragique. Tout

LES TUMUC-HUMAC AU SUD DU MONT MITARACA.

homme connaît toutes les femmes du village, toute femme connaît tous les hommes. Mais chacun met à cela une certaine discrétion. Cela se passe au pacolo quand il n'y a presque personne au village et, spécialement, le conjoint intéressé. Le plus souvent c'est à la crique quand on va se baigner, dans la forêt, à l'abatis.

Nous sommes au campement. Un Indien part à une crique voisine flécher des aymaras, laissant sa femme au bivouac où elle cuisine. Une heure après il arrive, et, en même temps, voit sa femme qui revient de la forêt avec un autre Indien. Rapide inspection. Elle a les cheveux pleins de feuilles mortes et le dos sale de terre. Un coup de poing sur la tête de la coupable sans rien dire au complice, avec lequel le mari reste en bons termes. « J'en faisais autant quand j'étais jeune », dit-il.

On va faire un voyage de deux mois, d'un mois, même de huit jours. Au retour, si l'on a laissé sa femme au village, on la trouve installée avec un autre Indien. Le mari reprend alors sa femme sans rien dire et sans rien dire non plus à son remplaçant temporaire. Un peu plus on considérerait cela comme un service rendu. Ou bien il laissera l'infidèle aux mains de son nouveau seigneur ; c'est une façon de divorcer.

Malgré ces débauches, le mariage est pourtant plus solidement édifié que chez les Bonis. Il n'est pas rare de voir un Roucouyenne, arrivé à l'âge où l'effervescence des passions s'est un peu calmée, passer ensuite le reste de sa vie avec ses mêmes femmes, qu'il remplace au fur et à mesure qu'elles meurent. C'est toujours par une jeune qu'il remplace celle qu'il perd. Aussi voit-on tout individu âgé avoir une vieille femme de son âge, plus une jeune femme, plus une enfant de six à douze ans dont la plus vieille femme pourrait être la grand'mère. Les Roucouyennes ne font pas du sentiment à la manière de Jean-Jacques Rousseau, ils sont pratiques : ce qu'ils demandent avant tout et presque exclusivement à leurs femmes, c'est de travailler, de travailler le plus possible, de savoir bien travailler ; car, selon eux, la femme, de par sa nature, est essentiellement la servante ; qu'elle soit de mœurs légères, soit, mais qu'elle s'occupe bien à la case et à l'abatis. La polygamie, d'ailleurs, autorise un certain chassé-croisé dans les rapports conjugaux.

Ils ne connaissent point l'amour tel que nous nous appliquons à dire que nous le comprenons, et ne l'accommodent point à cette sauce poétique sans laquelle, chez nous, il est réputé un mets grossier. C'est un besoin, un plaisir, un passe-temps. Ils sont d'ailleurs galants à leur manière, et assez caressants. L'homme prend sa femme par la taille, par le cou, s'appuie sur son épaule, et parfois l'embrasse au visage et sur les bras. Toutefois ils ne sont pas plus pudibonds dans leurs gestes que dans leur langage.

C'est pénible à confesser, mais il est pourtant vrai que, chaque fois que je me remémore l'amour indien, notre idéal civilisé de l'amour me paraît tout simplement pédantesque. La façon dont nos littérateurs modernes affectent de le comprendre me semble, ou peu s'en faut, ridicule. Est-il donc bien vrai que ce qu'il y aurait de meilleur et de plus noble dans la vie serait de rester amoureux à dents serrées, à cœur pâmé et sans répit, tant que le coiffeur ne nous refuse pas de la teinture pour les cheveux ? Je crois tout de même qu'au fond les « sentiments de l'amour » commencent à nous paraître un peu moins prestigieux qu'à nos bons aïeux de vers 1850.

L'amour « épuré, devenu religion, culte et prière », a rejoint, dans la fosse où dorment les sottises humaines, le *pétrarquisme* son aîné. La galanterie se meurt, la mode passe enfin de cette hypocrisie mignarde. On n'avoue plus qu'on est amoureux. Le monsieur qui viendrait nous servir les rengaines d'avant-hier, que son cœur « saigne souvent », qu'« il a rougi du sang le plus pur de ses veines les sentiers où il a cherché l'amour », qu'« il n'est rien de bon au monde que d'aimer », que « même les douleurs de l'amour sont divines » et qu'« il vaut mieux briser son cœur que le fermer », ce monsieur-là s'exposerait à se voir demander son extrait de naissance aussi bien par nos paléontologistes que par nos psychologues.

C'est qu'on a mis trop de sonnets, d'alexandrins, d'Hôtel de Rambouillet et de boudoirs, de parfums, d'alanguissement et de grimaces dans cette chose si simple, exquise ou tragique, telle que vous la compreniez, vous, Chloé et Sapho, et vous aussi, les deux authentiques héroïnes Indiennes : Paraguassu et Pocahontas!

L'amour vrai, il faut l'étudier d'abord chez les sauvages. Voyez chez les Roucoyennes : c'est charmant et nullement compliqué, c'est d'une simplesse et d'une platitude délicieuses ; et pourtant c'est déjà l'amour, car *la jalousie y est aussi*.

Les Roucoyennes surveillent leurs femmes d'assez près, c'est une coutume ; ils savent parfaitement que cela ne sert à rien. Il en est, les vieux surtout, qui ne les quittent pas d'une semelle. Soins superflus. L'amour-propre joue un grand rôle dans leurs amours. « Il n'aura pas ma femme, j'aurai la sienne ; nous allons voir. » Et la femme de son côté : « Tu as beau me surveiller, j'ai toujours eu celui-ci, et encore celui-là, et cet autre ; tiens, un de plus ! je les aurai tous, tous, entends-tu bien ? » Cela ne l'empêche pas d'aimer son mari. Ce n'est qu'un jeu assez frivole, mais pourtant point sans charmes. La partie est engagée : chaque fois que l'on est trompé on marque la noire, et à chaque bonne fortune la blanche ; j'ai plus de blanches que de noires, j'ai gagné. Pourvu que le mari apporte à manger et que la femme s'acquitte convenablement de son travail, on se préoccupe bien, en vérité, du jeu de l'amour et du hasard !

Ce n'est généralement pas dans le hamac, sous ces carbets de nuit étouffants, ou à l'étage nocturne du pacolo, au milieu de la nombreuse société des dormeurs, que s'accomplissent les devoirs conjugaux, mais en plein jour, en plein air, dans le bois, à la crique, à l'abatis. Ils vont souvent coucher à l'abatis, pour être seuls ; c'est une partie fine conjugale. Alors le mari et la femme, qui ordinairement ont chacun leur hamac, font hamac commun. Il y a alors un rite bizarre à observer. Les simples peïtos doivent coucher tout vêtus. Il n'y a que le tamouchi qui ait le droit de quitter ses ceintures de poil de couata et ses ceintures de coton. Il paraîtrait toutefois — des femmes me l'ont affirmé — que le chatouillement des poils de couata, loin d'être incommode, n'a rien que de délectable.

Chez les Roucouyennes, la plus ancienne femme, sans être précisément la *femme-chef* de l'Amérique du Nord, a une certaine autorité sur les autres femmes, elle travaille moins : ce sont les coépouses plus jeunes qui font le gros de la besogne.

La polyandrie demi-avouée est fréquente, la polyandrie ouvertement affichée n'est pas rare. Le manque de femmes pour quelques-uns est la conséquence de la polygamie des autres. Mais la polyandrie n'est pas une conséquence nécessaire de la polygamie; car, dans ce pays, qui n'a pas de femmes peut aisément se consoler : il les aura toutes. La polyandrie se produit quand elle accommode à la fois une femme qui aime deux hommes plus que les autres, et ces deux hommes, qui veulent jouir de leur femme en paix, à l'exclusion des autres hommes. Ou bien parfois elle est établie par le tamouchi qui, ayant deux Indiens fainéants à marier, ne leur donne qu'une seule femme pour eux deux.

C'est ainsi qu'on châtie les fainéants en pays roucouyenne. Ce châtiment n'est pas bien cruel. Mais en voici un autre qui ne me semble pas l'être beaucoup davantage. Un Indien paresseux ou inhabile, qui ne travaille pas assez à l'abatis ou qui ne prend pas assez de poisson ou de gibier, est exposé à se voir reprendre sa femme par le beau-père ou le tamouchi, qui en fera don à un autre Indien plus laborieux ou moins maladroit. Comme fiche de consolation, l'Indien dépossédé est nanti de quelque fillette disponible, qu'il devra évidemment céder plus tard à quelque Indien plus laborieux, plus habile que lui. Les femmes passent ainsi de main en main. Tout le monde trouve son compte à cela : la jeune femme, qui acquiert de l'expérience; le maladroit et le fainéant, qui acquiert ainsi petit à petit le goût du travail et l'habileté de main qui lui manquait; la vertu, qui exige que le vice ne reste pas impuni; et le tamouchi, qui trouve ainsi de fréquentes occasions de s'offrir de douces satisfactions qui l'aident à porter plus gaillardement le fardeau du pouvoir. Étonnez-vous après cela que la figure d'un Roucouyenne respire le bonheur!

En dehors de toutes ces choses, deux observances me paraissent être les deux principales obligations du mariage dans le code roucouyenne.

La première est la suivante : « La femme peindra son mari en rouge le plus souvent possible ». Madame pétrit dans la main une boule de roucou de forme ovoïde, puis promène sa main, rouge de roucou, sur tout le corps de monsieur, sur les cheveux, la poitrine, le ventre, le dos, les bras, les jambes, partout excepté sur le visage et sous le calembé. C'est une espèce de doux massage.

La seconde prescription est la suivante : « Le mari tuera les poux à sa femme, et la femme à son mari ». On les voit très souvent livrés à cette occupation conjugale, madame assise à terre ayant monsieur entre ses jambes écartées, et réciproquement. Les *pulex* croquent sous des dents satisfaites. D'où il suivrait, si tant est que l'arithmétique étende ses lois sur les Indiens comme sur nous, qu'un homme qui a trois femmes est nécessairement moins pouilleux que celui qui s'est contenté de la banale monogamie.

Les enfants sont extrêmement mal élevés, ou plutôt on ne les élève pas du tout : on les laisse faire tout ce qu'ils veulent. Il est bien rare qu'ils soient battus, ce qui ne les empêche pas de crier, de pleurer, de trépigner du matin au soir. Ils viennent manger avec les vieillards, ils viennent plonger leurs menottes sales dans la marmite au bouillon et quelquefois leur tête en compagnie d'un petit chien ou d'un agami qu'ils traînent par le cou. Un peu après ils vont faire à côté du cercle des mangeurs. Personne ne leur dit rien.

Les vieilles femmes sont mon autre cauchemar. Elles sont l'incarnation de l'avarice et de la rapacité. Ces vieilles loques de chair flétrie sont véritablement effrayantes quand elles s'acharnent après vous. Elles mendient des heures entières en promenant autour d'elles des yeux sournois pour voir ce qu'elles pourraient bien vous voler. Je comprends qu'autrefois, sans se faire prier beaucoup, on brûlât vives les vieilles sorcières.

Voilà un mot qui m'amène à parler des funérailles.

On a le choix entre trois modes de sépulture : être brûlé, être enterré, être laissé dans son hamac dans la case, qui sera abandonnée.

Pour la crémation, on se sert de bois bien combustibles, principalement des résineux tels que l'arbre à encens. On fait un large bûcher à hauteur d'homme, on obtient ainsi un grand feu, que l'on remue à distance avec de longues perches. On remue, on retourne avec ces longues perches le cadavre, qui projette des flammes de diverses couleurs et fait entendre une détonation quand la peau du ventre vient à crever. Cela ne sent pas mauvais. Au bout d'une heure il ne reste plus que des cendres, que l'on enterre dans le pacolo du défunt ou dans celui des étrangers.

Il est un mode de sépulture qui n'est usité que pour les grands piayes. On creuse une fosse de deux mètres de long au fond de laquelle on amarre un hamac et on le laisse exposé à l'air au fond de la tombe. Les vautours urubus ne tardent pas à le visiter ainsi que celui qui a été laissé également dans son hamac dans le pacolo désert. Il n'y a pas encore longtemps qu'ils tuaient des chiens à la mort du défunt.

Je ne sache pas qu'ils pratiquent l'embaumement.

Les Roucouyennes ont le type de leur race, le type indien cent fois décrit. Il y en a de toutes les tailles, j'en ai vu de 2 mètres, j'en ai vu aussi de 4 pieds de hauteur; j'en ai vu d'obèses et j'en ai vu d'étiques. Les hommes sont plus beaux que les femmes.

Les Roucouyennes commencent à se vêtir. Ils portent sur le ventre et la poitrine jusqu'à dix acaoualés (ceintures de coton) et cinq ou six alimi-pipot (ceintures de poil de couata). Ils portent un calenbé de toute la largeur du corps et tombant jusqu'à la hauteur du mollet. Les mollets sont recouverts de jarretières frangées leur tombant jusqu'à la cheville. Leurs acaoualés et leur alimi-pipot leur montent jusqu'au creux de l'estomac. Au-dessus du creux de l'estomac et jusqu'au bas du menton s'étagent des colliers. Ils ont la tête entourée d'une légère couronne de plumes, l'olokiri, qui rappelle le bandeau des anciens Grecs. Ils portent des bracelets à l'avant-bras et aux poignets. Et tout cela c'est le costume ordinaire, quotidien, au village toutefois, car en voyage ils le simplifient beaucoup.

La femme est beaucoup moins vêtue, elle n'a que la tangue[1] et ses colliers. Vue de derrière, elle est complètement nue. Ce qui rend moins indécente la nudité de la femme indienne, c'est qu'elle est presque complètement glabre. On voit assez fréquemment chez eux des jeunes filles, déjà femmes, de douze à treize ans, sans tangue, et vêtues très exclusivement d'un petit collier autour du cou.

Les hommes et les femmes s'épilent soigneusement les sourcils. On me recommanda plusieurs fois de me les arracher. Ils tolèrent encore moins cet ornement que la barbe.

Ils usent et abusent du roucou et du génipa. Le génipa est employé à dessiner des arabesques sur le corps; le roucou donne préalablement le fond. Ils sont toujours tellement enduits de roucou qu'au bout de peu de temps leurs magnifiques hamacs en filé, d'un coton d'une blancheur immaculée,

---

1. La tangue, le vêtement des femmes indiennes, est un petit rectangle tissé, format grand in-8. Cela cache le pileux... parce qu'elles sont glabres.

deviennent complètement rouges. De même pour leur calembé et leurs acaoualés, qui prennent aussi bientôt la même couleur roucou.

Hommes et femmes ont les cheveux partagés vers le milieu de la tête, ou en désordre, tombant dans le dos ; ils les ont rarement coupés droits sur le front ; les femmes les portent souvent aussi courts que les hommes.

Pour la peinture de leurs arabesques, les hommes portent sur la poitrine une petite calebasse grosse comme une noix, pleine de la précieuse pommade. Le miroir et le peigne en sautoir sur la poitrine ou dans le dos complètent l'accoutrement. Un Roucouyenne peut se peigner et se contempler à son aise, à toute heure de la journée : il a ce qu'il lui faut sous la main.

La vie matérielle est faite d'alternatives de privations et de gloutonnerie, alternatives qui sont un des côtés caractéristiques de la vie sauvage. Quand il n'y a rien, on passe la journée avec la cassave et le bouillon de piment des mauvais jours. D'ailleurs cette cassave est quelquefois fraîche ; or la cassave fraîche des Indiens est réellement une chose excellente, à laquelle on ferait honneur en France. Puis il est bien rare qu'il n'y ait pas de patacachis (petits poissons) dans quelque marmite : presque tous les soirs on voit deux ou trois Indiens rentrer avec des catouris pleins de ces fritures pêchées en enivrant les ruisseaux voisins.

Quand il y a abondance, on se remplit le ventre et l'on mange de tout sans retenue, après quoi l'on fait honneur au chacola et au cachiri[1].

L'une et l'autre de ces alternatives ont leur esthétique. En effet, quand on se couche avec la faim, aussi bien que quand on se couche avec le ventre ballonné, on a de grandes chances de rêver. Heureux qui a des rêves, fût-ce des cauchemars ! Cette autre forme de la vie laisse parfois dans l'âme une impression tellement forte que pendant des heures, pendant des journées entières, elle fait pâlir l'autre forme au point que c'est elle qui semble être le rêve à son tour.

C'est étrange, toutefois, comme un homme civilisé habitué au confort d'Europe arrive sans peine, sans en souffrir, et très vite, à vivre à peu près en primate. Je prendrais n'importe quelle créature, mâle ou femelle, dans les rangs de ce qu'on appelle la haute société ; je la décrasserais de l'encaustique *selected* dont elle a été défigurée, et rien qu'en trois mois de ma libre vie sans contrainte j'en ferais une personne naturelle. Elle s'habituerait à se passer de pain, de vin, de table et de couvert ; elle se ferait

---

1. Chacola, cachiri : boissons fermentées usuelles chez les Indiens.

à manger accroupie à terre, trempant la cassave dans la marmite commune et prenant la viande avec les doigts. Elle prendrait goût aux privations, aux exténuantes fatigues, et rien ne prévaudrait plus pour elle contre cette chose magique : la liberté des forêts vierges. Et au bout d'un an, ledit mondain, ladite mondaine, ne pourraient plus se réacclimater définitivement à leur vie de jadis, qui leur paraîtrait lamentablement banale; et ni la plus aristocratique soirée, pas plus que lunch, garden-party, five o clock, flirt, « Grand Prix » ou « Concours Hippique », ne sauraient plus leur faire oublier jamais les fortes joies de ta noble vie indépendante et sauvage, ô Bas-de-Cuir! Et qu'un hygiéniste ne vienne pas me dire que la santé en sera atteinte par la suite, ni un professeur de belles manières que l'on en conservera un fumet de rusticité sauvage rappelant quelque chose d'intermédiaire entre le *cow-boy* et le scalpeur, cela n'est pas vrai, n'est-ce pas, révolté sublime, ô toi, François-René, vicomte de Chateaubriand!

Ces charmants Roucouyennes ont pourtant des malpropretés choquantes : ils crachent leurs arêtes de poisson ou leur os de gibier dans la marmite ou sur la cassave : cela servira pour un bouillon ultérieur. Dans ces marmites, jamais lavées, on rencontre parfois de ces bouillons de la dernière édition qui sont tellement pimentés et faisandés, qu'il y aurait réellement imprudence à s'y risquer sans un long et sérieux apprentissage gradué.

Pour laver leurs mains, une assiette, ils prennent d'abord de l'eau dans leur bouche et la projettent ensuite sur l'objet qu'ils veulent laver.

Ils ont l'habitude, quand ils ont terminé leur repas, et spécialement après avoir bu le cachiri, de roter bruyamment et longuement en modulant un son rauque. Ces incontinences de la bouche, jointes à celles de son contraire, fatiguent beaucoup, au début, l'oreille européenne.

Quand ils boivent le cachiri, il est d'usage, lorsqu'on le peut, qu'on commence à vomir au bout du second ou du troisième coui. Ces vomissements sont en même temps un talent de société et un raffinement d'épicurisme. Cela prouve que l'on est un homme, que l'on sait vivre — il en est qui vomissent le cachiri avec une grâce infinie, — et cela permet de boire encore. Apicius n'eût pas trouvé mieux. Et c'est bien là, vraiment, le génie sauvage : bombance ou famine. On a du cachiri en quantité : eh bien, qu'on le gaspille. Il ne faut pas toutefois se méprendre sur ces mots bombance et famine, abondance et disette.

L'abondance, la gloutonnerie chez les Indiens, ne serait pas chère lie chez nous autres Européens, qui avons résolu le problème de manger à peu près dix fois plus qu'il n'est nécessaire. Manger à satiété est rare en pays sauvage, et quand cela arrive c'est une fête ; quand il s'y ajoute du cachiri à discrétion, cela devient de l'enthousiasme. Mais le moins glouton de nos bons paysans se nourrit plus copieusement à son ordinaire que les Indiens dans leurs jours de bombance.

Pour ce qui est de la disette, ils n'en souffrent pas autrement. Ils ont toujours de la cassave et du bouillon de piment ; or ils ont été élevés dans cette sobriété, c'est la base de leur alimentation, un strict nécessaire qui est suffisant. J'avais beau y ajouter un jour des amendes d'acajou grillées, un autre jour des pistaches, cela me paraissait maigre.

Leurs friandises, leurs gourmandises, si l'on peut dire, sont bien innocentes et feraient faire le plus souvent à nos gourmets une fort dédaigneuse grimace. Ce sont des bananes, des papayes, des pommes d'acajou et surtout du miel. Le miel sauvage est très abondant. Il est très difficile à nettoyer à cause des larves, de la cire, des cellules, du bois, de diverses substances qui s'y trouvent mêlées. Mais ils n'y mettent pas de façons. Ils abattent l'arbre dans lequel ils ont constaté la présence du miel, puis ils se mettent à manger à pleines mains, goulûment, larves et tout ! Quand ils sont rassasiés, s'il en reste, ils emportent le reliquat et le passent au manaret[1].

Les Roucouyennes mangent plus souvent que nous. Ils mangent en cachette. Quand ils ont fini le repas en commun, chacun s'en va manger avec ses femmes, lui assis sur un cololo, elles à terre, car l'homme seul a droit au cololo. Les femmes s'asseyent toujours à terre sans crainte des chiques[2], qui pourtant pourraient aisément pénétrer dans des endroits fort sensibles.

On ne les voit jamais conserver de provisions pendant plusieurs mois de suite. Tant qu'il y a des ignames, des patates, du maïs, du cramanioc, on en mange, on en fait du cachiri, on gaspille : ce qui explique les jours maigres entre les diverses récoltes dans les divers abatis.

Ces bons Roucouyennes sont assez polis. Le matin, quand ils s'abordent, ils ne se saluent pas parce qu'il n'y a pas de salutation pour le matin dans leur langue ; mais ils ne vont jamais se coucher sans se dire : Bonne nuit : *iroupa-tinicksé* (bon dormir). J'essuyais tous les soirs une vingtaine d'*iroupa-tinicksé*.

Il est de bon goût d'appeler les femmes *tiza* ou *tachi* (sœur), et non *oli*

1. Manaret : le tamis indien.
2. Chique : puce qui pénètre dans la chair et y dépose des œufs.

(femme); de même qu'on ne dit pas aux hommes *okiri* (homme), mais *yépé* (camarade).

Les Roucouyennes, a dit Crevaux, ne connaissent pas l'usage des cadeaux, et ils n'acceptent jamais rien sans demander : « Que veux-tu ? » Apparemment qu'ils ont bien changé depuis dix ans. D'abord ils font très bien des cadeaux; ils donnent sans aucune arrière-pensée de rémunération toutes leurs boissons, cachiri, chacola, omani; ils vous donnent à manger longtemps sans se lasser. De même ils acceptent très bien les cadeaux que vous leur faites, sans songer à vous offrir de payement. Non seulement cela, mais encore ils vous sollicitent parfaitement de leur faire des présents : « Donne-moi cela pour rien ». Quand un visiteur repart pour son village, il demande toujours un cadeau; c'est le *poupoure épetpé* (le payement des pieds) : cela consiste en un arc, du coton filé, etc. Le digne Apatou, au moment de partir, ne manque pas de mendier dans chaque pacolo son *poupoure épetpé*, chacun lui donne une flèche en cadeau. Quand j'ouvrais une de mes malles et que je laissais une femme visiter son contenu, elle me demandait à la fin, en riant, il est vrai, un cadeau pour le payement de ses yeux, *yéourou épetpé*. Ceci montre, ce me semble, que l'usage des cadeaux est, au contraire, fort répandu chez les Roucouyennes.

Leur conversation ordinaire n'est pas très intéressante, comme on peut bien penser. Ce sont des dissertations sur les degrés de parenté qui unissent tel et tel, sur les étapes d'un voyage, sur les incidents d'une chasse; c'est le débit de la kyrielle de ceux qu'ils ont vus mourir, le récit de cent incidents futiles. Ils s'appliquent à mettre de l'esprit dans leurs conversations et ils y réussissent parfois un peu.

Ils ont l'embryon du théâtre. Certains soirs les jeunes gens se réunissent sous un pacolo, et, sans bouger de place, chacun dans son hamac, mais en variant comme il convient leur intonation, chacun faisant un personnage, jouant un rôle, ils dialoguent des aventures de chasse, de guerre, de danse, d'amour.

Ils ont quelques chansons, en roucouyenne fort idiomatique, auquel Apatou et moi ne comprenons pas grand'chose. Ils en ont une qui est comme une espèce de chanson nationale; c'est la légende, la complainte de Macoumé, la plus belle femme roucouyenne qui ait jamais existé. Une autre, Parana, est la chanson de la chasse et des voyages. Alounaoualé, de Chimi-Chimi, vient d'en inventer une qui fait fureur en ce moment. Ils en ont aussi une sur l'étoile du berger. La musique de ces chansons est intraduisible.

Ils ne sont pas riches en contes, en légendes. Ils n'ont pas de goût pour les langues étrangères. Ainsi il existe beaucoup plus d'Oyampis parlant roucouyenne, que de Roucouyennes parlant oyampi, et malgré leurs vieilles relations avec les Bonis, bien que les Bonis parlent presque tous roucouyenne, Apoïké est le seul Roucouyenne qui parle la langue de ces Noirs, parce qu'il a été élevé chez eux.

Ils ont une manie qui m'a expliqué et presque excusé l'horrible passion de nos dames pour les petits chiens. Les femmes roucouyennes ont la rage d'apprivoiser n'importe quelle affreuse bête trouvée dans les bois. Jusqu'au ridicule toucan au long bec, à la poitrine blanche, au manteau noir, oiseau grave qui jamais ne marche, mais toujours sautille : tel un avocat en robe qui évoluerait au Palais de Justice en sautant toujours à pieds joints devant lui.

J'en ai connu une qui pleura pendant trois jours parce qu'un petit macaque qu'elle élevait était venu à mourir. Je ne crois pas qu'elle en eût fait autant pour son mari.

En somme, ces Indiens sont médiocrement sûrs ; ils sont capricieux et sans grand respect pour leurs promesses. C'est avec raison que les lois des divers États de l'Amérique chaude traitent les Indiens non civilisés en mineurs, et celles du Brésil en orphelins. Tels qu'ils sont, ils peuvent rendre de grands services, ils constituent un excellent élément de croisement; mais il ne faudrait point les assimiler d'ici quelques générations d'éducation et de métissage.

Ils ne sont pas sûrs. Vous êtes dans un village depuis quelque temps, un jour tout le monde s'en va sans vous rien dire. Ce n'est pas qu'ils soient mécontents de vous, mais ils ne sont pas habitués, l'été, à rester longtemps au village : ils préfèrent se disperser dans les bois, pêcher les patacachis au frais dans les petites criques. Ils ont partout des ajoupas construits à cet effet.

Il faut se méfier d'eux. Vous les envoyez à la chasse; ils cachent dans le bois le gibier qu'ils ont tué, disent qu'ils n'ont pas fait chasse et retournent, la nuit, chercher le gibier, qu'ils mangent dans leur pacolo pendant que vous dormez.

Si un tamouchi ne vous aime pas, vous n'obtiendrez certainement point, dans son village, les moindres marchandises. Il querellera devant vous ses peïtos : « Vous ne travaillez pas, leur dira-t-il, vos femmes ne font pas de hamacs, vous n'avez pas de chiens, vous êtes des fainéants ». Il a défendu à ses peïtos de rien vous vendre.

Ils sont moqueurs. Les jeunes gens, moins discrets, se moquent de vous ouvertement. Vous entendrez parfois sonner sur vos talons un rire agaçant et bête qui met votre patience et votre philosophie à une épreuve cruelle. Ils se moquent de nous quand nous estropions leur langage; ils imitent ironiquement notre démarche qu'ils trouvent lourde, nos gestes, dont ils ne comprennent pas la signification. Ils se moquent de tout ce qu'ils ne comprennent pas, à moins qu'ils n'y voient un yolock, une œuvre de piayerie.

COUNICAMANE, LE PETIT-FILS DE « LA FRANÇAISE »

LES TUMUC-HUMAC, VUES DU MONT ARIQUINAMATE.

CHAPITRE VI

ITINÉRAIRE DU PIC D'AMANA. — MA CAPTIVITÉ AUX TUMUC-HUMAC. — LUNE DE MIEL. — TRANTRAN BOURGEOIS. — DÉPART D'APOÏKÉ. — GOUACOU NOUS DONNE UNE SÉANCE DE SORCELLERIE. — J'ENVOIE UN INDIEN M'ACHETER DES COLLECTIONS AU YARY. — MAITRE D'ÉCOLE A PILILIPOU. — MARIAGE DE LAVEAU. — LES TRISTES. — ENCORE GOUACOU. — VISITEURS DU YARY. — AMITIÉS ENTRE BONIS ET ROUCOUYENNES. — LES AMBASSADEURS DE YACOUMANE. — APOÏKÉ ME MANQUE DE PAROLE. — MESSIEURS LES AMIS D'APATOU. — VIE PRÉHISTORIQUE. — RENSEIGNEMENTS GÉOGRAPHIQUES. — ÇA ET LA. — GRANDES PÊCHERIES. — RETOUR DE MON COLLECTIONNEUR. — FIN DE L'ÉTÉ. — ITINÉRAIRE DU SUD-OUEST. — DIFFICULTÉS DES VOYAGES DANS LES TUMUC-HUMAC OCCIDENTALES.

DÉCEMBRE. — Depuis mon voyage à Mitaraca j'ai déjà réussi à me faire conduire dans l'est jusqu'à l'ancien village du galant yapotoli Zan Piè, à la crique Carapahetpé. Et même mon ami Tatala a bien voulu me conduire jusqu'au Marouini.

Or voici que je pousse l'audace jusqu'à proposer audit Tatala d'aller faire une chasse au delà du Marouini, jusque vers les montagnes d'Amana. Tatala accepte. Vaillant Roucouyenne! Il m'accompagne avec sa femme. Comme de juste, aucun autre Indien ne veut nous suivre. Pour Apatou et Gouacou, ils se découvrent en même temps deux maladies graves:

le premier a la goutte, le second la dysenterie. Voici une demi-heure que cela les a pris. On se passera de vous, messieurs.

Nous voici dans le sentier, Tatala et sa petite Yane, Laveau, toujours courageux, et moi.

Au pied du mont Pililipou, au milieu de marais encore humides, nous passons plusieurs fois la crique Maracanaï, que nous finissons par laisser à notre gauche, puis nous nous engageons en montagne.

Tantôt au fond d'un ravin, tantôt au sommet de quelque cap rocheux et broussailleux, nous allons, entre le mont Pililipou qui reste à notre droite et Parachichiétpeu, la montagne de Patris, qui reste à notre gauche.

D'innombrables pieds de cacao sylvestre couvrent les flancs de ces montagnes. Tatala me dit que ces arbres sont nombreux dans tout le bassin du Marouini supérieur et que plus on avance vers le soleil levant, plus on en rencontre.

Nous sommes maintenant dans le bassin de la crique Carapahtepé. Nous traversons de nombreux ruisseaux, taris pour la plupart, qui s'acheminent vers cette crique.

La forêt est humide, le sentier est glissant, l'atmosphère est lourde, le sous-bois exhale d'âcres odeurs. Les deux chasseurs, Laveau et Tatala, sont en avant, la petite Yane est à cinq pas devant moi. Le sentier est assez large et assez bon; la feuillée est assez haute pour qu'il soit possible de marcher sans regarder sans cesse où l'on pose les pieds, sans se garer à chaque instant des branches ou des lianes obstruantes. De la terre moite, noire et molle, du silence appesanti de la puissante forêt vierge, de ces parfums de serre chaude, de cette chaleur tiède qui alanguit les nerfs, des mystères de ces frondaisons ténébreuses parant la nudité des grands troncs d'arbre au corps blanc ou brun, il s'échappe comme un rêve ou comme un besoin de rêve, mélancolique et voluptueux. Cette petite femme indienne, belle et nue, qui trottine devant moi, vaillante sous son lourd catouri de cassave, ressent-elle, si vaguement que ce soit, ce charme bizarre de la forêt chaude, recueillie, électrique, qui faisait René serrer les arbres dans ses bras, comme pour leur donner quelque chose de sa vie? Ou bien ce charme est-il tout entier en nous, et n'est-il fait que de nos anciennes tendresses, de ce je ne sais quoi qu'il y a de doux dans nos regrets, et de cette tristesse pleine de vagues harmonies qui nous vient d'un ennui résigné?

Je m'assieds sur un cèdre tombé en travers du sentier, et je dis à

Mme Tatala de m'attendre. La petite femme pose son catouri à terre et vient tranquillement s'asseoir à côté de moi. Je regarde les éclairs qui commencent à déchirer de zigzags livides l'épais clair-obscur du Grand-Bois; j'écoute les premiers roulements de la foudre qui remplit de ses majestueuses et terribles sonorités les gorges désertes des monts Pililipou. La demi-obscurité se fait plus épaisse, un brûlant frisson nerveux secoue la forêt comme moi-même. Mme Tatala? Elle défile en bâillant ses bracelets de perles blanches. Va, pauvre René! jamais Céluta ne t'a compris. Et moi qui me sentais presque envie de faire de l'éloquence à la Byron, en langue roucouyenne! Une chose me console, c'est que neuf sur dix de nos femmes civilisées, pour y mettre plus de façons, n'en sont pas moins tout aussi enfileuses de perles que la femme à Tatala.

Voici la pluie. Yane, ma mie, couvre de feuilles de balourou ton catouri de cassave et partons. Voici la pluie.

Une pluie d'été, chaude, large, claire et bientôt passée.

Nous marchons longtemps encore dans la vallée de Carapahetpé, longeant la rive gauche dans des terrains plats et marécageux, quand nous rejoignons enfin nos deux chasseurs assis sur les bords de la crique, sur une grosse roche plate de granit noir.

C'est ici que se trouvait, il y a cent vingt ans, le village du yapotoli Toropé. C'est ici que Mlle Dujay, devenue Tori, passa les premières années de sa vie indienne.

Le village de Toropé se trouvait rive gauche; il s'étendait sur une petite éminence surgie comme une île du sein des terres basses qui l'environnent. Les abatis s'étendaient sur la rive droite de Carapahetpé jusqu'au Marouini, qui n'est éloigné que de 2 kilomètres.

De ces abatis d'il y a cent ans il ne reste plus aujourd'hui le moindre vestige. Nous traversons jusqu'au Marouini ces anciens champs de culture où les Roucouyennes de Toropé récoltaient naguère, en compagnie de la demoiselle Dujay, le manioc et les bananes : il nous semble que cette futaie est tout aussi séculaire que toutes celles que nous avons traversées jusqu'alors.

Sur la rive gauche du Marouini, large en cet endroit de 30 mètres, en face d'une jolie cascade presque à sec, apprêts du repas du soir.

Nous avons fait aujourd'hui plus de 10 kilomètres ; voici un magnifique emplacement pour bivouaquer, nous allons passer la nuit ici. Nous avons des marayes[1], et la cassave est encore fraîche : cela va être succulent.

1. Maraye : espèce de bécasse du pays.

Le lendemain, au petit jour, je regarde, non sans inquiétude, si mon Indien et sa femme sont encore là. Ils n'ont pas déserté. Tatala est un brave. Toutefois il n'a pas l'air d'être pressé de se mettre en route, son hamac et celui de sa femme sont encore attachés, leurs catouris ne sont pas faits.

Il faut parlementer posément. Je rappelle à mon guide qu'il a été convenu entre nous qu'il me conduirait aux montagnes d'Amana, qu'il m'avait dit connaître. Ce sont ces montagnes que je veux voir. On va laisser la moitié de la cassave au Marouini, on ira vite, en hâte, en deux jours, aux montagnes d'Amana ; on reviendra de même, puis on restera trois ou quatre jours à faire une grande chasse et une grande pêche sur les bords de la rivière.

Voici maintenant que les montagnes d'Amana « c'est très loin » et qu'il y a dans cette région de « mauvais Indiens ». Mais il y a trop longtemps que je connais ces ruses indiennes pour qu'elles puissent encore réussir avec moi. D'une part, je menace de reprendre ce que j'ai déjà fourni en avance, et, de l'autre, je promets de donner le double de ce qui avait été convenu.

On se met en route avec assez d'entrain. Nous passons le Marouini et nous nous engageons dans la forêt de la rive droite. Tatala, qui ouvre la marche, bien entendu, est obligé de sabrer quelque peu sur les bords de la rivière, mais bientôt nous arrivons à une espèce de sentier de chasse qui ne paraît pas trop mauvais. Cette trace, d'après Tatala, se poursuivait jusqu'à un village voisin et même au delà. Ne serait-ce pas là la tête de l'ancien sentier qui reliait les villages roucouyennes du Marouini aux villages émerillons du Camopi et de l'Ouacqui ?

Pendant deux heures nous marchons dans une haute futaie claire, aux arbustes et aux lianes rares : nous sommes sur le faîte d'une colline qui s'étend le long du cours inférieur de l'Amana. Nous coupons une grande branche de cette rivière, puis nous arrivons sur les bords du cours d'eau principal. C'est là, sur la rive droite de l'Amana, que se trouvait, il y a une cinquantaine d'années environ, un village émerillon dont les abatis sont encore reconnaissables.

Il y a donc eu naguère une voie indienne reliant les populations des pentes nord des Tumuc-Humac ? Cela est probable, car les anciennes communications entre les Roucouyennes du Marouini et les Émerillons de l'Araoua et de la Haute Ouac qui ne paraissent pas douteuses, et celles entre les Émerillons du Haut Camopi et les Oyampis des sources de l'Oyapock sont prouvées. Il y aurait avantage à ressusciter aujourd'hui cette voie, puisque à l'heure actuelle les Roucouyennes du Marouini, pour aller chez les Émerillons, sont obligés, le sentier n'existant plus, de descendre le Marouini et l'Aoua, puis de remonter l'Inini, et pour aller chez les Oyampis des sources de l'Oyapock, d'aller prendre le sentier d'Ilany-Apaouini, de descendre ensuite Apaouini et le Yary, puis de remonter Kouc, enfin de prendre le sentier des hauts de Rouapir, voie à peu près cinq fois plus longue que la voie directe.

Nous suivons maintenant la rive gauche de l'Amana dans un terrain accidenté. La grande chaîne de montagnes qui passe par les hauts de la rivière Amana est flanquée, au nord-ouest, d'une espèce de contrefort parallèle, et c'est ce contrefort qui envoie des ramifications jusque sur les bords de la rivière. De l'une de ces ramifications, éminences de 550 mètres de hauteur, nous distinguons, assez vaguement du reste, et la grande chaîne qui passe par les têtes d'Amana, et son contrefort nord-ouest.

Mais comme nous avons aujourd'hui près de 12 kilomètres de marche et que Laveau a un accès de fièvre des plus violents, nous allons nous arrêter sur le bord de ce petit ruisseau.

Un ruisseau dans une gorge, des mornes à pic, une nuit noire, un maigre feu de bivouac, des tigres qui rugissent à côté, un désert où les Indiens ne vont pas, une trace que je perds au bout de 100 mètres, un Indien et sa femme qui pourraient fort bien décamper cette nuit, et deux blancs, dont l'un râle !

Laveau a le délire. Je fume en attendant la fin de son accès. Un peu nerveux, j'entretiens avec Tatala et sa femme une conversation animée. Puis ces tigres avec leurs paires d'yeux rouges qui errent autour de nous dans l'obscurité m'exaspèrent. Je prends mon colt et ajuste un de ces luminaires errants. L'Indien fait un bond et me saisit le bras : « N'en tue pas un, les autres nous mangeraient. Ne crains rien : notre feu, que je vais soigneusement entretenir, les empêchera de nous attaquer.

— J'ai soif !

— Cela va mieux, Laveau ?

— J'ai soif ! »

Je lui donne un peu d'eau. A la lueur d'une chandelle d'encens je vois un visage bouleversé. Le malheureux est brisé. J'ai peur qu'il ne finisse par me mourir dans les mains, comme cela, quelque soir, dans le désert. Il s'obstine à me suivre partout. Et je l'y autorise. J'aime les braves. Dans ce métier il faut se risquer une bonne fois, au début : si l'on ne meurt pas, on est vacciné.

« Qu'est-ce que ces yeux qui brillent? qu'est-ce que ces rugissements sourds? des tigres?

— Oui, des tigres; n'ayez crainte, je veille.

— Oh! ça m'est égal. »

Et il se retourne dans son hamac et il se rendort. Le propre de ces fièvres — je les connais — est de rendre indifférent à tout. *Si fractus illabatur orbis, impavidum ferient ruinæ.*

Le lendemain matin, Laveau, remis de son violent accès de fièvre de la veille, fait bonne contenance. Nous allons en hâte nous rendre au pied de la chaîne et tenter l'escalade d'un pic.

Nous passons deux branches de l'Amana; ou peut-être l'une de ces branches est-elle la branche mère. Elles ont chacune de 4 à 5 mètres de largeur. La dernière coule au milieu d'un vaste marais. Nous sommes au pied de la chaîne.

Une pente douce et lente nous conduit, au bout de deux heures d'ascension, sur le sommet du pic, sommet en dos d'âne et haut boisé.

Désillusion! Je cherchais un belvédère, je cherchais un panorama, je ne vois rien. Pas une éclaircie dans la forêt serrée.

Tatala m'abat à coups de hache deux gros arbres sur le penchant de la montagne, du côté de l'est. L'horizon est dégagé, mais des collines tout proches me cachent de lointains paysages, et je n'aperçois autour de moi que de vagues masses bleues entre les branchages des éminences voisines.

Je fais abattre un autre gros arbre du côté de l'ouest. Ici l'horizon semblerait devoir être plus clair. Mais d'épais brouillards pèsent sur les chaînes de Pililipou. Quand se fera une éclaircie dans ce ciel grisâtre? Tatala me dit que cela dure parfois deux ou trois jours.

Revenons du côté de l'est. Je dis à Tatala de monter à un arbre.

« Que vois-tu du côté du levant?

— Des montagnes, beaucoup de montagnes.

— Et au nord?

— Des montagnes.

— Et au sud?

— Des montagnes.

— Et au couchant?

— Le brouillard. »

Me voilà bien renseigné. Ces montagnes sont hautes comme notre sommet, comme Mitaraca; il y en a beaucoup, beaucoup.

Laveau — quelle folie! — essaye de grimper à son tour. Il emporte une boussole et du papier. Il va me prendre des notes là-haut. Mais, arrivé à 20 mètres, il faut qu'il descende : il n'a que la force de se retenir un peu en se laissant glisser.

« Monsieur, je ne vaux plus un clou. Moi qui ai été de mon temps un si brillant gymnaste! Ah! c'est bien mauvais, la fièvre. »

Tatala dégringole en hâte la montagne. Il semble avoir peur que je lui demande à pousser jusqu'à l'Oyapock. Nous le retrouvons faisant les apprêts du bivouac au pied de la chaîne, sur le bord d'une des branches de l'Amana.

Nous avons fait aujourd'hui environ 8 kilomètres, de notre point de départ au sommet du pic de l'Amana.

Voyage manqué : pas de point de vue, et cela parce que je ne suis pas capable de grimper avec mon sac à un arbre de 50 mètres. Ce serait si commode, de là-haut, avec une bonne boussole, un calepin et un crayon! Je me sens humilié.

Il nous faut retourner à petites journées, à cause de l'extrême faiblesse de Laveau. Nous mettons quatre jours pour arriver au Marouini. Deux jours avant notre arrivée, notre cassave est finie. On la remplace par des choux palmistes et des graines de la forêt.

Le voyage est malheureux : pas de gibier, pas de poisson, rien dans la marmite, rien! Nous mangeons des crapauds comestibles, des lézards de terre, des fourmis.

Il faut dire toutefois qu'on résiste mieux à la marche avec le ventre vide qu'avec le ventre plein. Marcher sans manger est une chose à laquelle il est bon de s'entraîner. Savoir se procurer quelque bien-être en voyage est sans doute fort utile, mais il n'est pas moins indispensable d'avoir appris à se passer de tout en prévision des mauvais jours.

Toutefois nous sommes bien aises de retrouver au Marouini la provision de cassave que nous y avions laissée. Laveau va maintenant un peu mieux, il se met à chasser. Je chasse aussi un peu. Tatala flèche des aymaras et des coumarous, excellent poisson très commun dans le Marouini.

Nous restons trois jours sur le bord de la rivière. Nous boucanons le soir les produits de notre chasse et de notre pêche. Je fais vanité de rentrer au village avec des victuailles plein les catouris de Tatala et de sa femme.

Et c'est ainsi que nous y rentrons. Dès qu'ils nous voient arriver avec ces pesants catouris, Apatou et Gouacou, déjà guéris, se précipitent au-devant de nous pour nous complimenter.

Je ne pourrai faire de grands voyages dans cette région. Il me serait agréable de visiter le Yary et le Parou, mais les Indiens d'ici ne veulent pas m'accompagner. Resterait à me rendre par terre soit chez les Émerillons, soit chez les Oyampis, mais il n'existe pas de sentier. Mes Roucouyennes ont peur de ces petits voyages, par la raison qu'ils ne les ont jamais faits. J'essaye en vain de les déterminer, ils m'ajournent toujours. J'ai d'ailleurs à côté de moi quelqu'un qui s'applique à contrecarrer sournoisement mes projets comme à saper mon influence. C'est Apatou. Apatou, parlant mieux le roucouyenne que moi et connu depuis longtemps de ces Indiens, leur persuade aisément que les voyages que je propose sont très fatigants et très dangereux. En même temps il s'applique de son mieux à me faire gaspiller mes marchandises pour m'obliger à descendre plus vite. Il n'aime plus de l'exploration que la gloriole et la vie à l'hôtel. Je lui pardonnerais d'être fourbe, mais être devenu poussif de la sorte, c'est inexcusable.

D'ailleurs nous voici déjà en janvier. L'été s'achève. Force me sera d'hiverner ici. Je me console en pensant que cet hivernage aux Tumuc-Humac sera le premier qu'un blanc y aura fait. Je rapporterai toujours quelque chose d'absolument neuf, le levé du Marouini, dont je viens de découvrir à peu près les sources et dont le cours est complètement inconnu. Enfin il me faut bien réellement quelques mois pour étudier sérieusement les Roucouyennes et faire de bonnes collections.

Il faut que je prenne patience. Je n'ai pas de canots, j'en ai besoin de trois pour descendre, je n'ai qu'Apatou pour les faire ; combien va-t-il mettre de temps?

C'est le récit de cette vie au jour le jour, de janvier en avril, interrompu seulement par un voyage de quelque durée dans le sud-ouest; c'est le récit de ma captivité dans un village indien des Tumuc-Humac pendant tout un hivernage, que je vais faire avec toute la sobriété de développement qu'il comporte et en m'efforçant de le rendre plus intéressant pour le lecteur qu'il ne l'a été pour moi.

Lorsque nous arrivâmes au village, en octobre, en revenant de chez Apoïké, nous avions été accueillis par les fêtes les plus cordiales. Pensez donc! c'étaient des trésors de marchandises qui arrivaient aux Roucouyennes du Marouini. Le cachiri, le chacola, l'omani, et toutes les autres boissons fermentées tirées du manioc, nous avaient été servis à flots. Tout cela fait plaisir quand on n'a ni vin ni tafia. Le cachiri surtout, l'immortel cachiri, la boisson nationale des Indiens de l'Amérique sud-orientale, me paraît excellent : je crois que j'en boirais même en France !

Mais les fêtes ne durèrent que quelques jours; bientôt ce fut le courant de la vie ordinaire.

Après le voyage de Mitaraca nous commencions à nous connaître mieux, les Indiens et moi. Après le voyage à l'Amana je commençais à les connaître trop, et trop aussi ce fidèle Apatou sur qui j'avais eu la maladresse de compter, m'en étant fié à la légende plutôt que d'écouter les sages avertissements que me donnait le gouverneur, M. Le Cardinal.

Un peu renfermé en moi-même, ne pouvant trouver beaucoup de charmes dans la société d'Apatou; ce malheureux Laveau, toujours malade, ne pouvant être pour moi qu'un sujet d'inquiétude, je travaille, je travaille beaucoup, je veille tard, comme à Paris. Étrange existence que celle qui consiste à être enfermé chez des sauvages et à vivre comme eux, tout en travaillant comme en Europe. Ceux qui m'appelleront « farceur », moi aussi, feraient bien, au préalable, de venir goûter à cette vie, ne fût-ce que pendant quinze jours.

Je rédige mes anciennes notes, j'en prends de nouvelles; je travaille à récolter des collections. Laveau m'aide dans cette dernière besogne; il prend aussi des vues photographiques. Malheureusement il a la fièvre trois jours sur quatre. Gouacou cuisine un peu et ronchonne beaucoup. Apatou chasse, cela paraît lui plaire pour le moment. C'est lui qui nous nourrit. Il nourrit aussi nos hôtes, qui sans lui feraient souvent maigre chère. Grâce à Apatou qui, au moins, s'il n'aime pas à voyager, aime beaucoup la chasse, nous avons beaucoup de gibier. Mais les Indiens ne se gênent pas avec nous, il nous faut vivre avec eux « au mess » absolument en commun. Ils apportent aussi les produits de leur chasse, mais ils ne tuent guère, et ils sont nombreux. Quand il n'y a plus rien, nous avons recours à la cassave et au bouillon de piment.

C'est alors que je me dédommage sur les papayes. La papaye est un fruit des plus hygiéniques qui m'épargna, je crois, plus d'une maladie. Pililipou est le village des papayes; il est entouré d'un véritable petit bois de papayers. Connaissant ma manie pour ce fruit, les Roucouyennes m'en assaillent, jamais je n'en ai tant mangé. C'est même le plus grand plaisir de mon cantonnement avec celui de m'entendre appeler à tout propos « tamouchi » et quelquefois « papa », mais seulement par des adultes, il est vrai.

Apoïké, qui a passé ici dix semaines dans son hamac à se goberger, repart pour son village avec de belles marchandises que je lui ai données. Il est convenu qu'il viendra se mettre à mon service dès qu'il aura fini de nettoyer son abatis. Il viendra aider Apatou à faire les canots. Je l'ai payé pour le passé et pour l'avenir : c'est en payant à l'avance aux Indiens les services que vous leur demandez que vous êtes sûr qu'ils ne vous feront pas défaut.

Au commencement de janvier, Gouacou, qui s'était conduit depuis quelque temps comme un homme jouissant à peu près de toutes ses facultés, se met, un soir vers minuit, à la suite d'une querelle qu'il avait eue dans la journée avec Apatou, à nous donner une séance de sorcellerie. Il se réveille en sursaut en poussant des cris affreux, se jette sur son fusil — un de mes fusils qu'il s'est annexé sans cérémonie, — et décharge son arme sur le pacolo voisin, où heureusement il ne blesse personne. Puis, tremblant de tous ses membres, les yeux hors de tête, pleurant comme un gamin, il tombe épuisé dans les bras d'Apatou et de Laveau : « Mes enfants, leur dit-il, une grande maladie nous frappera. Elle sera ici dans huit jours. » Et il édicte, pour apaiser ou conjurer le fléau, les prescriptions les plus insensées; et je n'ai aucun moyen de faire descendre ce vieux drôle! Je me contente de lui faire verser une grande calebasse d'eau sur la tête, ce qui, dit-il, lui fait du bien. Les Indiens, accourus au bruit du coup de fusil, se contentent de rire; faisons-en autant.

Comme je ne trouve pas à me procurer ici beaucoup de collections ethnographiques, j'envoie notre ami Aïsso, du village de Peïo, m'en chercher au Yary.

C'est une fort belle pacotille que j'ai confiée à Aïsso. Il lui serait aisé de faire danser l'anse du panier, mais Apatou me garantit l'honnêteté de mon commissionnaire. Ils ont d'ailleurs causé fort longuement ensemble et j'aurai une pacotille choisie. Laveau trouve que j'envoie trop de bagages. Apatou, d'un petit rire bizarre et d'un brusque mouvement d'épaule, le fait taire. Est-ce que ce geste étrange et rapide, dont je me suis aperçu par hasard, aurait pour signification : « Eh! jeune homme, laissez-moi donc un peu rouler cet imbécile, les patrons sont faits pour être dupés »? Nous verrons bien.

Je me mets en quatre pour cet Apatou. Peut-être le gagnerai-je par les bons procédés. Ne m'a-t-il pas demandé, dès notre arrivée ici, de lui apprendre à lire! Je suis le quatrième qui s'attelle à cette ingrate besogne. Cela ne va pas. En cinq mois je n'ai pu réussir à lui apprendre à épeler couramment. Laveau, qui s'y est mis de son côté, est encore moins heureux que moi.

S'il n'eût pas eu aujourd'hui son quotidien accès de fièvre, il eût été bien heureux ce soir dans son pacolo de Pililipou, mon brave Laveau! Vous savez bien, la sœur à Tampi, cette gamine de quinze ans qui joue les utilités? Eh bien, après dîner, monsieur le tamouchi Touanké et sa dame amènent cérémonieusement l'orpheline, et les trois personnages s'asseyent sur mes malles à côté de Laveau, qui fume sa pipe. Monsieur le tamouchi Touanké, après avoir récité rapidement et à mi-voix quelques phrases de roucouyenne savant, prend la main ouverte de Laveau et lui met dedans celle de la petite femme, qui s'abandonne, ma foi, fort gentiment, avec un sourire et des yeux pleins de promesses. J'étends la main dans un geste de prélat qui bénit le peuple, et, parlant français pour Laveau qui n'avait encore rien compris à cette mimique : « Mes enfants, vous êtes mariés », fis-je avec la gravité d'un officier de l'état civil. Laveau, qui a la mauvaise habitude de manger le tuyau de ses pipes, est tellement électrisé par ce coup de foudre, qu'il en coupe net sa racine de bruyère, dont le fourneau rebondit sur les malles. Et l'heureux époux prenait déjà, en signe de possession, sa jeune Indienne par la taille. Mais, ô effroyable coup du sort, ô sanglante ironie de la fortune! est-ce l'émotion, est-ce Yolock? Voilà mon jeune homme qui est pris soudain d'un violent accès de fièvre froide accompagné d'atroces vomissements. La pauvre fiancée reste bien longtemps, fort avant dans la nuit, à côté du hamac. Mais n'entendant jamais qu'une respiration rauque et inégale au lieu du doux mot d'appel qu'elle attendait, la pauvrette regagne en pleurant le pacolo de Touanké. Je ne sais ce qui s'est passé depuis entre les deux tourtereaux.

Puis il y a les jours tristes.

Apatou, Gouacou, les Indiens, la forêt vierge : je cherche des idées riantes et n'en trouve point. Des gens qui mettent tout leur génie à ne rien faire pour moi qui les paye et à me gruger sans vergogne : grappillage et gaspillage, l'ennui malgré le travail, dure vie, souvent la faim!

Quand je rentrerai à Cayenne, il y aura à peu près dix mois que je serai sans nouvelles de France. Dix mois. En exil on est renseigné par les journaux, les lettres de la famille, des amis. Ici, rien. La France, c'est la tribu des Parachichi : *Parachi patare*. Chère patrie si menacée, que deviens-tu? Que de longues veilles passées en pensant à elle, accroupi à côté du feu du bivouac, sous le pacolo silencieux!

C'est encore Gouacou qui nous vaut des distractions. Un soir il prend un fusil et poursuit, pour le tuer, un Indien qui lui avait volé une bague de cinq sous que lui-même m'avait volée. Je dis à l'Indien : « Rends à Gouacou la bague que tu lui as prise, il n'est pas content ». Et l'Indien s'exécute de la meilleure grâce du monde.

L'Indien est très probe et très voleur. Il respectera religieusement ce qui est fermé à clef, il ne fracturera jamais une malle, mais il se croit autorisé à faire main basse sur tout ce qu'il trouve à l'abandon, et manifeste de l'étonnement quand on s'en scandalise.

L'Indien vous étonne parfois par sa candeur. Il vient vous offrir une mauvaise petite couronne de plumes qu'il vous propose d'échanger contre une hache. Vous lui riez au nez; il insiste et, finalement, vous sert cet argument qu'il croit irrésistible : il a absolument besoin d'une hache et il ne possède que cette couronne de plumes à offrir en échange.

A la mi-janvier il nous arrive des visiteurs.

C'est d'abord Taloucali, qui a un village à la crique Courouapi, affluent de gauche du Haut Yary. Taloucali est l'*ami* d'Apatou.

La plupart des Bonis ont un *ami* chez les Roucouyennes, et inversement. Ces amitiés entre Noirs et Indiens sont aussi sérieuses qu'elles peuvent l'être entre exploiteurs à moitié sauvages et exploités qui le sont complètement. De temps à autre Apatou apporte à Taloucali des sabres, des haches, des perles, des camisas, des couteaux, un assortiment complet de tous les objets de bonne vente chez les Indiens. Six mois, un an après, Taloucali, qui a réuni des marchandises soigneusement réservées pour son ami, fait savoir à celui-ci qu'il tient à sa disposition une certaine quantité de hamacs et de chiens, qu'il porte lui-même, le plus souvent, chez la tante d'Apatou à Cottica. Il va de soi qu'on s'applique de part et d'autre, en bons mercantis, à se voler le plus qu'on peut, sans sortir toutefois des bornes de l'honorabilité nécessaire et suffisante.

Mais cette fois Taloucali s'est moqué d'Apatou un peu brutalement : il ne lui apporte que deux hamacs et un chien non dressé, que le rusé Boni saura bien toutefois vendre 150 francs à Saint-Laurent.

Ce ne seront pas les Bonis qui perfectionneront le sens moral des Roucouyennes. On connaît le mercantilisme rapace et jaloux du nègre, ses instincts bêtement cupides qui lui font dépenser dix fois plus de ruse et de peine pour voler un sou qu'il ne lui faudrait de travail pour gagner un franc : tout ce mélange de paresse, de vanité et de puérilité qui caractérise le primitif africain — toutes ces qualités s'épanouissent dans leur fleur chez le Boni, nègre sauvage quelque peu frotté de civilisation. Quand deux Bonis se rencontrent dans un village roucouyenne, ils se disputent avec une telle avidité les marchandises disponibles, qu'ils arrivent à les payer trois ou quatre fois leur prix habituel. Ils sauront bien tout à l'heure se dédommager par quelque bonne coquinerie. Les Roucouyennes ne peuvent que profiter à si bonne école, ils s'habituent, eux aussi, à mettre en pratique les exemples de mauvaise foi et d'indélicatesse, les ruses viles, l'âpreté au lucre que leur ont enseignés les Bonis. Pour cela Taloucali est bien le digne élève d'Apatou, ils étaient faits l'un pour l'autre, et ils ont raison d'être amis.

Toutefois les élèves ne sont généralement pas encore aussi forts que les maîtres. Il m'arrive ici un Indien de l'Itany. Cet Indien se rendait à Cottica, mais en route il fut rejoint par Yélou qui revenait du Yary. Le rapace vieux nègre, voyant les deux chiens que l'Indien conduisait à un sien *ami* à Cottica, effraya le Calina en le menaçant, s'il ne lui vendait pas tout de suite les deux chiens, de faire tomber, par l'entremise de Yolock, « tout son sang dans la rivière ». Il eût été imprudent de ne pas obéir à un homme si bien avec Yolock. Yélou descendit avec les deux chiens, pour lesquels il avait bien voulu donner un sabre, et l'Indien rebroussa chemin.

Ces chiens, dont on fait si grand cas dans la région, n'ont pas de race. Ce sont de vilains chiens-loups, maigres, efflanqués, toujours jappant, mais lâches. Généralement ils ne sont pas dressés. Quand ils le sont, les Bonis les vendent 150 francs aux créoles.

Le sabre, qui coûte 2 fr. 10 centimes, est le prix que les Bonis payent un hamac qu'ils vendent 50 francs dans le bas fleuve. Aujourd'hui les Roucouyennes ont élevé leurs prix. Un hamac coûte une hache américaine, d'une valeur de 7 à 8 francs à Saint-Laurent.

Voici encore deux visiteurs. Il en arrive tous les jours.

Selon l'usage indien, ils ne disent mot en arrivant au pacolo. On les paye de la même froideur, on les regarde à peine, mais on leur fait apporter immédiatement le bouillon de piment et la cassave. Ils mangent peu, pour se conformer aux convenances. On leur fait amarrer leurs hamacs, les voici dedans. Personne ne leur a encore adressé la parole et ils n'ont encore parlé à personne, ce ne serait pas convenable. Mais voici venir le tamouchi, qui s'installe sur un *cololo* (un petit banc), entre les deux hamacs. Il tient un cigare allumé et en donne un autre à chacun des deux visiteurs. Alors on cause à voix basse, en fumant. Quand le tamouchi a fini, chacun vient causer à son tour avec les étrangers.

Puis on leur apporte quelque travail, des cordes à faire, par exemple, et cela sans vergogne, de même qu'eux, en partant, exigent des cadeaux pour « payer leurs pieds ». Pendant qu'ils rouleront les cordes sur leurs genoux, je vais enfin faire causer les deux Calinas.

Ce sont des ambassadeurs à mon adresse!

Décidément ce pauvre père Yélou n'a pas réussi dans ses manœuvres. Il avait instamment recommandé aux Indiens du Yary de ne me vendre absolument rien et de garder toutes leurs marchandises pour leurs bons amis les Bonis. Il a eu tous les malheurs, ce pauvre Yélou. Dans le cours de son voyage, un très fâcheux accident faillit envoyer sa belle âme à Gadou[1]. Comme il chassait avec un Indien, il pria son compagnon de flécher un couata qu'ils avaient découvert sur un arbre, et le capitaine Yélou supputait déjà la notable économie qu'il réalisait en épargnant une charge de plomb et de poudre, quand la flèche de l'Indien, en retombant, lui entra de 10 centimètres dans les côtes. Il est bien possible encore que l'Indien ait pris sagement ses mesures en vue de ce résultat : Yélou est fort détesté chez les Roucouyennes, à cause de sa rapacité. Quoi qu'il en soit, il n'en est pas moins vrai qu'il est fort dangereux de chasser en compagnie des Indiens ; quand on n'a pas l'habitude des flèches, il est prudent d'en avoir peur, car nous, nous ne pouvons prévoir au juste où elles retomberont, et elles sont presque aussi dangereuses dans leur chute qu'au lancer.

Les deux Calinas sont des ambassadeurs à mon adresse, ni plus ni moins. Ce sont des lieutenants de Yacoumane, vieillard de quatre-vingts ans qui passe pour le plus grand chef du Yary. Yacoumane, qui a connu Crevaux, veut voir le « nouveau chef blanc ». Il m'envoie un agami en présent, et me demande de faire avec lui échange de marchandises. Les lieutenants de Yacoumane partiront chargés de beaucoup de marchandises pour le vieux chef, qui fera ensuite ce voyage d'un mois pour voir le blanc et lui apporter des collections. Et c'est ainsi que cela se passait jadis entre les héros d'Homère.

C'est pour moi une grande satisfaction en même temps qu'une chose fort utile que l'excellent souvenir que tous ces chefs ont gardé de Crevaux.

D'autres Indiens, qui arrivent de la Haute Itany, m'apprennent que les gens d'Apoïké vont venir ici danser le pono. Mais Apoïké ne viendra pas. C'est, dit-il, un travail trop fatigant que de faire des canots : je n'ai qu'à m'arranger comme je pourrai avec les Indiens du Marouini, et puis, si je ne suis pas content, cela lui est égal. Le misérable m'a volé. Il garde mes marchandises et se moque de moi.

Les lieutenants de Yacoumane s'en retournent vers leur chef. Yacoumane arrivera ici, me disent-ils, dans deux lunes, soit vers la fin de mars.

Ils sont partis. Déjà, selon l'usage, les femmes du village les ont peints de roucou des pieds à la tête. Bon voyage, messieurs les ambassadeurs.

---

1. Gadou : le dieu des Bonis.

Taloucali s'en va aussi. Bon voyage, monsieur Taloucali. Je lui ai donné aussi une petite pacotille, à Taloucali. Il m'enverra mes objets de collection par Yacoumane. Voilà bien des avances faites à des gens que je ne connais guère. Je n'ai aucune crainte à l'endroit de Yacoumane, vieux chef connu et respecté dans tout le pays roucouyenne et même au pays oyampi, mais Taloucali? J'expérimente, les uns après les autres, les amis de mon loyal Apatou. Après Gouacou, Apoïké; après Apoïké, Aïsso; après Aïsso, Taloucali.

Maintenant ce sont les gens du village qui, voyant que mes marchandises s'en vont à tous les points cardinaux, demandent à être servis à leur tour : ils me confectionneront tous les objets de collection dont j'aurai besoin. J'aurai d'importantes rentrées si tous ces Indiens ne se conduisent pas comme ce polisson d'Apoïké.

Ce qu'il y a de plus assommant dans cette distribution de marchandises, c'est qu'on ne peut ouvrir une malle sans qu'aussitôt toute la population du village vienne se ranger alentour. Laveau, que j'ai préposé au service de magasinier, y gagne plus d'une migraine. Mais moi j'y gagne quelques économies : je ne saurais confier cette tâche à Apatou, pas toujours très scrupuleux à l'endroit du bien d'autrui.

Quand les Indiens serrent Laveau de trop près, il leur met sous le nez un flacon d'ammoniaque qu'il a spécialement destiné à cet usage. Il leur tient rancune des ennuis qu'ils lui causent. Un jour — cet âge est sans pitié, — je l'arrête au moment où il allait faire avaler à un pauvre vieux bonhomme importun un flacon de cirage liquide qui se trouvait là je ne sais comment. Laveau ayant feint d'y goûter lui-même, l'Indien eût bu jusqu'à la dernière goutte, fort de ce raisonnement : du moment que les blancs trouvent que c'est bon, cela ne doit pas être mauvais.

Vous ouvrez la boîte de pharmacie pour mettre une goutte de chloroforme sur une dent qui vous fait mal : immédiatement arrivent cinq ou six Indiens qui vous demandent « du remède, un peu de remède ». Laveau leur fait mâcher du sulfate de quinine ou avaler des pilules Dehaut.

Puis ce sont les querelles quotidiennes de cette brute de Gouacou tantôt avec Apatou, tantôt avec Laveau.

Ce genre de vie rend misanthrope. Vos compagnons de voyage sont des hommes à votre solde, que vous voyez de trop près. Et souvent vous trouvez que les indigènes, assurément intéressants à bien des égards, gagneraient à être vus de plus loin. Le caractère s'aigrit. Trouvez quelque boutade qui vous jette hors de cet état, sinon vous vous desséchez à faire pitié.

Peu à peu, à mesure qu'on s'identifie davantage avec les hommes primitifs au milieu desquels on vit, on arrive à se croire très rapproché des âges primitifs du monde. Il semble qu'on assiste au commencement des temps. On verrait sortir des forêts l'ichtyosaure et le plésiosaure qu'on n'en serait aucunement étonné. Si l'on a un dictionnaire historique sous la main, on est tout surpris, en le parcourant, de constater combien l'homme est déjà chargé d'ans. Transporté en quelques mois de Paris au début de l'humanité, on ne peut s'empêcher, en embrassant d'un coup d'œil le chemin parcouru par nos pères entre le *pacolo* et la civilisation occidentale actuelle, de se demander si elle va être encore bien longue, la route, pour arriver à l'autre bout. Rien ne serait plus propre à nous désintéresser de l'existence si les mille petits riens qui nous y attachent ne venaient de temps à autre, sous l'action du souvenir, remuer le cœur et le cerveau. Il y a cependant quelque chose de confusément glorieux et triste dans cette perception presque matérielle de la splendeur de l'évolution humaine et de son néant.

On ne peut se tenir à ces hauteurs. Il faut descendre aux petites réalités de la vie. Voici les gens de Peïo qui font savoir charitablement à ceux de Pililipou que, s'ils se décident à m'accompagner à Cayenne, je ne manquerai pas de les garder prisonniers dans le « grand village des blancs ».

Puis, dans les conversations sur les cololos, ce sont des renseignements géographiques variés, des jalons que je pose pour diriger le travail ultérieur.

Les Émerillons sont moins nombreux qu'autrefois. Jadis, du Ouanapi, grand affluent de droite de Marouini, à l'Approuague, et de l'Imini au Camopi, tout le pays était à eux. Il n'y a pas encore bien longtemps, ils avaient, paraît-il, des villages dans le Haut Camopi, au-dessus du Tamouri, et jusqu'au pied de Conomi Patare. Ces Émerillons du Haut Camopi allaient fréquemment danser chez les Oyampis de la crique Kouc.

Aux sources du Ouanapi se trouve une tribu d'Indiens blancs, ou plutôt de couleur claire, Indiens que les Roucouyennes appellent *Élélianas*, c'est-à-dire chauves-souris, parce qu'ils prétendent qu'ils n'ont pas de hamacs et qu'ils dorment comme les chauves-souris (élélé), les jambes croisées autour des traverses supérieures de leurs pacolos.

Dans le haut du Couyary, dont les sources ne sont pas éloignées de celles du Ouanapi, vivent d'autres Indiens qui n'ont de relations avec personne. Les Roucouyennes du Marouini se sont rendus par l'Amana, et ceux du Yary par le Couyary, chez ces Indiens, qui les accueillirent fort mal. J'appris plus tard, chez les Oyampis, que ces Indiens solitaires étaient des *Coussaris*.

Le Camopi et le Ouanapi au nord, le Kouc et le Couyary au sud, ont leurs sources voisines les unes des autres, dans une région de hautes montagnes.

Voici, de passage, des Roucouyennes de Chimi-Chimi. Ces Indiens sont de grands voyageurs. Ils connaissent très bien la bananeraie naturelle d'Alaméapo, que tous les Roucouyennes citent comme la merveille de leur pays. Cette bananeraie s'étend de chaque côté d'une petite crique. On y rencontre une infinité de variétés de bananiers, que les Roucouyennes assurent n'avoir pas été plantés de main d'homme. Un tigre y était jadis redouté. Mais récemment un village a été établi à proximité de la bananeraie et les Roucouyennes ont tué le tigre, qui vivait là des animaux venant manger les bananes. A côté de cette bananeraie naturelle, qui subsiste toujours, se trouve une haute montagne, sur les troncs des arbres de laquelle vivent les coquillages appelés *ologouras*, dont on fait des colliers très appréciés et assez répandus jusque dans tout le pays boni. Ceux de ces coquillages aériens qui tombent quand ils sont morts sont ramassés, et c'est avec ceux-là que l'on fait les colliers.

Ils ont aussi visité, il y a quelques années, les Caïcouchianes, les Calcuchéens ou Caïcuchéens de Patris. Ces Caïcouchianes habiteraient aujourd'hui fort loin des hauts de l'Araoua et de l'Ouaqui. Quand on est arrivé au village oyampi d'Acara, dans le sentier du Rouapir à l'Oyapock, on prend à l'est : un sentier de cinq jours par terre conduit, disent-ils, sur les bords de l'Ourouaïtou, où sont établis les Caïcouchianes.

Les gens de Chimi-Chimi connaissent aussi fort bien le Haut Oyapock. Ils me parlent avec admiration des immenses forêts de cacaoyers qu'ils y ont vues. Ils se louent beaucoup d'un certain François, capitaine oyampi établi au saut Viritou, mais ils se plaignent amèrement d'un autre Indien que je connais d'ailleurs de réputation, le nommé Raymond. Ce Raymond, établi au saut Coumaraoua, un peu en amont du confluent du Camopi, a déjà à son actif plusieurs assassinats commis sur des Oyampis et des Émerillons. Il est originaire de l'Approuague et Maraone de nation. C'est lui qui a assassiné Jean-Pierre qui avait conduit Crevaux aux sources de l'Oyapock. Pour tous ces méfaits, Raymond fut arrêté et fit un an de prison préventive à Cayenne. Le jury l'acquitta pour le motif que les affaires des Indiens entre eux ne regardent pas les civilisés. Quand les Roucouyennes, sortis de chez François, arrivent chez Raymond, celui-ci les empêche de descendre et prend pour lui leurs marchandises, qu'il paye un prix dérisoire en menaçant les récalcitrants de les assassiner. Les Roucouyennes, population timide comme tous les Indiens pacifiques, ont renoncé à la voie de l'Oyapock à cause de ce Raymond. Je leur promets de les débarrasser de ce bandit quand je passerai par l'Oyapock.

Ces voyageurs de Chimi-Chimi sont autre chose que des danseurs ordinaires. Ils ont l'esprit d'observation. Ils me donnent même des renseignements géologiques. Au nord des Tumuc-Humac, me disent-ils, ce sont des pentes rapides, des gorges profondes, des marais de pinots, et les criques coulent dans un sol de forte terre ou d'argile. Au sud au contraire, ce sont des pentes douces, de hautes futaies sans marécages, et les criques coulent dans des terrains secs et sablonneux. J'ai vérifié ultérieurement l'exactitude de cette observation.

Entre temps il me faut soigner Laveau dont l'état s'aggrave. Maintenant la fièvre froide, les coliques, la diarrhée, la migraine ne le quittent pas. Je passe des nuits à côté de son hamac.

Souvent, au cœur de ces nuits silencieuses, j'entends s'élever d'un pacolo, dans le village endormi, une plainte chantée peu harmonieuse. C'est quelque femme qui, en filant le coton, raconte les peines de sa vie. Qui n'a pas quelques douleurs à pleurer ?

Pauvres femmes indiennes! Si elles se donnent quelque plaisir avec les galants, elles sont assez excusables. Elles n'ont pas un moment de paresse; quand elles en ont fini avec la cuisine, avec les enfants, il faut filer le coton, même la nuit, même en canot, même en allaitant le bébé. Toutefois — à quoi cela est-il dû? — j'ai toujours trouvé les vieilles beaucoup plus laborieuses que les jeunes.

On se fatigue à apprendre mon nom. Quelque Indien le prendra pour lui quand je serai parti, ou bien il le donnera à son fils. Une vieille femme boni, la maman Ayolé, a pris le nom de Contesté, *maman Contesté*, depuis qu'on parle, dans le Maroni, du Contesté franco-hollandais. C'est là une coutume commune à tous les peuples primitifs.

Les visiteurs se succèdent dans le village. Comme ceux-ci s'en vont, d'autres arrivent. Et la grosse flûte d'appel, le *talouloupan*, de résonner dans la forêt. Avec le talouloupan les Roucouyennes se donnent des avertissements à plusieurs kilomètres de distance. Il paraît même que quelques-uns d'entre eux savent, au moyen de sonneries variées, soutenir des conversations complètes.

Apatou travaille à un grand hamac de toile pleine qu'il se propose de vendre chez les Youcas. Il ne s'occupe plus de la chasse et nous sommes souvent sans provisions. J'emmène les Indiens pêcher dans l'Atouptoc.

On flèche des aymaras, on se bat contre des raies et des gymnotes, puis on arrive à la rivière pour prendre de petits poissons, notamment des crevettes, assez abondantes dans les criques des Tumuc-Humac.

Le gymnote est long d'environ 2 mètres et aussi gros que le bras. Ce sont là les dimensions moyennes, mais il est des gymnotes énormes. D'une décharge électrique, le gymnote vous renverse dans la crique, puis il passe et repasse sur vous avec un véritable acharnement. La série de décharges électriques dont on est ainsi accablé est parfaitement suffisante pour amener la mort. D'ailleurs, comme ces décharges paralysent vos mouvements, il est absolument certain que vous vous noierez dans le ruisseau, n'y eût-il que 50 centimètres d'eau, si personne ne vient à temps pour tuer le gymnote et vous tirer hors de l'eau. Quand on traverse une crique ou qu'on s'y baigne, il n'est pas rare d'être poursuivi par un gymnote.

La piqûre de la raie est rarement mortelle. Comme celle du scorpion, elle donne seulement une forte fièvre de quelques jours. Les exemples de personnes mortes de la piqûre de la raie ou de celle du scorpion sont tout à fait rares. Pour Apatou, ce n'est pas une raie qui a piqué Burban, le matelot de Crevaux, c'est un « serpent d'eau ».

On enivre les criques avec le *salisali*, le *counani* et le *coutoupou*. Le *salisali* est le nicou. Le nicou endort, il ne tue les poissons que dans le cœur de l'été, alors que l'eau des criques est très basse. Le *counani* est une plante d'un mètre de hauteur. Pour qu'elle agisse, il faut que les poissons la mangent. On la met dans une papaye, dans le corps d'un poisson vidé. Elle n'enivre pas, elle tue sur-le-champ. Mais on peut manger impunément le poisson ainsi empoisonné. Le *coutoupou* est une liane encore plus énergique pour enivrer que le nicou, et pour tuer que le counani.

De l'ancien « grand village » d'Atouptoc, j'essaye d'emmener les Indiens faire une pointe du côté de l'ouest, dans l'ancien sentier du tamouchi Basa, mais en vain. Il faut retourner.

Février. Après une quarantaine de jours de voyage, voici Aïsso de retour avec des collections ridicules. Il n'a que des *acaoualés* (ceintures de coton). Apatou déclare que c'est magnifique. Aïsso a dû acheter avec mes marchandises, en sus de la pauvre petite pacotille d'acaoualés qu'il me rapporte, une vingtaine de hamacs. Combien y en a-t-il pour toi, Aïsso? combien y en a-t-il pour toi, Apatou? Avez-vous partagé honnêtement, au moins?

Apatou proteste de l'innocence de son compère et de la sienne. Je te revaudrai cela, maître drôle, tu ne tromperas pas mon successeur!

Quelques jours après il se venge en essayant de persuader aux Indiens de ne plus me donner de cachiri, et de me le faire payer cher si j'en demande. Cela dure un jour. Laveau est malade dans son hamac. Apatou et Gouacou, quand ils veulent du cachiri, vont le boire en se cachant de moi chez Acouli ou chez Touanké. Voilà qui est violent : jamais Roucouyenne n'a vendu son cachiri. Comme le lendemain on continue à ne me rien apporter et à faire des signes mystérieux à ces messieurs pour les inviter à venir boire à domicile, je finis par me révolter. Je vois un peu rouge, je deviens blême, je parle, ma carabine à la main. J'invective pendant une minute, puis je m'arrête brusquement, très pâle. Du bout de mon fusil je montre les forêts d'Ariquinamaye, et d'une voix qu'étrangle une rage concentrée, je donne l'ordre à mes deux misérables de partir immédiatement à la chasse. Ils voient ou croient voir que, cette fois, il y va de leur peau, et ils filent en douceur sans attendre un quart de minute.

Puis, je suis éloquent en roucouyenne. Nous nous expliquons. Ce chenapan de Boni ne leur avait-il pas dit, lors de notre arrivée, que presque toutes les marchandises étaient à lui et que, moi, j'étais un monsieur fort avare qui voyageait sous sa protection pour faire moins de dépenses! Démêlant successivement tous les mensonges, toutes les perfidies du *yakérénou*, les Indiens qui, de beaucoup, préfèrent le blanc au nègre, font complètement volte-face. C'est moi qui ai maintenant leurs franches sympathies, et le yakérénou est traité en suspect. Fidèle Apatou, va!

J'essaye de profiter des bonnes dispositions des Roucouyennes pour tenter un nouveau voyage, un voyage circulaire par l'ancien village du tamouchi Basa ou Baha. J'avais déjà fait une tentative infructueuse de ce côté. Deux autres que je risquai consécutivement ne me conduisirent pas au delà de Tacapatare. Enfin le quatrième réussit.

Je pars avec cinq Indiens, sans femmes. J'interdis à Apatou et à Gouacou de nous accompagner. Je voudrais bien en faire autant pour Laveau; le pauvre garçon est mourant, mais il a tellement de résolution que je me laisse fléchir. Il ne pourrait pas, me dit-il, rester une dizaine de journées seul au village sans démolir au moins un de nos deux nègres.

Nous partons, il pleut. L'hiver est commencé depuis quelque temps, je pourrais même dire qu'il bat maintenant son plein. Nous allons voyager avec la pluie. Marche!

A partir de l'ancien grand village des bords de l'Atouptoc où nous avons couché la première nuit, après une journée de 18 kilomètres, nous franchissons le chaînon qui sépare le versant du Marouini de celui de l'Itany.

Le faîte de partage est donné par une montagne en dos d'âne, Arouco Patare, qui mesure 460 mètres environ d'altitude. Le traditionnel abatage d'un gros arbre, en haut de notre montagne, nous découvre seulement les sommets immédiatement voisins : Tacapatare, Caïmot, Mitaraca, décrivant une courbe allongée, du nord-est au sud-ouest. Du côté de l'ouest, la grande plaine boisée : une mer de forêt vierge. A nos pieds, la pluie, et le vent qui, soufflant avec violence, remue comme une marée les hautes cimes des arbres.

Nous descendons Arouco, puis on franchit des contreforts. La pluie tombe à verse, nous marchons dans un voile. « Pas si vite, camarades ! » C'est que ce ne serait pas réjouissant de se perdre ici.

La pluie fait rage. Le vent descend en trombes au sein de la forêt, il prend de grands arbres comme à deux mains ; ceux-ci commencent à geindre, à gémir, ils tressaillent et paraissent se raidir sous la formidable étreinte ; puis c'est comme un cri mâle d'un guerrier frappé en pleine vie, et le géant s'abat tout de son long, dominant les clapotements de la pluie et les stridents sifflements de la tempête du vacarme énorme de sa chute.

Où cela tombe ? quelquefois à côté de nous, à 2 mètres. Mais est-ce qu'on s'en occupe ! Ruisselants, aveuglés, tout en nage, glissant dans la mauvaise terre devenue toute visqueuse, on n'a que sa volonté. On baisse la tête, on enfonce son chapeau, et marche !

« Pas si vite, les camarades ! Où êtes-vous ?

— Hou ! dépêchez-vous, les blancs !

— Avez-vous la fièvre, Laveau ?

— Non, ce sera pour ce soir. »

Nous arrivons sur le bord d'une crique. Il paraît que c'est la tête de la crique Carapa. Nous nous y arrêtons pour y déjeuner de deux perdrix que Laveau a tuées et pour nous sécher un peu. La pluie venait de cesser.

Mes allumettes sont intactes dans mon sac imperméable ; j'ai aussi un bout de bougie et un morceau d'encens, mais notre feu ne veut pas prendre. Les Indiens s'en vont chercher d'autre bois moins humide, et, au bout d'une demi-heure, nous avons une petite flambée. Dieu ! qu'il fait froid dans des vêtements mouillés ! Que nos compagnons ont donc raison d'aller nus. Nos hamacs sont mouillés, la cassave est mouillée, quel voyage ! Nos sybarites de Roucouyennes ne vont pas tarder à vouloir s'en retourner.

Après une journée de 10 kilomètres nous campons sur le bord d'un grand espace dénudé, sorte de savane rocheuse. Nous accrochons nos hamacs aux arbres de la lisière de la forêt. Comme ruisseau nous avons

11

une flaque d'eau de pluie. Laveau est déjà dans son « lict de coton », comme on disait au xvie siècle ; il est enfoui sous sa couverture. Le tout est mouillé. Il claque des dents. Son pouls est à 120.

J'ai la chance de trouver à peu près secs ma veste et mon pantalon de nuit ; je laisse le casque et prends le fez, j'échange mes lourdes chaussures de voyage contre mes légers souliers à semelle de caoutchouc, je glisse dans ma poche mon couteau de chasse dans sa gaine, j'allume une pipe méticuleusement bourrée et me promène en regardant la lune.

Cette promenade en costume de nuit, dans cette savane des Tumuc-Humac, sous cette lune en son plein qui inonde de sa large clarté la grande clairière aux horizons mystérieux, je ne l'oublierai jamais. C'est fantastique comme une ballade de Burger.

Ne vous est-il pas arrivé, après quelque violente dépense physique, de quelque nature qu'elle soit, de sentir que vous pensiez autrement, que vous voyiez autrement, que vos sensations étaient autres et vos perceptions nouvelles : comme si un grand coup de vent, ouvrant brusquement portes et fenêtres, pénétrait soudain dans un appartement trop longtemps clos et en balayait poussière, fumée et odeur d'enfermé qui l'avaient imprégné, saturé ? Un peu désorienté, on se trouve alors comme rajeuni, rafraîchi, salubrifié, avec une bien plus grande netteté dans la vue du cœur et dans celle de l'esprit. C'est pour cela que j'aime toutes les violentes surexcitations nerveuses, et on chercherait à tort dans des goûts d'un épicurisme grossier l'explication de certains excès peu poétiques qui se proposent parfois comme unique objectif cet étrange redevenir.

Cette affreuse marche en montagne sous l'averse, par la tempête, dans ce mauvais sentier presque effacé, avec la crainte incessante de s'égarer dans le désert, et aussi le spectacle inattendu et nouveau de cette savane éclairée à la lumière électrique de la lune équatoriale : c'est assez, je redeviens pour une heure ce que j'étais quand j'errais il y a trois ans, abandonné, sacrifié, oublié, dans les savanes du Haut Rio Branco.

Que parlez-vous de votre bal blanc, madame la duchesse, et de vos *garden-parties* et des délices de votre château dans la rêveuse saison d'automne, et de vos plaisirs les plus *select* ; et vous, monsieur le ministre, de vos banquets assaisonnés de discours, et de toutes les joies éphémères de votre gloriole sans lendemain ! Nous autres qui peut-être par dédain pour toutes ces petites choses qui vous subjuguent, nous qui avons voulu et pu nous faire sauvages, nous trouvons dans nos phases de vie précivilisée des heures débordantes d'émotions tellement fortes, larges et hautes que, pour les ressentir une seule minute, ces émotions, vous en étoufferiez, guindés que vous êtes !

« J'ai soif !

— *Séneli iché.* »

Ils sont deux maintenant qui veulent boire, deux qui ont la fièvre, Laveau et Taloulipan. Je fais faire un thé très fort. Quand la fièvre tombe et que la transpiration commence, j'administre à chacun 2 grammes de quinine. Demain matin, à chacun six pilules d'arsenic au milligramme, comme préventif. De retour au village, on se remettra à l'ipéca. Et voilà tout ce que je sais faire. « Je les soigne... », mais ils ont Yolock contre eux. Laveau surtout.

Les Roucouyennes font bonne contenance. Ils n'ont pas l'air de vouloir m'abandonner ; ils ont le plus grand soin de la cassave, font sécher celle qui était mouillée et confectionnent des cotouris couverts de 5 centimètres de feuilles de balourou pour protéger efficacement notre provision contre les averses ultérieures.

Notre troisième journée, journée de 20 kilomètres, nous conduit de la savane rocheuse aux rives du Coulé-Coulé. Il tombe toute la journée une pluie fine.

Nous traversons la savane qui s'étend, en cet endroit, sur environ 3 kilomètres. Puis, entre deux petits mornes, nous passons la tête d'une crique large de 4 mètres. On se rapproche ensuite des montagnes.

Au pied de la chaîne, ce sont d'immenses marais de pinots. L'inondation hivernale a déjà commencé. Pendant deux heures environ, nous marchons avec de l'eau jusqu'au genou ou même jusqu'au-dessus de la ceinture. Il faut abominablement patauger pour se sortir de là.

Maintenant c'est l'ascension du pic de Saranaou. Ce pic, qui n'est guère élevé de plus de 400 mètres, est d'un accès facile. Dans des ravins, des contreforts occidentaux où passent de petits ruisseaux qui sont, paraît-il, les formateurs de la crique Saranaou.

Nous arrivons à une montagne surmontée d'une roche blanche sur son flanc nord. Elle mesure environ 460 mètres. Je fais l'ascension de la roche, mais la pluie fine que nous avons prise au départ tombe toujours ; il fait un ciel d'Angleterre, je ne vois absolument rien. Encore un voyage manqué. Je ne puis pourtant pas attendre trois ou quatre jours ici pour voir si le ciel s'éclaircira.

Voyage manqué, toujours la pluie, tout le monde avec un peu de fièvre : nous allons faire des marches forcées pour rentrer au village.

Notre quatrième journée, qui est de 25 kilomètres, me donne un itinéraire affreusement banal, dans une forêt sans ondulations. Nous longeons pendant six heures le Coulé-Coulé; nous arrivons aux abatis dans l'ancien village du tamouchi Baha, nous coupons le Saranaou près de son embouchure et rejoignons sur la rive gauche de l'Alama le sentier de l'Itany à Pililipou. Nous avons sabré la moitié de la journée, mais maintenant nous allons avoir un bon sentier.

Nous mettons environ trois jours pour arriver au village. Deux jours avant d'y arriver, notre cassave se trouve finie; mais nous ne pouvons aller plus vite, Laveau et trois Indiens sur cinq étant en proie à une fièvre violente.

Ce voyage circulaire de sept jours et de près de 120 kilomètres, voyage fort maigre en résultats, n'est pas cependant, maintenant que nous sommes réinstallés sous notre otomane, sans nous causer une satisfaction appréciable : celle de l'avoir fini.

C'est aussi fini de voyager dans les Tumuc-Humac occidentales. Je pourrais bien offrir désormais aux Roucouyennes des montagnes de perles et de camisas, que je ne les emmènerais pas à 20 kilomètres du village. Ils en ont bien d'ailleurs pour six mois à se remettre de leurs fièvres ou de leurs fatigues.

Après l'excitation du voyage, l'enthousiasme que procure l'action, même l'action inutile, l'action pour l'action : la réaction inévitable. Je sens que je m'affaisse tous les jours, et, chose plus triste à dire encore, le découragement s'empare de moi.

Je récapitule ce que j'ai fait et je trouve que je n'ai rien fait. Je suis mécontent.

Je ne doutais pas, quand j'arrivai en octobre à Pililipou, de couvrir bientôt tout le pays de mes itinéraires, de pouvoir dresser une véritable carte d'état-major des Tumuc-Humac. Et qu'ai-je fait depuis ces quatre mois? Où sont mes itinéraires? Je n'en rapporte que quatre : le premier, de 40 kilomètres et de trois jours, celui de l'Itany à Pililipou; le second, de 60 kilomètres et de six jours, celui de Mitaraca; le troisième, encore de 60 kilomètres et de six jours, celui du pic d'Amana; le dernier, de 120 kilomètres et de sept jours, celui du sud-ouest. En tout, 280 kilomètres et vingt-deux jours : c'est médiocre.

Les Roucouyennes ont été de piètres guides. Maintenant ils ne marcheront plus, car c'est l'hiver. Il ne m'est pas moins impossible de me faire reconduire par eux chez Apoïké. Laveau, sur qui je comptais beaucoup, est de plus en plus malade; il se meurt, positivement. Apatou m'a trompé :

il m'a grugé, il n'a pas voulu marcher; d'ailleurs il est souvent malade aussi. Gouacou... mais pourquoi m'arrêter à ce misérable? Ma troupe ne vaut rien : ici pas de santé, là pas de discipline, pas de bonne volonté. Mon voyage est en partie manqué. Il faut en prendre son parti : j'aurai seulement quelques bouts d'itinéraires, mais je tâcherai d'avoir de bonnes études et d'importantes collections. L'année prochaine je connaîtrai mieux le pays et les gens, il me sera possible d'être plus heureux.

Il est aisé de se rendre compte, en somme, des raisons pour lesquelles les voyages sont réellement très difficiles dans cette contrée. Tout autour des deux villages roucouyennes du Marouini, c'est le désert. C'est le désert à l'ouest jusque chez Apoïké, au sud jusqu'aux villages roucouyennes du Yary, à l'est jusqu'aux villages oyampis des cours du Kouc et de l'Oyapock, au nord jusque chez les Émérillons : le désert sur près de trente lieues de montagnes inconnues. Il n'y a personne dans le massif des Tumuc-Humac occidentales : les tribus se sont établies au pourtour sur le bord des grandes rivières. Peu de villages, partant pas de sentiers : le plus souvent, il faut aller devant soi le sabre à la main à travers les fourrés.

Le pays étant désert tout autour de nous, rien n'invite les Roucouyennes à voyager. Ils sont marcheurs, ils feront volontiers un mois de marche sur une route à eux connue, mais encore veulent-ils savoir où ils vont. Mais se frayer péniblement un chemin à coups de hache dans des forêts qu'ils ne connaissent pas, pour n'aboutir à rien, pour ne rien voir que des criques et des montagnes inconnues : ils ont peur de s'égarer et de mourir de misère; ils ont peur de rencontrer à travers ces cantons, cantons si sauvages qu'ils ne connaissent pas l'homme sauvage ou qu'ils en ont perdu le souvenir, des hordes de grands fauves, de grands reptiles, des bêtes fantastiques, que sais-je encore? les Esprits des morts. Aussi ne m'accompagnaient-ils qu'à contre-cœur et grâce à la promesse d'un très sérieux payement. J'avais bien essayé d'égayer ma troupe, je ne sais quelle horreur sacrée nous enveloppait; silencieux et attentifs, ils semblaient toujours craindre de voir surgir tout à coup quelque chose de terrifiant.

Pourtant je suis parfaitement rompu aux exigences du métier. Je suis arrivé à me trouver tout à fait chez moi au sein des sombres solitudes de leurs forêts vierges et même à y prendre du plaisir. L'installation du bivouac après une journée de fatigues, les hamacs attachés aux branches des arbres sur le bord de quelque ruisseau, les longues causeries du soir avec les primitifs et leurs vieux chefs; et s'endormir dans la forêt à côté du feu qui écarte les serpents et les tigres, au bruit d'un charivari fantastique où mille hôtes connus et inconnus donnent chacun leur note : je ne donnerais pas ces plaisirs pour beaucoup d'autres, et leur souvenir pour rien au monde.

A la longue, je suis même devenu plus endurant que ces Indiens : je leur ai fait faire, comme dans le voyage du Sud-Ouest, des marches forcées qui les mettaient sur les dents. Souvent alors j'ai été obligé, le soir, la nuit, de veiller moi-même au boucan ou à la marmite: les malheureux Calinas, à moitié fourbus, dormaient dans leurs hamacs.

Eh bien, il me faut renoncer à toute nouvelle tentative. Laveau se meurt; Apatou me trahit ouvertement, il ne veut pas bouger de place, et il déconseille les Indiens, presque à mes oreilles, de me suivre même à la chasse. Je ne trouve plus personne pour m'accompagner en excursion.

Et puis c'est l'hiver. Les campagnes d'hiver sont réellement trop dures : marcher dans la forêt toujours dégouttante de pluie ou de rosée, à travers des marais inondés et détrempés où l'on risque de s'engloutir, passer ses nuits sous l'averse contre laquelle ne protège pas suffisamment le sommaire ajoupa, construit chaque soir en une demi-heure, n'avoir jamais de linge sec sur soi : c'est là une existence d'amphibie pour laquelle l'homme n'est pas fait. Notre voyage du Sud-Ouest, sous la pluie, nous a mis sur les dents.

Il faut donc s'enfermer au pacolo et tâcher d'y trouver beaucoup de travail pour ne pas mourir d'ennui.

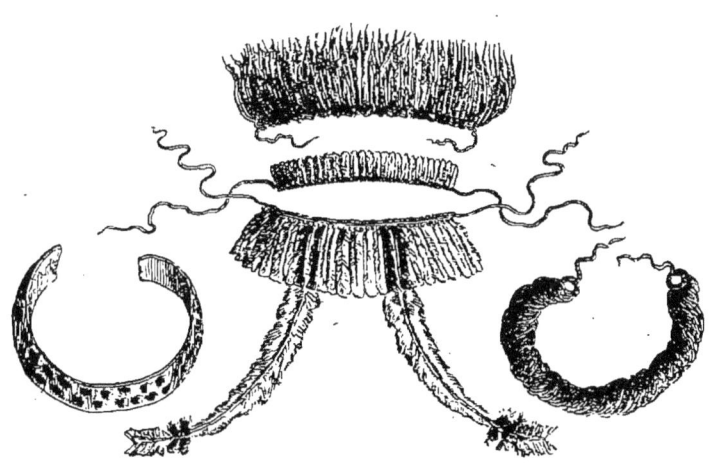

PARURES ROUCOUYENNES

UN ABATIS CHEZ LES ROUCOUYENNES.

CHAPITRE VII

Mars. — L'hiver. — Petit sermon a Apatou. — Apatou artiste. — J'envoie un courrier a Cottica. — « Toulé, pono, acomeu » : les grandes danses. — Les fruits de l'hivernage. — Un nouveau vin. — Alounaoualé, de chimi-chimi. — Agonie de Laveau. — Cantonnement et exploration. — Apatou encore malade. — Apatou termine son hamac. — Confection des canots. — Mets singuliers. — Paysages d'hiver. — Marchandises perdues. — Retour de Toti. — Apatou encore malade. — Tous les Indiens malades. — Notre frère le nègre. — Mes rhumatismes. — Encore Apatou. — Dansez, mes amis. — Laveau rosse enfin Gouacou. — Piayes et piayeries. — Restrictions dans l'alimentation.

Mars. — Il pleut. Impossible de voyager par terre, ni par eau. Un jour ce serait la fièvre, plusieurs jours ce serait la maladie. Les jours et les nuits sont une longue averse. Il pleut. Le petit fossé qui entoure le pacolo déborde, l'eau nous balaye les pieds, les gouttières nous dévalent sur la tête, un vent humide cingle de l'est à l'ouest. Il fait froid sous ce mauvais hangar. Ces pluies torrentielles sans un coup de tafia pour se réchauffer, sans linge propre (car je n'ai plus de savon), cela sent la mort.

Je n'ai plus d'encre : mon grand flacon s'est trouvé brisé dans ma malle.

Mon papier devient rare : j'écris au crayon sur des pages déjà remplies.

Les Indiens se refusent absolument à descendre maintenant. D'ailleurs où sont mes canots? Pas encore commencés. Apatou travaille à son hamac. Encore trois mois, peut-être quatre mois d'hivernage.

Il pleut. Hier, demain, même existence. Je lis, relis, griffonne, médite, et fume, n'ayant plus de tabac, quelques pipes de thé moisi. Tous ces jours si longs, si prodigieusement ennuyeux, se ressemblent comme la pluie avec la pluie, comme un jour d'exil avec un autre jour d'exil. La rafale ébranle le pacolo. Il fait froid. De toutes parts les Indiens toussent, chacun a sa bronchite. Cette pluie ne finira donc jamais! Seulement quelques jours de soleil!

Entre ma famille et moi, entre Cayenne et moi, entre la France et moi, des déserts, des impossibilités absolues de communication : ici l'angoisse, là l'indifférence, plus loin l'oubli.

Ascètes du moyen âge, solitaires qui vous enfermiez dans les déserts pour fuir l'homme et chercher Dieu, je vous comprends, vous admire et vous envie. Si j'étais seul ici, sans personne là-bas, et si je croyais à quelque chose là-haut, que manquerait-il à mon bonheur?

Tombe toujours, tombe encore plus épaisse, pluie du Léthé, tombe plus triste et plus froide encore. Ton voile me dérobe mes souvenirs qui, sont sans charmes, et mes espérances, qui me mentent toujours.

Et vous, Yane, ma mie, voyez à m'apporter plusieurs couis de cachiri. Le cachiri est un nectar délectable qui chasse les lugubres pensers. Le cachiri élève et fortifie l'âme, c'est Longin chez soi, ou le sublime en calebasse.

« Voyons, Apatou, causons un peu. Un matin, je te vois arriver de la forêt avec un assortiment fort volumineux de gros bois diversement taillés. Sans me rien dire, tu montes ta machine, t'installes et commences ce gigantesque hamac de toile pleine qui t'a déjà pris trois semaines et qui n'est pas encore à moitié fait. Tu n'as même pas daigné me demander la plus vague autorisation. Et les canots, Apatou?

— On ne pourra pas descendre le Chinalé de sitôt.

— Et la chasse?

— Mais je chasse un peu.

— Écoute, Apatou, tu es tout de même un bien impudent personnage. »

Puis je lui fais ce petit discours :

« Tu n'es préoccupé que de gain, de lucre, de rapine. Tu ne penses nullement à mes intérêts, nullement à ton travail, nullement au voyage.

« Tu ne rêves que hamacs et chiens, hamacs à acheter, chiens à vendre, hamacs à vendre, chiens à acheter. Tu n'es venu ici que pour cela.

« Cette préoccupation d'acheter des hamacs et des chiens pour les revendre en bas remplit actuellement d'une façon exclusive ton cœur fidèle et loyal. N'ayant pas trouvé, à ton gré, assez de hamacs à acheter, tu as mendié de tous les côtés les ceintures de coton des Indiens et tu ne payes ces *acaoualés*, quand tu ne peux faire autrement, qu'avec des plaintes à fendre l'âme. Dès que tu as trouvé ce qu'il faut, tu exultes. Tu vas travailler pour toi. Tu vas ajouter aux 200 francs par mois que tu gagnes sans sortir de la confection de ton hamac — si ce n'est pour prendre ta leçon de lecture — un lucre de 2 francs par jour. Car ton hamac, tu le vendras 100 francs et il t'aura pris cinquante jours. Tu mériterais que je ne te payasse pas ces deux mois. Il faut que je me fâche pour que tu ailles à la chasse, et tu y vas deux fois par semaine, une heure chaque fois. Nous n'avons rien à manger. Si j'oublie d'acheter une poule, tu me boudes. Si j'oublie de te donner ta leçon quotidienne, tu me gourmandes sur ma paresse.

« Tu n'es pas poli avec moi. Qui pis est, tu n'es pas franc; qui pis est, tu me trompes. Tu es devenu absolument détestable, tu ne penses qu'à travailler le moins possible pour ton patron, tu ne cherches qu'à « me rouler », à me « mettre dedans ». Qu'est-ce que je vais dire de toi en France?

— Si j'ai de l'argent, j'y serai toujours bien reçu.

— Très bien. Persévère dans ces bons sentiments.

« Hier, je t'ai vu, riant sous cape, aller te mettre dans le hamac d'un Indien, et envoyer une femme travailler au tien. Cette femme, tu l'as payée avec trois de mes colliers de perles que tu as demandés à Laveau. Je l'ai vu. Je t'ai entendu hier dire à Gouacou que, pour les appointements que je te donne, tu fournirais toujours le moins possible de travail et de bonne volonté. Tu commençais à être ainsi dès Crevaux, qui ne t'a gardé avec lui que tant qu'il a eu besoin de son sauvage pour la parade.

« Et tu as l'audace de me dire parfois : « Ou gagné bonho, mouché, « trouver mo; tout zot Boni qua volo ou ».

« Je m'en étais remis à ta loyauté et j'ai accepté les yeux fermés les hommes que tu m'as recommandés : ce vieux drôle de Gouacou; Apoïké, qui m'a volé sans masque; Aïsso, qui m'a volé sournoisement; Taloucali, qui me volera sans doute aussi.

« Tu as raconté aux Indiens que c'était toi le vrai patron. Tu as essayé de les empêcher, il y a quelques semaines, de me donner du cachiri.

« Tu t'es entendu avec Aïsso, vous avez pris chacun votre commission ; tu as eu pour ta part un catouri de hamacs. Sais-tu bien, Bilboquet, fidèle Apatou, que tu sens plus la potence que le laurier?

— A pas vrai, mo pas fait ça.

— Et cette lettre que tu viens de faire faire à Laveau et dont voici le brouillon? Tu fais à ta tante une commande de 400 francs de marchandises que tu recevras par le retour des Indiens qui vont descendre à Cottica. Tu veux continuer ton commerce ici sur une grande échelle. Mais voici. Que signifie cette phrase : « Chère tante, vous recevrez un « catouri de hamacs dont je vous expliquerai la provenance à mon retour ».

— Si ou pas content....

— Oh oui, je sais. Fais d'abord mes canots. »

Laveau, bien entendu, me disait tout et me montrait tout. Apatou le traitait toujours en compère, systématiquement et sans lui demander le secret, espérant ainsi le gagner et l'amener à s'associer avec lui pour des exploitations aurifères au Maroni, ainsi qu'il le lui proposa devant moi à Cayenne.

« Tu vas donc ouvrir ici boutique en grand. C'est ce que tu appelles être le serviteur de la Société de Géographie. Et moi je dirai en France : l'héroïque Apatou, le glorieux Apatou, le fidèle Apatou.

« Mais tu as raison, continue, deviens riche.

« Le trafic que tu fais avec tes propres marchandises n'est évidemment pas aussi lucratif que celui que tu fais avec les miennes, mais il ne laisse pas d'être rémunérateur. Tu te fais donner: pour un sabre, un hamac que tu vends 50 francs; pour une hache, un chien que tu vends 150. C'est raisonnable.

« D'ailleurs, tu es un habile commerçant. La maison Apatou, s'inspirant du grand principe de la concurrence, fait aujourd'hui des rabais à ses clients. C'est ainsi que tu viens de laisser à ton ami Laveau, pour la modique somme de 25 francs, un hamac que tu as acheté tout à l'heure pour un sabre. C'est gentil de faire bénéficier les amis de la baisse des prix. Mais tu devais bien cela à Laveau qui t'aime beaucoup et qui t'a fait cadeau hier d'un paletot de 40 francs presque neuf.

« Vois les résultats de ta conduite, Apatou. Comme tous les grands hommes, tu fais école. Voici maintenant venir Gouacou. Si tu me caches à peu près tout, en revanche tu n'as pas de secrets pour ce vieux gredin qui est ton âme damnée. Sachant donc que le trafic de mes marchandises est à l'ordre du jour, il a voulu aussi en tâter. Mais, moins habile que toi, il opère à ma barbe, de sorte qu'il ne peut nier. Il m'a déjà volé un fusil, un sabre, plusieurs couteaux, divers menus objets, dont il trafique. Si je ne couchais pas avec les clefs de mes malles dans ma poche, je serais dévalisé en une nuit. Pour ce qui est de cet imbécile, je me borne à hypothéquer d'autant sa note, cela me fera autant de moins à lui payer sur ce qu'il a si mal gagné. Ce pilier de geôle ne vaut pas les démarches qu'il m'en coûterait pour lui faire réintégrer domicile. A propos de Gouacou, les Indiens qui descendent à Cottica refusent absolument de le prendre avec eux. Est-ce toi qui t'amuses à m'imposer jusqu'au bout ton triste protégé?

« Pour ce qui est de toi, Apatou, sois sûr que ta conduite honnête et loyale recevra le salaire qu'elle mérite.

« Apatou, je t'admire. Ton génie mercantile et chercheur est infini. Tu es allé trois fois, trois jours de suite, le mois passé, avec ton compère Gouacou, faire des trous de prospection — j'en suis sûr — à la crique Macara. Tu portais une pelle, et lui une pioche, que vous dissimuliez sous votre chemise. Vous avez dû laver dans des feuilles, faute de bâtée[1]. Tu ne m'as rien dit du résultat de tes recherches. Trois jours consécutifs, puis tu t'arrêtes brusquement. Tu as sans doute trouvé ton affaire. Combien cela paye-t-il? C'est alors, quand tu auras ton placer — car tu vas remonter l'exploiter sitôt que nous descendrons, n'est-ce pas? — c'est alors, quand tu seras riche, que tu seras fêté en France. Il ne te manquera plus que de te faire décorer[2].

« Mercanti madré et rapace, faisant argent de tout envers et contre tous, tu as aussi, à un haut degré, le génie du grappillage. J'estime que tu t'es approprié, sous divers prétextes ingénieux ou sans prétextes, pour plus de 200 francs de mes marchandises, dont tu trafiques. Ce n'est rien pour un homme comme toi, mais il n'est pas de petits profits.

« Ce qui t'honore et te réhabilite presque, c'est que tu tiens à sauver les apparences. Tu es un filou bien élevé et fort convenable. Mendiez, grappillez, trichez, spéculez, volez, mais en homme comme il faut et sans vous fermer les salons. Il est doux de berner et d'escroquer le patron qui se fie en votre loyauté, mais il faut toujours sauver la réputation, qui est un capital. Tu ne perds pas de vue les lauriers dont ce bon public de France va couvrir ta tête blanchie dans les luttes héroïques, et les cadeaux dont ton chef justement reconnaissant ne va pas manquer de remplir tes malles.

---

1. Bâtée : sorte de grand plat en bois pour laver les alluvions aurifères.
2. Il a été fait officier du Cambodge, au commencement de 1891.

Seulement tu ne veux pas que j'emmène d'Indien. Tu crains que la jeune célébrité du Calina fasse pâlir la gloire retapée du nègre devenu vieux. Sois tranquille! tu ne te rencontreras pas avec un Roucouyenne au bureau de la Société de Géographie.

« Ainsi va aujourd'hui le fidèle Apatou. D'ailleurs, qu'as-tu à craindre? Ton Gouacou, que tu m'as insinué, ton Gouacou, ton fidèle Achate, ton confident, ton espion, ton domestique, ton prospecteur, n'est-il pas aussi ton sorcier? Gouacou ne sait-il pas « fé mouri moun qué parole ». Tu as une peur bleue de cet animal qui a sur toi la plus grande influence. Vous vous querellez souvent, mais ce sont les frottements de la peau et de la chemise. Puis, je crois que c'est un peu pour me donner le change. La nuit, pendant que vous croyez que je dors, je vous entends tenir conseil. La parole inspirée et savante du sorcier est bue comme eau céleste par le bon Apatou. Mais quand il s'agit non plus de choses surnaturelles, mais bien de choses temporelles, naturelles, comme par exemple de me gruger ou bien de continuer la grève payée à laquelle vous vous conformez si religieusement tous les deux, c'est Apatou qui commande, explique, interprète, d'un ton fin et en s'écoutant parler. Puis, à nègre, nègre et demi; Gouacou va maintenant avoir la troisième manche : il fait avaler à Apatou des flatteries à donner des nausées, avec un ricanement de mauvaise foi pourtant assez visible. Alors tu humes, tu savoures, tu te gonfles, et tu ris d'un rire béat.

« Eh bien, Apatou, est-ce cela? quelques-uns de tes agissements m'ont-ils échappé? vois-je clair dans ta conduite? Et dire qu'il y a six mois je te prenais pour un honnête homme! Et dire qu'en France on t'appelle le « fidèle Apatou ». Voyons, décidément, que veux-tu que je fasse de toi? »

J'avais pris mon temps, j'avais fait mon petit récit en bon créole, posément, en expliquant bien. Apatou avait à peu près tout compris.

« Si ou pas content, mo qua fout ou là tout de suite. A ou débrouillage.

— Voyons, mon ami, pas de gros mots. On peut bien s'expliquer, que diable! Je sais bien qu'il y a une petite pirogue au Chinalé, mais tu te garderas bien de descendre avant d'avoir fait mes canots, car tu sais que si tu me faisais cela je te ferais arrêter dans ton village et conduire au bagne. »

Apatou pâlit.

« Mo pas oulé fé ça. Mais ou qua parlé toujou, toujou, ou pas laissé mo dire oune mot. »

Et il essaye de se disculper de son mieux, fort longuement. Et je l'écoute avec patience. Il ne peut pas faire davantage. Il est trop vieux. Il veut gagner de l'argent.

Puis nous nous en allons à la chasse, chacun de notre côté. Apatou n'est point fâché. On peut dire de ces aménités-là à un nègre sans le froisser. Nous n'en restons pas moins bons amis.

Le lendemain il me fait mille mamours, mais sans modifier sa ligne de conduite.

Mes deux sacripants de nègres sont pour moi de curieux, mais coûteux sujets d'étude. Ce sont des modèles qui posent le chamitique dans la perfection. Mais je ne puis tirer aucun travail de cette ménagerie, parce que je n'ai pas été habitué aux grossièretés, aux brutalités, aux violences de langage que comporterait la situation.

Je prends encore assez aisément patience, car mon capitaine a ses côtés récréatifs. Coquet, se croyant toujours jeune homme — « mo ça oune jène garçon », dit-il souvent, — il s'applique à acquérir toutes les qualités qui séduisent le beau sexe.

Il s'est mis en tête, l'autre jour, de devenir musicien. Pendant des heures il broie de l'accordéon à en baver de joie. Peut-on se représenter sans frémir quel peut être, sur un tel instrument, le résultat des brutalités de dix gros doigts inhabiles? Il tire et il pousse, voilà tout son art. Qu'il sera beau, assis devant sa porte, les dents au vent, envoyant au Maroni les plaintes incohérentes et macabres de l'instrument affolé! Cela lui plaît plus que la lecture. Il passe trois jours à apprendre à prononcer une diphtongue parce qu'un homme de marque comme lui doit savoir *faire parler le pampila*, mais l'accordéon! L'accordéon plaît à la beauté, l'accordéon est le complément indispensable du grand homme et du « jène garçon ». Et, impitoyable, il tire et il pousse toujours. Gouacou l'accompagne : les deux mains ouvertes, il frappe en mesure sur une caisse, en tirant la langue et en modulant des grognements. Il ne manque que deux ou trois singes hurleurs.

Malgré ces distractions, le temps passe bien lentement. Mes études sur les Roucouyennes sont à peu près au point où je les voulais. Il me serait maintenant agréable d'aller explorer le Ouanapi et ses mytérieux Indiens. J'aime encore mieux la fièvre que la vie que je mène ici. Mais il faudrait un canot. Or la pirogue du Chinalé est beaucoup trop petite, elle peut à peine porter deux hommes avec leur charge. Et Apatou, travaillant à son hamac, n'a pas le temps de travailler pour moi.

Trois de nos Roucouyennes descendent à Cottica porter mon courrier et remettre à Anato une commande de quelques objets et de quelques provisions qui me sont absolument indispensables. Ils louent une pirogue aux Indiens, de Peïo qui en possèdent une à l'Itany, au dégrad du sentier de Pililipou. Pour un voyage à Cottica, cela se loue un hamac.

L'Itany étant encore aux basses eaux, bien que la pluie tombe depuis plus d'un mois, ils comptent sept jours pour descendre à Cottica. Ils me montrent une corde vierge de nœuds. Chaque nœud qu'ils y feront indiquera une nuit d'absence. C'est par nuits qu'ils comptent les jours.

Nous sommes maintenant en pleine danse du pono. Au retour des Indiens qui s'en vont à Cottica, il y aura de nouvelles grandes fêtes. Touanké y fera l'exhibition de son pagara de famille contenant plusieurs centaines de plumes précieuses. Cette exhibition est un événement dans la vie indienne. Cela servira de prélude à la fête du maraké. D'ici peu nous allons voir de belles choses.

Il ne faudrait pas prendre les Roucouyennes pour des sauvages totalement dénués d'esprit artistique, leurs danses nous démontrent le contraire.

Les trois principales danses des Roucouyennes sont : le *toulé*, le *pono* et l'*acomeu*.

Ces danses ne sont nullement des fêtes en l'honneur des morts, mais de simples divertissements qu'on s'offre quand on en a envie, quand les abatis regorgent de manioc, et aussi quand, à la mort d'un tamouchi regretté, on se décide à changer de village : c'est alors une occasion d'épuiser tout le manioc de l'abatis.

Quelques jours avant le *toulé*, les musiciens qui dirigeront ou plutôt qui accompagneront la danse, coupent pour l'occasion des flûtes de toutes dimensions. Le jour qui précède le toulé, les musiciens font la veillée des flûtes. L'orchestre répète toute la nuit, jusqu'à l'aube. Ces répétitions se font avec tout le sérieux d'un orchestre qui se prépare à exécuter dans la première d'un opéra.

Le toulé commence à six heures du soir et se termine à six heures du matin, sans interruption aucune.

Assis sur des cololos, les musiciens accompagnent la danse.

Quand on regarde ainsi ces cinq ou six Indiens, accroupis en rond, revêtus et ornés de leurs plumes, tête baissée et regardant le sol, soufflant gravement dans leurs longues flûtes de bambou dont l'extrémité touche la terre, on pense, après le beuglement final des flûtes et le grand cri poussé en chœur par les instrumentistes à la fin de chaque morceau, on pense à quelque orchestre des *Contes d'Hoffmann*. Si l'on tourne le dos, on se croirait ouïr une conversation de bêtes de l'*Apocalypse*.

Il me semble qu'une demi-douzaine de démons s'amusent à promener l'archet sur mes nerfs et sur mes dents, qui vibrent avec une indicible expression d'étonnement mêlé de souffrance. C'est à rendre fou, mais c'est tout de même captivant, j'oserai presque dire artistique. Je crois me rappeler vaguement quelque poème inénarrable, lu quand j'étais enfant et oublié depuis, qui m'a donné déjà une idée de cette musique invraisemblable. Edgar Poë est un classique à côté de cela. C'est sauvage et profond, grave, sinistre et banal.

C'est intraduisible. C'est de la musique anarchiste, nihiliste, détraquée. C'est du Wagner écrit par Bakounine et exécuté par le roi Louis sur un instrument de son invention.

Imaginez-vous des artistes roucouyennes en tournée à Moscou. Ce sont les nihilistes en effervescence qui les ont appelés.

Six grands sauvages tout rouges, n'ayant sur le corps aucun objet de notre industrie, uniquement vêtus et parés de plumes d'aras et de dents de tigre, sont assis à la cime d'un arc de triomphe, la flûte entre les jambes, dans l'attitude énigmatique et impassible des Ramsès d'Ibsamboul. Comme s'ils ne voyaient rien, n'entendaient rien, immobiles comme des statues sur leur piédestal de granit, ils jouent sans s'interrompre des airs du monde préhistorique au sein de la capitale rouge et noire aux quatre points cardinaux. La nuit, l'effrayant incendie leur sert de feu de bivouac. Le jour, d'un balancement de leurs longues flûtes qui ne quittent pas leur bouche, ils saluent les détonations de la dynamite jonglant avec les hôtels des riches et les palais du tsar. Et, du haut de leur arc-de-triomphe de granit, les grands sauvages rouges énigmatiques et flegmatiques jouent toujours sans s'interrompre, sur leurs longues flûtes de bambou, des airs du monde préhistorique devant les convulsions affreuses de la civilisation mourante.

Oh! cette musique, quelle musique macabre! Si j'étais capitaliste, elle me ferait frémir pour mes dividendes.

Cette mélodie de mauvais rêve, cette harmonie de cauchemar varie un peu, mais on la retrouve à peu près la même dans toutes les danses.

Les danseurs, sur une file, tournent en frappant du pied droit, en se balançant sur la jambe droite et en inclinant le corps du côté droit.

Les jeunes gens seuls participent à cette danse. Dans quelques grands toulés on voit figurer des vieillards, mais jamais de femmes. Les femmes ne figurent que dans la danse de l'acomeu.

Toutes les danses indiennes sont costumées. C'est le toulé qui est le plus sobre d'ornements.

Un paquet de sonores graines de couaye à la cheville, des collerettes de plumes blanches et noires s'étalant en éventail sur les reins, dans le dos une planchette portant un oiseau mis en peau. A cette planchette pendent trois à six queues en plumes blanches artistement tressées qui tombent jusqu'à la hauteur de la cheville en dessinant une courbe. Cela a l'intention de simuler des ailes semi-éployées. La planchette s'appelle *iéquire*, et les queues *équiapoyane*. Dans chaque bracelet de l'avant-bras est passé un bâtonnet surmonté de deux ou trois plumes d'ara. Sur la tête, des chapeaux de forme variée, généralement de simples couronnes de plumes blanches posées horizontalement. Aux oreilles un pendant de boutons blancs ornés de perles bleues, le tout arrangé en pyramide. Dans cet accoutrement, ils tournent en frappant de temps à autre du pied droit sur une planche recouvrant un trou et rendant un son creux assez puissant.

Si l'orchestre joue des airs peu variés, le chant, le chacola aidant, ne tarde pas à s'animer. On entend des dialogues et des monologues. Tel artiste, dans une improvisation enrouée, vante ses ancêtres, ses succès auprès des femmes, ses hauts faits de chasse. Bientôt tous les autres l'imitent, rivalisant de fanfaronnade.

Au petit jour, ils sont tous ivres. Ils ont rendu partout. Leurs voix rauques, leurs intonations extraordinaires, leurs gestes forcenés n'ont rien de rassurant. Mais ces bons Roucouyennes ont l'ivresse fort douce.

Voici, d'après la légende, comment le toulé a été enseigné aux Roucouyennes. Dans un village roucouyenne, tous les hommes étaient partis à la chasse ; seule une femme était restée. Au coucher du soleil, elle vit sortir, de la crique du village, des Indiens inconnus, qui, non sans boire force cachiri, dansèrent toute la nuit une danse inconnue devant l'Indienne stupéfaite. A l'aube, ils se firent accompagner jusqu'à la crique par l'Indienne, qui les vit disparaître dans les eaux peu profondes. La femme, revenue de sa frayeur, enseigna aux hommes du village la danse, le chant et le costume ; et depuis cette époque on danse le toulé en pays roucouyenne.

Le toulé n'est qu'une nuit de danse, le *pono* est tout un événement.

On fait d'abord savoir, plusieurs mois à l'avance, qu'on dansera le pono dans tant de lunes au village de tel tamouchi. On se prépare parfois de tous les coins de la tribu.

LES GRANDES DANSES.

Aux approches de la fête, les jeunes gens et les enfants du village procèdent à la toilette des maisons et des alentours. La grande allée, la lisière de l'abatis sont soigneusement nettoyées, sarclées, brûlées, balayées. La ligne frontière du village est régularisée, pas une herbe qui choque l'œil ; c'est d'une régularité, d'une netteté, d'une propreté parfaites. Une petite case est construite pour les danseurs au bout de l'allée, auprès de la forêt, c'est là qu'ils laissent leurs costumes et qu'ils iront s'habiller.

On attend les artistes d'un jour à l'autre. Ce ne sont jamais les jeunes gens du village qui dansent le pono, les danseurs doivent être étrangers. Les artistes de l'endroit ont dans leurs attributions une danse qui est le respons, le complément indispensable de la danse du pono, c'est la danse des abeilles, le *ouanépoc*.

Un jour, en plein midi, sans qu'ils avertissent avec les flûtes de bambou ni autrement, on voit apparaître les artistes du pono, les uns après les autres.

Soudain, à l'autre bout de l'allée, se montre une

ROUCOUYENNE DANSANT LE TOULÉ.

forme noire qui s'avance lentement, sous un énorme chapeau orné de plumes, masquée et tenant de la main droite un long bâton de deux mètres surmonté d'une corde enroulée. La forme noire, en se donnant un dandinement bizarre, arrive jusqu'au pacolo des voyageurs. Le fils du tamouchi va au-devant d'elle, la presse dans ses bras en la soulevant légèrement de terre, puis la forme noire s'accroupit en dehors du pacolo et reste immobile, sans souffler mot, observant le silence le plus absolu. La forme noire reste inconnue, on n'a pas vu son visage, on n'a pas entendu sa voix.

De quart d'heure en quart d'heure, ils arrivent ainsi, tous vêtus de même, reçus par le fils du tamouchi dans la même forme, tous inconnus, tous silencieux, tous alignés, immobiles devant le pacolo. Il en arrive cinq, dix, quinze, tous avec la robe noire, le chapeau, le fouet : de loin, on aurait dit des magistrats; de près, cela ne ressemble à rien de connu. Chose curieuse, les chiens du village n'ont pas aboyé.

La robe noire de chacun des danseurs, robe appelée *nouclat*, est faite de longues lanières de taouari assujetties ensemble et tombant du cou jusqu'à terre en cachant les pieds. La couleur noire de l'écorce du taouari est obtenue en mettant pendant environ vingt-quatre heures ces lanières dans la boue des criques ou des marais. Le nouclat est agrémenté d'espèces de manches en lanières plus fines et plissées, ce qui donne assez l'aspect d'un macfarlane.

Aux poignets, aux coudes, à l'avant-bras, l'artiste du pono a attaché des écheveaux de coton encore blanc, sortes d'acaoualés longues de 60 centimètres, qui, tombant sur le nouclat, forment par leur blancheur éclatante un contraste grave et digne avec le noir de la robe. Une collerette de plumes blanches et noires ajoute encore au sérieux du costume.

Le chapeau forme masque, il recouvre entièrement la tête et tombe sur la collerette. L'artiste du pono, ainsi encasqué dans sa bizarre coiffure, n'y voit absolument goutte. Une longue et étroite visière verticale y a été ménagée, on la relève quand on veut regarder. Le poniste est entièrement caché, on ne voit de lui que ses deux mains, l'une tenant le fouet, l'autre soulevant un peu la visière. Quand il est ainsi au repos, il ramène les deux mains sur sa poitrine, dans la posture des saints.

Le chapeau n'est pas toujours un monument. Au-dessus du casque en lanières de taouari qui emprisonne la tête et le cou, ce n'est parfois qu'une couronne de plumes blanches surmontées soit de trois plumes attachées au bout d'un petit bâtonnet, soit d'un petit drapeau fantaisiste.

Mais le véritable chapeau du pono est beaucoup plus compliqué. Crevaux en donne une description exacte : C'est un chapeau de paille pointu, sans bords, de 60 centimètres de hauteur, et ayant assez la forme d'un chapeau de magicien. Ce chapeau est orné, par devant, de dix à douze rangées imbriquées de plumes de couleurs différentes. Par derrière, il est nu. Du sommet du chapeau de paille, émerge, d'une grosse touffe de petites plumes blanches, un axe qui supporte un quart de cercle vertical avec de grandes plumes comme autant de rayons extérieurs. Du sommet de ce quart de cercle d'où pendent aux extrémités de longs cordons terminés par un bouquet d'élytres de scarabées, outre de petits ornements de plumes artistement tressés, tombe un grand demi-cercle terminé par une courbe presque horizontale à l'extrémité de laquelle tombe un ornement quelconque. A la hauteur du front, le chapeau supporte un épais voile de petites plumes blanches dirigées de haut en bas. Dans le dos est fixé, par une cordelette de coton ornée qui passe autour du cou, un plastron rectangulaire de plumes pourpre et bleu de ciel d'une extraordinaire fraîcheur. Ce plastron du pono est le plus beau travail de plumes que j'aie vu chez les Roucouyennes, c'est réellement magnifique.

Ce chapeau du pono rappelle les fantastiques chapeaux dont se servent, dans leurs fêtes, les Annamites et les Hindous.

Le fouet, le *pono*, a un manche quelconque, de 2 mètres de longueur, peint de raies rouges et noires; la corde, qui a de 6 à 10 mètres de longueur, est grosse comme le bras dans sa partie centrale et se termine par une forte ficelle à nœuds. Une grosse liane fixe la corde au manche.

Toujours accroupis, immobiles et silencieux, les artistes du pono se reposent devant le pacolo de leur dandinement dans l'allée et des brandissements de leur fouet gigantesque. Bientôt le fils du tamouchi leur parle à chacun à l'oreille, mystérieusement.

La danse va commencer.

Chacun danse à son tour, c'est-à-dire qu'il se promène en sautillant autour du pacolo, secouant son lourd nouclat et faisant claquer son énorme fouet qui fait parfois autant de bruit que la détonation d'un fusil bien chargé. Quand le claquement a été bien sonore, un unanime beuglement admiratif des gens du village l'applaudit; s'il a été raté, ce sont des plaisanteries, des rires ironiques, des huées.

Chaque artiste accomplit son pas de danse, à son tour, autour du pacolo. Quand chacun a travaillé, on va les chercher à leur place primitive qu'ils ont reprise et on les fait entrer sous le pacolo, où, pour la première fois depuis leur arrivée, on leur offre quelque chose : un peu de cassave et de bouillon de piment. Ils relèvent discrètement leur visière verticale de façon à ne pas être vus, on trempe la cassave dans le bouillon de piment et on les fait manger comme des bébés. Puis on leur fait boire de l'eau, car ils ont chaud.

Ainsi réconfortés, ils recommencent à danser autour du pacolo, mais cette fois, ensemble, à la file.

Voici le soleil qui se couche, la danse est terminée pour ce jour. Les artistes rentrent sous le pacolo, non sans peine, à cause de leur chapeau monumental. Un Indien les asperge d'eau, d'une eau piayée, l'un après l'autre, légèrement et à diverses reprises. Et pendant toute la durée du pono, ce même Indien ira chaque soir, à l'entrée de la grande allée, asperger le village et faire des incantations pour écarter les Yolocks.

Maintenant c'est le *ouanépoc*, la danse des abeilles. Les jeunes gens du village, jusqu'alors simples spectateurs, vont devenir acteurs. Tous, debout, tenant de la main droite un roseau emmanché au milieu d'un gros paquet de couayes, frappent en cadence la terre avec cet instrument sonore et chantent de longues antiennes aux ponistes toujours masqués, immobiles et silencieux, assis sur des cololos. La danse du ouanépoc consiste à faire, dans une ronde, deux pas en avant et un pas en arrière.

Cette première figure de la danse des abeilles exécutée, les ponistes s'en vont enfin se débarrasser de leur pesant nouclat dans leur petit carbet où ils ne seront pas vus. En les accompagnant jusqu'à mi-chemin du carbet, les jeunes gens du village brûlent du piment, ce qui est, dit-on, absolument souverain pour mettre les Yolocks en fuite.

Bientôt après, les ponistes reviennent, mais en déshabillé. On va donc voir le visage de ces êtres mystérieux. Ce sont de simples Indiens. Ils perdent à avoir laissé l'incognito. Mais leur danse ne saurait s'exécuter la nuit : le jour ils n'y voient déjà guère, la nuit ils se casseraient le cou. Ils vont donc devenir spectateurs, d'acteurs qu'ils étaient ; ce sont les jeunes gens du village qui vont travailler ; les ponistes, assis, les regarderont faire, et les uns et les autres boiront beaucoup de cachiri. Bien qu'à partir de ce moment on ait déjà vu leur visage et qu'on les ait reconnus, les ponistes ne parleront pas. Tant que dure leur danse ou celle des abeilles, ils doivent observer un mutisme qui est de rigueur et auquel ils se conforment autant qu'on peut le faire sans être Trappiste. Ils ne parlent que pendant les intermèdes, avant qu'ils aient commencé à danser et une fois que le ouanépoc, au cœur de la nuit ou au petit jour, est terminé.

Le déshabillé des ponistes est élégant : couronne de plumes blanches horizontales pour chapeau ; collerette de petites chevilles de paille jaune enroulées, longues comme le doigt ; une espèce d'étole, soit en indienne, soit en coton, en écheveau, tombant des épaules aux jarrets par devant et par derrière. Sous cela, le costume ordinaire des Roucouyennes avec le plus possible de colliers, de grelots, de clochettes et de graines sonores. C'est en faisant sonner ses grelots et ses clochettes, dont tout dandy roucouyenne fait sa gloire aux jours de fête, qu'ils se rendent auprès de ceux des abeilles, lesquels, dès qu'ils les voient, les accueillent par un grand cri.

Le costume de la danse des abeilles est, à peu de chose près, celui du toulé. La planchette avec les queues de plumes blanches en est l'ornement le plus saillant.

La danse des abeilles est presque aussi fatigante pour les jeunes gens du village que le pono pour les artistes étrangers. Sur trois nuits on en passe deux à danser, c'est la règle. Ceux des abeilles, debout, chantant et dansant, donnent le spectacle à ceux du pono, assis sur des cololos ou couchés dans leurs hamacs.

On a donné à cette danse le nom de danse des abeilles parce qu'on est censé imiter autour des ponistes les mouvements des abeilles assaillant quelqu'un. En effet, ils avancent et ils reculent tous ensemble, et le bruit des bâtons de couayes frappant le sol peut ressembler, si l'on veut, étant uni au chant, au bruit du vol strident de l'abeille. Les Roucouyennes ne regardent point de si près à la vérité du symbole.

Les artistes du ouanépoc dansent d'abord sur la place du village. De temps à autre, à intervalles réguliers, un long cri aigu se fait entendre : ce sont ceux des abeilles qui soulignent le départ d'un de ceux du pono. Un Indien de la danse des abeilles reconduit son poniste, son « chien », comme il l'appelle tendrement, jusqu'au hamac qui l'attend dans quelque pacolo voisin. Les hamacs dans lesquels couchent les ponistes leur ont été donnés en présent par les gens du village, au commencement de cette première danse sur la place publique.

Les ponistes, une fois tous couchés, ne dorment point pour cela. La gloire, la réclame, c'est exquis ; mais dans tous les pays cela empêche toujours un peu de dormir. Les danseurs du ouanépoc suivent, pour les honorer, les ponistes au premier étage du pacolo, et toute la nuit la danse des abeilles se continue.

Le lendemain, cela recommence. Le plus souvent, comme les ponistes restent un mois ou deux au village, et que, lorsqu'ils sont partis, il en arrive d'autres, les Indiens du village, en gens pratiques, se disent qu'ils auraient bien tort de ne pas utiliser tous ces bras puisqu'ils nourrissent toutes ces bouches. Les ouanépoc font alors travailler les ponistes à l'abatis jusqu'à midi. Pendant tout ce temps il se fait à la règle du mutisme pour ceux du pono une généreuse exception : ils peuvent, pendant qu'ils travaillent, parler autant qu'il leur plaît.

Le pono recommence généralement dans l'après-midi. Les danseurs ne tardent pas à se fatiguer. Sous son encombrant chapeau et avec son pesant pono, sous son très lourd nouclat, tenant de la main gauche sa visière et de la main droite son fouet, le poniste sautille péniblement, sans grâce. Après avoir fait le tour du pacolo une ou deux fois, il s'accroupit ou plutôt se laisse tomber, lâchant son fouet, le chapeau inclinant jusqu'à terre; ruisselant de sueur sous sa robe noire. Un Indien de la danse des abeilles, tenant à la main le roseau emmanché de couayes, se tient debout derrière le danseur avachi, dansant, chantant, et faisant sonner ses graines. Parfois il se tient devant, ce qui doit augmenter l'obsession. On s'attend à voir le cruel ouanépoc frapper le pauvre poniste pour l'obliger à continuer son pénible exercice. La malheureuse victime fait penser, sauf le respect qui est dû aux choses saintes, au Sauveur tombant sous sa croix. Mais bientôt les ponistes ont une sérieuse satisfaction d'amour-propre. Ils sont tous réunis, sous leur visière, à l'ombre, sous le pacolo, autour d'un grand pot de cachiri dont les ouanépoc leur font généreusement le service. Ceux des abeilles ont l'air, le bâton de couaye en main et continuant leurs exercices devant les ponistes assis sur des cololos, de présenter les armes à des divinités qu'ils honorent par le chant et par la danse.

Mais le tourment des uns et des autres ne prend pas fin si tôt. Toute la nuit ceux des abeilles accompagnent ceux du pono, où qu'ils aillent, sans les perdre d'un pas. Outre le bruit des couayes, le battement du pied droit, les artistes des abeilles poursuivent ceux du pono d'un air péniblement fredonné, triste et banal, roulant sur deux ou trois mots. Je serais poniste que cela me paraîtrait aussi ennuyeux qu'un banquet officiel ou une grande soirée mondaine. Parfois le cachiri anime un peu cette langueur et l'on entend alors des airs bizarres, semblables à des airs d'église. C'est là l'indice d'un maximum de gaieté.

Il est vrai que le poniste n'a pas échappé non plus, pendant un seul instant de sa danse, au supplice de sautiller d'une manière grotesque tant qu'il a été en fonctions. Il ne pouvait se lever de son cololo pour rajuster son costume et s'asseoir, sans brandiller ses oripeaux.

Tout cela, ponistes qui sautillent, bâtons de couayes et pieds droits battant le sol en cadence, air uniforme pendant des heures entières, met mes nerfs à une dure épreuve. Mais je me dis que c'est là l'origine de notre délicieux exercice de la danse, et j'admire avec une conviction silencieuse mais sincère. Parfois même j'arrive à m'endormir.

Un résultat inattendu de ces claquements de fouet qui s'entendent jusqu'à 10 kilomètres est d'effrayer et de faire fuir le gibier dans le même rayon. Toutes les marmites sont vides.

Après deux nuits sans sommeil, les artistes des deux danses, fatigués, sans entrain, sous des costumes défraîchis, ont beau se tourmenter la conscience pour se persuader qu'ils s'amusent, c'est languissant : le cachiri ne parvient plus à ranimer ces ardeurs éteintes.

Maintenant, le soir, quand un poniste s'en va au milieu du beuglement hiératique voulu, il n'est plus reconduit par personne et il ne paraît pas tenir beaucoup à cette flatteuse démonstration. Il part comme une flèche, droit devant lui, sans se retourner pour saluer l'assemblée, et comme s'il allait chercher un trésor. Au moins, dans son hamac, s'il ne peut dormir, il pourra sommeiller plus à son aise.

Au bout de quelques jours, les artistes du pono laissent leur zèle se refroidir à faire pitié. Ils ne promènent plus leur fouet et leur nouclat qu'une petite demi-heure au coucher du soleil.

C'est qu'aussi une vie nouvelle vient de commencer pour eux. Artistes rares et recherchés, ils ont, comme tous ceux de la profession, du plus infime cabotin au plus illustre diseur de vers, de grands succès auprès des dames. Ils sont accablés des meilleures pimentades, du plus fin omani, des préparations culinaires les plus délicates, en échange, bien entendu, de leurs assiduités. C'était pour cela, et pour boire du cachiri, qu'ils étaient venus. S'ils dansent encore, ce n'est plus que pour sauver les apparences. Ils ne sont pas comme Hercule qui suivit la Vertu, qui lui sembla plus belle. Ils délaissent l'art sans pudeur.

Ceux du ouanépoc, fatigués aussi, n'exécutent plus que pendant trois ou quatre heures de la nuit, tant sur la place publique qu'au dortoir du pacolo. L'exécution est calme, posée, mélancolique; on entend alors parfois des chants d'un fort beau caractère, des duos, des chœurs, des solos. Les bâtons de couayes, frappés en cadence, scandent la mesure.

Il est impossible de donner une idée de cette musique. Cela n'a aucune ressemblance avec tout ce que nous connaissons. Il serait extrêmement difficile, je pense, si bon musicien qu'on soit, de noter ces airs roucouyennes. Les chants sont en espèces de vers blancs; on y saisit pourtant quelquefois des espèces de rimes ou d'assonances. Ces chants, sans offrir la très grande pauvreté intellectuelle de ceux des nègres créoles, ne dénotent pas non plus un bien grand génie littéraire, c'est très simple, naïf et, le plus souvent, fort indécent.

Pour commencer un de leurs chants, il est assez fréquent qu'ils poussent soudain un long cri retentissant, un vrai cri de guerre de Peaux-Rouges. Ce cri étrange au sein du silence de la nuit a quelque chose d'inexprimable. Parfois aussi c'est par un effrayant cri de terreur accompagné de coups donnés avec violence, rumeur sinistre et hideuse qui doit s'entendre à plusieurs kilomètres, que les chanteurs commencent leur morceau. Une nuit, Laveau, qui pourtant ne dormait pas, entendant pour la première fois cette épouvantable clameur, courut avec son fusil au secours des danseurs, pensant qu'un tigre était monté par l'échelle.

Le pono est l'occasion de jeux singuliers. Il arrive parfois, pendant la durée de cette fête, qu'un Indien dérobe dans le village quantité d'objets que les propriétaires seront tenus de racheter par une contribution en chacola. Chaque village a ses coutumes qui viennent brocher sur la trame ordinaire des cérémonies du pono.

Le pono peut durer un an : une bande s'en va, l'autre arrive. Toutes les provisions sont épuisées. La durée du pono dépend de la quantité de manioc disponible pour faire la cassave et les boissons.

Le dernier jour du pono on leur a pris le fouet. Ils se tiennent à la file par une lanière de leur nouclat et ils évoluent entre deux Indiens des abeilles qui les font rebrousser de l'un à l'autre en faisant claquer le fouet. Puis tous les Indiens se mettent sur une file, ceux du pono toujours sous leur nouclat, et ils dansent l'acomeu pendant quelques heures. Après dîner, les ponistes en costume de nuit viennent danser un toulé à côté d'un énorme feu préparé pour la circonstance. Des danses variées sont exécutées toute la nuit, ainsi que plusieurs jarres de chacola.

Le lendemain matin il y a ouanépoc au pacolo des ponistes. Ceux des abeilles se sont tatoué le visage au génipa afin de se donner un air triste; nouclats et chapeaux sont suspendus ainsi que les fouets dans le pacolo des voyageurs. Les propriétaires remportent toutefois les plumes de leur chapeau. C'est avec les lanières des nouclats enroulés en carottes que se font les mèches des briquets qu'on emporte en voyage. Les artistes du pono emballent dans leur catouri le hamac dont on a fait cadeau à chacun. C'est, le plus souvent, une loque hors d'usage.

Voici, sous le pacolo des ponistes, le ouanépoc de la dernière minute. Ceux des abeilles ont le visage tacheté de noir pour se donner une contenance navrée. Les femmes peignent au roucou ceux du pono, c'est le cruel instant des adieux.

Des jarres de chacola, huit, dix, quinze, sont apportées sous le petit pacolo. Que chacun noie sa douleur! Bientôt ceux du ouanépoc, complètement nus, sauf un petit linge entre les cuisses, se roulent, se vautrent, le corps, les jambes, les cheveux, souillés de chacola, devant les ponistes peints en rouge, debout, majestueux et gorgés de la précieuse liqueur : les ponistes vomissent à jet continu sur les abeilles qui se roulent à leurs pieds : c'est l'usage, ainsi le veut la coutume. C'est dans une grande flaque de chacola que ceux des abeilles prennent leurs ébats. « Ce n'est pas sale, c'est blanc », disent-ils. Ni eux ni les ponistes ne sont ivres.

Pendant que ceux du ouanépoc font cent grimaces sous les vomissements des ponistes, on natte les cheveux de ceux-ci, on y mêle des espèces de feuilles de laurier, on leur fait de petits cadeaux : un petit pagara contenant une pelote de coton, un bout de canne à sucre, un morceau de cassave, cadeaux sans valeur intrinsèque, mais d'une valeur inestimable comme souvenir de la femme qui a donné.

Encore un dernier rite. Les artistes de la danse des abeilles ne reçoivent plus maintenant sur la tête les vomissements des ponistes, mais bien dans des couis qu'ils vident avec empressement, vomissant à leur tour ce vomissement qu'ils ont avalé, lequel est recueilli au passage par un confrère qui l'ingurgite lestement et le fait circuler de la même manière. Le même coui de chacola passe successivement par dix estomacs avant d'être définitivement employé à servir de pommade pour les cheveux d'un des artistes des abeilles.

Les ouanépoc souillés font aux ponistes, propres, peints et parés, la conduite jusqu'au prochain abatis. Les premiers s'en retournent au village après avoir pris un bain fort nécessaire, les seconds couchent à l'abatis pour continuer le lendemain leur route vers leur village.

Quelle est l'origine de cette étrange danse du pono? Je ne sais.

La danse la plus artistique que connaissent les Roucouyennes est l'*acomeu*.

Au coucher du soleil débouchent dans l'abatis des Indiens magnifiquement parés. Leur costume est une complication de celui du toulé. Ils ont la couronne de plumes blanches horizontales, la collerette de plumes blanches et noires entourant les reins, à chaque poignet et à chaque avant-bras une blanche acaoualé tombant jusqu'aux jarrets quand ils ont les mains abaissées; sous la collerette des reins, un ornement fait d'une écorce blanche aux lanières flottantes ou bien de petits écheveaux de coton blanc, ornement tombant jusqu'à mi-cuisse; une jupe d'indienne de couleur claire, ouverte sur le côté, et tombant par devant et par derrière jusqu'à la cheville au-dessus d'un large calembé rose ou bleu clair guère moins long, à chaque cheville un gros paquet de graines de couayes. De la main gauche ils tiennent une branche grosse comme le doigt, droite et lisse, surmontée d'une touffe de feuilles vert pâle. Une quantité extraordinaire d'ornements de toute nature où l'on entend sonner beaucoup de grelots et de graines bruyantes; des ornements de toute espèce d'une étonnante fantaisie, qu'ils se fabriquent avec le coton filé, des écorces, des graines complètent cet accoutrement original et élégant sous lequel ils ont l'air non seulement d'être habillés, mais d'être fort bien habillés, comme autant de seigneurs d'une cour exotique.

A la tombée de la nuit, à la lueur de lattes de *bois-flambeau* que tiennent les enfants, cela a tout l'air d'un ballet, d'un ballet réellement fort beau, que je voudrais bien pouvoir transporter tel quel à Paris. Païké, fils de Touanké, Païké, qui conduit la danse, le plus vêtu, le mieux paré, avec sa haute taille et sa démarche martiale, lançant le pas de l'acomeu qui semble dire : « Allons » comme le cheval de Job, Païké, beau de plaisir et de fierté, a l'air de quelque jeune capitaine de mousquetaires, de quelque Valère pattu du commencement du xviie siècle, fier de ses plumes et de ses rubans.

Chacun appuyant la main droite sur l'épaule de celui qui le précède, ils s'avancent d'un pas rapide, se balançant sur la jambe droite en tournant. A chaque tour accompli ils s'arrêtent quelques secondes en accentuant leur balancement. Païké, que j'applaudis, donne tout son effet : c'est maintenant le Roi Soleil en personne figurant dans un ballet avant le vers de Racine. Leurs pas rappellent les premiers pas de notre danse, c'est gracieux, il ne s'en faut de rien que l'acomeu soit une danse civilisée ; mais qu'est-ce qu'une danse civilisée ?

Ils chantent à mi-voix un air que je connais. Sans effort d'imagination je vois bien que c'est une « imitation » de la romance de notre enfance :

Nous n'irons plus au bois....

Un seul danseur chante, les autres reprennent en chœur le refrain. Ce qu'ils chantent ainsi? Ils célèbrent les femmes, ils demandent du cachiri. Quel est donc le philosophe qui a dit que le degré de civilisation d'un peuple pouvait se mesurer à son niveau artistique?

Voici bientôt que le tamouchi Touanké ne dédaigne pas de conduire la danse en personne, sans se costumer, toutefois. Toute la bande, le rameau de la main gauche et, de la droite, appuyés sur celui qui précède, ils tournent en chantant la romance du tamouchi, toujours à mi-voix et avec refrain, ils tournent, autour d'une pitance bien maigre, hélas! de la cassave et du bouillon de piment.

Comme la pluie tombe à torrent, cela se passe sous un pacolo trop petit, transformé en salle de danse. Aux premières galeries les spectateurs se balancent dans leurs hamacs. Pour les danseurs ils n'ont pas un moment de répit, si ce n'est pour boire leur cachiri et allumer leurs cigares, mais en toute hâte, car le temps du plaisir est précieux, il ne faut pas le perdre.

Après l'acomeu se succèdent diverses danses qu'on exécute sur l'air du *tapsem*, air bizarre qui roule sur un mot unique qui n'a pas de sens : *touheté*, et qu'on module de toutes les manières. On tourne toujours, la main droite sur l'épaule de celui qui précède, dans la main gauche le rameau vert tenu haut et ferme. Le chanteur, isolé au milieu du cercle, chante le tapsem aussi longtemps qu'il peut, en élevant un chapeau de pono ; quand il a le gosier fatigué, il passe le chapeau à un autre. Quand la série est épuisée, on recommence. Cela dure ainsi toute une nuit.

Nous voyons après le tapsem l'*assissala*, où l'on frappe fortement du pied, et le *mamsali*, où l'on imite la démarche de l'agami (mamsali). Les inévitables beuglements admiratifs soulignent les bons passages, ou bien une exécution supérieure dans son ensemble.

On danse jusqu'au lever du soleil. Peu à peu les femmes se mêlent aux rondes, mais sans costume, les pauvrettes. Avec leur tangue de perles dessinant des grecques noires sur fond blanc, leur poitrine cachée sous leurs colliers, et leur tête presque enfouie sous leurs épais cheveux noirs, leur torse nu mal peint fait pitié à côté des beaux costumes, clairs et voyants, de tous ces beaux seigneurs.

On tourne toujours, les uns derrière les autres, la main sur l'épaule. Parfois le cercle se rompt, présentant une solution de continuité, puis il devient une ellipse discontinue, un fragment d'hyperbole; puis il se reforme, pour se rompre à nouveau.

Avant l'apparition du soleil, l'hyperbole devient la file indienne : en chantant le tapsem, les chanteurs se dirigent vers l'abatis dans l'ordre inévitable, mais avec moins d'entrain que quand ils sont arrivés. Ils gagnent la forêt et disparaissent.

J'inspecte les pagaras des danseurs disparus.

Dans une de ces pagaras je rencontre un échantillon de sel indien, fait au Parou, me disent ceux d'ici. Il n'en reste malheureusement plus qu'une pincée. Ce sel est obtenu en brûlant des palmiers maripas. On met les cendres dans une couleuvre à manioc à l'orifice de laquelle on verse de l'eau. L'eau obtenue par la pression de la couleuvre, chauffée, donne, par évaporation, le sel qui se dépose au fond de la marmite et qui est blanc.

Les fruits de l'hivernage vont nous consoler des ponistes partis. Une fois par hasard, de temps à autre, les Indiens nous apportent quelques échantillons des fruits du Grand-Bois, mais ils n'en font pas une récolte suivie.

Les cerises indigènes, les *bamba*, petites cerises aigrelettes à gros noyau provenant d'un arbre de moyenne taille qui n'est pourtant pas le cerisier, sont assez agréables. Si l'on en avait en quantité suffisante, ce serait, sous ces latitudes, un véritable régal. Les bambas sont mûres dès janvier.

Le *ouapoli* des Roucouyennes (le mamantin des Bonis) est un grand arbre du port du mombin qui donne un fruit gros comme une pêche, mûr en février. Autour des deux graines de ce fruit, semblables à des graines de sapotille, se trouve une pulpe épaisse et douce dont le goût est aussi fin que celui de nos meilleures prunes. Le fruit est de couleur jaune et de forme arrondie ou ovoïde. On peut le considérer comme une espèce de sapotille sauvage[1].

Le fruit du palmier *caumou*, si apprécié des créoles, est également mûr en février. La pulpe des graines de caumou, brassées dans l'eau chaude, se détache aisément. Cette pulpe, pressée et passée au manaret[2], donne une bouillie claire, lie de vin ou lilas, qui a un goût vague de chocolat sans sucre. Ici je trouve cela excellent, mais je ne sais si j'y toucherais en Europe. Une fois réduite en bouillie, la pulpe du caumou, mêlée avec de la cassave fraîche, est agréable, avec du tapioca meilleure encore. Le caumou au tapioca est appelé par les Roucouyennes *coutouliécoure*. C'est une pâte molle qui fermente vite, qui se mange avec plaisir, mais qui charge horriblement l'estomac. Les galettes de tapioca faites au fond de la marmite, déjà fort agréables et fort indigestes par elles-mêmes, deviennent encore meilleures et plus difficiles à digérer quand elles sont fondues dans la bouillie de caumou.

Ici ce ne sont pas les sauvages qui coupent l'arbre pour avoir les fruits, ce sont les créoles. Les Indiens montent couper le régime du caumou : Gouacou et Apatou abattent le palmier.

Le fruit du *taca*, espèce d'avocatier[3] sauvage, sans valoir celui de l'avocatier franc, n'en est pas moins à apprécier.

Il existe une variété d'*acajou des bois* qui donne en février un fruit carmin en tout semblable à celui de l'acajou cultivé, mais moins acide et plus

---

1. Sapotille : fruit indigène cultivé, rappelant un peu la pêche, très peu. D'ailleurs agréable. est porté par un arbre de 20 à 30 mètres.

2. Manaret : tamis.

3. Avocat : gros fruit à pulpe à goût beurré.

juteux : c'est l'*itouta-oroye* des Roucouyennes. Cru, ce fruit est aussi nutritif que rafraîchissant. Cuit, il devient un peu plus acide. En le pressant alors qu'il est frais, on obtient un vin d'un beau rouge, capiteux et d'un goût très agréable, donnant absolument l'illusion du vin nouveau. Un catouri d'oroyes donne aisément une dizaine de litres de vin. N'en ayant jamais fait qu'au jour le jour, pour nos besoins quotidiens, et ne m'étant pas d'ailleurs trouvé outillé pour faire cette expérience, je ne sais si par la fermentation ce vin arriverait à se conserver. Cela est probable, car dans les provinces du nord du Brésil on fait sur une grande échelle, avec le fruit de l'acajou franc, un vin estimé qui se vend sur place 2 francs le litre. Dans les forêts de la Haute-Guyane, les oroyes sont assez abondants pour qu'un particulier isolé puisse, dans son district, faire du vin pour la consommation de toute son année. J'initiai les Roucouyennes émerveillés aux secrets de ma préparation sommaire du vin de l'acajou sauvage. J'ai la conviction que le vin d'acajou, soit de la forêt, soit cultivé, sera plus tard, pour le colon de la Haute-Guyane — quand il y aura des colons en Haute-Guyane, — un produit des plus appréciés.

Il nous faudra attendre jusqu'à la fin d'avril pour goûter aux fruits de l'*assahy*, le pinot de nos créoles. Le vin d'assahy, si prisé à l'Amazone, n'est qu'une bouillie un peu fade dont je me régale, il est vrai, dans mes périodes de vie sauvage, mais à laquelle je ne toucherai pas du pied quand je serai redevenu civilisé[1].

Les mirabelles du *mombin*, qui tombent de janvier à mars, sans valoir nos mirabelles de France, seraient goûtées avec plaisir dans les pays où l'on vit d'autre chose que de cassave et de bouillon de piment. Mais cela agace les dents au point de faire croire, quand on en a mangé beaucoup, qu'on a une mâchoire en coton.

L'*aouara* est peut-être indigène en Haute-Guyane, car je l'ai trouvé en beaucoup d'endroits qu'on ne m'a pas signalés comme d'anciens villages bonis ou roucouyennes. Son beau fruit jaune est trop huileux pour être goûté avec plaisir si ce n'est par les nègres, lesquels mangent de la graisse comme du sucre et boivent de l'huile comme du lait.

Il n'en est pas de même du *maripa*, mûr en mars, dont l'huile est aussi fine que celle du caumou et plus fine que celle de l'aouara, mais dont la pulpe, très rafraîchissante et qui a un petit goût de noisette, est capable de

---

1. L'assahy, le pinot : vin délectable ! Deux ans plus tard, à l'Oyapock, je m'en suis assez régalé. Rendons-lui cette tardive justice (1891).

plaire aux palais les plus aristocratiques. Les maripas sont très communs en Haute-Guyane.

Le *touca* (la *castanha* des Brésiliens, la *noix du Brésil* de nos épiciers), le touca est mûr dès décembre. Il est assez rare aux Tumuc-Humac. Mais sa petite variété, le *chaouari*, dont le fruit est mûr en février, est très répandu.

Malgré le vin d'oroye que je viens de lui faire boire, Apatou est en fureur.

Alounaoualé, peïto d'Aloucolé tamouchide Chimi-Chimi, vient de lui dire que les Roucouyennes commençaient à se fatiguer des Bonis. Les Bonis, dit-il, sont des brutes et des voleurs.

Le *Grand Français* n'y tient plus.

« Vous êtes des sauvages tout nus! clame-t-il.

— Des sauvages tout nus, fait Alounaoualé, imbécile! Le Roucouyenne en costume complet a l'air habillé, le Boni avec ses loques a l'air d'un mendiant. Le Roucouyenne, la tête ornée d'une élégante et légère couronne de plumes couvrant ses longs cheveux noirs, ses nombreux colliers tombant sur la poitrine, ses blanches acaoualés surmontées de ceintures de poil de couata d'un noir luisant, son large calembé tombant par devant et par derrière à la hauteur du genou, ses jarretières descendant en franges jusqu'à la cheville, ses bracelets à l'avant-bras et au poignet, a les trois quarts du corps couverts par son costume national. J'ai beaucoup voyagé, les blancs m'ont dit qu'autrefois c'est comme cela qu'ils s'habillaient. Mais vous autres, les Bonis, avec votre vieille chemise déchirée et sans couleur, votre pantalon qui n'a qu'une jambe et dont le fond percé laisse passer votre mauvais petit calembé sale, vous avez l'air, dans votre costume des grands jours, d'assassins et de voleurs échappés des prisons des blancs! »

Apatou écume de rage.

« Oui, ce sont les Bonis qui vous ont civilisés, sauvages que vous êtes! Qu'est-ce donc qui vous a vendu vos camisas, vos perles, vos sabres, vos haches, vos couteaux? »

Mon brave médaillé s'imagine que cela est sans réplique. Mais Alounaoualé, qui sait sur le bout du doigt l'histoire de sa tribu, aplatit encore une fois son interlocuteur.

« Oui, il est vrai qu'aujourd'hui c'est vous qui nous vendez ces objets, dix fois leur valeur, pour avoir nos hamacs et nos chiens. Nous nous sommes désaccoutumés de la route de l'Oyapock, nous trouvons Saint-Laurent et l'Amazone trop loin, et nous ne commerçons qu'avec vous, aimant autant, après tout, être volés par vous que par d'autres. Mais dis donc, malheureux nègre que tu es, tu ne sais donc pas qu'alors que vous étiez encore esclaves des Hollandais dans les plantations de Surinam, les Français, qui avaient fait alliance avec nos chefs, apportaient des marchandises aux Roucouyennes aux villages de l'Araoua où ils arrivaient par l'Oyapock et le Camopi? Alors nous descendions fréquemment nous approvisionner nous-mêmes chez les Français. Tu ne sais donc pas que si notre guerre avec les Oyampis ne nous avait fermé la route de l'Oyapock, ç'auraient été les Roucouyennes qui, munis directement des marchandises des blancs, seraient descendus chez les Bonis pour leur vendre les camisas et les couteaux dont ils ont besoin! »

Cela est exact. J'acquiesce d'un signe de tête. Aussi mon doucereux bonhomme, cette fois tout à fait hors de lui, se met-il à vomir des injures abominables à la face de l'Indien impassible et dédaigneux.

« Oui, continue Alounaoualé, vous êtes tous de vilaines canailles. Toi-même, tu ne fais ici que tromper ce blanc avec tes amis que tu as appris à devenir voleurs comme toi. Apoïké l'a volé, Aïsso l'a volé, Taloucali le volera. Tu lui tends des embûches à chaque pas. Tu passes ton temps à trahir ton maître. »

Apatou roule des yeux féroces :

« Mouché, si mo pas pé sali mo la main mo qua tué ça Indien là. »

Il dit et il sort.

« Parachichi, conclut alors Alounaoualé, qu'un Français bon pour les Indiens s'établisse dans le haut de l'Oyapock et tous les Roucouyennes quitteront ces mauvais nègres. Malheureusement nous n'avons qu'eux, aujourd'hui, avec qui trafiquer. Les Parachichis ne veulent donc plus venir chez les Indiens? »

Ce dernier mot me va au cœur, et, dans un éclair, ces deux jeunes Indiennes si douces et si bonnes, ces deux enfants immortelles, Pocahontas et Paragouassou, m'apparaissent, ouvrant les futurs États-Unis et le futur Brésil à John Smith et à Diego Alvarez Correa.

Quelques jours plus tard, Apatou me disait :

« Avez-vous vu comme j'ai rabroué l'Indien de Chimi-Chimi? »

Quelle effronterie dans le mensonge! ou plutôt non, c'est de la candeur. Ce nègre ment d'instinct, c'est chez lui une fonction physiologique; il ment comme il respire. Il faut, neuf fois sur dix, pour savoir la vérité, prendre le contraire de ce qu'il dit. Laveau enrage rien que de l'écouter.

Dans le courant de ce mois de mars nous avons failli le perdre, Laveau.

Je lui faisais, il y a quelque temps, pour l'égayer, cette plaisanterie funèbre :

« Quand vous serez mort, voulez-vous qu'on vous brûle, qu'on vous enterre, ou qu'on vous laisse dans votre hamac comme le vieux bonhomme de la crique Palilipan? »

Et le pauvre garçon me répondait avec une simplicité grave, une tristesse convaincue :

« Quand je serai mort, vous m'enterrerez à la mode de ma Bourgogne. »

Je vis bien qu'il se sentait mourir. Depuis lors ma sotte plaisanterie me pesa comme un remords chaque jour avivé.

Parti de France deux mois après une grave maladie qui lui avait endommagé le poumon, obligé de s'habituer sans transition à la vie de fatigues et de privations que nous menons ici, d'une constitution trop peu formée pour pouvoir supporter sans en souffrir ce régime de piment à haute dose, ayant eu près de deux cents jours de fièvre depuis notre départ de Cayenne et n'ayant eu absolument rien pour se réconforter, il tombe.

Oh! il est brave, il ne craint point la mort, il a été un peu élevé dans cette idée qu'ils sont méprisables ceux-là qui ne méprisent pas la vie; mais ses forces sont à bout, la maladie a vaincu, il s'en va.

Du 5 au 9, comme nous revenions du sud-ouest, il est pris de violents et quotidiens accès de fièvre. Chaque jour sa vie est en danger. Il ne sort plus du hamac.

Les gens de Chimi-Chimi s'en vont « pour ne pas voir mourir le blanc ».

Touanké s'approche de moi et me demande discrètement :

« Pourquoi ton compagnon veut-il mourir ici?

— Que veux-tu! les blancs meurent chez les Indiens, les Indiens chez les blancs. Yolock frappe au hasard.

— Dis toujours bien à tes frères que ce n'a pas été de notre faute. S'il veut être enterré, tu pourras faire un trou au pied de ce cotonnier. »

Nous le portons sur un boucan de feuilles de palmier pour qu'il y meure plus à l'aise. Nous arrangerons cela de notre mieux. Tout moribond, nous le changeons de linge, Apatou et moi. Il est inerte, ne peut même plus avaler d'eau, lever un bras, tenir sa tête; il ne connaît plus personne, ne parle plus : c'est le coma.

J'essaie du dernier remède qui me reste : une injection sous-cutanée de bromhydrate de quinine, 3 grammes. Rien.

Le 9, le 10, le 11, le coma continue. Cette fois il est bien mort.

Le 12 au matin, — un miracle, la force de résistance de la jeunesse.

que sais-je, moi? — il reprend connaissance, se lève sur son séant, demande où il est, m'appelle par mon nom : il est sauvé!

Les Indiens, qui ne connaissent pas les fièvres comateuses, me demandent comment je m'y suis pris pour faire revivre ce mort.

Dès que le malheureux est en état de supporter une conversation d'une demi-minute : « Vous savez, lui dit triomphalement Apatou, c'est moi qui vous ai sauvé la vie ». Laveau, qui connaît son ladre, murmure un « Combien est-ce? » sublime dans un pareil moment.

Le lendemain mon fidèle Apatou, renforcé de son Gouacou, revient à la charge et apprend à Laveau que je ne me suis nullement occupé de lui pendant sa maladie. « Chaque fois, dit-il, que je passais à côté de son hamac, j'allais de suite me laver les mains avec des gestes de dégoût. » Viles canailles! S'ils avaient été avec quelque Stanley, dans quelque tribu de l'Afrique centrale.... Mais je suis en territoire français.

C'était vraiment triste, cette agonie, sous ce hangar, avec le chant des piayes qui avaient absolument voulu faire leur devoir, à côté des artistes du pono faisant claquer leur long fouet autour de ce pacolo mortuaire. Aux spasmes de râle, je faisais arrêter le pono.

Maintenant c'est la convalescence. De suite un bon bouillon de volaille. Gouacou ne veut pas faire cuire la poule parce qu'il a trop chaud, dit-il. La poule une fois cuisinée par une Indienne, Laveau prend un peu de bouillon et je suis obligé de déranger ces deux messieurs, Apatou qui travaille à son hamac, et Gouacou qui dort dans le sien, pour les prier de venir partager mon modeste repas.

Je comprends que Laveau ait été si gravement malade.

Le cantonnement, quand on le pratique comme je le fais, est une chose bien dure. L'alimentation indienne est absolument insuffisante pour des estomacs européens. Pour peu que vous restiez seulement une semaine sans être absorbé par votre travail, la société de brutes et de sauvages que vous êtes obligé de subir, la privation totale de toute jouissance intellectuelle, vous ouvrent des perspectives de maladie de langueur et de désespoir mortel. Crevaux faisait de petits voyages de quelques mois, puis il rentrait en France. Il remontait son premier cours d'eau, passait sa montagne, descendait son second cours d'eau, et, en quatre mois, sa mission d'un an était faite. C'était moins coûteux et moins exténuant. A mi-chemin il avait encore du porto et du marsala. Apatou se plaint du régime auquel je le soumets. Cela lui fait verser des larmes amères quand il pense, en comparaison, aux petites sucreries dont l'accablait le bon docteur.

Au bout de quelques mois de cantonnement, une morne tristesse vous envahit. Après, c'est une indifférence absolue pour soi-même, les autres et toutes choses. Il faudrait pourtant secouer ça. Ah! trois jours seulement de canotage dans le Ouanapi!

Quand la disette se fait par trop sentir au village, on envoie les peïtos flécher les coumarous au Marouini. Mais ce n'est déjà plus guère la saison : les eaux grossissent. Les coumarous sont très communs dans le Marouini. Les Bonis y montent parfois, l'été, « enivrer » la rivière. En quelques jours on charge de coumarous une douzaine de grands canots.

Nous sommes toujours dans le temps gris. Chaque matin c'est du brouillard jusqu'à dix heures. Le ciel se découvre lentement. L'après-midi est ensoleillé. De trois heures du soir à cinq heures, une averse de la dernière violence. Le plus souvent il pleut toute la nuit.

Je commence à trop bien connaître ce village. Grâce à Apatou, qui est cancanier comme une concierge, il ne peut plus se commettre une infidélité à Pililipou sans que j'en sois informé une heure après.

Bon! voilà qu'Apatou tombe malade maintenant. Il est pris d'un engorgement lymphatique. Il peut à peine marcher et remuer les bras. Je le guéris en huit jours par un traitement à l'iodure de potassium. Dieu! comme il se plaint, comme il est peureux, comme il craint de mourir! Il appelle « so maman » et il pleure. Tu ne vois donc pas que tu es ridicule, mon pauvre garçon! Gouacou, qu'il a surtout emmené pour en faire son domestique, est aux petits soins pour lui. De plus, il l'enveloppe littéralement de formules de magie. Apatou croit plus à cela qu'à l'iodure de potassium. Au fait, c'est peut-être parce qu'il a trop pris de potassium dans sa vie qu'il a une si grande foi aux sortilèges.

Relisant mes notes, revoyant mes divers travaux, je constate que rien ne m'empêcherait maintenant de m'en aller naviguer un peu avec un canot couvert d'un pamacari. Ce serait, en effet, très pratique. Mais je n'ai ni canot ni pamacari. Et Apatou gémit, Gouacou exorcise, et Laveau se traîne appuyé sur un bâton.

Apoïké m'envoie un Indien qui m'apporte un catouri d'aymaras boucanés. Mais ce n'est point un cadeau : l'Indien me demande, pour lesdits aymaras, toute une pacotille, que je réduis à des proportions convenables. Il me confirme qu'Apoïké ne viendra pas, mais Apoïké veut bien me fournir une excuse des plus sérieuses, devant laquelle je ne puis que m'incliner : sa troisième femme est souffrante.

Événement! Apatou, guéri, s'est mis d'arrache-pied à son hamac, qu'il termine à la fin de ce mois. Il y a cinquante jours qu'il y travaillait.

Maintenant, aux canots! C'est au futur village de Chinalé qu'il va les faire. On compte huit jours seulement pour une pirogue de 6 mètres de long sur 0 m. 60 de large et 0 m. 55 de profondeur. Mais pour un grand canot de 10 mètres sur 0 m. 85 et 0 m. 45 il faut compter quinze jours, pour abattre l'arbre, le creuser, le tailler convenablement, chauffer le canot pour en écarter les bords, mettre des traverses et passer la dernière main.

Cela me fera environ quarante-cinq jours pour les trois canots qui me sont nécessaires.

Nos journées sont maigres. Apatou qui faisait encore quelque gibier, si peu qu'il chassât, fait les canots au Chinalé. Adieu hoccos, marayes, couyououis, agamis, agoutis, couatas et singes rouges! Gouacou, sous prétexte de chasser, reste toute la journée dans les abatis voisins à manger de la canne à sucre et rentre toujours bredouille. La convalescence de Laveau est fort lente et moi-même ne suis guère chasseur.

Je me trouve bien, d'ailleurs, de la cassave et du bouillon de piment. Hier, avec Toumtoum, j'ai déjeuné et dîné d'une grenouille. Ces jours passés, nous avions des caïmans, dont j'ai fait mes délices. Une autre fois, nous avons mangé comme des financiers, avec des fourmis rôties. Mais ce ne saurait être tous les jours bombance.

Un jour on vit de marmelade d'oroyes, un autre de noix de chaouari ou encore de miel.

On a parfois des mets plus singuliers encore. Un Indien nous apporte une fois une jambe de biche qu'il a trouvée dans le bois. Trouvée, positivement. Le tigre, quand il tue un gros gibier, en mange une partie et couvre le reste de feuilles. C'est un relief du festin royal que l'Indien nous a apporté. Cela ne sentait pas, car le tigre n'a point pour habitude de laisser moisir son garde-manger. On accommode à une sauce chrétienne quelconque le gigot taillé à coups de dents et de griffes par le redoutable carnassier, et on s'en lèche les doigts.

Paysage d'hiver. Il pleut. Quelques Indiens travaillent en chantant, assis sur des cololos. Ils fabriquent qui des flèches, qui des catouris. Les enfants, nus, réjouis, jouent sous la pluie et se roulent dans les flaques d'eau. Il fait humide et froid sous notre hangar, nous avons doublé nos vêtements, et malgré cela nous éprouvons le besoin de nous rapprocher du feu. Nous passons de longs jours sans voir, sans même soupçonner le soleil.

Je fais le compte des marchandises que je perds parce qu'elles ne trouvent pas leur placement dans la contrée, et que je ne saurais les revendre parce qu'un voyage aller et retour aux Tumuc-Humac les détériore tellement qu'on ne saurait s'en défaire chez les civilisés.

Il y en a le tiers! Il faut toujours s'attendre à un déchet considérable dans les marchandises que l'on porte à une tribu que l'on n'a pas encore fréquentée. Les goûts diffèrent sensiblement de tribu à tribu.

Chez les Roucouyennes, les seules marchandises utiles à emporter sont les suivantes : Les haches américaines; ils ne veulent pas de nos haches françaises. Les sabres d'abatis de Cayenne; ils trouvent trop lourds les sabres américains, infiniment supérieurs pourtant et aussi beaucoup plus chers. Les couteaux de traite, des meilleurs aux plus ordinaires, trouvent un placement avantageux. Les ciseaux; ils préfèrent les petits, dont ils se servent pour s'épiler en même temps que pour couper leurs plumes d'ornement.

L'indienne en pièce à 50 centimes le mètre. Des camisas de couleur claire à 1 franc et 2 francs pièce. Des chemises de couleur à 3 francs, en laine, coton ou toile.

Les petites glaces carrées à vingt centimes, et aussi les rondes. Les peignes et principalement ceux dits peignes à poux. Les hameçons de tous numéros. Les petits harpons. Les perles blanches ou bleues, en colliers de 1 à 2 francs (prix de Cayenne). Du fil, de bonne qualité, blanc et noir; ils l'emploient à fixer les plumes de leurs flèches et de leurs ornements. Des paquets d'aiguilles et d'épingles.

Ils ne sont pas disposés à payer à leur valeur les outils qui leur sont le plus nécessaires, un hachereau, une erminette, un rabot, une bêche. Les fusils ne sont pas non plus d'une bonne défaite, pas plus que le plomb et la poudre, c'est plutôt un article de cadeaux pour chefs. Il en est de même des chapeaux, des pantalons et des vestons.

Mais voici de retour les Indiens envoyés à Cottica. Ils ne me rapportent pas la petite commande que j'avais faite à Anato. Me voilà privé de plusieurs petites choses qui m'étaient indispensables. Toti ne saurait m'expliquer comment cela s'est fait.

Donc le navigateur Toti est arrivé. C'était Toti qui était le patron de l'expédition. Pauvre Toti : il trouva, en arrivant, sa femme installée avec un Indien du Yary. Mais elle l'accueille quand même très bien, à cause des colliers qu'il lui apporte. Elle garde ses deux hommes. Ces cas de polyandrie ne sont pas très rares chez les Roucouyennes, pas plus que chez les Bonis.

Console-toi, Toti, console-toi. Souviens-toi qu'au retour de son voyage du Yary l'honnête Aïsso trouva sa plus jeune femme, qu'il avait pourtant laissée sous la sauvegarde de son père, le respectable tamouchi Peïo, installée en ménage avec Taloulipan. Toi, tu retrouves encore la moitié de ta femme, ce n'est qu'un demi-malheur. Toi aussi, tu l'avais laissée sous la sauvegarde de son père, le respectable tamouchi Akessé, mais tu sais bien que dans notre pays les pères nobles jouent assez volontiers les Alphonses. Console-toi. Tu te souviens bien d'Acaoua, qui m'accompagna à Mitaraca? Ce n'était pas un voyage de quarante jours comme celui d'Aïsso, ni de trente comme le tien, c'était un voyage de six jours. Eh bien, la vertu de la femme d'Acaoua ne put tenir contre six jours d'absence. Au bout de quarante-huit heures, elle se maria par intérim avec un autre Indien. Cela n'empêche pas Acaoua de faire aujourd'hui bon ménage avec la fragile créature. De même qu'Aïsso reprit incontinent, et sans se fâcher, sa femme à Taloulipan, sans rompre pour cela avec son remplaçant temporaire.

Toti a trouvé une vingtaine de Galibis à Cottica. Voici donc maintenant les Galibis, qui, du temps de la commission de 1861, commençaient à peine à faire des canotages dans le bas fleuve pour les civilisés, voici donc maintenant les Galibis qui conduisent les chercheurs d'or jusqu'aux placers du Contesté de l'Aoua.

Il faudrait que les Roucouyennes s'y missent aussi, que ceux du Yary et du Parou, qui font déjà pour leur plaisir le voyage de Cottica, fissent un établissement dans le bas fleuve pour y chercher du canotage. Les Youcas du Tapanahoni et les Saramacas du fleuve Surinam ont déjà fait des installations de cette nature, les premiers à Man-Bari, à Sparouine et à Mana, les seconds au village d'Apatou. Ces sortes d'établissements sont tout aussi bien dans le génie des Indiens que dans celui des nègres.

Si violents et ivrognes que soient les Galibis, et bien que, déjà, beaucoup de Roucouyennes au contact des Bonis soient devenus pas mal vicieux, Roucouyennes et Galibis vaudraient mieux encore que la plupart de ces nègres réfugiés, dont l'insolence et l'arrogance deviennent intolérables, et dont les prix usuraires, qu'il faut subir, arrivent à tarifer à plus de 20 francs par homme et par jour les services qu'ils rendent. La main-d'œuvre indienne serait beaucoup moins coûteuse, et au moins d'aussi bonne qualité.

Voici encore qu'Apatou va faire une maladie. Il a pris une bronchite avant de terminer son premier canot. Il rentre au village pour se soigner. Il en a bien pour une quinzaine de jours.

En même temps Laveau fait une rechute de sa maladie de mars.

Tout le village est malade ainsi que le village voisin. C'est une épidémie de gros rhumes qui ne tardent pas à dégénérer en bronchites. Apatou, Laveau, les piayes, les tamouchis, presque tous les Indiens, tous sont frappés, c'est un hôpital. De tous les côtés, j'entends Acouli, qui est bien portant et qui se prodigue, chanter la chanson qu'entonne le piaye dans les cas où il commence à désespérer. C'est un chant large et grave, triste, imposant comme l'expression d'une mâle douleur.

Le plus malade est Mayarou que son oncle Acouli, l'archipiaye, jure toutefois, par Yolock, de sauver d'ici huit jours.

Mayarou travaillait aux canots avec Apatou. La maladie de Mayarou et celle d'Apatou ne sont point des maladies ordinaires. Jugez plutôt.

Si Mayarou est si gravement malade, c'est que, étant au travail, un crabe est venu le regarder. Que venait faire ce crabe, sur la petite hauteur où l'on travaillait aux canots? Les crabes ne vont pas sur les hauteurs. Mayarou jeta le crabe à travers la forêt. Or ce crabe était un des ennemis de Mayarou, un piaye du Bas Parou qui est toujours en route pour faire mourir les gens et qui venait là pour susciter un mal quelconque. Le piaye, c'est-à-dire le crabe, en tombant s'est blessé à la tête et à la poitrine. Or c'est précisément à la poitrine et à la tête que Mayarou ressent une douleur aiguë. Comprenez-vous maintenant?

Pour Apatou, son cas n'est pas moins clair. Ce fut un peu après la visite du crabe. Apatou travaillait à son canot, quand un corps lourd tomba brusquement à ses pieds. C'était un serpent qui avalait une grenouille. Apatou tua le serpent et mit de côté la grenouille pour la manger le soir. Mais le soir même une fièvre violente et une toux cruelle s'emparaient de lui et il ne put manger. Comprenez-vous maintenant?

Un crabe qui monte sur une petite montagne par une journée sèche, un serpent enroulé qui tombe d'on ne sait où en avalant une grenouille : voilà de bien mauvais présages. On brûle du piment à l'entrée du village pour écarter les Yolocks.

« Mouché, me dit le capitaine Apatou, grand maladie qui tombé. Mo qua baille mille francs bon cœur pour mo sorti ça maladie mo gagné. »

Ce pauvre garçon est réellement du dernier pusillanime. Il se voit perdu pour un rhume de poitrine, il gémit toute la journée et prend un ton mortuaire quand on lui parle. C'est de la sénilité.

« Où est-il mo maman qui baille mo bon dou riz, bon tacaca! »

Il me boude parce que je ne fais pas chorus à ses lamentations. Grande bête! Il paraît que cet ex-sauvage a eu jadis du cœur. Il me tourne le dos et évite de me regarder.

« Oui, Apatou, mo zami, mo fré, to bien malade, même. »

Apatou d'une voix mourante et s'efforçant de tousser :

« Mouché mo qua allé mourir. Palez bien mo maman, tendez? »

Je pars d'un éclat de rire. Il voit que je me moque de lui. Il ne me parle plus. Nous sommes encore brouillés. Je l'entends bientôt après donner des commissions à des Indiens allant au Yary et au Parou. Il se croit mort et il trafique. Il trafiquera en rôtissant en enfer.

C'est son frère Couami qui va, l'année prochaine, faire une tournée d'affaires pour recueillir les hamacs dont le chef de famille a fait la commande pendant qu'il était à mon service. Lui, il exploitera sans doute son placer de Macara.

Gouacou, qui n'a pas rendu le plus petit service à Laveau pendant que celui-ci se mourait, se multiplie pour Apatou. Il aurait laissé mourir Laveau sans lui porter secours parce que Laveau est blanc. Il se confond en jérémiades sur Apatou, la famille d'Apatou, lui-même et sa propre famille. Ils ont eu bien du malheur de m'accompagner chez les Indiens. Je vais les faire mourir de misère. Dans leur case ils ne manquaient de rien, ils avaient tout sous la main. Ici, « où est-il bon di vin, bon di lait, ou maman pour soigné ou? » Ç'a été folie de leur part d'accepter une situation si horrible « pour ça moço sou maqué nou qua fait ici ». Les « sou maqué », ce sont les appointements. Pour ce qui est du blanc qui les paye, c'est l'ennemi, non comme maître, mais comme blanc.

Puis le retour de ces théories qui sont le credo de plus d'un Gouacou : « Les nègres ne doivent être bons qu'avec les nègres. Un blanc qui meurt, tant mieux. Les nègres sont les maîtres aujourd'hui. Ils sont plus forts, plus courageux que les blancs, — « yé qua connait' tout qui chose passé blangue même. » — Nous ne valons pas la peine qu'ils nous chassent de leur pays, mais il ne faut pas que nous fassions les arrogants avec eux. Qu'est-ce que c'est que tous ces blancs? rien du tout. — « A pas nègre jourd'la qui commandé tout partout? »

Apatou fait chorus, mais discrètement, seulement quand il suppose que je n'entends pas. Il dit d'ailleurs *oui* et *non* à toute chose avec une grande facilité. Je ne crois pas que la capacité cérébrale de ces gens-là comporte une idée arrêtée.

Quand ces théories, que j'ai pourtant entendues assez souvent depuis huit ans, arrivent à m'agacer un peu trop, je m'oublie à envoyer au Gouacou une bordée d'apostrophes brutales. Alors il fait le mort. Si je parle sur un ton calme, quoi que je puisse dire, il prend ma froideur pour un signe de timidité et devient insolent. Que j'élève le ton et il devient sournoisement d'une platitude qui m'écœure. Je n'ai qu'un seul moyen d'arriver à lui faire faire quelque travail, c'est de lui parler comme à un chien.

Le soir, cette espèce de contrefaçon d'homme bavarde plus que pas un. Il nous faut écouter, Laveau et moi, toute une série de ces « contes pays nègre » si remarquables par leur parfaite imbécillité. Apatou en connaît beaucoup aussi, à peu près aussi intéressants.

Quand le sorcier est en belle humeur, ce dont il nous régalera volontiers, c'est de quelque secret de haute magie.

Ainsi, voici la recette infaillible pour se faire aimer des femmes :

Vous prenez un crapaud, un crapaud, vous entendez bien, gros ou petit, ceci n'a pas d'importance; vous le tuez et le laissez pourrir à l'air. Quand il ne reste plus du crapaud que le squelette nettoyé par les fourmis, vous prenez les os les plus petits et les mettez dans le lit d'une petite crique exposée à un faible courant; vous les laissez là trois jours. Au bout de trois jours vous retournez voir vos os de crapaud. Prenez ceux qui restent; ceux que le courant a emportés n'étaient pas bons; s'ils sont tous là, c'est qu'ils étaient tous bons. Prenez ces os de crapaud et mettez-les dans votre poche. Ne vous en séparez jamais, surtout quand vous allez dans le monde. Vous êtes sûr que « toutes femmes qua couri derrière ou ».

J'ai peur qu'au contact de pareils individus ma mentalité arrive à baisser comme une crique au cœur de l'été. Aussi, presque tous les jours, je m'enfonce dans la forêt avec quelques Indiens, à la chasse ou à la pêche, malgré la pluie et l'extrême humidité des bois.

Peu à peu je perds l'appétit. J'ai quelques accès de fièvre. Bientôt je suis pris de violentes névralgies faciales que la teinture d'iode ni la quinine ne réussissent à faire disparaître. Je vais avoir à mon tour quelque maladie. Je la sens, elle est proche.

Au bout de quelques jours je suis pris de douleurs rhumatismales au pied droit et à l'épaule droite. Il me faut un bâton pour marcher et je ne puis m'habiller seul. Ces douleurs rhumatismales devaient me tenir, avec des intermittences d'apaisement relatif et de douleurs atroces, jusque dans les Tumuc-Humac de l'Oyapock, où elles se décidèrent à me quitter !

Pendant la maladie d'Apatou, un Indien arrive du Yary avec quelques marchandises qui auraient fait mon affaire comme collections : des arcs, des pagaras. Mais Apatou me coupe l'herbe sous le pied : il achète tout et me

DANS LE CHINALÉ.

raconte que c'est le payement d'un cadeau qu'il a fait, il y a déjà plusieurs années, à ce même Indien. Il voyage avec moi pour que je lui serve de chaperon dans ses opérations commerciales.

Il a beau avoir sa bronchite, le mercanti ne perd jamais ses droits. Toussant, crachant et me tournant le dos, essayant de me dissimuler ce qu'il fait, il marmotte dans sa barbe ses instructions aux Indiens du village qui s'en vont danser chez Apoïké. Ils lui apporteront les hamacs, les colliers, les arcs et les flèches « qu'Apoïké sait ». Que signifie encore cela? Avec quoi a-t-il payé ces marchandises? Il n'a plus de marchandises depuis deux mois et les Indiens ne donnent pas les leurs à l'avance. Est-ce que ce serait sa remise qu'il lui demanderait? Je le crois. Apoïké peut bien faire cela. Je l'avais payé très généreusement pour le travail qu'il devait me faire et qu'il n'a pas fait.

Il faudra lui apporter tout cela sans tarder, car *il veut descendre au plus vite.* Il est bien question de moi et de mes intentions! Enfin, se renfrognant dans le « complet » que je lui ai donné, il se tourne enfin vers moi et me débite avec aisance une petite série de mensonges dont je sens l'odeur nauséabonde au fur et à mesure qu'ils sortent de sa bouche.

Un messager de Touloucali m'apprend immédiatement, après avoir longuement entretenu Apatou d'affaires, que Taloucali ne m'enverra rien. Il n'a rien, dit-il.

Je calcule que toutes les tromperies, tous les abus de confiance d'Apatou et sa mauvaise volonté m'ont fait perdre les deux tiers de la collection ethnographique que j'aurais pu rapporter.

Je ne me gêne plus avec lui : « Tu me triches encore, gredin! Tu es le pirate du Maroni, tu es Santa Cruz, sauf que tu es trop peureux pour tuer quelqu'un ». Il rit de bon cœur, trouvant très drôle ce que je lui dis.

Je n'ai pas de chance dans ce voyage : Apatou, des Indiens compères d'Apatou, des Indiens élèves des Bonis, des Indiens qui dansent toujours.

Cette année a été une année dansante. De septembre en avril tous les Roucouyennes du nord sont entrés en danse. Fête sur fête, toulé, pono, maraké, des rivières de cachiri, et en avant la galanterie! Faites donc faire à ces gens-là des sentiers dans le Grand-Bois! Eh bien, dansez donc, mes amis, dansez!

Voici le pono et ceux du village qui s'en vont danser trois semaines chez Apoïké. Dansez, mes amis. Ils dansent tout le long du sentier jusqu'à l'intérieur de la forêt. Ils vont voyager à petites journées, faisant au plus 10 kilomètres par jour, s'arrêtant longuement à enivrer les criques, coupant tous les arbres à miel de la forêt. Quand c'est pour aller s'amuser qu'on fait un voyage, il importe de ne pas se fatiguer et de bien vivre.

Les Roucouyennes ne connaissent ni les jeux de hasard, que pratiquent les Bonis qui prisent fort les cartes, ni les paris, dont ces derniers usent souvent, mais ils se dédommagent sur la danse. Comme chez la plupart des Indiens, la danse est chez eux une très grande affaire. Ceux de deux ou trois villages voisins dansent très bien pendant six mois consécutifs les uns chez les autres : pono, toulé, acomeu, autres acomeus, autres toulés, autres ponos. Nous sommes arrivés en septembre à la clôture d'un pono chez Apoïké, le pono est venu ensuite à Pililipou, et on retourne ensuite danser l'acomeu chez Apoïké ; cela finira par un maraké chez Peïo. Tous les abatis sont négligés. L'année prochaine tout ce monde-là travaillera à corps perdu.

Les Roucouyennes ont d'ingénieux usages pour prolonger leurs fêtes. Pour un pono, ou un simple toulé, ou l'acomeu, en arrivant on boit un premier chacola, *qui ne compte pas*. On danse ensuite et on boit beaucoup de chacolas qui comptent. Un premier omani est le signal d'un *prochain* départ. Il peut y avoir de cet omani pendant quinze jours. Cet omani fini, on en fait une seconde fois. La troisième fois est décisive, mais il faut que le lendemain du jour où l'on finit il y ait beaucoup à manger. On n'a pas le droit de partir le ventre vide. Si on n'a pas de gibier ou de poisson en abondance, on ne part pas, on fera un nouvel omani *décisif*. Et il n'y a d'autre raison pour que cela finisse que l'épuisement des abatis.

Acouli, qui est resté presque seul au village de Touanké, nous apporte un tatou de la petite espèce.

Le *tatou cabassou* est gros comme un cochon marron, le petit tatou est gros comme un chat. Le tatou, qui a le museau du fourmilier, a le corps et la queue couverts d'une cuirasse d'écailles à l'épreuve du petit plomb. Le tatou creuse des terriers rectilignes ou circulaires où on le pourchasse avec des chiens, des bâtons, des pelles, des bêches. L'été, le tatou est gras, il dort dans les feuilles, sur le sol. Le tatou court vite, il va par bonds. On fait des ronds de serviette avec les écailles de la queue du tatou cabassou. La chair est musquée comme celle du caïman, mais on peut tirer le musc qui est localisé dans certaines parties du corps. Quand l'opération est bien faite, la chair du tatou, extrêmement blanche, est agréable ; elle tient un peu de la langouste et un peu du blanc de poulet.

Gouacou déclare qu'il ne fera pas cuire le tatou, parce que ses piayes lui défendent de toucher à cette viande. Bien qu'un peu aigri par mon récent rhumatisme, je ne prête pas plus d'attention à cette impertinence qu'à toutes celles que commet journellement le vieux drôle.

Fiévreux sans avoir la fièvre, Laveau, qui commence à reprendre ses forces, part d'un bel éclat d'indignation. Le nègre, sachant qu'il a affaire à un malade, répond par de grossières injures. Il n'avait pas achevé qu'il a déjà reçu, sur ce qui lui tient lieu de visage, une demi-douzaine de coups de poing assez bien appliqués pour un convalescent. Gabacou dit Gouacou, ex-capitaine de guerre au pays Bagou, en terre d'Afrique, essaye de tirer parti de sa tête, de ses pieds et de ses mains, mais sans grand succès. Pourtant la partie est égale : il est vieux et Laveau sort de maladie.

Bientôt il va s'asseoir un peu plus loin en tâtant ses bleus et en disant avec mansuétude qu'il ne veut pas estropier un malade.

Le lendemain, encore grande danse : des gens de Peïo viennent nous donner l'acomeu. Un copieux cachiri replâtre, encore une fois, une réconciliation générale.

Gouacou, rendu plus loquace et plus franc par l'ivresse, reconnaît maintenant que Laveau l'a mis hors de combat. Mais il ne s'explique pas cela. Comment n'a-t-il pu avoir raison d'un petit jeune homme complètement anémié et que les fièvres ont mis sur les dents? Il comptait bien l'assommer.

Le sagace Bagou finit par découvrir la vérité : c'est que Laveau a un piaye roucouyenne, un piaye d'Acouli, un piaye grâce auquel « li pouvait crasé tout moun ». Et Gouacou n'est point pris au dépourvu.

« Mo savé ! piaye Indiens Grand'Bois fô passé toute piaye nègre. » Et ses yeux levés au ciel prennent l'expression mystérieuse et profonde qui caractérise le regard de ceux qui lisent dans le surnaturel.

Mais le vieux chenapan veut à toute force prendre des leçons de magie auprès d'Acouli, l'archi-sorcier du cru. Comme il ne sait pas le roucouyenne et que je flaire dans l'interrogatoire d'Acouli quelque chose d'intéressant, je m'offre à lui servir d'interprète.

Je me bornerai à résumer ci-dessous les convictions que je me suis faites à la suite de mes conversations avec le grand piaye roucouyenne.

D'abord on s'est beaucoup exagéré, dans l'organisation intérieure des tribus indiennes, l'influence des piayes ou médecins plus ou moins sorciers. On a prétendu que ces piayes assujettissaient les Indiens à mille frayeurs superstitieuses, à mille pratiques qui constituaient la plus dure des tyrannies. Il n'en est assurément pas ainsi chez les Roucouyennes.

Ce petit peuple qui n'a, en réalité, pas de chefs, qui ne reconnaît qu'une autorité, celle du père de famille, et encore à la condition qu'elle s'exerce avec douceur, qui possède l'égalité devant le bien-être, une liberté que ne restreint loi ni coutume, mais seulement le droit naturel, n'est pas davantage soumis à la tyrannie de la superstition. Ses mœurs douces et son fond de scepticisme bienveillant l'inclinent, sur ces matières, à une espèce d'ironie indécise et de bon ton.

Ces piayes, que l'on voit dans d'autres tribus passer par un long apprentissage, subir des épreuves terribles et parfois mortelles, et exercer, une fois qu'ils ont reçu l'investiture de leur grade, une influence qui rappelle celle des prêtres des premiers siècles du christianisme, à la fois prêtres et guérisseurs, — ces piayes constitués en corporation fermée et hiérarchisée n'existent pas chez les Roucouyennes.

Étant donné qu'il n'y a pas ici de collège, de corporation, de sacerdoce de piayes, pour comprendre le rôle du piaye il faut savoir qu'en ce pays, encore comme aux premiers siècles du christianisme, toutes les maladies sont envoyées par le Mauvais Esprit, lequel, chez les Roucouyennes, est dénommé Yolock. Pour guérir le malade il faut éloigner, chasser le Yolock qui hante la partie souffrante, et pour cela il faut prononcer des paroles sacramentelles, faire les cérémonies voulues, administrer les drogues efficaces.

Tout cela, c'est piayer (*piayepoc*). Les drogues simples sont désignées sous le nom générique de *ipit* ou *piti*, qui veut dire remède. Ainsi les remèdes des blancs sont des piti. Les drogues ayant une propriété surnaturelle quelconque, et en même temps tous les poisons indiens sont des *taya*. Les paroles sacramentelles que prononce le piaye, c'est l'*élimi*. Les cérémonies qu'accomplit le piaye, faute de noms indiens, nous les appellerons *piayeries*.

Un blanc ne saurait, en réalité, piayer (piayepoc), puisqu'il n'a que les piti, et ne connaît ni les taya, ni l'élimi, ni les piayeries prescrites. Pour ce qui est des piti, la base du régime que prescrit le piaye pour traiter toute maladie est une diète plus ou moins prolongée, pendant laquelle on ne peut prendre que de la cassave, de l'eau et du chacola s'il y en a. Plus tard, s'il y a du mieux, la diète s'adoucit progressivement. Ils ont des prescriptions singulières, par exemple ils estiment que le bouillon de volaille est extrêmement dangereux pour les malades. Ils exorcisent toute nourriture donnée au malade, en prononçant une formule sur la première bouchée qui sera mangée, et en crachant dessus, discrètement.

Pour toutes les maladies du pays, rhumatismes, névralgies, bronchites, dysenteries, coliques sèches, affections du cœur ou du foie, les procédés de médication sont, à peu près, toujours les mêmes. Ce sont des frictions, des cataplasmes, des infusions pour boire ou laver, des bains de vapeur, avec les racines, les fleurs, les feuilles, l'écorce de diverses plantes, l'eau de diverses lianes, l'oignon de certaines plantes bulbeuses. Quelques-uns de ces piayes connaissent réellement fort bien les propriétés, parfois étonnantes, de quelques simples de leurs forêts.

Bien que le sacerdoce des piayes n'existe pas (ce qu'on appelle le pagétisme en lingua geral), les piayes ne sont pas rares chez les Roucouyennes. Ils sont presque tous plus ou moins piayes, plus ou moins grands piayes; tous savent un peu piayer, donner un taya, prononcer un élimi, faire une piayerie dans les règles.

Toutefois la plupart d'entre eux ne sont ni bien savants, ni bien terribles. C'est, le plus souvent, la diète et le repos qui guérissent leurs malades, et pour ce qui est de leur science d'empoisonneurs, il faut en rabattre.

Sans doute il leur arrive de tuer du monde, quelquefois par vengeance, quelquefois par intérêt, par exemple pour s'approprier la femme de quelqu'un. Mais je ne suppose pas que ces faits soient bien fréquents. On a dit que les Indiens d'aujourd'hui, dans la solitude de leurs petits villages, depuis qu'ils n'ont plus la guerre pour passe-temps, ont contracté la déplorable habitude de s'empoisonner. D'abord, s'ils n'ont plus la guerre, ils ont leurs travaux et leurs fêtes. Ensuite, le seul motif sérieux et fréquent de vengeance serait l'inconduite passablement scandaleuse de leurs femmes, mais ils sont, à cet endroit, d'une philosophie fort indulgente. Ils s'empoisonnent, je le crois, mais encore sont-ce là des cas fort rares.

Il ne faut pas donner au piaye une physionomie si terrible. C'est simplement un brave homme qui connaît quelques simples efficaces ou redoutables et quelques formules de charlatanerie toujours inoffensives. Le goût du merveilleux, aussi développé chez les sauvages que chez les civilisés, a ajouté le reste.

L'insufflation de la fumée de tabac, l'apposition des mains, sont le commencement de toute piayerie. Cela a un air spirite assez prononcé. Le piaye prend le mal à pleines mains, le tire du corps du malade et le jette à terre en crachant dessus. Puis il souffle sur tout le corps du patient, fait des passes sur la tête, sur la poitrine. Entre ces passes, le piaye fait une bonne succion sur la partie souffrante. Il suce ferme, à pleine bouche, à pleines dents, il tire du sang. De nouvelles passes, l'insufflation continuelle de la fumée de tabac, ou même la simple insufflation de l'haleine du piaye, lequel se met à faire l'office de soufflet, chassent le mal, qui est définitivement mis en fuite par l'élimi, qui se récite sans cesser d'insuffler de minute en minute de bruyantes bouffées de fumée de tabac — car pour l'élimi il faut absolument de la fumée de tabac.

Quand on va faire une grande piayerie, dans les cas graves, l'opération commence après dîner, à sept heures du soir environ, pour ne finir souvent qu'à minuit. Le piaye, presque nu, sans un collier, vêtu seulement d'un étroit calembé enroulé autour de la ficelle qui sert de ceinture, s'enferme avec le malade dans une petite case en feuilles de palmier construite sur-le-champ à cet effet. Là, il se met à réciter l'élimi, qu'il bredouille d'abord très rapidement sur un ton monotone. Parfois ce sont des paroles inintelligibles pour lui-même, parfois il se borne à improviser. Counicamane, qui me paraît sceptique à cet endroit, s'amusait souvent, en m'accompagnant à la chasse, à improviser des élimis désopilants. Il existe deux genres d'élimi : l'un sur un ton terrible, formidable, effrayant. C'est comme si, pour guérir nos malades, nous leur sonnions du cor de chasse aux oreilles. L'autre est scandé lentement, d'un ton aimable et tendre. Dialoguant avec son interlocuteur principal, un Indien qui est dehors, le piaye chante de temps à autre un morceau d'élimi tendre ou effrayant. Des interlocuteurs de second ordre vont et viennent autour de la petite case en chantant aussi, de temps à autre, leur petit morceau, quelque élimi de second ordre. A la fin de tous ces élimis, qui ont duré déjà plusieurs heures, le piaye, changeant et grossissant sa voix, interroge les autres Indiens, ses répondants, ses enfants de chœur. Remuant avec fracas les feuilles de sa petite case : « Voyez-vous Yolock ? » leur demande-t-il. Et eux, fanfarons, répondent du dehors : « Si nous l'avions vu, il y a longtemps que nous l'aurions tué ». Il secoue encore les feuilles de sa petite case, insuffle bruyamment de la fumée de tabac sur la partie malade, qu'il suce de temps à autre, et dit qu'il cherche toujours Yolock pour le tuer. « As-tu vu Yolock ? » lui demandent, à leur tour, du dehors, ses enfants de chœur. « Non », répond-il d'un air sombre. Il faudra pourtant tuer ou tout au moins chasser le Yolock qui hante le malade ; la guérison est à ce prix. Souvent le piaye s'en va en laissant pour toute ordonnance de bien veiller le Yolock et de le tuer quand on le verra. Le jour il donnera quelque piti, quelque taya bienfaisant, la nuit il continuera à réciter et à chanter l'élimi en faisant ses piayeries. Pour que les choses aillent bien, il faut que le piaye voie dans un rêve le Yolock qui hante le malade et qu'il demande à son propre *Yolock-piaye* le remède qu'il faut pour chasser le *Yolock hanteur*, ce qui lui sera dit encore dans un rêve.

Les très grands piayes, les archi-piayes, l'élimi terminé — et quand ils voient prochaine la guérison de leur malade, — s'enferment dans une petite case basse, où eux seuls pénètrent. Ils sont complètement nus. La hutte est pleine d'objets de sorcellerie. L'archi-piaye tient à la main un petit arc et une petite flèche ; il n'est embusqué là que pour y flécher le Yolock. Chacun le regarde faire, et sans que l'on puisse comprendre comment, on le voit sortir bientôt avec sa flèche ensanglantée : le Yolock est mort.

On piaye généralement soi-même ses enfants en bas âge. On piaye sa propre maladie. Vous avez, je suppose, mal au pied. Assis commodément dans votre hamac, vous récitez l'élimi, puis vous crachez sur la partie malade, ou bien un camarade vous suce l'endroit atteint en récitant la même litanie, cela fait le même effet. Dans les deux cas il vous est loisible de prendre un piti. Il y a aussi les piayes et les tayas extraordinaires. Un piaye un peu fort fait mourir votre chien en trois jours, rien qu'en le regardant. Il jette un mauvais regard à votre cololo et vous mourrez bientôt d'une décomposition du bas-ventre. Cela est absolument vrai ; la preuve, c'est qu'Apatou m'a dit avoir vu plusieurs cas de ce genre. Il y a des tayas pour dresser les couatas. Il y en a un pour faire revenir la famille qui est au loin et qui, dès lors, ne fait plus que pleurer en pensant à vous.

Il est des piayes qui font tomber la pluie, d'autres qui l'arrêtent. Ainsi les populations des Guyanes ignorent sans doute à qui elles doivent d'avoir vu cesser subitement les interminables pluies de 1886. Eh bien, c'est à Yacana, qui fit à cet effet, au village de Pililipou, une grande piayerie de trois jours pendant laquelle il ne mangea qu'un peu d'ignames. La piayerie finie, les pluies cessèrent, au mois d'octobre. Ordinairement elles cessent trois mois plus tôt. « Ils l'ont vu, ils sont bien obligés de le croire », observe judicieusement Apatou, qui n'aime pas à voir mettre en doute le talent des sorciers avérés comme Yacana, Acouli ou Gouacou.

Tous ces miracles s'opèrent plus ou moins par l'intermédiaire d'un Yolock quelconque. Ces piayes, qui cherchent les Yolocks pour les tuer, peuvent donc aussi, apparemment, leur donner des ordres. Le piaye, qui est le *maître de la maladie*, est aussi, dans une certaine mesure, le *maître des Yolocks*. Mais les Yolocks dont il s'agit ici s'appellent des *piayes*, comme les sorciers. Il y a le *piaye-homme* et il y a le *piaye-esprit*, espèce de Yolock. Le premier, comme nos médecins et nos prêtres, se fait toujours payer par les clients. Pour ce qui est des *piaye-esprit*, le *piaye-homme* demande aussi parfois quelques cadeaux pour eux.

Yolock, ce n'est pas positivement le diable comme nous le comprenons. On peut personnifier Yolock, mais Yolock ou plutôt les Yolocks sont essentiellement les agents du Sort, ses véhicules, ses personnifications. Ce n'est pas l'Esprit du mal : les Yolocks sont innombrables, ils sont partout, ils passent leur temps à tourmenter méchamment les Indiens.

Ce qu'il y a au-dessus des Yolocks, ce sont les *Esprits-Piayes*. Chaque espèce végétale, animale ou autre a son Esprit-Piaye. Il y a le piaye-hocco, le piaye-pakira, le piaye-manioc. C'est l'esprit du manioc, des pakiras, des hoccos. Chaque Indien se choisit un Esprit-Piaye, un seul ; s'il choisit, par exemple, le piaye-maïpouri, il ne mangera jamais de maïpouri, le maïpouri est *son piaye*, c'est-à-dire, dans ce cas, son protecteur, son ange gardien. Il y a des Esprits-Piayes plus forts que les autres. Il y a des Esprits-Piayes pour les Indiens, les blancs, les nègres, la forêt, les rivières. Les Esprits-Piayes ne communiquent qu'avec les hommes-piayes. Le commun des profanes a bien son piaye aussi, mais c'est purement platonique ; il ne communique pas avec lui, il se borne à l'invoquer, à croire et à s'abstenir de manger sa représentation. Les Esprits-Piayes des hommes-piayes les tiennent au courant d'une foule de choses. Ainsi le Piaye-Manioc, qui est l'Esprit-Piaye d'Acouli, vient d'apprendre à celui-ci qu'il y a quelqu'un de malade à Piquiolo. En effet, c'est Franchi, qui nous arrive peu après avec la fièvre. Le Piaye terrestre est d'autant plus puissant qu'il aura pu se faire agréer par un esprit-piaye très fort. Ces Esprits-Piayes ne vous acceptent pas toujours quand vous les avez choisis. C'est pour cela que l'Indien qui n'est pas piaye se choisit bien vainement un Esprit-Piaye, puisqu'il ne peut jamais savoir si celui-ci l'a agréé. On peut changer d'Esprit-Piaye. Ainsi, Acouli est en train de laisser le piaye-manioc et de se faire agréer par le piaye-corbeau, qui est encore plus fort. C'est par l'intermédiaire de ces Esprits-Piayes, qu'ils appellent simplement leurs piayes, que les piayes terrestres font leurs opérations. C'est d'eux qu'ils tiennent leur puissance.

Les Esprits-Piayes habitent au fond du ciel. Avant d'arriver chez eux, on rencontre le village des noirs, puis celui des Indiens, puis celui des blancs. Les hommes piayes, qui sont les seuls à porter, au pays roucouyenne, le fardeau de l'immortalité, s'arrêtent au village des Indiens où ils continuent à piayer et à avoir des relations à distance avec les Esprits-Piayes.

Pour ceux-ci, ils vivent à l'indienne dans un grand pacolo. Ils ont un tamouchi qui s'appelle Couloun qui envoie aux Calinas d'en bas l'eau dont il n'a pas besoin : c'est la pluie. Ce nommé Couloun, c'est, si l'on veut, le bon Dieu des Indiens, mais des Indiens seulement, car les blancs et les nègres ont aussi leurs Coulouns, espèces de grands tamouchis d'en haut dont les Roucouyennes ont le bon esprit de ne pas s'occuper. Le Couloun des

Roucouyennes s'appelle aussi Capalou, ce qui veut dire casse-tête. Tel est du moins le Catéchisme d'après Acouli.

C'est tout ce que j'ai pu apprendre, jusqu'à présent, sur la religion des Roucouyennes. Ont-ils eu autrefois une religion mieux définie, mieux constituée ? Comment expliquer les jeûnes bizarres qu'ils observent avec tant de rigueur? Ces jeûnes, qu'ils pratiquent comme la presque totalité des Indiens des deux Amériques, sont chez eux des restrictions dans le choix et non dans la quantité des aliments. Ce ne sont donc pas des jeûnes à proprement parler.

Ces restrictions sont aussi bizarres que variées. Un Roucouyenne ne mange pas de perdrix jusqu'à ce que son fils ait atteint un certain âge. L'homme dont la femme vient d'accoucher ne mange, pendant un certain nombre de mois, ni de « ce qui a des dents », ni de gros gibier à plume. Pourquoi cette jeune femme ne mange-t-elle pas de couata? C'est parce que son enfant est malade. Pour avoir le droit de manger du gymnote, il faut avoir atteint environ trente-cinq ans. Il faut avoir environ quarante-cinq ans pour avoir le droit de manger de la biche, du capiouare. Et cent autres restrictions aussi difficiles à expliquer, et qu'ils n'enfreignent jamais, quelque abondance ou quelque disette qu'il y ait au village.

UN PIAYE

LES TUMUC-HUMAC.

CHAPITRE VIII

PAQUES. — TOUJOURS L'HIVER. — POURQUOI APATOU N'AIME PAS ANATO. — APATOU COMIQUE. — LA CHANSON DES PLEURS. — HISTOIRE D'UN ACCOUCHEMENT. — LES ORPHELINS CHEZ LES ROUCOUYENNES. — IL N'Y A PAS D'ORPHELINS CHEZ LES BONIS. — SECRETS DE MAGIE. — GOUACOU MALADE. — NOUVEAUX PAYSAGES D'HIVER. — UN MENU. — APATOU DEMANDE DES JOURNAUX. — LES ROUCOUYENNES AIMENT TOUJOURS LES FRANÇAIS. — RETOUR DES DANSEURS. — LA « MALOCA » INDIENNE ET LA « MALOCA » EUROPÉENNE. — QUERELLES D'INDIENS. — LES MOIS DES ROUCOUYENNES. — LES BANDITS INDIENS. — APATOU A TERMINÉ SES CANOTS. — GRANDE CHASSE DE TOUANKÉ. — « PÈRE, JE VAIS MOURIR ». — LES POISSONS MONTENT. — RETOUR DE TOUANKÉ. — RAYON DE SOLEIL. — NOUVEAU DUEL DE LAVEAU ET GOUACOU. — VISITE D'ADIEU AUX TUMUC-HUMAC. — LE « MARAKÉ ». — ARRIVÉE DE YACOUMANE. — UN BILLET DE CREVAUX. — DERNIÈRES HEURES. — LE DÉPART. — QUELQUES NOTES. — ÉTAT POLITIQUE ET SOCIAL DES ROUCOUYENNES. — « TAMOUCHIS ET PEÏTOS ». — LA PROPRIÉTÉ ET LE TRAVAIL. — LE BONHEUR SAUVAGE.

Pâques. Alleluia.
Avec les dernières ombres de la nuit, ils sont partis, les beaux danseurs bien costumés. Les chants ont cessé, la fête est finie ; voici l'aube, la pluie tombe.

Je ne sais pourquoi les fêtes m'ont toujours assombri. Elles font surgir, du plus profond de mon être, un ennui vague que je ne m'explique pas.

Le poète parle des tristes lendemains de ces beaux jours. Si la fête est pour moi sans charme, son lendemain est plus morose encore, plein du regret des plaisirs perdus, de l'amer souvenir de ces joies auxquelles je suis fermé.

Surtout quand l'hiver m'accable de ses pluies quotidiennes dans l'isolement d'un pauvre village indien perdu aux Tumuc-Humac.

La tête dans les mains, écoutant l'averse torrentielle qui remplit le ciel de ses avalanches crépitantes, je m'isole dans les bruits de la tempête et peu à peu me sens glisser vers les douloureuses voluptés des longs retours sur soi-même.

Toujours l'hiver. Toute la nuit, plusieurs fois par jour, le vent d'est nous verse d'impétueux torrents. Toutes les criques sont débordées, la forêt est pleine d'eau. Je vais de temps à autre à Peïo : sur deux kilomètres j'ai de l'eau jusqu'à la ceinture. La forêt n'a pas le temps de sécher, les feuilles laissent tomber sans fin leur rosée glacée. Les sentiers sont glissants, les serpents se promènent plus nombreux ; les grenouilles, qui font maintenant la base de notre alimentation, pullulent dans les endroits inondés ; d'épais brouillards, qui sont parfois deux jours sans se dissiper, transforment le ciel en une triste grisaille. Pour aller seulement chercher des pommes d'acajou des bois, à un kilomètre du village, on revient trempé comme après une noyade. On aime son coin du feu, sa pipe de thé moisi, et à s'égayer.

« Alors tu dis, Apatou ?

— Oui, mouché, si mo qua connaît li, mo qua fait palé di mo en tout pays la tè. Tenez, mouché, mo qua di ou trois paroles oune so. »

Puis il ne dit rien.

Ensuite il me dit du mal d'Anato. Il exècre Anato. Cela se comprend.

Quand Crevaux passa par Cottica, il eut besoin d'un Boni. Anato se débarrassa d'un mauvais sujet, fort turbulent, appelé Apatou, gars solide et bon pagayeur. Crevaux était bon, généreux, et surtout avait grande envie de s'attacher à tout prix un sauvage pour s'en faire de la réclame à Paris. C'est ainsi qu'Anato fit la carrière d'Apatou, qui est aujourd'hui son ennemi intime. N'importe quel autre polisson de Boni, désigné par Anato, fût de même devenu le sauvage à la mode, fidèle aux bons appointements, et finalement l'ennemi d'Anato par jalousie, comme Apatou.

Indispensable Apatou ! Ceux qui s'imaginent qu'il eût sauvé Crevaux chez les Tobas se font une singulière idée de je ne sais quel rôle providentiel de ce nouveau chien de Montargis. Son outrecuidance et son esprit de rapine eussent au contraire précipité le désastre. Les grandes tribus guerrières du sud et leurs frontières peuplées de métis étaient un théâtre bien trop difficile pour ce pauvre diable de nègre boni.

Maintenant que je le connais bien, que je me suis initié, pour dépister ses fourberies, à des ruses de vieux juif, maintenant que j'en ai pris mon parti à son endroit, je m'amuse de ses travers en prenant ses vices en pitié.

Il est de la plus réjouissante vanité. « Quand j'arriverai à Cayenne, dit-il, la première chose que je ferai sera d'aller trouver le gouverneur pour arranger avec lui les affaires des Bonis, des Youcas et du Contesté. » Il tient beaucoup à être appelé « Monsieur Apatou ». Quand il rapporte les paroles de quelqu'un qui lui parlait, il ne manque jamais de lui faire prononcer le majestueux qualificatif. « Mouché Apatou, me disait-il…. Oui, mouché Apatou…. Vous voyez bien, mouché Apatou. » Le grand-man des Youcas me disait : « Mouché Apatou, nous savons tous que vous seriez le plus capable d'être à la fois le grand-man des Bonis et le grand-man des Youcas ».

Il m'interrompt quand je parle, il répond à mes questions quand cela lui plaît. Je lui en ai fait plusieurs fois la remarque au début ; il sait parfaitement que cela n'est pas convenable, mais il estime qu'il n'a pas à se gêner avec moi, me jugeant à peine son égal.

Cependant il m'honore parfois de ses confidences, il me raconte les succès qu'il a eus auprès des « mamzelles » de sa tribu et des « madames » de Paris et de Nancy. Cela aurait quatre cents représentations au Palais-Royal.

Il a une haute idée de sa science. Quand il commence à vous parler de son expérience et à vous dire : « Mo voyagé petit moço, pas beaucoup », sauvez-vous, vous êtes perdu. Bien qu'il ne connaisse que son takitaki, et un peu le créole de Cayenne et le roucouyenne, il affirme qu'il possède huit langues : le boni, le créole, le roucouyenne, le hollandais, le français, le portugais, l'espagnol et la lingua géral. Il a cependant un regret : il ne comprend pas la langue des perroquets, comme beaucoup de Bonis de sa connaissance. Il a voulu se la faire enseigner, mais on lui a demandé trop cher.

Intelligence des plus médiocres, toute mercantile — je veux dire faite toute de ruse, de dissimulation et de fourberie, — il a la tête farcie de toutes les billevesées des gens de sa tribu.

Ainsi, pour dresser un chien à la chasse, il a un procédé que je recommande à mon ami Marc de Brus et aux autres sportsmen cynégétiques.

Il frotte le chien avec une eau dans laquelle il a râpé un os de gibier. En donnant cette friction à son chien, il prononce les noms des animaux que le chien devra chasser : « Pakira, pakira ! crie-t-il ; maïpouri, maïpouri ! » et il frotte, frotte ; cariacou, cariacou, « cariacou ! » Je lui ai vu faire cela deux fois par jour pendant trois mois de suite. Le chien, qui avait mauvaise tête sans doute, n'apprit rien.

Quand il reste trois ou quatre jours sans rien tuer à la chasse, c'est qu'on a jeté un sort à son fusil. De même, on peut « amarrer » son chien, c'est-à-dire lui donner un sort qui l'empêche de chasser. On « amarre » aussi une crique aurifère : tous les prospecteurs du monde y passeront en vain, l'or a reçu l'ordre de ne pas se montrer.

Il boit à la dérobée, presque tous les jours, des boissons mystérieuses sur lesquelles Gouacou a prononcé des formules cabalistiques. Il connaît des raguets (des herbes) qu'il suffit de porter sur soi pour trouver toujours du gibier, pour « toujours gagné bonho tout partout ». Il en avait aussi pour se faire aimer des femmes, mais il va les laisser pour prendre les os de crapaud.

Si sa vie avec Crevaux, son séjour en France, sa créolisation ne lui ont pas beaucoup élevé l'esprit, m'est avis que cela lui a abaissé le sens moral. Les autres Bonis ne sont pas aussi plats que lui.

Il vous dit des choses dans le goût de celle-ci : « Moun qui bien, pas pouvé passé en mo village sans metté dix francs dans la main de mo maman ». N'oubliez pas d'obtempérer, quand vous passerez par Hermina, à cette habile sollicitation d'une mendicité si civilisée.

Le brave garçon a une façon candide d'apprécier les gens. Il dit : « C'est un brave homme, car il m'a fait beaucoup de cadeaux ». Libre à vous, maintenant, de vous faire auprès de lui une réputation de « brave homme ».

La veille du jour de l'an, pour me rappeler mes devoirs, il m'interpelle de son air le plus aimable : « Mo qua allé perdre mo trente francs, ça bonne année : mo maman qua baille mo toujou trente francs pour mo bonne année ». Cher petit !

Une des formes de mendicité qu'il n'a peut-être pas inventée, mais qu'il a certainement perfectionnée, est la mendicité aux cadeaux. Il vous défile, après vous avoir raconté les services sans nombre qu'il a rendus, le long chapelet des cadeaux qu'il dit avoir reçus de ses divers bienfaiteurs. Et il en conclut bravement : « Vous-même ne m'avez rien donné, ou presque rien. Tenez, telle chose me ferait plaisir. » Aujourd'hui il en est arrivé à croire qu'il a un droit strict aux cadeaux, comme jadis le moine mendiant qui mendiait pour son couvent. Le couvent qui lui vaut ses aumônes s'appelle :

« Apatou et so fami, services rendus à la géographie ». Il sait que les cadeaux sont dus, et, comme il ne veut pas attendre, il vous fait obligeamment signe quand le moment est arrivé. Mais il est devenu difficile, et si le cadeau n'est pas digne du personnage, il vous le fait ironiquement sentir. Si notre homme est satisfait, il ne vous en aura pas pour cela la moindre reconnaissance : vous avez fait votre devoir, qui est de donner, et lui a fait le sien, qui est d'accepter, et voilà tout.

Vieilli, usé par des excès de jeunesse bien plus que par ses voyages, voûté, il a perdu sa vigueur première, et malgré le mot qu'il a sans cesse à la bouche : « Mo ça oune gène garçon », il arrive à la vieillesse. Il trouve trop fatigantes les marches dans le bois, il peste et gémit dans le sentier indien. Il est souvent malade. Je le vois, tout cet hivernage, couché le premier, levé le dernier, abusant de la sieste et se plaignant toujours. Il est sur les dents pour avoir fait un canot. Il avoue qu'il ne peut plus se passer de bien-être et s'accommoder de la vie des bois. Il eût mieux fait de rester chez lui.

Mais assez d'Apatou.

Au commencement d'avril, un Indien arrive de Piquiolo, avec deux femmes. Ce sont les deux anciennes épouses d'un fils de Touanké, mort écrasé par un arbre en coupant un abatis. La mère, à qui la vue de ses deux anciennes brus renouvelle une douleur oubliée, entonne la chanson des pleurs. Ce sont des sanglots chantés. Je défie cœur de forban ou de financier de ne pas se sentir remué dans toutes ses fibres par cette chanson sauvage de la vieille Indienne pleurant son fils mort.

Oh ! il est des douleurs cruelles, au pays indien, tout comme chez nous autres, simples civilisés.

Une des femmes de Counicamane, la fille de Toumtoum, va accoucher. Le père, qui s'inquiète peu de l'enfant, parce qu'il suppose qu'il n'est pas de lui, est parti danser chez Apoïké. Toumtoum a fait de même. La jeune femme, accouchée de ce matin, est aux mains de la mère de Counicamane. Ne sachant se traiter ni traiter son enfant, car c'est sa première couche, la jeune femme, à peu près abandonnée par sa belle-mère, tombe gravement malade. Commères et piayés s'en vont répétant par le village que l'enfant mourra, parce que le Yolock l'a frappé. En réalité, on pense que l'enfant, étant de Païké, à ce qu'on présume, pourrait devenir un sujet vivant et permanent de jalousie pour Counicamane qui est violent ; il vaut donc mieux que l'enfant meure.

La belle-mère, une hideuse mégère s'il en fut, petite vieille ratatinée, encore enlaidie par sa nudité, soigne la mère et l'enfant à contretemps : elle sait qu'elle fera plaisir à son fils Counicamane en faisant mourir l'enfant présumé de Païké. Bientôt la jeune mère tombe paralysée des deux jambes. Épouvantée, elle veut à toute force échapper à la vieille et se sauve du pacolo de Counicamane où elle avait accouché, pour se rendre au pacolo de son père Toumtoum. La jeune femme accomplit ce trajet en poussant des cris de douleur, se traînant à travers le village sur son pauvre siège endolori d'un accouchement tout récent. Elle s'appuie sur ses deux mains et se traîne. Encore un effort! Il pleut, le sol est mouillé ; elle traverse ainsi les flaques d'eau, glissant dans la boue. Sa jeune sœur la suit en portant le nouveau-né. La pauvre jeune femme n'a absolument point voulu que nous la portions dans nos bras. La voici au bas de l'échelle du pacolo, elle se hisse comme elle peut, toujours en poussant des cris de douleur.

Le jour suivant, l'enfant meurt. Deux femmes du village se joignent à la mère, et toutes les trois chantent en chœur la chanson des pleurs. Les perroquets font chorus en imitant les enfants qui crient. La belle-mère s'en va faire pour son petit-fils, à deux mètres du pacolo, un trou avec une hache sous un roucouyer. Le trou a cinquante centimètres de profondeur. La vieille y jette l'enfant tout nu et piétine un peu la terre. En cinq minutes c'est fait. La jeune mère chante encore deux ou trois fois dans la journée la chanson des pleurs, puis le pacolo demeure silencieux. Maintenant, la vieille soigne un peu mieux la jeune femme. Il fallait que le petit mourût, mais elle, elle peut vivre. Et le père de la jeune femme danse chez Apoïké, et aussi le mari, et aussi le père de l'enfant ; et la jeune femme reste paralysée.

Ces Indiens sont parfois durs, presque dénués d'humanité. Qui n'a ni père ni mère chez eux, ni oncle ni tante, peut avoir des chances d'être abandonné de tous. Un mari, une femme ne sont pas toujours des aides ou des protecteurs.

Quand une femme qui n'a ni père ni mère accouche, son mari la laisse vaquer toute seule à sa délivrance et à sa convalescence. C'est elle qui doit couper elle-même le cordon ombilical, se laver, laver l'enfant. Souvent tout le village se disperse au dehors pendant les quelques jours de l'accouchement et des relevailles. Si le mari reste, il se met dans le hamac et fait la couvade. La femme s'arrange comme elle peut, avec ses peines et un peu de cassave sèche.

Mais le plus misérable est l'enfant qui n'a ni père ni mère. Il vit des restes de tous, de la charité de ces gens peu charitables : tout le monde le fait travailler et personne ne le nourrit. Si d'aventure il passe quelqu'un qui en veuille, on le lui donne ou le tamouchi le lui vend.

En pays boni, c'est mieux : tout enfant a un père *officiel*, toujours, et, le père mort, la famille du père est protectrice-née de l'enfant.

Cette recherche de la paternité chez les Bonis est assez originale.

Dans les cas embarrassants, quand il s'agit par exemple d'une femme qui ouvre son hamac à tout venant, on procède comme suit :

Au commencement des derniers mois de la grossesse, la famille de la femme lui demande qui est le père de l'enfant. La femme récapitule, calcule, et augure que ce doit être un tel. Un membre de la famille de la femme se rend auprès du malheureux pour lui apprendre qu'il a été désigné par la mère. Le prévenu doit alors se rendre auprès de la femme et vivre avec elle en subvenant à ses besoins jusqu'à l'expiration du troisième mois qui suivra l'accouchement. Après quoi il sera libre de laisser là la femme si bon lui semble.

S'il refuse on pousse jusqu'auprès du grand-man porter plainte ; celui-ci tient au récalcitrant ce langage : « J'ai besoin de l'enfant qui va naître. Sa mère dit que tu es le père, est-ce vrai ? » A moins de preuves formelles du contraire, l'accusé, coupable ou non, ne saurait nier sans s'exposer à passer le reste de sa vie en bataille avec la famille de la femme. C'est dans les mœurs. Or, comme les preuves matérielles de non-culpabilité ne peuvent presque jamais être produites, le prévenu avoue, comme on avoue à la torture. Le grand-man lui intime alors ses ordres : « J'ai besoin que la mère et l'enfant vivent. Va avec la mère et prends soin d'elle, traite-la dans son accouchement et ensuite nourris-la bien. Trois mois après, tu pourras la quitter si bon te semble. »

Il en coûte moins de se résigner que de nier, ce qui serait déclarer la guerre à la famille de la femme, ou de refuser d'obéir au grand-man, ce qui serait encore plus grave. On en prend son parti, on fait contre cette bonne fortune bon cœur, et l'on s'en va passer quatre mois avec cette femme que l'on n'avait peut-être connue que pendant huit jours, ou peut-être seulement pendant une nuit, ou moins encore, ou même que l'on n'avait pas encore eu l'honneur de connaître.

Ces mœurs cythéréennes séduisent tellement Gouacou que c'est dans la nation boni qu'il s'est juré de prendre femme. Heureuse la femme boni dont il sera le chevalier servant !

Il s'est couvert de gloire aujourd'hui, le vaillant Gouacou. Il a tué un pakira. La chair de ce pakira a une odeur étrange. C'est qu'il a mangé les fleurs d'une liane que les Roucouyennes appellent *tiquérème*. Cette liane a une odeur d'ail tellement forte que les pakiras, les agoutis, les couatas, les hoccos qui en ont trop mangé ne peuvent être utilisés, tellement leur chair est imprégnée de cette horrible odeur.

Rendu loquace par son fait d'armes, Gouacou m'initie à divers secrets de haute piayerie. Quand vous voulez tuer un tigre dans la journée, il vous suffit, la nuit précédente, de toucher certain raguet que vous montreront les « piayors ». Il m'explique aussi, avec un parfait aplomb, d'une façon magistrale, *ex cathedra*, pourquoi les agoutis sont maigres tous les vendredis matin. Sachez aussi que, si l'on mange vert un épi de maïs, cela fait mûrir les autres beaucoup plus vite. Et apprenez qu'il suffit que Gouacou se trouve dans une maison où l'on mange du caïman ou de la tortue pour que cela lui fasse fendre les pieds. S'il en mangeait lui-même, alors ce serait affreux, oui, monsieur.

Apatou, qui va repartir pour terminer les canots, ne perd pas un mot de cette instructive conversation. Mais voici qu'il lui tombe sur la main une petite feuille sèche. Apatou, inquiet, se demande ce que cela peut bien signifier. Cela signifie évidemment quelque chose. Gouacou regarde en haut certain papillon qui passe.

« Crachez su ou la main », fait Gouacou avec autorité.

Apatou crache.

« Essuyez. »

Apatou essuie et demande timidement :

« A bon ato-là ? »

— N'y a point rien encô, dit Gouacou en se rengorgeant. Piaye allé so chimin. »

Toutefois ce grand sorcier de Gouacou n'a pu se préserver d'une jolie petite bronchite qui lui cause la plus grande frayeur. Le jour il nous donne la migraine, et la nuit il nous empêche de dormir en récitant sur tous les tons du désespoir les lamentations d'Apatou : « Mo qua mouri ici », et les variantes. Que ces gens-là sont donc lâches !

Eux et la pluie, quel duo atroce !

Et l'hivernage ne fait pas trêve. Nous avons maintenant des orages quotidiens dans l'après-midi et des averses nocturnes de six heures de durée. On dirait que toute la forêt se déracine, par ces grandes pluies et ces grands vents. On n'entend que le bruit de grands arbres qui s'abattent avec fracas dans la forêt. Tous les soirs la cigale fait entendre son cri strident, ce qui annonce, paraît-il, que les pluies vont continuer. L'hivernage, amenant avec lui le blocus et la famine, pousse invinciblement à la tristesse, je défie qui que ce soit de s'y soustraire. Nous nous trouvons, Laveau et moi, exactement dans la même situation d'esprit, qui est celle du mécontentement de soi-même. Ce phénomène psychique est assez curieux : nous l'éprouvons tous les deux après déjeuner, depuis onze heures jusqu'au grand orage de l'après-midi. De maussades rêveries évoquent tout notre passé dans ses moindres détails, mais spécialement avec la perception très nette des fautes commises. C'est vrai, en effet : que de fautes commises ! que de maladresses ! Il est des moments où il semble que la vie en soit toute pleine. Que l'on vieillit donc lentement ! L'avenir vaudra peut-être mieux que le passé, mais qu'elles sont lentes à sonner à l'horloge de l'ennui, les heures qui nous en séparent ! Que l'on vieillit donc lentement !

Quand nous n'avons rien à manger au pacolo, nous allons, chacun avec un morceau de cassave à la main, manger des fourmis dans la forêt. Les nids de ces insectes sont pour les Indiens comme les basses-cours des jours de misère. Les espèces de fourmis-manioc que mangent les Roucouyennes me paraissent détestables. Je préfère de beaucoup les fourmis saübas que je mangeais chez les Tarianas, au pied des Andes.

Aller chercher des fourmis-manioc est une expression croustillante dans la bouche d'une femme : cela signifie aller trouver son galant, car c'est là le prétexte qu'elle donne.

Dans nos courses en forêt nous trouvons maintenant les fruits du cacao, qui commencent à mûrir en mars. Le cacao est très commun dans les forêts de la Haute-Guyane à partir de deux cents mètres d'altitude. Il ne s'en trouve guère dans le bassin de l'Itany ; il commence à être abondant dans celui du Marouini ; dans les hauts du Camopi et aux Tumuc-Humac de l'Oyapock, il vit en famille. Nous faisons avec la pulpe des graines fraîches du cacao une boisson fort agréable.

C'est aussi l'époque de l'amadou. L'amadou n'est pas rare dans la forêt. Il en existe une variété jaune qui pend aux arbres et une variété noire qu'on trouve sur les racines affleurant le sol.

Malheureusement, si on mange le cacao, on ne mange pas l'amadou. Cependant la famine fait parfois trêve.

Voici le menu d'une de nos bonnes journées, un menu que je veux conserver pour la postérité.

Table : une malle. Sièges : cololos. Couvert : un plat, une assiette, un coui, un couteau, deux cuillers.

Six heures du matin. Coutos (petits crapauds). Bouillon de piment, cassave.

Midi. Oroyes[1] crus, cassave.

Deux heures. Oroyes cuits, cassave.

Six heures du soir. Graines de chaouari[2], caumou, miel, cassave.

Vins et liqueurs. Eau, thé (il est moisi), café sans sucre, ou sucré avec son égale quantité de jus de canne obtenu en battant la canne avec un bâton sur un coui.

Cigares : Thé moisi, feuilles de tabac vert rôties dans la poêle.

Nous dînons en musique. Un perroquet savant imite les enfants qui pleurent et appelle comme eux : « Maman ! » Un autre leur crie de se taire : « *Cami, maca* (bébé, assez !) ». Un troisième imite les hurlements des chiens attachés qui demandent leur liberté. A côté, un bébé agenouillé, qui, ayant fourré la tête dans la marmite pour boire, perd l'équilibre, se coiffe dans la marmite, se remplit les yeux de bouillon de piment et se met à hurler. Les chiens attachés lui donnent la réplique. Les perroquets brochent sur le tout. L'averse, tout se tait, tout s'en va, tout se couche, tout s'endort. Nous en sommes maintenant à rêver en fumant nos feuilles de tabac vert rôties dans la poêle. Soudain, au cœur de la nuit, un Indien éprouve le besoin de jouer de la flûte, et une femme celui de pleurer ses malheurs. La femme entonne sa complainte, et l'Indien ses sonneries. Tant pis si les deux artistes réveillent tout le monde : vous êtes libre, aussi, si bon vous semble, de jouer de la flûte ou de pleurer vos misères.

Apatou, en homme habitué aux civilisations tirées au cordeau, s'indigne de ce sans-gêne, et, comme il est guéri, il retourne à ses canots. Avant de partir il me demande, devinez quoi ? Je vous le donne en mille. Des journaux ! des journaux à Pililipou ! « *Pou mo li !* ». Je n'ai pas encore réussi à lui apprendre à épeler. Mais cela lui ferait une belle contenance devant les Indiens de Peïo.

Malgré le départ de mon cher patron je ne m'ennuierai pas trop. Voici du monde.

Malgré l'hiver il m'arrive sans cesse de nouvelles visites. Ces Roucouyennes du Yary et du Parou sont décidément plus actifs, plus courageux, moins danseurs et moins *bonisés* que ceux d'ici. Presque tous me demandent si je ne vais pas, moi qui reste longtemps au pays roucouyenne, rétablir les anciennes relations qui existaient jadis entre les Roucouyennes et les Français. Ils me prient de m'installer dans le Haut Oyapock et

---

1. Oroyes : pommes d'acajou.
2. Chaouaris : espèces de grosses noisettes.

de chasser Raymond. Ces Indiens n'ont nullement perdu le souvenir de leurs vingt années de commerce avec nous par leurs villages de l'Araoua, à la fin du siècle dernier. Ils n'ont pas oublié la promesse d'établissement que leur fit Leblond et ils me demandent si je n'apporterai pas des cochons et des chèvres, comme Leblond le leur avait promis. Ils seraient prêts, disent-ils, à nous envoyer des enfants pour que nous leur enseignions « ce que savent les blancs » : Ils seraient heureux que des Français se mariassent avec leurs filles. Cela donnerait de très beaux enfants, disent-ils. Les Roucouyennes aiment donc toujours les Français.

D'autre part voici qu'ils viennent d'assommer, à coups de bâton, au Parou, un Youca qui avait essayé de jouer au capitaine parmi eux. Le couple de capres[1] du Parou, le « couple assassin » dont parle Crevaux, vient d'avoir le même sort, et pour le même motif. Enfin, il y a quelques années seulement, une femme roucouyenne ayant eu un enfant d'un visiteur boni, l'enfant fut étouffé à sa naissance, parce que, dirent les tamouchis rassemblés, « comme nous ne voulons pas *descendre*, nous ne voulons pas que nos femmes fassent des enfants avec des nègres; au contraire nous voulons *monter*, et c'est pour cela que nous demandons les blancs ».

Chers Roucouyennes! Mais quels effrénés danseurs!

Ceux d'ici, qui étaient allés danser chez Apoïké, reviennent au village, toujours dansant. Le tamouchi Touanké débarrasse les danseurs de leurs ornements de fête en suivant l'ordre hiérarchique qu'ils ont observé en arrivant, puis on mange la cassave et le bouillon de piment, et chacun s'en va chez soi. Touanké rentre dans son *monta*, le pacolo ordinaire, rond, ouvert en bas, avec un étage; Acouli est sous son *maïpouriouacanoutpeu*, le pacolo fermé, sans étage; Toumtoum s'avance vers son *tilaca*, le monta demi-circulaire; Aïsso regagne dans son village son *moueu*, monta très élevé; et nous restons sous le carbet des hôtes en compagnie des visiteurs.

Je cause avec l'un d'eux, dont le hamac est sous *l'otomane* au même pilier que le mien.

« Pourquoi n'avez-vous plus la *maloca*, la grande maison commune, comme les anciens Indiens? Avez-vous cela au Yary?

— Non. Les anciens Indiens, en effet, ne connaissaient que la maloca, cette grande case qui était un village à elle seule et qui abritait plusieurs familles. Mais peu à peu on s'est désaccoutumé de la primitive vie en commun. Et cela est dû à l'influence lointaine des blancs. Vois les Bonis,

---

1. Capre : métis de mulâtre et de nègre.

qui sont près des blancs : ils ont une maison pour chaque ménage et même une maison pour chaque femme si l'homme en a plusieurs. Nous qui sommes plus éloignés des blancs, nous n'avons plus la maloca, mais nous avons encore nos grands pacolos où se logent plusieurs familles. Ainsi Pililipou n'a que quatre pacolos et pourrait enfermer autant de population que Cottica qui a trente cases. Une ancienne maloca eût renfermé à elle seule toute la population de Cottica et de Pililipou. Mais nous voulons faire comme les blancs. »

Si mon interlocuteur eût connu nos malocas européennes de sept étages et de huit cents locataires, la primitive maloca indienne fût montée dans son estime.

« Bonne nuit, voisin. Yolock t'envoie de beaux rêves ! »

Le matin nous sommes à la joie. Le ciel aussi.

Mais le soir, le ciel est à l'orage.

Nos danseurs aussi. Il y aura quelque chose.

La séance s'ouvre par une bousculade suivie de coups de pied quelque part que le capitaine Toumtoum administre à sa femme, qui roule à terre.

Counicamane demande la parole pour poursuivre à coups de cololo, autour du pacolo de Touanké, la plus jeune de ses femmes.

C'est la liquidation d'un petit compte d'infidélités dont ces deux messieurs ont eu occasion de tenir registre chez l'estimable Apoïké.

Cela se corse. Toumtoum, à qui l'on vient de raconter l'histoire de l'accouchement de sa fille, est assis sur un cololo au pied de son tilaca. Il se frappe de temps à autre la poitrine à main plate en causant tout seul. Il parle d'abord doucement, puis peu à peu il s'anime, et par un crescendo savant il arrive à la vocifération pour descendre ensuite peu à peu à la conversation calme. Et il se frappe toujours la poitrine, tantôt de la main droite, tantôt de la main gauche.

Les Indiens, qui n'ont jamais l'air de se quereller, s'adressent pourtant parfois des mots d'une raillerie piquante ou même de graves injures. Mais le tout est débité sur un ton froid. Celui à qui s'adressent ces choses blessantes ne répond rien, il écoute sans paraître comprendre.

C'est ce qui se passe en ce moment entre Toumtoum et Touanké. Le premier reproche au second d'avoir laissé mourir, sans le soigner, le fils de sa fille parce qu'il le supposait être de Païké. C'est encore lui qui est responsable de l'infirmité dont est atteinte la malheureuse mère. Toumtoum, de chez lui, invective Touanké, qui fait semblant de ne pas entendre.

Quand Toumtoum a fini, Touanké, assis dans la même pose sous son monta, se frappant de même la poitrine et se livrant aux mêmes crescendos, invective Toumtoum, qui, les yeux à terre ou regardant à côté, paraît ne pas savoir que c'est de lui qu'il s'agit.

Retour à la charge de Toumtoum, autre réplique de Touanké. Cette fois les deux interlocuteurs se querellent en se tournant le dos. Puis c'est fini.

Je n'ai retenu qu'une seule des excuses alléguées par Touanké pour n'avoir pas soigné la mère et l'enfant. Cette excuse est une raison des plus valables dans l'esprit d'un Indien : c'est que Touanké n'avait pas *rêvé* de remède, c'est-à-dire que pendant son sommeil, son Yolock ne lui avait donné aucun conseil sur ce qu'il y avait à faire.

Idées, mœurs singulières, et que le voyageur ne saurait démêler du premier coup.

Il est très long et très difficile de pénétrer dans le secret de la vie intime d'une tribu quand on ne parle pas imperturbablement le dialecte. Ce n'est que maintenant que j'apprends que les Roucouyennes connaissent plusieurs constellations, la lumière zodiacale, et qu'ils ont douze mois.

Les mois roucouyennes, dans leur correspondance avec les nôtres, sont les suivants :

Janvier : *Maouaméoune*, la lune des petits crapauds.

Février : *Quiaouquéecoure*, la lune des fourmis-manioc.

Mars : *Onorécoure*, la lune des onorés.

Avril : *Enaou*, la lune des Pléiades.

Mai : *Petpine*, la lune de la Grande Ourse.

Juin : *Ayamouri*, la lune des grenouilles.

Juillet ; *Maoua*, la lune des crapauds.

Août : *Siouet*, la lune de l'oiseau chanteur.

Septembre : *Siuit*, la lune du petit oiseau chanteur.

Octobre : *Ouanouaye*, la lune des lézards.

Novembre : *Louéloué*, la lune des crocodiles.

Décembre : *Itihmé*, la lune de la lumière zodiacale.

J'apprends aussi, peu à peu, leur histoire criminelle. Ils ont leurs Cartouches et leurs Mandrins. Deux surtout sont restés fameux, le tamouchi Macouipy (vu par Crevaux) et le nommé Couyaricoure, qui assassinaient les Indiens pour leur voler leurs femmes, leurs enfants, leurs marchandises.

Ils ont connu aussi, chez les Oyaricoulets, un tamouchi appelé Chicalé, qui était très féroce. Il se barbouillait avec du génipa, dont la couleur noire le dissimulait dans le bois, et à la brume il tombait à l'improviste sur les chasseurs qui rentraient, ou sur les villages où il ne se trouvait que des femmes. Puis il disait le lendemain qu'il avait vu, la veille, des nègres se promener dans la forêt. Quand il était à la chasse et qu'il avait tué un couata qui était resté « croqué » (accroché) dans les hautes branches, il faisait grimper son compagnon, qu'il s'amusait alors à flécher. Bref, un vrai Croquemitaine.

Notons encore que les Roucouyennes, qui ont vu les Oyaricoulets, ne les présentent nullement comme des Indiens blancs, blonds, barbus et à longues oreilles. Ce sont là des fables de vieux Bonis bavards. Ce sont des Indiens comme tous les autres Indiens de la Guyane.

« Au fait, si nous allions les voir, dis, Apatou? »

Apatou, qui a terminé ses trois canots, vient d'arriver au village. Touanké part pour une grande chasse à l'Atouptoc : à son retour aura lieu le maraké, que je tiens à voir, puis nous partirons pour descendre de Chinalé à Saint-Laurent et nous rendre de Saint-Laurent à Cayenne.

Car j'ai réussi à déterminer les Roucouyennes à m'accompagner jusqu'au chef-lieu de la colonie. Personne ne les y avait amenés depuis Leblond en 1788, il y a juste cent ans. Ils avaient pris alors par le Camopi et l'Oyapock. Ce sera la première fois qu'ils descendront le Maroni. Les Bonis les avaient toujours empêchés de poursuivre au-dessous de Cottica, sauf deux ou trois d'entre eux qui purent forcer la consigne et se rendre jusque dans le bas fleuve.

Acouli sera le chef de l'expédition. Il vient avec son neveu Mayarou. Touanké me donne son fils Païké. Yacana et Counicamane complètent la troupe. Counicamane emmène sa femme Alili, celle qu'il ne bat jamais, bien qu'il l'aime le plus. L'autre et la paralytique garderont la maison.

Toutefois, en attendant le maraké et notre départ, nous continuons la suite de notre vie, au jour le jour, sans incidents, sauf quelques gémissements et quelques chansons, faits divers qui remplissent d'ailleurs partout une bonne partie des colonnes de la gazette de la vie.

Ici, quand quelqu'un est gravement malade, il est d'usage que son père ou son plus proche parent entonne, pendant que le patient gémit, la plus triste des chansons des pleurs, une espèce de chant d'agonie. Ce duo de gémissements et d'un chant de désespoir, entendu la nuit, est sinistre.

« Père, je vais mourir », répète en râlant de douleur la fille de Toumtoum. Et Toumtoum, grave, assis au pied du hamac de sa fille mourante, chante, en pliant avec effort au rythme de sanglots qui ne sont point simulés, une mâle et triste chanson pleine de la plus haute expression des plus poignantes douleurs humaines.

Une nuit que nous croyions que la pauvre jeune femme allait mourir, nous nous rendons tous au pacolo. Païké y était, soufflant dans une flûte avec le nez. La vieille femme à Touanké y prenait le menton à son vieux tamouchi en l'appelant *cami* (bébé). Seul Toumtoum ne voyait rien, n'entendait rien.

Maintenant les soirées sont chaudes, et les nuits jusqu'à deux heures du matin. Ce n'est cependant pas l'indication du thermomètre, on doit cette sensation à la pesanteur d'une atmosphère saturée de vapeur d'eau.

Cette chaleur d'hivernage est plus accablante que celle de l'été. Pourtant la saison des pluies n'est pas sans quelques compensations.

Avec les grosses eaux les poissons ont monté. Nous trouvons des aymaras jusque dans les plus petites criques. Dans les rivières coulant maintenant à pleins bords on prend les coumarous à l'hameçon sous les fromagers, les mombins, les acajous, les génipas, dont ces poissons viennent happer les fruits à mesure qu'ils tombent. N'ayant à portée que de petites criques, nous les enivrons avec férocité, je veux dire avec du *counanparou*, espèce de faux manioc qui donne un poison plus violent que celui du coutoupou. Les aymaras asphyxiés s'en vont à la dérive.

Le retour des aymaras est fêté par d'inévitables libations de cachiri.

Je demande à Yacana, qui lisse, avec une dent incisive de pakira, un arc de bois de lettre extrêmement dur, pourquoi sa femme boit toujours devant lui le premier coui de chacola qu'elle a fait, avant de commencer la distribution aux amis. Yacana me répond sagement que c'est pour s'assurer que sa femme n'a pas empoisonné le breuvage. Ainsi en usent tous les Indiens, dont les vieilles coutumes de l'antique état de guerre se retrouvent à chaque pas.

Elles sont nombreuses encore les coutumes de la primitive vie indienne. Telle cette noble pratique des grandes chasses familiales.

Touanké et ses hommes arrivent avec une chasse abondante.

Il était parti avec ses peïtos, sa femme, son fils, sa bru, les chiens. De petits chiens à la mamelle étaient portés dans des catouris. Flèches de toutes sortes, abondante provision de cassave, tapioca, quantité de marmites, plats, couis, cuillers indiennes, du roucou, du génipa pour se peindre, du coton pour que les femmes filent, il ne leur manque rien, ils ne laissent rien derrière eux, rien, que leurs abatis.

Dans le haut du Marouini, au fond des bois déserts, on construit deux ajoupas, voilà le campement. Les femmes restent là, les hommes vont à la chasse et à la pêche. Hécatombe d'aymaras, de hoccos, de couatas, et même la vaillante flèche du tamouchi tue un maïpouri. Bombance, festin au fond des bois, la famille indienne est en liesse. Ils reviennent gras et joyeux, les peïtos devant, le tamouchi et sa vieille derrière, tous chargés de pesants catouris.

La joie et le bien-être dans leurs forêts, la joie et le bien-être dans le village qu'habite une même famille, égalité devant la table, liberté qui ne connaît la tyrannie d'aucune loi, et toute la fraternité compatible avec les mauvais instincts du cœur humain : cela n'est pas trop mal civilisé pour des sauvages.

Le retour de Touanké est fêté par le soleil.

Nous avons une éclaircie, un petit été. Puisse-t-il se prolonger pendant notre voyage !

Le soleil est revenu, clair et beau, comme dit le trouvère. Mon cœur lui chante un hymne. Je rêve à un climat sans nuits, je vois des profondeurs sans nuages, d'un bleu calme et doux, avec un éternel soleil d'août tournant en rond sans fin au sein d'un immense ciel éclatant de lumière.

Mais le soir même il pleut.

Il pleut aussi des coups de cololo sur la tête de Gouacou. Cette fois c'est plus grave. Assis dehors, j'entends mon vieux polisson chercher de gaieté de cœur querelle à Laveau. Gouacou n'a pas voulu faire la cuisine de toute la journée; Laveau a été obligé de la faire à sa place. La dame-jeanne d'eau ayant été vidée en cuisinant, Gouacou, au lieu d'aller la remplir sans mot dire, se met à vomir des injures immondes à la face de ce malheureux garçon, qui ne l'honore même pas d'un seul mot de réponse. Calme précurseur des orages.

Soudain, en proférant une injure encore plus ignoble que les autres, le vieux nègre reçoit un cololo sur la tête, et, avant qu'il ait le temps de se retourner, ce même cololo, ressaisi d'une main sûre, lui ferme la bouche à plusieurs reprises. Cette fois Gouacou saute sur son couteau. Laveau pare avec son cololo, dont il se dispose à se servir comme d'une massue pour fracasser définitivement la tête du vieux misérable. Les Indiens, qui font cercle, envoient chercher leurs arcs et leurs flèches pour en finir une bonne fois avec ce vieux drôle, qu'ils exècrent.

Je suis obligé de m'interposer. J'allume une bougie, car il fait noir, et je crie qu'on cesse. Laveau recule et se tient sur la défensive; Gouacou le poursuit, le couteau à la main. Allons, il faut faire un exemple! Je prends ostensiblement mon revolver, et, mon bougeoir de la main gauche, je m'avance sur Gouacou toujours menaçant, à qui j'assène, avec mon revolver prêt à faire feu, tout armé, un petit coup sec sur le nez. Le drôle se voit mort, pâlit, ouvre la bouche toute grande, écarquille les yeux, se met à trembler, lâche son couteau et se roule enfin à terre en poussant des hurlements. Les Indiens me crient : « Tire, mais tire donc ! »

Laveau se penche alors sur Gouacou, à qui il donne galamment le bras pour le conduire sur une malle, où il lui panse ses meurtrissures, qu'il frictionne avec du tafia camphré. Jusqu'à notre arrivée à Cayenne, Gouacou fut très poli avec tout le monde et fit à peu près bien son service.

Avant de partir, j'ai à cœur de faire une visite d'adieu aux Tumuc-Humac. Je me rends à l'ancien village de guerre du sommet d'Ariquinamaye, l'antique Ciquilale.

Je revois encore une fois le magnifique panorama de montagnes qui s'étend des confins de Ténének-Patare au pic d'Amana, avec Mitaraca au centre. Un après-midi ensoleillé verse une belle lumière d'un bleu clair sur les nuances du vert tendre au bleu de Prusse caractérisant les gorges, les chaînes et les pics, des plus proches aux plus éloignés.

Le point de vue est superbe. L'ancien village, sur l'emplacement duquel ne se trouvent guère de grands arbres encore aujourd'hui, mais seulement des maripas et des roseaux à flèche, était établi à l'extrémité d'un cap d'Ariquinamaye. Quelques roches de quartz blanc constituent comme les garde-fous de la plate-forme, qui tombe à pic, en muraille de plus de cent mètres de hauteur, sur la gorge marécageuse.

Au retour, je visite les anciens abatis, qui sont envahis aujourd'hui par des bananiers et des papayers géants. Ces papayers ont des branches à partir de deux ou trois mètres de hauteur. Ils forment maintenant forêt. Leur hauteur atteint jusqu'à trente mètres. Leurs fruits sont petits et rares. Ces arbres ont au moins cent cinquante ans.

Il faut partir. Et Yacoumane n'arrive pas. Je vais partir quand même. Les collections qu'il m'a certainement préparées — car je ne crois pas que celui-là m'ait trompé — seront probablement perdues.

Toutefois, nous allons, avant le départ, voir le maraké qui se donne chez Peïo. Au retour, je ferai porter tous les bagages au dégrad de Chinalé. Acouli a déjà fait terminer le cassave nécessaire pour notre voyage; dans huit jours, en tenant compte des lenteurs habituelles des Indiens, nous lèverons l'ancre. Allons donc voir le maraké.

Toulé, pono, acomeu ne sont que des danses; le *maraké* a le caractère d'une institution nationale. Cependant il n'est pas particulier aux Roucouyennes; les anciens Oyampis le pratiquaient aussi, de même que les anciens Galibis.

Le maraké n'est nullement une épreuve préparatoire au mariage, c'est plutôt une espèce de médication nationale administrée principalement aux adolescents des deux sexes.

Traduisant littéralement et pour ainsi dire sous leur dictée ce que m'ont dit les piayes, je vais expliquer quel est le but réel du maraké.

Pour les hommes, le maraké les dégourdit, les empêche d'être pesants, paresseux, les rend actifs, éveillés, travailleurs, il leur donne de la force et les rend bons flécheurs. Sans le maraké les Indiens seraient toujours mous, toujours un peu malades, ils auraient toujours un peu la fièvre et resteraient tout le temps dans le hamac.

Pour les femmes, le maraké les empêche aussi de s'endormir et les rend actives, alertes, éveillées, il leur donne de la force et du goût pour le travail, les rend bonnes ménagères, bonnes travailleuses à l'abatis, bonnes faiseuses de cachiri.

Chacun reçoit le maraké au moins deux fois dans sa vie, quelquefois trois, et davantage si l'on veut. On peut le recevoir dès huit ans environ, et l'on ne trouve pas étrange qu'un homme de quarante ans se le fasse administrer.

La première fois on applique les seules fourmis, la seconde fois on applique les guêpes; au troisième maraké ce sont des guêpes appelées *aparas*, dont la piqûre est très douloureuse.

Au second maraké, l'épreuve est jugée suffisante si, le patient n'ayant pas crié, il montre assez d'habileté pour envoyer, par-dessous l'aisselle, de petites flèches ou de petites boules de cassave dans une cible. Pour les jeunes filles, on en juge par leur fermeté à endurer les piqûres. Dans aucun cas, il ne faut faire entendre un cri, ni pendant l'épreuve, ni après.

Parfois, pour de trop jeunes sujets, on se borne à donner le premier maraké, celui des fourmis, sur la poitrine, par une seule application; et le second, celui des guêpes, par une seule application, sur le front. Mais généralement, si le patient n'est pas trop jeune, il est piqué six fois, dix fois, vingt fois.

Il est des individus de trente ans, de quarante ans qui, ayant reçu deux fois, trois fois le maraké, se le sont fait appliquer plusieurs fois encore, soit pour se guérir de quelque maladie, soit pour renouveler en eux les qualités qu'inculque le sacrement.

Ce n'est qu'après avoir reçu son second maraké que toute jeune fille depuis longtemps mariée, c'est-à-dire promise, peut consommer le mariage. C'est ce cas tout particulier qui a fait croire que le maraké était une cérémonie préparatoire au mariage, avec lequel il n'a aucun rapport.

On se marie entre le premier et le second maraké, le second et le troisième, comme on veut. Avant de recevoir le premier maraké, garçons et filles ont, pour l'ordinaire, perdu leur virginité. Ils pourraient, dès lors, fort bien se marier, sans avoir même subi le premier maraké; mais, comme ils ont à peu près chacun douze ou quinze ans, il n'y a pas urgence.

Ne pas avoir reçu le maraké ne constitue nullement un empêchement au mariage. J'ai vu des hommes et des femmes, mariés à vingt ans, qui n'ont reçu le premier maraké qu'après leur mariage. Mais, comme de juste, jusqu'à ce premier maraké on était fainéant, endormi.

Le maraké a dû être, à l'origine, une espèce de certificat de virilité et d'aptitude à la vie. Ses deux ou trois degrés indiquent les phases d'une initiation plus complexe, aujourd'hui tombée en désuétude dans sa partie morale.

Le philosophe indien qui a inventé le maraké semble avoir voulu montrer à la jeunesse, au seuil de la vie, que l'existence n'est que souffrances, fatigues, ennuis et mauvais souvenirs. Le pessimisme est bien vieux, il est né avec le premier des hommes qui s'est donné la peine de penser.

Tout le sens moral du maraké s'est perdu aujourd'hui, si tant est que le maraké ait jamais eu un sens philosophique. On ne le donne aujourd'hui aux adolescents que pour les « dégourdir ».

Le maraké comporte des préparatifs délicats. Il faut s'occuper de chercher des nids de fourmis et des nids de guêpes et de confectionner les manarets[1] du maraké. Cela se fait assez longtemps à l'avance.

Mais c'est seulement la veille du jour fixé pour les épreuves du maraké que l'on fera la récolte des guêpes et des fourmis. Les Indiens qui sont chargés de ce soin ne doivent prendre ce jour-là ni cachiri de manioc, ni chacola, ni omani. Sinon le Piaye-Manioc, qui est très fort, ferait mourir dans les vingt-quatre heures toutes les fourmis et toutes les guêpes. Mais ils peuvent prendre du cachiri de bananes sans danger pour leurs insectes.

C'est le matin, au lever du soleil, qu'on prend les fourmis et les guêpes pour les faire servir le lendemain à la même heure.

Pour ne pas être piqués, les Indiens procèdent comme suit : le nid de

---

1. Manaret : sorte de tamis.

fourmis étant au préalable bien étudié, on introduit dans le trou une brindille que l'on remue jusqu'au fond du nid; les fourmis s'accrochent à cette brindille, que l'on retire pour la plonger aussitôt dans l'eau, ce qui procure aux fourmis une demi-asphyxie, pendant laquelle on peut sans danger les arranger convenablement dans le treillis du manaret, où on les enchâsse par l'étranglement du corps en les serrant un peu.

Pour les guêpes, on met au-dessus du nid une poche à plusieurs compartiments enduits de glu. On frappe au-dessous du nid, et les guêpes, s'envolant, s'engluent dans la poche préparée. Cette poche suffisamment garnie de guêpes est retirée, puis on projette sur les guêpes comme sur les fourmis de l'eau en quantité suffisante pour provoquer l'engourdissement, l'inertie nécessaire pour les manipuler à l'aise. On les emprisonne aussi par la taille dans le treillis du manaret.

Pendant les vingt-quatre heures qui suivent, les guêpes et les fourmis, tout en jeûnant, recouvrent leur vigueur première. Le lendemain, la faim et la colère les disposent à piquer sans indulgence.

Les manarets du maraké affectent les uns la forme d'un poisson, les autres celle d'un oiseau, très grossièrement dessinés. Les premiers sont appelés des *macas*, les seconds des *yaouis*. On fait autant de manarets qu'il y a de sujets pour le maraké.

Le maraké est toujours l'occasion d'une grande fête. Une affluence considérable accourt de villages parfois fort lointains.

On a fait de grandes chasses et de grandes pêches; on a préparé beaucoup de cachiri, de chacola et d'omani. Les danses ne commencent que la nuit. Pendant le jour, les plus beaux chapeaux de pono, les plus riches costumes de l'acomeu sont sortis des pagaras et montés. On est admis à les contempler, mais il est d'usage, pour faire rire l'assistance, de se laisser prendre à regarder de trop près, auquel cas deux Indiens vous lient prestement le mollet entre deux lianes et appliquent un coup de verge sur la chair nue, entre les deux ligatures.

Les danses sont celles que nous connaissons déjà : l'acomeu avec ses diverses figures, le tapsem, le mamsali, l'assissala. D'autres s'improvisent sous l'inspiration du chacola. Les sujets du maraké, en attendant leur supplice, ont la faculté de s'enivrer de cachiri et de plaisir.

On les a d'ailleurs parés comme des châsses. Leur chapeau de pono est magnifique, leurs colliers sont innombrables. Je crois qu'il en est qui demandent à recevoir le maraké rien que pour avoir la faculté de danser toute une nuit avec ce magnifique costume. Il faut toutefois qu'ils dansent pendant la nuit entière avec leur manaret de maraké à la main : c'est le « Frère, il faut mourir » du Trappiste.

Car à cinq heures du matin il faut rendre tout cela. Adieu les beaux ornements, on les leur retire les uns après les autres. Les voici presque nus, ils n'ont plus que leur calembé, et qui un bracelet, qui un collier.

L'heure approche. Les sujets du maraké sont fatigués d'avoir trop dansé, d'avoir trop bu. Ils ont un air triste et penaud qui fait pitié, maintenant que les voici arrivés à l'heure fatale. Tels nos condamnés, à leur sortie matinale de la Roquette, regardent avec stupeur le grand couteau de M. Deibler briller aux feux du soleil levant.

Ce matin, pour ceux de Peïo, le ciel est barbouillé de nuages sales qui distillent une pluie fine et froide. La petite place du village est tachée par endroits de plaques de vomissements. C'est l'habitude des danseurs indiens, qui ne se sont pas fait faute, en se gorgeant de chacola, de rendre au fur et à mesure ce qu'ils boivent de trop. Sur le sol détrempé et glissant, au milieu de petites mares d'une eau de couleur indécise, flottent des grumeaux blancs de chacola vomi.

Nous avons un garçon de quinze ans, Acamali. Acamali baisse tristement la tête. Ses cheveux, qu'il porte très longs, lui tombent en ce moment jusqu'au menton et lui couvrent le visage d'un épais voile noir. Nous avons aussi Couraïpo, le fils de Peïo. Couraïpo a vingt ans. Tout à l'heure son père va lui donner le maraké.

Voici encore deux hommes de trente à quarante ans, Ariné et Iri. Les quatre sujets, ni assis ni couchés, ce qui dénote de leur part une certaine émotion, sont là debout sans une parole. Les quatre victimes attendent le moment du sacrifice.

Assis au milieu de la petite place fangeuse, chacun sur son cololo, sont le tamouchi Peïo et la vieille Enéoua, la « Couni », l'aïeule, la centenaire qui a vu Leblond en 1788. Ils sont là dans le brouillard qui tombe, immobiles sur leur petit siège, ayant à côté d'eux les quatre manarets du supplice.

Des enfants de dix à douze ans qui recevront l'année prochaine leur maraké, et à qui on a dessiné pour ce jour, selon l'antique usage, avec de mauvais ciseaux, une tonsure au milieu du crâne, tonsure identique à celle de nos prêtres, les enfants sont là, au premier rang, regardant avec curiosité. Les habitants du village font cercle. L'exécution va commencer.

« Acamali ! » réclame Peïo. L'enfant arrive.

Le maraké se donne debout. Le patient passe les bras autour du cou de deux Indiens qui le soutiennent : les deux aides du bourreau. Le condamné s'arc-boute, se penche un peu en arrière, avançant la poitrine qui se bombe. L'opérateur, debout aussi, commence. On s'applique à piquer tout le corps, dix fois, quinze fois, vingt fois, partout. On applique bien le manaret sur la chair, en appuyant un peu et en enveloppant le membre ou les rondeurs de la poitrine, afin que toutes les guêpes ou toutes les fourmis puissent donner énergiquement. Acamali est bien servi. Les fourmis de son manaret sont très méchantes, me dit Couni. Les jambes de l'enfant fléchissent, sa tête tombe tantôt à droite, tantôt à gauche sur l'épaule des deux Indiens qui le soutiennent. Mais il s'applique à ne pas laisser voir sa souffrance : pas un cri, pas une plainte; mais il tourne vers ce triste ciel gris et froid de pauvres yeux voilés qui dénotent une douleur atroce. Puis, à la quinzième application du manaret, ses jambes plient, ses bras retombent inertes, sa tête se renverse sur l'épaule de son voisin de gauche : il est évanoui. Les deux Indiens le portent au pacolo destiné aux sujets du maraké. Ce tamouchi Peïo, vieil Indien très laid, toujours ricanant, maigre et mal bâti, a tout l'air d'un tortionnaire.

C'est maintenant le tour de Couraïpo, que l'on passe aussi par les fourmis. Son père lui fait assurément bonne mesure. Cependant il ne perd pas connaissance et il trouve même assez de force pour se rendre tout seul à son hamac, en écartant les jambes et les bras, car il a été piqué aussi dans le haut des cuisses et sous les aisselles.

Ariué et Iri sont dévolus à Couni qui les passe par les guêpes. Le manaret d'Ariué avait-il des guêpes plus méchantes que celles du manaret d'Iri? Toujours est-il que, pris, au fort de l'opération, d'une transpiration abondante, Ariué s'évanouit; on est obligé d'interrompre le supplice et il faut porter ce robuste et pesant Indien dans son hamac, où il reste inanimé. Iri cause, lui, avec la Couni pendant que la vieille le passe aux « aparas ». Cette digne Couni, tandis qu'elle opère, lui explique une foule de choses avec volubilité, d'un ton obligeant et très camarade. Puis Iri regagne son hamac en écartant bras et jambes comme Couraïpo, mais il ne fait pas la grimace, et jusque de son hamac il cause toujours avec la vieille. Un peu plus il l'aurait embrassée.

La douleur de la piqûre par les fourmis dure jusqu'à midi, jusqu'au soir pour les guêpes. Le dard des guêpes reste dans la piqûre, le corps en est couvert, barbelé. L'inflammation ne commence pas tout de suite, mais seulement une demi-heure après. Elle est à peine visible. Il n'est pas exact que les cheveux se dressent sur la tête, ils restent absolument tels qu'ils étaient.

Pendant que l'on donne le maraké à ces quatre malheureux, de nombreux amateurs, pour commencer les fêtes qui vont suivre, se sont donné à eux-mêmes un petit maraké ravigotant, avec des manarets minuscules. Ils font aussi bénéficier du remède leurs amis, qu'ils s'amusent à piquer là où ils les attrapent, et leurs chiens, qu'ils piquent sur le nez, sous le ventre et qui se sauvent en hurlant.

Les piqués vont garder le hamac pendant dix jours. Ils resteront six jours sans boire d'eau et sans tremper la cassave dans le bouillon; ils ne mangeront que de la cassave sèche. Ceux qui sont mariés ne cohabiteront pas avec leur femme. Ce soir, quand leur fièvre sera passée, on leur coupera les cheveux, comme à un Mérovingien que l'on dépose.

Sous leur petit pacolo, les quatre malheureux sont en proie à une forte fièvre. Un feu vif, entretenu sous les hamacs, ranime les évanouis et procure bientôt à tous une transpiration abondante et le sommeil. Pendant qu'ils dorment, la douleur, la fièvre, leur font faire inconsciemment des mouvements désordonnés dans leur hamac. Parfois on est obligé de les attacher, sans quoi ils tomberaient dans le feu. Ces balancements vigoureux font tressauter le petit pacolo, dont toutefois pas une plainte ne sort.

Le maraké des jeunes filles ne se fait jamais en même temps que celui-ci. Ce n'est pas un maraké important, il se fait sans cérémonie, sans fêtes ni danses, en famille.

Pendant que nos quatre malheureux sont en proie à la fièvre dans leur pacolo, nous, nous continuons la fête.

Les Indiens simulent une scène de chasse. Deux d'entre eux, qu'on est convenu de prendre pour des macaques, font semblant d'aller déranger les malades dans leur pacolo. On les flèche, en simulacre, et on les apporte dans des catouris, pour de bon. C'est un peu lourd, un Indien de cinq pieds, dans un catouri.

Ils chassent successivement de la même manière des Indiens qui sifflent comme le maïpouri, grognent comme le cochon marron, et qui sautent à quatre pattes autour du village. Ces grands enfants trouvent cela extrêmement récréatif. C'est sous les hamacs des malades que les animaux vont toujours se réfugier. La victoire reste toujours aux Indiens sur les cochons ou les maïpouris. Plusieurs de ces animaux jonchent le sol de leurs cadavres. On les charge dans des catouris et on les apporte au pacolo de fête. Là on pique, avec des petits manarets d'amateur, les bêtes, qui soudain, sous la morsure des fourmis ou l'aiguillon des guêpes, se métamorphosent en hommes. Nous avons tous joué à quelque jeu analogue quand nous avions quatre ans.

Voici maintenant que les Indiens vont se livrer à des délassements plus artistiques.

Une liane est râpée dans un pot : c'est l'alimi-piaye, qui rend bon tueur de couatas. Le tamouchi prend ce pot à la main et chante dans une ronde les vertus de l'alimi-piaye, après quoi il va asperger de sa drogue les malades qui dorment dans leurs hamacs.

Intermède dansant : c'est l'acoulipoutpeu, ou couroupoutpeu, gracieuse danse à figures où l'on se fait vis-à-vis.

Puis c'est un jeu qui consiste à s'arracher une grosse liane tenue à chaque extrémité par plusieurs Indiens. On tire longtemps, puis on applaudit les vainqueurs. Cela s'appelle *sérire*. Ils sont en nombre égal à chaque bout. Pendant le jeu il se joint des amateurs à chaque parti. Les vaincus sont le parti qui a abandonné la liane, ou qui a été entraîné par l'autre. Quand le parti qui a été entraîné n'a pas abandonné la liane, il faut encore lui faire lâcher prise, lui ouvrir les mains. Vainqueurs et vaincus sont placés à la file sur des cololos, et les femmes leur versent à boire.

Puis, autre rite. Le soir, les Indiens sont allés chercher du manioc, l'ont gragé (râpé) et ont fait de la cassave sans l'intervention d'aucune femme.

Le lendemain matin, la cassave préparée la veille est servie entière, sans être rompue, à côté d'un plat de viande. Le tamouchi va chercher, l'un après l'autre, les sujets du maraké. Chaque piqué suit successivement le tamouchi par derrière à l'autre bout d'un bâton, en prenant un air confus et en baissant la tête. Ils sont maintenant là tous les quatre, assis sur des cololos, tête basse, avec des airs de guillotinés repentants. On leur passe sous le nez les morceaux de viande, la cassave et le chacola préparés par les hommes. Un artiste découpe une biche dans la cassave encore intacte. Pour cela il plante dans la cassave de petites baguettes reliées entre elles par une cordelette, puis il découpe : cela ne ressemble à rien, c'est beaucoup plus grossier que les dessins de nos enfants. La biche est suspendue dans le haut du pacolo pour y rester jusqu'au prochain maraké ; ce qui reste de la cassave est distribué aux assistants, qui s'en régalent avec de la viande et du cachiri à la santé des malades. Un morceau de la cassave où a été découpée la biche a toutefois été réservé : le tamouchi le rompt comme du pain bénit et chacun en emporte un morceau en souvenir du maraké.

C'est à l'expiration de leur quarantaine de dix jours que les malades, sous l'œil du tamouchi ou du piaye qui a donné le maraké, sont soumis à des épreuves complémentaires, plus ou moins difficiles, selon que le sujet en est à son premier, à son second ou à son troisième maraké.

Ils se promènent dans les cases avec de petites flèches et doivent, pour montrer leur habileté, flécher le gibier et le poisson boucanés qu'ils découvriront dans les pacolos.

On les conduit aussi aux nids de guêpes *alama*. Ces nids, qui se trouvent à la cime des grands arbres, sont fort longs et terminés par un orifice étroit tourné en bas. Ceux qui en sont à leur troisième maraké doivent, sur trois flèches, en faire passer une dans l'orifice du nid.

Les jeunes garçons sont soumis à des exercices moins difficiles. Pour eux, l'épreuve décisive est la suivante. Ils vont à l'abatis et arrachent du manioc, dont ils font eux-mêmes une cassave, qu'ils remettent au tamouchi du maraké. Celui-ci en fait des boulettes, qu'il tend, l'une après l'autre, aux jeunes gens au bout d'une flèche. Chaque sujet en jette ainsi trois, par derrière, sous son aisselle, dans une cible qu'il doit toucher au moins une fois sur trois, sous peine de recommencer l'épreuve du premier ou du second maraké qu'il vient de subir.

Et telles sont les mœurs et coutumes bizarres de la noble nation Ouayana, la seule qui, dans la Guyane Centrale, pratique encore le maraké.

Comme nous revenons de la fête, nous entendons, au moment d'arriver à la petite crique où commence le grand sentier de Pililipou, l'aboiement de toute une meute.

C'est du pur roman : c'est Yacoumane! Yacoumane avec une de ses femmes, une dizaine de peïtos, une quinzaine de chiens.

Yacoumane est un grand vieillard de près de quatre-vingts ans, bien conservé, encore vert. Il fait arracher par sa jeune femme ses rares cheveux blancs. Il a le type Peau-Rouge pur, avec un grand front, un nez d'aigle, des yeux perçants. Il est fier et digne. Il traite avec moi de chef à chef. Ses peïtos lui obéissent d'un geste. Il semble faire assez peu de cas du petit tamouchi de Pililipou.

Yacoumane est le chef le plus influent du Yary. Voici plus de vingt ans qu'il habite son grand village, dont les abatis sont immenses. Il a vu faire cependant, un peu en amont, deux autres villages par deux de ses lieutenants. Yacoumane a une grande réputation d'honnêteté.

Il s'est présenté à moi habillé du chapeau, de la chemise et du pantalon que je lui avais envoyés. Il n'a pas négligé non plus de se ceindre d'une écharpe rouge dont je lui avais fait présent. Je ne le trouve pas mal comme cela, en maire de la Commune.

Il s'arrête près de moi, fait apporter trois catouris par ses peïtos, les fait déballer et me dit : « Voilà tes marchandises ». Yacoumane ne m'a pas trompé, je n'ai qu'à me louer de lui. Si Aïsso avait agi de même, je serais riche.

Yacoumane sort de sa poche un chiffon de papier à herbier, et me le tend en disant : « C'est le Major qui m'a donné ça ».

C'est un billet de Crevaux.

« *Le tamouchi (capitaine) Yacoumane est un brave homme que je recom-*
« *mande à tous mes compatriotes.*

« Dr *J. Crevaux, H^t Yary, 1887.* »

Et moi voici ce que je te donne :

C'est un certificat analogue, mais écrit sur une large feuille de carton au crayon bleu (car je n'ai plus d'encre) et en gros caractères ;

Et un sabre de cavalerie du premier Empire que j'avais emporté à tout hasard avec moi.

Yacoumane est satisfait du fusil et des marchandises que je lui ai données, moi de ses collections ; nous sommes amis. Il ne partira que lorsqu'il m'aura embarqué. « J'ai chez moi ma plus vieille femme qui est malade, me dit-il, sans cela je t'accompagnerais à Cayenne. »

C'est un vaillant, ce vieux chef qui fait un voyage de quarante jours, aller et retour, à travers les Tumuc-Humac, en plein hiver, pour tenir sa parole.

« Encore un mot, me dit-il. Quand tu retourneras chez tes frères, dis-leur que les Ouayanas n'ont pas oublié que les Parachichis[1] étaient autrefois leurs alliés fidèles. Promets-moi de demander au *grand yapotoli* de ta nation de nous envoyer encore quelques Parachichis *pour commercer et nous apprendre ?*

— Je te le promets. Allons, Yacoumane, partons ! »

L'odeur de la fleur du papayer, plus fine que celle de la fleur de l'oranger, parfume le sentier de Pililipou. L'hiver a fait trêve, le soleil verse ses caresses sur les feuilles rajeunies des bois.

C'est le moment de partir, c'est le moment des adieux. Les femmes se pressent autour de nous plus aimables que jamais, les hommes nous font leurs petites commandes, que ceux qui sont du voyage leur rapporteront ; ceux-ci embrassent leurs femmes et leurs enfants.

1. Parachichis : les Français.

Tous les bagages sont chargés, tout est embarqué.

Allez encore couper dans l'abatis un catouri de ces longs et beaux épis de maïs noir.

Acouli, Mayarou et Gouacou sont dans un canot ; Païké, Coumicamane et sa femme, Laveau, dans l'autre ; Apatou et Yacana dans le mien, — ça y est, tout y est, on ne laisse rien ?

Adieu, Yacoumane ; adieu, mes amis, au revoir !

Et au bruit de tous nos fusils que nous déchargeons en salve, la petite flottille se lance à vigoureux coups de pagaye dans les eaux vierges du Chinalé, le matin de la vingt-septième journée du mois d'avril 1888.

Adieu, pays roucouyenne !

Toutefois, avant de le quitter, pour longtemps sans doute, ce pays roucouyenne, il ne sera peut-être pas inutile de résumer ici quelques notes prises dans le courant de cette première campagne, sur son état politique et social, ses *tamouchis* et ses *peïtos*, et sur l'économie politique du milieu.

Les Roucouyennes auraient obéi jadis, d'après leurs traditions, à un chef unique appelé *yapotoli* qui commandait directement au tamouchi de chaque village.

Cette institution du chef unique était évidemment, pour une peuplade sauvage, un progrès important dans la voie de la civilisation. La grande guerre avec les Oyampis, à la suite de laquelle les Roucouyennes perdirent leurs institutions militaires, leur chef unique, leur hiérarchie, fut un malheur pour la tribu. Le malheur fut le même pour les Oyampis qui, depuis la mort de Ouaninika, n'ont plus de yapotoli et dont les tamouchis sont, de même que ceux des Roucouyennes, autonomes et sans lien de fédération. Pour les sociétés primitives, l'état de guerre est la condition *sine qua non* du développement et de ce que nous appelons le progrès.

A la fin du siècle passé, d'après les anciens d'aujourd'hui, le yapotoli était un chef très puissant, décidant seul de la guerre et de la paix. Caïraoua, Sarara, puis Toropé, Ouèt, Tamoui étaient de véritables petits tyrans.

Quand les Parachichis arrivaient au « grand village », le yapotoli donnait à chaque Français une case qui devenait la propriété du visiteur pendant toute la durée de son séjour. Le yapotoli, seul, voyait les marchandises du blanc, lequel n'avait affaire pour ses échanges qu'au seul yapotoli.

Les Roucouyennes avaient alors de l'organisation, de la concentration, de la discipline. Les Roucouyennes d'aujourd'hui sont une tribu sans organisation, totalement désagrégée, sans lien fédératif et sans autorité locale : c'est la régression. Les tamouchis ou chefs de village n'ont, pour la plupart, aucune autorité réelle ; il s'en trouve parfois plusieurs dans le même village, et il est des villages qui n'en ont pas. Les jeunes gens n'obéissent plus et se moquent des chefs et des vieillards.

Les vieux Roucouyennes actuels sont favorables à l'idée du rétablissement de la fonction de yapotoli, mais ils se sentent impuissants à y arriver par eux-mêmes. Aucun de leurs nombreux tamouchis ne saurait s'imposer aux autres. Ils attendent des blancs le bienfait d'un chef unique donnant de la cohésion et, par suite, de la force à leur tribu. L'investiture par les blancs est d'un grand prix aux yeux des Roucouyennes : « Si les Français, me disaient-ils naïvement, nous choisissaient un yapotoli parmi nos tamouchis, comment veux-tu que nous fassions pour lui désobéir ? »

Pour ce qui est de l'état social actuel des Roucouyennes, il est assez difficile, sans un assez long séjour parmi eux, de s'en faire une idée, même approximative. Aussi chercherait-on en vain, dans n'importe quelle relation de voyage en Guyane, rien qui renseigne à cet égard.

Cet état social gravite autour des deux mots : le *tamouchi*, les *peïtos*.

Pour ce qui est du tamouchi, il faut bien prendre garde que, dans la plupart des cas, cette appellation n'est qu'un titre respectueux donné à toute personne arrivée à la vieillesse.

Le véritable tamouchi est celui qui crée un village, dont il devient le chef. Il fait faire les abatis et les pacolos sous sa direction, le village est fondé, il en est le tamouchi.

Le tamouchi est le *pater familias* de la *gens* romaine, les peïtos sont ses *clients*.

On naît tamouchi, si l'on est fils aîné d'un tamouchi et si l'on n'est pas trop jeune pour le remplacer, c'est-à-dire si l'on a environ quarante ans. Sans cela le tamouchi désignera très bien son frère ou son gendre à sa place.

On devient tamouchi si l'on est choisi par un tamouchi pour lui succéder, par exemple si son fils est trop jeune ou qu'il n'en ait pas, et que l'on soit son frère ou son gendre. On devient encore tamouchi en créant un village, par exemple si l'on a beaucoup de filles ou de nièces, qui, en se mariant, donneront des peïtos à leur père.

On cesse ou on peut cesser d'être tamouchi, en épousant la fille d'un autre tamouchi, et en allant se fixer chez son beau-père. En ce pays, on est toujours le peïto de son beau-père.

Un tamouchi peut devenir peïto tout en restant tamouchi, si, en épousant la fille de quelqu'un, tamouchi ou non, on demeure dans le village de son beau-père. De même le peïto qui fait un village devient tamouchi, tout en restant peïto de son ancien patron.

On naît peïto. On est peïto de l'homme, du patron, tamouchi ou non, dont votre père était peïto. On devient peïto en se mariant : tout gendre est peïto de son beau-père.

On peut être peïto et avoir des peïtos. Mais alors mes peïtos sont nécessairement aussi peïtos de mon patron, lequel est lui-même peïto du tamouchi.

On se fait peïto de l'homme dont on convoite la femme. On travaille pour le mari, on use de la femme, le mari a un peïto, ou un peïto de plus, la femme ne se plaint pas, tout le monde est content.

Tamouchis et patrons se volent très bien leurs peïtos. J'ai quelques femmes sous la main, les miennes, des sœurs, des nièces, des filles, des orphelines ; j'attire chez moi les peïtos dont j'ai besoin, je les marie, et ils cessent d'être les peïtos du voisin pour devenir les miens.

On le voit, il y a toute une hiérarchie, tout un vasselage de peïtos : peïto, peïto-patron, cela peut se compliquer à l'infini ; les peïtos de mes peïtos étant mes peïtos, et moi-même étant peïto du tamouchi. Mais, en fait, on n'a d'action que sur les *peïtos directs*.

Quand on parle des obligations des peïtos, ce n'est que des *peïtos directs* qu'il saurait être question. Ces obligations ne sont pas lourdes. Le peïto est tenu, moralement, et quand son patron le lui ordonne, d'aller à la chasse, à la pêche, d'abattre et de brûler les nouveaux abatis, de nettoyer les anciens, sabrer les sentiers, faire les commissions, accompagner les voyageurs. Mais il n'est pas tenu de cultiver l'abatis de son patron, il a d'ailleurs son abatis en propre, aux produits duquel son patron n'a pas le droit de toucher. Un peïto qui n'a pas encore d'abatis cultive celui de son patron et vit avec lui. On met d'ailleurs assez aisément, dans ce pays, sa chasse, sa pêche, sa cassave, et toujours les boissons à la disposition des voisins. Le peïto est tenu de construire un pacolo à son patron, si celui-ci en a besoin. Le peïto a son mobilier qui lui appartient en propre, hamac, arcs, flèches, parures, costume ordinaire, petits ornements de danse et tout ce qu'il a pu acheter de marchandises européennes. Le peïto, loin d'être un esclave, un vassal, est traité, en somme, comme un plus jeune membre de la famille. Il arrive, avec l'âge, à avoir lui-même ses peïtos, à être patron. Il lui est d'ailleurs toujours loisible d'abandonner son patron et d'aller faire plus loin son pacolo et son abatis : il sera le tamouchi de son village d'une case.

Ces obligations des peïtos donnent la mesure de l'autorité des tamouchis et des patrons. Cette autorité s'exerce fort doucement. Jamais on n'entend un patron, pas plus qu'un tamouchi, donner d'ordres à ses peïtos. Il en donne cependant : couché dans son hamac, un Indien assis sur un cololo à côté de lui, à voix presque basse, il lui dit : il faut faire ceci, cela. Le peïto obéit, tranquillement, en bon fils. Le tamouchi, pas plus que le patron, n'exerce l'autorité avec ostentation : c'est bien là l'autorité familiale.

Le tamouchi, pas plus que le patron, n'a le droit de prendre dans l'abatis des peïtos. De même que le patron, il cultive lui-même ses abatis, bien que souvent, sans qu'il y ait là de règle formelle à ce sujet, ses peïtos directs ou indirects, médiats ou immédiats, l'aident dans son travail.

Le tamouchi préside aux fêtes. Il est détenteur du pagara de fête des grandes danses qui lui est légué de père en fils. C'est lui qui a le soin de la confection et de la garde de ces ornements, qu'il prête, le jour venu, aux peïtos du village, ou même à des tamouchis moins bien approvisionnés. Les peïtos ne font que les petits ornements, lesquels restent la propriété personnelle de ceux qui les fabriquent. Le pagara des grandes danses passe de père en fils et finit ainsi par tomber dans les mains d'un peïto. Ce pagara de famille, seule chose que lègue l'hérédité indienne — le mobilier d'un chacun étant brûlé ou enterré avec son propriétaire, — finit lui-même par être enterré ou brûlé avec son propriétaire mort sans postérité mâle. Il est rare que les Indiens consentent à le vendre.

C'est le tamouchi qui ordonne la fondation d'un nouveau village et l'évacuation de l'ancien. S'il se trouve des récalcitrants, ils reprennent, par le seul fait de leur désobéissance, leur indépendance complète.

Tel est l'état social des Roucouyennes : *patriarcat démocratique*.

Les Roucouyennes ne sont point, comme d'autres Indiens, des chasseurs et des pêcheurs toujours vagabondant et se livrant à peine à la culture qu'ils pratiquent en commun.

La propriété individuelle est parfaitement constituée chez les Roucouyennes qui sont agriculteurs et sédentaires.

L'abatis est la base de la propriété. Il est toujours individuel. Il n'existe nulle part d'abatis commun, abatis planté et cultivé en commun, dont la récolte serait portée dans un magasin dont le tamouchi aurait la garde pour faire aux familles, selon leur travail et leurs besoins, la distribution des produits. Cela n'existe pas chez eux et n'a jamais existé. Chacun travaille pour soi, et non chacun pour tous et tous pour chacun.

La propriété serait transmissible, mais la transmission héréditaire n'a guère lieu de s'exercer pendant plus de cinq ou six ans : leurs maisons, en bois et en feuilles de palmier, ont besoin d'être reconstruites au bout de six ans au plus, et leurs champs de culture, en raison d'un assolement mal compris, sont abandonnés au bout du même laps de temps, dans la pensée que la même terre ne pourrait produire plus longtemps sans s'épuiser d'une manière complète.

Le grand abatis qui entoure le village et qui a pu faire croire à une exploitation communiste est toujours divisé en lots, et l'on ne voit point les voisins empiéter les uns sur les autres.

Ce grand abatis qui entoure le village est loin d'être le seul que possèdent les Indiens. Un village de quatre pacolos comme Pililipou possède en outre jusqu'à vingt abatis dispersés dans la forêt. Chaque homme se fait au moins un abatis, quelques-uns en font jusqu'à quatre pour eux-mêmes. De plus, on en fait un pour chacune de ses femmes, d'autres pour ses fils, pour ses filles. L'isolement de chacun de ces abatis, dispersés et comme cachés au fond des bois, donne à leur caractère de propriété individuelle un cachet encore plus prononcé.

Le nouveau venu coupe lui-même son abatis, personne ne l'aide. Toutefois, jusqu'à ce que son abatis soit en rapport, l'Indien vit avec tout le monde, personne ne songerait à lui refuser le vivre et le couvert. De même pour le pacolo : chaque chef de ménage, s'il veut se construire un pacolo, le construira tout seul ; pour l'ordinaire, il ne faut pas qu'il compte sur l'aide de qui que ce soit. S'il est admis à s'installer dans un autre pacolo, ce sera pour servir le propriétaire en qualité de peïto.

Quand un village est désolé par la famine, ce qui est rare, mais ce qui arrive quelquefois, par exemple quand certains insectes qui mangent les tiges de manioc font leur apparition dans la contrée, le village se réfugie auprès d'un autre village plus heureux, travaille et vit avec les autres Indiens jusqu'à une prochaine récolte. Mais ce n'est là que du bon voisinage, un acte de charité sociale à charge tacite de réciprocité.

La culture n'a pas en vue la vente des produits récoltés aux fins de réaliser des bénéfices, d'économiser, de capitaliser ; elle se propose seulement de subvenir aux besoins de la consommation. Il n'est pas d'exemple, jusqu'à ce jour, en pays roucouyenne, d'Indien qui se soit ingénié à cultiver plus que les autres pour vendre sa farine de manioc, son coton, son roucou, son tabac, son maïs. L'idée de vendre leurs produits pour acheter des douceurs destinées à accroître leur bien-être ne leur est pas venue. Cela est dû uniquement à l'absence de relations avec les civilisés, car lorsqu'on se trouve chez eux ils vendent très bien ces mêmes produits pour acquérir camisas, chemises, fusils, et le reste. Seulement le pays des blancs est trop loin pour qu'ils portent leurs produits jusque-là.

Il suffit de voir l'étendue des abatis et leur nombre pour se rendre compte que les Indiens ne sont pas oisifs. La variété des produits cultivés démontre la même vérité, en même temps qu'elle atteste la richesse de la terre.

Outre la chasse et la pêche, l'homme a pour travail de sabrer[1] l'abatis, d'en abattre les gros arbres et de le *brûler*. Il est aidé par les femmes à le planter et à le nettoyer, mais lui seul balaye l'abatis sous le manioc quand le manioc a atteint son développement complet; il arrache les ignames, coupe la canne à sucre, récolte le maïs; il fait les canots, il sabre les sentiers, fabrique les catouris, les ouaouaris, les couleuvres à presser le manioc, ses ornements de plumes, ses arcs et ses flèches.

C'est l'homme qui fait son pacolo, et celui de son père si celui-ci en a besoin, et encore le pacolo des voyageurs s'il est le gendre du tamouchi. Ses femmes ne l'aident pas. Au bout de quatre ans, six ans, dix ans, on abandonne tout, quelquefois avant, parce que tout tombe en ruines, parce que les bonnes terres voisines, les seules à utiliser pour les abatis, ont été employées, parce que le poisson et le gibier deviennent rares dans le district, parce qu'un chef est mort. En attendant, on coupe, à peu près tous les deux ans, de nouveaux abatis pour remplacer les anciens abatis, qui s'épuisent, prétend-on.

Les femmes ne restent point inactives, mais il est inexact de dire qu'elles travaillent beaucoup plus ou même qu'elles travaillent plus que les hommes. Ce sont les femmes qui font les acaoualés, les hamacs, les ceintures de poil de couata, le fil des flèches, qui font toute la poterie, qui préparent le roucou, le génipa, le carapa. Elles aident à planter l'abatis et à le nettoyer, elles accompagnent l'homme à l'abatis pour rapporter dans le catouri le manioc, les ignames, la canne à sucre, le maïs, les fruits que l'homme a récoltés. Elles coupent elles-mêmes et apportent dans le catouri tout le bois à brûler, ce qui n'est pas la moindre partie de leur tâche. Elles filent le coton après l'avoir cueilli. Le soir, une fois qu'on est monté au pacolo,

---

1. Sabrer : couper le sous-bois.

elles veillent jusque vers dix heures ; le matin, dès quatre heures, elles se remettent à filer ; elles filent en canot, partout, pendant toute occupation qui le leur permet. Elles ont tout le soin de la cuisine, de la fabrication de la cassave, de la farine de manioc, du tapioca, du cachiri et de toutes les boissons. Enfin elles sont seules à s'occuper des enfants.

Ce n'est pas émettre un paradoxe que de dire que les Roucouyennes sont laborieux. Hommes et femmes, ils travaillent assurément beaucoup plus que ceux des créoles de Cayenne encore adonnés à l'agriculture.

La séparation, la distribution de la propriété individuelle du mari et de celle de la femme est parfaitement établie : chacun a en propre ce qu'il a fait de ses mains, règle absolue qui ne comporte que des exceptions peu importantes. Le mari est le propriétaire du pacolo, de l'abatis, à moins qu'il n'en ait donné un expressément à sa femme ; de ses arcs et de ses flèches, de ses acaoualés, de ses ceintures de poil de couata, de tous ses colliers, de ses plumes de parure, de ses flûtes, des hamacs. La femme a en propre son hamac, ses colliers et ses marmites. Si elle quitte son mari, elle repart avec ce petit mobilier.

Voilà pour la propriété et le travail chez ce petit peuple, qui est loin d'être communiste ou fainéant. Et cet état social les rend véritablement heureux.

Aussi les Roucouyennes présentent-ils, comme beaucoup d'Indiens du Grand-Bois, cet air de bonheur tranquille que l'on ne rencontre guère chez les civilisés. Ils sont enjoués, conteurs, gais, spirituels ; ils ne connaissent ni la misère, ni l'envie, ni l'ennui.

C'est tout de même une chose bien suggestive, pour un Européen, que de vivre chez un peuple qui, pour sauvage qu'on l'appelle, est en somme fort sage, puisqu'il a résolu le problème de la plus grande et de la plus égale somme de bonheur pour chacun. On est presque scandalisé de ne pas y rencontrer les deux castes sociales que l'on nous a habitués dès l'école à considérer comme ayant toujours existé et devant exister toujours, comme une nécessité fatale, comme la condition *sine qua non* de toute société humaine : la caste de ceux qui naissent maudits et la caste de ceux qui naissent bénis, la caste de ceux qui naissent pauvres et la caste de ceux qui naissent riches. On est désorienté de ne plus retrouver la caste de ceux qui n'ont rien à faire qu'à vivre largement, et la caste de ceux qui sont obligés de travailler beaucoup pour conserver leur misérable existence sans pouvoir jamais sortir de la misère. On est gêné de ne pas voir tout le monde voler et par là tenu de se croire satisfait. On est choqué de ne plus retrouver ces cent mille lois, décrets, règlements, qui, chez nous, ordonnent, défendent, restreignent, expliquent, contraignent, avertissent, punissent, faisant de l'homme la chose matérielle de cette chose abstraite qui s'appelle l'État. Nos philosophes officiels ont beau jeter leur eau bénite sur un tel état social, jamais un Roucouyenne ne voudrait s'y soumettre. Et ce n'est peut-être pas pour cela qu'il faudrait l'appeler *sauvage*.

Il est vrai qu'ils n'ont pas de tours de Trois cents mètres. Je ne sais si notre civilisation est compatible avec l'égalité devant le bien-être, la suppression de la hiérarchie, de la loi et de l'État. Il paraît qu'il est des gens qui veulent tenter l'expérience : nos enfants verront des choses curieuses. Après tout, s'il arrivait jamais que des bouleversements inouïs laissassent, après de gigantesques convulsions, une humanité réduite presque à rien recommencer la vie sauvage parmi les ruines : eh bien, mais ils sont très heureux, nos bons Roucouyennes ! J'ai l'esprit bien plus inquiet et le cœur bien plus tourmenté au milieu des cités d'Europe, qu'à l'ombre des grands cèdres ; et toute la civilisation occidentale parle moins à mon âme que les plaintes du vent au fond des forêts vierges.

INSTRUMENT POUR LA CÉRÉMONIE DU MARAKÉ.

RUINES DE CAYENNE EN 1888.

CHAPITRE IX

EXPLORATION DE LA RIVIÈRE MAROUINI. — LE CHINALÉ. — ANCIENS VILLAGES ROUCOUYENNES. — L'AJOUPA QUOTIDIEN. — BEAU TEMPS POUR LES RHUMATISMES. — LE MAROUINI. — ANCIENS VILLAGES BONIS. — PREMIERS PAYSAGES. — APATOU VA FAIRE SES DÉVOTIONS A L'ARBRE-SORCIER. — IGUANES ET COUMAROUS. — LA CRIQUE COUTOU. — PREMIERS SAUTS. — ENCORE BONI. — LA RIVIÈRE OUANAPI. — LES DEUX GRANDS SAUTS DE L'EMBOUCHURE DU MAROUINI. — DANS L'AOUA. — PÊCHE A LA LIGNE DANS LES CATARACTES. — CANOT BRISÉ. — AUX DÉGRADS DES PLACERS. — NOUVELLES DE FRANCE. — COTTICA. — CANAL DE COUNATI CONDÉ. — ACOULI DANS LES SAUTS. — COMMENT JE DÉCOUVRE LES TAYRAS. — POLIGOUDOUX. — EN ATTENDANT LE BON PLAISIR DE MONSIEUR APATOU. — ARRIVÉE CHEZ APATOU. — L'OASIS DE M. SCHREIBER. — CAYENNE. — GOUACOU EXPÉDIÉ. — LES ROUCOUYENNES SONT PRÉSENTÉS AU GOUVERNEUR, VOIENT CAYENNE, PUIS S'EN RETOURNENT AUX TUMUC-HUMAC. — APATOU S'EN VA CHEZ LUI ET NE REVIENT PLUS. — CONFÉRENCE, 14 JUILLET, CAYENNE BRULÉ, AMIS DE COUNANI. — JE REPARS.

C'est le 27 avril que nous nous lançons dans les eaux vierges du Chinalé. Ce sera une exploration jusqu'à mon arrivée à l'Aoua, puisque le cours du Chinalé et celui du Marouini sont totalement inconnus. C'est environ 200 kilomètres de levé ajoutés à la carte si incomplète de notre Guyane, dont une rivière de l'importance du Marouini, qui a plus de 250 kilomètres, n'était pas encore connue à notre époque. J'aurai au moins cette rivière à mon actif, puisque j'en ai découvert les sources et que j'en ai le premier relevé le cours.

Chinalé a trois bras au dégrad d'Acouli. La crique coule entre des rives marécageuses au milieu de la forêt qu'elle a maintenant inondée sur plus d'un kilomètre de largeur.

La navigation en Chinalé est très difficile, les Roucouyennes ne fréquentent plus cette crique, dont le lit est à chaque pas obstrué de bois tombés et envahi par une végétation de plantes grasses, de lianes et de broussailles. On n'avance qu'au sabre et à la hache. En frôlant les tonnelles de verdure, on donne l'éveil à d'impitoyables essaims de *mouches sans raison*. Il faut, dit Apatou, grincer fortement des dents pour n'être pas piqué. Une fois, un serpent corail nous tombe dans le canot, mais à la portée de mon sabre.

La crique, étant fréquemment barrée d'une façon totale, présentant d'autre part des bras nombreux, coulant enfin dans une forêt inondée, il est difficile de suivre toujours la bonne route. Aussi nous égarons-nous souvent. Les difficultés de la navigation du Chinalé rappellent à Apatou ses sabrages dans le Rouapir, avec le docteur Crevaux.

Parfois on navigue dans une petite forêt d'herbes aquatiques, comme dans les rivières du Mapa ; parfois ce sont des champs de balourous ou de roseaux à flèches, des palissades d'arbustes couvertes de liserons à fleurs blanches ou de lianes marie-tambour. Parfois aussi on rencontre la terre ferme, comme au lieu dit « Nouclat », sur la rive gauche, endroit où se trouvait jadis un village roucouyenne.

Les anciens villages roucouyennes ne sont pas rares dans le Chinalé et dans le haut du Marouini. On en trouve trois dans le Chinalé. Dans le Marouini on en trouve huit, depuis le confluent du Chinalé jusqu'au saut Ouayau, lequel se rencontre à deux jours en descendant, en amont du Ouanapi, le grand affluent de droite. Il y avait aussi un autre village roucouyenne dans le bas de la crique Oroye. Enfin les Émérillons avaient établi au commencement du siècle, vers 1835, après la guerre contre les Oyampis, un village à l'embouchure du Ouanapi, village évacué depuis deux ou trois générations. Les anciens villages roucouyennes datent de vingt à trente ans. C'étaient les pères de nos gens de Pililipou et de Peïo qui habitaient alors le Marouini, et beaucoup d'autres qui sont morts, car la population a diminué dans ce district.

D'assez nombreux ajoupas attestent que les Roucouyennes vont parfois à la chasse et à la pêche dans le Chinalé. Mais ces ajoupas sont tous anciens et en fort mauvais état. Nous sommes obligés, tous les soirs, de nous arrêter à quatre heures pour construire les trois ajoupas quotidiens qui nous sont nécessaires. En une heure et demie, nos Indiens ont coupé les bois et les feuilles et élevé les édifices sylvestres. Cela résiste imparfaitement à une averse violente. Nous en faisons toutes les nuits l'expérience, car si nous n'avons dans la journée que deux ou trois heures de pluie, la nuit l'averse est presque ininterrompue. Mon rhumatisme me fait sentir qu'il se trouve fort mal de ce régime.

Nous canotons maintenant sous les mombins. Les mirabelles de ce prunier géant, emportées par le courant, s'arrêtent à tous les remous de la crique. Indiens, nègres et blancs, nous rivalisons à qui sera le plus gourmand. Nous en avons parfois les dents tellement agacées, qu'on en manque son déjeuner et son dîner, les molaires refusant le service.

Après avoir passé de vastes champs de bambous et navigué quelque temps dans des eaux libres, nous arrivons au Marouini, large de 40 mètres environ au point où nous l'atteignons. Le Chinalé, dont le cours est d'ailleurs peu étendu, puisqu'il vient de Tacapatare du Nord, n'a que 20 mètres à son confluent.

Nous faisons notre entrée dans le Marouini par une pluie battante. C'est l'hiver. Le petit été qui nous avait été octroyé à la fin d'avril est fini. Il nous faut faire notre voyage jusqu'à Saint-Laurent sous une douche de quatre heures par jour. Rien n'y résiste. Le pamacari de nos canots se perce, les malles prennent de l'eau; il nous faut dormir toutes les nuits, par un temps affreux, dans nos hamacs déjà humides qui reçoivent bientôt les gouttières de l'ajoupa. Aussi, en quel état arrivâmes-nous au vapeur! Mes collections étaient à moitié perdues, tous mes compagnons étaient malades, et moi, je ne pouvais à peu près plus ni marcher ni remuer les bras, ankylosé que j'étais par les rhumatismes.

Dans le Marouini, plus d'obstacles : la rivière est complètement libre.

Dès le confluent de la petite crique Soualaoni, on rencontre d'anciens villages bonis. De Boni à Gongo, de 1790 à 1845, les Bonis eurent huit villages dans le Marouini. Outre celui de Soualaoni, ils en avaient un autre en face de l'embouchure de cette crique sur la rive gauche du Marouini, deux autres à la crique Coutou, deux à Ehnanticaye, un autre un peu en amont du confluent de la crique Ikoutou, et un dernier un peu en aval de Baca Campou, à deux heures en bas du Ouanapi. Au dégrad de chacun de ces anciens villages, on retrouve les manguiers et les aouaras que les Bonis plantaient toujours autour de leurs villages dans toutes leurs migrations.

Le Marouini coule d'abord dans des terres basses; les rives sont inondées sur une grande étendue, puis elles s'élèvent peu à peu. Les champs de roseaux à flèches ou de bambou sont nombreux à droite et à gauche ; quelquefois, dans les endroits marécageux, ce sont de hauts buissons de la cime desquels de gros iguanes se jettent dans la rivière en nous voyant passer. Des aigrettes, quelques canards s'envolent dans les pripris.

A partir du petit saut de Noucounoucou, les rives s'élèvent sensiblement. Nous retrouvons le chêne d'Amérique, dont les glands finissent maintenant de tomber. Des nids de caciques sont suspendus aux branches des grands arbres du haut desquels des familles de singes rouges et de couatas, père, mère et petits, nous regardent passer. Les singes rouges surtout sont très nombreux dans cette rivière ; on les entend hurler à toute heure de la journée ; les Indiens perdent beaucoup de flèches après eux.

Nous vivons bien : le gibier et le poisson ne nous manquent pas. De plus, nous avons le caumou et le maripa. Tous les jours nous allons couper des caumous et abattre des maripas dans les forêts de la rive.

Un peu en aval de la grande crique Oroye, affluent de droite de l'importance de l'Alama, se trouve, rive droite, l'arbre-sorcier des Bonis.

Apatou, qui souvent monte, pour parler aux simples mortels, par-dessus les Alpes et le Caucase, se surpasse aujourd'hui, à l'occasion de l'*oubia-oudou*, l'arbre sacré ou sorcier des Bonis. Le dieu, grave et sourcilleux, daigne laisser tomber à dents serrées quelques mots inintelligibles qu'il faut recueillir l'oreille tendue, en se crispant les nerfs pour concentrer momentanément toutes ses facultés dans l'audition de l'oracle. Il tient sans doute de quelque imbécile de Français ce tic assommant, les enfants n'imitant jamais que ce qu'ils voient faire de mal ou de bête.

Apatou dit qu'il a laissé « toutes bêtises bonis » et « toutes bêtises monpé », c'est-à-dire qu'il n'a aucune des superstitions de sa tribu et qu'il ne croit pas à la religion des prêtres, mais il croit à l'*oubia-oudou*, l'arbre-sorcier, et il va lui faire ses dévotions.

C'est cet arbre, une espèce de fromager, qui donne le fameux *poison d'épreuve*. Comme cet arbre est unique dans toute la contrée, les Bonis sont obligés de se rendre jusque dans le haut du Marouini quand ils veulent s'assurer de la bonne foi de quelqu'un. Ainsi, par exemple, deux personnes ont une contestation. Elles se rendent à l'arbre (il y a quinze jours de canotage de Cottica à l'oubia-oudou), elles se rendent à l'arbre et boivent de sa sève. L'individu qui est de mauvaise foi meurt dans les trois jours, enflé. Celui qui est de bonne foi ne ressent aucune incommodité. Vous, simple particulier, vous demandez au grand-man des

DANS LES HAUTS DU MAROUINI

Bonis l'autorisation de séjourner indéfiniment dans sa tribu, de vous y marier, d'y prendre du monde à votre service : on vous mène à l'oubia-oudou et l'on vous fait boire de la sève magique (cela se passait ainsi il y a vingt ans). Si vos intentions sont pures, tant mieux pour vous, sinon voici votre ventre qui enfle, et au bout de trois jours vous êtes mort. Le grand-man des Youcas ou le yapotoli des Oyaricoulets propose un traité d'amitié, ce qu'ils appellent *faire la liberté*. Le grand-man des Bonis lui dit : « Eh bien, nous allons prendre ensemble le poison d'épreuve ». Voici le grand-man des Bonis et l'autre chef au pied de l'arbre dans le haut du Marouini. Chacun prend un coui de la sève *oubia*, c'est-à-dire sorcière. Malheur à celui des deux qui a l'intention de tromper l'autre : dans les trois jours il meurt dans les coliques. Mais tout le monde est tellement honnête dans ces contrées que la sève de l'arbre sacré n'a encore fait de mal à personne; l'oubia-oudou a toujours donné des certificats de vertu à tous ceux qui l'ont approché. Sous Atiaba, presque tous les Bonis y allèrent en procession. Vingt-quatre canots s'y rendirent. On emportait beaucoup de dames-jeannes de tafia. On se proposait aussi de pêcher un peu. Les dévotions durèrent tout un mois. On but toute la sève disponible de l'arbre, qui demeura épuisé pour trois ans. Les Bonis buvaient deux à deux pour s'éprouver. Ceux qui avaient mangé trop de coumarou et qui buvaient trop de tafia éprouvaient quelques légères indispositions. Apatou, gars robuste, sortit de l'épreuve blanc comme la blanche hermine : « Le jour n'est pas plus pur que le fond de son cœur ».

C'est un Boni des anciens villages du Marouini qui, en coupant un abatis, découvrit, par hasard, les propriétés étonnantes de cet arbre admirable. Il était seul avec sa femme. Deux fois il fit un échafaudage au pied de l'arbre pour le couper : deux fois l'échafaudage se trouva transporté mystérieusement sur le sentier, à 100 mètres de l'oubia-oudou. Pris de colère, le Boni frappa l'arbre de sa hache, mais la hache ne put entamer l'arbre-sorcier et entama au contraire le pied du Boni. La blessure ne guérit, longtemps après, que grâce à une application de la sève merveilleuse. Les *loucoumans* (piayes nègres), après avoir bien étudié la question, découvrirent alors que cet arbre donnait le « poison d'épreuve », dont les anciens leur avaient parlé. Depuis cette époque, l'oubia-oudou (arbre-piaye) est en vénération, et l'oudou-gron (l'abatis de l'arbre) reçoit de fréquentes visites.

Toutefois je constate que cette huitième merveille du monde nous intéresse moins, nous tous, Apatou et son nègre, les Indiens, Laveau et moi, que la chasse et la pêche.

Les iguanes deviennent de plus en plus communs. Nous en voyons à chaque instant qui se chauffent au soleil sur les arbres et les buissons de la rive. Ceux qui ont peur se laissent tomber dans la rivière, quelquefois de 30 mètres de hauteur. Mais la plupart restent en place; les flèches de nos Indiens nous en assurent quelques-uns; pour nos fusils, mouillés, rouillés, ratant cinq fois sur six, ils sont à peu près hors de service.

Bien que les eaux soient grosses, les coumarous ne sont pas rares non plus; on les flèche, ou bien nous les prenons à la ligne courante traînant au fil de l'eau. On amorce l'hameçon avec le fruit du génipa ou celui du goyavier sauvage.

Mais il faut que je m'interrompe de pêcher pour faire de la géographie.

Voici, rive gauche, la crique Coutou, qui vient de Tacapatare du Nord. C'est là que fut faite, vers 1815, la « paix » entre le grand-man Gongo, flanqué de ses capitaines, et le yapotoli Tamoui, accompagné de ses tamouchis. La « liberté » ne fut définitivement établie, comme de juste, qu'après l'échange du poison d'épreuve de l'oubia-oudou.

Nous arrivons aux premiers sauts.

C'est par ici, au saut Ehnanticaye, à ce que l'on croit, que Boni fut rencontré par les Youcas et tué dans le combat. Mais on n'a pas de certitude absolue au sujet de l'endroit précis qui vit s'accomplir ce drame historique.

Boni bataillait depuis vingt ans. Il était acculé dans le haut du Marouini. Les Youcas et quelques soldats hollandais croisaient à l'embouchure de cette rivière.

Un jour, l'officier hollandais qui commandait la troupe hollando-youca risqua une reconnaissance dans le Marouini, jusqu'à l'endroit appelé depuis par les Roucouyennes Panakiri Icholi (le Saut des Hollandais), et, par les Bonis, Baca Campou (le Campement du Blanc), à une heure en aval du confluent du Ouanapi. Le village boni du bas du saut n'existant pas encore, l'officier ne rencontra aucune trace des fugitifs. Il vit, du saut où il était arrivé, la montagne qui se trouve à la tête de la grande crique Ikoutou, et qui est probablement Tacapatare du Nord. Arrivé en vue de ce chaînon des Tumuc-Humac, il pensa que ce qu'il avait de mieux à faire était de s'en retourner; Boni, pensait-il, devait s'être réfugié dans les montagnes, sous la protection des Roucouyennes. Et, avant de faire volte-face, l'officier laissa, sur une roche du saut, une inscription qui était au fond de l'eau quand je passai à Baca Campou.

Cependant Boni était vieux et malheureux. Il n'avait presque plus de soldats. Comme il avait établi que les célibataires ne seraient pas admis à l'honneur de se battre, il ne se trouvait maintenant presque plus que des célibataires dans sa tribu. Puis il avait beau couper de ses propres mains la tête des amants de ses femmes, au fur et à mesure qu'il vieillissait, il lui fallait s'adonner davantage à cette besogne : l'hydre se multipliait. De grands malheurs conjugaux attristèrent les dernières années du vieux chef de guerre, sort commun à beaucoup d'autres grands hommes, sort non moins lamentable pour cela.

Les provisions de guerre étaient épuisées; plus de poudre, plus de plomb, plus de fusils. Boni, découragé, ne s'occupait plus de rien. C'était son fils Agossou qui dirigeait tout. Boni lui avait récemment remis son sabre en lui disant : « De temps à autre, il a besoin de boire du sang ». Mais Agossou, sachant bien que les sabres ne valent rien pour faire la guerre contre les fusils, s'abstenait de toute agression contre les Youcas qui croisaient dans l'Aoua.

Les Bonis n'eussent probablement pas été surpris par les Youcas dans le haut du Marouini, si Agossou eût bien surveillé ses hommes. Mais la tribu se relâchait et le malheur était sur elle. Deux Bonis étant allés à la pêche dans le bas du Marouini furent pris par les Youcas, qui les sommèrent de leur servir, sous peine de mort, de guides vers les villages bonis. L'un d'eux, ayant refusé, fut décapité; l'autre, un nommé Yanou, fut effrayé et accepta. Il conduisit les Youcas aux villages bonis du haut de la rivière.

Le combat s'engagea à Ehnanticaye. Agossou commandait les Bonis. Mais Boni, fatigué de son rôle de Charles-Quint à Saint-Just, se jeta dans la mêlée. Ceux du Marouini se battirent à coups de sabre contre les envahisseurs. On sait comment Boni fut tué et comment sa tête, qui lui fut coupée séance tenante, chavira à Arifia Soula. Pour Yanou, il fut payé comme il le méritait. De retour chez eux, les Youcas le décapitèrent aussi, l'envoyant méditer dans l'autre monde cette vérité que celui qui, par sa lâcheté, se fait traître envers les siens, ne se ferait pas faute, à l'occasion, de trahir n'importe qui.

La défaite des Bonis était totale, ils n'avaient plus qu'à subir la loi des vainqueurs ou à se faire tuer jusqu'au dernier. Agossou, se souvenant que le sabre de son père avait besoin de boire du sang, se proposait de continuer la lutte en désespéré, quand, nouveau Coriolan, il se laissa fléchir par les larmes des femmes de sa tribu. Une paix désastreuse livra les Bonis à la tutelle et à la surveillance des Youcas.

C'est à l'entrée des premiers grands sauts du Marouini qu'eurent lieu, en 1792, les premiers palabres pour la paix entre les Bonis et les Youcas.

Avec les premiers sauts commencent les îlets, les berges rocheuses, les plages de sable. Ces sauts, à peu près à mi-chemin entre le Coutou et l'Ikoutou, sont au nombre de quatre principaux : Ehnanticaye, Ouayau, Mamotetpeu et Eripouine. Ces deux derniers sont dangereux.

Un peu en aval se trouve, rive gauche, le confluent de la crique Ikoutou, large de 30 mètres à son embouchure, et beaucoup plus importante que le Chinalé.

A deux heures en aval on rencontre, rive droite, derrière un îlet, l'embouchure de la rivière Ouanapi, qui est comme un dédoublement du Marouini. Le Marouini et le Ouanapi ont chacun 80 mètres de largeur à leur confluent; les deux rivières sont, paraît-il, de la même importance. Les Roucouyennes racontent qu'on remonte le Ouanapi quatre jours sans rencontrer de sauts, plus haut la rivière coule entre des montagnes. C'est du moyen Ouanapi que partait jadis le sentier qui allait du Marouini au district de Paritou. Après la guerre avec les Oyampis, les Émerillons occupèrent le Ouanapi, ils eurent des villages jusqu'à l'embouchure de la rivière. Aujourd'hui la rivière est déserte, sauf dans la région des sources, où vivent les mystérieux Élélianas.

Au-dessous du confluent de Ouanapi, le Marouini acquiert une largeur de 100 à 200 mètres, largeur que la rivière conserve jusqu'à l'Aoua.

Continuant à descendre notre Marouini que Patris, il y a cent vingt et un ans, remontait avec Mlle Dujay et qu'il descendit seul quelques mois plus tard, nous voyons se dessiner des paysages de terres hautes et de mornes entremêlés de quelques petits marécages. La rivière n'est pas à moitié pleine, seuls les pripris des rives sont inondés; il s'en faut de 2 mètres que le sommet des berges soit atteint. Or, quand la crue est à son maximum, Marouini se déverse par-dessus ses parapets, et, même dans le cours inférieur, les terres hautes sont inondées. La demi-crue occasionne dans les sauts des courants violents fort dangereux. Aux plus grosses eaux, les sauts sont pour ainsi dire étales.

Immédiatement au-dessous du confluent du Ouanapi se trouvent de petits sauts peu dangereux, Couchiri, Caouatop, et le long saut de Baca Campou. Ensuite le Marouini est libre jusqu'aux sauts de l'embouchure.

A deux heures en aval de Baca Campou, on trouve, rive droite, une crique de 25 mètres de largeur à l'embouchure, le plus important affluent de droite après le Ouanapi. Cette crique n'a pas de nom indigène, je l'appelle crique, Yacana du nom de mon illustre chasseur qui y fit jadis de brillantes campagnes cynégétiques.

D'en haut, baptême aussi.

Le matin nous naviguons dans le brouillard, de onze heures à deux heures sous un soleil de 45 degrés, de deux heures à quatre heures sous l'averse. La plus grande partie de la nuit, il pleut.

Voici maintenant que les Roucouyennes nous donnent l'état civil des familles de singes qui se promènent sur les hautes branches des arbres de la rive : celui-ci est un vieux mâle, à côté est sa jeune femelle ; voici *leur* petit, qui est un mâle.

Et notre vie est décousue, fatigante et banale, comme ce récit.

Dans son cours inférieur, le Marouini décrit de nombreuses sinuosités, fort accentuées, entre des montagnes hautes de 50 à 150 mètres. Elle ne reçoit que des criques peu importantes. La montagne la plus élevée de ces rives est appelée par les Bonis Atansonéco (Atanso a coupé du nicou) ; elle se trouve rive gauche, et mesure au moins 150 mètres d'altitude relative.

A une demi-heure en aval, on commence à prendre les « îlets ». La rivière, considérablement élargie, enferme des centaines de grands îlets qui se prolongent jusqu'aux grands sauts de l'embouchure. On entend d'ici le bruit des sauts de l'Itany.

C'est aujourd'hui la journée des grands sauts de l'embouchure. Quatre Roucouyennes du Marouini se sont noyés, il y a quelques années, dans ces dangereux passages. Depuis lors, ces Indiens ont délaissé le Marouini pour l'Itany.

La rivière, large de plus d'un kilomètre, est complètement barrée. Au centre, des îlets ; à droite, Guébi Bali (Guébi crie), qui a 4 mètres de chute à pic ; à gauche, Pououssani (déchargez les bagages), dont la grande chute a 5 mètres de hauteur. Pououssani offre une passe rive gauche : une succession de sept petits sauts semés de roches innombrables et balayés par un courant d'une extrême violence. Il existe d'ailleurs, sur la rive, un assez bon chemin par terre.

Nous sommes sous le charme de la musique des sauts que nous allons descendre. Ce à quoi cela ressemble le plus, c'est à un bruit de tonnerre lointain mêlé de pluie.

Yacana, à l'avant de mon canot, mange une peau de lézard boucané et pêche à la ligne sans se préoccuper du saut qui est là devant nous, nous assourdissant de son bruit, et exhalant, aux feux du soleil levant, une colonne de fumée.

Nous nous lançons dans Pououssani sans décharger les bagages. Nous savons bien que c'est une folie, mais il est des moments, en voyage, où l'on fait la cour à la Mort comme à une jolie femme.

Apatou passe notre canot; quand il a fini, il va prendre successivement les deux canots de nos Indiens inexpérimentés, et les passe, pour ainsi dire, en les tenant par la main.

L'Indien préposé à la garde du premier canot ainsi descendu se laisse insensiblement entraîner vers la grande chute. Il n'en est plus qu'à 3 mètres; pas de roche pour l'arrêter, et il ne peut plus patronner. Apatou, qui arrive providentiellement avec le second canot des Indiens, se jette à la nage et réussit à sauver la pirogue en danger de faire un plongeon de 5 mètres. L'Indien, le bon Mayarou, se regardait entraîner, flegmatique, sans rien dire, avec un petit rire nerveux.

Brave Apatou! Il m'a fait cent sottises, cent méchancetés, mais, malgré tous ses défauts, je ne saurais pourtant le haïr : il est vaillant comme un Indien Roucouyenne.

Après Pououssani, Koubi Soula (le saut de Koubi), du nom d'un Boni qui y a été tué par les Oyaricoulets. Koubi Soula se trouve à l'embouchure même du Marouini. Le saut se compose de trois chutes : la première est un petit rapide, la seconde a 2 mètres à pic, la troisième est un rapide long et périlleux.

Koubi Soula et Pououssani sont au nombre des plus mauvais sauts du bassin du Marouini.

Nous voici dans l'Aoua. Devant nous est l'îlet en bas du saut Kon, où nous avons fait sécher, en remontant, les marchandises naufragées à Couitiqui. Voici cinq jours pleins que nous descendons le Marouini et six jours et demi que nous sommes partis du dégrad du Chinalé.

Apatou vient d'inventer une distraction un peu paradoxale. Arrivé au milieu d'un saut, il accoste son canot à une roche dans la chute, puis il s'arrête. Que va-t-il faire? Il pêche des coumarous à la ligne, il en prend qui pèsent jusqu'à 4 et 5 kilogrammes.

Le saut Couitiqui nous porte malheur. Le canot d'Acouli s'y fend sur une roche et coule. On le retire; la moitié des bagages, des collections, ont été emportés par le courant. On remet le canot à flot comme on peut, et, tant mal que bien, on parvient à l'amener un peu en bas, à la plage de Doméké. Mais pendant le trajet il faut jeter l'eau avec rage, sans quoi l'embarcation coulerait encore. Acouli et Mayarou font force de pagaye. Gouacou jette l'eau sans perdre une minute. Il écume de rage. Un homme de son importance jeter l'eau d'une pirogue! Aussi s'est-il mis tout nu pour se sauver à la nage au premier danger sérieux.

Nous passons deux jours à la plage de Doméké, pour réparer le canot d'Acouli.

Aouara Soula est couvert, à peine y trouvons-nous quelques courants.

Je passe derrière Laoua Mofou Tabiki pour faire une pointe dans l'Araoua. Cette rivière a 200 mètres de largeur au confluent. Au milieu de l'embouchure se trouve un large banc de roches. Dans un lointain vaporeux on aperçoit une chaîne de montagnes qui semble relier Aouara Soula Mongo et Paritou.

J'entends, un peu en aval, un bruit qui est celui des tambours d'une fête nègre. Sachant qu'il n'y a pas de village par là, j'interroge Apatou. Ce sont des singes rouges qui préludent à quelques-uns de leurs grands airs.

Puis, l'intéressante conversation de mon patron :

« J'ai tué un hocco ici, il y a longtemps, dit-il.

— Était-il gras? » fais-je, pour me conformer à l'usage.

Plus loin c'est un singe rouge qu'il tue, et qu'un tigre vient nous enlever sous nos yeux, sitôt l'« alouate » tombé à terre.

En longeant l'Aoua nous entendons les chutes des petites criques qui grondent dans les montagnes.

Nous entendons maintenant les sauts de Krassiaba.

Quand les sauts font le bruit d'une averse, c'est qu'ils ne sont pas très forts. S'ils rendent un son creux, c'est qu'il y a une grande chute à pic.

Nous voici au premier dégrad des placers de l'Aoua.

A celui d'amont, je trouve mon brave Larchevêque, un excellent mathurin que vingt ans de Guyane n'ont ni enrichi, ni engraissé, ni découragé, et qui lutte toujours honnêtement pour gagner son tafia quotidien en attendant quelque richissime placer.

Nous refaisons connaissance avec quelques douceurs de la vie civilisée : du pain, du vin, du tafia, que nous avions perdus de vue depuis sept mois; du tabac, que nous ne connaissons plus depuis quatre mois. C'est une grande fête.

Je demande d'abord :

« On n'a pas eu la guerre?

— Non. »

Puis ce sont toutes les grosses nouvelles, la chute de M. Grévy à la suite de l'affaire Wilson, la nomination de M. Carnot, la mort de l'empereur Guillaume Ier et la maladie du nouvel empereur Frédéric.

À l'autre dégrad nous retrouvons les frères Du Serre et leur aimable hospitalité d'antan.

Nous revoyons Cormontibo, Assissi, Pomofou, puis nous arrivons à Cottica.

Indisposé contre Anato qui ne m'avait pas envoyé ma petite commande, je descends chez une ancienne femme d'Apatou. Mais Anato vient me chercher, me fournit des explications, me fait ses excuses, et je m'en vais chez lui avec mes Indiens. Cette fois, Anato a un lit à m'offrir : le grand-man se meuble.

Je passe deux jours à Cottica, où Anato me traite courtoisement.

Apatou retrouve chez sa brave tante les douze ou quinze hamacs de la commission Aïsso. Il commence à se défaire de *sa* marchandise à 35 et 40 francs la pièce. Rien n'est cher pour les chercheurs d'or.

Il emploie ses loisirs à tenir de longs discours politiques aux vieilles femmes de l'endroit. C'est une de ses manies. Le pauvre garçon est bien l'être le plus bavard de la tribu, pourtant fort diserte, des Bonis.

Je dis au revoir à Anato, et nous continuons notre voyage.

En aval de Pampou Gron, les eaux étant maintenant assez grosses, nous passons par le canal de Coumati Condé.

Ce canal naturel, bras de l'Aoua resserré entre des îlets, commence un peu en amont de Lansédédé et finit un peu en aval d'Abounasonga. On n'y trouve qu'un saut, celui de Boyebo Goni (le fusil de Boyebo), qui est continué à l'ouest, de l'autre côté d'un îlet, par celui d'Ogongo Goni (le fusil d'Ogongo).

Dans les sauts, Païké et Counicamane vont bien, mais Acouli et Mayarou sont étonnants : une fois dans le courant, ils ne touchent plus à leur pagaye, le courant emporte le canot : tel un bon cheval qui connaît son écurie conduit à domicile son propriétaire endormi. Mayarou, qui est à l'avant, regarde, avec un rire nerveux très drôle, la chute qui l'entraîne et qui menace de l'engloutir. C'est merveille qu'ils n'aient pas déjà brisé dix fois leur pirogue.

Nous descendons de concert avec une famille hollandaise, deux noirs, les Messieurs Rigot, qui ont avec eux un jeune Indien qui m'intéresse fort. C'est un enfant d'une douzaine d'années qui parle le créole de Surinam, le créole de Cayenne et qui fait la conversation avec mes Roucouyennes en jargon boni-indien.

Je l'avais pris d'abord pour un Galibi, mais il m'apprend qu'il est Tayra. Les Tayras étant de la famille galibi, le petit garçon peut se faire comprendre des Roucouyennes.

Il m'apprend que le village de son père se trouve à la tête de la Mana. Un autre village tayra se trouve à la tête de l'Abounami. Le sentier qui va du village de la tête de la Mana à celui de la tête de l'Abounami passe par-dessus ces montagnes, me dit-il en me montrant les Montagnes Françaises, en vue desquelles nous arrivons.

Quelques Tayras descendent parfois au Maroni par l'Abounami, ils vont s'établir temporairement dans le bas fleuve, chez les Araouaks (Arouagues) ou chez les Galibis. Mais ils ne descendent jamais la Mana.

Du temps de Patris, en 1766, les Tayras, qui habitaient la région où ils sont encore aujourd'hui, étaient en guerre avec les Émerillons.

En arrivant à Poligoudoux nous naviguons quelques instants avec un Youca albinos, complètement blanc, à la peau blanche, aux moustaches et cheveux blancs, mais avec le pileux laineux et le facies habituel du nègre. C'est le premier albinos que je rencontre.

Monsieur Apatou s'en va à Bénanou trouver sa belle Dilobi au long cou. Nous restons à Poligoudoux, ses amis les frères Rigot et moi, sans vivres. J'ai sur les bras six Indiens et Laveau malade. Apatou nous fait attendre six jours.

Quand on passe plusieurs jours consécutifs dans un de ces villages nègres on s'aperçoit sans peine que la famine en est le régime habituel. On vit de riz ; quand il y a autre chose, c'est par hasard. On enfouit l'argent gagné ou on le dépense en niaiseries, mais on ne pense point à s'en servir pour améliorer la situation matérielle. Le bien-être, ces nègres le connaissent cependant, ils l'ont tous vu dans leurs canotages chez les créoles du Maroni ou de la Mana. Mais l'avarice bête est le vice dominant de ces pauvres êtres ; ils n'achètent rien, vendent tout très cher et cachent leurs pièces de cinq francs dans des bouteilles de bière hollandaise qu'ils enterrent dans leurs cabanes.

Ces honnêtes Poligoudoux, qui nous vendent leur riz, leur cassave et leurs cocos quatre fois le prix de Cayenne, viennent les uns après les autres me demander des remèdes. L'un veut que je lui arrache une dent, un autre a besoin d'un remède pour le ventre, celui-ci me montre son cancer. Il ne me manquait que cela pour me mettre de belle humeur ! Le capitaine du village, qui se distingue de ses administrés par une chemise de forçat qu'il porte avec une grande dignité et par l'insistance toute royale qu'il met à mendier du tafia et du tabac, veut que je fasse redevenir noirs ses cheveux qui grisonnent. Éconduit, il se retire avec des airs de Bélisaire :
« Ce blanc, semble-t-il dire, ne sait rien faire de bon et n'a pas le sou ».

Toute la journée nous sommes assaillis de mendiants : l'un veut ceci, l'autre cela, sans payer, comme de juste. Toutefois ces mendiants-là sont amusants : les Bonis, les Youcas, le bi-médaillé Apatou comme les autres, tous mendient d'une manière particulière qui ne ressemble pas du tout à celle des autres peuples. Nous, nous ne tendons qu'une main, eux tendent les deux mains ensemble en grattant en même temps la terre avec le bout du pied droit.

Et puis, cela se met à bavarder comme des pies borgnes. Bonis, Youcas, Saramacas, sont les êtres les plus bavards qui soient sur la machine ronde. Cela commence à parler dès quatre heures du matin, et, sauf les rares intervalles où cela mange son riz, cela jacasse jusqu'à ce que cela s'endorme. S'ils se réveillent la nuit, ils se remettent à causer. Ils n'ont point de temps pour penser, tellement il leur en faut pour causer. On peut juger de la niaiserie, de la suprême imbécillité des conversations de pareils individus trouvant quelque chose à se dire pendant douze ou quinze heures par jour sans s'arrêter !

Et, pendant ce temps, Apatou s'esbaudit à Bénanou auprès de la belle Dilobi au long cou. Il ne me dit rien de ce qu'il entend faire, du temps qu'il restera là-bas ; quand j'apprends quelque chose de ses intentions, c'est par des étrangers.

Mais le voici qui arrive, au bout de six jours. Vous croyez qu'il éprouvera le besoin de se justifier quelque peu, de s'expliquer, d'inventer un mensonge ? Nullement. Est-ce que nous ne sommes pas à ses ordres ?

Toutefois il veut bien m'apprendre qu'il nous faudra rester ici encore toute la journée de demain. Il emmène son oncle, un vieux singe appelé Zampi ; et ce Zampi ne sera ici que demain soir.

Il paraît qu'Apatou voulait faire descendre avec lui la belle Dilobi, mais cette vertu farouche, qui n'en est qu'à son sixième concubin, a émis des prétentions exorbitantes que n'a pu vaincre toute l'éloquence du Grand Français. Elle voulait qu'Apatou demeurât à jamais à Bénanou pour l'aider à soigner Mme Dilobi la mère, qui a la lèpre. Passe pour l'exil, mais une belle-mère lépreuse ! Soyez donc un grand homme pour que les femmes vous traitent de la sorte.

Le huitième jour nous descendons.

Nous rencontrons à Sangato quantité de canots qui montent à l'Aoua pour le compte d'exploiteurs d'or et de commerçants. Il y en a bien cinquante. On nous apprend que la quarantaine vient d'être levée à Saint-Laurent, le 17 courant. C'est fort heureux. Il y a sept mois que Saint-Laurent était en quarantaine à propos de cinq cas de fièvre jaune qui s'y étaient produits au mois d'octobre dernier.

Nous arrivons chez Apatou le 20 mai au soir, après avoir passé le saut Hermina par une pluie battante.

Voici maintenant Apatou livré à de grandes et importantes affaires. Il est soucieux comme Phocion. Il a tout le temps l'air de sortir de l'antre de Trophonius. Il a de fréquents accès de mauvaise humeur, pendant lesquels il me traite à peu près comme son valet de pied. Il est riche d'ailleurs, Apatou : il a donc le droit d'être impertinent. Il me demande de lui peser de l'or, or de provenance suspecte puisque Apatou n'a pas de placer. Il en a 2 kilogr. 400 gr., qu'il vend 2 fr. 50 le gramme. Il touche devant moi 6 000 francs. Quand on est aussi riche que toi, Apatou, on ne fait plus de voyages d'exploration.

Le 22, je descends à la Société forestière, aujourd'hui vendue par son propriétaire, M. Wacongne, à l'Administration Pénitentiaire, qui se propose d'y faire exploiter le bois par ses récidivistes.

Le directeur, un très charmant homme, M. Schreiber, ancien capitaine au long cours, est toujours là, jusqu'à la prise de possession par l'Administration Pénitentiaire. Je passe six jours chez lui en attendant le départ du vapeur *Cappy*, de la maison Wacongne, vapeur qui nous conduira en vingt-quatre heures de Saint-Laurent à Cayenne.

Charmante, excellente hospitalité. Je m'ennuyai ferme à Cayenne. Du départ du pacolo roucouyenne à l'arrivée à l'oca oyampie, l'hospitalité de M. Schreiber fut une des rares oasis de ce désert de quatre mois de traversée.

Avec sa bonne cordialité de marin, en me voyant arriver :

« Qu'apportez-vous des Tumuc-Humac, voyageur?

— Six Roucouyennes et un rhumatisme.

— Un rhumatisme! ah tant mieux, je vais vous guérir! Je suis moi-même un rhumatisant déterminé. »

Il m'initia en effet à toutes les médications, ou plutôt à tous les palliatifs de la chose : teinture d'iode, salicylate de soude, iodure de potassium, élixirs de Lagane et de Duflot, colchique, vésicatoires, quinine prophylactique, que sais-je encore! Je me droguai beaucoup, ne m'en trouvai pas beaucoup mieux, et, tantôt presque valide, tantôt presque impotent, souffrant toujours un peu ou beaucoup, je poursuivis quand même.

« Surtout il ne faut jamais prendre d'alcool.

— Je le sais, docteur, mais vous venez précisément de préparer, il y a une minute, le classique punch colonial.

— Ma foi, tant pis! Vous aurez le temps d'être à la diète quand vous serez chez les sauvages de l'Oyapock. »

Malgré le plaisir que j'éprouve à me trouver dans la société de cet homme aimable et distingué, je suis envahi par je ne sais quel malaise moral.

Comme je rentre dans la civilisation, l'ennui me prend à la gorge. L'ha-

MULATRESSE DE CAYENNE.

bitude de vivre avec l'homme primitif dégoûte de l'homme perfectionné et de tout : l'âme se fond dans une tristesse infinie.

Est-il bien sûr que l'humanité ait si bien fait de se mettre à se civiliser? La vie civilisée a trop de côtés factices et faux : trop de besoins, trop de peine pour les satisfaire, vanité de leur satisfaction, rage et malheur à ceux qui n'y parviennent pas. Ou bien n'aurait-on pas pu se civiliser autrement? Qui sait si depuis l'âge de la pierre l'humanité ne fait pas fausse route?

Je viens de lire une centaine de journaux, ce qui explique que je sois repris d'un petit accès nirvanien. Quelle vie! quelles gens! quels efforts géants pour arriver à n'être pas aussi heureux qu'un Roucouyenne! Qu'il serait aisé à un philosophe sauvage de se moquer de nous et de nous prouver que ce sont eux qui sont les sages, et que c'est nous qui sommes les fous!

Travail cérébral effrayant, travail manuel et mécanique effrayant, exploitation effrayante des hommes civilisés les uns par les autres, injustice, misère et vanité! Ardentes compétitions pour la fortune, la gloire, les places, les honneurs, la renommée : que voulez-vous qu'un Roucouyenne comme moi fasse de tout cela! Monte le flot et s'enfle la voile, je ne m'embarquerai jamais plus, fixé que je suis au rivage, ne contemplant que le ciel, ce ciel que j'ai perdu depuis le temps déjà lointain où je déchirai mon catéchisme.

Je ne puis cependant dépouiller complètement le vieil homme, selon la baroque et sublime expression des chrétiens d'antan. Je tiens encore à la civilisation par la plupart de mes fibres.

Mais laissez-moi m'en aller, de temps à autre, oublier mes compatriotes, les hommes complets d'aujourd'hui, chez les hommes simples d'autrefois. Ce n'est que dans les déserts, loin de tout, que l'on se retrouve complètement soi-même et que l'on savoure dans sa tranquille plénitude la noble tristesse de vivre. Après quelques saisons, repris de la nostalgie de la vie habillée, je viendrai me remettre à tourner la meule éternelle des projets d'avenir, en buvant du lait pour me réacclimater l'estomac.

Le 50, nous prenons le *Cappy*. Les Indiens voient la mer sans émotion et sans indisposition.

En arrivant à Cayenne, le lendemain, je constate que l'on m'a volé une caisse contenant pour cinq cents francs de marchandises de traite que tiennent seuls les commerçants de Saint-Laurent et que je ne pourrai renouveler à Cayenne. M. le commissaire du bord ayant négligé de me remettre le connaissement que je lui avais demandé, MM. les armateurs ne peuvent s'en rendre responsables....

Cayenne! il y a dix mois que j'ai quitté cette charmante petite ville.

D'abord je solde Gouacou et l'invite à aller se faire pendre ailleurs.

J'habille mes Indiens, les paye, les présente au Gouverneur, M. Gerville-Réache, qui leur fait des présents et donne à Acouli sa nomination de capitaine et sa canne de commandement.

Quelques notabilités visitent les Roucouyennes, qui sont fêtés, qui s'amusent beaucoup de voir manœuvrer les soldats, de voir les chevaux attelés aux voitures, la procession de la Fête-Dieu, les bateaux à vapeur, mais qui s'ennuient bientôt en songeant qu'ils ont dansé tout l'été dernier et qu'il va être temps de couper les abatis.

Apatou étant fort occupé à promener dans Cayenne un superbe complet qu'il s'est acheté en arrivant ici et à faire des achats pour monter un magasin dans son village, Laveau accompagne jusqu'à Hermina les Indiens qui vont là prendre leur canot pour se rendre au dégrad d'Acouli, au Chinalé. Ces braves garçons me donnent, en partant, une poignée de main comme de mémoire d'Indien il n'en a jamais été donné, de yakérénou à yakérénou, entre Roucouyennes. Acouli est radieux : sa canne et son diplôme l'ont transformé. Seule la femme de Counicamane est triste, malgré les deux robes que je lui ai données : la pauvrette est toujours malade.

Un cabrouet[1] traîné par deux nègres emporte les bagages des Roucouyennes. Les voici qui s'en vont.

« *Nissa tamouchi, talé amoré.* (Nous partons, toi tu restes ici.)

— *Iroupa nissa, yépé. Couchicouchi nissa you amoré patipo.* (Bon voyage, mes amis. Bientôt j'irai vous voir au village.) »

La négresse chez laquelle je suis logé pleure. Ce qu'il y a de meilleur dans le nègre, c'est assurément la négresse.

Apatou, qui raconte à qui veut l'entendre qu'il a trouvé chez les Roucouyennes un placer qu'il va remonter exploiter, veut s'offrir l'illusion d'une séparation en bons termes. Je m'y prête.

Le voici pour partir. Il me demande quand je me rendrai à l'Oyapock, je lui réponds : « à la fin de juillet ». Il me dit qu'il m'accompagnera. J'éclate de rire en lui demandant qui exploitera son placer. Il se met à rire aussi.

« Au revoir, monsieur.

— Adieu, Apatou. »

Mes Roucouyennes sont partis, me voici débarrassé de Gouacou et d'Apatou; Laveau est parti accompagner les Indiens, je suis seul.

Mes 80 clichés photographiques sont perdus, la gélatine est enlevée par larges plaques ; l'humidité a gâté la moitié de mes collections et de mes objets personnels ; mes douleurs s'aggravent et me voici pris d'une gastrite : suites de quatre mois d'hivernage aux Tumuc-Humac et d'un mois de canotage sous la pluie.

1. Cabrouet : en créole, petite charrette à mains.

Je fais une conférence au groupe guyanais de la Société de géographie commerciale devant le Gouverneur, le Directeur de l'intérieur, M. Th. Leblond, Président du Conseil général, et plusieurs notables. Je vois la fête du 14 Juillet; je vois, le 11 août, brûler Cayenne, toute l'ancienne ville, la ville commerçante, la cité : cent maisons détruites, plusieurs millions de dégâts.

CAYENNE : PROMENADE DES COCOTIERS.

Pauvre ville malheureuse! il ne lui reste plus que sa place des Palmistes, son hôpital militaire, sa promenade des Cocotiers et ses jolies mulâtresses. Leurs enfants vivront-ils assez pour voir Cayenne complètement sortie de ses cendres?

Je revois mes anciens amis de Counani, le capitaine Trajan qui, arrivé à Cayenne et me sachant en ville, me cherche partout. Finissant par me découvrir, il vient s'adresser au *senhor Henrique* comme à son protecteur naturel. Et, sans gêne, il m'emprunte quelque argent qu'il ne me rendra assurément jamais, le pauvre cher homme.

Plus je reste ici, moins je guéris. Voici un bateau-tapouye de Counani qui veut bien me déposer à Saint-Georges d'Oyapock; c'est déjà le 18 août. Allons! mon fidèle Laveau, partons!

Je repars. Un devoir cher m'appelle, et ici rien ne me retient.

Voici ma première campagne terminée.

Je me suis repu de vie sauvage aux Tumac-Humac, j'ai frôlé les millions de l'Aoua, et je viens de parcourir les bulletins de nos Sociétés de géographie.

Qu'allez-vous donc faire si loin, si longtemps? me demandaient les placériens de l'Aoua, tout cousus d'or. Votre carrière, qui vous conduit certainement à vous endetter, dans un pays où aujourd'hui tout est si horrible-

PLACE DES PALMISTES A CAYENNE.

ment cher, ne vous mène à rien, pas même à la mort, car vous avez de la chance, et puis vous êtes *dur comme du chien*. Vous étiez un professeur d'avenir, quelle compensation trouvez-vous à votre situation perdue? Vous passez par l'Aoua et vous n'honorez pas même d'un coup d'œil la déesse, point farouche ici, qui s'offre à tout venant, le ventre au soleil et les flancs ouverts? Quel est donc ton secret, ô énigme? Et ils m'eussent volontiers palpé le crâne.

Parmi tant de superbes et héroïques travaux que nous allons poursuivant de par le monde, mon œuvre me paraît bien petite. Révéler la Guyane inconnue, essayer d'assurer à notre race ce Nord-Amazone qu'on appelle le *Contesté*.... Je sème, qui récoltera?

Tout cela, c'est peu, mais c'est mon œuvre. Aujourd'hui je fais corps avec mon œuvre et ne saurais m'en détacher sans souffrir. Je demande à vivre dans ces déserts mal famés, je me charge d'en faire quelque chose, je me charge d'ouvrir à mes compatriotes le monde amazonien. Après quoi, ayant défriché mon champ, j'irai m'endormir dans n'importe quel sillon ignoré.

Allons, mon fidèle Laveau, aux Tumac-Humac de l'Oyapock! La *Donzella Theodora* nous attend, partons!

MULATRESSE DE CAYENNE.

LE VILLAGE DE GNONGNON.

CHAPITRE X

LES ADIEUX AU PORT. — « DONZELLA THEODORA ». — SAINT-GEORGES : UNE VILLE DE DEUX HABITANTS. HISTOIRE DE L'OYAPOCK. — LES INDIENS CRÉOLES DU BAS OYAPOCK.

Une douzaine d'amis m'accompagnent jusqu'au port. Il faut attendre la marée pour sortir la goélette du canal Laussat où elle est amarrée à quai. On devise de mon voyage, on me souhaite bon succès, on s'embrasse, selon l'habitude créole, et je m'embarque et ils s'en vont. Adieu, Peyrot, Richard, Houry et Louis Hérard, qui me fait don d'énormes paquets de perles pour notre future clientèle indienne. Au revoir !

La *Donzella Theodora* sort du canal à la pagaye longue, ouvre ses voiles en entrant en rade, et fait une grande bordée pour venir prendre le travers de Montabo, que nous doublons sans trop de peine.

Nous sommes, Laveau et moi, les seuls passagers de la goélette counanienne, que manœuvrent deux hommes, le patron et un matelot. Nous voici donc loin de tes séductions, ô Cayenne ! Pauvre ville ! malgré les quelques amis que j'y ai, je m'y ennuie souvent. En mer, c'est un peu de l'eau du Léthé qui coule, de l'espérance qui entre dans les poumons : l'appétit me revient.

Nous faisons des bordées de grand large selon la coutume des gens du Contesté; parfois nous perdons de vue la côte. On irait très bien en France avec cette *Donzella*. Mais ce n'est pas en France que nous nous rendons, c'est à Saint-Georges d'Oyapock.

Nous arrivons à ce chef-lieu de quartier après quarante-huit heures de navigation, un matin, peu après le lever du soleil.

Saint-Georges a actuellement deux habitants, le juge de paix, M. Angeron, et le chef de police, M. Florimond Auguste. Il n'y a plus de curé à Saint-Georges. Le maire, M. Coustin, habite sur la rive contestée, et un Chinois, l'unique commerçant du bourg, est actuellement à Cayenne. Cinq ou six créoles de la rivière ont une case à Saint-Georges, mais ils n'y viennent que le dimanche, et encore seulement quand le curé se trouve au chef-lieu pour y dire la grand'messe dominicale.

Le bourg, planté de cocotiers, est assez gracieux, mais mal entretenu. La mairie et la cure menacent ruine. Il faudrait de la population. Pourtant la terre est bonne; une grande savane qui est derrière le bourg se prêterait aisément à l'élevage du bétail, mais toute la population est dispersée dans des habitations éparses sur les deux rives de l'Oyapock.

Saint-Georges fut jadis un pénitencier, qui fut évacué parce qu'on ne trouvait pas la localité assez saine pour y mettre des forçats. Elle l'est assez, paraît-il, pour en faire un chef-lieu de commune.

MM. Auguste et Angeron me reçoivent de leur mieux. M. Coustin vient passer deux jours avec moi. Mais, malgré les plaisirs de l'endroit, les séductions du cercle — c'est ainsi que ces messieurs appellent le vieil appartement branlant sous lequel ils vont prendre le frais soir et matin, — il me faut songer à partir.

Gnongnon, capitaine des Indiens du Bas-Fleuve, va me conduire avec deux canots, son lieutenant Mécrou et sept pagayeurs, chez François, capitaine oyampis du Haut Oyapock. Celui-ci me conduira aux Tumuc-Humac. Gnongnon habite à une demi-journée de Saint-Georges, au premier saut; le village de François est à dix jours de là, au saut Viritou, entre Yaroupi et Motoura.

Quelques mots sur le passé de l'Oyapock sont indispensables pour la parfaite intelligence de notre voyage.

C'est seulement du commencement du xviiie siècle que l'on peut faire dater les relations historiques des Français avec l'Oyapock. C'étaient alors les Indiens *Caranes* qui habitaient le bas du fleuve. Une grande guerre s'engagea entre les Caranes et une dizaine de tribus voisines. Les

Français prirent parti contre les Caranes et firent alliance avec les tribus confédérées. Les hostilités se poursuivirent pendant plusieurs années. Les Français et les tribus leurs alliées firent un grand massacre des Caranes, qui, complètement vaincus et de beaucoup réduits en nombre, ne furent même pas assez forts pour se retirer dans l'intérieur, et durent rester dans leur ancien territoire, durement traités, dans un état complet de sujétion et d'avilissement.

Cette guerre des Caranes révéla l'importance de l'Oyapock au gouvernement de Cayenne qui résolut d'y faire une installation.

Plusieurs expéditions partirent presque en même temps.

M. d'Orvilliers, gouverneur de Cayenne, envoie, en 1725, « dans le plus haut du Camopi », un détachement pour découvrir le lac Parime et l'Eldorado. Le détachement resta six mois, ne découvrit point l'Eldorado, mais rencontra plusieurs tribus indiennes et de grandes forêts de cacao en famille. On devait remonter l'année suivante pour commencer l'exploitation de ces forêts de cacao, mais on ne remonta pas.

Dans le haut de l'Oyapock on envoya un M. de la Garde pour chercher de l'or.

Enfin, en cette même année 1725, M. d'Orvilliers fait établir, par ordre du roi, un poste militaire au Bas Oyapock, en face de la crique Taparoubo, sur la rive gauche du fleuve.

De plus, les Jésuites sont chargés de l'établissement et de l'organisation de Missions chez les Indiens de l'Oyapock et des soins de la direction spirituelle de la nouvelle colonie.

Si ce fut la guerre des Caranes qui donna l'idée de l'établissement à l'Oyapock d'une colonie militaire, l'idée des Missions venait de plus loin.

L'exemple des succès des Missions indiennes de l'Amérique du Nord et de l'Amérique du Sud avait amené les Jésuites à s'occuper d'établir aussi des Missions indiennes dans notre grande colonie sud-américaine.

Dès 1706, le P. Lombard et le P. Ramette avaient été envoyés entreprendre l'Œuvre des Missions indiennes de la Guyane française.

De 1706 à 1708 les deux missionnaires visitèrent les tribus indiennes, de la côte du Maroni à celle de l'Amazone. Ils s'initièrent à leurs mœurs, apprirent leurs différentes langues et tâchèrent de les « apprivoiser » en prenant soin des enfants, des malades, en distribuant des remèdes, en leur faisant des présents, en leur rendant toutes sortes de services « humiliants ».

Trop peu nombreux pour un si grand nombre de nations répandues sur deux cents lieues de côtes, les deux missionnaires ne réussirent qu'à se faire bien venir des Indiens. Au bout de deux ans, épuisé, le P. Ramette dut être rappelé à Cayenne et dispensé du service des Missions.

Le P. Lombard, resté seul, fut le fondateur des Missions de la Guyane française.

Dans ses voyages, la nation qui lui avait paru le plus favorable à l'établissement d'une Mission avait été cette belliqueuse nation galibie, si longtemps en guerre avec les Français. En 1710, il s'installa chez ces Indiens.

Le P. Lombard resta plus de 35 ans, de 1710 jusqu'à près de 1744, dans sa mission galibie.

Les débuts de toutes les Missions indiennes étant les mêmes, l'étude des commencements de la Mission des Galibis nous servira de préface à l'historique des Missions de l'Oyapock. D'ailleurs les destinées de la Mission des Galibis et celle des Missions de l'Oyapock sont intimement liées.

En 1710, le P. Lombard s'établit à Carouabo (qu'il appelle Ikaroux). Il convertit d'abord le tamouchi de Carouabo, Tourappo, qui fut plus tard enterré dans l'église de la Mission de Kourou, avec son épée et son bâton de commandement. Avec quelques Indiens, le P. Lombard, toujours le premier au travail, fit d'abord son abatis, puis sa case et la chapelle. Ensuite il visita les différentes nations indiennes voisines, leur demandant des enfants qu'il catéchisait, instruisait, puis renvoyait ensuite faire de la propagande dans leur tribu. Le nombre des enfants qui vinrent ainsi chez lui devint de plus en plus considérable. La première chose qu'il faisait — il parlait bien le galibi — était de leur apprendre le français. Il les renvoyait quand ils avaient atteint dix-huit ans. Non seulement ils faisaient de la propagande pour le Père, avec qui ils ne cessaient de correspondre tous les mois, mais ils baptisaient eux-mêmes les enfants et les mourants, et envoyaient au P. Lombard de jeunes convertis. Au bout de treize ans de ce travail, en 1723, les Indiens étaient devenus trop nombreux à la Mission de Carouabo. Le P. Lombard résolut alors d'abandonner la Mission de Carouabo et d'établir tous les Indiens déjà réduits dans un emplacement qui lui parut beaucoup plus favorable au développement d'une grande Mission, à l'Anse de Kourou et sur les bords du fleuve.

En 1723, tous les Indiens de la Mission de Carouabo et quelques convertis de l'intérieur furent établis sur la rive gauche du Kourou, de l'embouchure du fleuve à l'anse. Les fondements de la Mission de Kourou, qui devait bientôt devenir si importante, étaient posés. Divisés en cinq compagnies qui avaient « leur chef et leurs officiers subalternes », les Indiens construisirent d'abord l'église. Un charpentier avait été mandé de Cayenne, les Indiens abattaient, équarrissaient eux-mêmes le bois nécessaire. Pour acquitter les 1300 livres que le P. Lombard était convenu de payer au charpentier, les hommes firent des pirogues et les femmes des hamacs jusqu'à concurrence du montant de cette somme. Comme l'Église devait être couverte en bardeaux et que les Indiens ne connaissaient pas ce travail, le P. Lombard envoya vingt Indiens travailler chez un créole de Cayenne qui, en échange, envoya à Kourou deux nègres sachant faire les bardeaux. L'église finie, on acheva de faire les abatis et de construire les cases du village. En 1730, le P. Dumolard, qui servait à la Mission de Kourou sous les ordres du P. Lombard, dirigea la construction d'une maison européenne pour les missionnaires, qui jusqu'alors avaient habité sous de grands hangars à l'indienne. En 1735, le village était terminé. Les rues du village étaient tirées au cordeau et aboutissaient à une place publique au milieu de laquelle était l'église. Le P. Lombard avait fait établir deux infirmeries, une pour les hommes et l'autre pour les femmes. Il avait fait fortifier, fraiser, palissader et bastionner le village par les Indiens. « Il faut rester longtemps dans la même tribu pour réussir », disait le P. Lombard. Mot profond et qui mérite d'être médité.

Mais le P. Lombard avait réussi. Beaucoup d'Indiens de l'intérieur venaient se fixer au village de Kourou. En 1738, le P. Lombard envoya le P. Caranave réduire en mission les Galibis de Sinnamary. Des tribus de l'intérieur envoyaient demander des missionnaires au P. Lombard. Un grand malheur, en 1744, entrava l'essor de la Mission de Kourou et de celles, récemment établies, de l'Oyapock. Le corsaire américain Potter détruisit, en cette année 1744, le poste d'Oyapock, et bien que la tentative du corsaire sur le district du P. Lombard eût échoué à moitié, les Missions de Guyane en subirent un arrêt dans leur développement.

Cependant le très habile P. Lombard sut se relever bien vite. Et en 1762, lors de l'expulsion des Jésuites de la colonie et de la dispersion des Missions, qui furent abandonnées — malheur bien plus grand que celui qu'aucun corsaire aurait pu nous causer, — 8 000 Indiens convertis, soumis, réduits, relevaient de la Mission de Kourou et des Missions voisines ses suffragantes, de Cayenne au Maroni.

Ce fut l'œuvre du P. Lombard, qui passa 35 ans de sa vie à fonder nos Missions de Guyane.

On conçoit qu'en 1725, lors de la fondation de la colonie militaire du Bas Oyapock, le Gouvernement, voyant le succès de la Mission des Galibis qui prenait tant d'importance qu'on venait d'être obligé de la transporter de Carouabo à Kourou, le Gouvernement ait songé tout d'abord à établir des Missions chez les nombreux Indiens de l'Oyapock.

Il se trouva pour les Missions de l'Oyapock un homme remarquable qui les rendit bientôt prospères, le P. Fauque. Le P. Fauque fut le fondateur des Missions de l'Oyapock, comme le P. Lombard fut celui des Missions de la côte des Galibis. Mais le P. Fauque ne commença les Missions de l'Oyapock qu'en 1735-38, avec 25-28 ans de retard sur les Missions des Galibis, ce qui explique qu'en 1762, lors de l'abandon des Missions, les Missions de l'Oyapock n'ayant encore que 29-24 ans d'existence au lieu de 52 ans qu'avaient les Missions Galibis, les Missions de l'Oyapock ne comptassent que 2 000 Indiens réduits au lieu des 8 000 qui se trouvaient dans les autres Missions.

Le P. Lombard, sans être directeur général des Missions de la Guyane française, aida cependant les débuts du P. Fauque de son expérience et de ses conseils. On eut tort toutefois de ne pas créer une Mission unique à l'Oyapock.

En 1729, son église, ses abatis et ses cases de Kourou étant à peu près terminés, le P. Lombard laissa Kourou aux mains du P. Dumolard et s'en vint visiter le P. Fauque, établi depuis 1727 comme curé de la Colonie militaire et Directeur spirituel de l'Oyapock.

Le P. Lombard, dans l'assez court voyage qu'il fit alors dans la région, donne le nom des diverses tribus, sur lesquelles le P. Fauque nous fournira plus tard des renseignements plus précis. Toutefois cite de deux tribus dont ne parlera plus le P. Fauque, les *Coustumis* et les *Amikouanes* (ou *Longues Oreilles*). Le P. Lombard énumère les Coustumis parmi les tribus qu'il place vers le haut de l'Oyapock. Pour les Amikouanes (ou Longues Oreilles), il dit qu'on venait de les découvrir, un peu avant son voyage, à deux cents lieues du fort d'Oyapock. Cette tribu, qu'on disait nombreuse, et qui, d'après la description qu'il en donne, s'allongeait, au moyen de botoques, les oreilles, qui arrivaient à tomber jusqu'aux épaules, devait se trouver dans le Bas Yary. Ils ignoraient le feu, dit-il, et comme haches se servaient de cailloux peu tranchants aiguisés les uns contre les autres et qu'ils inséraient dans un manche de bois. Il dit que Caranes, Palanks, Pirious, Ouayes, Touroupis, Aromagatas, Acoquas et Coustumis parlaient la même langue, laquelle était de famille galibie. A cette époque le galibi était devenu une espèce de langue générale entre les tribus de la Guyane française.

Dans un autre voyage qu'il fit à l'Oyapock en 1755, le P. Lombard ne nous apprend rien de nouveau.

Le P. Lombard dit que les conversions allaient mal. Il fut sur le point de conseiller au P. Fauque d'abandonner l'entreprise. « Terre ingrate, dit-il, le cœur des Indiens ressemble à ces champs qui ne portent de fruits que grâce à la patience de ceux qui les cultivent. » Et il ajoute amèrement : « Gens sans loi, sans dépendance, sans politesse, sans vertu morale ». Mais il se souvint que ce ne fut que la persévérance qui amena son propre succès chez les Galibis.

Le P. Fauque fit son premier voyage en 1729, avec M. du Villard.

Les *Caranes* s'étendaient alors du premier saut, qu'on appelait alors Saut Yénéri, jusqu'à la rivière Crécou (Quéricourt).

Les *Pirious* habitaient depuis la rivière Anotaye jusqu'au Bas Camopi. Ils étaient récemment arrivés dans la contrée. Ils avaient parmi eux quelques *Acoquas*. Le capitaine général des Pirious, l'illustre chef Apiriou, vieillard de 70 ans, avait une grande autorité dans sa tribu et aussi sur les tribus voisines. Il était établi vers l'embouchure de Sekni. Il fut favorable aux missionnaires. Un autre grand chef piriou, Anapiaron, et après sa mort ses deux fils, Yaripa et Yapo, secondèrent aussi beaucoup les Pères. Le P. Fauque constate, ainsi que l'avait remarqué le P. Lombard, que les Pirious et les Caranes parlaient la même langue et avaient les mêmes mœurs.

Les *Palunks* habitaient la rive gauche de l'Oyapock dans l'intérieur des terres, derrière les Caranes et les Pirious.

Aux sources de la rivière Anotaye, le P. Fauque plaçait alors les *Aranajoux*.

Ce fut au retour de ces voyages que le P. Fauque fit établir l'église d'Oyapock. En faisant des fouilles pour établir les fondements de l'église, on trouva une médaille de saint Pierre, ce qui fit placer l'église du fort sous le patronage de ce saint.

La première Mission de l'Oyapock, la Mission de Saint-Paul, fut organisée en 1755 par le P. Dayma, qui venait de passer deux ans chez Apiriou, de 1751 à 1753. Elle se composa d'abord principalement de Pirious. En 1755 il y en avait 200 de réduits à la Mission. En 1738 la Mission comprenait la plus grande partie des Pirious, les Caranes, plusieurs Palunks et *Magapas*.

En 1738, le P. d'Autilhac fonda la Mission du Ouanari, où il réduisit les *Tocoyennes*, petite nation qui habitait près du fort, et les *Maourioux*.

De 1738 à 1744 on réunit aussi à Ouanari des *Maraones* et des *Arouas*, les uns et les autres déserteurs portugais.

Ce fut en cette même année 1758 que le P. Fourré, à la suite d'un voyage fait dans l'Ouassa par le P. Fauque en 1735, alla fonder la Mission des *Palicours*.

Lors du voyage du P. Fauque en 1735, les Palicours étaient une tribu fort nombreuse. Ils occupaient Rocaoua et la Haute Ouassa. Le P. Fauque s'était rendu chez Youcara, capitaine général des Palicours, qui habitait au-dessus de la crique Tapamourou, le Tipock actuel. De ce village on peut en un jour entrer dans le Cachipour par la communication d'une petite crique. Les hommes du capitaine Youcara étaient appelés ses « peïtos ». Les Palicours n'avaient pas de piayes, ils les avaient tous tués. Les enfants mâles allaient nus jusqu'à la puberté; à ce moment, ils gardaient le hamac; on les faisait jeûner et on les fouettait fréquemment pendant plusieurs jours, après quoi ils recevaient le calembé. Les jeunes filles allaient nues jusqu'à leur mariage, elles prenaient ensuite la tangue. Les *Mayés* habitaient au milieu des Palicours. Les *Caranarious*, qui habitaient entre Ouassa et Cachipour, étaient dénués de tout; ils ne plantaient pas de manioc et achetaient de la cassave aux Palicours contre le produit de leur pêche. Les Caranarious étaient « peïtos » (vassaux, sujets) des Palicours. Mayés et Caranarious étaient atteints d'une sorte de lèpre : leur épiderme n'était qu'une dartre farineuse qui se levait par écailles. Pour ce motif, le P. Fauque aurait voulu une Mission pour les Palicours et une autre pour les deux autres tribus. Mais la Mission des Mayés et des Caranarious ne fut jamais établie. A l'est des Caranarious habitaient les *Itoutanes*.

La Mission du Ouanari et la Mission des Palicours établies, le P. Fauque entreprit un troisième voyage. Il se rendit, à la fin de 1738, dans le haut de l'Oyapock avec le P. Bessou. Ce fut à la suite de ce voyage que ce dernier père fut chargé de fonder la Mission du Camopi (Notre-Dame de Sainte-Foi du Camopi).

Le Camopi était, à cette époque, plus fréquenté que l'Oyapock. Ses eaux sont plus « ramassées », dit le P. Fauque, tandis que les bancs de sable et les îlots font de l'Oyapock un véritable labyrinthe. Le Camopi, dit-il encore, a beaucoup de sauts, mais ils sont moins mauvais que ceux de l'Oyapock. En résumé, l'expédition de 1725 à la recherche de l'Eldorado avait ouvert cette voie du Camopi qui sera par excellence la voie de la Haute Guyane jusqu'à la guerre Roucouyenne-Oyampie.

Après cinq jours dans le Camopi les deux Pères trouvèrent les *Ouens* (ou *Ouayes*), qui habitaient un peu en aval et en amont du Tamouri. Ils avaient pour capitaine général Ouakiri, qui habitait en amont du confluent du Tamouri. Ouakiri avait beaucoup plus d'autorité sur sa tribu que n'en ont généralement les autres apotolis. Les Ouayes promirent aux Pères de venir s'établir à la Mission qu'on allait fonder au confluent du Camopi.

Remontant trois jours le Camopi, dit le P. Fauque, et marchant ensuite trois jours dans les terres, on trouve les *Caïcoucianes*, dont la langue, voisine du galibi, est la même que celle des *Armagatous*, voisins des Ouayes. Patris retrouva, vingt-huit ans plus tard, les Caïcoucianes au même endroit, à la source de l'Ouaqui. Ils habitent aujourd'hui la rivière Ourouaïtou, une des têtes du fleuve Cachipour.

Descendant de chez les Ouayes et remontant ensuite l'Oyapock, les deux Pères trouvèrent dans le Yaroupi les *Taroupis*, voisins des Ouayes, avec lesquels ils étaient en relations d'amitié et avec lesquels ils communiquaient fréquemment par terre.

Du Yaroupi à Motoura habitaient les *Coussanis* (*Coussaris*), récemment venus du sud des Tumuc-Humac. Ils fuyaient devant les Portugais qui remontaient le Yary et ses affluents pour récolter le cacao et la salsepareille et recruter des Indiens pour leurs aldées. La plupart des femmes coussanis n'avaient pas de tangues et allaient complètement nues.

En 1738, de retour de ce voyage, le P. Bessou fonda la Mission du Camopi, principalement avec des Ouayes, des Taroupis et des *Nouragues* venus de l'Approuague. Quelques Acoquas s'y rendirent aussi.

Les Indiens travaillaient avec une certaine ardeur à couper les abatis, à défricher les emplacements des villages, à bâtir les églises et les cases des Missionnaires. On se proposait d'établir un chemin de poste d'Oyapock à Cayenne. Une Mission que le P. Fauque voulait établir à l'Approuague aurait aidé à son entretien. « Quand les Indiens sont dispersés et errants dans leurs forêts, on n'en peut tirer aucun service, dit le P. Fauque, mais quand ils sont rassemblés dans un même lieu, le gain qu'ils font et les divers avantages qu'il leur procure, l'émulation, les rendent laborieux. »

La plupart des chefs indiens de l'Oyapock parlaient alors le galibi, ce qui leur était d'autant moins difficile que les tribus de cette rivière étaient de race caraïbe. Le galibi était alors la *lingua geral* de notre colonie. Beaucoup d'Indiens voyageaient des Missions du P. Lombard aux Missions du P. Fauque. Ces deux missionnaires recueillirent des trésors linguistiques. Le P. Lombard ne se borna point au galibi, il parlait, dit-on, presque tous les dialectes indigènes de notre Guyane. En 1735 il mettait la dernière main à un dictionnaire et à une grammaire piriou. Le P. Fauque, de son côté, écrit qu'il employait ses loisirs à confectionner des dictionnaires et des grammaires des langues indiennes qu'il avait apprises. Il ne nous est absolument rien parvenu de tout cela, pas une page, pas une ligne.

En 1744, de sa cure du poste d'Oyapock, à côté duquel s'était formé un petit village indien, le P. Fauque dirigeait les quatre missions, de plus en plus prospères, de l'Oyapock. Le P. Dayma était toujours à Saint-Paul (1733-44); le P. d'Autilhac au Ouanari (1738-44); le P. Fourré chez les Palicours (1738-44); la Mission du Camopi (1738-44) était maintenant dirigée par le P. d'Huberland qui avait remplacé le P. Bessou.

Mais, à la fin de l'année 1744, le poste d'Oyapock fut pris, la cure fut brûlée et toutes les marchandises d'approvisionnement qu'elle contenait pour les quatre missions furent perdues. Le P. Fauque fut fait prisonnier. La France étant alors en guerre avec l'Angleterre, un corsaire américain, Siméon Potter, enleva par surprise le petit fort, qui n'était défendu que par douze hommes. Un échange de prisonniers ayant eu lieu à Cayenne, le P. Fauque fut, après quelques jours de captivité, rendu à la liberté.

La prise du fort d'Oyapock ne causait aux Missions, inattaquables par les corsaires puisqu'elles se trouvaient au-dessus des sauts, que le préjudice matériel, préjudice indirect, de la perte du magasin d'approvisionnement du fort d'Oyapock. Toutefois le fort, dont le Gouvernement venait tout récemment, il est vrai, d'ordonner l'évacuation, ne fut pas reconstruit. Par suite le P. Fauque, n'ayant plus sa fonction de curé du poste, rentra à Cayenne et y resta. Les quatre missions devinrent autonomes, indépendantes les unes des autres et ne purent attendre des secours que de Cayenne. Pourquoi le P. Fauque, après l'attaque et l'évacuation du fort d'Oyapock, n'alla-t-il pas s'installer à la Mission de Saint-Paul, dont il lui eût été facile de faire le centre des Missions de l'Oyapock? Les documents nous manquent pour répondre à cette question que nous nous sommes posée.

Malgré cela, les Missions de l'Oyapock n'en continuèrent pas moins à prospérer. En 1762, celle de Saint-Paul ayant 29 ans, et les trois autres 24 ans d'existence, elles comptaient ensemble plus de 2 000 Indiens réduits, quand l'expulsion des Jésuites, qui ne furent pas remplacés dans les Missions, pas plus à l'Oyapock que chez les Galibis, amena la dispersion des Indiens.

En 1777, toutefois, on fonda une Mission à Counani et une autre à Macari, mais celles de l'Oyapock ne reçurent pas de nouveaux missionnaires. En 1778, un P. Ferreira donne quelques détails sur les débuts de la mission de Counani, recrutée principalement chez les Indiens déserteurs des Portugais. On attendait 15 à 16 nouvelles familles, et les Indiens déjà recrutés devaient aller en chercher d'autres dans les rivières Marybanaré et Macari.

Si les Indiens des Missions des Galibis, absolument abandonnés à eux-mêmes après l'événement de 1762, ne tardèrent pas à se disperser en totalité dans leurs forêts, il n'en fut pas tout à fait de même à l'Oyapock, où la tradition des Réductions fut continuée, au commencement par des laïques, puis par des capitaines indiens relevant du commandant du poste ultérieurement rétabli, d'abord sur la rive droite où les Portugais l'attaquèrent pendant la Révolution, ensuite à l'îlot Casfesoca. Le village de Saint-Paul subsista jusqu'à la fin du xviiie siècle.

Aussi le Bas Oyapock compte-t-il aujourd'hui une assez importante population indienne totalement créolisée, pure ou métisse, tandis que la côte galibie ne compte qu'infiniment peu d'Indiens créoles et de métis.

L'homme qui, en réalité, fut le continuateur de l'œuvre des Missions de l'Oyapock fut un Indien Piriou, le capitaine Alexis, petit-fils du fameux chef Apiriou.

Alexis naquit à peu près à l'époque de la prise par Potter du fort d'Oyapock, vers 1745, et mourut plus que centenaire, après 1845.

Alexis fut élevé à la Mission de Saint-Paul par le père Dayma. A la dispersion des Missionnaires il maintint le village de Saint-Paul. Bientôt Louis XVI le nomma capitaine des Indiens des anciennes Missions du district de l'Oyapock. Ce fut lui qui accompagna Leblond, en qualité de patron, dans les voyages que fit cet explorateur à l'Oyapock et au Camopi.

En 1819, nous le retrouvons lié d'amitié avec une dame veuve Popineau qui put, grâce à lui, acquérir tant d'influence sur les Indiens, qu'on ne l'appelait que la Reine de l'Oyapock. Lui en était le Roi. Le village d'Alexis se trouvait alors à l'embouchure de l'Armontabo. Ses abatis s'étendaient sur les deux rives de l'Oyapock, de l'embouchure de la crique Armontabo à l'embouchure de la crique Crécou (appelée à tort Quéricourt, ou Kéricourt). Il y avait plusieurs villages dans cette région. En 1850 il avait transporté le sien à l'embouchure de Crécou.

En 1842, Alexis avait son « grand village » en amont de Saint-Paul, à l'embouchure de la rivière Anotaye, sur une colline de près de cent mètres de hauteur qui domine la rivière d'Anotaye. Les abatis et les cases des peïtos s'étendaient sur les deux rives de l'Oyapock, en aval et en amont du confluent de l'Anotaye, et principalement dans cette rivière, où Alexis avait établi un nombre considérable d'Indiens. L'Anotaye était alors la rivière de la Guyane la plus peuplée d'Indiens. Alexis avait trois lieutenants dans la rivière : Couroupéta, qui avait le plus de peïtos, Agnangue et Mathurin. Ces grandes installations furent le dernier effort du vieux capitaine; il mourut peu après à son village d'Anotaye. Après sa mort les Indiens se dispersèrent peu à peu. Aujourd'hui Anotaye est désert.

Cependant Alexis ne fut pas seul à s'occuper des Indiens rassemblés par les anciennes Missions. Le commandant du fort jouait toujours un peu le rôle de capitaine général des Indiens.

De plus, en 1790, il fut institué, à côté du commandant du fort, une sorte de Directeur des Indiens sans attributions bien définies. Cette fonction n'eut qu'un seul titulaire, le « capitaine » Beaurepaire, qui habitait, en bas de Casfesoca, l'îlot qui porte encore aujourd'hui son nom. Beaurepaire avait sous ses ordres Alexis pour le bas du fleuve, puis, à partir de 1820, pour le haut de l'Oyapock, Ouaninika, yapotoli des Oyampis, qui vint à cette époque lui demander l'investiture. Beaurepaire mourut vers 1835.

En mourant, Beaurepaire recommanda au commandant du poste, pour en faire le capitaine général des Indiens de l'Oyapock, un Indien appelé Gnongnon, petit-fils de la femme indienne avec laquelle Beaurepaire vivait. Le fils qu'il avait eu de cette femme était déjà vieux, sourd et infirme, ce qui motiva le choix fait par le « capitaine » mourant, de son petit-fils plutôt que de son fils.

Ce Gnongnon, petit-fils de Beaurepaire, était déjà homme mûr. Adolescent quand les Portugais passèrent par l'Oyapock pour aller faire le siège de Cayenne, il fut enrôlé par eux avec beaucoup d'autres Indiens du Bas-Fleuve. Gnongnon, par sa grand'mère, la femme de Beaurepaire, était d'origine caripoune. Les Caripounes, sortis des rives de l'Amazone, commençaient, vers 1750, cet exode à travers la Guyane centrale qui devait les conduire au cœur de la Guyane anglaise, sur les bords du Repunani, où l'on en accusait encore quelques-uns lors de mon voyage dans ces contrées en 1885.

Gnongnon, reconnu par le commandant du fort et par le gouverneur de Cayenne, exerça ses fonctions jusqu'en 1874. Mais, à la fin de sa vie, il n'avait plus à côté de lui le commandant du fort pour donner à son autorité de capitaine général soutien et prestige. Le fort avait été abandonné, on n'en voit plus aujourd'hui que les ruines.

En 1874 le fils de ce Gnongnon, le Gnongnon actuel, fut nommé par le gouverneur de la Guyane française, par décret inséré au *Journal officiel* de la colonie, Capitaine des Indiens de l'Oyapock. Mais, sans uniforme, sans bâton de commandement, sans cadeaux ni solde du gouvernement de la colonie, sans avoir le droit de se faire prêter main-forte à Saint-Georges par l'officier de police, — tous avantages et privilèges qu'avait Gnongnon le père, — Gnongnon le fils considère sa nomination comme un inutile et vain parchemin.

Notre Gnongnon actuel, capitaine influent, mais sans autorité matérielle, a pour lieutenant son parent Mécro, et pour capitaine des Oyampis du Haut Oyapock le tamouchi François, qui ne remplace que bien imparfaitement le yapotoli Ouaninika.

L'événement le plus important de cette dernière partie de l'histoire de l'Oyapock fut l'invasion des Oyampis.

Vers le milieu du siècle passé — puisque ni le P. Fauque ni le P. Lombard ne mentionnent cette nation dans les parages de notre colonie[1] — les Oyampis, venus du sud de l'Amazone d'après leur tradition, les Oyampis, de race tupi, ainsi que le montre clairement leur langue, commencèrent leurs invasions à travers les nations caraïbes de la Guyane.

Patris est le premier qui nous fasse mention des Oyampis. Les Roucouyennes, dit-il, ne voulurent pas l'accompagner à l'Amazone, par crainte des Oyampis, avec lesquels ils étaient en guerre (1766), et qui devaient se trouver alors dans le Moyen et le Bas Yary, où sont restés jusqu'à nos jours ces Oyampis d'arrière-garde appelés Calayouas.

Vers 1800 ils s'avancèrent jusqu'au Rouapir et aux sources de l'Oyapock. Ils engagèrent alors une guerre sans trêve avec leurs ennemis les Roucouyennes, guerre qui dura près de trente ans, de 1800 à 1830 environ.

Nous verrons, en étudiant l'histoire des Roucouyennes, quelles furent les causes et les résultats de cette guerre, pourquoi les Émerillons firent alliance avec les Roucouyennes, et pourquoi les Bonis firent à leur tour la guerre aux Oyampis, de 1836 à 1842, guerre terminée par le massacre des Bonis par les soldats du fort de Casfesoca.

Aussitôt leur arrivée à l'Oyapock, les Oyampis ayant sur les bras leur guerre avec les Oupourouis-Roucouyennes aidés des Émerillons, et, de plus, une autre guerre qui dura jusqu'après 1820 avec la mystérieuse nation des Amikouanes ou Longues Oreilles, que nous retrouvons maintenant non plus à 200 lieues du poste d'Oyapock, mais dans le voisinage des Oyampis ; les

---

1. Cependant Barrère, en 1743, place des *Oyampis* dans les parages du Haut Oyapock ; et, en 1741, une carte manuscrite de la Guyane, dressée par les Jésuites, et communiquée par Buache en 1787, place des *Ourampis* dans la même région.

Oyampis s'efforcèrent de se mettre en bonnes relations avec les autres Indiens du fleuve et avec les Blancs.

Voici comment la tradition raconte les premières relations des Oyampis avec les Indiens du Bas Fleuve et avec les Blancs. C'était, autant que j'ai pu le conjecturer d'après la relation de Thébault et d'après les renseignements indigènes, c'était en 1818. Une femme indienne du bas de l'Oyapock venait de disparaître mystérieusement. Des Pirious affirmèrent l'avoir vue passer dans un canot monté par des Indiens inconnus. Ces rapts sont le péché mignon des Indiens non encore frottés de civilisation. Ou peut-être était-ce un moyen ingénieux inventé par les Oyampis pour faire connaissance avec les Indiens d'en bas. Ceux-ci arment incontinent une expédition pour remonter l'Oyapock à la recherche de la femme. A la hauteur de la Roche Mon Père on rencontra cette femme, qui avait réussi à s'évader et qui descendait dans une petite pirogue. Elle raconta qu'elle avait été bien traitée, ce qui fit que ses protecteurs lui demandèrent de les conduire auprès de ses ravisseurs. On arriva au dégrad du village de la crique Suacari (Eureupoucigne). Des Indiens y fléchaient. On se fit comprendre tant mal que bien et on demanda quel était le ravisseur. Un jeune homme se présenta courageusement. Non seulement les Indiens civilisés du bas du fleuve ne lui firent aucun mal, mais encore ils le traitèrent amicalement. Il proposa alors aux visiteurs de l'accompagner au village de son frère, yapotoli de la nation. Le frère, c'était Ouaninika. Les Indiens civilisés déterminèrent le chef sauvage à les accompagner chez les Blancs. Il ne fit aucune difficulté. Au Bas Oyapock, Blancs et Indiens lui firent grande fête pendant un mois. Il raconta — il parlait le roucouyenne, qu'entendaient, par le galibi, les Indiens civilisés — il raconta qu'il venait de remporter une grande victoire sur les Roucouyennes (sans doute l'expulsion de ceux-ci du district de Paritou), mais que la guerre n'était pas terminée et qu'il avait hâte de remonter. Il promit de descendre au bout de trois mois avec son lieutenant Tambaoura, laissant son autre lieutenant Tapayaour chargé du soin de la guerre.

Ouaninika remonta comblé de présents et accompagné par plusieurs canots d'Indiens civilisés. Les peïtos de Ouaninika l'attendaient au dégrad au nombre de trois cents guerriers. Les présents des Indiens civilisés et des Blancs furent étalés sur une roche, et un vieux piaye, fameux pour avoir mangé plusieurs prisonniers roucouyennes et s'être fait des couis de leur crâne, exorcisa ces marchandises suspectes. Au village, de grands cachiris scellèrent ce traité d'amitié si étrangement conclu.

L'OYAPOCK EN FACE DU VILLAGE DE GNONGNON.

Trois mois plus tard, conformément à sa promesse, Ouaninika descendit avec Tambaoura et vingt canots chargés d'hommes et de femmes. Il demanda à Beaurepaire, directeur des Indiens, de le nommer, ou plutôt de le reconnaître, capitaine général des Oyampis, ce qui lui fut accordé avec empressement, et ce qui, en le constituant notre protégé, lui valut au moins plus tard de voir sa mort vengée.

Maintenant veut-on savoir quel était alors le degré de civilisation des Oyampis nouveaux venus dans l'Oyapock? Un voyageur, Thébault de la Monderie, qui fit, sur ces entrefaites, en 1819, un voyage chez les Oyampis, nous l'apprendra.

En 1819 les Oyampis, qui n'étaient pas alors descendus en aval de la rivière Inguérarou, avaient leur « grand village » à la crique Eureupoucigne, alors Oyampis-Suacari. On remontait un jour cette crique, qui est petite et obstruée de bois tombés, puis, après huit heures de marche par le bois, on arrivait à la capitale des Oyampis, qui avait environ 1 200 habitants. Il se trouvait d'autres villages dans le voisinage. Tous ces villages étaient entourés d'immenses abatis. Bien qu'ils fussent en guerre avec les Roucouyennes, les Oupourouis et les Émerillons d'une part, les Amikouanes ou Longues Oreilles de l'autre, les Oyampis reçurent très bien le voyageur. Ouaninika, qui avait, paraît-il, un pouvoir absolu et de nombreux capitaines sous ses ordres, donna de grandes facilités à Thébault, qui venait chercher de la salsepareille, laquelle est très abondante dans ces forêts.

En arrivant, l'apotoli frottait le front des étrangers avec un morceau de coton, comme chez les anciens Roucouyennes. On leur offrait des femmes; les femmes, d'ailleurs, prétend Thébault, venaient d'elles-mêmes s'offrir « naïvement » aux voyageurs. Elles n'avaient pas de tangue, elles allaient complètement nues. On fit de grandes danses à l'occasion de l'arrivée de Thébault, et de grands cachiris. Pendant ces danses on se livrait à des fustigations rappelant les daboucouris du Rio Negro. Ces fustigations étaient alors dans les mœurs oyampies. Toute femme, le lendemain de son mariage, était passée par les verges. Après les danses, Thébault assista à un maraké. Il était aussi d'usage, chez les Oyampis d'alors, de traiter la fièvre par les piqûres de fourmis. L'usage de manger les prisonniers était général. Ni Ouaninika ni ses hommes ne connaissaient les armes à feu.

En 1824, l'ingénieur Bodin fit un voyage jusqu'aux Trois Sauts, visita Ouaninika et évalua à 6 000 les Oyampis qu'il vit, dit-il, tous rassemblés.

De 1832 à 1836, Leprieur, puis de Bauve explorèrent la région du Haut

Rouapir et de l'Agamiouare, un peu plus complètement, il faut le reconnaître, que Crevaux qui, en 1879, traversa pour ainsi dire le pays sans le voir. Adam de Bauve constata que dans Moutaquouère, alors appelée Acao, une récente épidémie de variole avait fait périr plus de 1 200 Oyampis. Plus loin, dans le Haut Araguary, il trouva des Coussaris. Leprieur, parti d'un village oyampi établi au confluent du Kouc et du Rouapir, essaya de gagner le Haut Maroni, mais il fut obligé de rebrousser chemin au bout de huit jours de voyage. Les Émerillons sont cités par ces deux voyageurs comme étant devenus, après leur défaite dans la guerre oyampi-roucouyenne, vassaux des Oyampis.

En 1836, tout le Haut Oyapock était ouvert aux commerçants créoles qui allaient trafiquer jusqu'au Yaroupi et au Motoura. Dans le Motoura, le Samacou, le Yaroupi, le Crouatou, le Yaoué, se trouvaient de nombreux villages oyampis.

De 1819 à 1842, Ouaninika transporta son « grand village » de la crique Eureupoucigne, dans la région des Tumuc-Humac, au saut Alicoto, à quatre heures en amont du confluent du Camopi.

Cependant, en 1836, les Bonis, arrivés dans l'Oyapock par l'Inini et le Camopi, essayèrent d'assujettir les Oyampis. Ces esclaves marrons, pendant vingt ans héroïques, puis devenus ensuite esclaves d'anciens esclaves plus habiles qu'eux, se conduisirent dans ce pays, où ils voulurent essayer de jouer aux maîtres, avec toute la férocité que comportait leur récente génération d'abjection. Armés seulement de sabres, car ils n'avaient plus ni fusils ni munitions, ils attaquaient, quand ils étaient dix contre un, les Indiens isolés qu'ils rencontraient, pillaient les villages sans défense et se retiraient après avoir volé, violé et incendié à leur aise. Pendant six ans, ces brutes sanguinaires continuèrent dans l'Oyapock leur orgie de carnage. En 1842, ayant surpris Ouaninika presque seul au saut Coumaraoua, ils l'assassinèrent lâchement. Ouaninika reçut, dit Thébault, quatre-vingt-neuf coups de sabre.

Puis ces héros, sous la conduite de leur vaillant capitaine, le nommé Codio, eurent la stupidité de descendre au Bas Oyapock pour s'y vanter d'avoir tué Ouaninika. Ils s'imaginaient, après ce facile assassinat, avoir aisément raison de tous les Blancs.

Arrivés en vue de Casfesoca, ils trouvèrent le capitaine général d'alors, Gnongnon le père, qui se baignait, sans fusil, sans même un couteau dans son canot. Les Bonis étaient une centaine. Ces vainqueurs résolurent d'abord d'assassiner Gnongnon, puis ils réfléchirent qu'il valait mieux s'en servir pour faire savoir aux Blancs le haut fait d'armes de Coumaraoua, et exiger en conséquence, du commandant du fort, des fusils, des munitions et toutes sortes de marchandises. Après avoir préalablement assommé à moitié Gnongnon à coups de plat de sabre, les Bonis renvoyèrent nu et les mains attachées derrière le dos le capitaine indien porter leurs ordres au chef des Blancs. Un canot boni accosta Gnongnon à l'îlot de Casfesoca, puis vint rejoindre le gros de la troupe nègre qui s'était massée sur la rive voisine.

Le commandant du fort répondit que les Bonis avaient mal agi en assassinant Ouaninika, qui était protégé par la France et en maltraitant Gnongnon, qui était fonctionnaire français, qu'en raison de cela il serait obligé de faire surveiller à l'avenir l'embouchure du Camopi pour leur interdire l'Oyapock. Il ajouta qu'il n'avait point de marchandises pour eux, mais bien des ordres contre eux; que s'ils voulaient faire la paix avec les Blancs et « manger la soupe » au fort, ils n'avaient qu'à députer auprès de lui leur capitaine, mais que si plus de trois hommes débarquaient dans l'îlot sans sa permission, ils seraient reçus à coups de fusil.

Les Bonis, poussant des hurlements, débarquèrent pêle-mêle dans l'îlot Casfesoca et se ruèrent sur le fort le sabre levé. Ils voyaient déjà les Blancs implorant grâce. Mais quelques décharges de mousqueterie eurent raison de ces brigands imbéciles. Codio fut tué avec tous les Bonis, sauf deux hommes et une femme qui échappèrent et purent aller apprendre à leurs camarades de l'Aoua que les Blancs n'étaient pas aussi faciles à massacrer que les Indiens. Cette utile leçon rendit les Bonis plus circonspects à l'avenir dans leurs rapports avec les Français.

L'affaire de Casfesoca fut le dernier épisode de la guerre roucouyenne-oyampie.

Ce ne fut que quelques mois plus tard, vers 1850, que les Oyampis et les Roucouyennes commencèrent à entrer en relations amicales. Gnongnon le père emmena les Oyampis chez les Roucouyennes du Yary, qui leur firent un cachiri d'un mois et s'en retournèrent avec eux boire de nouveaux cachiris dans les villages oyampis de l'Oyapock pendant le même laps de temps. Depuis, de bonnes relations, relations assez suivies, s'établirent. Aujourd'hui, par la seule force de leur nombre et de leur civilisation plus avancée, les Roucouyennes commencent à imposer, pacifiquement, leur langue et aussi quelque peu leur tutelle à leurs anciens ennemis.

A la mort de Ouaninika, l'institution du yapotoli, du chef unique, se perdit chez les Oyampis, comme elle se perdit chez les Roucouyennes à la mort de Tamoui (d'après la tradition). Chaque village vit s'élever son tamouchi autonome. Mais comme les deux tribus sont restées en paix entre elles et avec tous leurs voisins, cette désagrégation n'eut pas de conséquences aussi désastreuses qu'elle en aurait pu avoir.

Nous ne parlerons pas du voyage de Crevaux à l'Oyapock en 1879. Crevaux ne connaissait pas l'histoire de l'Oyapock. Il ne parlait pas l'oyampi. Il passa à côté des plus grands massifs sans en voir un seul. Il traversa de grandes criques comme Ouaatéou sans les mentionner sur son cahier de notes. Il prit pour l'Oyapock un petit affluent de l'Irouaïté et plaça les sources du fleuve à dix lieues plus au nord qu'elles ne sont réellement. Il n'apprit rien du système de bifurcation de l'Oyapock en Kerindioutou et Moutaquouère, rien des rivières Agamiouare, Ourouaïtou et Mapari, des villages de la tête de Kouc, et des nombreuses cacaoyères de la contrée. Ses levés hydrographiques sont très consciencieux, mais le malheureux voyageur allait trop vite, trop pressé de faire beaucoup de route. La trouée ne suffit pas : il faut séjourner. Mais que ceci ne soit pas pris pour une critique : Honneur aux consciencieux, aux vaillants, aux désintéressés comme Crevaux !

Il ne vit guère, non plus, bien qu'il ait passé quinze jours à Saint-Georges, cette population d'Indiens créoles qui composent pourtant presque la moitié de la population du Bas Fleuve. Ils sont en effet 150 environ, sur 400 âmes que possède l'Oyapock sur ses deux rives, du premier saut à l'embouchure.

Ces Indiens, complètement créolisés depuis le commencement du siècle, parlent parfaitement le créole et même, pour la plupart, ne parlent guère que ce patois, ayant oublié les anciennes langues indiennes. Ils sont de coutumes et de mœurs absolument créoles. Ils ont, à Cayenne, des relations de famille qui vont se développant. Le créole indien, surtout métissé de blanc et de noir, est le meilleur élément de peuplement de l'Amérique équatoriale. C'est grâce à cette population tri-métisse, que l'Oyapock est le premier quartier agricole de la colonie. L'Oyapock fournit, avec Counani, la plus grande partie de la farine de manioc que consomme la Guyane française.

L'Oyapock, frontière de notre colonie officielle, voit apparaître ce nouvel élément ethnique, l'*Indien métis* ou *civilisé*, élément négligeable dans notre Guyane incontestée et dans les deux autres Guyanes coloniales.

L'*Indien métis* ou *civilisé* n'est représenté dans la Guyane anglaise que par une centaine d'individus pour une population de 300 000 âmes ; dans la Guyane hollandaise, par 200 individus pour 75 000 âmes; dans la Guyane française incontestée, par 400 sur 54 000 habitants; soit, pour cent, en Guyane anglaise : 0,03; en Guyane hollandaise : 0,26; en Guyane française incontestée : 1,17.

A l'Oyapock cette population d'Indiens civilisés et de métis d'Indiens atteint près de 40 %. Dans les territoires de la côte contestée, elle représente les 2/3 de la population : plus de 2 000 sur 3 000. Et dans l'ensemble de l'Amazonie intérieure et littorale, jusqu'au cap San Roque, sur une population de 3 800 000 habitants, les *Indiens civilisés* et les *métis d'Indiens* représentent 30 % dans l'ensemble, et dans certains États, comme Amazonas, 55 %. A côté de ce peuplement indien, dans cette immense Amazonie intérieure et littorale, les blancs sont 35 %, et les noirs purs seulement 10 %, tandis que dans l'ensemble des Guyanes coloniales les noirs purs sont 34 1/2 % et les blancs seulement 8 1/2 %.

Que les lecteurs qui voudront lutter contre l'aridité de ces chiffres en cherchent eux-mêmes la conclusion.

RUINES DU FORT DE CASTESOCA.

RIVES DE L'OYAPOCK.

CHAPITRE XI

EN ROUTE. — LE CAPITAINE GNONGNON. — DE SAINT-GEORGES AUX PREMIERS SAUTS. — LE VILLAGE DE GNONGNON. — LES CACAOTERS DE SAINT-PAUL. — LA GRANDE RIVIÈRE ANOTAYE. — COMMENT IL FAUT TRAITER LES DOULEURS. — PRÉVOYANCE D'UNE VIEILLE FEMME. — UN NOM TROP LONG. — SAUTS EN SÉRIE ET SAUTS ISOLÉS. — CHANGEMENTS DE DESTINATION DES VOIES GÉOGRAPHIQUES. — TROIS VIEILLES RIVIÈRES. — LE DISTRICT DU CAPITAINE FRANÇOIS. — COUP D'ÉTAT DE GNONGNON. — HISTOIRE CONTEMPORAINE DES OYAMPIS. — BOCQUET DE RIVIÈRES. — LA VÉNUS OYAMPIE. — LA COULEUVRE DU FOND DES EAUX. — PIERRE. — LE SPÉCIFIQUE DES OYAMPIS CONTRE LA MORSURE DES SERPENTS VENIMEUX. — INGUÉRAROU. — AMOURS SÉNILES. — LA NUIT PARFUMÉE. — UNE GRANDE CHAINE DE MONTAGNES. — AUTRE BOUQUET DE RIVIÈRES. — L'EXODE DES OYAMPIS. — LES GRANDS SAUTS. — UN SAUT QUI DÉMOLIT UNE THÉORIE. — LAVEAU INTRÉPIDE. — LE PROBLÈME DES SOURCES DE L'OYAPOCK. — LE DÉGRAD DE KÉRINDIOUTOU.

Nous voici en rivière. Le capitaine Gnongnou, mon patron, est un Indien de race passablement croisée; il est d'origine Caripoune par son père, et sa mère était Nourague. Il doit avoir aussi du sang nègre, car les cheveux qui entourent son crâne chauve sont ondulés et frisottants. Enfin, son aïeul Beaurepaire lui a laissé un peu de sang blanc. On ne peut manquer d'être très intelligent quand on est si croisé que cela:

« Mon esprit travaille tant, toute la nuit, dit Gnongnon, que je ne puis dormir ».

Gnongnon a une cinquantaine d'années ; il est petit, trapu, grassouillet. Il a une grosse figure bonasse et souriante. Il ne faut pas en croire cependant cet extérieur pacifique; Gnongnon est très autoritaire, et ferait un chef très absolu s'il pouvait compter d'être secondé par les Blancs.

Il serait imprudent de se l'aliéner, car il a une grande autorité sur les Indiens civilisés du Bas-Fleuve et une assez grande influence sur tous les Indiens de l'Oyapock. Il est d'ailleurs intelligent, complaisant, serviable et parfaitement au courant des habitudes des Blancs. Il parle le créole de Cayenne dans la perfection; c'est l'idiome dans lequel il a été élevé; il parle le portugais; enfin, il sait un peu quatre langues indiennes : l'oyampi, le roucouyenne, le palicour et le nourague. Il connaît aussi un peu de piriou et quelques mots de caripoune.

Gnongnon est le meilleur patron de la rivière; il connaît bien le pays, il est actif, assez honnête, il sait assez bien commander et il n'est pas trop mendiant. Mais il a un déplorable défaut : il aime trop le tafia. Il ne faut pas le voir quand il est ivre : il est atroce. Alors il est insolent avec tout le monde et ne parle que de brûler vifs les Indiens qui se conduiraient mal. De sang-froid il est raisonnable. Une fois à votre service, il s'observe et ne s'enivre plus ou s'enivre moins. C'est quand il descend chez les mercantis du bas de la rivière, des Chinois, des transportés libérés, qu'il tombe en faute. On le remplit d'alcool pour lui vider ses poches. Il repart, plein de lui-même comme un Inca, mais allégé de nombreuses pièces de cinq francs qu'on lui a volées. Chez les peuples primitifs, le petit trafic, exercé neuf fois sur dix par des chenapans ou tout au moins par des usuriers éhontés, est un puissant moyen de démoralisation. Quelques vauriens dignes de la corde s'enrichissent, d'intéressantes populations s'abrutissent et disparaissent.

De Saint-Georges au premier saut, à deux heures en amont, l'Oyapock coule entre des terres hautes formant collines. La région est peuplée; on compte quinze habitations, dont neuf rive droite et six rive gauche. La population est indienne pure, ou métissée, ou noire. D'immenses abatis décèlent l'esprit laborieux des créoles.

Avant d'arriver aux premiers sauts, l'Oyapock reçoit, à droite, un grand affluent, Pratnari, qui a un cours d'une centaine de kilomètres au plus.

Après avoir passé l'îlet de Casfesoca, aujourd'hui désert, et laissé sur la rive gauche la jolie habitation de Mécrou, le lieutenant de Gnongnon, on arrive au premier saut, le saut Casfesoca.

Un peu plus haut, ce que les créoles appellent le Premier Saut, ou le saut Grand'Roche, se compose de trois sauts : en aval, le Saut Robinson, qui barre complètement la rivière ; au centre, le saut Grand'Roche, qui la barre sur la rive gauche, et qui est continué par le saut Trochcouare et Maître-Jean, qui la barre sur la rive droite ; en amont, le saut Maripa, rive gauche, continué par le saut Galibi, rive droite.

Ces sauts sont occasionnés par une chaîne de collines d'une centaine de mètres de hauteur sensiblement parallèle à la côte.

Seul le saut Grand'Roche est véritablement un grand saut. Il est beaucoup plus dangereux et plus considérable que le saut Hermina, qui commence la série des 87 sauts du Maroni. (L'Oyapock, qui en compte 120, peut se targuer de n'être pas moins bien partagé à cet égard.)

Aux basses eaux, le saut Grand'Roche tombe en cascatelles autour d'un énorme banc de roches haut de près de 8 mètres, large et long de près de 200. En hiver, cette énorme Grand'Roche est couverte, et la chute, à pic, atteint de 12 à 15 mètres de hauteur. En été, il faut décharger les bagages, parce qu'il n'y a pas assez d'eau pour hisser dans les cascatelles un canot chargé ; on passe alors les marchandises sur la Grand'Roche même ; l'hiver on prend par la rive droite, mais, à cause de la violence de la chute et des courants qui la continuent, il est prudent de décharger les bagages et de les conduire par le sentier qui va du pied du saut au village de Gnongnon au-dessus du saut Galibi.

Le village de Gnongnon est dans une situation des plus pittoresques, puisqu'il domine les sauts, mais il n'est guère important. Il se compose de trois cases, où habite la famille du capitaine. Les abatis s'étendent le long des sauts sur la rive droite comme sur la rive gauche de l'Oyapock. Le village de Gnongnon a été récemment enrichi d'un petit carbet qui tient lieu de chapelle.

Gnongnon a une nombreuse famille ; il a eu beaucoup d'enfants de trois ou quatre femmes qu'il a eues successivement, car, en créole qu'il est, en civilisé, il n'admet pas la polygamie. Il a donné à ses enfants des noms aussi hétéroclites que son origine est complexe. Ses deux demoiselles, deux grandes filles créoles, répondent l'une au nom de Tétèche, mot créole fort idiomatique qui veut dire à peu près « chère amie », et l'autre à celui plus banal de Coton. Son plus grand fils, qui est déjà homme, s'appelle Blanc, le cadet Nègre, un plus jeune Sousoumé, mot roucouyenne qui signifie à peu près « délectable ».

Gnongnon vit dans son village comme un coq en pâte, obéi, choyé, aimé. Quand il a bu un coup de tafia, il réunit son monde à la chapelle et dit « morceau la prière ». Comme le Tsar, il cumule le spirituel et le temporel. Il est encore fort vert, et sa femme actuelle, une Palicour, est trop Indienne des Grands-Bois pour trouver mauvais qu'un homme dans toute la force des passions, comme son mari, satisfasse un peu ses petites fantaisies. Ils me racontent ensemble, renchérissant l'un l'autre sur les détails, qu'une jeune administrée qu'ils me montrent et qui est loin d'être une vertu, a reçu pour plus de trois cents francs de cadeaux du « capitaine », à qui elle avait promis d'être sa femme de la main gauche pendant un temps convenu, deux ans, je crois, quitte à renouveler le bail. La coquine ayant gardé les cadeaux après avoir refusé de remplir ses engagements, la femme de Gnongnon, indignée d'un tel manque de foi, alla elle-même se faire restituer, après une dernière et infructueuse mise en demeure, tout ce que le capitaine avait donné à cette créature sans pudeur. « Livie, dit Suétone, recrutait des vierges pour le lit d'Auguste. »

Gnongnon m'arrange mon expédition.

Mon grand canot, le canot de la police de Saint-Georges, mis obligeamment à ma disposition par le maire, M. Coustin, sera patronné par Gnongnon, aidé de son lieutenant Mécro, et monté par quatre Indiens, Chaton, Wilfrid, Soldat et Petit Jean-Baptiste.

Un autre canot, plus petit, sera patronné par Chapoto, et monté par Nègre et l'Émerillon Perdrix (en émerillon, Inamou).

Les Indiens du Bas Oyapock, dans leurs canotages pour les placers que l'on installe de temps à autre à Sekni et à Inipi, n'ayant pas l'habitude de se faire payer au baril comme les Bonis, mais par homme, à 4 francs par jour et 5 francs pour le patron, chargent tant qu'ils peuvent le canot de pagayeurs. Ainsi, pour ce voyage de quinze jours — car ils comptent ainsi : pour aller, il faut tant de jours, pour revenir tant, cela fait un total de tant de jours de déplacement que vous nous payerez au tarif que vous savez, — pour ce voyage, me voici avec 9 hommes, bien que 5 m'eussent parfaitement suffi. De plus, ils ont aussi leur bénéfice sur le temps : ainsi, nous mettrons neuf jours pour arriver à François, mais ils n'en mettront que quatre pour descendre, total 15 jours, ce qui leur fait 2 jours de gagnés.

N'importe! je dois à ces braves Indiens d'être arrivé en 15 jours au

LES CACAOYERS DE SAINT-PAUL.

dégrad des Oyampis, car je ne mis que 6 jours de François à ce point. tandis que Crevaux mit 22 jours avec ses Bonis pour faire le même trajet.

Avec de si bons pagayeurs et de si bons patrons, nous pouvons aller sans crainte.

Fin août. — Deux séries de sauts redoutables continuent celle du saut Grand'Roche jusqu'à Armontabo. C'est comme si, au Maroni, les grands sauts de Pétersongou à Poligoudoux commençaient de suite au-dessus d'Hermina. Comme toujours, ces grands sauts se trouvent dans une rivière élargie et semée d'innombrables îlets. Sur les deux rives de l'Oyapock s'élèvent des collines de 50 à 100 mètres.

C'est à la première série de ces grands sauts que se trouvent, en aval de Crécou, les dernières habitations des Indiens civilisés de l'Oyapock, celle de Jean-Baptiste, rive droite, et celle de Chapoto, rive gauche.

Le plus grand saut de la première série, en sortant de chez Gnongnon, est le saut Massacara, qui rappelle Man-Bari. Cachiri et Ouéragne sont les plus mauvais de la seconde. Un peu en amont, l'Oyapock forme un *aouanème* ou coude élargi : on y voyait, dit la tradition, flotter, pendant la guerre des Caranes, les cadavres des Indiens.

Un peu en amont de la crique Nouciri, affluent de la rive gauche à peu près de l'importance de l'Armontabo, se trouvait, rive gauche, l'ancienne Mission de Saint-Paul, qui se décèle aujourd'hui par ses cacaoyers séculaires.

Il se trouve encore actuellement, à l'emplacement de l'ancienne Mission, aujourd'hui complètement reprise par la forêt, un millier de cacaoyers âgés de cent cinquante ans environ. Comme, à partir de 1762, la plantation n'a plus été entretenue, si ce n'est peut-être dans les premières années de l'évacuation, par le capitaine Alexis qui compta sans doute, quelques temps encore, sur le retour des Missionnaires, les grands arbres ont eu le temps de repousser, et les vieux cacaoyers s'étiolent aujourd'hui, presque improductifs, sous l'ombre épaisse d'une haute futaie serrée. Toutefois leurs rejetons couvrent, par milliers, le sol de la forêt. Il serait aisé d'en faire d'immenses plantations.

Ces cacaoyers de Saint-Paul intéressent beaucoup les Indiens du Bas-Fleuve. Le rêve de plus d'un Mécro serait de s'y installer et de faire valoir la plantation abandonnée, mais il faudrait pour cela un capital.

Il faudrait un capital préalable pour abattre les grands arbres, tailler les cacaoyers, nettoyer la forêt, construire des cases, faire un abatis. Au bout de deux ou trois ans les cacaoyers pourraient donner quelques milliers de francs par an. Leurs innombrables rejetons permettraient d'agrandir la vieille cacaoyère et de planter autour d'elle une cinquantaine d'hectares qui donneraient ici, le terrain étant excellent, plus de cinquante mille francs par an. Tout ceci serait possible avec une cinquantaine de mille francs et une trentaine d'Indiens d'en haut, la main-d'œuvre créole étant trop coûteuse pour que rien puisse réussir avec elle dans le cas en question.

Ainsi comptions-nous, Laveau et moi, avec Gnongnon et Mécro.

Nous visitons l'emplacement de l'ancien village, qui se trouvait à une pointe d'où l'on découvre deux longs coudes de la rivière : on jurerait que ce coin de terre n'a jamais cessé d'être forêt vierge.

Un peu en amont de Saint-Paul se trouve l'embouchure de l'importante rivière Anotaye, rive droite.

L'Anotaye est, avec le Camopi, l'affluent le plus important de l'Oyapock. Anotaye et Camopi ont chacune de 200 à 250 kilomètres de cours. L'Anotaye à son embouchure paraît moins considérable que le Camopi, mais à deux heures en amont elle présente un grand saut, le saut Couatacaye, au-dessus duquel elle s'élargit considérablement et offre de nombreux îlets. Les Indiens civilisés du Bas Oyapock vont faire de longs voyages dans l'Anotaye, chassant les hoccos et fléchant les coumarous et pacous. Gnongnon me dit qu'une fois il a remonté sans désemparer jusqu'au plus haut, pour voir la longueur de la rivière : il a mis quinze jours pour arriver au point où elle n'est plus accessible aux canots. Elle n'offre pas de montagnes sur ses rives, mais seulement des mornes d'une centaine de mètres, rappelant ceux des rives de l'Oyapock. Ses sauts ne sont pas dangereux. Ses rives sont complètement désertes, du moins Gnongnon n'a-t-il pas rencontré, en remontant, vestige d'habitation ou d'abatis récent ou ancien.

Le « grand village » d'Alexis en 1842 se trouvait sur la rive droite de l'Anotaye, au confluent de cette rivière. Il était situé sur le flanc d'une petite montagne de 100 mètres et dominait de plus de 50 mètres l'Anotaye et l'Oyapock. On en voit encore très bien l'emplacement. Depuis une quarantaine d'années qu'il a été abandonné, la forêt n'a pas repoussé à plus de 10 mètres de hauteur, c'est-à-dire un quart de la hauteur de la futaie environnante.

On voit aussi, en amont et en aval sur les deux rives de l'Oyapock, les *gnamans* ou broussailles qui ont remplacé les anciens abatis du capitaine Alexis.

Depuis notre départ nous n'avons que des brouillards, du temps couvert, de la pluie. Nous faisons de grandes journées, le soir nous nous arrêtons après le coucher du soleil et ne dressons pas de pataouas : nous dormons sur les roches, qui avec une pierre pour oreiller, qui roulé dans sa couverture. Le matin nous nous réveillons dans un brouillard épais : on ne distingue pas le visage de son camarade de lit que l'on touche de la main. Gnongnon me demande de bonne foi si je pense que cela soit bon pour les douleurs. Je crois que non, mais je ne saurais coucher dans mon hamac, mon épaule et mon pied droits ne pouvant supporter le contact de quoi que ce soit ; ma flanelle même me fait souffrir. Je suis mieux sur une roche en pente, je m'installe sur mon côté gauche, sans bouger de toute la nuit. Je ne puis plus marcher, mais j'ai bon espoir ; la vie active, en plein air, un peu de diète ne sauraient manquer de me guérir bientôt. Déjà je commence à avoir de l'appétit ; je suis resté à Cayenne deux mois sans manger, et maintenant je me régale avec le couac et les pacous dont nous nous nourrissons.

Chaque matin je me sens de plus belle humeur. A cinq heures je me traîne au canot, de mon bras gauche je tire un peu de tafia, puis je crie successivement en oyampi, en roucouyenne, en portugais et en créole, au capitaine Gnongnon, de venir « boire la goutte ». Je vois dans le brouillard un crâne chauve qui me tend la main, je pose mon gobelet à terre et allonge la sénestre au vieux brave homme, qui s'exclame avec un étonnement admiratif en me voyant si invalide et si joyeux : « Compagnée ! et vous allez courir les montagnes ! » Laveau, lui, aurait de sérieuses tendances à s'inquiéter, mais je l'ai formé à mon école. Et, forçant la note, abrégeant mes théories à sa manière, il lève son bougearon de tafia à la hauteur de l'œil : « Souffrir est près d'être un bien ; vivre est près d'être un mal. Méprisable qui ne méprise la vie. A la santé de tout le monde ! » Et l'épais et froid brouillard du matin commence à se déchirer quelque peu sous les rayons d'or du levant.

Nous passons la Roche Mon Père, qui est rive droite, en face du village qu'occupait Jean-Pierre lors du passage de Crevaux. Cette roche, qui a près de 15 mètres de hauteur, doit son nom à ce que les anciens missionnaires s'y arrêtaient souvent pour déjeuner lorsqu'ils voyageaient en rivière.

Un peu plus haut, également rive droite, est l'embouchure de la rivière de Mouripi, qui est un peu moins importante que Pratnari et que Crécou.

A partir de ce point, bien que nous ne soyons pas encore au plus grand étiage, l'Oyapock ne présentant plus de fond, nous naviguons au *tacari* (à la perche). On va plus vite au tacari qu'à la pagaye, mais cette navigation est bien désagréable quand on a à faire un levé et à prendre des notes. On est inondé chaque fois que les hommes sortent de l'eau, pour les y replonger, leurs longs bâtons de 3 mètres.

Trois grands sauts du plus bel aspect, Caraïteïtou, Couyimou et Couachintame, s'étendent entre l'embouchure du Mouripi et celle du Sekni qui est proche. Sekni ou Sékéni est de l'importance d'Armontabo et de Nouciri. C'est un peu en amont que se trouvait, en 1729, le village d'Apiriou, chef des Pirious.

On arrive au confluent du Camopi par une série de sauts, dont le plus beau est Ouacarayau, vaste chute magnifique formée de plusieurs brèches peu dangereuses.

Au confluent du Camopi, rive gauche de cette rivière, se trouvait l'ancien village principal de Jean-Pierre, et son dernier établissement. Il y fut tué par Raymond en 1883. Il existe plus de cinq cents pieds de cacao de dix ans, en plein rapport, dans l'ancien abatis du capitaine Jean-Pierre.

Il n'y aurait presque pas de dépenses à faire pour la mise en valeur. Les cacaoyers, qui ne sont pas couverts par les grands arbres, sont chargés de fruits. La forêt est propre, c'est une excellente terre haute, élevée d'une vingtaine de mètres au-dessus de la rivière : ce serait une magnifique position pour un village et un territoire on ne peut plus favorable à l'établissement de grandes plantations.

C'est la plus vieille femme de Jean-Pierre, une Indienne élevée chez les Blancs, qui lui donnèrent le nom de Tapage qu'elle a gardé, qui eut l'idée de planter tous ces pieds de cacao, pour que son tamouchi, moins âgé qu'elle, « en jouît plus tard avec ses jeunes femmes quand Tapage serait morte ». Mais Jean-Pierre a été tué par Raymond, Tapage s'est retirée auprès d'un peïto du capitaine François, le nommé Gabriel, et personne ne jouit des cacaos du Bas Camopi, si ce n'est la famille errante des couatas et des singes rouges. Inanité des projets des mortels !

Sur l'autre rive du Camopi, au confluent de cette rivière avec l'Oyapock, se trouvait la Mission de Notre-Dame de Sainte-Foi du Camopi. Là il ne reste plus rien, pas un pied de cacao ; les Indiens, dans leurs voyages, les ont tous coupés à pied pour avoir les fruits. Ils ont même oublié le nom de la Mission, bien qu'ils se souviennent du nom des trois autres : ils ont trouvé Notre-Dame de Sainte-Foi trop long et ils n'ont pas voulu s'en charger la mémoire. L'emplacement était d'ailleurs mal choisi comme terrain : c'est une terre basse, plate, humide, argileuse, qui ne devait guère être favorable aux plantations.

Le Camopi, dont le parcours est d'environ 250 kilomètres, a été visité « dans son plus haut » par Grillet en 1674 et par les chercheurs de cacao de M. d'Orvilliers en 1725. Dans quelques mois j'en déterminerai les sources.

L'Oyapock, au confluent du Camopi, est bordé, rive droite, d'une petite chaîne de collines de 150 mètres de hauteur environ. Cette chaîne occasionne le saut Coumaraoua, très long, et très dangereux aux grosses eaux. C'est au milieu du saut Coumaraoua, dans un îlet de la rive droite, que se trouve l'habitation de l'assassin Raymond, dont il sera parlé plus bas. En face, rive française, se trouve l'habitation de Petit François, son neveu. On rencontre encore quelques îlets dans cette partie de l'Oyapock; un peu plus haut on n'en trouvera plus.

Jusqu'au confluent du Camopi les sauts se sont présentés par groupes, par séries : série du saut Grand'Roche, du saut Massacara, des sauts Cachiri et Ouéragne, de Couyimou, de Ouacarayau; au-dessus du confluent du Camopi ils se présentent isolés; en aval du Camopi, l'Oyapock est très large et plein d'îlets; en amont il se rétrécit beaucoup et les îlets deviennent très rares.

Un peu en amont de Coumaraoua se trouve le saut Alicoto, en face duquel, rive française, se trouvait, en 1842, le dernier « grand village » de Ouaninika. A cette époque les Oyampis étaient concentrés dans le Yaoué, le Yaroupi, le Crouatou, mais principalement dans cette dernière rivière.

La rivière Yaoué est un des plus grands affluents de droite. Yaoué a beaucoup de sauts et est aujourd'hui complètement déserte, bien qu'elle fût très peuplée il y a quarante ans.

Le Crouatou est une petite rivière. Il y a quarante ans, elle était très peuplée; elle avait des villages sur tout son parcours, depuis son embouchure jusqu'à ses sources. Ces sources se trouvent non loin du confluent du Tamouri et du Camopi. Le Crouatou était jadis suivi, paraît-il, par les anciens Indiens, pour se rendre chez les Roucouyennes de Paritou. C'était une des voies de la Haute-Guyane. Aujourd'hui on n'y trouve plus personne, pas plus que dans le Tamouri, pas plus que dans le Camopi. Le Crouatou est devenu la voie du capitaine François, qui y va, une fois par an, flécher et boucaner les aymaras; et le Camopi, ancienne grande voie aussi, est devenu celle d'un Chinois du Bas Oyapock qui a un placer de douze travailleurs sur la rive gauche.

Un peu en amont du Crouatou on trouve, même rive, l'embouchure de l'importante rivière Yaroupi, dont le cours passe pour être aussi étendu que celui du Yaoué. La Yaroupi fut jadis fort peuplée; elle fut un des principaux centres des Oyampis vers 1850; aujourd'hui elle est complètement déserte de l'embouchure aux sources. Les Oyampis l'ont remontée pendant quatre jours. A la fin du premier jour on trouve le saut Couéki qui est long; à la fin du second, le grand saut Ouaïmicouare, qui est comme Grand'Roche, puis le saut Mouroucioutou. La Yaroupi est ensuite deux jours sans sauts. A la fin du quatrième jour on trouve le saut Taïnoua, un peu au-dessus duquel un grand affluent de gauche, l'Araritowe, s'en va du côté du Camopi. La Yaroupi a ses sources à une haute montagne appelée Tapiirangnannawe.

RAYMOND, PÈRE DE PIERRE.

De petites hirondelles grises volent au-dessus du saut Co. Le saut Co est un des beaux sauts de l'Oyapock; sa chute a deux mètres à pic. On le passe par plusieurs rapides derrière des îlets.

Le saut Viritou est la région du capitaine François. En aval de ce saut se trouvent, rive droite, les cases et les abatis de deux de ses peïtos, Gabriel et Henri. En amont se trouve le village du capitaine, rive gauche, à la crique Moqueha (sale), ainsi nommée parce qu' « il y a quelque temps, un Indien très sale est allé s'y laver ». Étonnante imagination des Indiens !

Le village du capitaine François se compose de trois carbets : le sien, celui de son fils qui se nomme aussi Petit François, comme le neveu de Raymond, et celui d'un certain Petit Joseph. En tout, une vingtaine de personnes, enfants compris. Les Indiens du « district » du « Capitaine » ne fournissent pas un total de trente personnes.

COUP D'ÉTAT DE GNONGNON.

Le capitaine François me dit d'attendre quelques jours afin qu'il ait le temps de faire des préparatifs, il me conduira ensuite aux sources de l'Oyapock.

On nous fait d'abord un petit cachiri. J'entends le son lugubre du toulé[1] des Oyampis : le sanglot rythmé est l'âme même du chant indien.

M. LAVEAU.

La nuit on danse à la lueur de flambeaux faits de morceaux d'encens roulés dans des feuilles de bananier desséchées. Ces torches sont du plus bel effet.

Je vois Raymond dans la foule ; Gnongnon avait préparé un petit coup d'État. Il a mandé Raymond chez le capitaine François, et Raymond s'y est rendu. Alors Gnongnon, profitant de la présence de l'« homme du gouvernement », rappelle à Raymond tous ses crimes. On parle créole au « tribunal », Raymond comprend cet idiome.

« Tu as tué le capitaine Jean-Pierre qui était un si brave homme, et tu lui as pris ses deux jeunes femmes ! tu as tué le petit Markett, tu as tué deux Émerillons. Tu arrêtes au passage les Roucouyennes qui descendent et tu leur voles leurs marchandises. Pour tous ces crimes tu as déjà été arrêté et tu as fait un an de prison à Cayenne. Le Tribunal n'a pas voulu te condamner à mort

---

1. Toulé : flûte, en roucouyenne et en galibi.

parce qu'il a dit que les affaires des Indiens ne regardent que le chef indien. Eh bien, moi, Gnongnon, fils de Gnongnon, capitaine général des Indiens de l'Oyapock, je profite du voyage que je fais avec cet « homme du gouvernement » pour te donner l'ordre, devant le capitaine François et devant tous les Indiens ici rassemblés, de te rendre dans mon district pour y faire ta case et ton abatis et y rester sous ma surveillance. Je veux qu'il ne se commette plus de crimes dans l'Oyapock ; je veux que les Roucouyennes puissent descendre jusqu'à Saint-Georges. J'ai dit. Tu sais ce qu'il t'en coûterait de désobéir à un ordre que te donne solennellement Gnongnon, fils de Gnongnon, capitaine général des Indiens de l'Oyapock. ».

Le vieux brave homme d'assassin, effrayé, promet de se rendre tout de suite là où son chef le lui ordonnera.

Quinze jours après, il faisait une nouvelle installation un peu en amont de chez Gnongnon, dans un îlet du saut Camaroucaye.

Mais les plus terribles menaces de Gnongnon ont été faites en oyampi. Je n'ai pas bien compris. Gnongnon a dû tirer son plus fort argument de ma présence. Il a dû me présenter comme un chef grand justicier et Laveau comme mon gendarme, car Raymond jetait de temps à autre, sur le sabre d'abatis américain que Laveau porte à la ceinture, des regards pleins d'angoisse.

Raymond a dans le haut de l'Oyapock un fils qui l'a fidèlement aidé dans la plupart des crimes qu'il a commis ; excellent garçon, du reste, Pierre, qui, lorsque son père fut arrêté et emmené à Cayenne, fut obligé d'emmener chez lui les trois jeunes femmes que son vieux papa laissait provisoirement veuves. Cependant, après quinze mois d'absence, Raymond, rentré dans ses foyers, trouva chacune de ses femmes nantie d'un nouveau-né. Pierre n'avait pas voulu laisser ses trois belles-mamans manquer de rien pendant l'absence du chef de famille.

C'est ce même Pierre qui, lors du passage du P. Vialton, voyageant dans l'Oyapock pour la foi, il y a un an (et mort à Cayenne deux mois après son retour, des suites de son voyage), c'est ce même Pierre qui n'imposait au P. Vialton, qui voulait le marier, qu'une seule condition : c'est qu'il le marierait avec ses trois femmes en même temps[1].

---

1. Pour édifier complètement le lecteur sur cette intéressante famille, nous allons donner ici l'acte d'accusation de Raymond Manira et un résumé de la plaidoirie de son défenseur, Mᵉ Aimé Belon, aujourd'hui bâtonnier des avocats de Tunis :

Cette exécution de Raymond accomplie, Gnongnon et ses hommes, bien payés, avec une gratification qu'ils ont réellement méritée par leur activité et leur politesse, s'en retournent dans le Bas Oyapock avec les canots qui m'avaient amené ici.

Le capitaine François étant prêt, nous continuons le voyage dans trois petites pirogues.

Acte d'accusation, dressé à Cayenne, au Parquet général, le 11 mai 1886, contre Raymond-Édouard Manira, capitaine de la tribu des Monkaraïo (a), dans le Haut Oyapock, à 30 jours de canotage (b) de Saint-Georges.

« L'accusé Raymond-Edouard Manira, connu dans toute la région de l'Oyapock sous le nom de capitaine
« Raymond, obligé, par suite de discussions intestines, de se séparer des tribus indiennes de l'Approuague
« dont il était originaire, devint le chef incontesté et redouté de la tribu des Monkaraïo dans la région fran-
« çaise de l'Oyapock où il s'établit et dont il s'érigea le Grand Justicier.

« Les deux frères Markett, Jean-Pierre et Louis, signalés, à tort ou à raison, par quelques-unes des familles
« éparses dans cette vaste région, comme fauteurs de désordres et de meurtres, se trouvèrent désignés à sa
« vindicte, et, dès lors, leur perte fut résolue dans le conseil du chef suprême de la tribu. Toutefois, soit que
« pour des motifs personnels il répugnât au capitaine Raymond d'exécuter lui-même Jean-Pierre Markett, soit
« qu'il ait jugé préférable d'avoir recours à la justice, il le livra, dans le courant de décembre 1884, aux auto-
« rités de l'Oyapock. Mais Jean-Pierre, en trompant la vigilance de ses gardiens, ne réussit à reconquérir sa
« liberté que pour succomber inévitablement, peu de temps après, aux embûches de Pierre Raymond, fils du
« capitaine, et de François (c), son lieutenant, qui le surprirent sur la rive française du fleuve Oyapock et le
« percèrent à coups de flèche.

« Après cet événement, auquel il ne paraît pas avoir pris une part personnelle, le capitaine Raymond
« n'hésite plus à frapper directement Louis Markett. Ce dernier, absent lors de la fin tragique de son frère,
« fut invité à une partie de chasse dans les bois. A un signal donné par son fils, le capitaine Raymond décocha
« une flèche sur Markett qui marchait un peu en avant de la troupe. La victime avait eu à peine le temps
« de se détourner, qu'elle fut mise dans l'impuissance de résister par le fils de Raymond qui l'étreignit à
« bras-le-corps. L'accusé l'acheva en lui fendant le crâne avec un sabre d'abatis. Le cadavre de Markett fut
« laissé sur place après que le meurtrier, suivant l'usage de la tribu, lui eut ouvert le ventre et mutilé les
« membres.

« L'accusé, que ses mœurs violentes et féroces avaient forcé de s'éloigner de l'Approuague, inspire une
« terreur telle aux peuplades de l'Oyapock que, lors de son évasion de la prison de Cayenne, il y a moins de
« deux mois, étant parvenu à regagner cette région, il fut de nouveau livré à la justice française par les
« gens de la contrée où il se croyait en sûreté.

« Pour le Procureur général,
« *Signé* : Eug. Naquard, substitut. »

Poursuivi devant la Cour d'assises de la Guyane, le 19 mai 1886, pour homicide volontaire avec préméditation, le capitaine Raymond fut acquitté sur la plaidoirie de M⁰ Aimé Belon, avocat du barreau d'Angers (Maine-et-Loire), alors à Cayenne, et aujourd'hui bâtonnier de l'ordre des avocats à Tunis.

« Le Capitaine Raymond doit être acquitté, dit, en substance, M⁰ Belon.

« La justice française eût mieux fait de se désintéresser dès le début d'une question dont la
« connaissance doit forcément lui échapper.

« Dans le domaine des faits, qui donc pourrait discuter à Manira son autorité et sa souveraine

---

a. Ceci est une erreur ethnographique du Ministère public. Il n'a jamais existé à l'Oyapock de tribu Monkaraïo. Il y a seulement un saut Ouacaraïo (ou Ouacarayau), à quelques jours de canotage au-dessus duquel était installé Raymond avec une famille d'une quinzaine de personnes originaires partie de l'Approuague et partie de l'Oyapock, famille qui n'a jamais constitué une tribu.

b. Autre erreur. Il n'y a que douze ou quinze jours de canotage de Saint-Georges à la région où Raymond fit ses villages.

c. Petit François, de Coumaroua, neveu de Raymond.

En six jours nous serons au dégrad des Tumuc-Humac.

Septembre. — En sortant du « port », le capitaine François m'écrase, sans crier gare, sous une avalanche d'érudition. C'est l'histoire contemporaine des Oyampis.

J'ai écrit sous sa dictée, j'ai revu mes notes, j'ai auguré quelques dates, et voici à peu près, telle quelle, d'après le capitaine François, l'histoire des *taïrohires*, ou yapotolis des Oyampis, depuis le commencement du siècle.

Ouaninika fut taïrohire de 1810 à 1842, époque de son assassinat par les Bonis. Il venait de l'Amazone. Cependant il ne parlait pas le portugais. Il avait le verbe haut et bref, il savait bien commander. Il avait pour lieutenants son frère Parananoupan, ses cousins Aouaracing et Tapayaouare, et les nommés Tambaoura et Yétounan. Son dernier « grand village » fut à l'embouchure de la rivière Yaoué ; il en avait commencé un autre au saut Alicoto quand il fut tué.

Parananoupan fut taïrohire à la mort de son frère, en 1842. Il mourut lui-même deux ans après, vers 1844. Son village était à l'embouchure du Yaroupi.

Aouaracing, cousin des deux frères, remplaça Parananoupan vers 1844 et mourut aussi au bout de deux ans, vers 1846. Son village était à Toussarara, un peu en bas du village ébauché par Ouaninika à Alicoto. Ce village de Toussarara fut le point le plus septentrional qu'occupèrent les anciens Oyampis ; ils ne descendirent jamais au-dessous de l'embouchure du Camopi.

« justice? L'acte d'accusation reconnaît au capitaine Raymond les différents titres de : Capitaine, « Chef suprême et incontesté, Grand Justicier de la tribu de Monkaraïo. Un acte de justice humaine, « si sauvage qu'elle soit, émané d'un tel souverain, exercé dans un pays où il est seul le maître, ne « peut être méconnu des juges français sans blesser ouvertement les principes de notre droit civil « et pénal, sans porter atteinte au droit naturel et au droit des gens. Le droit international lui-« même, pourtant si élastique, au point qu'il ne rencontre d'application qu'autant qu'il profite, serait « violé, à moins qu'on ne refuse aux tribus sauvages celui d'exister et de vivre conformément à leurs « habitudes séculaires.

« Si l'avocat du capitaine Raymond manquait de patriotisme, s'il ne voulait manifester en « cette occasion tout son amour pour la vieille France équinoxiale, qui pourrait facilement être « la plus belle, la plus florissante de nos colonies, au lieu de rester la sacrifiée, sa plaidoirie serait « vite faite en déclinant tout simplement l'incompétence de la Cour d'assises de la Guyane. Com-« ment en effet pourrait-on soutenir devant un tribunal français l'application des lois françaises « à des Indiens qui ne jouissent pas de la qualité de citoyens, et chez lesquels nos lois n'ont pas « été promulguées ni notre drapeau arboré, si ce n'est de loin en loin par l'explorateur ou le mis-« sionnaire ?

« Assimilez ces indigènes avant de songer à leur retirer leurs lois, leurs mœurs, pour leurs substi-« tuer les nôtres qu'ils ne connaissent pas.... »

Tapayaouare, frère d'Aouaracing, resta taïrohire — nominalement, comme l'avaient été tous ses prédécesseurs depuis Ouaninika — environ quatre ans, de 1846 à 1850, ou à peu près. Il avait son village au saut Ourourouaïtou.

Jean-Baptiste remplaça son père Tapayaouare et resta en fonctions de 1850 à 1860 environ. Il fit son premier village à la crique de Mohioua, et son second au saut Tamassiapa.

Toussaint, fils de Jean-Baptiste, fut le dernier capitaine de la famille de Ouaninika. Il mourut vers 1870, au village paternel de Tamassiapa. Son fils, appelé François, dédaigna les honneurs, d'ailleurs fort modestes, de la dignité bien déchue de taïrohire, et se fit matelot. Il voyagea sur la côte de Guyane, de Cayenne au Pará. La mort de son père ne lui fit pas rallier la tribu. L'Oyapock ne le revit plus.

Mon capitaine François, qui est, si l'on veut, le taïrohire actuel, bien que depuis Ouaninika chaque tamouchi soit, en réalité, autonome chez lui, François fut choisi par les Oyampis pour les diriger quand Toussaint mourut. Ses titres étaient qu'il avait passé un an à Cayenne et qu'il parlait assez bien le créole.

L'autorité, absolue sous Ouaninika, alla s'amoindrissant sous ses successeurs et devint nulle sous le taïrohire actuel, mon digne capitaine François, à qui les Oyampis accordent pour toute prérogative de l'appeler « capitaine » et de le déclarer un brave homme.

On a aussi conservé les noms de quelques sous-ordres.

Auguste était capitaine sous Jean-Baptiste. Il avait son village à la bouche de Samacou. Son fils Macarapi (Saint-Georges, de son nom chrétien) vit en simple peïto auprès de Caolé, chef de village dans la région des sources de l'Oyapock.

Jacques, surnommé le capitaine Mitic (le petit capitaine), avait son village au saut Ouayamou. Il était du temps de Toussaint. Le capitaine Mitic fut mangé par un tigre.

Yaouaroupicic fut plus qu'un simple lieutenant. On l'appelait *le Capitan*, parce qu'il avait été élevé par les Brésiliens, qui l'avaient fait capitaine. Il eut ses villages successifs dans les hauts de Kouc, à Gnacarancoutan, à Maïpocolé. Il resta une trentaine d'années dans cette région, où il est mort il y a quelque dix ou vingt ans. Il parlait bien le portugais. C'était un homme d'autorité, il parlait haut et commandait bien. Il avait réuni beaucoup d'Oyampis et surtout de Tamocomes. Il ne regarda jamais Toussaint comme son chef, pas plus que François, mon pauvre capitaine d'aujourd'hui, qui l'alla visiter et qui fut traité par lui tout au plus en égal. Yaouaroupicic s'appelait Joaquim Manoël, de son nom civilisé.

Et telles sont les dernières pages de l'histoire des Oyampis.

Délivré de cette généalogie, je regarde le pays que je parcours. Nous passons trois petits sauts, Massara, Ounacoupérou, Ouayamou, et trois petits affluents, le Tamouicouère, affluent de droite, le Suiverari et le Samacou, affluents de gauche. Ces deux derniers sont de la même importance. Un peu en amont, au-dessus du saut Arario, se trouve l'embouchure de la Motoura, grand affluent de droite.

Toutes ces rivières sont bien connues du capitaine François. Le Tamouicouère a deux bras, l'un venant du nord-est et l'autre du sud-est. Le Samacou vient du sud-sud-est; il a un grand affluent de gauche, le Ouasseïtowe, qui vient de l'ouest. La Motoura vient du sud; elle a un grand affluent de droite, appelé Saouanari, ou Apamari, qui vient de l'est. Il y aurait, paraît-il, une savane à la tête du Saouanari, ce que le nom de la rivière semblerait d'ailleurs indiquer. La Motoura et son grand affluent n'ont pas de grands sauts, seulement de faibles rapides. L'embouchure de la Motoura est du plus bel aspect; le bas de la rivière continuant la direction de la rivière en aval du confluent, il semble que ce doive être la Motoura, que l'on voit seule sur plus d'un kilomètre de parcours, qui est le véritable Oyapock.

C'est ici, à un jour de canotage, que les Indiens de François viennent couper des feuilles de ouayes pour couvrir leurs carbets. On n'est pas plus pratique que ces Indiens.

Nous franchissons plusieurs sauts. Coumaraoua, deuxième du nom, est le premier saut un peu fort que l'on rencontre au-dessus de François; c'est un long défilé très violent qui nous oblige à décharger les bagages. Pendant qu'on hale le canot à la cordelle, nous poursuivons, Laveau et moi, un superbe tigre rouge qui s'éloigne lentement sur les rochers du saut. Je ne connais pas de meilleur plomb que le double zéro pour tirer les plus gros gibiers : tigre, maïpouri[1], capiouare[2]. Une seule charge de ce numéro tue net notre fugitif.

La crique Mouroumouroucing, affluent de gauche, est un petit cours d'eau de l'importance du Samacou et du Suiverari. Dans cette crique se

---

1. Maïpouri : le maïpouri, c'est le tapir. Le tapir est un quadrupède pachyderme dont le nez est quelque peu allongé en forme de trompe. Sa grosseur est celle d'un jeune bœuf.

2. Le capiouare, le capiaye des créoles, est gros comme un porc. Il tient du pécari, sauf par la tête, qui est allongée.

trouvait l'ancien village d'Aouaracing; ce village avait un dégrad sur une branche du Yaroupi.

Le mouroumourou est un petit palmier épineux semblable au counana; les pakiras[1] et les maïpouris sont très friands de ses graines.

Le Ouiraparia (l'Ouroupayo) de Crevaux, petit affluent de droite, situé en amont, est plus important que Mouroumouroucing.

Je n'avais pas encore honoré d'une attention suffisamment soutenue la jeune moitié du capitaine François. Pourquoi ce pauvre vieux, appesanti par les ans et par la graisse, dont toutes les chairs pâteuses tremblotent au moindre de ses mouvements lents et lourds, exhibe-t-il, à côté de sa grosse tête bonasse et bouffie, aux yeux morts, ce petit minois toujours grimaçant, hideux et ridicule comme un petit singe qui serait laid dans son espèce?

Cette petite guenon est un résumé de toutes les laideurs possibles de la race indienne. Malgré ses douze ans, elle est encore moins fraîche que son vieux grand-père de mari. Avec ses jambes torses, ses pieds en dedans, ses mollets qui seraient en dehors si elle en avait, ses mains de vieille, ses dents plantées dans toutes les directions à double et triple rangée, ses lèvres horizontales, ses gros cheveux plats rebelles à toute discipline, ses yeux de vérat posés de travers, son tout petit crâne rejeté en arrière, son gros ventre proéminent, elle a l'air d'un paradoxe anatomique.

Le saut Ouroua Itou, entre plusieurs îlots, est un long rapide doublé d'une chute assez dangereuse; c'est le plus mauvais saut que nous rencontrons depuis Coumaraoua. De gros troncs d'arbre roulés par les grandes crues sont braqués à la cime des roches comme des canons défendant le passage.

Ouroua Itou, avec Coumaraoua, Acouciragne, Arario, Massara, sont les sauts à légendes des Oyampis. Chacun de ces sauts a sa « couleuvre du fond des eaux » dont il porte le nom. Le gigantesque boa est là, caché dans le remous des chutes, et plus d'une fois les Oyampis ont vu surgir sa tête monstrueuse. Tous les efforts sont alors inutiles, tout est perdu: canot et Indiens sont entraînés au fond de l'eau, où le gigantesque reptile, dans sa voracité, avale tous les Indiens jusqu'au dernier et quelquefois le canot avec. Chaque saut a ainsi son mythique gardien. Aussi les Oyampis ne nous donnent-ils jamais le nom d'un saut avant de l'avoir passé: la couleuvre

---

1. Pakira: pécari.

du fond des eaux pourrait s'entendre appeler par son nom et courir sus aux téméraires.

Un peu plus haut, le saut Moutouchy, dans la rivière élargie et semée d'îlets, est d'un effet des plus gracieux. En bas de Moutouchy, rive française, est un petit village de deux cases oyampies. Au milieu de Moutouchy se trouve la case de Pierre.

Pierre, le fils de Raymond, est un homme de trente-cinq ans environ, de haute taille. Il porte les cheveux relevés sur le front et a les traits presque complètement européens. Il parle créole. Sa tendance à la calvitie lui donne un air très civilisé.

Bien qu'il ait aidé son père dans quelques-uns de ses assassinats, Pierre est d'apparence très douce et semblerait plutôt timide.

Pierre est un garçon intelligent; sa case, vaste *oca* oyampie, est la plus confortable de toutes celles des Indiens de l'Oyapock, et la plus vaste. Il a de grands abatis qui lui fournissent en abondance le manioc, les ignames et toutes les provisions alimentaires indigènes qui, paraît-il, font complètement défaut aujourd'hui chez les Oyampis des Tumuc-Humac, où régnerait, m'assure-t-on, une famine noire. Il y a peut-être de l'exagération dans cette assertion peu rassurante; toutefois il est bien vrai que Pierre a chez lui plusieurs familles des Oyampis d'en haut qui sont venues lui offrir leur travail en échange de la nourriture. Aussi plusieurs carbets complémentaires ont-ils dû être construits dans le petit îlet, ce qui donne tout à fait un air de village à l'installation du fils de Raymond.

Pierre est l'Indien riche. Plus industrieux que ses congénères, il va vendre ses produits à Saint-Georges et se monte ainsi un petit magasin de camisas, de perles, de couteaux, de sabres, de haches, avec lesquels il paye le travail des Oyampis des Tumuc-Humac, qui s'accoutument de plus en plus à venir travailler chez lui. Voici qu'il a ses peïtos. Il est, en réalité, beaucoup plus tamouchi que le vieux capitaine François, dont le village sue la paresse et le délabrement. Pierre, avec ses trois femmes, ses deux grands garçons, sa demi-douzaine d'enfants plus jeunes, ne peut manquer de faire d'ici peu le « grand village » du Haut Oyapock.

Je rencontre encore ici une plante que j'ai remarquée auprès de presque toutes les cases oyampies : c'est une liane au tronc gros comme le bras, liane qui donne des gousses arrondies en croissant fermé. Ces gousses sont larges de deux doigts. Ils appellent cela *coumana*, ce qui veut dire haricot.

L'OYAPOCK A SEC ET « PATAOUAS ».

Ce sont, en effet, des haricots que contiennent les gousses. Une autre espèce de coumana donne des gousses droites, longues comme la main et larges de trois doigts. Le haricot des grosses gousses est rouge carmin, celui des gousses en croissant est marron clair et un peu plus petit. Sachant que les Oyampis ont beaucoup de haricots dans leurs abatis, je demande si cette variété est comestible.

« Non, me dit Pierre, c'est là notre *remède-serpent*. »

Le petit coumana donne le remède à la morsure des petits serpents venimeux jusques et y compris le grage. Le gros coumana sert pour les gros serpents. C'est un remède externe, infaillible, et qui agit à peu près spontanément. On enlève la première peau du haricot, qui est un peu épaisse, et on râpe l'amande dans une très petite quantité d'eau froide. Deux amandes suffisent et une seule application. On emploie cette mixture sur la morsure, et si l'application est faite à temps, la douleur cesse instantanément, et le patient est guéri sans même éprouver de fièvre. Si l'application est faite un peu tard, la douleur persiste plus longtemps, le malade n'évite pas la fièvre, mais, « si bas qu'il soit, il guérit au bout d'un jour ou deux, à moins qu'il ne soit déjà mort ».

Ce coumana n'est pas originaire de l'Oyapock. Il faut planter la liane, qui donne des fruits au bout d'un an. Les Oyampis n'en connaissent pas l'origine, ils tiennent le coumana de leurs anciens.

Je notais à mesure tous ces renseignements que me donnait Pierre, mais à titre de simple curiosité, sans y ajouter foi. J'eus bientôt l'occasion, au village de Ouira, de vérifier par moi-même l'exactitude de ces assertions touchant les propriétés du coumana comme « remède-serpent ».

En sortant du village de Pierre on prend une série de sauts, rapides violents qui s'étendent, presque ininterrompus, jusqu'à l'embouchure de la grande crique Inguérarou : Sinacouparangawe, Courmouriri, Paon poucou, Paon tourou et Inguérarou Itou[1]. Souvent il faut déplacer les roches dans les sauts pour frayer un chemin au canot. Il n'y a généralement que 50 centimètres à 1 mètre d'eau, mais parfois on trouve des fonds de 4 mètres, soit dans les défilés, soit dans des espaces libres où l'eau dort.

L'embouchure de l'Inguérarou rappelle celle de la Motoura. En aval, l'Oyapock, élargi à 150 mètres, est d'un très bel aspect. Maintenant Inguérarou a très peu d'eau, on ne peut le remonter, tandis que la Motoura est encore navigable pendant plusieurs jours. L'Inguérarou a cependant un

---

1. Itou : saut, en langue oyampie.

cours assez étendu. C'était jadis l'Inguérarou que l'on suivait pour se rendre chez les Indiens de l'Agamiouare, de l'Ourouaïtou et du Haut Araguary. La crique a quelques sauts assez forts.

Ce pauvre vieux capitaine François me fait de la peine. Il est du dernier grotesque avec ses mamours à sa petite femme de douze ans. Ils couchent dans le même hamac. La nuit, épiant si on le voit faire, le vieux caresse les jambes, les cuisses, la poitrine de sa petite guenon, qu'il tient couchée sur son bras gauche. La petite minaude, grimace, fait semblant d'être agacée, et le vieux sourit d'un sourire d'une ineffable et inexprimable bêtise. Ce laideron gâté, ne faisant œuvre de ses dix doigts, se croit quelque chose. Quand le vieux sera mort, devenue la troisième ou quatrième femme de quelque jeune gars, avec sa laideur et ses habitudes, elle a des chances de voir pas mal de misère et de recevoir pas mal de horions.

Un peu au-dessus de l'Inguérarou c'est le saut Manoa, qui a 1 mètre et demi de chute et qui barre toute la rivière. Il faut passer par l'unique brèche de la grande chute et décharger tous les bagages.

Voici la crique Pinooc, rive gauche. Le Pinooc est moins important que le Mouroumomoucing, le Samacou, le Suivérari et le Tamouicouère. Il correspond pourtant à une crique non nommée marquée sur la carte de Crevaux comme ayant 40 mètres de largeur. Il faut voir là, évidemment, une erreur du dessinateur et lire 4 mètres, ce qui est exact. Il est bon de dessiner soi-même ses itinéraires ou tout au moins d'avoir le temps de corriger le travail du dessinateur.

Depuis le village du capitaine François, l'Oyapock conserve toujours la même largeur, qui varie de 50 à 100 mètres. Tantôt le lit de la rivière est de sable, tantôt de pierres lisses et alors glissantes, ou recouvertes de mousse. Parfois ce sont de grosses pierres formant comme un pavé-de-géants disjoint où il est difficile et périlleux de marcher.

Cette nuit, nous avons dormi dans les parfums. Nous couchons sur une petite roche où nous faisons cinq pataouas pour nous vingt et un. Nous sommes fort à l'étroit. Nous tuons un caïman de la petite espèce, un yacaréting qu'on dépèce séance tenante et qu'on met incontinent dans la marmite. Toute la nuit nous sommes empestés par l'odeur du musc.

Nous voici par le travers d'un important chaînon des Tumuc-Humac, le chaînon d'Eureupoucigne, qu'on ne voit point d'ici, il est vrai. Dans le haut de la crique Courmouri se trouve une haute montagne rocheuse : Tacourou Iouitire. La crique Gerenaldo Erayapawe (la fuite de Gerenaldo), — ainsi nommée parce que, jadis, un Brésilien nommé Gerenaldo, prisonnier de Ouaninika, ayant réussi à s'évader, fit son carbet et demeura quelque temps sur les bords de la crique, — la crique Gerenaldo Erayapawe prend ses sources à une haute montagne rocheuse, Tamécatou Iouitire[1], laquelle est surmontée d'une roche plate sur laquelle on voit l'empreinte des pattes d'un tigre et des pieds d'un homme. Des roseaux entourent cette roche plate. Sur les bords de la roche, à côté des roseaux, on voit des pattes d'agami et d'autres oiseaux disposées en rond et comme alignées par la bête qui les a mangés. A côté de Tamécatou, au sud-ouest, se trouve une autre haute montagne, Ouatée Iouitire. Ces trois montagnes forment chaîne et se continuent vers le sud-ouest. Le capitaine François les a visitées à l'époque où il avait son village aux Trois Sauts. Elles sont à un jour de marche de l'Oyapock. Je devais plus tard les voir très distinctement du sommet du Tayaouaou.

Plusieurs petites criques descendent de ces montagnes ; la plus importante est l'Enipawiri, qui doit venir du versant occidental de la chaîne. Dans cette région se trouvent, rive droite, deux criques de l'importance de l'Enipawiri : Ouarapouroutou et l'Icaraeucouare (le Caraéguar de Crevaux), toutes deux en amont. Ces trois criques sont un peu moins importantes que Mouroumouroucing.

Dans le haut de la crique Ouarapouroutou se trouvent de très grandes forêts de cacao entremêlées de pinots. C'est une excellente région de chasse : des milliers d'oiseaux, aras, perroquets, toucans, agamis, viennent, à la saison, manger les graines des pinots et des cacaoyers. La crique Ouarapouroutou va environ à deux jours de marche. Il faut plus d'un jour pour arriver aux forêts de cacao.

La crique Icaraeucouare (bouche de la fièvre) a été ainsi nommée parce que jadis les Oyampis coupèrent, à la bouche de cette crique, de grands abatis qu'ils ne purent même pas planter, les fièvres ayant rendu les hommes gravement malades.

L'Eureupoucigne est le plus important affluent de gauche que l'on trouve depuis le Yaroupi. En 1819 cette rivière, alors appelée Suacari, était le grand centre des Oyampis que commandait Ouaninika. Le seul « grand village » du taïrohire comptait 1 200 habitants d'après Thébault.

Il paraît que les Oyampis, fuyant les Portugais qui les emmenaient dans les aldées (villages), arrivèrent aux Tumuc-Humac divisés en plusieurs partis. Chacun de ces partis passa la chaîne isolément, à son corps défen-

---

1. Iouitire : montagne, en langue oyampie.

SAUT DU SOUANRE.

dant, et c'est par des rivières différentes et non par le fleuve qu'ils se dirigèrent vers le nord. Les uns prirent par l'Eureupoucigne, d'autres par le Yaroupi, l'Icaraeucouare, l'Inguérarou. Un petit nombre seulement suivit l'Oyapock. Ce n'est que plus tard que les Oyampis se massèrent sur les rives du fleuve, dans les parages du Yaroupi et du Yaoué. Mais des traînards s'attardèrent dans les Tumuc-Humac, où ils sont encore aujourd'hui. Enfin, l'arrière-garde de la nation, ce fut ces Calayouas, Oyampis à l'origine brésianisés, qui ne montèrent que jusqu'à Rouapir et qui, peu à peu, reprenant des noms indiens et leurs mœurs nationales, se concentrèrent dans le Moyen Yary, puis entre le Bas Yary et le Bas Parou où ils sont actuellement.

C'est au-dessus d'Eureupoucigne que commencent les grands sauts de l'Oyapock. Le premier qu'on rencontre, et le plus important, est appelé Trois Sauts, parce que, sur l'énorme plan incliné de 20 mètres de dénivellation et de 55 degrés d'angle par lequel il déverse les eaux de l'Oyapock, il dessine trois chutes successives. C'est de beaucoup le plus important que l'on rencontre dans tout l'Oyapock et dans tout le Maroni. Il barre l'Oyapock dans toute sa largeur; pour monter comme pour descendre, il faut décharger tous les bagages. L'été on a un bon chemin sur les roches de la rive gauche, mais l'hiver il faut haler le canot par la forêt.

Le second grand saut est celui de Taïnoua, amoncellement d'énormes roches qui occasionnent un saut de dix mètres divisé en deux chutes. Taïnoua est moins beau et plus difficile que Trois Sauts.

Au-dessus de Taïnoua se trouvent encore deux grands sauts, mais beaucoup moins importants, Ouirassapawe et Toussassagne. Puis ce ne sont plus que des petits sauts peu dangereux, Croussaquouère (l'abatis de la croix), ainsi nommée parce qu'un missionnaire y éleva jadis une croix; Parouétame et Copayé.

Le saut Toussassagne, au milieu d'une demi-douzaine d'îlets, présente une particularité curieuse. On connaît la fameuse théorie qui veut qu'un saut soit occasionné par un barrage rocheux que la rivière est obligée de franchir. Eh bien, ici, le saut est bordé tout du long, rive droite, d'un marais qui se trouve au niveau du saut. Pourquoi l'Oyapock s'est-il amusé à donner ici un démenti à notre théorie qui était si commode?

C'est Laveau qui me suggère cette réflexion. Le voici devenu vaillant, ce brave Laveau. Il n'a pas été malade une seule fois depuis notre départ de Saint-Georges et pourtant il court chasser dans le bois chaque fois que se présente quelque gibier. Il se met dans l'eau pour hisser le canot dans les sauts, et même, depuis quelques jours, il a voulu patronner lui-même au passage des chutes et s'en est tiré comme un vieux praticien. Bon patron, bon chasseur, bien portant ; il me semble que moi-même mes douleurs s'apaisent un peu : *Sursum corda!* dirait-on dans l'école de l'optimisme hugotique.

Un peu au-dessus de Copayé — un petit saut où la légende veut qu'un Blanc ait jadis laissé tomber un sac d'or qui n'a pas encore été repêché, — un peu au-dessus du saut Copayé, l'Oyapock se partage en deux branches à peu près d'égale importance : celle de l'est s'appelle Moutaquouère et celle de l'ouest s'appelle Kerindioutou, me disent les Oyampis. « Oyapocko fini », ajoutent-ils.

Qu'est-ce que cela signifie?

Voici ce que j'appris plus tard, au fur et à mesure.

Les deux branches qui forment l'Oyapock, le Moutaquouère et le Kerindioutou, bien que d'importance presque égale à l'embouchure, n'ont pas un cours également étendu : le Kerindioutou vient de beaucoup plus loin que le Moutaquouère.

Le Kerindioutou a un grand affluent de droite qui continue la direction générale de l'Oyapock : c'est le Ouaatéou, dont le confluent est à peu de distance du dégrad des Tumuc-Humac.

Le Ouaatéou, après deux jours de marche, se dédouble en deux branches ; la plus importante est celle de l'ouest, elle s'appelle le Souanre, celle de l'est s'appelle l'Irouaïté.

Le Ouaatéou et le Souanre, continuant la direction générale de l'Oyapock et ayant à peu près un cours aussi étendu que celui du Kerindioutou, sont considérés par les Indiens Oyampis comme le véritable Oyapock initial. Nous verrons bientôt le régime des sources de ces différents cours d'eau.

Sur la rive gauche du Kerindioutou, en face du confluent du Moutaquouère, se trouvent quelques pieds de cacaos. Il en existe une petite forêt dans l'intérieur.

Le Kerindioutou serait navigable encore deux jours s'il n'était encombré de bois tombés. En raison de tous ces arbres qui obstruent son lit, on le remonte seulement jusque au-dessus du confluent du Ouaatéou.

Voici, rive droite, un petit carbet. Deux mauvaises pirogues sont amarrées avec une liane aux branches pendantes : ce sont des embarcations à l'usage de ceux qui veulent descendre l'Oyapock.

C'est le terminus, le dégrad. Maintenant c'est le sentier des Tumuc-Humac.

Terre! accostez, débarquez, déchargez. Voici donc le sentier des montagnes!

Elles ne sont point chose banale, ces Tumuc-Humac de l'Oyapock! Des trois voyageurs qui les ont entrevues, un seul, De Bauve, a pu donner une esquisse de l'orientation de quelques chaînons; les deux autres, Leprieur et Crevaux, n'ont aperçu que quelques sommets peu accusés, ne révélant rien de l'ensemble du massif. C'est une page à peu près blanche, tâchons d'y inscrire un peu plus de lignes utiles que ne l'ont fait nos devanciers!

POTERIES DES OYAMPIS.

LES TUMUC-HUMAC VUES DU MONT TAYAOUAOU.

CHAPITRE XII

LES VILLAGES DE CAOLÉ ET D'ACARA. — L' « OCA ». — LE CÉRÉMONIAL INDIEN. — ENTREVUE DE DEUX FRÈRES. — LA FAMINE. — SITUATION GRAVE. — COMMENT JE RECRUTE MES HOMMES. — COUP D'ŒIL PRÉALABLE SUR LE PAYS. — PHILOSOPHIE DU VOYAGE INDIEN. — LA ROCHE DE TAYAOUAOU. — PORTRAITS D'OYAMPIS. — PANORAMA DU TAYAOUAOU. — LE VER MACAQUE. — JEAN-LOUIS ET SON VILLAGE. — LA CHAINE ET LE LAC DE TACOUANDEWE. — COMMUNICATION PAR EAU ENTRE L'OYAPOCK ET L'AMAZONE.

Septembre. — Le sentier des Tumuc-Humac de l'Oyapock part des hauts de ce fleuve pour aboutir aux hauts du Kouc, grand affluent du Yary. C'est la grande route du pays oyampi au pays roucouyenne. Sur ce sentier s'en embranchent quelques autres desservant divers villages oyampis et caïcouchianes.

Le capitaine François, fatigué de ses quelques jours de canotage, éprouve le besoin de se reposer vingt-quatre heures au dégrad. Cette pesante masse graisseuse a réellement du mal à se mouvoir. Toutefois, pour sauver les apparences, mon bonhomme Falstaff prétexte que Petit François est malade. Depuis huit jours que j'ai eu l'avantage de faire la connaissance dudit Petit François, j'ai toujours vu en effet ce garçon-là malade. Il est donc possible qu'il le soit encore aujourd'hui.

François le capitaine, grand piaye aussi, fait, avec un caillou tranchant, à François le Petit qui se laisse larder avec un bon petit sourire, des incisions sur la partie malade, c'est-à-dire sur tout le corps. François, le blanc, mon compagnon, lave le sang à grande eau et met de la poudre sur les cicatrices. Je suis sûr que Petit François sera soulagé par cette opération : c'est trop désagréable pour qu'il veuille recommencer demain. Pendant que les trois François donnent dans la chirurgie, j'essaye ma mauvaise jambe. J'aurais peut-être besoin aussi de l'instrument en pierre taillée dont le vieux piaye vient de se servir : je doute fort que pied, cheville et talon me fournissent un loyal service.

Au premier chant du hocco, nous emballons tout dans des catouris faits la veille, et le soleil n'a pas encore brillé sur la rosée du sous-bois que le défilé des hommes rouges se déroule dans la forêt humide. Je me traîne derrière, appuyé sur un grand bâton.

Il est doux, dans le calme et la fraîcheur du matin qui rendent l'espérance facile, de mener par l'enivrement des levers de soleil quelque infirmité passagère : on va dans un rêve ; on s'imagine, on se convainc que lorsqu'on sera guéri il n'y aura plus rien alors qui empêchera d'être heureux. Rien que pour cette illusion qu'elle procure, la maladie vaudrait d'être amnistiée.

Laissant à l'ouest le Kerindioutou aux sources lointaines, nous longeons le grand affluent de droite de cette rivière, le Ouaatéou, qui est égale en importance au Kerindioutou, la continuation véritable de l'Oyapock, dont il poursuit la direction générale.

Sur la rive gauche du Ouaatéou se trouve un village caïcouchiane en formation. Nous allons nous y arrêter et y passer la nuit, bien que nous ne soyons qu'à 8 kilomètres du dégrad : je ne puis plus marcher et mes souffrances sont atroces.

Je donne un couteau, un peu de sel et quelques feuilles de tabac au vieux Caïcouchiane qui seul habite le village, et nous poursuivons notre route.

Nous passons Ouaatéou, qui forme un grand îlot à côté du village caïcouchiane, puis nous suivons la rive droite de cette rivière jusqu'au confluent de Toouatouc, affluent de droite de quelque importance.

Nous suivons le Toouatouc, puis un petit affluent de gauche, la crique Courmouriri, et nous couchons sur le bord de ce ruisseau, car demain il y a des montagnes à franchir, un chaînon des Tumuc-Humac, et le capitaine François a peur des grandes marches, à cause de sa graisse, comme je les appréhende à cause de mon rhumatisme. Nous avons fait, d'ailleurs, 15 kilomètres aujourd'hui, ce qui constitue une moyenne raisonnable.

Nous ne sommes qu'à deux pas du village de Caolé, 5 kilomètres tout au plus. Nous passons plusieurs petites montagnes, et sur les dix heures du matin, nous apercevons dans la forêt une grande éclaircie pleine de soleil : ce sont les abatis du village de Caolé.

Le village de Caolé, situé sur la rive droite du Ouassayepenhi, grande crique affluente du Ouaatéou, se compose de quatre cases. De l'autre côté du Ouassayepenhi, à 1 kilomètre, se trouve un autre village, celui d'Acara, qui en a cinq. Ces deux villages avec leurs neuf cases habitées constituent la plus grande agglomération du pays oyampi. Le village de Caolé est le mieux établi, au milieu d'immenses abatis, sur une hauteur d'où l'on découvre de vagues chaînons des Tumuc-Humac. Tous deux sont espacés et présentent une grande place bien nettoyée.

La maison oyampie, l'oca, ne ressemble en rien au pacolo roucouyenne. C'est une espèce de grange oblongue complètement fermée, portée sur un pilotis de 3 à 4 mètres de hauteur. On accède par une échelle à une petite porte qui seule donne du jour à la maison aérienne. L'oca oyampie, plus petite que le pacolo roucouyenne, est aussi moins pratique ; le bas de la maison, les cinq rangées de poteaux du pilotis, est inutilisé et à peu près inutilisable, à cause des nombreuses pièces d'appui que les Oyampis, médiocres constructeurs, ont été obligés de mettre un peu partout pour la solidité de l'édifice. Seul le vaisseau supérieur peut être utilisé : on y mange, on y dort, on y passe la vie, entre le ciel que l'on voit par l'ouverture de la petite porte basse, et la terre où picorent les poules, que l'on voit aussi par les intervalles qui se produisent entre les lattes qui, naturellement, ne sont point mortaisées.

Les Oyampis, race moins hospitalière que les Roucouyennes, n'ont pas la maison des hôtes. Il faut se loger dans les ocas ou aller attacher son hamac dans la forêt. Ils n'ont pas non plus l'habitude de servir à manger aux visiteurs qui leur arrivent. Mais en ce moment ils ont une excuse, ils n'ont rien à manger eux-mêmes.

Pourtant j'arrive ici on ne peut plus officiellement. François le grand capitaine et sa famille me précèdent ornés de tout leur linge. Le vieux a un costume d'hiver qu'il a pris je ne sais où ; le Petit François, qui n'a pas apparemment encore droit au pantalon, ne manque pourtant point de prestige sous sa casquette de toile grise et sa veste bleue de soldat d'infanterie de marine. Pour les femmes, elles se sont mis sur le corps tout ce qu'elles ont de camisas. On n'a pas idée de la fantaisie de leur accoutrement. La petite Mimi, une jolie fillette de six ans, si gentille toute nue avec son petit collier de perles blanches, disparaît sous une immense camisa à raies rouges et jaunes. Et toute la famille marche lentement, gravement, orgueilleusement, comme des parents riches venant montrer leur opulence à des cousins pauvres. Et quelle jalousie, quelle envie, chez les femmes d'ici! les hommes, plus philosophes, sont pourtant respectueux : il s'agit, en somme, du grand chef et de sa famille.

Les Indiens aiment le cérémonial, le décorum, ils ont leurs règles de bienséance, dont la base est de ne pas se presser. Aussi trouvent-ils que le *tamouchi pirang*, le chef rouge — c'est moi, à cause de la couleur de mon costume de flanelle, — a des allures bien peu ralenties pour un chef blanc. Je fais amarrer nos deux hamacs, j'installe mon vestiaire, ma toilette, et fais apporter des cololos, de l'eau, tout ce dont j'ai besoin, et tout cela en dix minutes, puis, confortablement assis entre nos hamacs sur des cololos d'honneur, nous égayons de quelques lazzi, Laveau et moi, la solennité un peu grotesque de la réception de mon volumineux capitaine.

Il est renversé en arrière sur son hamac, s'appliquant à ne regarder personne. Avec la plus aristocratique lenteur il échange quelques lambeaux de phrases avec ceux du village qui viennent successivement lui faire leur cour. Dans un hamac à côté, sa petite guenon minaude et fait des grimaces atroces. A tout moment je m'attends à la voir grimper à la cime des arbres.

Sur le pont de Ouasseyepenhi — deux arbres tombés en croix — s'avance un homme, nullement barbu, mais délicieusement barbouillé de roucou et qui de loin a l'air d'un alambic tout neuf. Il est suivi de quelques peïtos, de quelques femmes, de plusieurs enfants et d'une bande de chiens qui courent entre les jambes de tout le monde. C'est Acara, frère du capitaine François.

Acara entre dans l'oca et s'assied sur un apouca (cololo) à côté de son frère, en lui tournant le dos. Ils feignent de ne se voir ni l'un ni l'autre; chacun cause de son côté et ils ne se regardent pas. Cela dure dix minutes. Il y a dix ans qu'ils ne se sont vus.

A un moment donné, de son même ton nonchalant, sans tourner la tête, François adresse un mot à son frère :

« Je suis venu.

— Et moi je suis ici. »

Un moment de silence, c'est Acara qui parle :

« La rivière est bien sèche?

— Ce sont les roches qui portent le canot. »

Et cela continue. Petit à petit on s'informe de la santé, de la famille, des amis, des récoltes, des voyages faits, des morts, des mariages, des naissances. Au bout d'une demi-heure, Acara se tourne vers son frère :

« Je m'en vais.

— C'est bien. »

Et Acara repart pour son village, suivi de toute sa smala.

Voilà l'entrevue de deux frères qui ne se sont pas vus depuis dix ans. Ils s'aiment beaucoup, mais les Indiens ne sont pas démonstratifs.

Le lendemain de mon arrivée, François expose aux Oyampis le but de mon voyage. Les Oyampis paraissent consternés. Je ne comprends pas. Mais, peu après, le vieux capitaine, me promenant dans les cases, me fait toucher du doigt toute l'horreur de ma situation. Maintenant je comprends trop.

C'est la famine. Des bruits m'en étaient venus en route, mais je n'avais pas cru à quelque chose de si horrible. C'est la famine. Je n'avais vu que les valides à la réception ; maintenant, en visitant les ocas, je vois exactement l'état où sont réduits ces malheureux.

L'année précédente, les Oyampis ont fait de grands cachiris; de nombreuses fêtes ont épuisé à peu près tout le manioc. qu'une longue sécheresse compliquée d'une invasion d'insectes rongeurs a achevé de détruire. Plus de cassave! Ce ne sont que des visages hâves, des yeux creux et bistrés, des corps efflanqués, des chiens dont les os percent la peau, de pauvres nourrissons aux chairs flasques suçant fiévreusement des seins taris. Plus de cassave! le maïs, les bananes, les ignames, les patates, les giraumons, la canne à sucre ont été épuisés; les Indiens mangent des choux palmistes, des graines de la forêt, des fourmis, de petits crapauds. Sans cassave on n'a guère la force de chasser ou de pêcher; partant, peu de gibier, peu de poisson : la famine s'accroît par la famine. Découragés, malades, ils restent dans le hamac, mornes. J'en vois plusieurs qui délirent, en proie à des fièvres violentes, suites d'un long régime d'inanition. C'est une grande tristesse prostrée, générale; on marche dans une atmosphère de désolation. Ces squelettes vivants, qui sentent déjà le cadavre, font peur à voir. Pourvu que la famine ne pousse pas ces malheureux, encore anthropophages au commencement du siècle, à se livrer entre eux à des actes de cannibalisme!

Le pays indien sans cachiri est déjà bien triste, sans cassave c'est navrant. Avec un peu de tafia je donnerais quelque joie à ces misérables, mais je n'emporte jamais de tafia chez les Indiens, pas plus que de cassave d'ailleurs, ou de farine de manioc. Je compte sur eux pour me fournir mes vivres. Au pays indien je vis la vie indienne dans toute sa pureté.

Le capitaine François, qui devait m'accompagner, m'abandonne. Il bat en retraite devant la famine. De plus, la moitié des habitants des deux villages profite des canots qui m'ont amené, pour descendre dans le Bas Oyapock chercher à manger. Ils s'entassent à couler bas : près de trente dans trois pirogues! Voilà qui est de mauvais augure. De plus, ces Indiens ont l'air tout à fait sinistre et ils ont bien mauvaise réputation! La plupart des voyageurs du Haut Oyapock sont morts quelques mois après leur retour, empoisonnés, à ce qu'on prétend : Grillet et Bechamel, en 1674; Bodin en 1824, et, plus récemment, il y a deux mois à peine, le P. Vialton qui avait porté la bonne parole jusque chez Acara. Mieux encore : en inspectant mes malles, je constate que deux d'entre elles ont été forcées. Je savais déjà que le P. Vialton avait été pillé. Pays de voleurs, d'empoisonneurs, et pays de famine! Enfin je boite toujours et la marche me fait cruellement souffrir. Que faire?

Je suis venu pour visiter le pays, je resterai. Il n'y a souvent qu'à s'obstiner pour réussir : dans la lutte contre des difficultés en apparence insurmontables, il y a un merveilleux excitant qui décuple les forces. Je resterai.

Ne pouvant m'approvisionner dans le Bas Oyapock, à cause de la trop grande distance, j'envoie Laveau parcourir les villages voisins pour me faire faire tout ce qu'il pourra de farine de manioc.

Au bout de quatre jours Laveau revient. Ces malheureux, me dit-il, n'ont plus ni sabres, ni haches, ni couteaux, ni camisas. Il a offert des prix énormes, jusqu'à quatre fois, cinq fois le prix de Cayenne; il a réussi à prélever ainsi la bonne dîme de ce qui ne suffisait pas aux Oyampis pour les empêcher de mourir de faim.

« Et maintenant, Laveau, nous allons prêcher d'exemple. Nous allons nous mettre à la demi-ration, au quart de ration quand il le faudra, et nous mettrons nos hommes au même régime.

— Nécessairement cela ne nous empêchera pas de nous ruiner très vite, car les Indiens deviendront de plus en plus exigeants au fur et à mesure que nous accroîtrons leur misère. J'ai été déjà obligé de payer d'une camisa qui coûte deux francs à Cayenne une cassave que l'on a pour vingt centimes au chef-lieu. Je doute fort que nos marchandises d'échange nous mènent jusqu'en mai, comme nous le supposions au départ. »

Maintenant il me faut recruter mes hommes. D'abord j'ai peur de n'en pas trouver. Crainte très mal fondée. Comme ma demi-ration est l'abondance comparativement à la misère générale ; comme les Oyampis savent que, grâce à nos fusils et à nos hameçons, nous avons toujours du gibier et du poisson, ils se présentent en foule. Pour un guide et trois ou quatre porteurs qui me sont nécessaires, il me faut accepter douze ou quinze individus.

J'ai fait mon choix : j'ai engagé cinq personnes, cinq des moins malades des Oyampis d'Acara. Mais voici qu'ils viennent me trouver les uns après les autres : « J'ai ma femme et mes enfants : quand je ne serai plus là, les autres les laisseront mourir de faim au village. Il faut que tu les prennes avec toi. Ils ne mangeront pas beaucoup. Tu leur donneras toi-même la cassave que tu voudras. »

J'essaye de prendre des tout jeunes gens : ils n'ont pas de femme, mais ils ont qui un plus jeune frère, qui une jeune sœur qu'il faudrait également emmener. Je tente de m'arranger avec une seule famille : il se trouve que cette famille se compose toujours d'une quinzaine de personnes.

Il faut prendre son parti de cet encombrement.

A chaque voyage je devais être flanqué de quinze, vingt individus ; l'un portait la marmite, un autre un flacon de piments, et même, comme dans la chanson, il y en avait qui ne portaient rien du tout. Laveau eut office de faire bon fourrier. Nous ne passâmes pas trop mal, nous maigrissions bien un peu, mais, en revanche, nos Oyampis engraissaient à vue d'œil. Au bout d'un voyage de huit jours ils n'étaient plus reconnaissables. Une bonne partie de la tribu eut ainsi sa semaine grasse, car la place était disputée, et au bout d'une petite excursion mes hommes devaient laisser la place à d'autres plus affamés. Pour tous ces achats de cassave dans un pays où il n'y en avait pas, il me fallut non seulement prodiguer mes marchandises, mais donner tout ce que j'avais en propre : mon linge personnel, mes vêtements, et même prendre à crédit, promettre des haches et des fusils que je dus remettre dans le Bas-Oyapock au tamouchi Caolé, qui m'accompagna à cet effet.

J'étais bien loin de penser toutefois, quand je fis ma première journée de marche au delà du village de ce chef, que je pourrais fournir une bien longue campagne. Mon rhumatisme était revenu à l'état aigu.

Ma persévérance fut récompensée, et, outre que bientôt je pus marcher, je ne rencontrai point, dans les Tumuc-Humac de l'Oyapock, les excessives difficultés de pénétration qui s'étaient dressées à chaque pas devant moi dans les Tumuc-Humac du Maroni. Les Oyampis possèdent dans la région huit villages espacés sur quinze lieues du nord au sud, et trente de l'est à l'ouest. Aussi mes cinq mois aux Tumuc-Humac orientales, de fin septembre à fin janvier, devaient-ils être cinq mois de marches à peu près continuelles, et me valoir, au lieu des quatre petits itinéraires de l'année précédente, une dizaine de grands itinéraires dans tous les sens. Si les Tumuc-Humac occidentales avaient été aussi faciles, j'aurais rapporté une carte presque complète et définitive de la grande chaîne.

Cependant cette région des hauts de l'Oyapock, l'Éréapoure, comme disent les Oyampis, c'est-à-dire les collines et les montagnes des Tumuc-Humac orientales, était bien tout aussi inconnue que la région des Tumuc-Humac occidentales. L'Éréapoure Oyampie était bien la contrée la plus mystérieuse qui existât dans l'Amérique du Sud. Pour s'en convaincre il suffit de consulter les différentes grandes cartes de cette partie du monde, cartes qui donnent chacune un tracé différent des rivières et des montagnes de ces cantons reculés. Les géographes, connaissant les embouchures de tous les fleuves voisins, n'ont pas voulu laisser en blanc leurs sources présumées, et chacun, selon sa fantaisie, a dessiné des cours d'eau au hasard, et, entre ces cours d'eau, a placé des chaînes de montagnes séparant honnêtement et régulièrement les bassins. Moi-même j'avais fait une carte d'après des renseignements recueillis par nos vieux prédécesseurs, j'avais bien mis la main sur quelques noms authentiques, mais mon tracé était absolument faux. Pour Crevaux, une fois qu'il eut pris le chemin par terre dans la forêt sans montagnes des hauts cols des Tumuc-Humac, il se dit que cet Oyapock qu'il venait de quitter devait avoir une source, que cette source devait se trouver à une montagne, et sans savoir où se trouvait cette montagne, sans même demander son nom indien, pour en finir plus vite, il l'appela Pic Crevaux. Il la plaça au jugé, et elle se trouve sur son levé à cinq jours plus au nord qu'elle ne l'est en réalité, avec une altitude qui n'est que celle du col le plus élevé qu'il franchit.

Mais j'étais loin de savoir tout cela quand je quittai le village de Caolé pour mon excursion au Tayaouaou.

Toute marche dans l'inconnu procure une joie dont on ne saurait se défendre. Nous sommes tous gais, les Oyampis parce qu'ils ont mangé, Laveau et moi parce que nous allons voir quelque nouveau dans l'immense uniformité de la forêt vierge.

Après le village d'Acara nous prenons au sud-est et longeons le Ouasseye Penhi, que nous coupons à un ajoupa de chasse qui semble être le terminus ordinaire des voyages des Oyampis dans cette direction.

Les Indiens ne voyagent que pour leur plaisir. Ils ont bien raison. Ils ne sauraient considérer un voyage autrement que comme une *partie* où il y

ROCHERS DE TAYAOUAOU.

aura beaucoup de gibier, beaucoup de poisson, du miel et des fruits de la forêt, des amourettes et, si c'est possible, à la fin, du cachiri et de la danse. Heureuses gens, qui ne se tourmentent pas pour *tenir un rang, se faire une position, paraître, s'élever, se faire connaître, s'assurer l'aisance pour la vieillesse*, qui n'ont pas d'inquiétude dans l'esprit, pas de rancœur, pas d'amer mépris, de rage indignée, de longues espérances, et d'irréparables déchets dans l'âme! Quels beaux philosophes! Il n'y en a pas un d'entre eux qui accepterait telle qu'elle est notre vie civilisée; et nous qui les visitons, nous sommes trop lâches pour renoncer sans esprit de retour à ces vices, et à ces faiblesses, et à ces monstrueuses injustices, et à ces décevants enthousiasmes que nous appelons notre civilisation, pour nous fixer, une bonne fois, au bonheur qui est là. Mais ils sont confiants, ils soupçonnent que la carrière de l'homme civilisé est faite d'enivrements supérieurs, et que les rides de notre front et le pli de notre lèvre sont surtout la marque d'une grande activité d'esprit où les enchantements compensent largement les souffrances. Bons et naïfs conservateurs, conservez mieux ce précieux état social qu'on n'aurait jamais dû changer : si vous saviez le danger que font courir à votre bonheur les Blancs qui vous visitent, vous nous massacreriez raisonnablement du premier au dernier!

Nous avons fait une petite journée, comme il convient, 8 kilomètres. Voici la crique de mes rêves : cette Ouasseye Penhi est pleine de mystère, les Oyampis n'ont jamais vu sa source et n'ont jamais vu non plus son confluent dans le Ouaatéou. Étendu dans mon hamac, tournant le dos à tout, même aux Indiens, j'écoute le murmure et je regarde les petits remous du ruisseau tranquille qui, sur un lit de cailloux, erre au sein des épaisses forêts vierges.

C'est adorable! Laveau a tué trois hoccos, un Indien a tué deux pakiras avec ses flèches, un autre un cariacou, et les femmes sont allées elles-mêmes couper des arbres à miel; elles en rapportent de pleines calebasses. Feux allumés, conversations joyeuses, marmites pleines, tous égaux, un clair de lune enchanteur qui descend à travers les hautes futaies : il doit être doux, quand on n'appartient pas à la *dolorosa mediocritas*, mais qu'on est franchement prolétaire, de rêver qu'on chasse le sanglier au pieu, dans nos ruines.

La caravane s'égrène lentement dans le sentier vague. Cette forêt est magnifique, je n'en [ai jamais vu où, aussi complètement que dans celle-ci, l'on ne voie rien. De hauts troncs d'arbres, un sous-bois clair, on soupçonne le ciel, on entend le ruisseau : c'est la plénitude d'être, sans ronces, sans difficultés, sans fondrières, sans abattement et sans la porte ouverte sur l'inconnu des grandes échappées d'horizon.

Nous grimpons au Tayaouaou. Au sommet du plateau d'où émerge le mont, on se heurte à une muraille de granit de plus de 100 mètres, lisse et concave, couronnée de grands arbres à la cime, et écrasant de sa masse la forêt qui s'incline à son ombre.

Comme des trous de solives dans une maison non achevée, de minuscules cavernes dans la muraille du Tayaouaou ont été ménagées par le génie du Hasard Bienfaisant pour servir de nids à des coqs de roches. Les mères voltigent sur les flancs du rempart en poussant de petits cris adressés sans doute à leur couvée. De longs serpents aux tons gris glissent sur la saillie des rainures, dardant leur inexprimable regard.

Au pied de cette gigantesque tour de burg, le Ouasseye Penhi disparaît sous de hauts balourous et des bambous rachitiques.

« Caolé, Acara, mes amis, nous allons grimper là-haut. »

Caolé est l'Indien selon mon cœur. Il ne refuse jamais et travaille toujours. Grave, parlant peu, comprenant bien, il est sûr. Je lui dis : « Il faudrait faire ceci, cela ». Il me dit oui ou non. S'il me dit oui, je puis compter sur lui ; s'il me dit : « C'est pour demain, ce sera pour demain ». Je ne lui connais pas ce péché mignon des Indiens : il ne ment pas. Tout en tenant, comme de juste, à une légitime rémunération, il n'est pas exigeant, il n'est pas mendiant, il n'est pas voleur. Il est obéissant et n'est pas bavard. Il n'est pas seulement laborieux, il est bon artisan, il sait faire une foule de choses, il est même artiste, il excelle particulièrement dans les ouvrages de vannerie. Il parle créole, il a appris cette langue dans les canotages qu'il a faits jadis au Bas Oyapock. Je viens de découvrir qu'il sait très bien se servir du fusil et qu'il est excellent chasseur : je lui donne mon lefaucheux et il chassera pour moi jusqu'au départ. Au physique il est maigre, nerveux, agile, vif. Il peut avoir cinquante ans. Il a deux femmes et trois garçons d'une douzaine d'années, et une fille qui est mariée avec un peïto appelé Louis.

Acara a du sang noble dans les veines. Ses aïeux étaient aux Croisades. En sa qualité de gentilhomme, il n'aime pas le travail. Mais il s'imagine que tous les hommes de son village sont ses peïtos et qu'il leur commande, ce que tous ceux-ci nient avec ensemble. Acara a l'air agréable plutôt que grand air ; il porte gaillardement ses quarante-cinq ans ; malheureusement il a beaucoup de douleurs rhumatismales et peu de santé. Il est souriant, fin, instruit ; il parle imperturbablement le roucouyenne classique. Il joue au chef : il voudrait recevoir, malheureusement il n'a pas de cachiri, il n'a même pas de cassave. Sa mère est une géante qui a des allures et un facies d'un masculin jusqu'à faire peur. Mais les enfants d'Acara, un jeune homme et une jeune fille, sont de toute beauté. La jeune fille surtout est d'une gracilité ravissante. Il est d'ailleurs aisé de s'apercevoir assez vite que les femmes oyampies sont beaucoup plus belles que les femmes roucouyennes. Acara a toujours son père, Taracoua le nonagénaire. Dans sa jeunesse Taracoua fut un grand tueur et un grand mangeur de Roucouyennes. Il est encore très vert, très vif, bien conservé, alerte. Vu par derrière, défilant dans le sentier, on dirait un jeune homme. Comme la plupart des vieillards indiens, il a peu ou point de cheveux blancs. Il va à la chasse, à la pêche et travaille encore à l'abatis. Il paraît que les anciens Indiens avaient un très profond respect pour les vieillards : ce n'est pas le cas d'Acara, qui fait de son vieux père son domestique. Pour allumer son cigare, porter son catouri, aller lui chercher des fruits à l'abatis, quand ce n'est pas à un petit couroumi (un *boy*) tout nu, orphelin qu'il a pris avec lui, que le tamouchi Acara donne ses ordres, c'est à Taracoua son vieux père, le vaillant guerrier de la guerre des Roucouyennes.

Je ne vous oublierai point, mes bons petits amis : ce sont deux enfants de dix ans, le frère et la sœur, orphelins recueillis par Caolé, qui les traite d'ailleurs comme ses propres enfants. Le petit garçon s'appelle Pian, et Simon de son nom chrétien que le P. Vialton lui a donné. Les Oyampis, trouvant ce Simon trop difficile à prononcer, l'ont transformé en Dosmon. La petite fille s'appelait Pâhi, mais je l'ai métamorphosée en Dosmone. Ces deux enfants présentent le contraste frappant du pur type caraïbe au milieu de tous ces types tupi : leur père était Galibi de nation. Ils ont le menton à fossette, la bouche souriante, le front large, le nez un peu aplati : caractéristique de la race caraïbe pure. La petite Dosmone — ou Simone — est étrange. Ses deux grands yeux noirs ont vingt ans, son rare sourire est triste et fin ; elle voit tout ce qui se fait, entend tout ce qui se dit et travaille toujours, plus que Caolé même. Elle a des allures chastes, pudibondes et presque effarouchées, curieuses chez un enfant de son âge et dans un pareil milieu. Et son large regard de velours profond et triste, mais tempéré par un pâle et fugitif sourire, poursuit vos yeux partout où que vous les cachiez. Si l'on ne voyait sa taille et sa poitrine, on prendrait la Simone pour une femme et même pour une femme troublante. Pour Dosmon, c'est un fort, un vaillant. Il a plutôt l'apparence d'un adolescent que d'un enfant. Dur à la charge et à la marche, toujours prêt à partir, toujours en avant dans le sentier, son frais et joyeux rire sonne comme une clochette d'argent et réconforte la troupe en marche. Il a voulu me suivre dans tous mes voyages, ce cher Dosmon ; aussi que de camisas, de perles, de colliers, de couteaux, de glaces, de peignes il a eus pour lui et pour sa sœur ! Ne faites pas un mauvais usage de ces richesses, mes chers enfants !

Ary et Louis sont liés d'une étroite amitié. C'est un amour commun de la paresse et du bien d'autrui qui les a unis. Ils sont tous deux monogames, ce qui prouve que pour être plus moral on peut n'en être que plus vicieux. Louis, qui a soixante ans, a pour femme une enfant de quinze ans, fille de Caolé. C'est là un des charmes du pays indien : il semble que les jeunes filles n'y soient faites que pour les vieillards, et les femmes mûres que pour les adolescents. Sans être une règle absolument générale, c'est là la pratique courante. Un septuagénaire demande une petite fille de douze ans à son père : il est accepté d'enthousiasme et par le père et par la fille, c'est dans les mœurs. Le plus curieux, c'est que le vieillard a souvent de sa petite femme un enfant qui est de lui. Si je pouvais garantir là-bas la même salacité aux anciens de notre nation, les demandes ne me manqueraient pas pour ma province du Nord-Amazone. Ary, lui, a une femme de son âge : c'est un assez beau couple, mais qui est comme marqué d'un stigmate : ils ont, l'un et l'autre, une ride et un nuage sur le front. On peut encore tirer quelque parti de Louis qui parle créole et aime quelquefois à se rendre utile, mais Ary n'est absolument bon à rien.

Un des bons Indiens de l'agglomération Caolé-Acara est Maraye, le gentil Maraye, l'élégant Maraye, gai et fin, complaisant, laborieux, sérieux, un de mes meilleurs hommes de route. Maraye a trente-cinq ans. Il passe toutes ses nuits dans une maison où il y a trois veuves, une de quarante ans et deux de soixante. Il leur a coupé à chacune un abatis.

Le gros Macarapi, Saint-Georges de son nom chrétien, est un Indien colosse fort comme un bœuf et bête à proportion.

Nous montons tous à l'escalade du Tayaouaou à travers les rochers du flanc sud.

Tayaouaou Iouitire (la montagne du gros cochon marron) a 450 mètres d'altitude. De son sommet on jouit d'un assez beau panorama.

Au nord-ouest, c'est la grosse masse de Calinanée, ainsi nommée de ce qu'on y trouve beaucoup de ces gros bambous que les Oyampis appellent des Indiens : Calinas. Derrière Calinanée on distingue un peu Iouitire-Oû (la grande montagne) et Toucanecourecaïrang (le passage des toucans).

Au nord, ce sont des montagnes de moindre altitude : Ouiritowe et Capitaine Gnongnon pé Iouitire, cette dernière ainsi nommée du passage, quand il se rendit chez les Roucouyennes, de notre vieux capitaine général Gnongnon, un très bon chrétien au dire d'une lettre de 1855, de la *Mission de Cayenne*, qui l'appelle « un cacique ». Le *cacique* Gnongnon était le père de notre Gnongnon actuel, chauve et ivrogne fils de roi.

Dans le nord lointain apparaît, vague, noyé dans les irisations du conchant, une chaîne bleue, la chaîne d'Eureupoucigne, qui doit être haute d'au moins 500 mètres et dont cinq sommets se voient d'ici assez distinctement.

A travers les arbres du flanc sud, on entrevoit quelques montagnes voisines continuant Calinanée. Ce sont, me dit-on, Ourououraïre, Iouiticonré et Souroutiouwe.

Du côté du levant, on ne voit rien : seulement des collines de faible relief séparent les eaux de l'Oyapock de celles du Cachipour.

Bien que le belvédère du Tayaouaou ne vaille pas celui du Mitaraca, il révèle toutefois tout un grand chaînon des Tumuc-Humac, et la chaîne lointaine d'Eureupoucigne.

Puis nous nous en allons comme nous étions venus, marchant lentement, chassant beaucoup, et coupant tous les arbres à miel que nous découvrons. Je n'ai pas à me plaindre de cette première reconnaissance dans les Tumuc-Humac de l'est : du Tayaouaou j'ai pu soulever un coin du voile qui couvre la contrée. Encore une dizaine de petits voyages comme cela et je commencerai à y voir clair.

De retour au village, je fais une autre excursion à 6 kilomètres de là, au Yayaïtowe, montagne de 440 mètres, du sommet de laquelle on est comme emprisonné comme dans un cercle de montagnes voisines.

Puis nous levons le camp et nous nous acheminons vers le village de Jean-Louis.

Laveau est plein de vers macaques. Connaissez-vous le ver macaque? C'est un petit insecte dans le genre de la chique ou puce pénétrante, qui s'introduit également dans les chairs sans qu'on s'en aperçoive. Mais le ver macaque devient beaucoup plus gros : il atteint jusqu'à 2 centimètres de long avec la grosseur d'un crayon. Une fois qu'il est logé dans les chairs et qu'il y a acquis son développement normal, on éprouve une lourdeur insolite occasionnant une certaine démangeaison, mais on ne voit pas le trou. On se livre à un opérateur habile qui, ayant une fois constaté la présence du ver macaque, applique sur l'imperceptible orifice par où est entré l'insecte un ingrédient quelconque destiné à détruire le gênant petit animal : ce qu'il y a de meilleur est la nicotine de la pipe. Au bout de cinq ou six minutes le ver est mort. Alors l'opérateur pose ses deux pouces de chaque côté de la retraite de la bête, le patient fait la grimace, l'opérateur la fait aussi à cause des efforts que lui coûte l'opération, et bientôt le ver macaque saute à 50 centimètres de là. Parfois c'est fini, souvent il se forme dans la place laissée vide une suppuration qui dure un mois.

Laveau en a sur le nez, sur les joues, entre les yeux, à la main et à la cuisse : je lui en compte onze.

Quand c'est fini : « Il me semble que je me suis fait arracher onze dents », me dit-il.

Le voyage de Caolé à Jean-Louis est banal. Il y a 15 kilomètres de route. On franchit d'abord de petites montagnes, on passe Courimacatiowe, affluent d'Irouaïté, dédoublement du Ouaatéou ; puis, sur la rive droite de l'autre bras formateur du Ouaatéou, la rivière Souanre, riche en chutes, Souanre, considéré par les Oyampis comme l'Oyapock initial ; puis on arrive au village de Jean-Louis, qui ne se compose que de deux ocas.

Laveau n'a fait qu'un singe rouge dans sa journée ; je n'aime que médiocrement ce gibier, que nous abandonnons aux Indiens.

« João-Luiz, eou quero duas gallinhas.

— Sim senhor, pois matar. »

Jean-Louis est un ancien peïto des Calayouas, ce qui veut dire qu'il a dû, dans sa jeunesse, travailler quelque peu pour les Brésiliens. Il sait quelques mots de portugais. Bientôt il m'apporte, toutes plumées, mes deux poules, en payement desquelles je lui remets deux couteaux.

Pour tamouchi de seconde classe qu'il soit, Jean-Louis est intelligent. C'est un homme de cinquante ans, un peu boiteux, Indien brun aux reflets métalliques et au regard d'acier. Son village se compose de sa famille et de deux garçons de son voisin le tamouchi Maracaya, *alias* Matheos.

Nous nous reposons tout un jour, et le lendemain nous entreprenons la campagne des montagnes de Tacouandewe : 40 kilomètres pour l'aller et le retour, soit deux bonnes journées de marche.

Les montagnes de Tacouandewe, amorce du grand chaînon nord qui passe par le Tayouaou, constituent un massif important, et tout aussi inconnu que celui que j'ai découvert du sommet de cette dernière montagne.

Le massif de Tacouandewe se compose de cinq pics principaux, montagnes abruptes quelque peu arrondies au sommet et complètement boisées, qui sont, de l'est à l'ouest : Técawe Iouitire, Tacouandewe I., Ipawe I., Iouicoui I., et Pacaraouaritowe I.; Iouicoui, la plus haute du système, a 525 mètres d'altitude ; c'est, je crois, la montagne la plus élevée des Tumuc-Humac orientales. J'en ai fait l'ascension ; malheureusement ses épaisses futaies ne laissent entrevoir que les masses confuses des montagnes voisines et ne permettent pas de distinguer dans le lointain.

La chaîne de Tacouandewe finit au sud sur la crique Marioua ou Maritowe, affluent du Souanre, et au nord sur la crique Tacouandewe, affluent du Ouaatéou. Cette dernière crique, qui doit prendre sa source à Iouicoui, forme, entre cette montagne et Ipawe Iouitire, un lac d'environ 2 kilomètres de longueur sur près de 500 mètres de large, lac sur les bords duquel se tiennent de nombreux oiseaux d'eau, que happent parfois les caïmans, fort nombreux dans les roseaux de la rive.

Ce lac est bien un véritable lac et non un marais; nous sommes maintenant en pleine saison sèche et je trouve 1 m. 50 d'eau à une portée de perche de la rive. Le Tacouandewe entre dans son lac et en sort sous la forme d'un modeste ruisseau de 4 mètres de largeur.

Cette région de hautes montagnes et son lac a quelque chose de singulier que je n'ai pas retrouvé ailleurs dans les Tumuc-Humac. C'est plus tourmenté, plus sombre, c'est une région d'étroits et profonds ravins qui ont l'air d'être des crevasses de rochers fendus : on dirait une contrée qui aurait connu autrefois les effets de l'action volcanique.

De Jean-Louis à Maracaya, il faut compter 15 kilomètres à vol d'oiseau. Le sentier suit la rive gauche du Souanre, d'abord dans les pinots et les bambous, ensuite à travers de petites montagnes, dont la plus élevée, qui est la plus méridionale, s'appelle Souanre comme la rivière.

Souanre, en langue oyampie, est un mot qui désigne le bruit des cataractes. Si l'on peut réellement considérer la crique Souanre comme l'Oyapock initial, ce nom n'est pas mal trouvé pour un fleuve aussi encombré de chutes et de rapides.

Au delà de Souanre Iouitire, Souanre Téancan (la crique Souanre) tourne brusquement au sud-est à un saut, Souanre Itou, au-dessus duquel la rivière présente encore une largeur maxima de 5 mètres avec 50 centimètres d'eau.

Au coude du saut, Souanre reçoit un affluent de gauche assez important, Teïtétou Réyawe, qui contourne la très abrupte montagne du même nom avant de se jeter dans le cours d'eau principal. On m'affirme qu'il existe une communication hivernale, par marais, à 2 ou 3 kilomètres au sud-est de Maracaya, entre cette crique Teïtétou Réyawe et la crique Ourouareu, un des formateurs du Rouapir. Cela est parfaitement possible, car les chaînes des Tumuc-Humac passent, les unes beaucoup au nord, les autres beaucoup au sud de la ligne de partage des eaux. S'il est exact que des marais relient Ourouareu et Teïtétou Réyawe, ce serait, comme on voit, la communication par eau de l'Oyapock et de l'Amazone. Mais, dans le cas actuel, le Cassiquiare marécageux des environs de chez Maracaya ne saurait présenter d'autre intérêt qu'un intérêt purement géographique puisqu'il ne relierait, par de petits ruisseaux inaccessibles aux pirogues, que le Yary et l'Oyapock, tous deux pleins de chutes de leur embouchure à leurs sources.

Au delà de la crique Teïtétou Réyawe, on franchit la petite montagne de Ouacariou, qui a 310 mètres d'altitude et qui se trouve tout à fait sur la ligne de partage des eaux.

Du pied du Ouacariou, on voit les abatis de Maracaya.

Laveau, qui va devant, manque d'être écrasé par un arbre qui s'abat à quelques centimètres de ses pieds. Nous regardons ensemble l'arbre tombé. Il est gros comme un sac. Il avait été entaillé tout autour au sabre et même

LA CHAÎNE D'EUREUPOUCIGNE, VUE DU TAYAOUAOU.

au couteau. Que signifie?... Ah j'y suis! c'est là une conversation oyampie. Quand les Oyampis — et d'ailleurs la plupart des Indiens — s'arrêtent quelque part pour causer, ils font la conversation en se tournant le dos, mais chacun, sabre ou couteau en main, se met à entailler consciencieusement l'arbre qu'il a à sa portée. Lorsque, en arrivant à un village, vous voyez beaucoup d'arbres profondément entaillés ainsi, vous pouvez en conclure qu'il y a beaucoup d'Indiens dans le village et qu'ils s'arrêtent souvent en cet endroit pour causer. C'est un de ces arbres « de conversation » qui a failli écraser Laveau.

Le village de Maracaya se compose de quatre ocas assez vastes, que je visite successivement, à la grande gêne de deux jeunes filles aux seins formés, complètement nues, qui sont bien désireuses de voir les Blancs, mais qui voudraient cacher leur pauvreté de linge.

Le village est mal entretenu, la place publique est couverte de hautes herbes. Maracaya, le chef du village, Indien d'une cinquantaine d'années, assez barbu, frère du capitaine François, ne paraît guère intelligent. Par contre, il est assez complaisant : il me fait préparer un peu de cachiri; son village est moins misérable que les autres villages oyampis. Il m'offre aussi de goûter à une boisson singulière dont il fait ses délices : c'est une macération dans l'eau de piments rouges écrasés. Il me dit que c'est là le tafia des Indiens. On y goûte, mais on n'y revient pas.

Le caoutchouc est très commun dans les environs du village de Maracaya. D'ailleurs on le trouve déjà dans l'Oyapock, et depuis que nous sommes dans l'Eréapoure[1], nous le trouvons de plus en plus répandu. Il n'est pas douteux qu'il y aurait là matière à une exploitation, n'étaient les énormes difficultés des communications, du moins dans l'état actuel des choses.

1. L'Éréapoure : en oyampi, la région des sources, le Haut-Pays.

PAKIRA.

VILLAGE D'OUIRA.

CHAPITRE XIII

L'ABATIS DES ACAJOUS. — SUPÉRIORITÉ DE L'ÉTAT DE CIVILISATION SUR L'ÉTAT SAUVAGE. — BIFURCATION DE L'ANANIRAPOTIWE. — ENTRE LES CHAINONS DES TUMUC-HUMAC, MAIS DANS LE BASSIN DE L'AMAZONE. — ÉTYMOLOGIE DE « TUMUC-HUMAC ». — FESTIN APRÈS LA DIÈTE. — OUIRA, ARIPIPOCO ET LEURS HOMMES. — VOYAGE AU TAPHRANGNANNAWE. — DEUX JOURS DANS LE LIT DES CRIQUES. — ABANDONNÉ. — DANS LA FORÊT SANS SENTIERS. — REPOS CHEZ OUIRA. — NOUVELLE EXCURSION. — MORT DU PIAYE COUSSARIS. — NOUVEAUX SABRAGES. — LES BOUSSOLES S'AFFOLENT. — LA MONTAGNE QUI PLEURE. — TOURI DÉVORÉ PAR UN BOA. — LE FILS DE MARACAYA MANGÉ PAR UN TIGRE. — NOUVEAU VOYAGE AU NORD-OUEST. — UNE MONTAGNE DE CONNAISSANCE. — LES COUSSARIS NOUS ATTAQUENT. — JE SUIS BLESSÉ. — LE REMÈDE DES FLÈCHES EMPOISONNÉES. — NOUS POURSUIVONS AVEC UN SEUL INDIEN. — LONGEANT LE OUANAPI. — COMMENT ON RETROUVE SON CHEMIN. — ARRIVÉE A PILILIPOU. — ACOULI REVIENT AVEC NOUS. — FIN DES DIFFICULTÉS.

Octobre. — Après avoir changé d'escorte au village de Maracaya, nous nous rendons au village de Ouira, situé dans le levant, dans les hauts des affluents du Kouc, à trois jours de marche et à 51 kilomètres à vol d'oiseau. On n'a pu nous donner que fort peu de cassave à Maracaya; j'ai bien peur que nous soyons obligés de faire la moitié du chemin le ventre vide.

Après avoir passé deux abatis en rapport, nous arrivons bientôt à un grand abatis abandonné. Il y eut là jadis un village dont le tamouchi aimait les acajous : nous trouvons une douzaine de magnifiques pieds de ces beaux arbres. Quand les Indiens arrivent à des pieds d'acajou couverts de fruits ou à des arbres à miel, on peut leur dire que leur maison brûle, ils ne se retourneront pas. Et chacun de couper une grande gaule et d'abattre les beaux fruits. Tant qu'on en voit un de mûr sur les arbres, on continue la dévastation. Nos hommes ne sont pas cependant étrangers à une certaine prévoyance : lorsqu'ils ont été tellement gorgés d'acajous qu'ils n'en pourraient plus manger un seul, ils les enfilent dans des baguettes et chacun en emporte deux ou trois brochettes de 1 mètre de longueur. Ils connaissent l'apologue de Jésus, de saint Pierre et des cerises : en route ils n'auront qu'à retirer au fur et à mesure les acajous des brochettes pour calmer les ardeurs de la soif ou les tiraillements de l'estomac.

Nous sommes dans le bassin de l'Amazone : nous passons Ourouareu, au pied d'une petite montagne appelée Mouroumouroutiwe, puis nous coupons une autre fois cette rivière, que nous laissons à notre gauche. L'Ourouareu et une autre rivière voisine, le Piracouare, sont les deux formateurs du Rouapir. L'Ourouareu vient du sud, du mont Ouatouria ; à Mouroumouroutiwe, elle a 5 mètres de large et 25 centimètres de fond.

Nous sommes, à partir de Maracaya, dans le Contesté Franco-Brésilien ; la ligne de partage des eaux reste au nord à notre droite. S'il est quelqu'un au monde qui ne se doute pas de cette particularité de géographie politique, ce sont assurément les Oyampis. Ils s'imaginent naïvement que cette terre, qu'ils habitent et qu'ils cultivent depuis un siècle, est à eux. Pas du tout, mes amis, ce sont les Français (à moins que ce ne soient les Brésiliens), qui sont ici chez eux, et bientôt, pour vous récompenser de nous avoir ouvert votre pays avec confiance, nous autres Blancs, avec notre eau de feu et nos maladies à vous inconnues, nous ferons disparaître votre race jusqu'au dernier homme au nom des principes supérieurs de la civilisation et du progrès. Il y aura beaucoup de Blancs sur le territoire des Oyampis détruits. C'est beau de voir comme l'humanité doit encore s'accroître en nombre ; rien que d'y penser, cela remue le cœur. Des villes, c'est-à-dire des réunions de grandes maisons en pierre, s'élèveront dans l'Éréapoure. Ces maisons ne seront point à ceux qui les habiteront, comme vos ocas sont maintenant à vous ; non, elles appartiendront à des espèces de tamouchis très gras que nous appelons des propriétaires. Toute l'Éréapoure ne sera qu'une suite d'abatis, mais il y aura bien peu de ces abatis qui appartiendront à ceux qui les cultiveront. En ce temps-là, les tamouchis ne travailleront pas beaucoup, pas plus que les vôtres d'aujourd'hui, mais en revanche les peïtos travailleront du matin au soir sans désemparer et ne mangeront pas leur saoul de cassave : cela ne ferait point votre affaire, à vous autres peïtos oyampis d'aujourd'hui, aussi est-ce bien pour cela que nous vous appelons sauvages. Il y aura des procès, il y aura des huissiers, il y aura des rats de cave. Plus on travaillera et moins on aura à manger, et plus on sera obligé de donner de cassave et d'ignames au yapotoli, au grand chef ; les tamouchis ne donneront rien du tout, parce qu'ils seront riches. Quand on voudra aller couper un bâton dans la forêt, se baigner nus dans la rivière, tuer des hoccos ou des agoutis, il y aura un soldat qui dira : « Je vais vous mettre en prison ». Mais on sera habillé pendant vingt ans de plumes magnifiques, rouges, bleues, de toutes les couleurs, et on sera obligé de les porter, et quand les tamouchis diront : « Levez la jambe gauche, tournez la tête à droite », ceux qui ne le feront pas seront tués avec des fusils. On sera beaucoup plus malheureux, mais beaucoup plus nombreux. La production, la consommation, les échanges en seront accrus, et c'est là le but que doit se proposer l'esprit humain, du moins à ce qu'assurent nos piayes à nous autres, les Blancs.

Après Mouroumouroutiwe, nous prenons par une forêt où les arbres à caoutchouc sont extrêmement nombreux. Après avoir passé un petit affluent de l'Ourouareu, appelé Ananirapotiwe, nous voyons le sentier se bifurquer. A droite, c'est le chemin de Ouira ; devant nous, continuant la voie que nous suivons depuis le dégrad de Kerindioutou, c'est le chemin des Roucouyennes, qui aboutit au dégrad de Rouapir, à l'ancien village de Couchipourou, à 25 kilomètres d'ici, à vol d'oiseau, et à 30 du village de Maracaya.

Le chemin de Ouira, que nous suivons, fait sensiblement ouest-nord-ouest.

Toujours dans des forêts à caoutchouc, nous arrivons au Piracouare, le principal formateur du Rouapir, Rouapir-en-amont, comme disent les Oyampis. Cette rivière a 10 mètres de largeur et 1 mètre d'eau. Le Piracouare a déjà un assez long parcours, d'au moins 20 kilomètres évidemment. Les Oyampis ne sont pas bien renseignés sur sa source.

Sur la rive droite du Piracouare s'étend une vaste forêt de futaie claire où le sous-bois est absent. Cette futaie claire se termine sur les bords de la crique Simoou, où nous passons la nuit. Nous avons fait aujourd'hui 15 kilomètres.

Les hommes s'en vont flécher dans le Simoou des poissons qui me paraissent devoir être fort rares dans ces eaux presque croupissantes d'une petite crique desséchée par l'été. Cependant ils reviennent avec un énorme gymnote. Les Indiens sont très friands de ce poisson; aussi est-il probable que notre provision de cassave sera ce soir sérieusement ébréchée. J'en fais toujours mettre une partie en réserve pour demain matin.

Bonne idée, car au réveil je constate que les gloutons ont dévoré tout ce que je leur avais laissé. Une grosse perdrix, que Laveau nous tue bien à propos, fera notre déjeuner; ce qui nous reste de cassave y passera, il nous faudra ensuite marcher jusqu'au soir pour trouver à manger au village de Ouira.

Le sentier devient très mauvais, il est à peine indiqué. Nous coupons les têtes de petites criques qui vont au Piracouare, et à la colline d'Aciatouari nous laissons le bassin de cette rivière pour prendre celui du Maïpocolé, grand affluent du Kouc. Le plus voisin des chaînons nord des Tumuc-Humac, celui qui passe par Tacouandewe et Tayaouaou, doit se trouver à peu près à une vingtaine de kilomètres à notre droite. Un grand chaînon sud des Tumuc-Humac, qui passe au sud du Rouapir, du Piraouiri et de l'Agamiouare, est beaucoup plus loin encore. Nous sommes entre les chaînons des Tumuc-Humac, mais dans le bassin de l'Amazone.

« D'où vient donc, me demande Laveau, ce mot de Tumuc-Humac, que ni les Roucouyennes ni les Oyampis ne connaissent? De caumou-caumou, je crois, parce qu'il y a beaucoup de caumous dans la chaîne?

— C'est Crevaux qui a fait cette heureuse trouvaille. Mais vous savez bien que les caumous sont communs partout. De plus, les Indiens ignorent ce mot de caumou, qui est un mot créole; les Roucouyennes appellent le caumou *ariqui*, et les Oyampis *pino*. Vous voyez que, dans le cas, l'étymologie n'est même pas ce qu'elle est le plus souvent, la science des calembours. Le sens de Tumuc-Humac est jusqu'à ce jour complètement inconnu. Vous ne trouvez pas que c'est là un charme de plus? »

Les collines du Ouènemousic donnent ses premières eaux à la crique Ouènemousic, affluent du Maïpocolé. Nous marchons pendant plus de deux heures entre les collines dans un marais fangeux où le Ouènemousic coule au milieu des roseaux et des plantes aquatiques.

L'heure du déjeuner se passe. Nous n'avons rien. Tant mieux pour ceux qui ont mis de côté un petit morceau de cassave qu'ils pourront grignoter en route.

Après les marais du Ouènemousic, de nouveaux marais. Puis nous franchissons des montagnes, nous les comptons maintenant, car nous sommes brisés ; en voici quatre. Enfin le sentier s'élargit et nous arrivons bientôt au petit village d'Aripipoco (l'aigrette), sur les bords d'un bras du Maïpocolé.

Les deux ocas du village d'Aripipoco sont fort hautes, fort belles, mais on n'a pas de cassave à nous donner ; ils sont aussi pauvres ici que chez Acara. Le village de Ouira n'est pas loin, mais il ne s'y trouve personne, tout le monde est allé à une grande pêche dans le Kouc. Il n'y est resté qu'une vieille, j'envoie voir si elle a de la cassave. Elle n'en a pas, mais elle va se mettre à en faire tout de suite. Il faut bien une heure, c'est trop long ; le fils d'Aripipoco nous ayant fait servir la seule chose qu'il ait à nous offrir, quelques pleines mains de patates douces, nous nous mettons aussitôt dans nos hamacs. Quand la cassave arrive de chez Ouira, nous dormons tous, brisés de fatigue.

Le lendemain matin, la vieille étant venue nous chercher, nous la suivons. Le village de Ouira, où nous arrivons bientôt, compte trois cases et a encore du manioc.

Je m'installe dans une oca vide, mes hommes pendent leurs hamacs dans l'abatis. Ayant pris possession de la place, nous attendons les maîtres du lieu.

Le soir ils arrivent providentiellement, chargés de gros catouris d'aymaras. Voilà qui me dispensera de massacrer ce qui leur reste de poules.

La plupart de mes hommes m'abandonnent encore ici. Après quelques jours de repos, je recrute un nouvel équipage chez Ouira et Aripipoco.

Il se trouve dans ce double village, dernière installation, poste avancé des Oyampis vers le couchant, quelques types indiens assez curieux.

Aripipoco a une soixantaine d'années. C'est un Indien propre, bien tenu, à l'air noble. J'ai eu peu affaire à lui. Il a pour fils un grand garçon fort beau, vigoureusement découplé, toujours souriant et très doux, qui a pour femme une grande créature maigre, sèche et plate, plus âgée que lui, laide, avec une tête de chouette et portant les cheveux ras.

Ouira a quatre ou cinq peïtos, parmi lesquels je remarque un fils d'Acara. Dans l'oca du tamouchi vit sa famille, qui est nombreuse. Du premier coup nous y remarquons, Laveau et moi, un neveu de Ouira, jeune éphèbe de quinze à dix-huit ans, à la peau blanche, au visage européen, aux membres d'une grâce et d'une finesse achevées. Ce ravissant jeune homme, véritable Apollon indien, est incessamment dévoré du regard par une assez belle femme de trente-cinq ans, à l'air sombre et rêveur, et qui est mariée à un grand benêt de son âge qui rit toujours. Le jeune Apollon à la peau blanche fixe de temps à autre sur la femme du bêta de grands beaux yeux pleins d'une caresse discrète et exquise. Ce manège n'échappe évidemment à personne, sauf au mari. Puisque celui-ci n'a pas encore surpris les amoureux à l'abatis, il y mettra sans doute du temps encore, mais il faudra bien qu'il y arrive, car ils sont trop peu gênés. D'ailleurs il est inutile qu'il se hâte : à quoi cette constatation l'avancera-t-il? Le temps où l'on pratiquait chez les Oyampis le « Ta femme te trompe, tue-la! » est passé depuis qu'ils ont cessé de manger leurs prisonniers de guerre. Chez eux comme partout, le courant porte aujourd'hui à se montrer indulgent pour ces folâtres vétilles.

Ouira est un Indien de cinquante ans, sérieux, serviable, docile, avec de grands yeux et un grand nez. Il me reçoit bien, me traite bien, comme un vrai chef. D'ailleurs il a de la race, son père n'était autre que le fameux Yaouaroupicic qui fut pendant trente ans et jusqu'à sa mort, arrivée il y a une quinzaine d'années, le véritable chef des Tumuc-Humac orientales. Yaouaroupicic, élevé chez les Brésiliens de l'Amazone, s'appelait, de son nom chrétien, Joaquim-Manoel, et, dans un voyage qu'il fit de bonne heure avec son père aux rives de la Grande-Rivière, son fils Ouira reçut ce premier nom de Joaquim.

Yaouaroupicic, le capitan, comme on l'appelait, fut véritablement un grand chef. Dans ses villages successifs de Gnacarancoutan, de Kénare, de Ouarapouroutou, il eut un grand nombre d'Oyampis et de Tamocomes rassemblés. Il fut le chef d'une des dernières migrations des Oyampis de l'Amazone vers le nord. Il avait pris par Irapouroutou, et ce fut dans le haut de cette rivière qu'il rencontra les Tamocomes qu'il emmena avec lui. Son autorité lui venait, outre son mérite personnel, de ce que les Brésiliens, avant sa fuite, l'avaient fait capitaine, et de ce qu'il parlait très bien leur langue.

Je vais prendre le village de Ouira pour base de mes opérations vers le couchant. J'explique au vieux chef que je veux aller, du côté du couchant, jusqu'au Couyary, et, du côté du nord, jusqu'aux Roucouyennes de Pililipou. Ouira ne me dit pas non; il ne serait pas Indien s'il disait non, mais il m'affirme que si nous allons trop loin, les Coussaris nous mangeront. Bref, il y aura du tirage.

Laveau, chargé de préparer le voyage, mène rondement la fabrication de la cassave. Il en fait faire la plus grande quantité qu'il peut. Cela nous prend trois jours, puis les femmes se lassent, elles nous disent que nous allons leur manger tout leur manioc. Il faut partir avec ce que nous avons.

Le matin, de bonne heure, Laveau fait détacher nos hamacs, qui sont rangés dans un catouri. La cassave est mise dans un autre. La batterie de cuisine en occupe un troisième. Cela fait trois charges. Nous avons toujours Dosmon et Maraye. Il nous faut un troisième Indien. Ouira, notre guide, ne porte rien parce qu'il est tamouchi. C'est le jeune Apollon à la peau blanche qui se charge du catouri de cassave. Mais le petit rusé a bien su déterminer son ami le bêta à l'accompagner avec *leur* femme. Laveau met à chacun un sabre dans la main; en effet il faudra *sabrer* le sentier qui n'existe pas, ou plutôt qui n'existe plus, car, du temps de Yaouaroupicic, les Émerillons venaient des bords de l'Inini danser jusqu'au village du Ouarapouroutou.

Nous partons devant. Seul Dosmon nous suit. Nous sommes déjà au bout de l'abatis, que nous ne savons pas, en vérité, si ces Indiens nous accompagneront. Et il en est toujours ainsi avec les Peaux-Rouges chaque fois qu'on veut se lancer dans l'inconnu.

SAUT DU MARITOWE.

Pourtant notre démonstration a réussi. Les voici qui viennent. Nous les attendons pour laisser Ouira prendre les devants. Ouira entre sous bois, nous le suivons.

A huit que nous sommes, je compte que nous aurons de la cassave pour huit jours. Nous en avons trente, et chaque homme mange tout au plus une demi-cassave dans sa journée. Nous pouvons donc aller à cinq jours en avant, car, au retour, le chemin étant sabré, nous parcourrons aisément en trois jours le chemin que nous aurons mis cinq jours à ouvrir.

« Surtout, dis-je à Ouira, conduis-nous au moins jusqu'au Tapiirangnannawe, cette grande montagne où le Kerindioutou, le Kouc et beaucoup d'autres rivières prennent leur source. Elle n'est qu'à quatre jours de ton village, m'as-tu dit?

— Oui; mon père le capitan, qui y est allé, m'a dit qu'elle est à quatre jours du Ouarapouroutou. Mais moi je n'y suis pas allé, je ne connais pas le chemin; je sais seulement que, de l'ancien village de mon père à Ouarapouroutou, il faut suivre le Maritowe, affluent du Kerindioutou, puis cette dernière rivière. Nous chercherons. »

A une demi-heure du village nous passons le Maïpocolé à un petit saut. La rivière, qui a 12 mètres de long, doit venir de loin dans le nord-est.

Nous passons le Taouacingari, puis nous arrivons au Ouarapouroutou, sur les bords duquel nous trouvons, pendant plus de 2 kilomètres, de très beaux pieds de cacao sylvestre en plein rapport. C'est une des belles forêts à cacao de la contrée. A la saison de la maturité, vers le mois de mai, les Oyampis s'y transportent pour faire du cachiri de pulpe de cacao, et flécher les singes qui alors viennent en foule manger les fruits.

Le village du capitan se trouvait à quelques centaines de mètres à notre gauche, au pied d'une petite montagne dominant la rive gauche du Maritowe.

Nous passons du Ouarapouroutou au Maritowe, du bassin de l'Amazone au bassin de l'Oyapock, sans rencontrer la moindre colline. Il n'y a pas plus de 50 mètres d'une rivière à l'autre. Il ne serait pas surprenant que l'on trouvât également, de ce côté, une communication hivernale par marécages entre les deux bassins.

Nous n'avons fait que 8 kilomètres aujourd'hui, il nous a fallu sabrer la plus grande partie du temps, ce qui est très dur; on n'avance alors qu'avec une extrême lenteur. Nous couchons au Maritowe.

Ouira ne connaît pas la direction qu'il faut prendre pour se rendre au Tapiirangnannawe, du moins il le dit. Il prétend que le plus simple est de suivre le lit du Maritowe jusqu'à son confluent, puis celui du Kerindioutou jusqu'à sa source ; nous arrivons ainsi au Tapiirangnannawe, qui se trouve à la tête de cette dernière rivière.

Le procédé n'est guère pratique, les sinuosités de ces criques nous font faire deux fois plus de chemin qu'il n'est nécessaire. De plus, c'est dangereux de marcher ainsi toute une journée dans ces rivières glacées, sans souci des heures de grande transpiration : c'est s'exposer à des choses fort désagréables. Ces Indiens veulent, je crois, nous essayer : allons-y.

Le Maritowe coule sud-nord entre les montagnes. Parfois son lit est bordé d'un marais, parfois il est resserré entre de hautes berges presque à pic. Nous avons de l'eau tantôt jusqu'à la cheville, tantôt jusqu'à la ceinture. La largeur de la crique varie de 2 à 4 mètres.

Nous marchons ainsi deux jours dans le Maritowe et dans le Kerindioutou, deux jours pendant lesquels nous ne faisons pas plus de 14 kilomètres en ligne droite. Le premier jour nous descendons un saut gigantesque du Maritowe, saut qui mesure près de 50 mètres de dénivellation sur moins de 200 mètres de longueur : c'est une suite de cascades de 2 mètres de hauteur chacune. Nous sommes obligés de prendre par terre sur le flanc des berges escarpées. Le second jour nous passons plusieurs sauts du Kerindioutou, moins importants que celui du Maritowe. Le Kerindioutou, qui coule ouest-est, est également resserré entre de fortes montagnes.

A la fin de cette journée de marche dans le lit des rivières, les hommes, qui paraissent de mauvaise humeur, s'arrêtent de bonne heure, au pied d'une assez forte montagne de 450 mètres d'altitude, Tapouinawe Iouitire. Ils sont déjà malades : Dosmon a une ophtalmie, Maraye un commencement de bronchite, Laveau une irruption de gros clous qui lui sont sortis sur toutes les parties du corps. Pour moi, j'ai laissé dans le Maritowe et le Kerindioutou ce qui me restait de mon vieux rhumatisme. Je ne ressens plus aucune douleur ni aucune gêne.

Le lendemain matin les Indiens se mettent en route de bonne heure et prennent les devants. Au bout d'une demi-heure ils se rabattent précipitamment sur nous en s'écriant : « Les voici, nous les avons vus ! »

Je demande au digne Ouira de quoi il s'agit. Il me répond que les hommes ont vu des Coussaris dans la forêt. La ruse était cousue de trop gros fil. Les Indiens en ont assez et ne veulent pas aller plus loin.

Nous nous arrêtons, nous tenons conseil, les Indiens et moi. Je leur dis que je n'ai pas peur des Coussaris, qui d'ailleurs ne sont point en vue. Je prends la moitié de la cassave qui reste et m'en fais un catouri.

Laveau se charge du catouri des hommes. Seuls les deux malades, Dosmon et Maraye, nous accompagnent; Ouira et ses hommes rebroussent chemin.

Avec nos deux Indiens malades nous prenons par terre et sabrons vers le nord-ouest.

Ce pauvre petit Dosmon fait pitié. Il a une ophtalmie purulente, il n'y voit pas, il se conduit au jugé. Il avait pris le catouri de cassave, mais Laveau ne veut pas le lui laisser : il prend la charge assez lourde du petit bonhomme et ne lui laisse que la marmite. L'enfant, reconnaissant, sourit, d'un sourire des lèvres, ses yeux étant fermés.

Nous errons ainsi deux jours, pendant lesquels nous faisons tout au plus une dizaine de kilomètres. La route est dure : nous sabrons chacun à notre tour, Laveau, Maraye et moi. Le soir nous nous mettons tous les trois à confectionner notre carbet. Nous sommes tous fort chargés : Laveau ayant tué un pakira, j'en porte moi-même une partie dans un catouri que j'ai attaché au-dessus de mon sac de voyage.

Quand on va ainsi sans un guide pour vous expliquer le pays, la route est sans intérêt. Nous avons passé le Kerindioutou, traversé plusieurs de ses affluents de gauche, et marché pendant toute la première journée sur un plateau fortement raviné, de plus de 400 mètres d'altitude.

Le second jour, au matin, nous passons une rivière large de 8 mètres, qui doit être le Kerindioutou, et qui semble venir du nord. Au delà de cette rivière nous sommes sur un haut plateau de 360 mètres d'altitude. A notre droite et à notre gauche commencent des massifs montagneux, qui paraissent assez importants. Sur le soir, notre sabrage nous conduit dans une région basse couverte de balourous et de pinots; bientôt nous arrivons à une rivière. Cette rivière, large à peu près de 8 mètres comme celle que nous avons vue hier, doit être le Kouc.

Nous couchons sur le bord du Kouc, fatigués, harassés, découragés. Les Indiens eux-mêmes sentent l'inutilité d'un tel voyage. A quoi me sert de voir des montagnes et des rivières? Je ne sais pas quelles sont ces rivières, je ne sais pas à quel système appartiennent ces montagnes. Où est le Tapiirangnannawe? Sans doute au nord, à une petite distance, mais je ne l'ai point vu. Il est d'humeur maussade, notre pauvre petit campement, sur les bords de la rivière que nous croyons être le Kouc!

Le lendemain nous rebroussons chemin, et d'une traite parcourons nos deux étapes de sabrage solitaire. Puis, comme notre cassave est à peu près finie, nous faisons encore en un seul jour les 22 kilomètres qui nous séparent de chez Ouira.

Nous arrivons en triste équipage. Le sabrage nous a complètement déchiré nos vêtements ; nous sommes pleins de puces des bois, de chiques, de tiques, de vers macaques, de poux d'agouti. Nos deux Indiens sont toujours malades, de plus ils ont maintenant le corps déchiré de ronces et d'épines, et, par endroits, ils ont des plaies purulentes. Ouira et ses hommes sont arrivés la veille ; en nous voyant si malheureux ils font faire tout de suite du cachiri.

Ce voyage nous a mis sur les dents, Laveau et moi ; aussi, pendant huit jours, le confortable village de Ouira nous paraît-il un séjour enchanteur. Maraye s'y guérit de sa fièvre et de sa bronchite, mais je dois renvoyer à Caolé Dosmon, dont l'état s'aggrave. Toutefois nous nous lassons bientôt de Capoue et de ses délices. Nous commençons à nous trouver à l'étroit dans le village : il faut encore se donner du champ.

Maraye, cependant, nous abandonne à son tour. Mais comme un Roucouyenne appelé Touiri, qui se trouve là avec ses deux femmes pour acheter des hamacs, me propose de nous accompagner, je l'enrôle séance tenante. Nous allons au couchant, à peu près sous le parallèle du village. Ouira et ses hommes m'accompagneront jusqu'au Kouc, nous pousserons avec Touiri et ses deux femmes jusqu'à la grande rivière Couyary.

De Ouira au Kouc, sous le parallèle du village, c'est, en ligne droite, 20 kilomètres à travers une plaine couverte de hautes forêts.

Après avoir traversé le Maïpocolé et ses deux affluents le Taouacingari et le Ouarapouroutou, on s'engage dans une grande forêt sans eau, dans laquelle on marche toute la journée. Le soir on s'arrête au Yacioundée, affluent du Kouc, dans des abatis abandonnés, vestige d'un récent village d'Aripipoco.

Le second jour on passe l'Eaïowe, autre affluent du Kouc, et on arrive sur les bords de cette rivière, large à cet endroit de 30 mètres.

Un carbet de pêche a été construit sur la rive gauche de la rivière, les Oyampis de Ouira et d'Aripipoco viennent souvent, dans le Kouc, flécher les coumarous et les aymaras.

Il est visible que Ouira et ses hommes ne sont venus jusqu'ici que pour la pêche : ils ont emporté toutes leurs flèches à poissons et de la cassave pour cinq ou six jours. Cependant, mis en train par la bonne humeur de Touiri le Roucouyenne, ils veulent se donner à eux-mêmes l'illusion qu'ils vont pousser jusqu'au Couyary.

Toute la troupe passe le Kouc à un saut un peu en aval. De l'autre côté de la rivière il faudra reprendre le sabre : il n'y a plus de sentier.

Comme nous arrivons à l'autre rive nous apercevons à quelques pas de nous, se chauffant au soleil, un énorme boa enroulé dans l'herbe et qui fait une masse deux ou trois fois grosse comme une pièce de vin.

« Vois-tu, fait Ouira, c'est un *Coussaris-piaye* qui est là pour nous dire que si nous passons la rivière nous serons mangés. Retourne-t'en et viens-t'en pêcher avec nous.

— Le *soucouriyou* n'est point un piaye, lui dis-je, c'est un soucouriyou. Il ne mangera personne; au contraire, c'est toi qui vas pouvoir le manger, si le cœur t'en dit. »

Et j'envoie, à cinq pas, une double décharge de double zéro dans la tête du monstre endormi.

Du crâne brisé, entr'ouvert, la cervelle jaillit au milieu d'une large tache d'un sang épais et noir. Le boa est donc blessé à mort, cependant il n'a pas été foudroyé; aussi quelles horribles convulsions d'agonie! Ce grand corps blanc marbré, long de 10 à 12 mètres et gros comme un sac dans la partie médiane, se déroule en anneaux agités de formidables spasmes inconscients. Pas un râle : la tête est morte, seul le corps est vivant; il s'enroule et se déroule dans tous les sens, seule la tête est immobile. A la fin, au milieu des arbustes qu'il a brisés dans ses puissantes contorsions, le monstre s'allonge, presque rectiligne, d'un mouvement brusque, puis plus rien, la mort est arrivée.

Les Oyampis de Ouira se sont enfuis en poussant des cris d'épouvante. Nous poursuivons, Laveau et moi, avec Touiri et ses deux femmes.

Les Roucouyennes sont d'autres hommes que les Oyampis : vifs, alertes, courageux, ils sont plus durs à la peine et moins accessibles à la peur. Les Oyampis sont mous, timides et sans courage.

Je donne une boussole à Touiri, en lui montrant la manière de s'en servir, et il prend devant, ouvrant une ligne est-ouest.

La grande plaine haut boisée se continue, nous passons plusieurs petites criques, dont nul d'entre nous, bien entendu, ne connaît les noms, et qui sans doute n'en ont pas, comme les bêtes après la création ».

Nous poursuivons à l'aventure dans la grande plaine sans ondulations.

Cette première journée a été heureuse. Touiri sabre avec une vigueur qui ne se lasse pas. Le soir, au feu de bivouac, sur le bord d'un ruisseau dont on ne connaît ni le commencement ni la fin, à côté d'une marmite où cuisent deux lézards que nous n'avons même pas pris le temps de dépouiller, la bonne humeur du Roucouyenne nous inspire, à Laveau et à moi, un optimisme de bon aloi, qui, par degrés, s'élève jusqu'à l'enthousiasme.

Touiri est un garçon de trente-cinq ans environ, de taille moyenne, musculeux, avec un visage grave et sévère en dépit de sa gaieté. Ses longs cheveux noirs lui tombent au milieu du dos. Sa plus jeune femme peut avoir quinze ans ; elle est élancée, élégante, mais toute sa grâce tient encore de l'enfance. La plus âgée peut avoir quarante ans ; elle n'est guère charnue non plus, n'a guère d'embonpoint, mais elle a les chairs fermes et le visage encore jeune.

Les deux femmes, la matrone et l'enfant, rivalisent auprès de leur commun mari de soins attentifs, de prévenances touchantes, de tendresses délicates. Elles l'aiment bien. Elles ne sont pas jalouses l'une de l'autre, et pourquoi le seraient-elles ?

Nous partons de grand matin, tout joyeux. Touiri, sa boussole en main, sabre la route vers le couchant. A un moment nous avons le soleil devant nous, juste dans les yeux. « Notre Indien a perdu le nord », fais-je à Laveau.

Mais celui-ci, consultant sa boussole, s'écria soudain :

« Mais non, c'est la boussole elle-même qui perd le nord ! »

Nous nous arrêtons tous, je compare les boussoles entre elles : déviation d'un bon demi-cercle ! Laveau fait diverses expériences ; à quelques centaines de mètres de là, les déviations varient de 40 à 180 degrés. Nous marchons évidemment sur de grosses masses ferrugineuses. Maintenant comment nous diriger ? Nous avons encore le soleil sur l'horizon ; mais quand il sera en plein ciel, comment régler nos boussoles ?

Il faut aller devant nous, au jugé. Les Indiens ne se perdent pas dans les bois. Touiri nous conduira à peu près vers le couchant, mais sans doute cela va allonger sensiblement notre chemin.

Je prends à Touiri sa boussole en lui disant : « *Séné aouempo* (elle ne voit plus) ». Nous rentrons la nôtre dans notre sac, et, étendant longuement la main vers le couchant, je dis à Touiri : « *Talé* (c'est par ici) ». Et nous continuons.

Notre gaieté du matin ne tarde pas à tomber. Le pays n'est point propice à une bonne orientation : partout des ravins longs, étroits et profonds, des marais encore mouillés qu'il faut contourner, une forêt serrée et un sous-bois épais qui ne permettent pas de voir à une grande distance. Nous pourrions bien nous égarer.

Je fais monter Touiri à la cime d'un grand arbre. Quand il descend, je lui demande ce qu'il a vu. D'un mouvement de la main il me montre que ce ne sont que des ondulations innombrables.

Nous nous arrêtons de bonne heure pour camper sur le bord d'un ruisseau.

La chasse a été maigre aujourd'hui, si maigre que nous n'avons rien à manger. Touiri prépare le campement. Il coupe le sous-bois et amarre les hamacs. Les deux femmes vont chercher du bois mort. J'allume le feu. L'Indien s'en va flécher des petits poissons dans la crique, et Laveau rôde aux environs avec un fusil, attendant que Toupan[1] lui envoie un gibier.

Le chasseur rentre bredouille. Touiri ne rapporte que cinq petits poissons gros chacun comme une sardine. Il y en aura un pour chacun de nous. Après ce dîner sommaire, un peu de thé, puis nous allons, nous à nos pipes, l'Indien à ses *tamouyons* (cigares indiens).

La nuit est noire et sinistre. Pas de lune. Soudain un grand vent fait craquer et gémir les arbres de la forêt, et, soufflant notre feu avec violence, provoque un commencement d'incendie dans mon hamac. Puis le vent tombe, pas un souffle; la nuit est chaude et orageuse. Nous sommes obligés d'allumer un second feu, car nous voyons des yeux de tigres qui rôdent autour de nous.

Nous dormions depuis quelques minutes quand tout à coup Laveau, réveillé en sursaut, saute sur son sabre et d'un bond est à mon hamac, dont il relève la moustiquaire en s'écriant : « Qu'avez-vous, qu'avez-vous? »

Réveillé, je réponds que je n'avais absolument rien, je dormais d'ailleurs profondément.

« Vous n'entendez pas ce gémissement? J'ai cru que c'était vous.

— Si, j'entends maintenant. C'est sans doute une des femmes de l'Indien qui se plaint.

— Tachi (sœur), qu'as-tu?

Et Touiri, funèbre :

— C'est Yolock qui crie. Mauvais signe. Ou bien c'est l'âme de quelque ancien piaye Acqoua. »

Ce gémissement bizarre se fait entendre une bonne partie de la nuit. Nous ne dormons pas. D'où peut provenir ce bruit étrange? Nous nous épuisons en conjectures, Laveau et moi. Pour l'Indien, il répète obstinément : « C'est la montagne de Yolock qui pleure. Mauvais signe ». Nous ne pouvons en tirer autre chose.

---

1. Le dieu par excellence des races tupiques.

LA COULEUVRE DU FOND DES EAUX.

Le lendemain nous continuons, car il nous reste encore de la cassave pour quatre ou cinq jours. Toutefois il est convenu que si l'on n'arrive pas au Couyary dans la journée et si, en montant aux arbres, on ne découvre pas dans le couchant quelque montagne qui puisse servir de point de repère, on rebroussera chemin.

Cette seconde journée dans le Désert de l'Égarement est très riche en mauvaises rencontres de toutes sortes. En partant, Laveau nous tue un tigre qui nous regarde passer de trop près. Un peu plus loin, Touiri nous montre deux gros crapauds qu'il nous dit être de ceux qui se promènent aux environs des cases des Oyampis pour se repaître des tisons enflammés qu'ils avalent goulûment. Puis ce sont des serpents en nombre plus considérable que nous ne les avons jamais rencontrés.

Point de grande rivière. Comme je ne me fie pas beaucoup au dire de Touiri, qui a visiblement envie de s'en retourner, je dis à Laveau de se hisser à la cime d'un grand cèdre. Il voit des montagnes au nord, mais non à l'ouest. Cela ne peut nous servir pour nous repérer.

Nous arrivons sur le bord d'une crique assez forte, probablement un affluent du Couyary. Nous la suivons quelque temps dans les marécages qui la bordent, jusqu'à ce que nous trouvions des forêts de terre haute où nous pourrons passer la nuit. Demain nous battrons en retraite.

Sur la rive orientale ce sont toujours des marais, mais sur la rive occidentale voici des terres hautes. Nous traversons.

Laveau est à 100 mètres devant. Touiri me suit avec ses deux femmes. Je traverse, sur un arbre tombé, la petite crique, qui a en cet endroit 4 mètres de largeur, près de 2 de profondeur avec un courant rapide. Le pied me glisse, je tombe à l'eau. Touiri, à qui j'avais dit que je ne savais pas nager, se jette après moi pour m'empêcher de me noyer. Mais j'ai saisi une forte branche immergée presque à fleur d'eau et je gagne la rive opposée sans même avoir perdu mon fusil que je tenais en bandoulière.

« Où est mon Indien? » J'appelle, Laveau arrive, mais point de réponse de Touiri. Tout à coup ses deux femmes poussent en même temps un petit cri étouffé et nous montrent du doigt, à quelques mètres en aval, quelque chose dans l'eau. Nous apercevons alors, dans l'eau verdâtre, une grosse spirale brune entourant quelque chose qui pourrait bien être un homme. Puis la rapide vision disparaît. Seulement, en aval, dans l'eau verte semblable à une absinthe légère, un sillon de sang donnant comme un filet d'eau rougie. Puis, plus rien. Toutes nos recherches sont vaines.

« *Arario!* s'écrient les deux femmes, *arario!* (un boa!) »

J'avais ri naguère de ce monstre que je croyais fantastique, du fameux boa marin ; mais, selon toute probabilité, c'était bien la « couleuvre du fond des eaux » qui venait de m'enlever mon Roucouyenne.

Pauvre Indien ! un nom de plus à ajouter à la liste glorieuse des obscurs martyrs du devoir. Il vit le courant rapide et voulut m'empêcher de me noyer, mais un arario était là en embuscade et ce fut mon bienfaiteur qui fut pris.

Les deux femmes à l'écart, les cheveux dénoués, chantent la chanson des pleurs avec des larmes sincères, des sanglots d'un désespoir vrai.

Nous les laissons faire pendant quelque temps, puis, comme cela menace de ne pas finir et que le soleil baisse à l'horizon, je m'en vais à la plus vieille :

« Sœur (tachi), lui dis-je, Touiri est mort, les Yolocks l'ont voulu. C'est pour cela que la montagne de Yolock gémissait la nuit passée. Mais toi il ne faut pas que tu meures, ni ta jeune sœur. Chez les Blancs il y a une coutume : quand quelqu'un meurt en voyage on ne chante sa chanson de mort que quand le voyage est fini. Nous allons dormir ici, puis demain nous retournerons à Ouira. Ne craignez rien, vous avez perdu votre mari, mais vous avez encore avec vous vos deux frères. »

Et elles s'en vont chercher du bois mort pour faire le feu, tout comme à l'ordinaire.

Le dîner est triste. Laveau a tué cependant dans sa journée un hocco et un agouti ; mais les deux pauvres créatures ne mangent pas. La nuit elles se conforment à ma recommandation : elles ne chantent pas la chanson des pleurs. Mais elles causent longtemps entre elles, et quand nous nous réveillons, le matin, elles ne paraissent pas avoir reposé de toute la nuit.

Le lendemain, retrouvant avec peine notre sabrage entortillé, nous arrivons non loin du Kouc. Les deux femmes sont tristes, d'une tristesse franche, sincère, naïve. Elles aimaient leur mari. Je ne sais si leur douleur a duré longtemps, si elles ont beaucoup chanté la chanson des pleurs en pays roucouyenne, mais je sais bien qu'il me suffirait, à moi, d'être, une fois mort, regretté pendant deux ou trois jours d'une aussi vive et naïve manière que j'ai vu pendant ces quelques jours ces deux sauvagesses regretter leur homme défunt. Aussi bien préférerais-je n'être pas pleuré du tout, car on donne si peu de sujets de joie aux siens pendant sa vie qu'une fois que vous êtes mort on est bien bon de vous pleurer.

Trois jours après, nous sommes au village.

En arrivant, les deux femmes font un long récit de l'incident. Heureusement pour nous, car les Oyampis n'eussent pas manqué, sans cela, de nous soupçonner d'avoir assassiné le Roucouyenne pour lui prendre ses femmes.

Je donne aux deux veuves une quantité suffisante de perles et de camisas pour qu'elles puissent trouver à se remarier avantageusement. Et un vieux peïto de Ouira les reconduit dans leur pays, dans les hauts du Yary ou du Parou.

Novembre. — Nous nous reposons encore une semaine à Ouira. Après quoi, voulant entraîner les Indiens en vue de nouveaux voyages, je les emmène faire une chasse sur la route de Maracaya. Les inviter à aller à la découverte dans la forêt sans sentiers eût été inutile, car ils avaient encore présents à la mémoire le boa que j'avais tué à la crique Kouc, et celui qui avait dévoré Touiri.

Il m'arrive encore un malheur dans cette chasse. Comme nous sommes dans la forêt de Piracouare, un des chasseurs, un fils de Maracaya, est mangé par un tigre. Le malheureux s'était écarté, nous entendons un cri, nous accourons : l'Indien gisait à terre; un tigre, dont nous faisons prompte justice, lui avait déjà ouvert le thorax.

Au retour, comme nous assistons en cercle, assis sur des cololos, à un petit cachiri que donne Ouira, Laveau, qui s'appuie de la main gauche sur le sol de l'abatis, est mordu au poignet par un serpent corail. L'application immédiate du coumana, le spécifique des Oyampis, le guérit presque instantanément.

Tout cela n'inspire guère confiance aux Indiens. Je crois qu'ils commencent à me considérer un peu comme une espèce de *jettatore*.

Cependant je les sollicite encore pour un nouveau voyage. « Nous allons, leur dis-je, retourner au Tapiirangnannawe, ce qui ne sera pas difficile puisque j'ai déjà fait le chemin jusque-là, après quoi nous pousserons jusqu'aux Roucouyennes de Pililipou. » On arrive à s'imposer aux Indiens à force de volonté et de ténacité. Je trouve encore du monde. Ni Ouira ni Aripipoco ne veulent être du voyage, mais six de leurs peïtos se présentent.

Cette fois nous sommes bien approvisionnés en cassave : il y en a quatre catouris. Je donne le plus gros à l'Indien blanc, ayant plus de confiance en lui que dans ses camarades. Je conjecture que si les autres s'enfuyaient, lui me resterait toujours, avec de respectables provisions. Si le petit Dosmon était là, ç'aurait été un précieux compagnon de plus, mais il est toujours au village de Caolé à se faire soigner son ophtalmie par le docteur Acara.

Jusqu'au Kouc tout va bien, ce sont de grandes chasses; Laveau se surpasse. Tous les jours ce sont des singes rouges, des couatas, des hoccos, des marayes. Le soir le bivouac est très gai. Les Oyampis se vantent de leur courage, de leur bravoure, de leurs anciennes guerres. Si nous trouvons les Coussaris, disent-ils, les fusils des Blancs et les flèches des Oyampis en auront vite raison. Je n'ai que médiocrement confiance, toutefois, dans ces faux braves, et je suis bien convaincu qu'ils lâcheraient pied dès qu'ils verraient dans la forêt quelques Indiens inconnus à attitude menaçante.

A partir du Kouc il faut sabrer, ce qui refroidit tout de suite l'enthousiasme de nos héros.

Nous continuons notre ligne nord-ouest. A deux kilomètres du Kouc, du sommet d'une petite montagne surplombée de grosses roches, j'aperçois au nord, à 6 kilomètres environ, une forte chaîne, de 5 à 600 mètres de hauteur. Entre deux sommets de cette chaîne, toujours dans la direction du nord, j'entrevois un pic lointain, bleuâtre, fort élevé, et affectant exactement la forme d'une molaire.

« Mais nous avons déjà vu ce pic?

— Mais oui, il me semble. Mais c'est le pic d'Amana! »

Je consulte mes cartes et mes itinéraires, je mesure, je calcule, je suppute :

« Ce pic doit être en effet le pic d'Amana. Il n'y en a pas d'autre de si élevé dans toute la région. En tout cas, du sommet de ce pic on doit très bien voir Pililipou.

— Eh! camarades! voyez-vous cette grande montagne bleue, là-bas, dans le lointain? Eh bien, c'est là qu'habitent les Roucouyennes! »

Les Oyampis sont enchantés. S'ils savaient l'anglais, ils crieraient *Hurrah!* Et nous allons, joyeux, sabrant notre route devant nous.

Nous avons déjà passé deux criques qui doivent être des branches ou des formateurs du Couyary. Voici que le soleil baisse; nous avons déjà fait aujourd'hui, depuis notre départ de Kouc, 6 kilomètres au podomètre, nous allons camper.

Nous sommes dans un défilé marécageux entre deux collines. Soudain une demi-douzaine d'hommes rouges armés de sarbacanes se montrent à trente pas de nous sur notre droite. Je ressens dans l'épaule une douleur aiguë en même temps que j'entends deux détonations.

« Coussaris! Coussaris! » s'écrient les Oyampis; et ces lâches s'enfuient à toutes jambes, au lieu de rester sous la protection des fusils des Blancs.

Je m'affaisse, mais je me sens soutenu par quelqu'un. C'est un Indien. C'est l'Indien blanc; lui seul est resté fidèle. Si j'en avais la force, je l'embrasserais.

« Ce n'est rien, me dit l'Indien blanc. De petites flèches à ourari. Où est le sel?

— C'est l'autre Blanc qui l'a.

— Où est l'autre Blanc?

— Il court après les Coussaris. Moi j'ai ton fusil. Si les Coussaris reviennent je les tuerai. »

Laveau arrive tout essoufflé. Il a poursuivi ces *brabos* comme il aurait poursuivi des couatas.

« Ils sont allés crever plus loin. Oh! je ne les ai pas manqués! J'ai vu des traces de sang. Mais ça a la peau dure. Les autres les auront probablement enlevés. Ils ne reviendront pas, ils ont eu trop peur en recevant mon double zéro, ils couraient comme des lapins. Il n'y a que vous de blessé, ils n'ont apparemment visé que vous. C'est votre veston de flanelle rouge qui est cause que vous avez été pris pour le chef.

— Où est le sel?

— Le sel, oui, le sel! j'oubliais que ces petites flèches étaient empoisonnées. Vous me l'avez pourtant dit assez souvent. Ils ne mettent de curare qu'à leurs petites flèches à sarbacane et jamais à leurs grandes flèches de chasse. Voici le sel. Ils n'étaient pas nombreux, huit ou dix tout au plus. Et ces autres racailles qui se sont sauvés! Ce ne sera rien, votre blessure. Demain vous serez guéri. Nous continuerons, n'est-ce pas? C'est la première fois que je tire sur des hommes, c'est drôle. »

Son premier coup de feu sur ses semblables a grisé Laveau. Puis il prend la tête de l'Indien blanc dans ses mains et la secoue tant qu'il peut, en signe d'amitié et de reconnaissance.

Laveau procède au pansement. Il a retiré les trois petites flèches dont j'ai été atteint et qui se sont arrêtées sur l'omoplate. Puis, avec un canif, il élargit les plaies et y pousse tant qu'il peut du sel pilé fin. Ensuite il met un bandage et allume un cigare en disant, à la mode indienne : c'est bon.

Nous couchons sur place. L'Indien et Laveau font un grand défrichement, et plusieurs feux sont allumés dans toutes les directions pour signaler, au moins à une portée de flèche autour de nous, les Coussaris s'ils s'avisaient de méditer un retour agresssif. L'Indien blanc et Laveau seront de garde chacun une moitié de la nuit.

En proie à une fièvre violente, j'ai d'abord, à demi éveillé, des cauchemars atroces. Bientôt la chaleur de tous ces feux allumés me procure une transpiration abondante et un sommeil profond. Au cours de la nuit, Laveau m'entendant remuer dans mon hamac vient me changer de linge. Il a eu la précaution de faire sécher mon costume de voyage, que j'endosse. Il est très agité et m'entretient encore de son fait d'armes. Je me fais faire du thé, et, la fièvre étant un peu passée, je fume une pipe en causant.

« Où est le petit chérubin ? il n'est pas parti ?

— Il n'a garde. Il vous a veillé comme une mère. Tant que vous n'avez pas été endormi, il est resté près de votre hamac en vous piayant avec son cigare. Il dit que demain matin il vous fera prendre une infusion de plantes de sa connaissance, et qu'à midi nous pourrons partir — car il est très enthousiaste de faire le voyage des Roucouyennes. Maintenant il dort. Pour moi, mon quart va finir, mais jusqu'à demain matin je ne dormirai que d'un œil. »

Et je me rendors comme si j'étais dans mon lit.

Au petit jour, je suis réveillé par une douleur assez vive à l'épaule. J'appelle « Couroumi ! » J'avais peur qu'il se fût sauvé pendant la nuit. Mais il était à côté de moi. Il m'enlève sans mot dire mon paletot de flanelle, lave mes plaies à grande eau et y remet du sel, renouvelle le bandage, me fait avaler sa tisane, puis, en envoyant sur mon épaule malade la fumée de son cigare qu'il projette avec le nez, il fait en riant : « *Aoyépa, opap* (c'est fini). »

Je me rendors encore un peu, et comme le soleil marque neuf ou dix heures, Laveau vient me réveiller pour manger. Je déjeune, sans appétit, d'une excellente petite perdrix rôtie et d'un morceau de cassave trempé, puis grillé sur les charbons.

Laveau est un peu anxieux. Il se demande ce que je vais décider. Chérubin est anxieux aussi de savoir ce que le Blanc a dans la tête. Oh ! si son amie, la femme du bêta, eût pu voir en ce moment son vaillant petit amoureux !...

Quand on a voyagé pendant quelques années un peu autrement qu'en touriste en quête de gloriole, on en arrive volontiers à s'amuser à taquiner la Mort. Nous avons huit jours de marche à travers des forêts inconnues et dangereuses pour arriver à Pililipou. Nous avons à peine assez de cassave. Nous allons à Pililipou.

Puis je traduis cela à la portée de Chérubin, et je lui demande si ce n'est pas ainsi que de vrais guerriers doivent se conduire. Souriant de son sourire aimable et fin, il me répond en roucouyenne :

« *Na, tamouchi, ipock, ipockriâ* (certainement, tamouchi, c'est très bien, c'est excessivement bien).

— En route, mes amis. »

Nous partons à midi. Comme je suis encore faible, je ne sabre pas, mais mes deux compagnons s'en donnent avec enthousiasme. C'est qu'il n'a jamais été fait, ce voyage de Ouira à Pililipou !

Nous passons encore une petite crique, puis nous entrons dans une forêt rabougrie qui doit être un col entre les hautes montagnes de 5 à 600 mètres que nous avons vues à notre droite, et la prolongation de ces montagnes. Nous sommes par 270 mètres d'altitude. La plaine boisée est ravinée, déchiquetée, tourmentée. Il faut à chaque instant sauter 1 mètre en haut ou en bas ou en longueur. Cette marche me fatigue beaucoup.

Nous arrivons sur les bords d'une rivière large de 10 mètres et profonde de 1 mètre, qui coule sud-nord. Ce ne peut être évidemment que le Ouanapi, le grand affluent du Marouini. Voilà qui est précieux pour nous : nous n'avons qu'à suivre la rive gauche de cette rivière et nous sommes sûrs d'arriver non loin des montagnes d'Amana. Je calcule que nous en sommes à une vingtaine de kilomètres à vol d'oiseau. Quand mon podomètre m'indiquera que nous sommes près d'avoir parcouru cette distance, je ferai monter l'Indien aux arbres, et le pic d'Amana ne nous échappera pas.

Bien que nous n'ayons fait que 5 kilomètres, nous nous arrêtons sur les bords du Ouanapi pour y dormir. Je suis rompu. L'ourari, même quand ses effets sont détruits, paralyse un peu l'organisme. Nous prenons, comme hier, la précaution des feux multiples et des gardes de nuit, et nous allons pouvoir dormir en toute sécurité.

Cependant, puisque nous sommes sur les bords du Haut Ouanapi, nous ne devons pas être fort loin des villages de ces peu rassurants Elélianas dont les Roucouyennes m'ont parlé il y a un an. N'importe ! si ceux-là n'ont aussi que des flèches à curare à leur disposition, nous savons comment cela se guérit. Aussi bien ces Elélianas sont peut-être les Indiens les plus hospitaliers du monde.

Nulle alerte pendant la nuit, si ce n'est que Chérubin, qui a le cauchemar, nous réveille en poussant des cris. Il rêve que les Coussaris l'ont pris, et qu'ils sont en train de le manger. Mais, apparemment que les Indiens d'aujourd'hui sont beaucoup moins que leurs anciens impressionnés par les rêves, car Chérubin, réveillé, se met à rire en allumant un cigare et en nous affirmant que les Coussaris sont bien loin, qu'ils ont eu trop grand peur de nos fusils pour venir nous chercher noise à nouveau. « Si seulement, ajoute-t-il avec un sérieux comique, nous avions un coup de cachiri ou de tafia ! » Et il termine en rendant lui-même hommage à sa vaillance : « C'est égal ! c'est *Elle* qui va trouver que j'ai du courage quand je lui raconterai mon voyage ! » Sans l'amour, le désespoir ou l'ennui, les actes d'héroïsme n'existeraient pas sur la terre.

Nous prenons par la rive gauche du Ouanapi. Toute notre journée se passe dans des marais et des pinotières, où la marche est extrêmement pénible. Vers le soir nous arrivons au pied d'une montagne, sur le bord d'une crique où se trouvent encore de nombreux vestiges de villages disparus pourtant depuis longtemps. Ce sont, dans des broussailles claires, des jarres brisées, des morceaux de platine à cuire le cassave, des poteaux de case carbonisés ou rongés de vétusté et gisant à terre.

Les Roucouyennes ne m'ont cependant jamais dit qu'ils eussent fait des villages si loin du côté du couchant. Ce sont peut-être des vestiges d'anciens villages émerillons. Les Émerillons avaient en effet jadis des villages jusqu'à la montagne de Conomi.

La troisième journée, nous nous engageons entre la rivière des anciens villages (Pénatompeu Polili) et le cours du Ouanapi, qui n'est pas éloigné. C'est une haute futaie où abondent les arbres à caoutchouc. La route est facile, le sabrage est presque inutile ; aussi, aujourd'hui, faisons-nous plus de 10 kilomètres, tandis qu'hier nous n'en avions fait que sept.

Nous couchons sur les bords du Ouanapi. Ici nous jugeons inutile de prendre nos précautions ordinaires contre les Elélianas et les Coussaris, et nous nous contentons d'un feu unique pour écarter les serpents et les tigres.

Nous faisons le recensement de notre cassave. Nous en avons bien encore pour trois jours, et il nous faudra cinq jours pour arriver à Pililipou, car nous sommes tous les trois très fatigués, et, par surcroît, nous nous sommes levés avec la fièvre. Nous avons dû prendre cela dans les marais du Haut Ouanapi. Nous avalons des granules d'arsenic au milligramme : je leur en donne cinq à chacun et j'en prends dix, comme étant le plus malade. D'ailleurs ne suis-je pas maintenant habitué aux poisons ?

Nous laissons le Ouanapi, qui a 30 mètres de largeur à l'endroit où nous avons couché. Cette rivière a pris une extension bien considérable depuis deux jours que nous la longeons; elle a dû recevoir à droite des affluents importants.

Nous continuons à longer la rive gauche de la rivière. Nous devons être à 8 kilomètres environ du pic d'Amana.

« Les montagnes des Roucouyennes sont proches, dis-je au petit peïto d'Ouira; monte à cet arbre, et tu me diras ce que tu auras vu. »

Il se passe les deux pieds dans le petit cercle de lianes que les Indiens se préparent à cet usage et se hisse à la cime d'un caoutchoutier presque complètement dépourvu de branches jusqu'au sommet.

Une fois descendu, tout rayonnant, il me raconte dix choses à la fois. Pressé d'avoir des nouvelles, et ne sachant plus comment se dit une molaire ni en roucouyenne ni en oyampi, je lui en montre une des miennes en lui demandant : « Est-ce comme ça? »

L'intelligent Indien comprend tout de suite ma question, pour obscure qu'elle soit, et, répétant mon geste en remuant la tête en manière d'acquiescement, il me montra sa mâchoire et son index étendu dans sa main fermée, ce qui veut dire : « Oui, il y en a une de cette forme ».

Il m'indique la direction que je lui montre à mon tour en brandissant mon sabre d'une façon qui signifie : « Va, sabre, ouvre le chemin ».

Nous faisons grande diligence. De bonne heure nous passons la crique des anciens villages, un peu plus loin nous déjeunons sur les bords d'un affluent de gauche du Ouanapi, et, à deux heures de l'après-midi, nous commençons l'ascension du pic d'Amana par un de ses contreforts.

« Comment faire, dis-je à Laveau, pour retrouver, du sommet de cette montagne haut boisée, la trace que nous avons ouverte l'an passé à partir du Marouini?

— Mais... je crois que nous perdons notre temps. Il vaut mieux couper nord, expliquer à l'Indien qu'il y a un sentier à main gauche, et l'Indien trouvera ce sentier. »

Nous allons lentement, regardant avec une grande contention d'esprit si nous ne trouverons pas de branches froissées, des coups de sabre sur les arbustes, en un mot le sentier indien. Au bout de deux heures nous arrivons précisément sur les bords de la petite crique où, l'année précédente, nous avons passé la nuit.

Nous sommes sauvés. Le sentier est maintenant reconnaissable, surtout pour un Indien et même pour nous.

En deux jours nous atteignons le Marouini. Il nous reste encore un peu de cassave, car nous l'avons sérieusement économisée.

En nous réveillant, le matin de la septième journée, nous nous regardons tous les trois comme des personnes qui ont quelque chose à se dire et qui n'osent point. Je vois à un coup d'œil de l'Indien qu'il est dans mes idées.

« Aymaras, coumarous? fis-je, avec un point d'interrogation dans la voix.

— Bien sûr, reprit Laveau. J'ai une envie folle de poisson, et vous? Il faut bien nous mettre un peu au vert avant d'aller boire le cachiri d'Acouli. »

Et nous passons une heureuse journée à tuer les coumarous et les aymaras. N'ayant arc ni flèches, Laveau et moi, nous les tirons à coups de fusil, et l'Indien les prend ensuite à la nage.

Le lendemain soir nous arrivons à Pililipou, maigres comme des clous, mais fiers comme des Argonautes.

A la crique nous rencontrons Acouli qui se baigne avec ses deux garçons.

« Vous venez par le Marouini?

— Non, nous venons de chez les Oyampis.

— Où sont tes autres hommes?

— Nous ne sommes que nous trois. »

Acouli nous regarde longuement avec un sourire bizarre, plein de bonté effrayée, puis il fit entendre ce *Hêê* aigu qui est, chez les Roucouyennes, la plus haute expression de l'admiration et de l'étonnement.

Il est aisé de supposer combien est cordial l'accueil que nous font nos vieux amis de Pililipou.

Bientôt je vois tous mes hommes du voyage à Cayenne se revêtir du costume que je leur ai donné.

Acouli a en main sa canne de commandement. Il porte même en sautoir l'étui de fer-blanc dans lequel je lui avais enroulé son diplôme de capitaine.

C'est un défilé bruyant de femmes qui reviennent de l'abatis chargées de pesants catouris de manioc. Ce n'est pas à Pililipou que les Indiens se laissent mourir de faim.

Pendant qu'on prépare un cachiri monstre, des Indiens s'en vont à la chasse, les autres nous donnent un *toulé*.

Acouli, Païké, Mayarou, Counicamane, Yacana, revêtus de leur costume européen, sans oublier le chapeau et les savates, soufflent dans leurs grands bambous en se balançant sur la jambe gauche. C'est on ne peut plus réjouissant de voir ces Calinas, costumés à l'européenne, faisant de la musique sauvage dans leurs primitifs instruments.

La nuit est copieusement fêtée ; le cachiri n'est pas encore fait, mais la chasse a été heureuse. Chérubin, qui faisait maigre depuis une douzaine de jours, put s'en donner à cœur joie ; je crois qu'il mangea toute la nuit. Les Indiens partagent avec le « vaisseau du désert » cette faculté merveilleuse de pouvoir observer pendant plusieurs jours consécutifs une diète à peu près absolue, et de pouvoir manger ensuite sans mesure et sans crainte d'indigestion.

Acouli et Touanké me font longuement raconter mon voyage. Ils sont extrêmement heureux de savoir qu'ils ont maintenant un chemin direct pour aller chez les Oyampis. Ils veulent bien en profiter. Les Elélianas ne leur inspirent aucune crainte, et pour ce qui est des Coussaris dont je leur raconte l'apparition dans les bois du Couyary, ils me disent qu'ils n'ont pas peur de leurs flèches empoisonnées.

Le lendemain, grand cachiri, grande danse. Nous sommes « très entourés ». Les femmes rivalisent entre elles à qui apportera le meilleur chacola. Avec une simplicité qui est la caractéristique de tous les vrais grands hommes, Chérubin boit, sans trouver nullement exagérés les solides hommages qui lui sont rendus.

Il faut songer à repartir. Je demande à Acouli de faire faire de la cassave pour le voyage. Il m'accompagnera un bout de chemin, puis il me laissera, pour mon escorte, trois jeunes gens qui feront le voyage jusqu'à Ouira et qui, de là, se rendront ensuite au Yary pour rentrer à Pililipou par l'Itany.

La cassave faite, nous nous mettons en route. Nous échangeons, Laveau et moi, de vigoureuses poignées de mains avec tous les hommes et toutes les femmes de Pililipou.

« Nous vous avions promis de revenir : eh bien, nous sommes revenus.

— Les Blancs n'ont qu'une parole. Mais ne retournerez-vous plus ?

— Je veux même revenir pour toujours parmi vous, vivre avec mes amis les Indiens. Mais il faut que le *yapotoli* le permette.

— Oah ! que le yapotoli le permette et tes amis les Ouayanas seront heureux. »

Nous partons, le voyage sera charmant. Nous nous sommes remis de nos fatigues à Pililipou et notre santé est maintenant excellente. Acouli et les trois jeunes gens sont de très bons chasseurs. Nous avons chacun trente cartouches, Laveau et moi. Le voyage de retour sera aussi agréable que le voyage d'aller a été dur.

Sous le coup de cette joie profonde que donnent les grandes difficultés vaincues, nous allons à travers les grands bois déserts.

Le corps ne sent plus le poids de l'accoutrement de chasse, et le cœur est allégé de tout fardeau.

Il est des messieurs très doctes qui, encore aujourd'hui, cherchent avec gravité, dans de pédants grimoires et jusque dans les majestueux enfantillages des vieux philosophes grecs, quel peut bien être le but réel de la vie. Le petit hydrocéphale de Claude Lantier eût été sans doute aussi un grand chercheur de causes finales. Le but de la vie, c'est de faire des trouées de pécari dans les forêts vierges ; c'est de rester quarante heures en bicyclette sans descendre à la Vespasienne ; c'est d'inventer les confetti en serpentins ou bien quelque nouvelle doctrine philosophique ou sociale.

En cinq jours nous parcourons sans incidents les 100 kilomètres qui séparent Pililipou de Ouira.

Comme nous arrivons à ce dernier village, nous trouvons, au Maïpocolé, les deux tamouchis Ouira et Aripipoco qui flèchent des pacoucignes. Les deux vieux chefs ne peuvent en croire leurs yeux ; un moment ils nous prennent pour des ombres, des revenants, car ils nous croyaient bien morts. Puis ils regardent du coin de l'œil, avec un effroi visible, les trois Roucouyennes, qu'ils prennent d'abord pour des Coussaris.

Nous offrons aux deux bonshommes un bon déjeuner sur les bords de la crique, et, en mangeant, nous racontons notre odyssée. Aripipoco, qui parle roucouyenne, s'entretient longuement avec les peïtos d'Acouli.

« Les Oyampis ont peur, dit Ouira un peu honteux, mais les Blancs n'ont jamais peur et les Roucouyennes sont comme les Blancs. Les Roucouyennes sont la plus vaillante des nations calinas. Bientôt tous les Oyampis seront leurs peïtos. »

Ouira et Aripipoco reçoivent du mieux qu'ils peuvent ceux de la famille d'Acouli. Mais comme le manioc s'épuise aux villages du Maïpocolé, le cachiri est modeste. On danse cependant, et les Roucouyennes peuvent me montrer encore une fois toute leur supériorité artistique.

Au bout de deux jours les peïtos d'Acouli veulent continuer leur route.

« Oh ! tu reviendras ! m'affirme l'un d'eux. Mon Esprit-Piaye me l'a assuré. Tu reviendras, nous nous reverrons : le *Piaye Manioc* et le *Piaye Corbeau* l'ont dit également tous les deux.

— Je reviendrai. »

Et ils prennent le chemin de Maracaya pour de là se rendre au dégrad du Kouc.

Après quelques jours de repos au village de Ouira nous prenons nous-mêmes les routes du sud. Mais les routes du sud, comme celles du levant, les routes qui nous restent maintenant à parcourir sont bien connues des Oyampis. Aussi, de ce côté, notre voyage s'accomplira-t-il sans défections ni incidents.

OUAÏKIRI : PANIER LONG DES OYAMPIS

COQS DE ROCHE.

CHAPITRE XIV

D'ARIPIPOCO A TAPIIRE. — LES SENTIERS DE CHASSE. — GRANDES FORÊTS A CACAOS. — QUELQUES ERREURS DE CREVAUX. — LE VILLAGE DE TAPIIRE ET LES ENVIRONS. — LE MONT OUATAGNAMPA, SOURCE DE L'OYAPOCK. — LES CACAOS DU TOUÉRÉ. — VENGEANCE DE SINGE. — NETTOYAGE NÉCESSAIRE.

Accompagnés par la bonne moitié de la population des deux villages de Ouira et d'Aripipoco, nous nous mettons en route pour nous rendre au village de Tapiire, à la tête de l'Ourouareu.

D'Aripipoco à Tapiire c'est quarante-cinq kilomètres et trois jours de marche. Le voyage s'accomplit joyeusement, plantureusement, sans incidents.

L'abondance de victuailles rend les Indiens aussi loquaces que le ferait le cachiri. Comme nos déjeuners et nos dîners sont copieux, ce sont d'interminables récits.

En arrivant à Yacioundée on me montre dans un abatis abandonné les ruines de trois ou quatre maisons. C'était ici le village d'Itewe, Itewe le Calayoua qui fut « piayé » par les Roucouyennes, « qui l'ont fait mourir » à distance.

Il paraît qu'autrefois, il y a très longtemps, il y eut en cet endroit un village. C'est du moins ce que me raconte un peïto de Ouira appelé Pétoun, vieillard presque centenaire qui prétend avoir mangé de la chair humaine dans sa jeunesse. Ce village de Yacioundée avait pour tamouchi un vieux piaye appelé Tatamouata. Tatamouata mourut alors que Pétoun était encore couroumi. Pétoun me fait, de ces temps reculés, des récits plus légendaires qu'intéressants.

Des rives du Yacioundée nous nous rendons au Maïpocolé, sur les bords duquel nous passons la nuit. Entre le Yacioundée et le Maïpocolé se trouvent des collines dont nous avons franchi deux sommets assez importants, Mouroucitowe, qui a 280 mètres, et Parira, qui en a 290. La liane à caoutchouc (*ouacacing*) est commune dans ces forêts.

Il paraît que le chemin que nous avons pris n'est pas le chemin véritable, lequel longeait le Maïpocolé. C'est dans un de leurs sentiers de chasse que les Indiens se sont engagés. Je ne vois pas pourtant qu'il doive y avoir plus de gibier dans le chemin, presque sans eau, que nous avons pris que dans l'autre qui longe une grande rivière. Aussi n'avons-nous presque rien vu; ils ont eu beau imiter dans la perfection, à s'y tromper, les cris du couata, du singe rouge, du macaque, du hocco, de l'agami, de la perdrix, des divers oiseaux et animaux de la forêt, nous n'avons pas fait une seule pièce. Mais nous n'avons pas de peine à flécher dans le Maïpocolé les aymaras et les coumarous nécessaires pour notre repas du soir.

Ces sentiers de chasse des Indiens ne sont pas rares. L'Indien va rarement à la chasse au hasard, à travers bois ; il a presque toujours son sentier de chasse, qui va parfois à trois ou quatre jours de marche dans la forêt. Ils n'en sortent guère que pour poursuivre un gibier.

Nous sommes ici dans une des plus riches régions à cacao de toutes les Tumuc-Humac. Les forêts du bas du Maïpocolé et de son affluent le Ouènemousic sont pleines de cacaoyers sylvestres. Il s'en trouve assurément assez pour donner lieu à une exploitation importante. Les moyens d'accès, il est vrai, sont assez difficiles.

Dans une grande plaine unie et couverte d'épaisses forêts, nous passons d'innombrables ruisseaux allant au Yeuri, affluent du Kouc, au Maontocaye et au Kénare, affluents du Rouapir, et au Gnacarancoutan, affluent du Piracouare.

Le lendemain matin, nous partons du Tariri pour aller coucher au village de Tapiire.

Le premier ruisseau que nous passons porte un nom de lingua geral pure, ou même de véritable tupi primitif, c'est Igarapé Ouassou (la grande crique), qui est d'ailleurs à peu près à sec.

Un peu plus loin, au Ocoraïre, on me montre les ruines d'une case qui aurait appartenu, paraît-il, à Petit François, le fils, ou le neveu de mon très peu redouté capitaine François de Viritou.

Nous passons le Piracouare, large de 20 mètres en cet endroit.

Un peu plus loin c'est l'Ourouareu, qui n'a que 10 mètres de large. On me montre l'endroit où Crevaux s'embarqua sur cette petite crique, qu'il prit pour le Rouapir. S'il avait marché un jour de plus, il serait arrivé au Couchipourou et se serait évité les difficultés qu'il rencontra sur ce petit affluent. Mais il considérait comme du temps perdu tout celui qu'il ne passait pas en canot. Et pour arriver au Couchipourou, il mit deux jours au lieu d'un, en sabrant tout le temps dans la crique obstruée.

Nous voici au village de Tapiire, dans le haut de l'Ourouareu. Cette crique, qui vient du mont Ouatouria, coule d'abord vers le nord comme pour se jeter dans l'Oyapock, puis, non loin du village de Maracaya, les escarpements du Ouacourioue la forcent à se jeter vers le sud pour aller former le Rouapir en se joignant au Piracouare, la branche principale.

Le village de Tapiire ne se compose que de l'unique habitation de ce petit chef. Crevaux, en passant par ce village, ne se doutait guère que la source de l'Oyapock se trouvait encore à un jour au sud.

C'est en effet du mont Ouatagnampa, à une dizaine de kilomètres d'ici, que descend Souanre, l'Oyapock le plus méridional.

Si mes compagnons se sont proposé de faire des orgies au village de Tapiire, ils sont singulièrement déçus. Le manioc est rare, et il n'y en a assurément point assez pour faire du cachiri.

Je vais me reposer ici trois jours, puis je repartirai avec des hommes de Tapiire pour le village des Caïcouchianes à l'Iriouatou (Irouaoutou ou Ourouaïtou).

Comme nous avons vite exploré la case de Tapiire, nous allons visiter les environs.

Le matin, au roucoulement des colombes, nous nous mettons en marche. Nous remontons l'Ourouareu qui coule sous de larges arcabas d'arbres géants. Un sentier de chasse va jusqu'au Ouatouria Iouitire.

Une fois sur les flancs du Ouatouria je dis à mon guide, un peïto de Tapiire, que je lui donnerai un miroir quand il m'aura montré Ouatagnampa.

Au sommet d'un rempart du Ouatouria, entre des branchages, j'aperçois une montagne noire, qui peut avoir de 5 à 600 mètres. C'est Ouatagnampa — la source tant cherchée de l'Oyapock, — grosse masse boisée, sans un rocher.

Au retour je donne à mon guide le miroir promis. Je ne crois pas qu'il en ait souvent en sa possession, car il me fait de grandes démonstrations de reconnaissance. C'est un « moun dans bois » (un Indien des forêts), comme disent les Indiens du fleuve avec une commisération dédaigneuse. Mais, par un juste retour des choses d'ici-bas, les Indiens du fleuve sont eux-mêmes « moun dans bois » pour les Indiens civilisés du Bas Oyapock.

Mon Indien se regarde attentivement le nez et le menton, puis il me fait remarquer que c'est ce qu'il a de plus beau dans le visage. L'Indien se regarde une partie du visage et non l'ensemble; c'est pour cela qu'il préfère les petites glaces, d'ailleurs moins encombrantes et plus faciles à suspendre sur la poitrine.

Nous allons ensuite visiter les cacaoyers du Touéré. Le Touéré est un petit affluent de gauche de l'Ourouareu, prenant sa source à une petite montagne, Péouirapori, située au nord du Ouatouria. Nous ne trouvons que fort peu de cacaoyers sur les rives du Touéré; toutefois il paraît qu'au sud ils sont plus nombreux.

Nous errons sur les rives du Touéré aux eaux limpides, dans une forêt claire où dominent les cacaoyers. Puis nous nous promenons dans le lit du ruisseau, lentement, en amateurs, sans penser à grand'chose, et parfaitement heureux. L'Indien nous précède en sifflant les ouarapas, espèces de petits poissons blancs qui dorment dans les remous des criques, Laveau le suit en chantant je ne sais plus quelle somnolente romance; moi je m'attarde derrière à tâcher de découvrir dans des touffes d'herbe un serpent dont je viens d'entendre le petit grognement étouffé. Parfois un gymnote descend le courant en précipitant les mouvements de sa brune spirale.

Il ne faut pourtant pas revenir bredouilles de notre sentimentale excursion. Il faut faire chasse, car nous n'avons déjà plus de poules à massacrer au village fort misérable du petit tamouchi Tapiire.

Nous nous enfonçons dans les bois.

Une bande de singes rouges, de la plus belle apparence, nous fait la grimace du haut des arbres. Nous poursuivons notre dîner avec un acharnement de cannibales.

Laveau jette son coup et pousse un cri. J'accours : sans doute son fusil l'aura blessé. Il n'en est rien, mais..., mais comment dire cela? Les singes ont cette faculté singulière, quand ils sont blessés, de se venger en se soulageant sur votre tête. Et comme ils visent bien! Trois fois sur quatre, vous recevez sur votre chef cette pluie solide et liquide, des plus fétides en vérité. Laveau en a plein la barbe, c'est cela qui lui a fait pousser un cri de colère et d'horreur.

Un Indien lave à grande eau, à la crique, la barbe et la tête souillées; mais, sans un morceau de savon que j'avais par bonheur dans mon sac, Laveau sentirait encore....

Pendant ce temps les singes rouges nous ont échappé. Nous allons à leur poursuite, finissons par les entendre non loin de nous et continuons à leur donner la chasse. Nous en abattons chacun un, Laveau et moi, mais nous nous sommes enfoncés dans un fourré si épais que le soleil, qui est à l'horizon, ne nous éclaire plus.

L'Indien déclare que nous ne pouvons rentrer ce soir. Il n'y a pas de lune et il est impossible de se reconnaître par une obscurité pareille dans cette forêt enchevêtrée.

Nous arrangeons de notre mieux un campement dans ces broussailles; mais la nuit, malgré le feu de bivouac et malgré nos moustiquaires, nous sommes envahis par une foule d'insectes de toutes sortes, venimeux ou sales : des scorpions, des mille-pattes, des fourmis et surtout des poux d'agoutis et des tiques arrivés en quantité prodigieuse.

Et le lendemain, au village du Touéré, on pouvait nous voir, tous les trois, nus, en calembé, entourés d'enfants attentivement occupés, qui accroupis, qui debout, qui à genoux, à rechercher tiques et poux d'agoutis sur nos jambes, sur le ventre, le dos, sous le calembé. Et nous étions immobiles comme des statues et regardions l'horizon prochain, frangé de palmiers ouasseyes et de papayers.

Après cela, de nécessaires et salutaires ablutions dans le limpide filet d'eau du ruisseau du village, d'énergiques frictions de cette précieuse huile de carapa qui cicatrise les piqûres des insectes venimeux et prévient, quelque peu, le retour agressif de ces hordes, et c'est comme si nous avions « dépouillé le vieil homme » !

Nus dans l'arène pour sécher un peu notre huile — cela se passait ainsi aux Jeux Olympiques, — fumant nos longs cigares indiens, nous devisons comme à l'Agora dans le dorien des Oyampis et l'ionien des Roucouyennes. Et nous pourrons nous livrer au noble exercice de l'arc ou aux gracieuses distractions de danses néo-arcadiennes : notre ciel d'une douceur et d'une sérénité attiques enveloppera des caresses de son gracieux soleil nos mouvements que n'emprisonnent ni les lois barbares du Latium ni les vêtements plus barbares encore de la lointaine Lutèce.

« S'il est un paradis sur la terre... » il n'est pas dans les palais de Delhi.... Il pourrait peut-être être réalisé, sous des cieux cléments, par des hommes civilisés retournant, par élection réfléchie, aux nobles indépendances de la vie sauvage bien comprise. C'est là une religion. Qui veut croire?...

AGOUTI.

LE BAS OYAPOCK

CHAPITRE XV

INSECTES TRÈS FÉROCES. — L'ANCIEN CHEMIN DE CREVAUX. — LA POINTE DES SOURCES DE L'OYAPOCK. — ENCORE DES CACAOYERS. — L'AGAMIOUARE. — ENTRAINEMENT. — SAINTE MARMITE ! — LES CAÏCOUCHIANES DE L'IRIOUATOU. — MATAOUALÉ ET APÉCI; LA DERNIÈRE DES TAMOCOMES. — L'ARAGUARY. — LE VILLAGE DES MORTS. — FIN DE VOYAGE ! — RETOUR A CAOLÉ. — RÉSUMÉ DE MES ITINÉRAIRES DANS LES TUMUC-HUMAC OCCIDENTALES. — ENCORE LES ROUCOUYENNES. — GRILLET ET BÉCHAMEL EN HAUTE-GUYANE. — L'ŒUVRE DE GUYANE. — DESCENTE DE L'OYAPOCK. — RENSEIGNEMENTS SUR LE COURIPI, OUASSA, ROCAOUA, LES AROUAS, LES PALICOURS, LES CARIPOUNES. — RENTRÉE EN FRANCE.

Décembre. Il est temps que nous partions de chez Tapiire : cette habitation est hantée d'insectes très féroces. Ce sont les *queyous*, espèces de ravets qui dévorent tout, jusqu'aux feuilles de la case, jusqu'aux poteaux. Un matin je me réveille avec mes vêtements en loques, les queyous avaient même rongé mes souliers et la crosse de mon fusil. Laveau avait eu la bonne idée de coucher dehors.

Nous prenons le sentier de Tapiire aux Caïcouchianes, quel sentier ! Il y a un an, trois Indiens faisant ce trajet par la forêt inconnue ont tordu quelques brindilles, foulé les feuilles, puis ont dit : « Le sentier est fait ». Il y a déjà quelques années que les Caïcouchianes vivaient dans un isolement absolu.

Nous ne sommes pas nombreux, nous ne sommes que cinq, car nos provisions de cassave sont visiblement insuffisantes. Or le chemin est long, il faudra donc nous rationner sévèrement.

Après avoir passé un peu au nord de Yaouara Pirocawe, source de l'Irouaïté, nous arrivons à l'habitation de Kinoro, abandonnée depuis le passage de Crevaux, il y a dix ans. Il y a également dix ans que le chemin de Crevaux, celui que nous suivons en ce moment, a cessé d'être pratiqué : il faut moins de temps que cela pour qu'un sentier indien ait complètement disparu.

De Tapiire à Kinoro on marche d'abord dans le bassin de l'Amazone, puis dans celui du Haut Oyapock, puis on arrive encore à celui de l'Amazone. Les sources de l'Oyapock font une pointe s'avançant d'une quarantaine de kilomètres dans le bassin du Yary.

L'ancienne habitation de Kinoro se trouvait sur le bord de la petite crique Ouaye, affluent de droite du Piraouiri.

Aujourd'hui et demain nous longerons cette rivière.

Après avoir passé le Yaroupi, le Timboraou et le Yénoupara, petites criques signalées par Crevaux dans son voyage, nous allons dormir sur les bords d'une autre petite crique, appelée le Mariouaca, après une journée de 20 kilomètres.

Le lendemain nous arrivons à l'ancien village d'Acara, sur le bord de la crique Eoupanème, et poursuivons dès lors notre route franchement au levant.

Sur les bords du Nayatéone, sous-affluent du Piraouiri, nous trouvons encore des forêts à cacao qui s'étendent jusque non loin du Piraouiri, où nous couchons. Nous avons fait aujourd'hui 18 kilomètres.

Le Piraouiri n'a ici que 4 mètres de largeur. Ses sources ne sont pas éloignées. Elles se trouvent, me dit-on, au nord-ouest, en plaine ou plutôt sur un dos de terrain à peine sensible.

Le troisième jour nous faisons une grande journée de marche. Nous passons du bassin du Piraouiri dans celui de l'Agamiouare.

L'Agamiouare est une grande rivière dont les sources sont à deux ou trois jours au sud-est des sources de l'Oyapock, au mont appelé par les Oyampis Kicéréménougawe. L'Agamiouare ne serait autre que le fleuve Cachipour (ou bien un bras de l'Araguary...).

Nous marchons dans une immense plaine sans ondulations et couverte de hautes forêts. Pour passer du bassin du Piraouiri dans celui de l'Agamiouare, c'est-à-dire du bassin de l'Amazone dans celui du Cachipour ou de l'Araguary, on ne rencontre ni une colline ni un marais. Les montagnes sont loin, au nord et au sud, mais il n'en existe pas sur la ligne de partage des eaux.

Le caoutchouc est toujours très commun, et nous rencontrons maintenant beaucoup de pieds de vanille.

Après avoir passé le Yacarécouare et le Yarourari, affluents du Piraouiri, nous arrivons au Tassotapérère, affluent de l'Agamiouare. Nous poursuivons avec une sorte de rage notre marche banale et pressée dans ce mauvais sentier que nous perdons tous les quarts d'heure. Nous coupons d'innombrables affluents et sous-affluents de la grande rivière et nous couchons sur les bords d'une de ces criques appelée le Pégatoro. Nous avons fait 30 kilomètres depuis ce matin.

C'est une chose admirable que l'entraînement. Un Parisien qui tomberait dans la forêt vierge, par exemple en ballon, ne pourrait certainement pas faire plus de 10 kilomètres par jour s'il n'attrapait pas d'entorse, et encore, le soir, serait-il fourbu. Petit à petit je me suis entraîné, je suis arrivé à surmener ces pauvres Indiens, à les exténuer, à les excéder. 30 kilomètres par jour par les sentiers impossibles qu'on sait, c'est en effet un maximum.

Nous sommes faits, Laveau et moi, comme des bandits dont les affaires iraient mal : le pantalon et la chemise sont en loques, le chapeau n'a plus de forme, nous avons le corps cicatrisé d'égratignures d'épines et de coupures de lianes, bleui de nos chutes et boursouflé de tiques, de chiques et de vers macaques. Avec nos visages brunis et barbus et nos costumes de loqueteux nous faisons un contraste bizarre avec nos Indiens nus, imberbes à la peau rouge et aux cheveux de femme.

Il y a beaucoup de serpents dans cette forêt, c'est merveille qu'on ne soit point mordu au moins une fois chaque jour. Il est faux que le serpent se sauve au bruit : un régiment de cavalerie lui passerait à côté de la tête sans qu'il bouge. Seulement, touché, il se lève en sifflant et mord. Il est faux aussi que les serpents se trouvent exclusivement dans les endroits humides : nous en rencontrons couchés en travers sur le sentier jusque dans les endroits les plus secs.

Le soir de ces longues courses, la forêt s'est complètement emparée de vous. Toute la nuit, pendant votre sommeil, le langage de la forêt vous poursuit avec ses bruits innombrables et ses cris si bizarres; et les parfums de la forêt vous poursuivent aussi, imprégnant vos rêves de leur odeur.

Hier la forêt sentait la ménagerie : des tigres se promenèrent dans mon sommeil troublé.

Nous reprenons notre route en secouant nos jambes un peu endolories. La batterie de cuisine et la marmite défilent en avant, portées par l'Indien à qui j'ai remis mon fusil. Sainte marmite ! c'est là la préoccupation absorbante en voyage : mangera-t-on, ne mangera-t-on pas ?

Nous avons à notre gauche les collines d'entre l'Agamiouare et l'Oyapock : Ouatéroutou, Ouitoua, Apotéco, mais nous ne les voyons pas.

Après une journée de 15 kilomètres environ, nous arrivons sur les bords de l'Agamiouare à l'ancien village oyampi de Rouapayé. Rouapayé fut tué là, il y a une vingtaine d'années, par les Caïcouchianes de l'Iriouatou. Depuis leur départ de l'Iriouatou, les Caïcouchianes n'ont pas été positivement en guerre avec les Oyampis ; cependant, de tribu à tribu, on s'est entre-tué quelque peu.

A l'ancien village de Rouapayé, l'Agamiouare mesure 40 mètres de largeur. Nous la passons pour aller dormir sur l'autre rive : nous avons de l'eau jusqu'au cou. Cette rivière est déjà navigable, ce qui suppose qu'elle a déjà parcouru plus de 50 kilomètres. Le cours d'eau ici formé est décidément un fleuve d'une importance égale ou même supérieure à celle de l'Oyapock.

Nous arriverons aujourd'hui chez les Caïcouchianes, dont nous ne sommes éloignés que d'une quinzaine de kilomètres.

Après avoir rencontré sur notre chemin plusieurs petits lacs désséchés nous arrivons à l'habitation oyampie de Mouroumourou, à la crique Capourancouan, affluent de l'Agamiouare.

Mouroumourou est un Indien blafard, très grand, qui a l'air d'un spectre bien portant. Il vit là avec ses deux femmes et son enfant. Dans ce centre perdu, pas un objet de l'industrie européenne : les calembés et les camisas sont en coton, et le tout est déchiré, troué, rapiécé et indique la plus grande incurie.

Peu de manioc. La misère est grande à l'habitation. Mouroumourou me dit qu'il va émigrer à l'Oyapock.

A moins d'une heure de Mouroumourou nous arrivons sur les bords d'un lac de 1 kilomètre de longueur environ sur 200 mètres de largeur, mais dont les nombreuses touffes d'herbe qui émergent du lit n'indiquent pas plus de 1 mètre de profondeur. Ce lac est une expansion de la rivière Yaouataïtou, grand affluent de l'Iriouatou.

Après avoir passé le Yaourayaoua, autre grand affluent de l'Iriouatou, nous arrivons sur les bords de cette dernière rivière, large en cet endroit de 25 mètres et déjà navigable. C'est là que se trouve l'unique village des Caïcouchianes, composé de deux cases et comptant une quinzaine d'habitants. Ils vont, disent-ils, émigrer à l'Ourouareu et au Yary.

Je passe huit jours au village caïcouchiane, tant pour faire quelques provisions que pour étudier les mœurs de cette petite nation qui va disparaître.

Les Caïcouchianes sont de famille tupi. Ils parlent presque la même langue que les Oyampis. Leurs mœurs ne diffèrent pas suffisamment de celles des Oyampis pour mériter une étude spéciale.

Les Caïcouchianes me disent qu'ils vont très prochainement évacuer leur village de l'Iriouatou; parce que « le malheur est sur nous, disent-ils : nous mourrons tous ici, et le manioc ne vient pas. Nous allons nous mêler avec les Oyampis, nous prendrons leur langue, et bientôt il ne sera plus question des Caïcouchianes. »

Nous poussons encore deux jours au sud-est.

Le premier jour après avoir passé le Yaouinoupame, grand affluent de droite de l'Iriouatou, puis les deux petites criques Caripétou et Epoucigne, nous arrivons, à 10 kilomètres du village caïcouchiane, à un village oyampi situé au confluent du Caroni, rivière qui a 15 mètres de largeur, et du Mapari, qui en a 25. L'Agamiouare, l'Iriouatou et le Mapari sont les trois formateurs du Cachipour. Quel est le plus important de ces trois cours d'eau? Les uns disent l'Agamiouare, les autres l'Iriouatou, les autres le Mapari.

Le village oyampi du confluent du Caroni et du Mapari ne se compose que d'une seule habitation, où vivent Mataoualé et Apéci, petit-fils d'un certain capitaine Couène fameux dans la région et qui avait jadis son village dans le haut du Mapari. La femme de Mataoualé est Tamocome; c'est la dernière de sa race, tous les autres Tamocomes sont éteints.

Cela sent la mort dans toute cette région, les rivières du levant se dépeuplent, bientôt la voix humaine cessera de se faire entendre dans ces déserts.

Le second jour, nous arrivons, après 15 kilomètres de marche, à l'Araguary, large seulement de 15 mètres en cet endroit.

Mataoualé m'avait bien dit que son sentier de chasse de l'Araguary aboutissait à un village abandonné, mais je ne m'étais pas représenté quelque chose de si sinistre. C'est la variole qui a passé par là et qui a tué tous les habitants en quelques jours.

Sur la rive gauche du fleuve historique, du fleuve que la France réclame depuis deux cents ans pour frontière littorale, de l'ancienne embouchure à la baie Vincent Pinçon jusqu'à la première chute, six maisons indiennes sur de grands poteaux. Les poteaux seuls sont debout, enserrés de plantes grimpantes. Des objets carbonisés sont épars. Partout, des débris encore assez bien conservés, des maracas et d'autres instruments du culte, des petits fours à cuire la cassave, des arcs et des flèches, des colliers de femme : il n'y a pas plus de deux ans que le village a été frappé.

Dans les ronces et les convolvulus, des squelettes couchés sur le dos ou affaissés crispés dans des positions les plus douloureuses et les plus bizarres : ils conservent encore dans la paix du néant la suprême grimace du passage de la vie à la mort. De petits squelettes sont à côté des grands, il en est qui sont couchés l'un sur l'autre : ni les fourmis, ni les vautours, ni les pluies de l'hiver n'ont encore pu séparer les enfants des mères. Et les Oyampis du village du Mapari passent indifférents au milieu de ces charniers en plein air, sans déranger les ossements, mais sans les ensevelir.

Un gros paquet de graines sonores est encore suspendu à un poteau demi-brûlé, et une brise fugitive y joue de temps en temps un air triste et doux.

Des orbites tournées vers le ciel se sont emplies de l'eau des averses récentes, et des oiseaux-mouches envolés des papayers viennent boire les larmes de ces morts.

Voici un squelette de femme renversé sur le côté, les mains et les pieds sont minuscules, il reste encore quelques cheveux, au milieu desquels ont poussé de petites fleurs bleues semblables à des pervenches. Encore un collier de perles au cou et un autre au poignet gauche.

Un azur immense, calme, heureux, s'étend très haut, très haut, au-dessus des os blanchis de l'ossuaire du désert. Aux extrémités du défrichement, des palmiers ouassayes inclinent gracieusement leurs éventails vert tendre aux soupirs discrets de brises timides. Cette petite nécropole en plein air a l'air d'être heureuse.

« Fin de voyage, dis-je à Laveau. Maintenant que nous sommes arrivés ici, nous n'avons plus qu'à nous en aller, qu'à nous en retourner d'où nous sommes venus.

— Fin de voyage ! » murmure Laveau tout rêveur pendant que nous nous rendons, à quelques portées de fusil, en aval dormir sur les bords de l'Araguary.

Et en neuf jours de marche rapide, par l'ancien village d'Acara, l'ancien village de Jean-Louis et Tayaouaou, nous arrivons à Caolé, à 152 kilomètres du village des morts de l'Araguary.

Mon exploration des Tumuc-Humac orientales est terminée. Nous avons, en quatre-vingt-neuf jours, parcouru 916 kilomètres.

Janvier 1889. — Nos provisions sont épuisées, il va falloir descendre. Nous passons nous-mêmes, Laveau et moi, la visite des abatis, pour voir si nous pourrons encore y trouver un peu de manioc pour faire une petite provision de farine pour le voyage : ce sera difficile, car il n'y a presque plus rien.

Quelques jours avant le départ, nous recevons la visite de deux chefs roucouyennes du Bas Yary, Ouptoli et Marière. Ils arrivent avec une douzaine de peïtos, ils m'apportent des marchandises et viennent aussi trafiquer quelque peu avec les Oyampis. Ils se proposent aussi de recruter, si c'est possible, des peïtos, des femmes.

Marière est un petit Indien blond, de quarante ans, très intelligent et très aimable. « J'ai déjà eu quatre femmes, me dit-il, mais trois sont mortes, deux qui pouvaient avoir une douzaine d'années et une qui m'avait laissé un garçon, mort aussi. Il me reste une vieille que j'ai prise, parce qu'elle fait très vite les hamacs. Il me faut maintenant une jeune femme pour me faire des enfants. »

Les Roucouyennes sont de beaucoup plus intéressants que les Oyampis. Plus nombreux, plus laborieux, plus artistes, avec leur institution des peïtos encore assez respectée — institution qui est tombée en désuétude chez les Oyampis, — les Roucouyennes valent la peine qu'on tente une installation au milieu d'eux. Ils sont susceptibles d'augmenter très vite en nombre, de se civiliser fort rapidement : nous pourrions, en nous mêlant à eux, changer sensiblement, dans l'espace d'une génération, la face de ces déserts.

Je cause, avec ces chefs roucouyennes et avec quelques vieux Oyampis d'ici, de la géographie générale de la contrée. La région au nord des Tumuc-Humac est encore très mal connue; les hauts du Ouanapi, de l'Araoua, du Camopi sont encore à établir avec quelque précision sur la carte : les géographes qui donnent le cours supérieur de ces cours d'eau les tracent au hasard.

Laveau, qui connaît un peu la bibliographie de la contrée, me fait remarquer que le P. Grillet, en 1674, a dû remonter le Camopi jusque près du 2e parallèle et que sa relation de voyage pourrait me fournir des données précieuses pour ma cartographie d'ensemble de la Haute-Guyane.

Malheureusement cette opinion, qui est pourtant l'opinion généralement reçue, l'opinion scientifique, est inexacte. Les PP. Grillet et Béchamel n'ayant pas rapporté de levé, leurs observations astronomiques étant très évidemment fausses, ne nous donnent sur le pays qu'une lumière géographique fort vague.

Aussi bien, puisqu'une relation de voyage, à moins de s'enfermer dans un anecdotisme banal, comporte de fréquentes exhumations, doit être une sorte de *compendium* des choses de la contrée, reprenons de plus haut ce voyage de nos prédécesseurs.

Les Jésuites remplissaient à peine depuis huit ans les fonctions de missionnaires auprès des Français de Cayenne et des sauvages voisins de la colonie, quand ils résolurent, en 1674, d'envoyer deux des leurs entreprendre un voyage dans l'intérieur de la Guyane pour découvrir de nouvelles nations indiennes. C'est la première en date et une des plus importantes des grandes explorations de la Guyane française. Elle valut de développer le commerce des habitants de Cayenne avec les Indiens et aussi une connaissance plus étendue de l'intérieur du pays, qui ne fut plus exploré pendant les cent années qui suivirent, jusqu'en 1766. Malheureusement, comme pour presque toutes les missions en Guyane, sauf Leblond et Crevaux, cette mission ne rapporta pas de levé à la boussole, et ses déterminations astronomiques sont forcément inexactes et même grossièrement inexactes, comment qu'on interprète la Relation du voyage.

Les PP. Grillet et Béchamel partirent de Cayenne le 25 janvier 1674, avec trois Galibis et deux nègres, une petite provision de cassave et des marchandises de traite. Le P. Béchamel parlait le galibi. L'île de Cayenne était alors habitée par les *Galibis* et les *Aracarets*. Les Galibis étaient puissants, ils envoyaient des colonies dans toutes les tribus, et leurs canots allaient jusqu'à l'Amazone.

Les Pères prirent par l'Oyac pour se rendre chez les Nouragues. A un jour de marche, ils rencontrèrent des carbets de *Maprouanes* émigrés du Maranhão. Ils trouvèrent les *Nouragues* dans les hauts de l'Oyac, à la rivière des Nouragues (rivière Blanche), importante continuation de l'Oyac. Les Nouragues étaient doux, patients et respectueux. Les Galibis, ayant conduit les Pères chez les Nouragues, se retirèrent et les Pères continuèrent leur route avec des hommes de cette tribu.

De la rivière des Nouragues (rivière Blanche), les Pères se rendirent à l'Arataye, en franchissant une longue et épaisse chaîne de montagnes. Ils évaluent la distance parcourue de la rivière des Nouragues à l'Arataye à 24 lieues, ce qui est évidemment exagéré. Dans les environs de l'Arataye ils s'arrêtèrent à la case d'un piaye nourague appelé Imanon, où ils passèrent un mois, après avoir remplacé leurs Nouragues de l'Oyac par des Nouragues d'Imanon, qui devaient les conduire chez les Acoquas, but de leur voyage. Imanon, qui devait les conduire chez les Acoquas, leur avait demandé dix jours pour terminer son canot qui était en chantier ; mais, ce temps écoulé, comme le travail n'avançait guère, on dut envoyer emprunter un autre canot à cinq jours de là. Tous ces retards obligèrent les Pères à passer un mois au village d'Imanon.

Le P. Béchamel, pendant ce temps, se mit à étudier le nourague. Cet idiome, à ce qu'on lui assura, était le même, à peu de différence près, que celui que parlaient les *Acoquas* et les *Mercioux*. Les premiers habitaient le Haut Camopi, les seconds un pays situé à l'ouest et non loin des sources de l'Oyac et de l'Arataye. La langue des Nouragues avait quantité de mots se prononçant avec des aspirations fort rudes, avec les dents serrées, ou du nez. Le P. Béchamel apprenait le nourague au moyen de la langue galibi, que quelques Nouragues comprenaient.

Au bout d'un mois, dans la pensée d'entreprendre leur voyage chez les Acoquas, les Pères se transportèrent chez le capitaine Camiati, père du piaye Imanon. Camiati habitait sur les rives de l'Approuague, à trois lieues environ du village de son fils. Mais ils durent attendre encore trois semaines chez Camiati, après quoi celui-ci se refusa, à son tour, à les accompagner. Toutefois il leur donna des hommes pour les conduire chez les Acoquas.

A trois jours au-dessus du village de Camiati (voisinage du confluent de l'Arataye), ils arrivèrent au grand saut de l'Approuague (ce saut doit être le saut Canouri). Ils prirent par terre pour aller chercher un grand canot que Camiati leur avait préparé au-dessus du saut. Quatre lieues au-dessus du saut (un jour environ), ils entrèrent dans le Ténaporibo, rivière profonde, rapide et sinueuse, mais étroite et embarrassée d'arbres tombés. Le Ténaporibo doit être la crique Saint-Arroman. Ils la remontent 24 lieues, chiffre encore exagéré. Elle était habitée par les Nouragues. Le dernier village nourague, village de 120 personnes, se trouvait sur le Ténaporibo, à 24 lieues de l'embouchure (sinuosités comprises).

De ce dernier village, on prend le chemin par terre, après avoir fait 5 lieues dans trois montagnes très difficiles, puis 10 lieues dans un chemin plus doux (10 lieues en un jour, ce qui doit être exagéré), on passe entre deux ruisseaux ; les Nouragues disent que l'un est la source du Ténaporibo, l'autre celle du Camopi (sans doute d'un affluent du Camopi, manière de parler familière aux Indiens).

Après avoir passé entre le Ténaporibo et le Camopi (affluent du Camopi) on va en un jour jusqu'à la petite rivière d'Eiski qui se jette dans l'Inipi. Du point où ils atteignirent l'Eiski, il y a une demi-journée de canotage pour arriver à l'Inipi, peuplé aussi de Nouragues. Ils descendirent l'Inipi 10 lieues (en un jour, ce qui doit être exagéré), pour arriver dans le Camopi. Le même jour, ce jour de 10 lieues en descendant l'Inipi, ils rencontrèrent encore le Camopi pendant quatre lieues (voilà qui est bien impossible). Continuant à remonter le Camopi, au bout de la seconde journée ils s'arrêtèrent sur une roche plate où se trouvait la dernière case des Nouragues. A une demi-journée en amont, par 2° 25′ (latitude évidemment fausse), ils rencontrèrent le premier village des Acoquas qui devait se trouver encore beaucoup en aval du Tamouri, et, en réalité, par 5 degrés de latitude nord environ et à 220 kilomètres de Cayenne à vol d'oiseau.

Les Pères virent environ 200 Acoquas pendant les quinze jours qu'ils passèrent dans cette tribu. Ces Indiens étaient bons, affables, gais et disposés à écouter tout ce qu'on leur disait, ce qui ne les empêchait pas d'être anthropophages.

Les Pères se rendirent ensuite à Cayenne en descendant l'Approuague, dans laquelle habitaient alors les *Sapages* et les Galibis.

Les résultats géographiques de ce voyage furent assez minces, mais les résultats ethnographiques furent plus importants. Il fit connaître un grand nombre de tribus dont les deux voyageurs étudièrent les mœurs avec la plus parfaite et la plus judicieuse bonne foi.

Le P. Grillet dit que les Nouragues sont de 5 à 600, les Mercioux à peu près autant, les Acoquas trois ou quatre fois plus nombreux, de même que les Pirioux.

A l'E.-S.-E. des Acoquas, le P. Grillet place les *Piriennoux*, à l'E. les *Pinos* et les *Magapas*, et au milieu de tous ces peuples les *Moroux*, qui sont fort barbares.

Tous ces peuples, dit-il, parlent une même langue, que les *Caranes*, ennemis des Nouragues, entendent ainsi que les *Maranes*, qui passaient pour une fort grande nation.

Au S.-S.-O. des Acoquas se trouvaient, dit-il, les *Aramissas*, qui avaient beaucoup de galibi dans leur langage, bien qu'ils ne connussent pas les Indiens de ce nom.

Il parle aussi des Aracarets, des *Palicours*, des *Mayez*, des *Marones*, des *Coussades*, peuples de la côte, qu'il dit plus « ramassez » que les peuples de l'intérieur.

On voit qu'en réalité ce voyage, qui n'atteignit même pas le Tamouri dans le Camopi, fut beaucoup moins important pour la connaissance géographique de la Haute-Guyane que les voyages ultérieurs de Mentelle et de Leblond.

« Il est singulier, me dit Laveau, que la Guyane, que nous possédons depuis près de trois cents ans, soit encore aujourd'hui plus mal connue que le Tonkin et Madagascar, que nous possédons depuis dix ans à peine.

— C'est vrai, mais l'Afrique et l'Asie sont à la mode, et voici cent ans que l'opinion publique se désintéresse de la Guyane.

— Oui, mais voici huit ans que vous êtes attelé à cette œuvre, huit ans que vous parcourez le pays dans tous les sens jusqu'à l'Amazone et même jusqu'aux Andes, que vous vulgarisez le pays par vos livres, vos conférences, vos écrits. Au point de vue scientifique, vous ferez une œuvre d'ensemble qui sera une révélation géographique et ethnographique complète; au point de vue colonial, vous aurez créé un mouvement d'opinion en faveur de la France équinoxiale.

— Je le croyais quand j'étais plus jeune, maintenant je ne le crois plus. Je sais la mesure de mes forces et le cas qu'on fait de moi et de mes idées.... N'importe, je continuerai jusqu'à ce qu'ils me disent qu'ils en ont assez.... Alors, joie ou regret, il faudra bien que je m'arrête.... »

C'est sans la moindre émotion de regret ou de joie que nous quittons le village de Caolé et que nous nous embarquons dans les petites pirogues qui se trouvent au dégrad du Kerindioutou. L'an passé, notre départ de Pililipou n'avait pas été aussi froid. Tout cela commence à être déjà du « déjà vu ».

Notre voyage de retour s'effectue sans beaucoup d'incidents. Laveau patronne une des pirogues, Caolé une autre; la troisième est confiée à un vieil Oyampi qui répond au nom bizarre de Sancervel.

Février. — Partis le 1er février du dégrad du Kerindioutou, nous mettons neuf jours pour descendre. L'hiver commence. Presque tous les jours nous entendons, dans l'après-midi, venir entre les branches l'averse hivernale, cette grosse pluie qui se précipite sur le dôme des forêts avec des bruits d'avalanche.

Le matin les colombes chantent; des urubus, les ailes éployées, se tiennent sur les branches sèches des grands arbres de la rive; des maïpouris traversent la rivière à la nage en faisant entendre de temps à autre leur sifflement strident.

La descente des 120 sauts de l'Oyapock nous paraît aussi banale qu'un voyage en diligence. Ce n'est pourtant pas l'enthousiasme de la rentrée en

France qui nous rend indifférents aux beautés de notre route et au charme de notre situation. Nous savons trop que là-bas nous ne serons rien, et qu'ici nous emplissons ces solitudes de nous-mêmes. Qui est-ce qui est quelque chose à Paris? surtout un voyageur. Un voyageur est moins qu'un sous-chef de bureau ou une cabotine de petit théâtre. Ah! qu'il vaudrait mieux pour des irréguliers (!), des indisciplinés (!), comme nous, se tailler un chez-soi quelconque dans ces grandioses solitudes!

Cependant Sancervel chavire au saut Toussassagne. Une malle et un catouri de collections, dont j'ai besoin, sont perdus; la pirogue, Sancervel et sa femme, dont je n'ai que faire, sont sauvés.

Le 9 février au soir, à neuf heures, après avoir passé les grands sauts dans l'obscurité la plus complète, nous arrivons chez Gnongnon. Gnongnon, le lieutenant Mécro, tous les braves camarades qui nous avaient accompagnés il y a six mois, nous attendent pour nous conduire à Cayenne sur un de leurs élégants petits bateaux de deux tonnes, non pontés et armés à trois voiles.

Pendant la nuit que nous passons chez Gnongnon, un de nos Indiens d'en haut, que j'avais envoyé faire une commission à la roche du dégrad, est trouvé mort quand on s'en va voir pourquoi il s'attardait tant. Il avait été mordu par un serpent. Toute application de coumana et d'acide phénique est inutile, il est déjà froid : la mort a dû être presque instantanée. Il avait été mordu au talon.

Nous passons une journée chez un honorable colon, M. Lombard, commerçant, éleveur, ancien timonier de la flotte, ancien maire de l'Oyapock, le créole qui connaît le mieux ce fleuve et qui y fait le plus d'affaires avec les Indiens.

M. Lombard et Gnongnon me donnent sur le Bas Oyapock quelques renseignements, que complètent et que précisent divers Indiens qui nous entourent.

Pour aller dans le Ouassa, le Couripi et le Rocaoua, il faut coucher dans le canot; les berges sont marécageuses, il n'y a pas d'endroit pour amarrer son hamac; ce ne sont que palétuviers, cambrouzes et pinots. On prend pour ces voyages de grands canots à pamacaris [1]. Le Ouassa est plein de caïmans et de piragnes, on ne peut descendre à l'eau. Le poisson est assez rare en rivière, mais le pirarucu abonde dans les petits lacs des savanes. On trouve beaucoup de gibier dans les savanes et la forêt.

---

[1] Pamacari : sorte de bâche de charrette, en feuilles de palmier.

Le Couripi est la branche mère, c'est un fleuve de l'importance de l'Approuague. M. Lombard a eu dans le Couripi un placer situé à huit jours de canotage, presque à la hauteur de l'embouchure du Camopi, dans une région de fortes montagnes hautes de 5 à 600 mètres. Un peu au-dessus de ce placer le Couripi reçoit un grand bras oriental. Ce fleuve est presque aussi riche en sauts que l'Oyapock.

Pour aller au Ouassa, on a pour soi, jusqu'au village, le vent et la marée. Dans le Rocaoua et le Couripi, on n'a la marée que dans le bas des rivières.

Dans cette région, la saison d'hiver est plus courte que dans le reste de la Guyane; elle ne dure guère que de février à juin.

Les maringouins, les moustiques et les maques sont le fléau du pays. Mais ces insectes ne sévissent que pendant cinq mois de l'année, de mai à septembre. En mai ils arrivent, en juin ils commencent à devenir insupportables, en juillet et en août ils le sont tout à fait, en septembre ils s'en vont.

Le Couripi est peuplé principalement de Brésiliens réfugiés. La population du Ouassa et du Rocaoua est indienne : des Arouas à l'Ouassa, des Palicours au Rocaoua.

Les Arouas et les Palicours sont laborieux et, en somme, à peu près aussi civilisés que les créoles de la colonie. Ils sont vêtus, ou à moitié. Ils ont presque tous des fusils, des fusils à baguettes principalement, avec quelques lefaucheux. Les marchandises qu'ils préfèrent sont les munitions, les indiennes, les perles. Leur production principale est celle de la farine de manioc, qu'ils vont vendre à Cayenne. Ils font aussi la pêche du machoiran sur la côte, de l'Oyapock au Cachipour. Quand les plumes d'aigrettes, les *cross*, sont à un prix élevé, ils s'adonnent à la chasse de ces oiseaux, chasse qui constitue alors pour eux un important revenu. L'or alluvionnaire n'est pas rare dans leur district, mais ils ne l'exploitent pas encore. Leurs magnifiques savanes n'ont pas une seule tête de bétail.

Le Ouassa est plus civilisé que le Rocaoua. Dans le premier district, tout le monde parle créole, même les enfants.

Le capitaine du Ouassa est Régis, vieil Indien du Brésil, Caripoune d'origine à ce qu'on dit. Régis n'a plus aujourd'hui d'autorité, à cause de son grand âge. Son lieutenant, Édouard, est plus obéi. Cet Édouard a une fort grande maison indienne, remarquée dans le pays. Autour de sa grande case il a formé un petit village de quatre ou cinq maisons. Ce petit chef parle très bien le créole.

Pour arriver chez Édouard, en remontant le Ouassa, on met trois jours à partir de l'embouchure de la rivière, avec un canot de quatre à cinq pagayeurs. Le village de Régis est un peu en amont. Ce sont là les deux centres principaux des Indiens Arouas, tribu qui ne compte guère qu'une centaine d'individus. En quatre heures de canotage on visite toute la population des Arouas.

Chez Régis habite un de ses hommes, appelé Louis-Baptiste, qui parle non seulement l'aroua, mais encore le caripoune et le maraone. Ce dernier dialecte est aussi parlé par un autre Aroua, appelé Narcisse. Le capitaine Régis et un nommé Henri Caïman passent pour parler l'aroua le plus pur, ainsi qu'une certaine Mme Laze, habitant au Couripi.

Les Palicours sont moins créolisés, plus sauvages, plus effrayés que les Arouas. Peu de Palicours parlent créole. Ils sont de deux à trois cents. Il paraît que, dans cette tribu, les femmes sont quatre fois plus nombreuses que les hommes : seulement cinquante hommes ou petits garçons pour deux cents femmes ou petites filles. Les Palicours sont monogames, et, par suite, ils auraient chez eux beaucoup de femmes disponibles.

Au Rocaoua, la population n'est pas groupée, comme au Ouassa. Elle est dispersée sur un jour de parcours, en remontant la rivière. On rencontre une habitation ici, une autre là, au fond des savanes. On ne voit rien ; seulement, dans les lointains, la fumée qui monte des habitations.

Pendant l'hiver on va du Rocaoua au Ouassa par la savane, alors couverte de deux mètres d'eau. On met quatre heures. L'été, il faut descendre le Rocaoua, puis remonter le Ouassa. On compte de un à deux jours.

Le capitaine du Rocaoua est un nommé Rousseau, qui habite dans le haut de la rivière, à l'extrémité sud de la savane. Rousseau et ses deux frères, Henri et Martin, ont de grandes cases indiennes confortablement installées. Tous les trois parlent très bien le créole et le palicour pur. Un homme du capitaine Rousseau, un nommé Charles Bayara, passe pour posséder aussi son dialecte à fond. Le lieutenant de Rousseau, Alexandre, parle un peu le créole. On met quatre jours, en remontant à partir de l'embouchure du Ouassa, pour arriver chez le capitaine Rousseau.

Il existe une vingtaine de Caripounes parmi les Indiens civilisés du Bas Oyapock. Le dialecte caripoune est de la famille oyampi. Agoustine, du Couripi, patron du bateau qui m'emmène à Cayenne, est Caripoune. Il parle très bien ce dialecte. Le capitaine Régis, du Ouassa, capitaine des Arouas, est aussi Caripoune. C'est Agoustine et Régis qui connaissent le mieux ce dialecte.

Le dialecte palicour, qui est parlé au Rocaoua, est le plus curieux. Ce n'est ni du caraïbe ni du tupi, du moins à première inspection.

Le dialecte aroua, parlé à Ouassa, est un dialecte caraïbe.

Caripounes et Arouas parlent généralement le créole de Cayenne. Les Palicours, moins. Toutefois Palicours et Arouas, entre eux, ne parlent que leur propre dialecte.

Et adieu Caripounes, Arouas et Palicours ! Nous partons. Toutefois ce n'est pas sans regret que je me vois obligé de laisser de côté le bassin du Ouassa : ce Couripi si riche en or, et Rocaoua et Ouassa si riches en savanes. Puis j'aurais poussé jusqu'au mystérieux Cachipour qu'on atteint de Ouassa, en canot, pendant l'hivernage. Et, de Cachipour, Counani est si proche : deux jours de savane ! Et alors, Counani et Mapa, mes anciens champs de bataille. Ce Contesté, c'est véritablement là qu'est la partie la plus intéressante de notre Guyane. Nord-Amazone, il faudra que je te revoie ! Bercé par ce rêve, brûle, impénitent et insatiable voyageur, brûle rapidement les banales étapes de la réalité.

Sortis le 11 février à trois heures du matin de l'embouchure de l'Oyapock, nous arrivons à Cayenne à six heures du soir après quinze heures d'une marche fantastique. Nous avions vent, courant et tempête favorables. Au fort de l'ouragan, je vois Laveau, qui est à la manœuvre de la grande voile, devenir blême. C'est la seule fois qu'il ait eu peur durant ce voyage de deux ans.

Comme la coqueluche est à Cayenne, Gnongnon, le capitaine François et les autres Indiens repartent dès le lendemain, de peur de prendre la maladie et de l'apporter à leurs enfants.

Le 25 mars nous rentrons dans notre bonne ville de Saint-Nazaire, d'où nous étions partis il y a vingt-deux mois.

Le 4 mai j'obtiens du Ministère de l'Instruction publique, pour mon brave Laveau, les palmes d'Officier d'Académie.

« Et maintenant ?

— Maintenant ? Eh bien, vous voici déjà et pour toujours palmé et académicien. De plus, vous venez de remporter de haute lutte votre baccalauréat ès fièvres et ès vie sauvage. Vous avez acquis une belle endurance physique; vous avez développé, fortifié votre volonté, instrument précieux dont la trempe résistera maintenant à tout, même au dégoût. Dans notre œuvre scientifique et nationale, vous avez rendu des services qui vous vaudront d'être applaudi, à côté de moi, devant de solennels verres d'eau sucrée. Vous aurez la considération distinguée de signatures officielles....

— Vous vous moquez de moi! Alors, si on rend des services sans être *gradé*....

— Pardon, vous n'avez seulement qu'à devenir le gendre de quelque député influent....

— Je me fais épicier au soleil de là-bas ! »

Ce Laveau est intraitable, ou bien c'est qu'il n'entend rien à notre civilisation.

« Eh! mon cher, faites-vous pirate si vous voulez..., à moins que vous ne préfériez vous adonner à la haute banque. »

UN ACOQUA.

EMBOUCHURE DE L'OYAPOCK.

CHAPITRE XVI

LES CENT JOURS. — RÉTROSPECTIF. — PAYSAGE NOCTURNE. — CONFIDENCES A M. DORVILLE. — L'AUTEUR FAIT A SON AMI LOMBARD LE RÉCIT DE SES MALHEURS. — NAUFRAGE AU SAUT GALIBI.

La tranquillité de la nuit équatoriale tombe d'un ciel aux profondeurs fuyantes sur les flots calmes, blancs et brillants. La brise de mer nous pousse, toutes voiles dehors et vent arrière, dans la baie d'Oyapock. Ni roulis, ni tangage ; nous glissons, penchant légèrement à la voile du côté de la rive française. Pas un bruit dans ces forêts désertes. Le patron rêve accoudé au gouvernail, les trois hommes d'équipage fument en silence à l'avant ; les voyageurs, couchés sur le rouf, la face aux étoiles, dorment ou essayent de dormir. Sous ce ciel blanc, sur ces flots blancs, la goélette, blanche de coque et de voilure, est comme une blanche apparition, une grande Barque-Fantôme ayant le Bonheur pour passager et s'enfonçant aux mystérieuses solitudes.

Ailleurs ce sont les Fontaines lumineuses, le brouhaha de l'Exposition du Centenaire, le phare de la tour Eiffel, les cris de joie des vainqueurs et les cris de rage des vaincus aux Élections Législatives. Ici, pas un souffle, pas un murmure, pas une lampe errante dans la nuit. Le doux assoupissement de la nature sous ces cieux cléments, par ce minuit souriant et frais, semble nous donner, dans cet instant fugitif, la félicité fixée, entière, ineffaçable.

Mais la souffrance et l'ennui ne perdent jamais complètement leurs droits, et l'éternelle plainte humaine, pour moins ardente, n'en est pas moins mélancolique au sein de ces majestueux spectacles où la Nature, impassible, muette, aveugle, semble mieux nous montrer dans sa plénitude tout ce qu'elle a pour nous de dédain inconscient. Voici une chanson qui pleure vers la rive confuse, et il est déchiré comme par une main brusque, le voile qui nous dérobait nos tristesses.

Nargue aux mauvais souvenirs. Aussi bien personne n'a-t-il jamais fait son salut par la méditation. Méditer, c'est se rendre malheureux à plaisir. Le mieux est de se procurer quelques excitations, n'importe lesquelles, chacun selon son goût : par là on arrive à penser moins, à sortir de temps à autre de soi-même, à s'intéresser à une foule de petites choses plus ou moins ridicules, et c'est là le bonheur.

Au nombre des bienfaits dont le grand Chorège a déjà doté cette humanité qui l'amuse tant, il faut citer, en première ligne, le punch colonial. Cela se fait avec de l'eau, du citron, du sucre et du rhum. Beaucoup de rhum et beaucoup de sucre. Au second verre on devient optimiste, au quatrième on ne pense plus à rien, ce qui rend bien plus heureux encore que de penser que tout est pour le mieux dans le meilleur des mondes.

Tenons-nous-en à ce second verre, mon brave Dorville, mon digne patron, si vous voulez que je réponde sans trop de métaphysique aux questions que vous voulez bien me faire l'honneur de m'adresser. Vous êtes un brave matelot noir, vous pouvez boire. Moi, j'ai l'estomac fatigué.

Oui, je suis marinier et même quelque peu marin. J'ai accompli déjà de nombreux voyages en haute mer. Mon canot a bondi, depuis dix ans, plus de cinq cents fois sur les chutes, et j'ai déjà eu deux naufrages de première classe. Pour ce qui est des jours de fièvre, on dédaigne de les compter, et quant aux rudes marches dans l'ensoleillement des savanes ou la tristesse des forêts vierges, vous trouverez plusieurs centaines de mes bivouacs dans les déserts indiens de l'intérieur, depuis l'embouchure du fleuve des Amazones jusque dans le voisinage de la Cordillère des Andes.

Voyez-vous, quand j'étais plus jeune, je cherchais l'action : l'action me paraissait le souverain remède à tous les maux de la vie. Depuis j'ai changé ; mais je continue par habitude. Faire des expériences sur soi-même et sur les autres, ou bien se miner l'esprit à arranger sa vie d'une certaine manière, se tendre tout entier vers le succès, ne trouvez-vous pas qu'il est insensé de chercher le bonheur dans de semblables occupations ? Il importe bien peu, en effet, que notre curiosité soit satisfaite sur quelques pauvres points de détail, puisque nous savons que nous passerons notre vie à épeler un livre que nous ne lirons jamais. Et pour ce qui est du triomphe de la volonté, c'est bien la plus décevante des illusions, puisque la volonté ne peut s'exercer que sur des matières mesquines, jouets que nous avons inventés pour nous distraire, et que nous ne pouvons absolument rien pour l'heureux assouvissement de nos passions, de nos ambitions et de nos rêves, n'étant nous-mêmes que des jouets aux mains des fatalités ambiantes. Nous peinons à la lutte, nous ne jouissons plus de notre chimère sitôt qu'elle est en notre pouvoir, et nous n'en souffrons pas moins de tout ce qui nous reste encore à désirer au delà. Quand on est jeune on aime l'action pour l'action, car on est plus exubérant que réfléchi ; plus tard, en devenant rassis, philosophe, sage, on dédaigne l'action comme le grand leurre de la vie : l'expérience nous a montré que nous ne jouirons guère de ce que peut nous donner la lutte, et que nous souffrirons toujours d'être privés de cette infinité de choses que rien ne saurait mettre en notre pouvoir. L'action, c'est ne plus percevoir notre état propre, c'est une demi-inconscience ; l'état d'âme le plus élevé, c'est la contemplation austère de notre misère, sans illusion, sans espoir, sans vaine tristesse.

Dans la mesure de notre tempérament il est sage d'essayer de trouver la tranquillité dans le renoncement et l'indifférence librement choisis comme règle de conduite. Et c'est pour cela, mon cher Dorville, que je continue à voyager, à explorer, à étudier, parce que j'en ai l'habitude, qu'il ne m'en coûte aucun effort, et puisqu'on veut bien me laisser encore dans cette voie, d'où je ne demande pas à sortir. Blasé aux périls, endurci aux privations, indifférent à la fortune, à la renommée et aux honneurs, peu amoureux d'argent : il m'est agréable de conserver mon impulsion première, d'errer sans calcul à travers la vie, allant au hasard de l'impulsion extérieure, tantôt chez les hommes encore préhistoriques, tantôt au milieu de diverses civilisations peu connues, ramené de temps à autre vers ces deux coins qui ont mes secrètes tendresses : celui où vivent les miens et celui où vivent mes amis. M'arrêter, m'associer, jouer des coudes pour élargir ma place au banquet, à quoi bon ? encore un peu et tout sera terminé ; je ne veux pas acheter trop cher ce qui me reste de vie à vivre.

Pour cette fois je vais en finir avec ce pays où, depuis dix ans, j'ai nourri tant d'illusions aujourd'hui mortes. Je vais dans les régions centrales découvrir des montagnes, des rivières, des tribus indiennes; faire des levés et des itinéraires; colliger des vocabulaires et recueillir des collections. Encore cette dernière campagne, couronnement d'une longue et patiente entreprise, et comme il n'y aura rien au bout, sans doute, rien, qu'un devoir accompli, il me faudra songer à m'en aller ensuite rêver sous d'autres cieux, s'il plaît à mes maîtres.

Tout évolue. Mon esprit aussi a changé. Les questions de colonisation, qui dans ces dernières années avaient enflammé chez nous tant de nobles cœurs, m'avaient alors également inspiré le plus bel enthousiasme. Or ces grandes choses commencent aujourd'hui à me passionner un peu moins. Je l'avoue à ma confusion, mais il est pourtant véritable que je deviens presque réfractaire aux séductions de l'économie politique. J'ai même désappris la géographie. Aujourd'hui, ce qui me plaît seulement dans cette noble science, c'est non plus de contempler ses trésors, mais de lui en découvrir de nouveaux. Des montagnes, des rivières, des tribus, ce sont là choses concrètes et qui reposent l'esprit; c'est nettement délimité, cela n'a pas de fenêtre ouverte sur le monde des *au-delà*. Lorsqu'il m'arrive de découvrir quelqu'une de ces vérités de l'ordre palpable, une rivière dont je fais le levé ou une montagne que j'escalade, je suis tout rempli d'aise. Et ce qui m'enchante le plus encore dans la découverte, c'est moins sa valeur intrinsèque que le genre de vie qu'elle procure, cette libre vie à côté d'hommes primitifs ou différents, cette vie si simple et si tranquille à côté des inquiétudes et des artifices de nos civilisations modernes, machines tristes et compliquées. Je voudrais mener une vie errante en me rendant utile : c'est un plaisir et une fierté. Je ne tiens pas du tout à faire quelque chose, l'action sur les hommes m'est indifférente ; j'aimerais voir, passer, raconter. Je voudrais ne vivre que par les yeux et aller vivre partout, regardant, copiant, passant, toujours regardant. Cela même n'est que vanité, je le sais, c'est peut-être une illusion faite de la ruine de toutes les autres; toutefois ce dilettantisme me paraît moins ennuyeux que celui des pessimistes, des nirvanistes, ou même que celui des renaniens. Voyez-vous, mon cher Dorville, nous autres, derniers-nés de ce siècle, sommes des curieux un peu blasés, chercheurs enragés, bien qu'au fond indifférents et dédaigneux.

Et c'est comme cela que nous arrivons, le 16 octobre 1889, chez M. François Walliani Lombard, commerçant et notable habitant de l'Oyapock.

Confortablement installé à une table bien servie, je commence mon récit. C'est ainsi que cela se passe dans les poèmes héroïques.

Non, mon cher Lombard, mon voyage n'a pas été des plus heureux. Depuis plus d'un mois j'ai eu presque constamment la fièvre et vous voyez que je ne suis pas encore complètement rétabli.

C'était bien la peine de quitter la France avec tant de hâte pour poursuivre mes travaux ! Admirez ma ferveur. De retour de ma seconde mission, le 25 mars, mon beau zèle me faisait repartir quatre mois après, le 10 août. Je n'avais eu que le temps de mettre au net mes itinéraires, mes cahiers anthropométriques et météorologiques, de terminer ma Relation de voyage et mon ouvrage de linguistique, d'obtenir les palmes académiques pour notre ami Laveau, que vous voyez ici, toujours fidèle : et me voici encore au paquebot ! Une partie seulement de mes collections avait été clas-

NÉGRESSE DE L'OYAPOCK.

sée, elle figurait dans la galerie ethnographique du palais des Arts libéraux, au Champ de Mars. Mais mes deux volumes n'étaient pas encore sous presse au moment de mon départ : un ami avait dû se charger, à la dernière heure, de veiller à leur publication. Aussi bien ils peuvent attendre. Ils attendront.

J'étais sur les dents, mon cher monsieur Lombard. Surmené, épuisé de fatigue, énervé, après trois conférences que j'eus tout au plus la force d'achever, l'une à la Société de Géographie, l'autre à la Société de Géographie commerciale, la troisième au Congrès colonial ; après deux banquets que mes collègues de la Société de Géographie commerciale, puis des amis de la presse parisienne m'avaient fait l'honneur de m'offrir, après de rapides adieux en province qui me coûtèrent trois nuits consécutives en wagon, abrégeant les visites de départ et négligeant même quelques amis qui ont dû être mécontents, je laissai Paris, pensant vaguement me reposer ailleurs, quelque part, sans savoir où au juste. — Le 10 août, à midi, j'embrassais sur le pont de l'*Amérique* mon jeune frère Edgard qui était venu m'accompagner au transatlantique, et, quelques minutes plus tard, nous étions, Laveau et moi, accoudés au gaillard d'avant, scrutant l'horizon comme si les quelques tours de l'hélice eussent pu déjà nous permettre de découvrir la terre américaine dans les scintillements du couchant.

Quel besoin avais-je de repartir si vite ! En me prolongeant ma mission, le 24 juillet, on ne me disait pas de m'embarquer dans la quinzaine. J'étais pourtant fort bien chez mes amis de Courbevoie ; j'avais même de l'appétit, ce qui ne m'arrive pas souvent. J'aurais passé deux mois avec très grand plaisir dans ma famille, vendangeant nos nouveaux cépages et ensemençant les guérets. Mais... je vais dire un affreux blasphème : l'Exposition m'ennuyait, et comme je ne pouvais jouir assez longtemps de mon *home* charentais, je préférai ne pas en jouir du tout. En prenant, rue Auber, mon ticket pour les forêts vierges, je me protégeais par toute la masse de l'Atlantique, et contre les ennuis de cette foire, et contre l'inanité de ces regrets.

Conduite et raisonnement de détraqué, direz-vous. Évidemment. Si j'avais beaucoup travaillé pendant ces quatre mois, je n'avais guère dormi ; mes veines charriaient du feu, mes nerfs étaient tendus à se rompre : c'était la névrose, une nouveauté que je ne trouve pas élégante du tout depuis que je la connais un peu. Je viens de tâter des affections spasmodiques et je garde un commencement de maladie de cœur, mais j'espère bien que la bonne vie sauvage va me guérir des maladies de la civilisation et me rendre mon inébranlable santé d'autrefois.

Me voici donc à bord. Malheureusement ce bord de l'*Amérique* n'était pas de nature à calmer mes surexcitations. Nous vivions en noctambules, comme à Paris. Pourquoi si sensationniste, si agité ? Et pourquoi le désenchantement pousse-t-il à toutes les folies ? Or je rapportais de mon plongeon dans l'océan de l'Exposition une rancœur que je ne m'explique pas. Je courais avec rage aux sensations. Vous savez bien qu'il n'est pas rare de trouver sous la morne enveloppe du bouddhiste de l'aspect le plus placide l'ancien touranien mal converti, sivaïste violent et inquiet, ce qui prouve que le christianisme a agrandi l'âme humaine.

La santé se maintint pourtant jusqu'aux abords du chef-lieu de la colonie. Bientôt la fièvre se déclara. L'organisme était vaincu. Après de grandes excitations cérébrales et physiques, une prostration presque complète se produisit, coupée de violents accès de fièvre. Et la maladie de nerfs apparut accompagnée d'affections spasmodiques. Cette fois j'aurais été sans doute à jamais débarrassé de moi-même sans les soins quotidiens et fraternels d'un jeune et brillant médecin de la marine, le docteur Pellissier. qui s'était intéressé, pendant la traversée, au développement de cette névrose chez ce solide coureur des bois. Des amis dévoués, le capitaine Ricour, mon compatriote Pluchon, pharmacien de marine, le professeur Penciolelli, M. Antoine Péri, aidèrent Laveau dans sa tâche de garde-malade.

Être en danger de mort n'est rien : je l'ai été, il y a cinq ans, au milieu d'Indiens sauvages qui me jetèrent sans façon aux mains d'une vieille sorcière de leur tribu et s'enfuirent ensuite au plus vite tout au fond de leurs déserts. Mais il y a des moments pour mourir : alors la vie m'était mauvaise. Il est doux de mourir quand on est malheureux, impuissant et abandonné de tous, ou bien quand on se sent atteint d'une maladie incurable; mais la mort est triste le jour d'un succès, la veille d'un combat ou bien au moment où l'on s'en va commencer une œuvre pour laquelle on a fait grande diligence. Toutefois le Grand Artiste n'avait sans doute pas encore besoin de l'Oncle Bas-de-Cuir pour l'envoyer explorer là-haut quelque céleste territoire de chasse, car au bout de trois semaines j'étais hors de danger, et le 10 octobre je prenais passage à bord de la goélette de Dorville.

J'ai encore quelques rechutes, mais je pense que c'est la fin.

Au surplus, qu'importe ! Ne suis-je pas, ici, chez des amis ? Vous avez été trop celui de Crevaux pour ne pas être un peu le mien ; d'ailleurs votre généreuse hospitalité de l'an passé m'est un sûr garant des services que vous me pourrez rendre à l'avenir. Et votre beau-père, M. Eugène Mure, le doyen des colons de l'Oyapock, et le premier entre ses pairs, n'est-il pas là aussi avec sa cordiale bonne volonté ? Et ce digne M. Ulysse Coustin, doublement votre collègue puisque vous avez été son prédécesseur comme maire et qu'il est votre concurrent pour les collections de taxidermie ornithologique, M. Ulysse Coustin m'aurait-il déjà oublié? Et notre cher secrétaire de mairie, le très sympathique M. Auguste, chez qui j'ai passé quinze jours il y a un an, M. Auguste ne tient-il pas à ma disposition ses généreux services et son obligeance empressée?

Aussi bien, ce qui me reste de fièvre se guérira aisément en route. Je vais me rendre tout de suite au saut Grand'Roche prévenir Gnongnon et Mécro, mes deux anciens patrons, qu'ils aient à se tenir prêts au plus tôt. D'ici huit jours nous pourrons commencer le voyage.

Je vais prendre avec moi l'Émerillon Perdrix, qui est depuis cinq ans à l'Oyapock, où il a appris le créole. Il désire retourner dans sa tribu, ce sera un excellent guide. Nous prendrons par le Camopi et l'Inipi. Arrivés dans le haut de cette rivière, à l'ancien dégrad des Émerillons, nous n'aurons pas de peine (du moins à ce que m'assure Perdrix) à retrouver l'ancien sentier aujourd'hui abandonné. Ce sentier était de trois ou quatre jours, nous en mettrons cinq ou six et nous arriverons. Perdrix est venu à l'Oyapock déjà homme : il n'est pas admissible qu'au bout de cinq ans, lui Indien élevé dans la forêt, il ne puisse retrouver un sentier qu'il a parcouru vingt fois.

L'homme propose....

Trois semaines plus tard, le 10 novembre, me voici encore à Cayenne, à la grande stupéfaction du directeur de l'École coloniale, mon ami Élie Peyrot, chez qui je suis venu m'installer.

Cette fois, mon cher Peyrot, c'est un véritable désastre.

Vous saviez que je devais partir le 25 octobre du saut Grand'Roche, avec Gnongnon, Mécro et Perdrix, pour me rendre aux Émerillons par le Camopi et l'Inipi. Ce fut le 26 au matin que nous passâmes les premiers sauts. La mauvaise chance qui me poursuit depuis mon départ de France m'attendait là pour me porter un nouveau coup, un coup terrible. En passant le saut Galibi, le plus grand de mes canots a sombré. J'ai perdu presque tout ce que j'avais. Cependant, par le plus singulier des hasards, tout le monde a pu se sauver, sans avaries graves, sauf un Indien qui a été à moitié broyé sur une roche.

Mais la presque totalité de mes marchandises emportées pour un voyage de dix mois, deux sacs d'argent destinés à payer mes canotages de l'Oyapock et de l'Approuague, deux de mes montres, tous mes papiers personnels, toute ma pharmacie, une partie de mes armes : tout cela est au fond de l'eau, dans un violent rapide de dix à quinze mètres de profondeur, à fond rocheux et inégal, où j'ai en vain fait plonger, où j'ai en vain essayé de draguer.

J'avais le meilleur patron de la rivière, Mécro ; l'équipage était suffisamment nombreux, le canot n'était pas trop chargé. Je n'ai à accuser personne : les hommes qui halaient ont glissé, le patron n'a plus pu gouververner, un courant doublé a pris l'embarcation par le travers et l'a coulée. Et tout cela n'a pas duré une minute. C'est un coup du sort. Mes canotiers m'affirment, en manière de consolation, que c'est la première fois qu'il arrive à mon patron de chavirer.

J'ai contemplé un instant le désastre comme un mort qui regarderait passer son propre enterrement. Je suis resté assez longtemps ahuri. J'essayais de réfléchir, mais je ne parvenais à voir qu'une chose : toute ma provision d'une année était perdue ; je n'étais pas mort, mais comment passer cette année dont l'*annuité* venait de s'engloutir ? Que voulez-vous, c'est le coup le plus rude que j'aie reçu encore depuis dix ans, dans une carrière où l'on ne marche pourtant pas toujours sur des tapis très moelleux. Il est évident que si j'étais allé au fond j'y aurais trouvé plus vite une contenance plus rigide.

Sheridan apprenant que le fruit du travail de toute sa vie, son théâtre de Drury-Lane, brûlait, se prit d'abord la tête dans les mains pour empêcher sa raison de s'en aller.

Quelques instants après on le voyait attablé à la terrasse d'un café en face de l'incendie. « N'est-il pas permis, disait-il à un ami, de prendre un verre de vin à côté de son feu ? »

Le lendemain mon parti était pris. Il est une chose dont je suis très riche, c'est d'un appétit aussi ardent que peu moderne pour les longues et rudes endurances. Je résolus de poursuivre quand même, avec le peu qui me restait. Je revins à Saint-Georges à peu près dénué de tout. Auguste, qui d'abord m'avait cru mort, s'empressa de satisfaire généreusement à mes premiers besoins.

C'est là, n'est-ce pas ? un contretemps bien fâcheux : j'ai perdu, au saut Galibi, pour près de 11 000 francs de marchandises, espèces, instruments et objets personnels. Toutefois rien n'est perdu puisque je suis encore vivant. Pour cette année (puisque je suis ruiné), eh bien, on se serrera.

Je viens de renouveler mes provisions. Je pars demain pour l'Oyapock. D'ici quelques jours, nous allons repasser notre fameux saut Galibi.

Tout nous favorise. Ma santé est complètement rétablie. L'hiver commence avant l'époque ordinaire, ce qui nous assure que l'eau ne nous manquera pas dans la petite crique Inipi.

Oui, l'hiver est déjà commencé. Il tombe même des torrents. Il y a pourtant longtemps que je me promets de ne plus voyager pendant l'hivernage! Mais la fatalité en dispose autrement.

Au moins ne suis-je pas obligé d'appréhender, comme cet ancien, les suites d'une heureuse fortune par trop persistante. Il vaut mieux payer dès le début sa dette au malheur : c'est comme une prime d'assurance qui nous met pour l'avenir à l'abri des coups du sort.

NID DE GUÊPES.

MONT ALIKÉNÉ

CHAPITRE XVII

MESSE ET MARIAGE. — PAYSAGE DE MINUIT. — ÉTHER ET VALÉRIANE. — DÉNOMBREMENT DE MES GUERRIERS. — L'AVERSE. — L'HIVER FLEURIT TOUT. — PHILOSOPHIE DE LA VALSE DES FEUILLES. — LE « CARAMOUROU » ET DIEGO ALVAREZ CORREA. — LE BAS CAMOPI. — LE HAUT CAMOPI D'APRÈS LE LIEUTENANT MÉCRO. — LE LEVÉ. — LA CHASSE. — RÉFLEXIONS PLEINES DE SAGACITÉ. — JOUISSANCES INTELLECTUELLES. — DANS L'INIPI. — LA CRUE. — VOYAGE FUNÉRAIRE. — ASSIÉGÉS. — NOUVEAU SUCCÈS. — EN RETRAITE ! — EXERCICE DE PHILOSOPHIE PRATIQUE. — IDÉES NOIRES. — POÉSIE DES CHUTES. — OÙ L'ON EST FORCÉ DE CONFESSER QUE LA CIVILISATION A DU BON. — RECENSEMENT D'IGUANES. — M. JULES GROS. — VERS LE HAUT OYAPOCK. — DÉFECTION DE GNONGNON. — DÉTERMINISME. — MARMITE VIDE. — FRESQUES AU NOIR. — DANS MES MEUBLES. — MAUVAISES DENTS. — L'AME DU SOLEIL.

Enfin, nous partons demain.

Le P. Lépinard, curé de l'Oyapock, mon compatriote infiniment bon et infiniment bienveillant, vient de dire la messe dans la petite et rustique chapelle de mon hôte, le sieur Thomas Doudon, dit Gnongnon. Deux ou trois douzaines d'Indiens, hommes et femmes, assistent au saint sacrifice. Tout ce monde paraît très flatté dans son amour-propre. Entendre la messe leur paraît faire partie de la vie élégante au même titre que la pommade pour les cheveux, les peignes à poux et les mouchoirs de poche. Le digne P. Lépinard, après avoir expliqué la parole de vie à ses ouailles suffisamment attentives, termine par un petit sermon très bien tourné, plein d'onction morale et même de civisme. Cette petite leçon faite par un professeur en chasuble, à la lueur des cierges, au sein d'un silence étonné, n'a pas été sans produire quelque sensation. Un Indien qui, depuis trois ans, se proposait de se marier avec sa femme dont il a déjà deux enfants, se confesse, communie et s'unit en justes noces, le tout en dix minutes. Il était pressé, après une si longue attente. Ces pratiques expéditives sont d'ailleurs d'un usage constant dans ces territoires peu fréquentés des ecclésiastiques. Excellent P. Lépinard, homme de bien et de foi, vous avez fait là assurément une bonne action, il en restera toujours quelque chose ; mais puissiez-vous n'avoir pas semé dans un champ par trop ingrat ! Si vous n'y prenez bien garde, autant en emportera le tafia, et le Chinois Tampak, fournisseur dominical ordinaire de ces Indiens, n'aura pas de peine à prévaloir contre Notre Seigneur Christ et ses divins enseignements.

Nous partons demain. Il m'a fallu d'abord attendre plus d'un mois, chez Gnongnon, pour permettre à mes Indiens, gens peu pressés, d'achever la réparation de mes canots, gravement avariés au saut Galibi. Il m'a été ensuite nécessaire de faire à mes drôles une douce violence pour les déterminer à entreprendre le voyage, car, au dernier moment, presque tous se dérobaient. Assez superstitieux de leur nature, ils avaient, paraît-il, des raisons sérieuses de redouter un second naufrage dans ce même saut Galibi. Ou plutôt, en expérimentés pirates, ils voulaient me rançonner de leur mieux.

Tout est prêt. On charge. Dieu merci ! S'il est en voyage des moments particulièrement ennuyeux, c'est quand on ne voyage pas.

C'est demain matin seulement que nous commençons le voyage.

Minuit. C'est l'heure du recueillement.

Les manguiers et les maripas du village profilent leurs silhouettes noires dans la nuit brune transparente. Les arbres des alentours prennent des poses de géants qui réfléchissent. Les eaux qui chantent en dévalant les rapides troublent seules de leurs monotones accords la grande paix des espaces.

Un calme un peu lourd pèse sur ces solitudes. Les perspectives splendides de la grande chute du fleuve, si belles dans cette obscurité tempérée, ennuient par leur immobilité confuse et ensommeillée. Ces décors magiques deviennent vulgaires ; ces hautes lignes boisées sont prétentieuses, la voix des chutes n'est qu'une gigantesque crécelle, ces forêts sans fin ne sont que la moisissure de la croûte terrestre : l'arbre devient un fâcheux. On rêve d'immenses horizons de terre nue, raclée, pelée, décharnée, avec de longues caravanes défilant dans les lointains sur les sommets silencieux et jaunis, ivres de lumière sous un grand ciel implacablement bleu.

De l'air, encore de l'air ! C'est la seule pensée, quand la maladie de cœur vous oppresse. Près de la petite lampe dont la pâle clarté veille dans la nuit, un flacon d'éther et de la poudre de valériane. Je ne puis respirer, j'étouffe, le cœur bat à se rompre, des spasmes secouent tout le corps, la pensée s'affaiblit, s'obscurcit, vacille comme une lueur qui va s'éteindre. Maladie sur maladie ! Je suis donc fourbu, fini, l'organisme est donc complètement détraqué ! Je mange avec dégoût, je ne puis plus boire, je fume machinalement et m'en passe sans privation ; le plaisir m'ennuie, toutes mes ambitions sont mortes, mes affections et mes dédains

LA BELLE NICOU, FILLE DE MÉGRO.

s'effacent, mes haines même s'adoucissent ; je rêve à quoi rêver, sans trouver rien : détaché de tout, je reste comme suspendu dans le vide et demeure ainsi des jours entiers sans retomber sur quelques-unes de ces illusions qui font vivre. La sensation du néant pénètre toutes mes moelles. Je ne goûte qu'une seule douceur, celle d'analyser mes misères, et d'essayer d'en rire, encore que le métier d'analyste ou de psychologue ne soit guère récréatif en soi, et comporte d'ailleurs une santé bien équilibrée.

31 décembre 1889. — Le matin si beau avec sa lumière caressante et ses eaux tièdes commence à se montrer là-bas parmi ces arbres poussés en plein roc. En dévalant des rapides ou en sautant des cataractes, les eaux bruissent comme la mer apaisée ; les bassins calmes pâlissent sous la brise et semblent s'illuminer de sourires ; le soleil glisse sous de stupéfiantes fresques de nuages multicolores, une chaleur heureuse fait rêver : le village rit, la forêt rit, la poitrine des femmes se gonfle d'un rythme plus rapide, la joie de vivre et le désir du bonheur s'élèvent de la terre comme une floraison parfumée. Tout cela ne me serait pas indifférent si je n'avais dans la bouche le goût de l'éther et de la valériane.

Nous passons les premières chutes. Ces déserts de roches et d'arbustes émergés, fils des pierres, procurent toujours une sensation assez forte ; cela sent les ruines et fait songer à une malédiction. Des poissons, étourdis et comme noyés par leur choc sur les rochers où les pousse la violence du courant, sont pêchés dans les remous par les loutres. Rassasiées, celles-ci laissent sur les rochers, pareilles à des sacrificateurs repus abandonnant sur la pierre cubique des victimes à demi dévorées, des pacous et des coumarous qui puent au soleil. Curieuses, insolentes, les loutres viennent nous regarder à dix pas, érigeant au-dessus de l'eau leurs yeux brillants et leurs crocs aigus que distend un rire sinistre. Ces carnassiers abusent : ils savent peut-être qu'ils ne sont pas bons à manger et que nous n'avons pas besoin de fourrures.

Les deux canots ne voyagent pas de conserve, parce que Mécro a amené sa femme, qui n'a pas l'heur de plaire aux canotiers de Gnongnon. Outre sa femme, Mécro a dans son canot : sa fille, la belle Nicou ; Camille, matelot de Dorville ; Perdrix ; Chapoto et son fils. Camille travaille et ne dit mot. Perdrix fait le plaisantin et trempe le moins qu'il peut sa pagaye dans l'eau. Chapoto est bon canotier, bon flécheur, bon diable, ce qui ne l'empêche pas d'être très malheureux avec les femmes. Voici deux ans que la sienne l'a planté là sous le fallacieux prétexte qu'il la battait quand il était ivre. Depuis, le pauvre homme n'a pu se faire agréer par aucune des beautés de la rivière, bien qu'il fasse toujours de sérieux cadeaux préalables, conformément à la coutume du pays, qui veut qu'on opère plusieurs versements successifs avant livraison de la marchandise. Il a beau donner des arrhes jusqu'à payement intégral de la pièce, la pièce garde les arrhes et ne se livre pas : perfide comme l'onde. Le jeune Noël, héritier présomptif de Chapoto et de sa misère, est un joli garçon, fort vain, assez paresseux, mais doué d'une mémoire admirablement meublée de toutes les âneries que les créoles et les Français du cru ont pu mettre en romances nauséeuses.

Gnongnon s'est adjoint : Blanc, son fils aîné, le nouveau marié ; le gros Wilfrid et son frère Jean-Baptiste. Celui-ci est l'heureux époux de l'ex-Mme Chapoto, qu'il ne se fait pas faute non plus d'étriller d'importance quand il a bu son litre de tafia, mais qu'il sait retenir auprès de lui par l'attrait tout-puissant qu'exercent sur certains cœurs féminins une figure de bouledogue et un torse de portefaix. Le doucereux Chaton complète l'équipage avec le jeune Négo, couroumi, c'est-à-dire éphèbe, de douze à treize ans, et Benoît, l'Indien moustachu qui a une bonne tête de Napoléon III-Prud'homme. Ce dernier me réjouit toujours. Rien n'a l'air respectable comme une tête d'imbécile ; j'ai constaté cela chez les sauvages aussi bien que dans les administrations. Cela respire la gravité d'être, le bonheur que procure une intelligence qui n'est pas exigeante. Le plus sûr moyen qu'on ait encore trouvé d'être heureux, c'est en effet la stupidité.

Mais voici que notre soleil tire à sa fin. L'astre se meurt derrière une coupole de nuages livides. Le chant des canotiers devient mélancolique à leur insu. La tristesse du ciel oppresse comme une maladie de cœur. Voici venir le grain furieux, l'averse d'hiver qui remonte la rivière. C'est un nuage gris, terne, énorme, compact, pesant, engouffré dans le creux des rives qu'il déborde, et s'étendant et montant toujours plus loin, toujours plus haut. Avec un bruit d'ouragan, une marche de cyclone, la puissante masse, qui remplit complètement le ciel, crible l'opacité ambiante d'une pluie en coups de foudre, serrée, et qui fait mal. Plus de lit de rivière, plus de surface liquide sur laquelle glisse le canot, plus de rives, plus de forêt, plus de ciel ; seulement, partout, du gris sifflant, crépitant et qui aveugle. Il semble que, bondissant sur les flots soulevés, on plane au sein d'un océan sans limites, qui empêche de rien voir, mais qui permet cependant de respirer à moitié. Puis les gouttes de pluie se ralentissent, s'espacent ; les rives apparaissent, et on voit un grand arc-en-ciel qui marche sous une coupole de nuages déchirés en paysages fantastiques.

Le 7 janvier, nous arrivons à l'embouchure du Camopi.

Des couleurs, des couleurs partout, et des fleurs ; les rivières en sont tapissées. Ici, l'hiver fleurit tout ; jamais palette n'a été plus riche en tonalités variées.

Honneur d'abord à la plus belle, à la plus parfumée des fleurs de ces déserts, la fleur tricolore aux couleurs françaises, la murucuja : corolle bleue, étamines rouges, pistil blanc ; la murucuja qui répand l'exquise odeur des dragées fines. Par delà la bordure pâle de ces bambous interrompant la muraille noire de la rive, par delà ces jeunes feuilles vert clair au-dessus de ces vieilles feuilles vert sombre, ce sont les fleurs lilas de plusieurs grands arbres, mariées aux fleurs du lilas indigène. Sur ces buissons, la marguerite sauvage, large comme la main, épanouit sa corolle d'un blanc éclatant. Le beau jaune d'or des graines de coumarou pend aux arbustes, plaquant d'éclatants ovales le vert sombre et métallique des feuillages. Des arbres se sont couverts de fleurs de basilic, d'autres, d'énormes œillets rouges. Les gousses des pois sauvages, longues, larges et plates, carmin ou violettes, pendent au bout de leurs lianes, entre d'autres lianes sans nom aux larges feuilles bleu de mer. A côté, la liane-figuier envoie de la cime des grands arbres, vers le sol qu'elle n'atteint pas, ses immenses cordages blanc de chaux. Et partout la ouate blanche des fromages est emportée au loin sur les flots par le vent d'hiver qui incline à son souffle branchages géants et buissons aériens et fait tourbillonner à travers forêts et rivières les feuilles mortes qui tombent jaunies, emportées par les eaux verdâtres qui traversent le désert, ou fixées sur les couches précédentes, noires d'une putréfaction qu'elles exhaussent.

Vous souvient-il, quand on a quinze ans, combien semble mélancolique, par la campagne dépouillée, la valse des feuilles mortes aux premiers jours de l'automne? mais il y a chez nous je ne sais quelle tendresse exquise, éparse parmi ces signes avant-coureurs des autans. Dans la forêt toujours verte de l'équateur, quand les souffles humides de l'étouffant hivernage font tourbillonner les feuilles jaunies parmi les fleurs de l'immense serre-chaude, ce n'est plus comme la promesse d'un repos complet qui sera suivi d'une renaissance totale : on sent passer sur tout cela, sur ce qui est vivant comme sur ce qui se meurt, les affres de la mort sans réveil. Le râle perpétuel de ce qui n'a pour but que de s'anéantir se fait entendre plus fort au milieu de toutes ces vaines poussées vers la vie. Ce qu'on voit tomber et mourir, on n'a pas l'illusion consolante que cela puisse renaître jamais, on voit les places vides déjà remplies par des floraisons de jeunesse et de gaieté qui mourront aussi à leur tour, pour jamais. Et ce ciel nuageux et humide, chaud et fécond, père de la vie et père de la mort, il pèse et il accable; on le sent toujours indifférent et toujours ennuyé, toujours méchant et toujours ironique. C'est l'hivernage équatorial, le laboratoire des philosophies tristes, le Génie qui a fait si sombre, si désespérée, l'âme des sages du Gange et de Ceylan. Oh ! toutes ces frondaisons splendides aux âcres parfums ne valent pas la petite fleur discrète qui cache le trésor de son odeur et de ses couleurs parmi la mousse et la rosée de nos riantes vallées d'Occident.

Sans être botaniste on fait toujours quelques découvertes dans cette richissime végétation. Voici le maroubane, le chêne à glands d'Amérique, que Leblond croyait caractéristique de la zone élevée où croît le quinquina, et qui se trouve ici à moins de 100 mètres au-dessus du niveau de la mer. Enfin je découvre le caramourou! *Caramourou* n'a l'air de rien; pourtant, si on se rappelle combien les savants ont disputé sur l'étymologie de ce surnom donné à ce vaillant Diego Alvarez Correa, le pacificateur des Tupinambas, on comprendra que la chose puisse présenter un certain intérêt pour les américanistes. Caramourou, disait-on, signifie l'« homme de feu », ou bien le « maître du tonnerre ». Ce sont là des appellations bien ronflantes dont les Indiens ne sont guère coutumiers. En langue oyampie, idiome à peu près identique à celui des anciens Tupinambas, le caramourou est tout simplement un grand arbre au bois très dur, au tronc lisse et rougeâtre, aux branches poussant en touffe au sommet, avec de petites feuilles lancéolées. Le caramourou porte un paquet de graines grosses comme le poing, contenant des gousses tortillées en spirales qui renferment des fèves, tombant en mars. Quand les animaux mangent ces graines, elles communiquent à leur chair un goût d'ail pourri des plus désagréables. On voit qu'être un « caramourou » est une chose bien moins poétique que d'être un « homme de feu » ou bien un « maître du tonnerre ». Je recommande aux Brésiliens cette étymologie réaliste.

Le 12 janvier nous arrivons à l'embouchure de la crique Inipi, dans le Camopi.

Nous avons mis sept jours pour remonter l'Oyapock, nous en avons passé cinq dans le Camopi. Il faut d'incroyables efforts de pagaye pour forcer la violence des courants par cette époque des doucins[1]. Sans la haussière, notre grosse corde à haler, nous aurions été impuissants à vaincre, chargés comme nous le sommes, la plupart de ces chutes.

C'est à partir de l'embouchure du Camopi qu'ont réellement commencé mes travaux géographiques. L'Oyapock m'était connu et je ne vois pas ce que j'aurais pu y trouver à glaner, mais le Camopi et l'Inipi étaient des rivières nouvelles pour moi.

Le Camopi n'est guère intéressant. La végétation de ses rives est souvent broussailleuse ou marécageuse. Seuls quelques mornes, et principalement deux petites montagnes de 5 à 400 mètres, Alikéné et Alicorne, la pre-

---

1. Les doucins : à l'époque des grosses eaux, quand les petits ruisseaux, les rigoles des hauteurs, les *doucines*, dégorgent dans la rivière.

mière à quelques heures de l'embouchure, la seconde à quelques heures de l'Inipi, donnent un certain attrait à ces rives désertes. Quelques polissoirs sur les rochers et les restes vagues et incertains de deux ou trois villages émerillons attestent seuls que cette rivière a été autrefois habitée.

Les chutes sont au nombre de quatre. Timouaoutou et Jeunes Gens, qui sont en bas d'Alikéné, ne sont que des rapides; le saut Chien, à une journée de canotage, n'a pas plus d'un mètre de chute. Il faut aller jusqu'au confluent de l'Inipi, pour trouver un saut quelque peu important, Yanioué, qui s'étend sur 2 kilomètres environ, en aval du confluent de l'Inipi. Le saut Yanioué se compose de trois séries de chutes ou de rapides, présentant ensemble environ 6 mètres de dénivellation. Les deux premières séries offrent un très grand nombre de cascades au milieu d'une foule de petits îlots et de rochers. Il faut généralement décharger les bagages. Un sentier a été tracé à cet effet en face de chaque série de chutes, sur la rive gauche du Camopi. La troisième série est faite de rapides violents.

D'après Mécro, qui a fait le voyage en été, on ne trouve plus de saut dans le Camopi jusqu'à deux jours au-dessus de la crique Tamouri. Ce ne sont que de petits rapides, dont pas un n'est de la force du saut Chien. L'hiver, tous ces rapides, et tous ces courants doivent être au fond. Le pays est plat, sans autres élévations que de petits mornes çà et là. Mais à deux jours au-dessus du Tamouri, et par conséquent à six jours de l'Inipi, on trouve un barrage de roches plates de 300 mètres de longueur au-dessous duquel la rivière coule tout entière, sans un filet d'eau sur les rochers, sans une cheminée ouverte vers le plein ciel. L'été, on hisse ou traîne le canot sur ce barrage qui a environ 1 mètre de hauteur et qui, aux grosses eaux, doit complètement disparaître. Au-dessus de ce barrage, le Camopi est aussi large encore qu'à l'embouchure de l'Inipi. Est-ce à cette « grande roche plate » que se sont arrêtés Grillet et Béchamel en 1674? Ils la placent par 2° 4′, mais cette latitude est évidemment inexacte. D'ailleurs l'étude de leur itinéraire ne permet pas de croire qu'ils aient même atteint le confluent du Tamouri. Aussi bien les « grandes roches plates » ne sont-elles pas rares dans ces rivières, surtout l'été. Pourtant c'est en hiver, en mai, que les deux missionnaires arrivèrent dans le haut Camopi.

La rivière ayant peu de fond, bien que l'hiver tombe depuis deux mois, nous naviguons au tacari. Ces perches de trois mètres de longueur sont toujours suffisantes pour manœuvrer les canots dans la plus grande partie du cours du Camopi. Ce n'est qu'au cœur de l'hiver, pendant les quinze ou vingt jours de fin d'avril ou du commencement de mai, pendant les très grosses eaux, que le Camopi demande de grands efforts de pagaye. Actuellement son courant est sans violence.

On ne saurait croire combien ces journées de canotage sont vides. Prendre les directions, les sinuosités successives de la rivière et mesurer leur longueur respective en comptant les minutes et en estimant la vitesse des pagayeurs et celle du courant; noter les affluents de droite et de gauche, grands et petits, les îlets, les sauts, rapides et rochers, les mornes et les collines, les anciens villages : tout cela vous donne votre levé, mais vous laisse l'esprit libre la plus grande partie du temps.

La chasse est la préoccupation principale. Que mangera-t-on? On regarde d'un œil triste les dégrads des sentiers tracés par les tapirs pour venir boire. Ah! si l'on tenait un de ces pachydermes au débuché! Parfois on l'entend qui pousse son sifflement aigu en relevant sa lèvre supérieure. On lui répond, car tout bon sauvage doit savoir imiter les cris et les chants de ses voisins les animaux; mais le tapir insociable ne se montre pas. Et on va. Plus loin on trouve, hors de portée, des capiouares qui plongent du plus loin qu'ils aperçoivent le canot. On continue à rêver au déjeuner. Entendez-vous le chant sentimental et monocorde de la perdrix, et ces aboiements de jeune chien par lesquels s'annonce le toucan au bec énorme? mais ils sont trop loin. Enfin, en regardant un papillon bleu se diriger de la lumière blanche et crue du ciel de la rivière vers la pénombre moite des verdures de la rive, je découvre un lézard, un magnifique iguane. Toi, nous allons te manger. Ne faisons pas de bruit. Le lézard, étendu sur les branchages, regarde vaguement dans la lumière, ses petits yeux immobiles demi-ouverts. Frappé à mort, il tombe dans les broussailles, où on l'attrape par la queue. Quand il tombe à l'eau, il est plus difficile de s'en emparer, il plonge et souvent on le perd de vue. L'iguane est un plat médiocre, disent les uns, cela sent le reptile. Mais si l'on peut vaincre sa répugnance, cela constitue un plat de résistance et qui vaut bien le singe rouge. Quant à moi, j'en suis très friand; aussi ai-je toujours admiré la sagesse et la bonté de la Providence qui nous donne dans l'Amérique chaude des lézards d'un mètre pour que nous n'hésitions pas à les tuer pour nous en nourrir.

Ce soir ce sont encore des lézards. Cette fois nous faisons de la stratégie, tout comme M. de Moltke. La victime, au haut d'un fouillis de lianes et d'arbustes, tenant étroitement embrassée une tige de murucuja, se réchauffe voluptueusement au soleil. Un Indien se poste un peu en aval, un autre un peu en amont et un troisième juste au-dessus du reptile herbivore qui, effrayé par nos cris, se laisse choir à la rivière et est fort habilement saisi à la nage par un de nos tirailleurs. C'est ainsi que nous économisons notre poudre. « Toi aussi », dis-je au lézard ahuri, en lui coupant la tête d'un coup de sabre sur le bordage de droite de notre canot, « toi aussi, tu as reçu des instincts qui ne sont pas en conformité avec tes fins. Nous n'aurions jamais pu mettre la main sur toi, sois-en bien certain, si, au lieu de te laisser tomber à l'eau comme un sot, tu avais pris ta course vers la forêt. Mais le Démiurge n'a pas voulu que tu pusses faire de si judicieuses réflexions, car l'estomac de l'homme, telle est la fin, tel est le but de tous les animaux créés. »

Et voilà ce qui remplit une journée. On regarde un régime de caumou. Comme il n'est pas mûr et qu'on se rappelle avoir bu du caümou chez Gnongnon la veille du départ, on se console en faisant cette remarque pleine de sagacité que le caumou, comme presque tous les fruits de la forêt, est mûr à peu près deux mois plus tôt sur la côte que sur les plateaux de l'intérieur. Est-ce tout? Le soir, en faisant les carbets, nous sommes assaillis par une nuée de fourmis volantes. Ce sont des termites à leur dernière transformation, là où tombent leurs ailes ils font leur nid. Et on se dédommage de l'incommodité de ce voisinage en proclamant à l'unanimité que ces bestioles sont bien assommantes. Dernier fait-divers de la journée. Ce soir, la pluie ayant éteint notre feu, un tigre est venu rôder à côté de mon hamac. Il me flairait à un pas, dans une posture telle qu'on ne pouvait le tirer sans risquer de m'atteindre. Je dormais. Je dormis même fort bien toute la nuit. Le jaguar ne fit qu'une courte visite, et la chose me fut contée le matin à mon réveil. Récapitulons : vu un tigre (en dormant), tué deux lézards, établi 15 centimètres de levé au cent millième : n'est-il pas vrai que voilà vingt-quatre heures dont un vertueux comme Titus, ou un analyste comme Stendhal, auraient lieu d'être satisfaits?

Il y a aussi des plaisirs d'un ordre plus particulièrement intellectuel. Au premier rang il faut placer la conversation des canotiers. Ordinairement ils ne disent rien,... mais quand ils causent! Voyez ces observateurs, ils ont toujours l'œil sur la rive. Un lézard n'a pas le droit de se montrer, un oiseau de chanter, un singe de sauter sur une branche, sans que ces naturalistes ralentissent leur pagaye pour se mettre avec commodité à disputer longuement sur le sexe, l'âge et les mœurs publiques et privées de la bête que leurs yeux de lynx viennent de découvrir dans le feuillage. Quelles excellentes leçons de choses! que c'est instructif! Et comme cela remplit le vide de l'existence d'apprendre que la femelle du lézard est généralement plus petite, plus tendre et de couleur plus claire que le mâle, mais pas toujours !

Du 12 au 15 janvier nous remontons l'Inipi jusqu'au point où la rivière cesse de porter pirogue.

L'Inipi est un torrent encaissé, plus profond que le Camopi. Les Indiens

ARBRE GÉANT PRÈS DU CONFLUENT DU CAMOPI.

qui se sont rendus chez les Émerillons par cette voie disent que l'Inipi est presque à sec l'été. Il faut alors jusqu'à neuf jours pour se rendre au dégrad des Émerillons, où l'on arrive en deux jours seulement quand la rivière est pleine et que les arbres tombés qui l'obstruent ont été coupés. Souvent, au fort de l'étiage, un canot de deux pagayeurs est obligé de s'arrêter à moitié chemin ; il faut ensuite prendre par terre. Mais que d'aventure une bonne averse vienne à tomber, et voici le torrent plein pour quelques heures.

L'Inipi est plus importante que je ne l'avais supposé. Nous venons de la remonter vingt et une heures, et au dégrad des Émerillons, malgré son dédoublement en deux branches, la branche principale mesure encore 10 mètres de largeur. Nous avons mis vingt-cinq heures pour remonter le Camopi. En tenant compte du courant et des sinuosités, j'estime que nous avons fait, dans le Camopi, 80 kilomètres environ et 48 kilomètres en ligne droite; et dans l'Inipi environ 50 kilomètres et 35 kilomètres en ligne droite.

L'Inipi, coulant en terres basses et marécageuses, n'a pas un seul saut important, même l'été. Voyageant à rivière demi-pleine, nous n'avons remonté qu'un seul rapide, celui de l'embouchure, rapide alors très violent et très dangereux, qui faisait des vagues et des remous énormes et qui nous a forcés de nous accrocher tout du long aux arbustes, aux lianes et aux ronces de la rive.

Pendant ces quatre jours, la crue, qui n'a cessé de monter, a dépassé 3 mètres. Les pluies torrentielles qui tombent presque sans discontinuer depuis notre départ auront bientôt fait non seulement de remplir la crique, mais encore de remplir complètement les marais qu'elle traverse. Déjà, deux nuits sur quatre, nous avons été obligés de chercher assez loin dans la forêt un endroit non inondé. Par ces nuits noires et profondes, les bruits de la crue sont étranges et magnifiques. Ce sont les poussées brusques, saccadées et sourdes du flot en marche; comme un incessant et lointain roulement de foudre; des cris de bêtes et comme des voix humaines; et des arbres déracinés qui s'abattent en foule de tous côtés avec des sonorités étranges. Le sifflement de la pluie dans le ciel et son clapotement sur les feuilles brochent sur tous les bruits horribles ou sublimes dont retentit le désert.

Notre troisième nuit a été atroce. Nous avions établi notre campement à un endroit où fut jadis enterré un Indien du Couripi. Le frère de cet homme, venu tout exprès l'année suivante pour recueillir les ossements du défunt, rebroussa chemin à l'embouchure de l'Inipi après vingt-deux jours de voyage. Il n'avait plus que trois jours de canotage, il le savait, mais il trouva que c'était trop loin, et il s'en retourna tranquillement. Tout le génie indien est là.

Nous avions donc bivouaqué vers ce champ de repos. Mais nous ne reposâmes guère. Toute la journée la pluie avait tombé par grandes masses. Il nous fallut dépenser un demi-litre de pétrole pour allumer notre feu. Un boa, sorti des marécages voisins, vint d'abord reconnaître notre position ; puis ce fut un tigre, qui paya son indiscrétion d'une balle dans la peau, ce qui le fit s'éloigner en grognant. La crue mettait en mouvement toutes les bêtes de la forêt. Nous dormions cependant dans nos hamacs depuis quelques instants, quand nous fûmes réveillés par des cris bien particuliers partant d'un innombrable troupeau qui passait non loin de nous. Il n'y avait pas à s'y tromper, nous avions déjà entendu cette musique au Camopi, cinq jours auparavant ; c'étaient des cochons marrons. Les pécaris sont aussi nombreux et aussi dangereux dans ces parages que les loups dans les steppes de Russie. Pluie battante, ténèbres compactes, des grognements partout, à croire que la terre était couverte de pécaris. Ils approchaient, ils étaient sur nous. Comme le canot était éloigné et que nous n'étions pas sûrs d'y pouvoir arriver avant d'être dévorés à moitié, nous roulâmes nos hamacs sur les traverses de nos carbets et grimpâmes bravement aux arbres. D'abord ce furent des lazzi, mais bientôt, ankylosés par le froid, la pluie et l'incommodité de la position, nous trouvâmes l'aventure moins réjouissante. La bande passa, mais nous restâmes longtemps de guet, comme on le pense bien. Une autre bande revint au cœur de la nuit. Peu d'entre nous dormaient. Au petit jour nous étions tous verts comme de l'herbe, avec les yeux pleins de sommeil et les os pleins de fièvre.

Ce pays des boas, des tigres et des pécaris est aussi celui des *mouches sans raison*. Comme il faut se frayer un chemin à coups de sabre dans les branchages aux soufflets cinglants, nous mettons ainsi en émoi d'innombrables cohortes de guêpes, qui fondent sur nous avec furie. Les mains et le visage douloureux et gonflés, on poursuit, sabrant les végétations envahissantes, coupant à la hache de gros arbres tombés qui barrent le cours de la rivière. Il est beaucoup d'arbres énormes à l'Inipi, dont quelques-uns présentent cette particularité singulière qu'ils sont extrêmement renflés jusqu'à mi-hauteur, comme s'ils étaient hydropiques. Quand il arrive qu'on rencontre un de ces arbres obèses tombé dans le lit de la crique, il faut décharger complètement le canot et le hisser par-dessus l'obstacle. Il serait inutile de couper l'arbre, car il ne saurait s'affaisser, puisqu'il touche le fond.

Nous avons fait environ 5 kilomètres dans la rivière du Nord, mais elle est tellement obstruée qu'il ne faut pas songer à aller plus loin. Je fais construire, au pied d'un gros arbre à encens, un grand carbet où l'on dépose tous les bagages. Perdrix dit que l'ancien dégrad était un peu plus haut, mais qu'il n'aura pas de peine à retrouver son chemin. Il part avec Blanc et Chapoto. Je leur recommande d'être diligents, car notre provision de farine de manioc commence à s'épuiser. Dans quatre jours, au soir, affirme Perdrix, ou le cinquième jour au matin, l'équipe sera de retour avec des Émerillons du village de Fionfion (Philémon). Comme Gnongnon et Mécro veulent descendre sitôt les Émerillons arrivés, je reste ici pour faire ma correspondance. D'ailleurs Perdrix n'a pas besoin de moi, il irait chez son frère Fionfion, dit-il, les yeux fermés. On suit jusqu'à sa source le premier affluent occidental de notre crique, on passe une petite montagne, l'Approuague, la crique Ouiraporicaouet, puis on arrive au village qui est sur la rive gauche de la crique Enoreh (Ezoni). En marchant d'un soleil à l'autre on fait ce trajet en deux jours. « Est-ce que je ne connais pas mon pays? est-ce que je ne suis pas ici chez moi? » me dit Perdrix d'un air triomphant. Et il s'en va comme j'irais de la Concorde à l'Étoile. Ce garçon-là a hâte de voir sa famille.

Et je fais, pour ceux de France, de la copie dans le Grand-Bois.

19 *janvier*. — Nouveau succès. Perdrix, Chapoto et Blanc sont revenus hier soir. Perdrix les a promenés trois jours dans des montagnes abruptes entourées d'autres hautes montagnes. Perdrix a complètement perdu la tête et n'a pu trouver le sentier, pas même la direction. D'après ce qu'ils m'expliquent, ils ont fait sud-ouest; or c'est à peu près vers le nord-ouest qu'il fallait se diriger. Ils ont l'air de trois fous, à moins qu'ils n'aient combiné quelque bonne coquinerie. Suis-je dupe de la fourberie de ce petit plaisantin, ou victime de sa sottise? Perdrix paraissait pourtant tenir beaucoup à retourner, tout au moins pour quelque temps, auprès de son frère le *tapiane* (capitaine) Fionfion. Que je fasse une trace jusqu'à l'Approuague et que je suive ensuite le fleuve jusqu'à l'endroit où le sentier le coupe? Mais il a peut-être tout à fait disparu, ce sentier? En tout cas, il faudrait pour ce voyage dix ou douze jours aller et retour, et les hommes me déclarent qu'ils s'en iront plutôt sans être payés que d'attendre si longtemps. Or je ne puis laisser partir les canots sans savoir si je trouverai les Émerillons. D'ailleurs il n'y a plus que pour cinq ou six jours de farine de manioc, car on ne pouvait prévoir, au départ, ce contretemps extraordinaire, et emporter pour quinze jours de vivres de plus qu'il ne fallait. Qui voudra jamais croire, à l'Oyapock, que Perdrix n'a pu retrouver son chemin! D'autre part, il n'y a pas à insister : je n'ai que Laveau avec moi: nous ne pouvons construire à nous deux un radeau et descendre, en cas d'échec, le Camopi et l'Oyapock.

Nous sommes à la merci de nos canotiers.

C'est bien. Je vais modifier mon plan de campagne : je me rendrai dans le Haut Oyapock, dont je lèverai les grands affluents, tous inexplorés. J'ai là l'emploi de mon hiver. Les Émerillons seront pour l'été prochain. Je m'y rendrai par l'Approuague, ce qui est, dit-on, plus facile. Pour cette fois je commencerai mes explorations par la partie occidentale de la contrée, au lieu de l'aborder, comme je l'aurais voulu, par la partie centrale. Nous allons au saut Viritou, chez mon ancien patron François, qui me mènera dans les cinq ou six rivières que j'ai à explorer pendant cet hiver.

C'est tout de même ennuyeux. La période de mauvaise chance n'est donc pas encore passée. Quand donc va se clore cette série? Et qu'il y a de faux frais dans ce métier! Ce voyage, que je viens de manquer, va me coûter, en m'obligeant à repasser par l'Approuague, un surcroît de dépenses de plusieurs milliers de francs. Mais pourquoi se redresser et se plaindre sous les coups de la destinée? les circonstances commandent, obéissons. Ah! c'est une bonne chose que de ne rien attendre de bon de la vie!

Aussi bien ne puis-je avoir ici de ces itinéraires d'aspect audacieux qui émerveillent les bonnes âmes. Mon mérite (si mérite il y a) doit être d'apporter une grande ténacité dans la poursuite du relevé général de la contrée, par des itinéraires et des levés de rivières aussi difficiles à opérer synthétiquement et à coordonner entre eux qu'ennuyeux à entreprendre et fatigants à mener à bonne fin. Faire patiemment et longtemps des choses modestes et raisonnables est moins commode que d'entreprendre et de réussir quelque poussée d'héroïque folie. Il y en a pour toutes les vocations. Les uns recherchent fiévreusement une notoriété souvent bien passagère et parfois de bien vulgaire espèce; d'autres, d'un orgueil plus hautain, goûtent la joie austère de l'obscurité voulue et de l'indifférence à l'opinion des hommes. Bien éloigné de ces extrémités, je me dis : « Fais ce que dois, ne t'attends à rien et passe : tout est vain ».

Voilà-t-il pas en effet un grand malheur, et n'y a-t-il pas de quoi se désoler parce que l'Émerillon Perdrix n'a pas pu, ou n'a pas voulu, trouver le chemin de sa tribu? Il importe beaucoup, n'est-ce pas, que je commence par promener ma boussole et mon podomètre plutôt chez les Émerillons que dans le Haut Oyapock? N'ai-je pas déjà rapporté le Camopi et l'Inipi? besogne faite, c'est tout ce qu'il faut. Le Haut Oyapock est aussi bien dans mon programme que la Haute Approuague. Ce programme, n'est-ce pas moi qui me le suis tracé? Et n'ai-je pas le droit de le commencer par où bon me semble, et à plus forte raison par où les circonstances l'exigent?

Si les Émerillons sont si pressés de jouir du bonheur de me voir, ils viendront me chercher. Ils ne savent seulement pas que j'existe! Rien n'est pressé ici, oh non! rien n'est pressé. La colonisation utilisera peut-être partout ses dernières réserves avant de venir s'attaquer à ces cantons détournés et hostiles. Et ne voyez-vous pas qu'il coulera encore bien de l'eau dans les fleuves d'Amérique avant que la population humaine ait assez pullulé pour que les excédents en soient réduits à demander à ces déserts malfamés une hospitalité redoutée.

Qui sait? la civilisation s'éteindra peut-être avant d'avoir pu donner un semblant de vie à ces territoires déshérités. Il est des philosophes qui affirment que l'évolution humaine se précipite avec une rapidité furieuse vers ses fins suprêmes et dernières et qu'elle a déjà soif du primitif néant. Voyez, disent-ils, le bouddhisme et le sivaïsme sont déjà dans notre esprit et dans nos mœurs. L'aurore des anciens âges commence à poindre au couchant de notre civilisation vieillie. Notre cycle, se poursuivant, nous ramène au point de départ. Après la sauvagerie et la barbarie, nous voici à la civilisation scientifique, puis voici venir l'anarchie et le nihilisme qui mèneront le grand deuil. Le progrès, enfant de l'homme périssable, ne saurait être éternel; la civilisation, comme tout ce qui a pris naissance, a pour destinée de grandir, dépérir et mourir. Nous ne devons pas être loin de notre zénith. Les signes précurseurs abondent dans la littérature et la philosophie. Le nouveau concept philosophique et social présage de grands bouleversements. Familiarisé avec l'idée de néant, sentant avec une violence plus sombre et les injustices de l'état de société et la misère originelle, l'homme des temps derniers entassera les écroulements pour s'élever jusqu'à l'insaisissable chimère, en même temps que sa sensualité exaspérée rendra infécondes les sources de la reproduction. Devant l'impossibilité de réaliser ses aspirations suprêmes, devant tout ce qui a été fait de beau et d'inutile, le dernier-né des hommes pensera qu'il n'y a plus rien de vraiment grand à tenter que de tout détruire. Tout cela n'est-il pas déjà en germe aujourd'hui?

Et alors que les derniers survivants passeront des ruines aux cavernes, sans doute certains cantons de la planète, milieux réfractaires, ironiques témoins de la vanité et de l'impuissance de l'homme, ne seront pas encore sortis de la vie sauvage des premiers jours. Nos déserts de l'Amérique équatoriale auront, peut-être, cet étrange privilège de conserver intacte, à travers tous ces siècles de civilisation entreprenante, la fleur de leur immaculée virginité.

Alors pourquoi mes travaux, pourquoi les avoir sollicités?

Eh quoi! parce que nous ne pouvons nous promener à travers ce qui fut le temple de nos croyances et de nos aspirations sans rencontrer à chaque pas des colonnes écroulées ou croulantes, nous cesserions de marcher, de peur des entorses ou des éboulements! Nous marchons, parce que c'est dans notre nature, au hasard il est vrai, en ironistes stoïques, suivant de loin et sans confiance ces apparences, ces conjectures et ces conventions que nous appelons du nom symbolique de Vérité, mais enfin il faut marcher quand même. Dans la vie ne faisons-nous pas tous semblant de prendre la vie au sérieux? et pourtant nous savons bien que ce n'est pas vrai. Pour moi, j'ai cru naguère et longtemps à l'avenir de ce petit coin de terre. Aujourd'hui je m'en désintéresse peut-être davantage. Eh bien, si un jour une de mes deux manières de voir se trouve vérifiée exacte, j'aurai eu raison une fois dans mon existence. Aussi bien, remiser indéfiniment ses opinions n'est pas les désavouer.

S'il est, sans conteste, une chose éminemment respectable en soi, c'est la science. Or tout le monde sait qu'il faut aimer la science pour elle-même et non pour l'utilité qu'en pourront retirer plus tard des financiers et des industriels. « La science, dit Aristote, est d'autant plus belle qu'elle est plus inutile. » On ne m'a pas envoyé ici fonder une colonie, mais étudier un territoire. Mon engagement porte l'enthousiasme et l'optimisme facultatifs. Me voici en progrès sur ma manière, puisque la science est plus noble quand elle paraît inutilisable. Je fais ici ce que les modernistes appellent de *l'art pour l'art*.

Et, très satisfait de ma sagesse, je donne, le 19 janvier au matin, l'ordre du départ.

Chacun reprend sa place dans son canot. Nous allons descendre l'Inipi et le Camopi, et remonter l'Oyapock jusqu'au saut Viritou, chez François, mon ancien guide.

Nous revoyons, dans la crique inondée, les verdures émergeantes; au fond des coudes de la rivière, d'épais brouillards s'élèvent, couvrant les alentours d'un nuage de fumée couleur de cendre.

Personne ne dit mot. Les canotiers n'ont pas de peine à voir que le Blanc n'est pas satisfait, et ils respectent son silence en l'imitant.

Nous revoyons nos campements avec la mélancolie d'un adieu présumé le dernier. Ici mon carbet a été écrasé par un arbre que la crue a déraciné depuis notre passage. Les feuilles mêmes sont rentrées en terre. Être broyé en dormant, par la chute de quelque cèdre ou de quelque bois de fer, sans même avoir conscience qu'on fait un rêve, voilà qui serait une mort assez sotte; car, enfin, se sentir un peu mourir, si on ne souffre pas trop, n'est-ce pas une des plus vives jouissances intellectuelles qu'il nous soit donné d'éprouver?

C'est la saison de la ponte. Toutes les femelles d'oiseaux que nous tuons ont des œufs dans le ventre. Sous l'équateur, l'hiver n'est pas seulement la saison des fleurs, c'est aussi celle des amours.

Nous descendons le Yanioué sans décharger, avec l'héroïsme ou l'indifférence que donne la mauvaise humeur. Grossies par quelques jours de pluie, les chutes sont d'une beauté saisissante. Si on passait tous les jours une douzaine de sauts comme le Yanioué, le voyage serait véritablement attrayant. Ce dévalement furieux des eaux dans les écumes et les rochers, par un bruit de tonnerre, procure un sentiment très voisin de l'enthousiasme. L'enthousiasme! ce serait le moment de lui faire appel. Il a ceci de précieux qu'il concentre toutes les facultés de l'âme dans un foyer d'action et qu'on n'a pas le temps de penser à soi. C'est le plus philosophique des divertissements. Par ce triste voyage de retour, dans la platitude de ce Camopi, la pensée ne fait qu'errer d'un motif d'ennui à un autre, ingénieuse à en trouver de très futiles.

Au moins mes canotiers ont-ils des raisons palpables de n'être pas contents : les maringouins, les maques et tous ces insectes nocturnes qui ont été créés pour ne vivre que de sang, tourmentent tellement ces pauvres Indiens qu'ils ne ferment l'œil de la nuit. Nous en avions moins trouvé en montant; ils sont, me dit-on, nés de la crue. Tous les soirs je rends grâces à la civilisation qui a inventé la moustiquaire. Sous cette mousseline protectrice on nargue impunément l'ennemi. A travers le tissu léger je vois mes hommes qui se démènent dans leurs hamacs ouverts avec des soubresauts de Roucouyenne qui vient de recevoir le maraké. Ils frappent, ils tuent : leur poitrine, leurs jambes, leur front retentissent des rudes coups qu'ils portent à main plate à la cohorte innombrable de leurs persécuteurs. Vains efforts! pour un maringouin écrasé, des centaines reviennent à la charge. Bientôt chacun des martyrs se lève et allume sa pipe. Cela se passe sur des roches au large, sous un pataya recouvert d'une toiture de feuilles, par une nuit pluvieuse et très noire. Des torches de bois-flambeau errent autour du campement insulaire, des silhouettes fantastiques se dessinent, des masques étranges apparaissent, les torches projettent de longs sillons de lumière jaune sur le Camopi couleur d'encre. Puis ce sont des interjections bizarres, des malédictions, puis les trois notes d'un

DANS L'INIPI.

oiseau de nuit, puis le doux grésillement d'une pluie fine, puis je m'endors.

Nos amis les lézards sont toujours là, nous nous amusons à compter tous ceux que nous voyons. A midi, nous sommes au chiffre de cinquante-quatre. La chasse est bonne : le gibier, attiré par un peu de soleil, vient prendre sa part de chaleur et de belle lumière sur les arbres de la rive où nous le tuons. Voici un combat singulier qui est un singulier combat : un pagani pas plus gros qu'un poulet, mais armé d'un bec de vautour, et d'une remarquable férocité, attaque avec furie un hocco gros comme une dinde. Celui-ci se débat et pousse des cris plaintifs dans les serres et sous les coups de bec de son cruel adversaire. Lutte intéressante : ce n'est même pas le plus fort qui l'emporte, c'est le plus féroce. Un coup de fusil bien envoyé fait rouler dans les halliers la victime et le bourreau. Ce n'est pas bien bon, le pagani, c'est coriace et musqué; mais en voyage tout fait ventre.

La pêche ne va pas mal. Dans un marécage inondé, à l'embouchure d'une petite crique, nous pêchons un magnifique poisson de savane, un counani. M. Jules Gros faisait du naturalisme symbolique, sans doute sans le savoir, en fondant son ordre de l'Étoile de Counani : le counani a l'extrémité de la queue ornée d'une superbe étoile d'un noir moiré qui éclate avec orgueil sur les belles écailles jaune d'or du noble poisson.

Sortis du Camopi, nous arrivons en deux heures au premier village oyampi de l'Oyapock, celui de Petit François, au saut Coumaraoua. Ce village se compose d'un carbet ayant pour tout canot une coque de pêcheur. Gnongnon m'abandonne là et part avec tous ses hommes et les deux meilleurs pagayeurs de Mécro. Je ne m'attendais pas à cette défection. Je lui ai pourtant rendu beaucoup de services, à ce Gnongnon. Il est vrai que c'est souvent le plus sûr moyen de se faire un ennemi. Mécro continue le voyage parce qu'il ne veut pas qu'on dise qu'après avoir chaviré à Galibi il a déserté à Coumaraoua.

Petit François prendra quelques colis dans sa coque et prêtera un couroumi à Mécro. On ira lentement. Toutefois, en six jours, on sera probablement à Viritou.

Il faut poursuivre avec nos médiocres équipages. Je n'en suis nullement contrarié. Je me suis même réveillé tout joyeux. Il est des matins où, en dépit de tout, le cœur s'emplit d'allégresse. Les motifs de nos joies, pas plus que ceux de nos peines, ne sont réellement sérieux. La digestion, un souffle qui passe, un souvenir, une page lue ou écrite ont une grande influence sur notre nature morale. De même qu'on a des haines et des affections qu'on ne s'explique pas et qui sont parfois les plus tenaces, ainsi les ennuis les plus sombres et les joies les plus vives n'ont souvent pas la moindre raison d'être.

Exemple. Hier au soir, je rêvais sur les rochers de Coumaraoua, couché sur le dos, les yeux aux étoiles. Nuit de lune, ciel voilé. Je regardais là-haut cette mauvaise terre morte qui se promène inutilement autour de nous. La terre, pensais-je, sera un jour comme cela; peut-être l'humanité sera-t-elle surprise en pleine vie par quelque convulsion intérieure du globe et stéréotypée tout entière dans le néant comme par une photographie instantanée, comme à Pompéi. Ce serait curieux. Eh bien, cette idée fantasque autant que funèbre, jointe à celle que Gnognon était un méchant homme, me plongèrent dans le ravissement. Après cela passez donc votre vie à tendre des pièges pour attraper le bonheur! Ce peu de gaz condensé que nous sommes, vaut-il donc qu'on s'occupe tant de soi! De même pour les idées. Il n'en est de si absurde en apparence qui ne se puisse soutenir par d'excellentes raisons. On peut sans hésiter se conduire au hasard, bien certain que tout ce qu'on pourra faire se trouvera toujours bon par quelque côté. Tant mieux pour qui a des opinions contradictoires, sa conduite ne sera pas en contradiction avec ses principes, ce qui lui vaudra l'estime des gens qui croient que c'est arrivé.

Pour tous ces motifs et pour d'autres encore je suis, au fond, enchanté de tous les ennuis et de tous les désagréments qui me surviennent : ce doit être très heureux par quelque côté que je ne connais pas. Poursuivons donc avec notre vieille gaieté.

Nous grelottons sous l'averse continuelle. Les efforts que font mes pauvres pagayeurs pour traverser les courants doublés ne suffisent pas à les empêcher de claquer des dents. Nous avons le ventre vide : la chasse n'a pas été bonne aujourd'hui. La vie semble avoir cessé dans la forêt : pas un singe, pas un lézard, pas un oiseau. Par ces pluies torrentielles, chacun reste chez soi, les oiseaux sous les épaisses feuillées, les singes sous les grosses branches, les lézards sous les larges feuilles des plantes grasses. Les poissons eux-mêmes résistent à toutes nos invites; on a beau les amorcer avec leurs plus succulentes gourmandises, l'aroua, l'ouiraone, le génipa, le gland : rien ne mord. Nous sommes seuls dehors, canotant péniblement, contemplant, pour nous distraire, les masses des deux rives confuses et voilées de pluie, et les têtes des patayas émergeant de la rivière pleine. On ne cesse de regarder en l'air, dans la pluie qui remplit les yeux, mais les arbres sont si touffus, si feuillus, que le gibier pourrait être là, à deux mètres, sans qu'il fût possible de le voir.

Marmite vide, point de plaisir. Le canot est recouvert d'une toile goudronnée qui préserve les marchandises de la pluie sinon de l'humidité et de la moisissure. Ce *prélart* fait l'effet d'un drap mortuaire sur un cercueil. Mes canotiers créoles, ordinairement habillés, ne gardent qu'un morceau de toile entre les jambes : il n'est rien de laid comme un homme civilisé qui se met tout nu. On déjeune dans le canot vers dix heures, on mange froid, la graisse en caillots emplit la bouche d'une odeur rance.

On s'arrête, le soir, à l'embouchure de quelque petite crique pour avoir une eau plus limpide. Le canot est attaché à un arbre afin qu'il ne soit pas entraîné par le courant. C'est là qu'on va dormir. L'eau rapide qui s'écoule entraîne la blanche écume du thalweg du ruisseau. La cigale chante tout près de nous. Sous ces latitudes la cigale, qui n'a pas à craindre la bise, chante l'hiver, chante l'été, chante le matin, chante le soir, chante toujours. Et cela fait rêver à des pommiers dans des moissons.

On construit les carbets. Ce sont de minuscules hangars à hauteur d'homme, juste assez grands pour qu'on puisse y amarrer un hamac. Il en est de rectangulaires et de triangulaires, d'horizontaux et d'inclinés. On les couvre de feuilles de carana, de maripa, de pinot, de tourlouri, de bâche, de ouaye, de balourou. Cela peut résister une quinzaine de jours.

Le carbet terminé, j'installe mon portemanteau. Devant mon hamac, à l'abri de la pluie, je plante un piquet et j'y attache ma lanterne. Couché, je lis, ou bien j'écris quelques notes au crayon sur mon calepin. Mais la pensée sécrète mal : avez-vous remarqué que les idées viennent surtout du porte-plume? Souvent je m'endors à minuit, par habitude. Si je ne travaille pas, je rêve, je m'inquiète, je me tourmente, je me tracasse, je m'applique à me rendre malheureux.

J'ai sous la main mon pantalon et mon paletot suspendus par des ficelles à une traverse du carbet; à côté, mon sac de voyage, mon fusil, mon sabre, ma couverture. Je suis dans mes meubles. En chemise de flanelle et en pantalon, on jouit d'être à sec dans un filet de coton. C'est la seule jouissance de la journée avec celle de pouvoir fumer sa pipe à l'abri. Le soir on mange chaud, assis par terre sur des feuilles, avec de l'eau bien fraîche et

SUR L'OYAPOCK. — L'AVERSE CONTINUELLE.

des piments bien forts pour régal apprécié. Parfois il arrive que nos cordes de hamac, pourries, cassent tout à coup dans la nuit, nous déposant à terre fort brutalement. Alors on étend le hamac et on dort sur les feuilles humides. A six heures, debout; tout le monde va se baigner à la crique, pêle-mêle, sans façon; puis je reprends mes vêtements mouillés de la veille. On embarque. Si les hommes n'ont pas bien fait leur quart pour jeter l'eau pendant qu'ils dormaient, le canot s'est rempli. Il coulerait s'il n'était toujours tiré un peu à terre.

Une petite bibliothèque de voyage — oh! bien sommaire — est indispensable dans une mission d'études. J'emporte quelques vieux ouvrages sur le pays et les régions voisines, ainsi que deux ou trois savants traités sur les races indiennes de l'Orient américain. Je me permets généralement aussi un peu de philosophie et d'histoire, et quelque volume de poésie choisi pour être mon bréviaire pendant deux ans. Lisons des vers pendant qu'on en écrit encore; nous ne serons peut-être pas encore défunts que cet article aura déjà disparu du marché. Et la littérature elle-même s'en ira. Elle n'est déjà plus qu'un délassement de mandarins. Tous les genres dits littéraires s'industrialisent, l'art est fini. Et l'« article » dit littéraire ne tiendra pas lui-même longtemps encore, sauf peut-être le théâtre. Mais le club et le cirque remplaceront un jour tout cela, et bientôt personne ne lira plus que ses journaux et des traités sur sa partie.

Mais peut-être qu'à cette époque la greffe dentaire aura réalisé les promesses de ses prospectus actuels, ce qui serait une compensation sérieuse à bien des privations intellectuelles. C'est une chose terrible que d'avoir de mauvaises dents. On ne saurait être bien difficile sur ses menus quand on a mangé des fourmis et des crapauds, mais l'apprêt des viandes et du poisson est pour moi de la plus grande importance : je ne digère bien que ce qui est bouilli au point d'être réduit en charpie.

On ne saurait croire combien je souffre moralement de la mauvaise qualité de mes molaires. Très épris de l'idée de perfection, de sainteté laïque, je sens que je n'y pourrai jamais arriver sans le secours d'un dentiste, ce qui est humiliant pour le libre arbitre et la volonté. Les mauvaises dents font les mauvaises digestions, et les mauvaises digestions font le caractère inégal. Du jour au lendemain on arrive à se dérouter soi-même : on est tantôt très violent, tantôt très doux, tantôt très vindicatif, tantôt d'une mansuétude infinie. On est hargneux, on a des emportements ridicules, on prend précipitamment des résolutions extraordinaires, et la réflexion sensée ne vient parfois que deux ou trois jours trop tard. Je gagerais que la plupart de nos étoiles de la politique, les grands destructeurs de ministères, doivent leurs succès à une dentition exceptionnellement déplorable. Il y a plus de philosophie qu'il ne paraît dans l'étude de la dent humaine.

Le 28 janvier, nous entrons dans le district de Viritou.

Le soleil luit sur ce dernier jour, il luit au sein d'un azur de ciel d'été.

Soleil, qui as attendu les dernières heures de ce voyage d'un mois pour te montrer enfin dans tout l'éblouissement de ta beauté; soleil que j'aime plus que la mer, plus que les plus troublantes harmonies, est-ce pour me dire d'espérer que tu donnes aujourd'hui cette fête à la nature?

Mécro le croit. Pour lui, le soleil a son âme, son *piaye*, comme les hommes, les singes, la forêt, la mer, les rivières.

Non, Mécro, le soleil n'a pas d'âme. Prodigieux incendie cosmique, notre père, qui tourne à travers les profondeurs de la Voie Lactée, pour nous chétif hôte de hasard de la Terre, habitation de hasard, le soleil est le dieu visible, le Tout-Puissant; mais il n'a pas d'âme. Il n'est que le poteau d'où partit le quadrige. D'autres combinaisons de matière que la nôtre ne peuvent pas penser. Ce singulier et décevant monopole est acquis à la seule humanité. Un pauvre roseau pensant peut élever vers lui ses impuissances non résignées, mais lui il n'est qu'un feu follet splendide éclairant un pauvre petit coin de la nuit éternelle et sans bornes, où tournent sans fin les poussières cosmiques qui accomplissent le grand mystère, ou qui, peut-être, n'accomplissent rien du tout. Il est heureux qu'il n'ait point d'âme, le soleil, car il souffrirait de se voir révéler, par l'analyse spectrale, la presque absolue identité des matières qui le composent avec celles composant ces autres soleils tournant aussi et d'après les mêmes lois, dans d'autres recoins de la grande demeure sans maître. N'est-il pas triste de sentir que l'infini manque de variété, qu'il est identique partout, monotone, ennuyeux! Ou bien, peut-être, le soleil et les quatre cent millions de voisins que nous lui avons découverts, ne sont-ils qu'une illusion qui gît au fond de notre œil. Non, Mécro, le soleil n'a pas son *piaye*, il n'a pas d'âme; l'homme seul, le singe peut-être; mais ce gigantesque et triste feu de joie dans le vide, non. Soit que cette Terre, sa chair, ait été jadis un petit soleil qui maintenant s'éteint, soit au contraire qu'elle se prépare à s'enflammer pour produire à son tour une photosphère immense et radieuse, le soleil, notre père très grand, n'a pas d'âme, car l'âme est en communion avec le malheur et avec l'enfance. Nous lirions la Vérité dans ses rayons, nous, la chair de sa chair; nous noble et malheureux produit des forces fatales qui ont tout pétri; nous éphémères et infimes qui élevons notre pensée au-dessus de l'espace et du temps; nous qui accomplissons une destinée si ironique et si grotesque dans cet infini restreint et banal où nos ambitions sont enchaînées.

Nous ne sommes rien, Mécro, et rien n'est rien. La Vie n'est qu'un accident, et la Pensée moins encore, au sein du Néant qui contient tout sans le savoir.

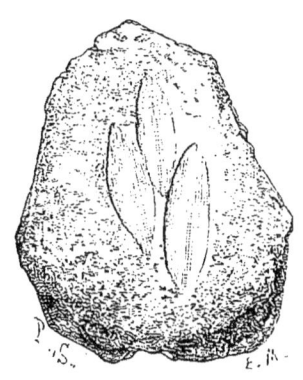

POLISSOIRS (P. 398).

VILLAGE DU CAPITAINE FRANÇOIS.

CHAPITRE XVIII

ARRIVÉE AU VILLAGE DE VIRITOU. — LE CAPITAINE FRANÇOIS EST INTERVIEWÉ. — JE BATIS. — MIMI. — LA VEUVE DE LA PLEINE-LUNE ET FRANÇOIS II. — NOS RAISINS. — JOIES DE MENDIANTS. — CACHIRI DE FAMINE. — QUAND ILS MEURENT DE FAIM, ILS S'ENIVRENT. — LE CAPITAINE FRANÇOIS N'EST PAS UN « STRUGGLEFORLIFER ». — UN VIEUX PHILOSOPHE SAUVAGE. — MÉTÉOROLOGIE AU PINCEAU. — LES MONARQUES ET LES EXPLORATEURS. — DISRAELI ET LA BRUYÈRE. — LA JOIE DE VIVRE. — COMME QUOI LES VOYAGES DISPOSENT A LA GAIETÉ. — L'EXOTISME. — DE VIRITOU A MOUTOUCHY. — PARTIE DE PLAISIR. — ÉTATS D'AME SOUS LES PLUIES ÉQUATORIALES. — OÙ NOUS REFAISONS CONNAISSANCE AVEC UN ASSASSIN DES PLUS SYMPATHIQUES. — FÊTE DE FAMILLE. — PAYSAGES DU MATIN. — LES AGAMIS FAMILIERS. — TRAVAUX DOMESTIQUES : CASSAVE, COUAC, CACHIRI. — NOTRE GRANDE PIROGUE. — DÉPART POUR MOTOURA.

Ils sont partis ce matin, Mécro, sa femme, sa fille la belle Nicou, Perdrix et les autres. Seuls, maintenant, Laveau. Seuls, d'humeur peu joviale, de pensers peu joyeux, au milieu de ces sauvages à l'âme fermée, au milieu de cette formidable nature muette et hostile. Comme elle est morne, par ce jaune coucher du soleil, cette rivière où la vie humaine ne circule pas! Comme elle serre le cœur, cette solitude où l'homme primitif, nu, affamé et rare, erre dans les vagues sentiers sans issue de l'infranchissable Forêt vierge!

— Résignons-nous. Le capitaine François nous consolera.

Ce n'a pas été un événement que l'arrivée au village dudit capitaine François. Nous apercevons d'abord, rive française, un coteau défriché plein de manioc, au milieu, quelques toits de feuilles de palmier. C'est le village. Du dégrad, nous tirons deux coups de fusil, selon l'usage. Personne ne nous répond. Nous grimpons un sentier à pic, des chiens aboient furieusement, se précipitent sur nous et font mine de vouloir nous mordre : préface et symbole de l'hospitalité dans cet heureux village.

Nous voici au cœur de la place. Deux ajoupas enfumés, dans le goût de nos carbets de voyage; deux petits hangars sur pilotis, dans le style de l'oca oyampie, et une oca plus grande en construction; les cinq hangars épars sans ordre en pleines cultures, sans le moindre défrichement pouvant donner l'illusion d'une place publique : cela, c'est le village de Viritou.

Tout le monde est dans les hamacs. Seul, sous l'un des ajoupas, un gros vieillard bedonnant et adipeux se tient debout, vêtu d'un calembé et d'une flanelle : c'est François, le capitaine François, seigneur de céans. Il ne bouge, ne fait une enjambée au-devant de nous, nous laisse prendre nous-mêmes les tabourets du pays, les rustiques *apoucas*, et se laisse arracher comme avec un tire-bouchon les renseignements dont j'ai besoin. Il est impossible de rendre le charme spécial de sa conversation pesante, épaisse, visqueuse, avec de brusques éclats perçant péniblement sa croûte molle et flasque, comme une éruption demi-ratée d'un petit geyser.

« Ah ! dit-il, je suis malade, j'ai la fièvre. Tu ne vois pas que tout mon monde est mort? L'autre été, quand tu es passé, nous étions beaucoup : eh bien, ils sont tous morts. C'est pour ça que j'ai quitté mon vieux village. Le grand Zézucri, le Caïcouchiane, il est mort. La Pleine-Lune, l'autre Caïcouchiane, il est mort. La plus vieille femme de mon neveu Petit François, celle qui n'avait pas de dents; la femme de mon filleul Pierre, tout est mort. Et deux enfants avec, ou trois, je crois,... non, deux, oui, deux ou trois enfants, tout, tout est mort. Ah ! le vent soufflait ! il arrachait les cannes à sucre et les bananiers; il soufflait : c'étaient des gens d'en bas ou du Yary, qui m'envoyaient la maladie. Une grande dysenterie : en deux jours, ah ! on était mort. Moi-même j'ai manqué mourir; et ma petite femme aussi. Tout ça, c'est pas bon.

« Il n'y a pas de canot, rien que de mauvaises petites coques pour pêcher. Mais j'ai déjà abattu un arbre pour faire une grande pirogue à bordages. Si je n'avais pas la fièvre, mon canot serait vite fait, si Matourin était là. Mais Matourin est parti. C'est moi qui l'ai envoyé : il est allé chez ces gens, au fond des bois, là-bas, chez Acara, chercher mon payement. Je leur avais donné des camisas l'autre été. Il y a deux mois qu'il est parti. Oh! oh! peut-être qu'il ne sera pas longtemps à revenir. C'est lui qui le sait. Ah! si Matourin était là! C'est un homme, oui, Matourin! Il n'y a rien à manger : Matourin n'est pas là. Moi je suis vieux. Quand j'étais jeune, je tuais des pécaris, des biches, des singes, des hoccos, toute espèce de bêtes. Mais je suis vieux maintenant; il n'y a rien à manger.

« Il y a du manioc, il y en a beaucoup; mais il est trop petit, il ne sera bon que dans six mois. Maintenant on mange le manioc de Petit-Zozeph. Il n'y en a pas beaucoup. Tu ne le vois pas là-bas, le manioc de Petit-Zozeph? Regarde, le voici : on pourrait te faire un peu de couac; mais les femmes ne savent pas faire le couac. Ah! ma défunte femme! elle était aveugle; il lui fallait un couroumi pour la mener au dégrad. Elle ne voyait pas, rien. Mais elle savait bien faire le couac. Toutes les femmes que j'ai eues savaient faire le couac. J'en ai eu sept depuis que j'ai commencé à me marier. Elles sont toutes mortes. Aujourd'hui ma petite femme est trop petite pour travailler; mais elle sait faire le couac. Cette vieille maman que tu vois là, qui bavarde tout le temps, c'est la mère de Petit-Zozeph. Elle sait bien faire le couac, mais elle s'en va à Coumaraoua. J'ai essayé de la garder pour ma femme; mais, bah! elle babille trop. Sa fille aussi, qui est mariée avec mon filleul Pierre, depuis que la grande maladie de l'été dernier lui a pris sa femme; elle connaît travailler le couac; mais elle va s'en aller aussi à Coumaraoua; mais elles reviendront. Puis ma petite femme travaille un peu, comment donc! Quand le couac sera prêt et mon canot fini, nous irons dans les rivières avec Matourin et mon filleul Pié, quand ils seront ici. »

Voilà qui s'annonce mal. Je demande à Mécro s'il veut me conduire à Moutouchy, chez Pierre, fils de Raymond, à trois jours d'ici. Refus formel. Je cherche une pirogue et deux hommes pour me conduire; ils ont reçu le mot d'ordre; on m'ajourne aux calendes. Force m'est bien d'attendre. Peut-être le vieux François va-t-il tout de même se mettre activement à son canot et faire faire par sa petite femme le couac dont nous avons besoin.

Pour mettre mes bagages à l'abri, je fais édifier une petite *oca* de ma façon, un peu plus grande qu'un carbet de voyage. C'est une bâche en feuilles de ouaye, appuyée sur un plancher de lattes élevé d'un mètre et demi du sol. Il y a place pour nos deux hamacs et un colis, et je suis le mieux logé du village.

Un couroumi à notre service et nous sommes comme des seigneurs. Le boy a une chevelure de femme et s'appelle Mimi. Son père, enlevé par l'épidémie de dysenterie de l'été dernier, était le grand Caïcouchiane Piripi, appelé Zézucri par le vieux François, je ne sais pour quel motif. Zézucri était veuf. Mimi est orphelin. Il est maigre. Il sait à peine faire bouillir le poisson, mais il a faim. Il accompagne dans le bois, non qu'il sache siffler le gibier, mais parce qu'en sa qualité d'Indien, il est censé le mieux voir dans les feuillages touffus de la forêt d'hiver. Il a entendu un agami; il court dans sa direction. Soudain il s'arrête : il a senti un pou dans sa longue chevelure, il le cherche, le prend, le regarde, le croque; puis reprend sa course.

Le pauvre petit, en sa double qualité de Caïcouchiane[1] et d'orphelin, était assez durement traité par les gens d'ici, qui lui faisaient faire le plus de besogne possible et le nourrissaient comme on peut penser, n'ayant le plus souvent eux-mêmes rien à se mettre sous la dent.

Mimi a une sœur de son âge, dix à onze ans, et un frère d'une quinzaine d'années, qu'on a marié à la veuve de la Pleine-Lune. Cette veuve est une grande et robuste femme de trente-cinq ans, carrée, trapue, aux larges flancs, aux cheveux crépus et au regard sombre, vrai cheval de bataille à qui un vigoureux cuirassier conviendrait bien mieux que son pauvre petit François II de mari, qui a l'air tout navré.

On comprend que Mimi ne devait pas être très heureux dans cette famille. Aussi comme il est enchanté d'être avec nous! comme il est caressant! Il ne peut se tenir de venir, dix fois par jour, s'appuyer sur notre épaule, nous serrer le bras contre sa poitrine et nous témoigner sa reconnaissance par toutes sortes de mines et attitudes de petit singe qui fait l'expérience que les hommes civilisés ont du bon. Gratitude gastrique, c'est le ventre qui parle spontanément. Mais cette reconnaissance-là n'est pas de plus longue durée que les autres. Encore quinze jours, et le couroumi Mimi, engraissé, bien en chair, se moquera de nous comme de son premier collier de perles.

Ce n'est pas qu'il fasse toujours bien bonne chère avec ses nouveaux maîtres, le pauvre boy. Le vieux François avait raison : c'est bien là le village où il n'y a rien à manger. On se nourrit assez souvent de cassave sèche ou trempée dans l'eau. On n'a pas même la ressource du classique bouillon de piment; il n'y a pas de piments au village. On dévore des

---

1. On prononce indifféremment Caïcouciane ou Caïcouchiane.

fruits sauvages, des *caroumans* et des *ouiraounes*, les graines de la forêt qui ressemblnet le plus au raisin, oh! de loin! de bien loin!

Peu de gibier aux alentours, peu de poissons dans la rivière. Nous allons tous à la chasse ou à la pêche : nous secouons ces fainéants. Parfois on fait une bonne chasse, et cela procure une douce joie, une joie de mendiant qui a fait une bonne journée, que de pouvoir se dire : Nous avons enfin sur le boucan de quoi manger pendant deux jours.

Mais souvent la mauvaise chance est tenace. Quand on est deux ou trois jours sans rapporter rien qui vaille, je détermine, à prix d'or, les femmes à faire du cachiri. C'est le cachiri de la famine. Alors les Indiens s'enivrent pour se consoler. Pour nous soutenir, nous buvons quelques couis de leur peu ragoûtante boisson ; parfois un peu plus que le nécessaire, pour ne pas trouver par trop écœurant le spectacle de leur orgie abrutie et sale. Tous nos ivrognes, le visage barbouillé de roucou, ce qui leur grossit les traits et les enlaidit à plaisir, viennent danser autour de nous. Ils nous tendent avec obstination, dans quelque coin très malpropre, le fatal cachiri. Puis, pensant nous être agréables, ils se mettent à nous baragouiner, dans le peu de créole et de roucouyenne qu'ils savent, des choses quelconques, insignifiantes ou idiotes. L'Indien ivre a la rage d'être polyglotte. Nous répondons par quelques monosyllabes, rudoyant doucement les assaillants et nous en débarrassant comme nous pouvons. Toute la nuit ce sont des danses titubantes et des chants éraillés. Le lendemain, oubliant la faim, les danseurs restent dans leur hamac, inertes, demi-morts, somnolents, sans parler, la tête pleine des fumées d'une ivresse mal dissipée, rendus, hébétés, stupides, heureux.

Ce village est le village où l'on ne peut rien faire : le canot est à peine commencé. Pas de farine de manioc. Presque tous les hommes ont la fièvre. Le vieux François travaille un jour à sa pirogue et se repose trois. On n'entend que des voix nonchalantes, traînantes, exaspérantes.

Ce village est d'une incurie qui n'a pas de nom. Bien qu'il se trouve une assez grande quantité de manioc mûr, la cassave manque quelquefois; les femmes ne prennent pas la peine d'en faire. Le plus souvent les hommes ne vont pas à la pêche. Ils passent la journée dans le hamac, se balançant avec élégance en regardant passer les nuages; ou ils dorment. Quand nous avons quelque chose, tout le village vit de nos reliefs.

Ils ne se fabriquent même pas leurs arcs, leurs flèches et leurs hamacs, qu'ils vont acheter chez les Oyampis des montagnes avec les quelques marchandises que leur donnent les créoles pour les oiseaux privés qu'ils leur apportent. Ces allures languissantes, cette nonchalance, cette paresse nous énervent, nous crispent, nous donnent la fièvre, nous laissent courbaturés comme si nous avions fendu du bois toute la journée.

Le papa François, lui, ne s'ennuie aucunement. Il est dans son train de vie habituel. Il n'a nulle inquiétude dans l'esprit. Il est ici dans son Paris. Il a son vaste domaine autour de lui : ces forêts sans fin, ces innombrables rivières, sont ses parcs et ses viviers. Sa cave, c'est l'auge à cachiri. Il est dans la situation d'un grand propriétaire insouciant qui n'exploite pas, mais qui est satisfait. Il a aujourd'hui une grande oca presque finie. C'est son Chenonceaux, c'est son hôtel des Champs-Élysées. Et il est sûr d'avoir tout cela tant qu'il vivra. Il se fait vieux, il est vrai; mais ses neveux l'aideront un peu, comme il a aidé lui-même ses parents infirmes. Et il mourra chez lui, dans ses terres, entouré des siens, aimé, car, en somme, il est bon; respecté, car il en sait toujours un peu plus long que les autres, en sa qualité d'homme ayant beaucoup vécu. Pas de tribulations, pas de hauts ni de bas dans sa vie; pas d'aspirations irréalisées; pas de désirs, de besoins qu'il n'ait satisfaits; il a le cœur content et l'esprit tranquille. Il ignore absolument le « Je n'ai souci que de chimères » et les tourments de la maladie métaphysique. Il est heureux là où nous rongeons notre frein.

Aussi, quelle vie pour un civilisé! Vie monotone, plate, absurde. Pour seul incident, la pluie. Le tantôt, un orage sourd. Le ciel est teinté de toutes les nuances qui vont du jaune de bile au noir de suie. C'est, à l'heure la plus chaude de la journée, un crépuscule livide. Quelque chose de sinistre semble se préparer là-haut. L'inquiétude pèse sur la terre, une langueur indécise emplit le cœur. Quelques coups de tonnerre, l'averse, puis un brouillard froid sous de rapides nuages énormes et blêmes qui se pourchassent dans un ciel trop étroit.

Ensuite la nuit, une nuit muette, muette comme le néant. Qu'on juge du calme nocturne dans un village du désert toute la journée silencieux. On enfonce dans la nuit et dans le silence comme dans les abîmes du vide. Soudain quelques cris de jeunes chiens qui se querellent un instant, puis tout rentre dans la paix profonde, vaste, sans limites. Un courant froid traverse notre hangar ogival ouvert par ses deux extrémités aux vents dominants. Dans l'horreur sacrée de la solitude absolue, on se trouve en tête-à-tête avec soi-même, au sein de l'infini endormi et comme mort. C'est l'heure où les secrètes hontes, les vieux ridicules, les maladresses oubliées, le souvenir des actions mauvaises, viennent mordre le cœur.

Le vent nocturne, froid et chargé de pluie, s'avance des lointains de la forêt vierge et vient bientôt étouffer le bruit de la chute voisine. Puis l'averse tombe par saccades. C'est d'abord le grésillement de la pluie sur les feuilles de notre toit. Et cela cesse un instant; on n'entend plus qu'un grandiose ronronnement qui remplit l'étendue. L'averse appelle à elle toutes ses forces avant de livrer un assaut décisif. La voici, furieuse. Elle siffle, dans un bruit de tonnerre. Ses fumées nous envahissent, s'engouffrant avec violence sous notre hangar où lutte pour la vie la lueur vacillante d'une bougie qui s'affole dans une lanterne disloquée. Pas un mot, ni entre Laveau et moi ni parmi les Indiens; hommes, chiens, oiseaux de nuit, tout se tait devant la majesté de la grande voix de la tempête, voix triste, formidable et sublime. Il circule un frisson. Dehors, cela hurle dans le noir. Notre toiture ébranlée est criblée par des coups précipités et drus d'une pluie massive qui s'acharne. Bougie éteinte, ouragan qui crie, se plaint et menace, pluie en avalanche, humidité qui glace les os : la vie est mauvaise, voyageur; livre ton âme aux vains regrets et aux larges tristesses et, dans ton hamac, enfoui sous ta couverture, réfugie-toi dans le sommeil qui efface tout, comme la mort.

Au réveil, l'ennui.

Il paraît que dans le métier de monarque il est nécessaire de savoir s'ennuyer; il en est de même dans celui d'explorateur. Attendre dans quelque pauvre village indien où vos hommes vous ont laissé, attendre que les trois éléments indispensables du voyage, le canot, les hommes et la farine de manioc soient prêts; attendre un mois, deux mois, au milieu d'indigènes dont on a pour ainsi dire fait le tour en quelques heures; attendre en souffrant souvent de la faim, sans aucune distraction, sans aucun excitant, sans nul sujet d'étude, seul avec soi-même, et attendre ainsi sans rien pouvoir hâter : telle est la vie. Mais on finit par s'attacher à un ennui dont on a la longue habitude. Quand le sort a toujours été dur pour nous, nous redoutons tout changement, nous n'aimons pas à faire de nouvelles écoles. On arrive à se tenir à son mal, de peur de pire, à s'y accoutumer, à l'aimer. L'ennui, vieux et fidèle compagnon, finit par nous procurer certaines réjouissances mélancoliques qui en valent bien d'autres. Si je me voyais jamais heureux quinze jours de suite, je prendrais peur. Savoir s'ennuyer, savoir attendre, savoir être déçu : tels sont les trois termes de la sagesse humaine.

J'entends d'ici la voix respectée de mon professeur de philosophie qui me fait remarquer que l'ennui est entré dans le monde par la paresse; un autre, plus moderne, dit que si on s'ennuie, c'est qu'on manque d'imagination. Mais ni l'aphorisme de La Bruyère ni la boutade de dandy de l'écrivain anglais ne me convainquent entièrement. Je veux bien que le meilleur moyen de ne pas s'ennuyer soit de travailler ; encore est-ce bien sûr ? Je crois plutôt que ce serait de s'amuser. Voyez là-dessus le sentiment de Pascal. Et encore il y a ceux que s'amuser n'amuse pas. L'homme n'est pas toujours un animal si facile à divertir. Et le travail ? Cela ne m'empêcherait pas de m'ennuyer que de travailler douze heures par jour dans une filature, ou de copier des minutes chez un notaire, ou même d'enseigner, ce qui est pourtant mon métier, métier pour lequel j'ai pris titres et engagement. Il faut que le travail intéresse, plus encore : qu'il passionne, qu'il allume le sang, pour qu'il tienne l'âme heureuse. Mais est-on libre de se choisir du travail selon sa vocation ? En admettant même qu'on se livre à un travail qui passionne, ce travail ne peut absorber vingt-quatre heures sur les vingt-quatre ; le corps humain, l'âme humaine ne sont pas des machines infatigables, il leur faut du repos, et c'est pendant ces moments de repos nécessaire que l'on s'ennuie, et à plus forte raison pendant les repos forcés, comme celui dont je jouis à Viritou, repos forcé plus terrible cent fois que les travaux forcés. Personne ne s'ennuie toujours ; on s'ennuie quand on y pense, et cela n'empêche pas d'être heureux. Pour ce qui est de l'excellence de l'imagination pour emporter le « vague de l'âme », il faut s'entendre. Si on est naturellement facile à « divertir », l'imagination procure des plaisirs sans nombre ; si on est naturellement triste, elle est ingénieuse à créer de nouveaux sujets de souffrance morale. C'est l'excès d'imagination qui a développé chez les modernes le pessimisme et le dégoût. On imagine trop, on ne sait pas se contenter de la vie réelle qui est la vie de la brute. Lorsqu'il n'y a que l'animal dans l'homme, l'animal n'est nullement triste, pour peu qu'il ait à boire et à manger. Un balourd ne s'ennuie pas. Puis je voudrais bien voir Disraeli et La Bruyère à ma place, ici, pendant quinze jours. D'ailleurs je ne plaide ni pour le vénérable romantisme ni pour le pessimisme déjà démodé, je constate simplement un fait qui se passe à l'Oyapock.

Il est cependant vrai, tout de même, que le milieu intellectuel dans lequel nous avons été élevés, nous autres nés au couchant de ce siècle, n'est pas de nature à nous rendre extrêmement gais. Nous avons été élevés dans toutes les négations. Et maintenant notre raison se refuse à croire quoi que ce soit. Ceux qui écrivent font les ironistes, ceux qui parlent font les persifleurs, mais tout cela est du bout des lèvres et du bout de la plume ; que sentent-ils dans le tréfonds de leur âme? On nous parle, il est vrai, de l'amour de la science et de l'humanité, amour qui constituerait une religion nouvelle. Cela est admirable ! je fais bien mes compliments à l'heureux homme qui peut combler avec des Congrès anti-esclavagistes et des bulletins de sociétés savantes le vide laissé en son cœur par un Dieu banni et l'éternité perdue. Ils sont heureux ceux-là. Ils croient qu'il s'élabore dans l'univers quelque œuvre mystérieuse et bonne. Ils ne sont pas éloignés de prendre au mot la facétie du philosophe et d'admettre qu'un jour l'homme puisse fabriquer Dieu. Des croyances positives, voilà ce qui nous manque. La prière, la messe, les autodafés, les sacrifices humains ont donné à l'humanité les plus intenses de ses joies. Heureux ceux qui croient! au progrès, à Yaveh, au Christ, à Vichnou, à Youroupary, aux loups-garous, qu'importe ! Quand on croit, dans la vie on est assis sur un rocher. Au lieu que tout fuit, tout se dérobe sous les pieds de nos philosophes. Voyez : pour eux l'univers n'a ni cause, ni but, ni sens ; le beau, le bien, le juste ne sont que des conventions inconsistantes et variables ; la vertu est une duperie, la morale un leurre, la vérité n'est que le postulat le plus généralement admis ; la science, en reculant les bornes de nos connaissances, ne fait qu'agrandir le périmètre au delà duquel commence l'inconnu qui s'étend de plus en plus à mesure que nous savons davantage; l'univers est ténèbres, l'homme est impuissance, tout est incompréhensible, indifférent, quelconque. Dites-moi si cette doctrine ne mène pas tout droit au dégoût de tout. Je sais que la conclusion logique pourrait être aussi bien de s'étourdir de son mieux, comme on peut, chacun à sa guise. Cela n'est pas neuf! c'est le rêve de chacun, que personne ne réalise. Quand on place trop haut l'idéal de la vie, on a de grandes chances d'être malheureux ; mais celui pour qui la vie ne saurait avoir de but sérieux, puisque tout est quelconque, celui-là aurait tout ce qu'on peut avoir, il serait tout ce qu'on peut être, sa vie pourrait être bizarre, étrange, extraordinaire : il vivrait triste pour peu qu'il ne soit pas né très joyeux ou très borné.

Ensuite, en dehors de l'éducation intellectuelle, des prédispositions de l'individu, il y a les conditions dans lesquelles la vie s'accomplit. Il est de ces existences où il est réellement difficile d'être souvent jovial. Toutes les professions ne comportent pas, chez celui qui les remplit, l'âme épanouie d'un bon bourgeois. Chaque carrière a ses aspirations propres qui comportent plus ou moins de gaieté. Celui qui voyage parce qu'il ne voit pour soi rien autre chose, à quoi croyez-vous qu'il pense, le plus souvent ? Un fonctionnaire pense à l'avancement, un commerçant à la fortune, un jeune homme à l'amour; tous au bonheur. Soldat toujours en campagne, usé, sans âge, il n'y a pour le voyageur ni amour, ni bonheur, ni fortune, pas même de galon. Notez qu'il est moralement et intellectuellement un déséquilibré, un disloqué: cette vie d'exploration où la recherche des satisfactions matérielles les plus élémentaires alterne avec des travaux d'analyse souvent minutieux et parfois très abstraits, procure une âme dont la contemporanéité s'étend de l'humanité des cavernes à celle des âges futurs. Il lui semble parfois que des siècles lui pèsent sur la tête, et il pense avec une ironie intime au Moïse de Vigny et au Valmiki de Leconte de Lisle. Et c'est avec une obstination croissante qu'une image, toujours la même, vient se présenter à son esprit. Vanité de nos colonisations récentes : dans un siècle il n'y aura plus une colonie; vanité des créations d'États : dans quelques siècles il n'y aura plus de patries ; vanité de la science : une lanterne dans la nuit, faisant alentour la nuit plus noire ; vanité du succès. Les sorcières de Macbeth continuent à lui montrer leurs décevantes images; puis, c'est la dernière, la plus obstinée, qui revient, reste, s'installe dans son esprit, comme le Dieu adoré et redouté prenant possession de l'âme de l'ascète des solitudes. Eh bien, oui, il pense à ce qu'il peut trouver caché au prochain tournant de la route, à ce qui sera à la fois son avancement, sa retraite, sa fortune; à cette chose qui est la condition de sa gloire plus haute; il pense à la mort, ce sacrifice dernier, attendu, préparé peut-être, où son orgueil, son dédain, son dégoût, sa vertu si vous voulez, trouveront la suprême et dernière jouissance dans une illusion d'apothéose.

De bonnes âmes m'ont déjà fait remarquer qu'un observateur, un analyste devrait assurément trouver des jouissances infinies dans ce que nous appellerons, si l'on veut, la carrière des explorations. Je ne sais. Quelles perceptions nouvelles, quelles nouvelles jouissances de l'esprit pourrait-on bien en effet recevoir du monde extérieur ? Il me semble plutôt que si l'on n'est pas né entomologiste, ce qui frappe au contraire c'est l'immense uniformité de la nature terrestre et de l'animal humain dont les modifications peuvent se produire à l'infini, sans doute, mais seulement dans le domaine des infiniment petits. La vie et son décor, c'est toujours la même image d'Épinal, où qu'elle soit placée sur les murs nus de la cellule du condamné, image extrêmement peu modifiée quel que soit l'angle du rayon solaire qui la frappe.

Au moins ceux qui n'ont pas pratiqué l'exotisme ont-ils la ressource de s'imaginer que ce n'est pas partout la même chose. Moi, je suis convaincu qu'un voyage à vol d'esprit à travers les tourbillons de soleils et de planètes et jusqu'aux confins de l'infini ne tarderait pas à devenir aussi banal qu'une promenade au bois de Vincennes. Ils sont réjouissants, ces émotionnés à qui la vue d'un nouveau grisgris, d'une sauterie inconnue, d'un travestissement imprévu ou d'un ciel bleu de Prusse avec des palmiers, donne envie de jouir et de souffrir de la terre entière et fait vagir des effusions panthéistiques! S'ils y allaient voir de près, ils s'apercevraient qu'on peut s'amuser à se faire n'importe quelle âme, même celle d'un cannibale, sans sortir beaucoup de sa nature et sans se procurer des émotions ni bien nouvelles, ni bien vives.

Mais... assez de digressions : voici le départ.

20 *février*. — Un voisin de Pierre de Moutouchy, Édouard d'Ouronaïtou, l'hydropique, est arrivé ici aujourd'hui. Il vient faire du couac dans un abatis qu'il a au saut Viritou. C'est la délivrance; nous allons partir avec l'hydropique Édouard, Paapouirawe de son nom oyampi.

C'est une vieille pirogue de 4 mètres, faisant eau de toutes parts, qui va nous voiturer. Nous embarquons là dedans avec deux malles. On est chargé à affleurement. Édouard patronne, son couroumi et Mimi pagayent. Laveau jette l'eau d'un mouvement automatique. S'il s'arrêtait cinq minutes, nous coulerions. Nous voilà en bel équipage pour passer les sauts!

Les couroumis se démènent comme des diablotins. Ils donnent cinquante coups de pagaye à la minute et le courant les entraîne. Ils redoublent d'efforts et on passe. La pirogue a l'air d'une petite voiture traînée par deux caniches.

Il pleut. Mauvaise chasse. A cette époque, la forêt est grosse de toutes les poussées, de toute la végétativité de l'équateur; c'est compact, on ne voit pas le gibier. On laisserait tomber une épingle que nulle part elle n'arriverait à terre. Mauvaise pêche. Il y a trop d'eau, on ne voit pas de poissons; dans les sauts et sur la rive ils ne mordent pas à l'hameçon. Voyager l'hiver, c'est souffrir de la faim, vivre dans la moisissure des vêtements mouillés qui pourrissent, contempler, sans espoir de soleil, un ciel presque toujours ténébreux et fermé, distillant la maladie et le dégoût.

Nous sommes dans le tumulte des grosses eaux, il nous faut louvoyer toute la journée pour vaincre les courants.

Le soir, la pluie cesse. Il fait des éclairs. L'immobilité des feuilles est absolue dans le faux jour de ce temps d'orage ténébreux et cuivré. Des vols de petites hirondelles bleues et de petites chauves-souris grises rasent en tournoyant les eaux verdies par la réverbération de la forêt.

Nous dormons, notre journée faite, à l'embouchure du Samacou, riches d'un singe rouge que la Providence nous a octroyé.

Au réveil, on est tout joyeux : le mouvement suffit parfois. L'aube blanchit la rivière dont les écumes vont rapides comme des gens affairés. La pirogue, couverte d'un bout de prélart, est attachée par une liane à côté de mon hamac. Un hocco chante dans un îlot voisin. L'hydropique attise le feu sous le boucan où reposent les restes de notre singe rouge. Mon couroumi lave les assiettes. La marmite bout. On rit au sourire de l'aube en s'étirant dans son hamac. Je jouis de vivre sans payer de loyer et sans manger au restaurant.

Tout à la joie : vers neuf heures nous avons un peu de soleil.

Tombant en draperies du haut des grands arbres sur de vastes étendues, des lianes, vertes guirlandes, dressent sur la rive de mouvantes murailles. Ou bien ce sont de larges boutons d'or et d'éclatantes grappes blanches, fleurs innominées, avec des bourdonnements de mouches dans l'ensoleillement de ces fleurs sans parfum.

L'inga ou pois sucré émaille les feuillages de ses grosses gousses jaunissantes. Quand on n'a rien à manger, ce qui n'est pas rare à cette époque de l'année, on ronge, jusqu'à ce que la faim se taise, la pulpe cotonneuse et douce qui entoure l'amande non comestible de ce fruit singulier.

Et dans la contemplation des rives et la lutte contre les courants, la route se poursuit, monotone mais heureuse.

Le troisième jour, nous nous arrêtons à l'embouchure du Mouroumouroucing.

Après un maigre souper, un prompt et lourd sommeil tout d'une traite et des rêves pâteux, pendant une épaisse nuit noire. On rêve qu'on entend tomber une pluie fine, qui tombe en effet sur des espaces démesurés de la forêt vierge. Une douzaine de feuilles de carana protègent tant bien que mal les dormeurs. Pendant la nuit le fleuve montera et envahira notre ajoupa. Pas une flammèche au bivouac, le feu est éteint, tout dort, la pluie tombe, il fait noir. La forêt est assoupie sous l'immense grésillement froid. Il serait facile d'égorger ces voyageurs qui rêvent peut-être confusément qu'on les égorge, à en juger par les soubresauts brusques des hamacs. On entend quelques plaintes, lugubres dans cette nuit, dans ces déserts, dans cette pluie.

Le réveil est maussade ; on continue dans un matin somnolent la vie presque végétative du somme. Il faudrait du soleil, ou du tafia, pour secouer cette torpeur, pour se réveiller tout à fait.

Les pieds dans l'eau abondante que fait la vieille pirogue, on fume lentement, dans la mélancolie d'un matin froid et voilé, édifiant des rêves vagues dans le précipitement des coups de pagaye et le ronronnement des rapides. Ces rêves sont fuyants et doux. Ils sont honnêtes. La fumée de la pipe remplit la vie d'une mélancolique sérénité. L'homme qui fume une bonne pipe est un honnête homme.

Le soleil est un petit rond blafard dans l'épaisseur de la nuée grise.

Il est neuf heures. Il semble que la nuit tombe. Le cercle pâle du soleil a disparu. Ce gris, qui est le ciel, descend sur la terre. Dans ces demi-ténèbres d'éclipse, l'eau frangée des courants donne un sillon d'argent mat. L'écume blanche des flots, battue et solidifiée, reste accrochée en boule de neige aux branchages qu'elle rencontre.

La brise dort. Des oiseaux criards volent et se perdent dans la nuée voisine. Les couroumis s'arrêtent de temps à autre pour projeter avec leurs pagayes de l'eau sur les libellules, qui secouent dans la buée épaisse leurs ailes transies.

On voit fuir, s'évanouir comme dans un rêve le cours de la rivière qui s'enfonce tout droit dans le gris, très loin, à perte de vue, comme s'il avait sa solution dans l'infini. On remonte pourtant, avec beaucoup de lenteur, cette manière d'avenue, mais on est dans une indifférence inattentive et morne et l'on ne s'aperçoit même pas de la puissance de cette poussée qui cède partout aux efforts acharnés et soutenus de nos vaillants petits pagayeurs. Parfois, des angles brusques brisent la violence du courant. Une eau presque endormie serpente paresseusement dans le resserrement des rives. Les hautes futaies immobiles se mirent, la pluie passée, dans ce tranquille miroir que rien ne ride.

Le ciel est de cendre sale. Les astronomes extra-terrestres ne sauraient découvrir celui qui canote ici sous les brouillards de cette planète. Caché d'en haut par l'épaisse couche de vapeurs, d'en bas par les eaux, de chaque côté par les forêts immenses qui vont jusqu'aux océans lointains, à moi-même par la fugacité et l'incohérence de mes perceptions, j'échappe à tout ce vaste univers.

Brouillard gris, lumière d'éclipse, du vague partout, voici un nouvel élément de dissolution : la chaleur. A dix heures, l'équateur s'annonce ; mais toujours pas de soleil visible. C'est de l'époque primaire, alors que la terre était mal séparée des eaux, que la vie faisait à tâtons ses premiers essais, que la pensée n'existait pas encore, ni la lumière du ciel bleu. La chaleur, moite, alanguissante, sous ce ciel invisible, dans cette atmo=

sphère qui ne paraît pas faite pour l'homme, dissout la pensée qui flotte épandue, inconsciente, fondue dans ce néant des premiers âges inconnus. On ne sait pas bien si l'on est éveillé. Emportée, dispersée au moindre souffle, au plus obscur désir, la pensée ne se saisit plus elle-même, le sujet conscient semble être absent; c'est comme s'il y avait de la pensée épandue dans le vague et n'appartenant à personne. Une personnalité s'est fondue dans un songe qui embrasse l'univers. Cela s'étend, prend toutes les formes, fuit, sans se retrouver. Le moi s'est extériorisé; inconscient, il flotte et s'en va. Au heurt de cent visions qui se succèdent comme autant d'éclairs bizarres traversant un ciel brouillé, le fluide, le *moi* pensant, le je ne sais quoi est penser, se raréfie et se disperse. C'est un émiettement, un poudroiement dans de ténébreuses chimères. Qui est-ce qui a laissé s'échapper ainsi sa pensée? et qu'il est donc atrocement douloureux d'avoir divorcé avec son moi! Ce n'est qu'à un effort violent, à un appel désespéré de la volonté, que l'âme se tasse, rentre au logis, et qu'on se retrouve enfin, encore tout effrayé, avec le curieux animal que l'on est.

Dans certaines conditions atmosphériques et mentales on arrive à rêver éveillé tout comme dans le sommeil. Il se produit alors des échappées de notre être intime qui devient comme un oiseau qu'on croit qui s'est envolé, qu'on croit chercher, qu'on croit appeler et qu'on croit perdu, ne sachant trop soi-même ni qui on est, ni ce qu'on fait. Cette situation est des plus cruelles. Il faudrait alors le soleil, l'alcool, l'action, la lutte, le danger, pour que le moi psychique rentre soudain dans le moi matériel, ou, pour parler le langage des spirites, pour que l'esprit, le périsprit et le corps arrivent à l'unité dans la trinité.

Mais le dieu apparaît enfin! Les nuages se dissipent. Sa clarté aveugle et brûle. On sent ses pointes sur les mains, au visage, dans le dos. Le bain dans le rapide, sous la douche violente du courant, sous les rayons de l'astre de feu, achève d'ouvrir tout grands les yeux sur la vie. Ces êtres rouges aux longues chevelures noires, sans barbe et sans poils, ce sont bien mes Indiens, l'hydropique et les couroumis. L'être conscient se reprend à fonctionner avec plénitude dans la notion du temps, du milieu, de l'action; le charme est rompu, le dédoublement cesse.

Aujourd'hui 23 février, nous arrivons enfin chez le chef du village oyampi de Moutouchy, Pierre, fils du célèbre assassin Raymond Manira, chez Pierre, lui-même assassin assez distingué. J'avais déjà remarqué cette belle figure dans mon précédent voyage à l'Oyapock.

Pierre est un garçon d'une quarantaine d'années, bien bâti, intelligent, docile. Il porte les cheveux à la Shakespeare, avec une tendance à la calvitie. Dans les grands jours, il se quadrille le visage de raies de génipa. Ce quadrillage est le blason de la famille. Pierre a trois femmes, mûres et toutes laides, mais laborieuses. Il a deux grands fils, dont un est en puissance de femme, une jeune personne forte, grande, bien en chair, aux seins droits, avec de gros membres et un visage un peu bouffi qui a l'air de faire la moue. Un neveu de Pierre est aussi marié ; il a une petite femmelette ratatinée qui a deux pis en fausset pas plus long que le pouce. Pierre a encore une fillette d'une douzaine d'années qu'il va donner pour seconde femme au vieux Louis, des Tumuc-Humac ; enfin, un couroumi un peu plus jeune qui tue déjà des pakiras, et trois bébés : un garçon et deux filles. Pas un vieillard. Et c'est la famille de Pierre : quatorze personnes au recensement du 24 février 1890.

Six femmes et quatre hommes qui travaillent font un village riche. Les abatis sont vastes et rien n'y manque, le village est propre et bien tenu, la flottille est là au dégrad : quatre pirogues toutes neuves. Ce Pierre est extraordinaire en tout : laborieux bien qu'Oyampi, pas mendiant bien qu'à demi civilisé, il a même des chiens qui mordent. Il va me faire faire du couac, puis il me conduira dans les affluents du Haut Oyapock.

Pierre est beaucoup plus grandement installé que le vieux François. Le village est en face du saut Moutouchy sur la rive française. Malheureusement il est caché par les nombreux îlots qui emplissent dans cet endroit l'Oyapock élargi. Il se compose de la grande oca de Pierre, la plus grande du pays oyampi, d'un hangar où l'on danse quand il pleut, d'un carbet où les femmes font la cassave, et d'une petite case que le vieux Louis, le futur gendre, s'est construite l'été passé, au pied de celle de Pierre. La barque à côté du vaisseau.

Six pieds de calebassiers ont été plantés au milieu du village entre la grande oca et le hangar. C'est Caolé, des Tumuc-Humac, premier beau-père du vieux Louis, qui les a apportés l'été dernier. Trois seront au chef du village de Moutouchy, trois resteront la propriété de Caolé. Caolé s'est ensuite coupé un abatis à côté du grand abatis de Pierre. Il a défriché la forêt, planté le manioc ; le manioc pousse. Quand la belle saison sera venue, le manioc sera bon à manger. Caolé viendra avec ses femmes et ses enfants et mangera ses vivres de Moutouchy. Pendant ce temps il économisera son manioc des abatis des Montagnes. Il s'installera définitivement à Moutouchy quand il y aura fait sa grande oca et des abatis suffisamment vastes. Et alors le vieux Louis s'y installera aussi, avec ses deux petites femmes, entre ses deux beaux-pères et ses cinq belles-mères.

En attendant ces nouveaux colons, le village de Pierre est toujours bien tenu, comme un village qui sait qu'il sera un jour un grand village. A l'aube, les femmes s'en vont, armées chacune d'une écorce d'arbre, ramasser et jeter dans les brousses ce que les chiens ont pu, pendant la nuit, laisser d'incongru autour des cases. Puis elles procèdent à un balayage général, avec de vieux régimes de coumou, souvenir des délices de la saison d'été.

Voici que nous allons avoir une petite fête : trois hommes se concertent : le père et les deux fils ; ils se proposent de bien s'amuser. Au lever du soleil, le père prend une flûte et joue un air ; les deux fils, également armés de flûtes, l'accompagnent en lui emboîtant le pas à la file, tantôt marchant, tantôt courant, imitant tous ses mouvements. Et ils tournent en rond, en file indienne, sans parler entre eux ni à personne, et ils vont, souriant, jouant toujours le même air, jusqu'à midi, jusqu'au coucher du soleil, ne s'interrompant que pour prendre quelque nourriture. Puis ils se couchent, brisés de plaisir autant que de fatigue. Et ces trois hommes sont réellement intelligents : c'est là qu'ils trouvent leur plaisir, voilà tout.

Ce n'est pas une nouveauté de dire que la représentation que l'on se fait du bonheur est chose éminemment variable. J'ai beau faire aujourd'hui des efforts sincères pour admirer les struggleforlifeurs, les stratégistes de la vie, et tous ces grands ambitieux qui dépensent tant de génie à la conquête de la gloire, de la fortune ou des honneurs, le but qu'ils se proposent m'est devenu étranger. Est-ce stoïcisme? est-ce mépris? est-ce dégoût? ou mon âme serait-elle devenue puérile comme celle de l'Indien ?

Je comprends mieux ces sauvages tournant en rond toute une journée autour d'un pot de cachiri en jouant de la flûte avec le nez. Avec l'âge, tout passe, vieille vérité dont chaque homme de trente ans fait à son tour la découverte. L'ambition s'éteint, les sentiments affectifs s'en vont comme l'eau qui décroît. Est-ce là la sombre forêt dont parle Dante? On se laisse vivre des journées entières comme dans l'ombre de la mort. Passer, jouir de ce qui se présente, sans ardeur, sans plaisir, sans empressement et sans effort, sans illusion et sans scrupule, débarrassé de l'idéal et dédaigneux de la réalité; s'écouler sans gaieté, sans douleur, sans espoir, avec de vagues regrets; et tout cela, c'est vivre!

Dormeurs couchés, on essaye de réfléchir, et bientôt, impuissant, décou-

VILLAGE DE MOUTOUCHY.

ragé, on s'abandonne aux fugitives sensations venant du dehors. On écoute, dans le saut, les voix nocturnes murmurantes, qui tantôt chantent et tantôt gémissent dans le brouillard qui tombe. Un pâle clair de lune, sous un ciel demi-voilé, donne à tout une forme indécise. Quand la brise endormie se réveille, le bruit du vent se mêle à celui de la chute, chanson douce, triste, monotone, qui est comme l'hymne du désert. Il n'y a qu'à s'étendre dans le hamac, fermer les yeux : le sommeil vient tout de suite. Et on ne rêve pas.

Paysages du matin.

Nous sommes réveillés par une douzaine de coqs qui viennent chanter à côté de nos hamacs.

De leurs longs nids en forme de bourse, suspendus au parasol des arbres haut branchus, les babillards cassiques noir et jaune, amis des habitations humaines, nous font entendre aussi, dès l'aurore, les éclats de leur bruyante gaîté.

Les poules et les chiens, aussi familiers sous le toit de l'Indien que dans le village des Blancs, envahissent notre hangar, courant et se querellant.

Une colonne de fourmis traverse le village, se dirigeant vers la forêt. Ce n'est pas une colonne, c'est une armée : le défilé semble interminable.

Le couroumi, suspendu par les pieds, immobile, grignote, la tête en bas, un morceau de cassave, et cette position semble lui paraître la plus naturelle et la plus agréable du monde.

On va se baigner dans le saut ; les jeunes gens viennent nous rejoindre, nous souriant du plus loin qu'ils nous ont aperçus.

Le courant plaque de traînées rapides d'écume de neige et d'argent terni le fond vert glauque de la rivière immobile ; un sillon plus large et plus enflé, venant de la grande chute, devance tous les autres courants, formant et déformant sans cesse les figures fugitives esquissées par les mousses blanches qui viennent se perdre un peu plus bas dans les eaux tranquilles du fleuve élargi.

Les femmes nous apportent à chacun de grands couis de cachiri, deux, trois. J'en ai bien deux litres pour ma part ! On s'amuse à avaler cela, comme pour tenir un pari. Cela ne fait pas rendre, bien que ce liquide froid et épais soit, à jeun, franchement détestable ; mais on a des renvois toute la journée. Ce n'est pas que le cachiri soit ici le régime quotidien, on en boit même assez rarement (rien ne vaut pour cela le pays roucouyenne), mais on tient à nous faire fête.

Les deux agamis familiers viennent becqueter des graines de pois sucré dans la main des petites filles, qui se reculent, souriantes, et se font courir après, gracieuses et paradisiaques dans leur fraîche et grassouillette nudité. L'agami soupire sa chanson de ventriloque et prosterne sa fine tête ronde entre les pieds mignons de la douce fillette, puis, ondulant obliquement en arrière son long cou soyeux et souple, offrant sa poitrine plaquée d'azur, attentif, l'intelligent volatile plante son magnétique regard dans la candide prunelle de l'enfant charmée, qui sourit. Elle sourit de son clair et limpide sourire de la bouche et des yeux, en regardant l'agami familier dans ses prunelles de velours noir que baigne une lueur métallique.

Ravissants volatiles! il est fâcheux qu'ils ne produisent qu'à l'état sauvage. Ils vous suivent dans le village, à l'abatis, dans la forêt, à petits pas rapides ; ou sautillant, balançant le cou. Ils viennent regarder ce que l'on fait, et, quand ils ne peuvent voir, ils volent sur quelque branche, à côté de votre tête, pour mieux se rendre compte. Ils reviennent avec vous au village en faisant entendre de petits cris de joie. Quelque chien de leurs ennemis se présente-t-il, ils sonnent la charge et se précipitent sur lui. Ils l'attaquent de face, lui sautent sur la tête, dansent devant lui avant de lui pousser leur pointe, et se moquent de ses coups de dents.

Au crépuscule du soir, quand coqs et poules sont allés percher sur les branches des arbres voisins, les agamis, pour dominer la basse-cour, s'envolent sur la plus haute branche du grand arbre mort qui domine la rivière. Isolés sur cette branche sèche surplombante, on ne voit déjà plus la patte sur laquelle ils s'appuient pour dormir à la façon des marabouts. On n'aperçoit que la tache noire de leur corps, dans l'azur laiteux du ciel crépusculaire. Prenez garde aux serres du pagani, imprudents qui dédaignez de vous cacher sous la feuillée!

On travaille, au village de Moutouchy. Aujourd'hui les femmes préparent de la cassave et du cachiri, et Pierre termine son grand canot. Les jeunes gens sont à la pêche.

A dix heures, les femmes reviennent de l'abatis, courbées, les seins pendants, pliant sous le faix de grandes hottes pleines de manioc ou de bois à brûler.

Les racines de manioc, grosses comme de petites betteraves, sont apportées dans des hottes, sur le dos des femmes qui entrent à la file sur la place du village en sortant du sentier de l'abatis. Les racines, lavées et raclées, seront râpées sur des bouts de planche dans lesquels on a enchâssé de petites pierres pointues, grosses comme des grains de blé. La pâte blanche ainsi obtenue sera mise dans un cylindre en paille tressée, long d'un mètre et demi et gros comme la cuisse, terminé en boucle à chaque extrémité ; on suspend ce cylindre par la boucle supérieure, et un levier passé dans la boucle inférieure permet, en s'asseyant sur l'extrémité opposée au point d'appui, d'étirer le cylindre. Le cylindre, en s'allongeant, presse la pâte, qui égoutte l'eau qu'elle contient, eau vénéneuse, qui est jetée aux ordures, ou dans laquelle on met des piments pour faire le vinaigre national. La pâte pressée, retirée en blocs de 50 centimètres de longueur, achève de se dessécher sur un boucan à feu doux. Une fois bien sèche, on l'émiette, on la passe au tamis et on l'étend sur une plaque circulaire de terre argileuse durcie sous laquelle on a allumé du feu. Cette farine prend rapidement, sans eau, et forme une galette blanche, tendre le premier jour, mais qui durcit ensuite et qui peut se conserver deux ou trois semaines : c'est la cassave.

Pour faire le couac, on prend la pâte tamisée et on la brasse, on la remue sur une platine très chaude jusqu'à ce qu'elle s'agglutine en petits globules gros comme des grains de mil ou des grains de blé, durs, de couleur jaune, et qui constituent la farine de manioc ou *couac*, ainsi nommée du mot indien *couaqué* qui désigne cette farine dans des langues indigènes de la Guyane.

Pour faire le cachiri, on prend la pâte tamisée, on en fait des cassaves épaisses que l'on met toutes chaudes dans une jarre contenant de l'eau froide, où on les brasse à la main pour les émietter. On laisse fermenter deux ou trois heures, puis on passe au tamis : le liquide, un peu épais et granulé, c'est le cachiri, fade d'abord le premier jour, mais qui va s'acidulant ensuite.

Pendant que les femmes font le couac, Pierre travaille à terminer le grand canot avec lequel nous allons voyager. C'est une pirogue de 8 mètres avec de petits bordages.

C'est une grosse affaire pour un Indien que la confection d'un canot. Un arbre est abattu, coupé à la longueur voulue, creusé à la hache et à la houe, puis dégrossi du dehors. La coque est laissée épaisse de deux doigts ; des trous sont percés avec une petite vrille pour s'assurer de l'uniformité de cette épaisseur. La coque ainsi faite est suspendue sur des tréteaux à un demi-mètre au-dessus du sol, l'intérieur en haut, sur un feu de petites branches. De lourdes pinces de bois pèsent, de chaque côté, sur les bords de la coque pour aider l'action du feu qui ouvre le bois creusé. Au bout de quelques heures, la coque est ouverte comme il convient. Si elle se fend pendant l'opération, tout est à recommencer ; il faut alors abattre un autre arbre et creuser une nouvelle coque. La coque une fois ouverte, on bouche les trous de vrille avec des chevilles; on adapte les bordages qu'on attache avec des lianes, on met deux ou trois petites planches servant de bancs, on calfate avec de l'écorce de *taouari* ou de *touriri*, et la pirogue est faite. Cela prend un mois à un Indien laborieux. Mais quand nous sommes arrivés, Pierre n'avait plus que les bordages à mettre à sa grande pirogue, qui est en construction depuis plus de six semaines.

Le canot est terminé, le couac nécessaire est fabriqué, nous partons pour la Motoura en dépit de pluies quotidiennes. Notre équipage se compose de Pierre, patron; ses deux fils, son neveu et mon couroumi, pagayeurs.

Excellent équipage que je devais garder cinq mois.

Il est rare que cinq mois consécutifs de vie intime de jour et de nuit, d'inévitable et totale promiscuité, même entre hommes de même race et de même condition, n'arrivent point à engendrer un dégoût si complet que rien ne le puisse surmonter.

Au bout de quelques mois de vie commune avec des Blancs, des Indiens, des Noirs, des créoles quelconques, j'ai toujours éprouvé, pour ma part, un véritable soulagement quand je remplaçais l'ancien personnel par un nouveau et surtout lorsque je pouvais m'isoler à peu près complètement, me retremper dans une solitude presque absolue où il me semblait que je me purifiais, que je me rafraîchissais, que j'obtenais, pour ainsi dire, l'aération complète de mon être moral.

La seule exception que j'aie, depuis quinze ans, trouvée à cette règle est celle fournie par Pierre et son intéressante famille. Et lorsque je cherche la raison de cette chose passablement étrange, je ne la trouve pas bien facilement. Le sentimentalisme XVIIIe siècle n'est pas mon fort; sans donner dans le paradoxe, je ne crois pas qu'on puisse affirmer que l'« homme de la nature » et le philosophe de la « chaumière indienne » représentent l'avatar le plus heureux de l'homme civilisé mécontent.

Si je ne laissai pas sans tristesse mon ami Pierre et les siens, si je regrette encore aujourd'hui le temps de cette campagne d'hiver pourtant bien pénible dont je dus l'heureux succès aux Oyampis de Moutouchy, ce ne doit pourtant pas être à cause des exceptionnelles qualités morales et intellectuelles des descendants de Raymond Manira, brave cœur, mais pourtant assassin avéré.

Si ce souvenir m'est cher, ne serait-ce que pour une simple raison de vanité, la gloriole de cette campagne de cinq mois qui n'est point, en effet, d'une banalité courante?

Pour moins esthétique, la raison suivante est peut-être la vraie : la raison stomacale. Je n'ai jamais été si complètement végétarien et ichtyophage que pendant cette campagne d'hiver. A quelques singes près, ce n'étaient que pacous, ce n'étaient que caumous et ouasseyes. Et que Mme Agassiz soit bénie si c'est bien en effet au « vin d'assahy » que je dois ces cinq mois de douce quiétude !

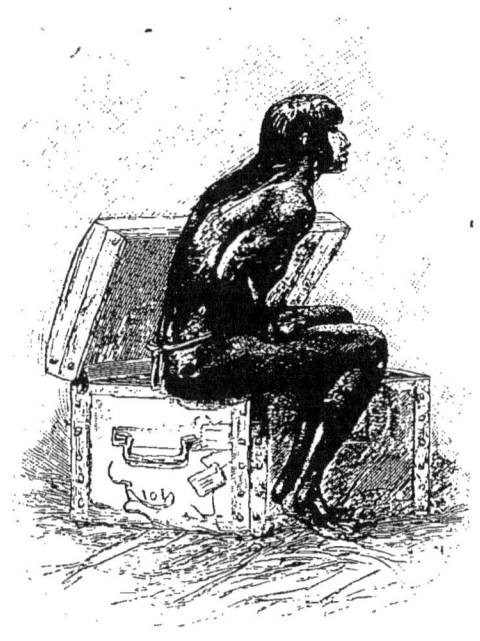

MIMI

PIROGUE INDIENNE.

CHAPITRE XIX

UN PEU DE JOIE. — DANS LA MOTOURA. — LE VILLAGE DES « PARIPOUS ». — ENCORE LEBLOND. — LE CAUMOU ET LE OUASSÈYE. — HISTOIRES DE CHASSE. — DÉCORS DE LA SAISON D'HIVER. — LE MOUROUMOUROU ET LE COUNANA. — MICHELET. — DES VOLS D'OISEAUX. — PAYSAGES MÉLANCOLIQUES. — CHASSE AUX SINGES ROUGES. — LES BOUCANIERS. — FIN DE LA MOTOURA. — TORSES DE PAGAYEURS. — ENTHOUSIASME ET OPTIMISME. — LES COCHONS SAUVAGES. — L'EUREUPOUCIGNE. — NOUVEAUX PAYSAGES D'HIVER. — CHASSES. — GÉOGRAPHIE DE L'EUREUPOUCIGNE. — L'AGENT VOYER DU DÉSERT. — MARÉCAGES. — DÉCONVENUE. — JOIES PURES. — LE YINGARARI, LA RIVIÈRE DES CHANSONS. — LES ANCIENS VOYAGEURS. — FIN DE RIVIÈRE. — POÈTES ET EXPLORATEURS. — LA FIÈVRE. — UN AMBASSADEUR ROUCOUYENNE.

7 mars. — On part joyeux. C'est plaisir d'avoir une grande pirogue neuve et qui file bien, une bonne pirogue en bois de cèdre avec un bon patron et trois bons pagayeurs. La pirogue saute dans les rapides, emportée ainsi qu'une paille. Le cœur bondit de joie, les yeux brillent, on est secoué d'un petit rire intérieur.

Sous le gai soleil, la rivière miroite jusqu'au bout de la courbe visible. Mille paillettes d'argent tremblotent sous la lumière chaude. On sent les coups de l'énorme pagaye du patron qui nous lancent en avant par violentes poussées; quand on passe quelque fort rapide, les arbres, près de nous, défilent comme par une portière de train express. Nous glissons nerveusement dans une féerie faite de joie intime et de soleil.

Nous entrons dans la Motoura et couchons un peu au-dessus de l'ancien village de Raymond, père de Pierre. C'était le village des paripous[1]; Raymond y avait planté deux de ces palmiers, rares en Guyane. Il y en a sept aujourd'hui, cinq ont poussé au pied des autres. Les paripous se multiplient plus vite que les créoles.

Le paripou n'existe pas à l'état sauvage dans les forêts de la Haute Guyane. Raymond avait pris ces plants en bas, Pierre n'a pu me dire où.

Raymond est venu à la Motoura en sortant du Camopi, où il avait un village en aval de l'embouchure de l'Inipi. C'est de son village de la Motoura que Raymond est descendu à Coumaraoua. Heureuses gens que les habitants de ces contrées! On ne se plaît plus dans une rivière, on s'en va dans n'importe quelle autre. On arrive, on fait son carbet, on coupe son abatis, on le brûle, on le plante, puis on construit sa case. Point de déclaration à faire, ni de terre à payer, et, le plus souvent, on n'a pas un seul voisin dans toute la rivière; on est seigneur d'une province!

A un peu plus de 4 kilomètres de l'embouchure, on arrive au confluent d'un affluent de droite assez important: l'Apamari, qui a la moitié de la largeur de la Motoura, 25 mètres contre 50. L'Apamari n'est pas une rivière sœur; cette rivière est large, mais peu profonde et pleine d'îlots. Pierre, en un jour, avec un petit canot, est arrivé au point où elle cesse d'être navigable. C'est cette rivière que le vieux François appelle Saouanari parce qu'il prétend, d'après le dire des anciens, qu'il y aurait des savanes à sa source, ce que Pierre n'a pu vérifier, n'ayant pas pris par terre au-dessus du point où cesse la navigabilité. L'Apamari a été remonté environ pendant un jour, ainsi que la Motoura, par Leblond, en 1787. Mais ce voyageur n'a fait qu'une vingtaine de kilomètres dans la grande rivière et autant dans son affluent.

La Motoura a beaucoup moins de courant que l'Oyapock; elle est peu profonde. L'été, elle est presque à sec; ce ne sont que bancs de roches et plages de sable. Une forte pirogue, au cœur de l'été, ne pourrait même pas la remonter une heure: l'eau manquerait.

La rivière est complètement déserte. Les derniers habitants sont morts il y a une trentaine d'années. C'étaient les gens d'un nommé Tamoucarou,

---

1. Les *pupunhas* de l'Amazone.

un vieillard oyampi qui lui-même est trépassé au dégrad du Kerindioutou en revenant de se promener chez ses amis des Tumuc-Humac. Raymond et Pierre, en évacuant la Motoura, l'ont abandonnée au désert. Pierre, émancipé, est de là venu à Ourouaïtou faire son premier village avant de s'établir à Moutouchy. Nous avons passé aujourd'hui deux petits sauts, Té Itou et Yaouataïtou, qui ne sont pas dangereux.

C'est maintenant la saison du caumou et du ouasseye. Les graines de ces palmiers fournissent un breuvage fort apprécié des Indiens et des créoles. Oh! c'est délicieux! A ce point que le grave M. Agassiz et sa dame n'ont pas craint de consacrer au ouasseye un petit bout de copie scientifique ultra-lyrique non moins que fantaisiste.

Le régime du caumou a plus d'un mètre de hauteur : il fait la charge d'un homme. Sa chevelure rouge est semée de centaines de graines bleues, rondes, grosses comme des balles. On échaude ces graines, puis on les frotte à pleines mains les unes contre les autres pour écraser la peau et détacher la mince couche graisseuse qui est adhérente au noyau. On trempe le tout, au fur et à mesure, dans un plat d'eau froide, on jette les noyaux; la peau, réduite en mince pellicule, pressée dans les mains, laisse échapper la graisse, et c'est cette sorte de beurre ainsi délayé dans l'eau qu'on boit ou qu'on mêle au couac ou à la cassave pour en faire une bouillie. Cela rappelle vaguement un chocolat très clair. Si on laisse fermenter une nuit du tapioca dans le caumou ainsi préparé, on obtient une bouillie bien délayée, assez épaisse, sucrée et de goût agréable, le *coutouliécoure* des Roucouyennes.

Le régime du pinot (assahy, ouasseye) est plus petit. La graine, noire, est aussi moins grosse. La tige du régime est blanche, ainsi que ses ramifications. La préparation du ouasseye est analogue à celle du caumou. Le « vin » du caumou est couleur lilas, celui du ouasseye est rouge brun, d'aspect vineux, et tache le linge et la peau. Le ouasseye est plus gras que le caumou, et son goût est un peu différent : il est plus chaud, plus fade. On connaît le proverbe rapporté par Mme Agassiz : « Qui l'assahy boira jamais ne partira ». En vérité, ce n'est point là ce qu'il y a de plus mauvais dans les forêts d'Amérique!

Dans la région du Haut Oyapock, jusqu'aux montagnes exclusivement, le ouasseye est beaucoup plus commun que le caumou. Le premier vient surtout dans les marécages, le second sur les hauteurs. Mais les savants, eux, poussent partout, pour vous apprendre, de la passerelle de leur frégate, qu'on fait *bouillir* les graines de ouasseye pour en exprimer le *jus*!

Des oiseaux d'eau volent devant nous de cap en cap; ce sont des corocoros, petits canards d'une chair excellente, appelés *flamants-bois* par nos créoles de la Guyane.

Un couata de bon augure est entendu dès le matin, à peu de distance dans la forêt. A terre, la troupe de débarquement! Coups de feu : les hostilités sont ouvertes. Le singe, blessé à mort, fait entendre sa lamentable plainte d'agonie, sa chanson de mort. Les chasseurs, chargés de dépouilles opimes, les premières du voyage, reviennent au canot avec d'involontaires attitudes de héros. La victime, une jeune mère, a l'air triste dans la mort.

Des iguanes se jettent à l'eau, de 30 mètres de hauteur, à travers les branchages, faisant pleuvoir les feuilles, la queue relevée, et tombant à plat sur le ventre avec un bruit cinglant dans l'eau, qui saute à un mètre tout autour. Il y en a énormément, mais ils ne sont pas habitués à l'homme; le bruit du canot les effraye; ils se jettent du haut des buissons ou des arbres dans la rivière, du plus loin qu'ils nous aperçoivent.

Ou peut-être est-ce à la saison que cela est dû, car les animaux de ces rivières désertes ne doivent être ni plus ni moins sauvages que ceux des rivières fréquentées. En effet, ils fuient tous, instinctivement, ce gros animal (je veux dire l'homme), dont tous ont peur. Il ne faut pas croire que ceux des rivières fréquentées, ayant pu être blessés déjà, en gardent une plus grande frayeur de l'homme : ils ne doivent pas, je suppose, établir une relation de cause à effet entre ce canot qui passe, ces animaux qui sont dedans, la flèche qui part, le bruit du fusil et leur blessure. Ils ont peur, mais ne raisonnent pas. Le plus souvent, l'oiseau ne se sauve pas immédiatement après qu'il a vu l'homme, parce qu'il ne voit, en bas, qu'une bête qui n'a pas d'ailes, tandis que tous les animaux, sauf le tigre qui est le roi de céans, se sauvent lorsqu'ils nous voient marcher vers eux.

Les oiseaux et les quadrupèdes, qui n'ont jamais vu de canot ou d'hommes, ne doivent pas séparer, dans leur jugement rudimentaire, l'embarcation de ceux qui la montent : ils ne doivent pas décomposer. C'est pour eux comme une grosse bête bruyante dont les hommes sont les pattes et les choses confuses qui remplissent la coque du canot sont peut-être les ailes : un scorpion monstrueux ou une guêpe gigantesque. Ils verraient cela grimper d'un seul bloc aux arbres ou s'envoler par-dessus la forêt, qu'ils le trouveraient fort naturel.

Tous les après-midi, la grande pluie, et plusieurs averses dans la journée! Hier, nous avons passé, sous le grain de trois heures, un saut plus fort que les autres, le saut Sororo, et l'embouchure d'une crique de

15 mètres, Téancan Tourou, affluent de droite, où s'est arrêté Pierre dans ses précédentes navigations. Nous voici maintenant dans l'inconnu.

Des marécages rétrécissent la rivière, dont ils accélèrent le courant. Il règne une petite pluie fine, très menue, qu'on ne voit pas et qui tombe depuis deux heures, toujours égale, exaspérante ! On est mouillé malgré le manteau imperméable : on a froid, on fait le dos rond en prenant des notes et en traçant son levé sous l'ondée persistante.

On traverse des marécages où fleurit un lilas superbe, sans odeur, comme tous les lilas de ces déserts. Plus loin, d'énormes troncs de cèdre et d'acajou flottent, entraînés par le courant qui les déposera dans quelque saut, sur quelque roche émergée, où ils apparaîtront, braqués comme des canons sur l'affût.

Ici, de grosses lianes étouffent de grands arbres : tels que boas géants ; tandis que des lianes plus fines brochent leur inextricable réseau sur les feuillages de la rive.

Çà et là apparaissent quelques pieds de caoutchouc, mais assez clairsemés, à côté des chênes à glands d'Amérique, beaucoup plus communs.

Et toujours le gréement de la forêt vierge : des lianes de toutes dimensions servant de filin et de cordages.

Sur la rive, dans les endroits où le courant est le plus violent, des arbustes demi-flottants, demi-submergés, tenus par leurs racines et soulevés par le courant, font des soubresauts singuliers d'un ridicule irrésistible.

La force de la végétation est extraordinaire ; elle envahit tout : des criques assez fortes, de 6 mètres de largeur à l'embouchure, sont complètement obstruées par les lianes et les arbustes poussés dans leur lit.

Il est midi. C'est l'heure du déjeuner. On s'arrête au pied de quelque petit talus. On va chercher du bois mort. On racle de petits copeaux que l'on met sur un bout de bougie allumé, puis on recouvre de branches plus grosses. Le feu flambant, la marmite y est posée sur un trépied. Chacun, debout ou assis sur ses talons, attend que la modeste prébende soit chaude ou cuite à point. Quelque ruisseau dont on recherche l'eau plus fraîche, la rivière qu'on voit couler par-dessous les branchages, des arbres immenses et des buissons entremêlés de lianes servent de cadre à la scène très simple et très sauvage non loin de laquelle chantent, dans des forêts qui ont peut-être toujours été désertes, des oiseaux que les Indiens n'ont jamais vus, jamais entendus, qu'ils ne connaissent point !

La rivière se rétrécit sensiblement : nous avons passé aujourd'hui quatre petits sauts que nous avons appelés : saut Loutre, saut Pacou, saut Pacoumitic et saut Corocoro. Nous couchons dans un bois de mouroumourous dont les feuilles nous servent à couvrir nos carbets.

Les feuilles du mouroumourou sont épineuses commes celles du counana, mais elles sont plus larges, plus fortes et plus longues. Ce sont deux palmiers. Mais le counana n'a pas de tronc. Celui du mouroumourou ne dépasse guère 3 ou 4 mètres de hauteur. Il est renflé à sa partie supérieure et est orné d'épines de 20 centimètres de longueur, les plus longues peut-être de toutes celles que présentent les palmiers épineux.

La nuit, on entend des cris étranges que les Indiens ne connaissent pas. Quel oiseau, quel fauve, quel reptile, quel monstre s'annonce ainsi ? Puis c'est l'échassier onoré dont le long beuglement ferait croire à la présence d'une vache dans les marécages voisins.

Il est des levers amers. Des oiseaux sinistres ont été entendus à l'aube; on se réveille dans une évocation de mauvais souvenirs ! Avant que la chaleur ait percé l'épais brouillard, on rencontre une douzaine d'oiseaux de proie. Quel cadavre dévorent-ils par là ? Voici le pagani, l'aigle et l'infect urubu dont le bon Michelet se faisait une idée si poétique. En naturaliste emballé qu'il était, le grand homme considérait comme un oiseau providentiel ce triste mangeur de charogne.

Puis ce sont les oiseaux d'eau. Les corocoros se sauvent devant nous de pointe en pointe. Frappés à mort, ils tombent dans la crique, les deux pattes en l'air, entraînés par le courant. C'est le héron aripipoco, sur la plus haute branche du plus grand arbre de la rive, bien à découvert, découpé dans le ciel : long cou, long bec, posé sur une patte, immobile, dans une attitude hiératique, comme l'oiseau sacré, gardien éternel de ces forêts vierges. Et, de temps à autre, des vols lourds de hoccos dans les feuillages froissés.

Mauvais jour, rien à manger. On pagaye sans bruit pour surprendre le gibier. On l'appelle en imitant son cri. Hoccos, agamis, marayes, perdrix, macaques, couatas et jusqu'au maïpouri — un des rois, avec le jaguar, le caïman et le boa, de cette maigre faune de l'équateur américain, — tout le gibier de la forêt s'appelle. Mais il est des jours où l'on n'entend ni ne voit rien ; on ne distingue que des toucans promenant leur bec énorme dans les hauteurs du ciel.

Il est toujours couvert, le ciel. Le vent d'orage souffle dans la forêt. Le soir c'est un demi-jour ténébreux dans une lumière violette.

Dans ces bouts de rivières, ruisseaux étroits envahis par les branches, barrés de bois tombés verts ou pourris, fossés bourbeux et obstrués de la forêt vierge, avec un dôme de hautes branches entre-croisées, dérobant le ciel, cela sent l'étouffé : on vit dans une sorte d'oppression. C'est beaucoup plus mélancolique que la marche à travers bois : marcher, c'est vivre ; ici on est porté par le canot : tel un léthargique dans le lent corbillard.

Des roches qui sèchent font de la fumée, que nous prenons pour l'indice d'un village. On s'attend toujours à quelque chose d'extraordinaire quand on arrive à la tête de ces cours d'eau.

Des loutres viennent jusqu'ici nous montrer, en reniflant, leurs dents blanches et leur rire sinistre épanoui au-dessus de l'eau. Et c'est tout le gibier. Et nous avons faim depuis ce matin ! Et nos vêtements, mal séchés d'hier au soir et mouillés encore aujourd'hui, nous collent à la peau et nous glacent ! Et nous sommes dans d'immenses marécages : ce ne sont que marécages !

Voici encore de petits lézards sur quelques branches verticales. Allongé de toute la longueur de son corps et sa queue serrant étroitement la branche entre ses pattes croisées deux à deux, debout, la tête droite regardant le ciel, le petit lézard semble rêver ; il digère peut-être.

En faisant les carbets, on entend des hurlements de singes rouges qui éclatent dans le silence. Jamais concert Colonne n'a été aussi agréable à une oreille humaine. Les carbets sont abandonnés, on se précipite vers les artistes. Dans les fourrés, par le bois sale, à travers les lianes épineuses, escaladant les arbres tombés, on court dans la direction, regardant en haut à se donner le torticolis. On s'écorche, on se déchire, on se meurtrit, on tombe, on se fourre des épines dans la peau, on court toujours, regardant dans les hautes branches, les yeux au zénith, la bouche ouverte.

Les singes rouges sont sur un grand arbre isolé au milieu d'un marécage. Ils hurlent avec beaucoup de gravité. Assis à califourchon chacun sur une grosse branche, ils regardent en bas avec précaution, dissimulant leur corps et s'élançant à 10 mètres sur les branches les plus hautes quand ils ont entendu le coup de feu et le sifflement du plomb. Celui qui a été touché a poussé un hurlement : il mourra sur sa branche. Les autres se sauvent au plus vite sans penser à reprendre le concert. Et il faut les poursuivre et les tirer au vol, perpendiculairement, à 40 mètres de hauteur. Dans cette course, il n'y a plus épine, ronce, vermine ou reptile qui importe ; un bon chasseur poursuit son gibier sans penser à rien autre chose. Mais ici ce n'est pas pour la gloire, c'est pour ne pas mourir d'inanition. Chacun des singes rouges reçoit quatre ou cinq coups de fusil avant de tomber : le fusil écarte, ils sont très haut, on ne les tire pas comme on veut, et cela a la vie dure. Les voici à terre. L'un d'eux a deux balles dans le corps. Belles bêtes dans leur laideur; pelage fauve ou grenat, visage glabre orné d'un long collier de barbe rouge, énorme appareil vocal semblable à un goitre : il y a de l'Anglais dans cette physionomie-là.

Les voici sur le boucan. Le boucan est le plus souvent triangulaire : trois piquets d'un mètre de hauteur, reliés par trois traverses sur lesquelles on pose des barres formant gril, et le boucan est fait. On coupe un petit arbre mort et on fait des bûches qu'on met sous le boucan. Cinq frères inférieurs sont là, leur graisse fondant à la flamme, quatre singes rouges et un couciri. Des nains dépecés, des hommes détaillés dans l'office des géants !

Souvent quelques autres singes ont été blessés; d'abord ils se sauvent au fond des bois; puis, le lendemain, ils se rendent sur le bord de quelque crique pour y mourir : pleins de fièvre, ils viennent boire. A quoi peut bien penser un singe qui se sent mourir ?

Notre carbet a été attaché avec des lianes-ail; on est empesté toute la nuit. Il nous est arrivé, d'autres fois, d'avoir des piquets et des traverses en baliveaux de bois de rose : on dormait alors comme dans un lit parfumé.

A jeun depuis le matin, nous mangeons trop vite la viande mal cuite. Il lui faudrait quatre ou cinq heures de cuisson, à cette viande coriace, et elle en a quarante minutes ! On meurt de faim ! Cette mauvaise viande trop dure, ce bouillon trop gras ne nous indisposent plus : les boucaniers ont l'estomac solide.

Toute la nuit, la pluie et le tonnerre. Le boucan fume avec des flambées soudaines quand de larges gouttes de graisse tombent sur les tisons incandescents. Le crapaud-de-la-pluie se fait entendre dans les marais qui nous entourent; cri lugubre, flambées saisissantes, nuit pleine d'une majestueuse horreur : elle est étrange, la vie des boucaniers.

12 *mars*. — Nous terminons aujourd'hui la Motoura.

A environ 105 kilomètres de son embouchure, et 80 en ligne droite, la Motoura se divise en deux branches; une branche est et une branche sud, de chacune 15 mètres environ de largeur. Nous faisons 1 kilomètre et demi dans chacune de ces branches, qui coulent dans des marais et sont obstruées par des végétations qui barrent le lit, ou des arbres tombés recouverts d'herbes. Dans la branche est, nous arrivons à un gros moutouchy, arbre énorme tombé en travers de la crique et qu'il faudrait toute une journée pour couper.

FIN DE LA MOTOURA.

13-17 *mars*. — Nous avons mis 25 heures 50 minutes pour monter la Motoura, et 9 heures 46 minutes pour la descendre, défalcation faite de tout temps perdu, perdu à déjeuner, chasser ou autrement. Les sources peuvent se trouver à une vingtaine de kilomètres du point où commence la navigabilité, dans la direction du sud.

La Motoura coule en pays très plat, traversant fréquemment des marécages. Aucune colline sur son cours, seulement deux ou trois petits monticules de 10 à 20 mètres d'élévation. Les sources doivent se trouver également en pays plat, marécageux, ou dans des collines peu importantes. Seulement sept sauts, faciles, dont le plus fort a à peine un mètre de chute. Les rapides sont nombreux, mais très faibles et nullement dangereux. Les affluents sont peu importants, sauf l'Apamari.

Nous descendons prendre quelques malles que nous avions laissées chez François. Pour remonter de là jusqu'à Moutouchy, il faut trois jours. Les étapes sont marquées : la première à Coumaraoua, la seconde à l'embouchure du Mouroumouroucing. Cela donne trois journées de 5 heures à 5 heures 1/2 chacune, soit 15 à 16 heures. Pour descendre de Moutouchy à Viritou, il faut 7 heures environ.

Nous revenons. Les uns, assis droit, rigides, pour qui le travail semble être un jeu, se penchent automatiquement en avant, allant chercher de l'eau avec leur pagaye : de gros biceps, de vigoureux muscles de l'épaule et du torse se contractent à chaque mouvement. Les autres, arrondissant le dos, presque couchés sur leur travail, trempant mollement leur pagaye dans l'eau sans effort, la musculature se révélant à peine dans la nonchalance des mouvements! Le couroumi est de ces derniers; il est fatigué, le pauvre petit homme. Il s'arrête souvent pour montrer du doigt les pois sucrés qu'il suit d'un œil gourmand jusqu'à ce qu'ils disparaissent derrière quelque cap de la rive.

Quand on voyage ainsi pour faire connaître une contrée en détail, on se trouve obligé d'entreprendre des itinéraires en tous les sens, de faire vingt campagnes, vingt expéditions au lieu d'une. Il faut attendre souvent; le déchet est énorme. Ainsi il ne faut pas penser à faire faire à Pierre ou à ses enfants nos cinq ou six rivières à la file. Quinze à vingt jours consécutifs de canotage est le maximum dont ils sont capables. Ensuite il faut qu'ils se reposent huit jours, une quinzaine.

Ces attentes sont particulièrement ennuyeuses. On a vite fait de payer les hommes, d'établir son levé, de copier ses notes et les mettre en ordre, et après ? On trouve toujours une occupation; mais en se donnant beaucoup de peine pour la chercher, et le plus souvent cette occupation est fastidieuse. Ah! toutes ces choses inutiles, toujours plus nombreuses, qui encombrent la vie civilisée, combien elles sont utiles! combien elles sont précieuses!

Chose étrange, on commence toujours une mission dans l'optimisme. La société, la conversation, le vin, la bonne chère font prendre bonne opinion de soi-même et de sa tâche. Plus de société, plus de conversation, une nourriture insuffisante, une vie dure, nul excitant : on se voit nu et petit, on prend en pitié le travail que l'on fait; on entre dans le dégoût pour n'en plus sortir jusqu'à ce qu'on recommence à parler dans des banquets et à se nourrir plus que de raison.

Heureux le vieux Théophraste!

Un homme qui travaille toujours, sans relâche et avec conviction, qui ne craint pas de commencer à quatre-vingt-dix-neuf ans, ayant déjà écrit deux cents traités, un grand travail d'éthique, et qui, mourant à cent sept ans, trouve qu'il *commence à peine à vivre*, un tel homme est aussi heureux qu'un mercier qui ne veut pas se retirer des affaires. Un mercier aime la mercerie, ceux qui aiment la mercerie littéraire vivent mieux. Faiseur de traités, savant de troisième main, entrepreneur de travaux de librairie, fournisseur de journaux ou de revues, fabricant de romans bourgeois : les carrières ne manquent pas à celui qui veut vivre tranquille. En attendant la fin de tout, qu'on se représente mieux dans les forêts vierges qu'ailleurs :

> Le néant! le néant! Vois-tu son ombre immense
> Qui ronge le soleil sur son axe enflammé?
> L'ombre gagne et s'étend.... l'éternité commence....

Observer un crapaud qui mord à même un tison incandescent qu'un Indien lui tend en prenant beaucoup de plaisir à ce jeu; ou bien un chien qui prend un pak à la course avant que la pauvre bête ait pu regagner son trou; analyser des effets de pluie de jour et de nuit; saisir les relations qui existent entre le délabrement de l'estomac et la compréhension des choses de l'existence; l'uniformité et la continuité de l'absence de vie personnelle et ambiante : notez donc tout cela pour le mettre dans un livre!

Tout cela ne vaut pas les cochons sauvages que nous venons d'entendre dans la forêt. Il faut voir comme tous les hommes du village se précipitent, flèches en main! C'est une animation indescriptible. Les femmes crient, les chiens hurlent, les enfants bondissent de joie, les agamis sautillent, leurs ailes cendrées demi-éployées, battant leur charge de cuirassiers au milieu de tout ce remue-ménage. On entend des coups de fusil. Les femmes se précipitent dans la direction, rajustant en courant leur camisa qui flotte, sans souci de montrer leur nudité rouge qui s'enfuit dans l'envolée de la pièce d'indienne avec l'épaisse chevelure noire qui traîne au vent. Et le couroumi qui est resté avec moi au carbet gambade à la façon de Polichinelle en répétant sur tous les tons de la joie qu'on mangera du *tayaou*.

Un gros mâle a été tué d'un coup de fusil. Les Indiens tirent leurs flèches sur les cochons qui passent à leur portée. Les flèches sifflent, blessant plusieurs animaux dans le troupeau qui se sauve à toutes jambes. Terribles archers que ces Indiens : à portée de fusil, des flèches sont entrées de 8 centimètres dans des troncs d'arbres !

Les chasseurs arrivent, essoufflés, suant, éclatant de joie. Ils ont récolté trois blessés, qu'ils portent sur leurs épaules et qui les remplissent de sang. Les conquérants de Babylone n'avaient pas le droit d'avoir l'air plus martial. Se procurer à manger quand on a faim, la voilà la cause première, l'idée innée, la fin suprême ! Et quelques douleurs, quelques tristesses, pas mal d'ennui; pauvre bête ! voilà tout. Et il est des gens qui impriment que la France ou la terre ne sont pas encore assez peuplées !

Et la vie au village se continue sans incidents, unie, plate, froide; il n'y aurait que la maladie. En voyage il n'y aurait qu'un naufrage.

Il y a à peu près la même distance de Moutouchy à l'Eureupoucigne que de Moutouchy à Viritou. Nous mettons 16 heures pour monter jusqu'à l'embouchure de la crique.

L'abondance des palmiers égaye la rive; bientôt l'avant du canot est chargé de régimes de ouasseye, les hommes sont joyeux, leur rire secoue toute la pirogue.

Un ciel de cendre sale interceptant la lumière a fait place à un air pur, un ciel laiteux, clair et frais. Il y a de la tendresse épandue dans l'air. Des draperies de liserons blancs tapissent les rives. Les branches émergées, secouées par le courant, remuent des buissons entiers.

Les villages de yapiis babillent dans les îlots. Sur un rocher orné de cinq arbustes, nous comptons plus de cent nids suspendus aux branches de ces petits arbres pas plus grands que des pommiers. Les oiseaux sociables et babillards ne s'effarouchent pas outre mesure à notre approche, mais ils redoublent de vacarme et se mettent à voleter dans tous les sens.

Puis, le temps se couvre, l'averse menace, l'hiver revient, triste, lugubre.

On déjeune sous la pluie. Assis sur le trépied qu'on me trempe dans l'eau en le sortant du feu : je fais le gros dos sous mon imperméable ; les six camarades ne font pas meilleure contenance. Oh! je ne dois guère ressembler à une pythonisse et je n'ai guère envie de rendre des oracles! Chacun bougonne, peste ou jure un peu. C'est qu'il n'est agréable pour personne de recevoir l'averse dans son assiette. Et les parapluies? Il y a beau temps qu'ils sont hors d'usage! On coupe quelques feuilles et on se protège tant mal que bien.

La première nuit, on dort à l'embouchure du Pinooc, ainsi nommée de ce qu'une case couverte en feuilles de caumou s'y trouvait autrefois : *Pino*, caumou ; *oca*, maison.

Le bois est sale et la chasse difficile. On perd beaucoup de gibier tombé mort dans des enchevêtrements inextricables de lianes, de broussailles et de plantes grasses. Quand il reste accroché au haut des arbres, on y envoie le couroumi, si l'arbre n'est pas trop gros. Il se fait un petit cercle de lianes dans lesquelles il passe les chevilles, et grimpe ainsi sans faire toucher le ventre.

Plus on monte vers le haut de la rivière et plus le gibier est abondant. De nombreux oiseaux de proie, perchés sur la cime des grands arbres, sont là pour attester que la viande ne leur fait pas défaut. Ces brigands des airs ont quelque chose de grandiose et d'héroïque comme tous les vrais brigands. Voyez celui-ci, ce gros pagani noir, il est posté à plus de 50 mètres de hauteur sur une branche morte isolée. Il domine toute une longue courbe de la rivière ; il est comme un point noir dans le ciel. Le voici de plus près. Il a l'air de méditer, tournant lentement, de temps à autre, son long cou autour de lui. Il semble détaché des choses de la terre. A quoi songe-t-il? Il a faim, il cherche une proie. Tout à coup il fond sur un arbuste de la rive et reparaît dans le ciel, les ailes largement ouvertes, tenant dans ses serres un oiseau siffleur, celui qui imite le macaque. Il plane majestueux, et fait l'effet d'un sacrificateur invoquant le Très-Haut avant d'égorger la victime.

Le second jour, on couche à l'embouchure de la petite crique Yenepaou Iri, et le troisième, à midi, on entre dans l'Eureupoucigne.

L'Eureupoucigne est une crique à peu près de l'importance du Yingarari. C'est l'ancienne crique du fameux Ouaninika, chef des Oyampis, qui installa sa tribu sur le versant nord des Tumuc-Humac, au commencement de ce siècle. En 1819, Ouaninika avait son grand village dans le haut de l'Eureupoucigne. D'après ce que les anciens ont transmis aux modernes, la crique prendrait sa source à la même montagne qu'une branche du Kerindioutou, cette dernière ayant sa source plus à l'ouest. La montagne de la source de l'Eureupoucigne, *Eureupoucigne Iouitire* se trouverait à environ 60 kilomètres de l'embouchure, en ligne droite, au sud-ouest, et la source du Kerindioutou à 80 dans la même direction. On aurait, paraît-il, remonté jadis l'Eureupoucigne trois jours en petit canot. On pourrait peut-être en faire autant, aux grosses eaux, avec un canot plus fort. Il y a, dit-on, dans la crique trois grands sauts. L'Eureupoucigne est importante pour l'étude des Tumuc-Humac et des sources de l'Oyapock.

Dès l'embouchure, la crique est sale, il faut couper des barricades d'arbres, tombés les uns sur les autres avec des entremêlements de lianes et de végétations de toutes sortes. Des guêpes vous assaillent pendant cette besogne. Il faut se faire l'agent voyer du désert. Du temps de Ouaninika, la crique devait sans doute être un peu mieux entretenue; pas beaucoup. Ce ne sont pas les sauvages qui se donnent beaucoup de mal pour violer la nature.

Nous passons toute une journée à nous ouvrir un chemin à travers un immense marais qui, le plus souvent, obstrue complètement la crique. Des buissons d'arbustes de toutes sortes où domine le cataparis ont tellement envahi le lit de l'Eureupoucigne que, sur plusieurs points, on ne le reconnaît plus et l'on va à travers marais. Deux hommes sont constamment occupés à sabrer pour ouvrir un passage au canot. On ne peut pas pagayer; partout ce sont des branches immergées sur lesquelles le canot passe; on tire et on pousse l'embarcation qui avance péniblement en grinçant à travers les branchages. Il n'y aurait pas moyen de virer le canot : le passage qu'on lui ouvre lui suffit tout juste, il a tout au plus un mètre et demi de largeur.

Sur le soir, comme on arrive aux confins du marécage et que la crique commence à devenir praticable, on entend en amont le bruit d'un grand saut, le premier des trois que nous avons à passer. On arrive à ce saut, long de plusieurs centaines de mètres, composé de cinq chutes fortes chacune de plus d'un mètre avec des roches partout, de nombreux arbres tombés et un courant des plus violents. Pierre explore le saut dans tous les sens pendant deux bonnes heures, sautant de rocher en rocher, sondant. Il revient, déclarant qu'il ne saurait passer le saut. Les eaux sont maintenant beaucoup trop fortes; il monterait le canot à la rigueur, mais, pour descendre, il est presque certain de le briser ou de chavirer. Selon lui, le saut n'est praticable que l'été, les eaux basses présentant infiniment moins de danger que les grosses eaux.

Cela est fâcheux, mais que faire là contre? Il n'y a qu'à s'en retourner. Nous descendons l'Oyapock jusqu'à l'embouchure du Yingarari.

Je suis navré. Les Indiens, qui n'ont pas les mêmes motifs que moi de regretter de n'avoir pu arriver dans les hauts de l'Eureupoucigne, sont tout à la joie : nous avons fait bonne chasse et je les envoie faire une provision de ouasseye.

Ils montent à la cime des longs et flexibles pinots, couper leurs régimes, le cercle de lianes aux chevilles. A 15 mètres de hauteur ils passent d'un palmier à l'autre avec autant de facilité que des couatas. Du haut de leur arbre, ils fabriquent un crochet avec une feuille, agrafent une feuille voisine et font ainsi venir à eux la tête d'un autre pinot distant de 3 mètres, auquel ils s'accrochent, et où est parfois déjà perché un autre Indien. La tête des flexibles palmiers baisse de 2 à 3 mètres sous le poids des Indiens, qui n'en ont cure. Ils sont là, tous les quatre, dans une touffe de dix ouasseyes. Chacun ayant coupé son régime, ils s'attachent ce lourd fardeau à la ceinture par une liane et ils descendent en se laissant glisser.

Le soir, au bivouac, un grand feu, de grands plats de ouasseye, une marmite sur un trépied, à côté d'un boucan. La graisse des singes dépecés tombe du boucan et avive le feu. Demi-obscurité, reflets de troncs d'arbres blanchâtres. Duo du grésillement du boucan et du ronronnement de la marmite. Les Indiens, repus, se balancent dans leur hamac sous leur ajoupa. Et moi je regrette l'Eureupoucigne.

Nous voici dans le Yingarari (la « rivière des chansons »). Je ne sais rien de cette grande crique, sinon qu'elle a été une des voies principales des Oyampis dans leur migration au nord des Tumuc-Humac, et que, il y a environ soixante ans, elle était le chemin suivi le plus fréquemment pour se rendre chez les Indiens de l'Agamiouare; ses sources sont contiguës à celles d'un petit affluent de ce dernier cours d'eau, ou bien d'un affluent de l'Ourouaïtou. Elle était peuplée alors, depuis longtemps elle est déserte. Pierre, qui est pourtant voisin de l'embouchure de la rivière, ne l'a jamais remontée au-dessus du premier saut, le saut Mouroucioutou, qui n'est qu'à une demi-heure environ de l'embouchure, à peu près à la hauteur du saut Manoa, dans l'Oyapock.

Ce saut Mouroucioutou, ainsi nommé d'un palmier bâche (mourouci) qui se trouve dans un îlot du saut, en aval, présente 2 mètres de dénivellation sur une centaine de mètres de longueur. Il est assez violent, mais peu dangereux.

Le Yingarari est une jolie rivière coulant le plus souvent en terres hautes bien boisées. Sur le soir, nous rencontrons un grand affluent de droite, de l'importance de la moitié de la rivière principale, au-dessus duquel le Yingarari se réduit sensiblement. J'en fais la rivière Laveau.

31 *mars*. — Pas d'incidents. La rivière coule toujours entre de hautes terres bien boisées. Puis, la chasse. On ne voit pas le gibier — on le voit rarement, — mais on l'entend, on va le chercher. On va silencieusement, on se dirige au jugé vers le point où on a cru l'entendre. Quand on a bien l'habitude de la forêt vierge, il est rare qu'on ne trouve pas sa pièce, fût-elle à 1 kilomètre. Chemin faisant, on l'imite pour l'appeler et pour qu'elle se rapproche.

Les feuilles mortes tourbillonnent en rivière par le vent d'hiver. L'obscurité est complète à trois heures de l'après-midi.

Nous couchons au-dessus d'une petite crique dont les eaux sont teintées en bleu par je ne sais quelle graine.

Bien que je fasse arrêter aussi tard que possible, nous ne faisons guère que 5 à 6 heures de canotage utile par jour. Cela paraît peu, mais si l'on réfléchit que la journée n'est que de douze heures, puisque le soleil se lève et se couche à six, qu'il faut perdre une heure et demie le matin pour préparer le déjeuner et embarquer, une heure et demie à midi, et qu'il faut s'arrêter à quatre heures au plus tard pour faire les carbets, et si l'on tient compte du temps perdu à la chasse, on verra que l'on ne peut guère faire, l'hiver, plus de 5 à 6 heures de canotage par jour.

Nous entendons, en amont, le bruit d'une chute dont Pierre ignorait l'existence. Cela donne quelque intérêt au voyage, qui languissait. Pourra-t-on le passer, le saut, ou nous obligera-t-il à rebrousser chemin, comme celui de l'Eureupoucigne? Comme nous rencontrons dans le premier îlot une touffe de pinots, Pierre appelle Ouasseye Itou la chute inconnue. Elle mesure 3 mètres sur 200 mètres de longueur; on la passe sans encombre.

La forêt est inondée partout, bien que les rives soient élevées; la rivière a profité des moindres rigoles d'écoulement de la pluie pour pénétrer dans la forêt. La forêt est inondée, par places, sur de grandes étendues en arrière du rebord de la rive. Nous rencontrons quelques pieds de grands bambous, fort rares dans l'intérieur de la Guyane.

On entend encore comme un bruit de saut, en amont. Est-ce une chute, est-ce le vent? on s'y trompe. C'est le vent.

La rivière s'encombre. On trouve des arbres énormes tombés en travers; comme ils ne dépassent guère le niveau de l'eau, on pratique une entaille dans leur masse pour donner passage au canot. Il est impossible, souvent, de hisser le canot par-dessus; il faudrait toute une journée pour couper l'arbre entier, on n'a d'autre ressource que de faire une entaille.

A une courbe de la rive gauche, on rencontre les vestiges d'un ancien village : les petits arbres et les arbrisseaux qui poussent sur l'emplacement des anciens villages et des abatis abandonnés. Nous y trouvons aussi un vieux pot demi-enterré. C'est une gargoulette grossière, sans dessin ni rien de remarquable. Pierre la lave soigneusement et l'emporte : ce sera un souvenir de ses voyages. Ce village date soit de l'époque de l'invasion, soit de celle des relations avec les Indiens de l'Agamiouare; par conséquent, d'environ 1830 à 1840.

Les anciens voyageurs étaient heureux; ils trouvaient des Indiens partout, dans toutes les grandes rivières et jusqu'à la tête des petites criques : tels Grillet et Béchamel, Patris, Mentelle, Leblond, Milthiade, de Bauve, Leprieur. Dans le Haut Camopi, à la tête du Kerindioutou, du Moutaquouère, de l'Agamiouare, du Yingarari, de l'Araoua et du Ouaqui, partout il y avait des Indiens. Aujourd'hui, seulement les vestiges de ces villages disparus! C'était facile de voyager alors. Déterminez donc les rares Indiens d'aujourd'hui à entreprendre de longues courses en pirogue, et à plus forte raison à pied, dans ces déserts! « Pour quoi faire? diront-ils, il n'y a plus de villages, rien que la famine, le désert et peut-être de mauvais Indiens; nulle part, ni cachiri, ni danses. Tes couteaux, tes sabres, tes camisas? nous en avons assez! il n'est pas nécessaire que nous allions, pour gagner des choses dont nous n'avons guère besoin, nous exposer à toutes sortes de misères, et braver toutes sortes de fatigues dans le Grand-Bois. » Il n'y a plus d'Indiens maintenant, ils disparaissent tous les jours : il ne reste plus, de grande tribu, que les Roucouyennes.

Pourquoi les vieux voyageurs, si favorisés, nous ont-ils laissé des relations de voyage si sommaires, de maigres cartes à petite échelle, ni itinéraires ni levés, quelquefois pas même d'esquisse, rien sur les populations indigènes, leurs mœurs, leurs langues? Il leur eût été aisé de faire la carte de la Guyane, de révéler complètement cette contrée,... rien, ou presque rien!

Nous finissons notre troisième journée dans cette petite rivière. Les pinots longs et flexibles que l'on abat pour avoir les feuilles du carbet tombent à grand bruit de tous les côtés. Malheureusement ils n'ont pas de régime, car tous n'en ont pas. Il faut remarquer en passant que, si les Indiens ne coupent pas les pieds de ouasseye et de caumou pour en avoir le régime, ce n'est nullement par économie, pour en retrouver l'année suivante, c'est parce que le régime s'égrènerait en tombant et qu'ils ne veulent pas prendre la peine de ramasser les graines.

Le feu, soufflé au tapécoua,[1] flambe sous la petite natte vivement remuée. Il fume, surtout. On est à moitié asphyxié si l'on ne sort pas du carbet où le vent pousse la fumée, mais cela combat l'odeur infecte qui nous vient des marécages voisins.

Nous débutons aujourd'hui par un couata. Son cri d'agonie, tout humain, est un ah! aigu qui nous va au cœur.

Le Yingarari devient très sale. Il faut se frayer un chemin au sabre ou à la hache dans de petits marais que nous rencontrons fréquemment. L'odeur des marécages, celle de nos vêtements mouillés séchés à la fumée, nous composent une atmosphère ignoble. Il se fait, malgré soi, des associations d'idées : la pensée qu'il faudra longtemps encore patauger ainsi dans les broussailles et les pestilences qui encombrent une existence mal lotie écœure à faire vomir.

Les branchages croisés empêchent de voir le ciel. Nos pagayeurs sont silencieux. Ils travaillent sous la pluie qui tombe sans interruption depuis que nous sommes entrés dans cette crique; ils sont fatigués! Toutefois ils ne bavardent pas et ne font pas d'esprit, comme les Indiens créoles. C'est horrible, l'esprit des Indiens créoles!

Il tombe de l'eau tiède qui filtre à travers notre dôme de feuillage. La crique n'est réellement plus qu'un ruisseau, une barricade énorme d'arbres tombés les uns sur les autres et qu'il faudrait couper tous. Je fais rebrousser chemin; nous pouvons à peine retourner le canot : la crique n'a plus que 8 mètres de largeur.

Nous avons remonté lentement le Yingarari, et nous sommes arrivés, en quatre jours, à un point où le canot ne peut plus passer. C'est ici le *terminus* de la navigabilité en pirogue de la grande crique Yingarari, terminus définitivement fixé pour la postérité! (fixé! avec l'approximation que comportent ces sortes de choses!) C'est une jouissance que de découvrir

---

1. Tapécoua, en oyampi, petite natte à souffler le feu.

une parcelle de vérité, et ce sont des bouts de vérité que ma boussole inscrit sur mon cahier de notes dans ces rivières inconnues.

Aussi bien puis-je parler de la postérité, bien que je sois certain de ne pas connaître les douceurs de la seconde édition. Des poètes, mes contemporains, qui sont pourtant des ouvriers de marque, ne les ont jamais connues non plus. Ce qui ne les empêche pas de se croire sûrs de l'immortalité avec statue. Dans trois générations d'ici, les poètes ne seront plus lus que par les poètes, de même que les voyageurs n'ont jamais été lus que par les géographes. Et le bataillon toujours grossissant des géographes, bataillon qui sera bien obligé de me consulter un peu pour les choses de ce pays-ci, sera peut-être plus nombreux que le bataillon, toujours moins nombreux, des poètes lisant leurs anciens. Ah! la belle chose que la notoriété! et bien candide celui qui préfère cette voie à celle qui conduit plus facilement, plus rapidement et plus sûrement à la satisfaction des appétits bourgeois.

Nous sommes ici à 72 kilomètres de l'embouchure et à 54 en ligne droite. Nous avons mis 17 heures 30 min. pour monter le Yingarari. Les sources peuvent se trouver à 20 kilomètres environ dans la direction du sud. Le pays traversé par le Yingarari est bien boisé, mais coupé de quelques petits marécages. Il est plat, sans montagnes, du moins sur les rives du cours d'eau. Deux sauts assez forts, mais peu dangereux, et un grand affluent de droite à un jour de l'embouchure : telles sont les particularités géographiques les plus saillantes du Yingarari, la Rivière des Chansons.

Nous mettons 7 heures 20 min. pour descendre notre crique.

L'eau a baissé; nous trouvons beaucoup de bois émergés qu'il faut couper, et qui étaient immergés quand on montait. On coupe des écorces d'arbre, sur la partie lisse desquelles on fait glisser le canot, comme sur une planche graissée.

Nous entrons dans l'Oyapock par une pluie fine que fouette un grand vent froid. Je n'ai jamais autant grelotté en France. Au village, il faudra soigner énergiquement, dès le principe, cette fièvre des marais, afin d'en guérir, afin de pouvoir continuer cette belle vie!

Je passe quinze jours au village, du 4 au 20 avril. Je me débarrasse de ma fièvre ou à peu près.

Pendant ce temps arrive au village le Roucouyenne Piaci, peïto d'Atoupi. et habitant le village de ce petit chef, au Yary. Piaci est allé chez François acheter des chiens pendant que nous étions dans le Yingarari. Il est descendu avec sa femme et une petite fille. Il me dit que le tamouchi Atoupi et plusieurs Roucouyennes sont chez Acara, mais qu'ils n'ont pu descendre, parce qu'il n'y a qu'une seule petite pirogue au dégrad du Kerindioutou. Les chefs roucouyennes me font demander pourquoi je ne suis pas allé chez eux l'été dernier; ils auraient été très heureux de me voir! Traduction : ils ont besoin de sabres et de couteaux. J'explique que j'ai chaviré, qu'il m'a fallu retourner à Cayenne acheter des marchandises, que tout cela m'a fait perdre du temps, que l'hiver est arrivé, lequel n'est pas propice aux voyages par terre avec beaucoup de marchandises. Puis Piaci, après avoir fait la cassave nécessaire pour continuer sa route, s'en retourne auprès des siens, muni de mes instructions.

Piaci verra les petits chefs du Yari. Il leur dira qu'il a vu le tamouchi blanc et son compagnon qui sont de retour avec beaucoup de marchandises du pays des Parachichis. Le tamouchi a été chargé par le grand yapotoli des blancs de visiter toutes les grandes rivières de l'Oyapock, ce qu'il fait avec le tamouchi Pierre du village oyampi de Moutouchy.

Quand toutes les branches de l'Oyapock auront été dessinées, le Parachichi retournera à Cayenne avec Pierre qui le reconduira, dans quatre ou cinq lunes, au village d'Acara, où il faudra que les Roucouyennes se trouvent à cette époque avec cinq grandes pirogues au dégrad de Kouc, car le tamouchi blanc apportera beaucoup de marchandises pour les Indiens du Yary.

Alors on visitera Kouc, le Yary, le Maporony et peut-être le Parou, après quoi les Ouayanas conduiront les Blancs chez les Nègres de l'Aoua.

Piaci a fait ses commandes. Il faudra, dit-il, apporter énormément de marchandises : des fusils, de la poudre, du plomb, des haches américaines, des sabres d'abatis, des couteaux, des marmites, des clochettes, des grelots, des chemises, des chapeaux, des perles, des hameçons, des peignes, des miroirs, et enfin beaucoup de toutes sortes de ces bonnes choses que les Blancs sont seuls à fabriquer. En revanche les Roucouyennes feront beaucoup de cachiri et ils prépareront quantité de leurs marchandises d'échange : des hamacs, des chiens, des plumes d'ornement, des arcs, des flèches, des paniers et tout ce que le Blanc peut rêver de plus beau.

Nous causons avec solennité, Piaci et moi, au dégrad de Pierre : le navigateur Piaci, debout dans sa caravelle de dix pieds de long et de deux pieds de large, et moi assis à l'indienne sur le tertre dominant le port. L'Indien descend encore une fois m'offrir un coui de ouasseye que sa femme vient de préparer, je fais don d'un peigne à la femme et d'un couteau à l'Indien pour ne pas être en reste de politesse (tel un potentat européen échange des ordres de chevalerie avec un ambassadeur d'une grande nation amie), puis encore quelques phrases d'adieu empreintes d'une cordiale amitié et le Roucouyenne s'engage dans le saut pendant que je me retire sous mon carbet.

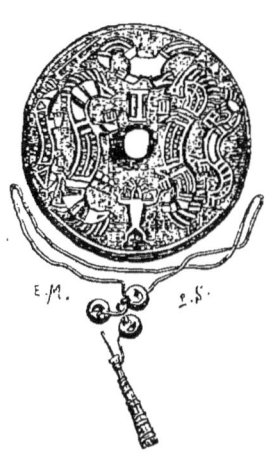

BIJOU ROUCOUYENNE.

DESCENTE DU CINQUIÈME SAUT DU YAROUPI.

CHAPITRE XX

UN PEU D'ARMURERIE. — COQUETTERIE INDIENNE. — VIEILLE GUITARE. — SPECTACLE AU COIN D'UN BOIS. — DANS LE YAOUÉ, LA RIVIÈRE HÉROÏQUE. — GRANDS SAUTS DU YAOUÉ. — « FLIRTATION » DE SINGES. — VIE DOMESTIQUE. — L'IDÉE DE JUSTICE. — ANANAS SAUVAGES. — CANOT EN FUITE. — LES INDIENS FÉROCES NE SE MONTRENT PAS. — AUTRES GRANDS SAUTS. — LES POLISSOIRS ET L'HISTOIRE DES INDIENS. — ALLUMETTES LOCALES. — PÊCHE PRIMITIVE. — LE JEU DE LA MORT ET DU HASARD. — PAYSAGES DANS L'OYAPOCK. — ENCORE LES SINGES, LEURS MŒURS PUBLIQUES ET PRIVÉES. — CUEILLETTE DE PARIPOUS. — LE REMÈDE DE LA FOLIE ET DU PHYLLOXERA. — ATTENTE CHEZ PIERRE. — PASSEZ A LA CAISSE ! — LA MANUTENTION. — LE MENSONGE CHEZ LES SAUVAGES ET LES CIVILISÉS. — HYMNE AU PROGRÈS. — ÉTUDE DE DIALECTES. — MIMI SE RELACHE. — THÉORIES COLONIALES. — LE MÉNAGE D'UN POLYGAME. — BASSE-COUR ET ÉTYMOLOGIE. — VOYAGE AU YAROUPI. — HISTOIRE DU YAROUPI. — LES GRANDS SAUTS. — LES GRANDS MARAIS. — PAYSAGES DES MARAIS. — TRACE MYSTÉRIEUSE. — ÉVALUATION DES VITESSES. — MONT MAUNOIR ET MONT GAUTHIOT. — NUMÉROTAGE A L'AMÉRICAINE. — NETTOYAGE DES HAUTS DES CRIQUES. — FIN DU YAROUPI. — TEMPÊTES. — MÉLANCOLIE DU RETOUR. — FIN DE LA CAMPAGNE D'HIVER.

Le 20 avril. — Nous repartons, toujours tous les sept : moi et Laveau, Pierre, ses deux fils, son neveu et le couroumi, avec nos deux fusils : un fusil à baguette qui rate toujours par cette pluie, et le mauvais lefaucheux de Laveau. Il avait une arme de valeur, ce pauvre Laveau, elle est allée au fond à Galibi. Pour ma part, je n'ai ni fusil, ni revolver, ni sabre, ni couteau ; seulement un canif pour tailler mon crayon.

J'ai un mousqueton, une arme de chasse et de guerre, un colt, mais je le laisse au village. Les mousquetons et les carabines ne sont pas pratiques dans ce pays, où il n'y a pas à tirer à balle. Les singes, qu'il faut presque toujours viser pendant qu'ils sautent, ne tombent que si on leur loge la balle dans la tête ou au cœur, et mettre une petite balle dans la tête ou le cœur d'un couata ou d'un macaque deux fois plus gros qu'un lièvre, à cinquante mètres de hauteur, tirant presque à angle droit et presque sans ajuster, cela suppose une habileté, une pratique tout à fait exceptionnelles. On a toujours plus de chance de loger quelques grains de plomb que la balle, et l'animal qui prend toujours quelque plomb dès le premier coup finit par rester au chasseur ; tandis qu'avec la balle, s'il est manqué au débuché, il s'enfuit et on ne le revoit plus. D'ailleurs trois grains de plomb dans le corps paralysent souvent plus qu'une balle.

Pour les autres gibiers, hoccos, marayes, couyououis, gros comme des poules, c'est bien petit et cela perche bien haut pour être tiré à balle. De même pour l'agouti, le pak. Resteraient les pecaris, les biches, le capiouare, le maïpouri, mais une charge de plomb en a aisément raison, de même que du tigre. Comme on n'a pas à tirer ces animaux à de grandes distances, rien ne vaut une charge de gros plomb, et le double zéro y suffit parfaitement.

Et c'est pour cela que je n'emporterai plus d'arme rayée si je retourne jamais chasser dans ces contrées : le gibier y est trop petit ; les plus grosses pièces : le maïpouri, la biche, le tigre, le caïman, peuvent être tuées au plomb. Un côté demi *choke bored*, groupant bien les gros plombs, et un côté lisse pouvant tirer, au besoin, des balles coniques que l'on se fabrique avec un moule, un fusil ainsi compris, donnant un groupement moyen pour toutes les charges de plomb, voilà ce qui convient le mieux pour ces pays où le bison, le buffle et les grands fauves sont inconnus.

Nous partons par la pluie.

Un peïto de Pierre, un jeune homme qui lui est venu de chez François, descend avec nous jusqu'à la Motoura chercher des graines de paripou pour « donner à manger » aux femmes pendant notre absence de quinze jours. Et voilà de quoi on vit, bien souvent, au pays indien : des graines fort maigres, nourriture ordinaire des perroquets.

L'eau a baissé de plus d'un mètre, beaucoup de roches sont à découvert, les grands sauts sont plus forts, d'autres sont sortis : on ne reconnaît plus la rivière.

DANS LE YAOUÉ.

Il pleut toute la journée ! La jeune femme du peïto de Pierre quitte la camisa qui lui entoure les reins et en enveloppe son marmot ; instinct maternel et instinct féminin : elle a couvert son petit contre la pluie et s'est « décolletée » devant nos jeunes gens.

On recommence à se nourrir de cette détestable viande de singe. Encore heureux de ne pas voyager le ventre vide, sous l'averse !

Nous partons par la pluie. Nous couchons à ma case de Viritou. Les gens de François sont tous malades, ils ont la fièvre : Petit François, Grand Joseph, la veuve de la Pleine-Lune et le vieux François aussi. Personne pour « aller chercher à manger ». On se nourrit de maïs vert.

Le père François nous recommande de ne pas nous aventurer trop loin dans le Yaoué ; il y a dans le haut de la rivière, nous dit-il, des Indiens solitaires qui ne veulent voir personne, et qui pourraient nous faire un mauvais parti. Vieille guitare !

21 avril. — Spectacle au coin d'un bois : on s'est arrêté pour préparer le déjeuner. On fait bouillir du singe rouge boucané. Trois dorment dans la pirogue, les autres sont accroupis autour du feu, sans mot dire. Nos hommes sont déjà aussi anémiés que nous. Le ciel est noir. Un vent pleurard fait tourbillonner les feuilles mortes. Indiens et Blancs, et le ciel, tout est triste à l'envi.

Des aras couleur de feu volent deux par deux vers les nuages, assourdissant de leurs cris de serrure rouillée le silence des solitudes.

Nous arrivons à l'embouchure du Yaoué. Nous avons mis 7 heures 10 min. pour descendre de Moutouchy à Viritou, et 4 heures 45 min. pour descendre de Viritou au Yaoué, dont 2 heures 05 min. de Viritou au Yaroupi, 1 heure 50 min. du Yaroupi au Crouatou, et 50 minutes du Crouatou au Yaoué.

Nous dormons au-dessus du premier saut, le saut Pacou, la première de ces grandes chutes qui font du Yaoué une des « rivières héroïques » de la Guyane. Les chants stridents des insectes nocturnes se mêlent à la voix grave de la chute. La nuit est noire et comme palpable. Il tombe une pluie fine et comme un grand besoin de sommeil. Voici des maringouins comme nous en avions au Camopi ! On prétend pourtant que l'apparition des maringouins, de ces insectes qui ont pour mission de sucer le sang des hommes et des bêtes, est l'annonce de l'été ; on prétend que les maringouins sont comme les hirondelles de ces pays enchanteurs !

Nous passons, par des eaux heureusement demi-basses, le saut Mouroucioutou, à quelques kilomètres au-dessus du saut Pacou, et élevé, comme celui-ci, de 3 à 4 mètres, sur une centaine de mètres de longueur. Nous rencontrons, rive gauche, un affluent d'une quinzaine de mètres de largeur à l'embouchure. Cette petite crique est la plus considérable que nous devions trouver dans le Yaoué.

Nous n'avons rien à manger; on s'arrête à 2 heures pour aller chasser dans le Bois. Au campement nous trouvons trois œufs de perdrix, de ces beaux œufs vert tendre de la grosse perdrix, gros comme des œufs de poule; on dînera avec cela, si les hommes ne rapportent rien.

Les chasseurs sont revenus bredouilles. Ils ont tué un serpent, mais il n'était pas comestible.

Ce matin on continue, le ventre creux.

Voici le saut Toupanri, le point que pas un Indien de l'Oyapock n'a dépassé dans le Yaoué. Toupanri est un barrage net, une roche en dos d'âne faisant plan incliné de 45 degrés, sur 3 mètres de dénivellation. Le barrage est précédé d'un long et violent rapide. Dans un îlot, sur une roche où une mince couche de terre végétale a laissé pousser quelques arbustes, on trouve quantité d'ananas sauvages.

Le Yaoué n'a guère plus de largeur que la Motoura, mais sa profondeur est beaucoup plus considérable. Aussi le courant est-il des plus violents. Les rives sont de terre haute, bien boisées, les marécages sont rares.

Nous allons dans le soleil. C'est un délice, l'hiver, de marcher par une matinée ensoleillée : on jouit de la lumière et de la chaleur infiniment plus qu'en été.

En voyage, les jours se suivent et ne se ressemblent pas. Nous venons d'entendre des couatas, très loin. On marche sur eux, droit sur eux, sans se tromper, et au bout d'une demi-heure de course rapide à travers la forêt, on les découvre. Ils ne nous voient pas encore. Ce sont des mâles et des femelles qui *flirtent* à la cime des arbres. Le mâle a la voix plus grave et plus grosse, la femelle plus faible et plus flûtée.

Voici un spectacle que l'on ne voit pas tous les jours : c'est un couata et sa femelle, ou plutôt une femelle, qui nous montrent comment les singes de leur espèce pratiquent l'amour. C'est absolument humain. La femelle, sur le dos, la queue enroulée autour d'une branche, étreint le mâle entre ses pattes. La femelle pousse de petits cris, le mâle fait entendre des grognements moins esthétiques. Ils ne peuvent nier leur cas. Nous tuons le couple amoureux. Encore un autre couple tué en flagrant délit, et cela nous fait quatre couatas à boucaner, environ soixante kilogrammes de viande. Pauvre viande, pauvres cœurs! En voilà qui n'ont jamais souffert de l'impuissance d'aimer !

On fait d'abord les carbets. Les feuilles abondent, les feuilles de palmier, en forme de plume d'oiseau, counana, ouasseye, mouroumourou, courouawes dont les jeunes pousses servent à faire des pagaras, toutes feuilles qui ont de 2 à 4 mètres de longueur, sur 1 mètre de largeur au maximum ; et des feuilles grasses, principalement celles du balourou, aussi longues, guère moins larges et tout d'une pièce. C'est un grand ennui quand il n'y a pas de feuilles, il faut aller très loin en découvrir de qualité inférieure et en quantité insuffisante : le carbet fait de l'eau et les hamacs sont mouillés.

On débrousse la place du carbet, on coupe les quatre poteaux que l'on enfonce en terre en les soulevant et en les projetant avec force dans leur trou qu'ils creusent ; on coupe les traverses, on va chercher des lianes, on apporte les feuilles, on couvre, on met quelques feuilles à terre pour que les bagages de nuit ne se salissent pas ; et tout cela prend bien une heure et demie, et deux heures s'il pleut.

Pendant ce temps, le couroumi est allé à la recherche d'un petit arbre mort, pas pourri, pas mouillé en dedans, qu'il abat, tronçonne, fend, et dont il fait de gros copeaux, des bûches, et de petits copeaux avec lesquels il allume le feu.

Puis les trois jeunes gens et le couroumi s'occupent à préparer les singes. On les échaude pour leur enlever le poil, on les grille, les dépèce, et les met dans la marmite. Il fait déjà nuit ; or il faudrait bien au couata cinq heures de cuisine pour être à point. Mais nous avons faim depuis hier, et dans une heure nous dévorerons cette viande à peine amollie. Ce n'est pas tout que d'avoir quatre cuisiniers !... Je voudrais voir, pendant quelques hivers, au régime de cette cuisine, tous les somptueux inutiles dont regorge notre société égalitaire ! Ce serait amusant de voir les grimaces qu'ils feraient, de les entendre s'indigner et trouver le traitement injuste.

La justice ! Méfiez-vous de l'idée de justice ! rien ne resterait debout dans les sociétés humaines le jour où l'on se mettrait sérieusement à être justes ! L'injustice est le fondement des sociétés. D'ailleurs la justice réalisée ne rendrait pas l'homme plus heureux. Hélas !

Un pagani vole à travers le ciel, tenant un iguane dans ses serres. En nous voyant, il lâche sa proie, qui tombe toute vivante dans la rivière, plonge et gagne la rive. En voilà un qui revient de loin ! Et le pagani nous précède dans le Yaoué, volant de pointe en pointe, faisant entendre son sifflement attristé. Il regrette sans doute la maladresse ou la frayeur qui lui a fait commettre une bonne action.

C'est l'hiver, la saison de la grasse pâture, des chants et des amours. Les fleurs poussent, les feuilles tombent.

Des buissons de cataparis resserrent la rivière qui forme en ces endroits des courants violents. Ces buissons sont pleins de tiques, espèce de poux qui se logent sous la peau et y occasionnent une inflammation. On se gratte comme si on avait la gale.

La rivière a été très sinueuse aujourd'hui. Une de ses boucles a été fermée par un petit canal naturel que le cours d'eau s'est creusé, ce qui forme un grand îlot de plus d'un kilomètre de longueur sur cinq cents mètres de large. Un petit saut rachète, dans le petit canal, la pente de la longue branche de la grande rivière. Ce saut du Grand Ilot a environ un mètre de hauteur.

25 avril. — On va en silence, les hommes ne disent rien. Il est des journées où il ne s'échange pas cinquante paroles dans le canot.

Nous arrivons à un grand saut qui mérite d'être appelé le saut des Ananas, car on y trouve plus d'ananas sauvages qu'à Toupanri. Ce saut fait une chute de deux mètres presque à pic à côté de l'îlot où se trouvent les fruits.

L'ananas sauvage est beaucoup plus petit que l'ananas cultivé; il n'est guère plus gros qu'une orange. Il est plus dur, moins sucré et, en somme, moins délicat que celui des abatis. Je crois avoir écrit jadis le contraire, mais j'avais alors mangé beaucoup moins d'ananas sauvages qu'aujourd'hui.

L'ananas sauvage ne se rencontre pas seulement dans les montagnes et sur les rochers, nous en avons trouvé en descendant l'Oyapock, rive gauche, à vingt minutes en aval du Yaroupi, en pleine terre plate et profonde, sur le bord du fleuve : il y en a un tout petit champ.

Un peu au-dessus du saut des Ananas, nous passons un long et fort rapide, le sixième depuis l'embouchure, et nous couchons dans une forêt claire et propre, où les maïpouris et les cochons sauvages ont tracé plusieurs sentiers venant du fond des bois aboutir à la rivière où ils viennent boire. Ce sont les sentiers d'éléphants de ces pays-ci.

La journée se passe sans sauts, la rivière est toujours large et profonde, haut boisée, peu marécageuse et d'un courant assez fort.

Le brouillard est intense, je vois mal faire mon levé.

Nous nous arrêtons à un angle brusque de la rivière, dans un courant, au pied d'une petite colline. Pendant que les hommes font le carbet, notre canot, notre unique canot, s'en va à la dérive dans le petit rapide. On va le chercher par terre à deux kilomètres plus bas; il s'en allait! Si cela arrivait la nuit, on serait bien loti au fond de cette crique déserte. Il faudrait descendre en radeau.

J'avais dit par deux reprises au couroumi d'amarrer le canot; il avait sifflé, ce qui veut dire oui; je croyais qu'il avait obéi, il avait oublié! Quand on commande quelque chose à un Indien, il obéit rarement sur-le-champ. Il siffle, regarde en l'air, se gratte la tête, puis, un instant après, il fait ce qu'on lui a commandé. Il semble vouloir se donner l'air de n'obéir qu'une fois qu'il a bien mûrement réfléchi que ce qu'on lui avait commandé était raisonnable et devait être fait.

Tout est bien qui finit bien. Je dîne, en huit minutes, d'une cervelle de couata boucané, et je m'endors, comme la nuit tombe, écoutant chanter la grosse perdrix, l'inamou, que nous trouvons tous les soirs dans le voisinage du campement.

CHUTE DES POLISSOIRS.

Aujourd'hui le fond est rocheux ou sablonneux. Nous allons au tacari, ce qui augmente sensiblement la vitesse.

Nous avons passé six sauts aujourd'hui, le septième, le huitième, le neuvième, le dixième, le onzième et le douzième sauts à pic, de 1 mètre à 1 mètre et demi ou 2 mètres, selon la saison des eaux, tous assez dangereux. La rivière ne diminue pas sensiblement de largeur et ne change guère d'aspect; cependant certains indices, tels que celui des courbes beaucoup plus brusques et plus fréquentes, me montrent que nous entrons dans la « région des hauts » et que la rivière ne sera plus longtemps navigable.

C'est par ici que l'on place les habitations des Indiens solitaires et inhospitaliers dont on nous a menacés. Nous nous attendons à chaque instant à recevoir une volée de flèches parties de la cime des arbres ou de quelque tournant de la rivière. Nous scrutons la rive pour y découvrir quelque vestige du passage récent de l'homme, des restes de charbon sur les roches, une bouche de sentier, une branche coupée. Rien ! Aux éclaircies produites par les marais ou les roseaux à flûte ou à flèches, chacun, quand l'éclaircie est encore vague, se récrie à part soi : Un abatis! Non, pas encore cette fois, ce sont des roseaux. Au moindre bruit que les hommes entendent dans la forêt, ils s'arrêtent de pagayer, prêtant l'oreille, se demandant si ce ne sont pas les mystérieux solitaires : personne n'a plus peur des Indiens que les Indiens.

Nous couchons, sans le savoir, presque au pied d'une chute inconnue dont le vent et l'orage étouffent la voix. Pendant le calme de la nuit, la brise nous apporte son bruit grave, creux, indice d'une grande chute à pic.

C'est un autre Toupanri, avec des polissoirs sur la roche. Ce saut des Polissoirs mesure plus de 4 mètres de dénivellation sur 50 mètres de longueur. L'eau tombe, en nappe, par tout le travers de la rivière, qui a ici, élargie comme à tous les sauts, une cinquantaine de mètres.

De quand datent ces polissoirs usés? D'au moins cent cinquante ans, car à partir de l'arrivée des Jésuites dans l'Oyapock, en 1727, les haches de fer ont dû se répandre de proche en proche dans les tribus. Une par village, et les haches de pierre étaient abandonnées. Ils datent peut-être de plusieurs milliers d'années, dix mille ans, vingt mille ans, qui le dira? L'eau n'use pas vite le granit, et d'ailleurs ces polissoirs sont en haut de la grande roche, et les plus grandes crues doivent à peine les atteindre. Qui refera l'histoire de l'homme des premiers jours?

La rivière est rétrécie à 30 mètres, mais elle est toujours propre. Ce n'est qu'au-dessus du treizième saut que l'on rencontre les premiers barrages d'arbres tombés. Un peu en amont, le Yaoué reçoit un important affluent de gauche, au-dessus duquel la crique, qui avait encore de 20 à 25 mètres, se réduit à 15. L'affluent a lui-même 10 à 12 mètres de largeur à l'embouchure.

Nous passons le quatorzième saut, puis le quinzième, haut de près de 2 mètres, et qui rappelle Manoa, dans l'Oyapock, aux basses eaux. Au-dessus du quinzième saut, le Yaoué est parfois rétréci à 12 mètres et ne dépasse guère 18. Au pied du seizième saut, il a encore 25 mètres dans l'élargissement de la chute, mais tout de suite en amont il paraît se rétrécir encore au-dessous de sa largeur moyenne.

Nous ne passons pas le seizième saut. Il n'a que 2 mètres de dénivellation, mais il est plein de roches aiguës, à sec, sur lesquelles il faudrait traîner le canot déjà endommagé. Le Yaoué, d'ailleurs, n'est plus qu'un ruisseau. Nous couchons ici et descendrons demain matin.

Le Yaoué est la rivière la plus importante que nous ayons remontée jusqu'à présent. Nous avons mis, pour la remonter, 38 heures. (Il nous fallut 12 heures 5 min. pour la descendre.) En tenant compte de notre vitesse et de la force du courant, j'estime que nous avons fait dans cette rivière environ 152 kilomètres et que nous sommes à environ 112 kilomètres de l'embouchure, en ligne droite. Les sources doivent être encore assez loin, à une trentaine de kilomètres environ dans le sud-sud-ouest ou le sud. Nous n'avons pas vu de montagne dans cette rivière, pas plus que dans aucune des précédentes. D'ailleurs le ciel est presque toujours couvert, et il se trouverait des montagnes qu'on aurait de grandes chances de ne pas les voir. La caractéristique des seize sauts du Yaoué, c'est qu'ils sont à pic; ce sont bien des chutes et non de grands rapides. Toupanri et les Polissoirs sont dans le genre de Trois Sauts, mais plus petits. Tous ces sauts du Yaoué sont plus dangereux que ceux de l'Oyapock.

29 avril. — Deux jours pour descendre le Yaoué, cinq pour remonter l'Oyapock jusqu'à Moutouchy, que de temps perdu! On vérifie son levé, il est vrai, mais comme il serait plus agréable de trouver à la tête de la rivière quelque village qui nous ferait gagner le Cachipour, que l'on pourrait descendre ensuite jusqu'à la mer! Mais rien, pas un Indien, rien que des polissoirs! La Guyane centrale arrive au désert absolu.

L'humidité a gâté nos vivres : nous mangeons du couac à moitié pourri. Les cartouches des lefaucheux ont le carton gonflé : il faut les peler pour qu'elles puissent entrer. Tous les matins il faut faire sécher au feu nos allumettes, dont le phosphore est devenu mou et se détache. Il est vrai qu'en revanche ces allumettes nous offrent des satisfactions appréciables. Elles ont été fabriquées dans ces heureuses contrées et, du moins je le présume, spécialement pour la consommation locale. Quand, par le soleil, on les frotte sur le papier de verre pour les allumer, elles font autant de bruit que si on faisait partir une capsule. Cela est très commode pour se signaler à l'attention publique : vous passez dans la rue, une de ces rues tropicales qu'endort le soleil, mais où veille l'urubu, vous craquez une allumette sous prétexte que votre cigare s'est éteint : aussitôt des fenêtres s'entr'ouvrent, on regarde et on se dit : « Tiens, c'est un tel qui passe ! », ce qui fait toujours plaisir. Mais dans l'humidité et la solitude des forêts vierges, hélas ! pas de rues ensoleillées, pas de gracieux minois fort en couleur qui vous sourie des yeux et du geste, pas d'électeur qui vous remarque, rien ! rien que les vautours et les caïmans pour vous admirer.

La pluie tombe en abondance depuis deux jours, les sauts sont gonflés, méconnaissables et fort dangereux.

Le saut dans les grandes chutes est saisissant. En arrivant en haut, on ne voit pas l'eau en aval, mais seulement les rives abaissées, la forêt en contre-bas : il semble qu'on va tomber dans un gouffre inconnu.

Nous avons un peu de tempête pour faire l'accompagnement, grand vent et forte pluie : les arbres tombent de tous côtés, grands et petits déracinés de même. Des familles de singes, qui semblent effrayés, gambadent au haut des arbres, les femelles ont leur petit sur le dos. Pierre et les jeunes gens regardent avec passion les gambades et les ébats des couatas. Les Indiens aiment ce spectacle comme les Parisiens le théâtre, les Romains les combats du cirque, et les Espagnols les courses de taureaux.

S'ils les aiment vivants, ils ne les apprécient pas moins bouillis. Aussi, comme ils savent que c'est le gibier qui constitue notre ordinaire, ils n'ont emporté cette fois ni flèches, ni hameçons. Quand ils veulent pêcher, ils prennent des tripes, les plongent dans l'eau, et, accroupis, le sabre levé, ils attendent que l'aymara vienne mordre. Patience bien indienne et qui n'est comparable qu'à celle du pêcheur à la ligne ! L'aymara mord cependant, il reçoit un coup de sabre sur la tête, ou à côté, et comme il n'est jamais tué du coup, on ne l'a jamais. S'ils avaient des hameçons, ils tendraient leur piège, un piège simple et infaillible. Une petite tige de bois flexible est fichée solidement en terre ; à son extrémité supérieure est fixé un hameçon, dissimulé dans des tripes. Un petit crochet pas très fort est fixé à côté de la tige dont la partie supérieure est passée sous le crochet de façon qu'elle trempe dans l'eau. L'aymara mord, puis recule vivement — c'est son habitude, — se sentant pris ; il se précipite en arrière dans tous les sens et fait sortir du crochet la tige, qui se redresse et qui sort le poisson à moitié hors de l'eau. L'Indien, entendant le bruit que fait le poisson en barbotant, vient l'assommer à loisir.

Nous avons pris jusqu'à trois aymaras en une heure avec cet engin primitif.

Mais pourquoi pêcheraient-ils, nos bons Indiens? Le boucan est surchargé de viande. Les singes, trop gras, prennent feu, de hautes flammes s'élèvent dans les ténèbres. En même temps des singes rouges, nos voisins, effrayés peut-être par cette lueur inusitée, se mettent à hurler en pleine nuit.

Il n'y a que les aras qui soient hors de nos atteintes. Leurs couples passent si haut dans le ciel que nos fusils ne sauraient avoir pour eux de plomb bien meurtrier.

30 *avril*. — Voici un jeu que je recommande aux amateurs d'émotions fortes : le jeu de se représenter la mort, en présence d'un danger imminent. Je me suis souvent livré à cet exercice au moment de passer quelque grande chute très dangereuse. On l'entend. On s'applique à se persuader que le canot chavirera et qu'on sera noyé. On se met dans l'esprit, à force de volonté, que la mort est aussi certaine que pour le condamné qui vient, à la porte de la Roquette, d'apercevoir le couteau aux rayons du soleil levant. Il est arrivé, le moment terrible où l'on n'a plus qu'une demi-heure à vivre. Toute ma vie m'apparaît dans un résumé précipité : une bousculade d'idées et de faits dans une clarté de vision prodigieuse. Ce que j'ai voulu faire, ce que j'ai fait, le peu que je suis, ce que j'aurais voulu être, de vagues regrets noyés dans cette large consolation que les plus grands rentrent, eux aussi, infimes, pour jamais, dans l'insondable néant en compagnie de la foule obscure. Vie manquée! mais rien n'est rien! Plus qu'un quart d'heure! Le mal et le bien que j'ai fait? Je n'ai guère aimé et n'ai guère été aimé. J'ai été souvent dupe, je ne voyais pas la vie comme il faut la voir et avais volontiers trop bonne ou trop mauvaise opinion des hommes. Je me suis toujours cru né pour l'action, et j'étais fait pour une vie studieuse et contemplative, errante et indépendante.... Il est bien temps! Plus que cinq minutes! Il faut les bien employer, ces cinq minutes, les dernières! Oui, les dernières, car, après, tout sera fini : le monde, l'infini, le temps, l'espace, car tout cela, c'est l'idée que j'en ai. Donc, tout va s'anéantir! étrange, immense et prodigieuse catastrophe! A quoi les employer, ces quatre dernières minutes? Je ne sais vraiment. Peut-être... l'Énigme?... Allons donc! Cependant je vois déjà l'instrument de mon supplice! Souffrirai-je?... Ah! les miens! là-bas! eux trois!... Tous mes projets de vie aboutissaient à l'embellissement de la leur.... Une minute! Le courant m'entraîne. Cela me fait : tant d'années, de mois et de jours;

c'est prématuré! Oh! ces eaux froides! J'aurais voulu vivre encore vingt ans et mourir dans mon lit, doucement, au milieu des miens. Elle me tient, la grande Femme-Pâle, la Mort glacée, brutale, silencieuse! Elle me prend dans la solitude du désert, et je m'abandonne, je m'abandonne au vertige affolant de ses cruelles caresses. Ah! le sang recule, j'ai froid au cœur, la vue se trouble,... pauvre âme, saute dans les ténèbres du néant!... La vie suspendue, plus de pensée, les mains cramponnées au bordage du canot, le plongeon dans le tonnerre des blanches écumes du gouffre... et on jouit du plaisir de ressusciter en bas!

Pour varier ses joies, on se gorge de *tapouroumalé*, les exquises *murucujas* des Brésiliens, les marie-tambour des créoles. C'est comme une noix, avec une enveloppe ovoïde jaune ou verte que l'on peut déchirer avec les doigts et qui contient un fruit granulé, aqueux, doux et parfumé, un des plus délicats de la zone torride. Bénie soit la petite liane marie-tambour!

Puis c'est l'Oyapock, avec les perspectives bleues des longues avenues de ses rives, quelques têtes d'arbres grêles dépassant l'irrégulière muraille de verdure, un petit oiseau à la cime d'un grand arbre mort, des troncs d'arbres d'un blanc criard, qui semblent avoir été blanchis à la chaux, quelques jaunes rayons de soleil sous un œil pâle zébré de nuages blancs. Et, en moins d'un quart d'heure, changement à vue, un ciel bas, des nuages sales, des oiseaux d'eau rasant de leur vol pesant le miroir calme des eaux du fleuve. Tout cela, c'est l'averse, l'averse matinale triste comme une jeunesse pauvre et souffreteuse. Et après l'averse, tout s'ensevelit sous une lumière terne qui semble s'éteindre graduellement.

De rares petits mornes se remarquent sur les rives. Il serait curieux de voir ce pays complètement déboisé, avec ses collines à pente raide, ses nombreuses chaînes mal dessinées et peu élevées, ses marais et ses régions inondées. Mais peut-être qu'au fur et à mesure que cette contrée serait mise en culture, le déboisement amènerait une sensible diminution dans la chute des pluies et peu à peu le pays tournerait au Sahara. L'expérience sera-t-elle jamais faite?

2 mai. — C'est désespérant, ce que l'on perd de gibier dans ces forêts! Une bonne partie de nos singes restent suspendus par la queue au haut de grands arbres trop gros pour qu'on y grimpe ou pour qu'on les abatte. Heureusement que les singes vont par bandes de cinq ou six, aussi est-ce généralement par trois ou quatre qu'on les tue dans la même séance. Chacun de ces animaux pesant de 8 à 15 kilos, cela nous fait de la viande pour trois ou quatre jours. Il faut le boucaner, et quelle viande que du singe rouge boucané de trois jours! Je n'ai jamais mangé de tiges de bottes, mais je me fais une idée de ce que ce doit être, d'après le singe boucané. Toutefois cette viande fait les délices des Indiens, qui laissent le hocco pour s'en délecter et qui boivent son affreux bouillon, gras et nauséabond, avec autant d'avidité que d'autres du tafia!

Il est à remarquer que ce sont toujours les mêmes espèces qui vont ensemble; on ne voit jamais les couatas au milieu des singes rouges ou des macaques, et réciproquement. Il semble que, de variété à variété, ils n'aient aucun rapport entre eux.

Ces singes ont des ruses diaboliques pour nous échapper, surtout les couatas, qui sont les plus malins de la famille. Dans le fort du carnage, il arrive souvent qu'on voit un couata qu'on vient de tirer culbuter et tomber en enroulant sa queue à une branche où il reste suspendu la tête en bas, immobile.

Il est mort, mais ne tombera que dans quelques minutes, lorsque la queue, ne pouvant plus porter le corps, se déroulera d'elle-même. On laisse donc là le couata mort ou à l'agonie, et on court après les autres qui s'enfuient. Retournez-vous : votre couata fait un bond de 15 mètres dès qu'il vous voit parti. Tirez-le à balle et vérifiez : au premier coup il n'avait pas reçu un grain de plomb, le brigand faisait le mort pour être laissé tranquille.

Chose admirable! le petit ne se sépare jamais de sa mère : si c'est une mère qui fait ce manège, le petit fera le mort à côté d'elle; si elle se sauve, il se sauve; si elle reste, il reste. Si elle est blessée à mort, il se cramponne à elle et tombe avec. Le plus souvent il a reçu aussi sa part de grains de plomb. Et c'est un spectacle bien triste que la pauvre maman avec sa barbe plus courte, ses mamelles pleines de lait, râlant à terre à côté de son petit blessé qu'elle essaye de défendre encore. Si on arrache l'enfant à la mourante à laquelle il se cramponne toujours, il crie à faire pitié. La chair du petit est d'ailleurs plus tendre et même délicate.

Les singes doivent être très nombreux dans ces contrées. Voilà qui ferait le désespoir d'un statisticien : combien y a-t-il de singes dans l'étendue de la Guyane française incontestée? de singes incontestés? Rien ne les empêche de se multiplier à outrance comme le veut la Bible : les graines dont ils se nourrissent sont très abondantes ; les naissances doivent être nombreuses, car il n'y a sans doute parmi eux pas beaucoup de célibataires ni de malthusiens; la mortalité ne doit pas être considérable, ni parmi les nouveau-nés, ni parmi les adultes; combien sont-ils? Nous en tuons de quinze à trente par mois.

5 mai. — Nous voici au village de François. Nous avons mis 14 heures et demie pour monter du Yaoué jusqu'ici : du Yaoué au Crouatou, 2 heures; du Crouatou au Yaroupi, 6 heures; du Yaroupi à Viritou, 6 heures et demie. Les courants sont très forts dans cette partie de l'Oyapock. De plus, ce sont maintenant les plus grosses eaux, qui vont, selon toute probabilité et comme d'habitude, durer jusqu'à la mi-mai. Après quoi, elles décroîtront.

Nous sommes au milieu des îlots et des rapides d'entre Viritou et la Motoura. Cette partie de l'Oyapock abonde en anciennes habitations abandonnées depuis une génération ou deux, mais dont un œil exercé peut encore, en bien cherchant, reconnaître les vestiges. Nous y trouvons du cacao, actuellement mûr, qui nous change un peu de notre singe boucané. Le vieux François a eu plusieurs habitations dans le voisinage, dans le Samacou, dans le Suiverari, plusieurs à l'Oyapock et une dans l'Apamari, grande crique de droite, un peu en aval du Yaroupi. Cette Apamari est de l'importance du Crouatou.

Nous entrons dans la Motoura cueillir les paripous, qui sont maintenant en pleine maturité, et auxquels les gens de François font, paraît-il, des visites intéressées.

Le paripou est un grand palmier au tronc épineux, d'un port semblable à celui du palmier royal. Il donne plusieurs régimes d'une graine charnue à enveloppe fibreuse. Cette graine se mange bouillie. Pour avoir le régime, il faut l'atteindre avec un long crochet. Les Indiens grimpent sur un arbre voisin, et de là crochètent les régimes et les font tomber. On trouve sur la même grappe deux sortes de graines également mûres, des graines à noyau de la forme et de la grosseur d'une prune reine-claude, et des graines sans noyau, de la forme et de la grosseur d'un gland. Ces dernières restent généralement vertes, quoique mûres; les premières deviennent jaune rougeâtre en mûrissant. Le goût de ces graines rappelle vaguement celui de châtaignes de dernière qualité.

Nous couchons à notre carbet de Coumaraoua. Les carbets déjà anciens sont ordinairement envahis par les fourmis et les termites, voisinage également funeste à la peau et au linge du dormeur. Le carbet coule : les feuilles se sont disjointes; on est obligé d'en couper d'autres. Les lianes se relâchent et il faut en ajouter quelques-unes. Le plus sûr est de dédaigner tout carbet vieux d'un mois et d'en faire un nouveau.

Je vois aujourd'hui des choses intéressantes : un oiseau qui cueille et

LES HAUTS DU YAOUÉ

mange en volant les graines dont il se nourrit. Il vole, on le voit porter sa patte à son bec; il mange la graine qu'il vient de cueillir, et quand il a fini de ronger la pulpe, on le voit laisser tomber le noyau, toujours volant, la queue fourchue, décrivant un cercle dans le ciel de la rivière. C'est le *tanpenne* des Oyampis.

Et Pierre me montre une graine qui est un remède contre la folie. Ce sont les créoles qui lui ont enseigné ce précieux spécifique. Les créoles connaissent tous les remèdes : contre la morsure des serpents, la lèpre, et cent autres. L'un d'eux, un très brave homme qui n'avait jamais vu de vigne, m'a montré le remède du phylloxera !

Ciel gris. La pluie tombe dès le matin. Plus de singe boucané : on déjeune de couac bouilli. Pour tout gibier, des cancans, ces stupides oiseaux blancs et noirs, tout en plumes, toujours discourant.

On fume. Ce qui me plaît dans la pipe, c'est qu'elle paralyse la pensée. Quand on fume une bonne pipe, le temps passe sans qu'on pense à rien; on éprouve une vague sensation de repos, de bien-être, de philosophique abrutissement.

Je fais connaissance, en poursuivant des couatas, avec une crique dont je n'avais pas l'avantage de connaître l'importance : Oyégareu (la Rivière des Chansons), rive française. On peut la remonter un jour en canot, en sabrant. A sa tête, qui est à un jour par terre, on trouve des marécages pleins de ouasseyes. Pierre y a passé de bien bonnes journées.

Il y a plusieurs « Rivières des Chansons » dans le Haut Oyapock : Yingarari, Yingarou, Oyégareu. C'était du temps de l'invasion, les Oyampis étaient joyeux. Maintenant, la tribu se meurt, ce qui n'empêche pas ceux qui restent d'être joyeux tout de même, et de chanter, quand ils ont du cachiri.

Comme nous n'avons pas de viande à rapporter aux femmes, n'en ayant pas pour nous-mêmes, il faut bien que nous leur trouvions quelques douceurs pour accompagner les paripous. Le couroumi monte sur les buissons, sur des branches grosses comme le pouce, cueillir des pommes de liane, *alias* murucuja, *alias* tapouroumalé, *alias* marie-tambour. Pierre prend sa part et celle des femmes, chacun a un petit lot de murucujas. Moi, c'était par politesse, cette hypocrisie élégante qui est une vertu, que j'avais dit qu'il serait galant de faire plaisir aux femmes. Pure gourmandise : j'ai déjà mangé toute ma portion ! Les autres aussi. Je me retourne : Pierre également. Il n'y a plus une marie-tambour dans le canot, Pierre a mangé sa part et celle de ses femmes. Pauvres Indiennes ! En voilà qui ne sont pas adorées à genoux comme « uniques dispensatrices des joies de ce monde » ! Travaille, et fais des enfants ! Quels Turcs que ces Indiens !

Nous voici arrivés encore une fois à Moutouchy. Nous avons 16 heures 30 min. de canotage depuis Viritou.

Après une vingtaine de jours de repos nous nous rendons au Yaroupi.

François a jadis, il y a quelque trente ans, remonté le Yaroupi pendant cinq jours, cinq bons jours, dit-il, car il était jeune alors et pagayait bien. Il était accompagné de ses trois frères, tous morts depuis longtemps. C'était à peu près à cette saison-ci (quand les génipas sont mûrs). « Yaroupi, nous dit-il, a de grands sauts dans son cours inférieur ; l'un d'eux, Ouaïmicouare, est à pic, très haut et très dangereux ; on ne saurait le passer maintenant, il faut attendre que les eaux aient baissé un peu. François s'en est retourné du confluent de l'Araritowe, un affluent de gauche grand comme l'Apamari qui est en face du Yaroupi. Des Oyampis s'établirent en sortant de l'Eureupoucigne dans cette crique Araritowe. Il y avait alors, du temps du voyage de François, quelques villages oyampis dans le Yaroupi. Depuis plus de vingt ans, tout est éteint.

Il faut donc attendre que les eaux baissent. Impossible de faire quelques petites criques pour attendre, Samacou ou Kerindioutou, les seules un peu importantes qui nous resteraient à faire dans cette région : les enfants de Pierre se déclarent très fatigués et ont, disent-ils, grand besoin de repos. Or il n'y a pas d'autre équipage jusqu'à Gnongnon.

Chacun réamarre son hamac sous les hangars du village. La nuit, ponctuée par les chants des coqs, vient nous enchanter de rêves fallacieux de confortable et de civilisation. Au réveil, il nous faut procéder au payement des hommes, comme on le fait après chaque voyage. Nos malles se dégarnissent encore une fois de haches, sabres, couteaux, camisas, chemises, chapeaux, perles, hameçons : banknotes et menue monnaie de ce pays-ci. Bien qu'enveloppées dans du papier et enfermées dans des malles sous un bon carbet, nos marchandises se gâtent par l'humidité : la quincaillerie est rouillée, les camisas sont déteintes, la poudre et les capsules sont en mauvais état. Comme Pierre aura, outre les payements d'usage, deux de nos fusils à baguette pour ses voyages (c'est convenu), notre hôte et patron ne fait pas trop la grimace ; il sait que tout se rouille ici, lui et ses enfants le sont aussi bien que mes sabres. Pauvres canotiers enrhumés et fiévreux qui travaillent chacun pour un couteau par jour !

Il faut ensuite commander du couac. Cela fera 500 kilogrammes de cette denrée que nous aurons consommés dans nos voyages avec Pierre. Il n'y a que lui, dans le Haut Oyapock, capable de fournir tant de farine de manioc dans une année. Comment aurions-nous fait, par ces pluies continuelles, s'il nous avait fallu voyager avec de la cassave, qui se serait moisie au bout de huit jours?

Posant des jalons pour un voyage ultérieur à faire à une époque indéterminée, j'interroge Pierre sur le Camopi, que je ne serais pas fâché de remonter avec mon patron jusqu'aux sources. Il doit connaître cette rivière, puisqu'il y est né. Il m'avait dit précédemment qu'il n'était pas allé au delà de l'embouchure de l'Inipi. Il est vrai que j'avais eu le tort de lui poser, dans le courant de la conversation, une question toute faite : « Et tu es retourné de la bouche de l'Inipi? » Il ne faut jamais procéder ainsi avec les Indiens, ils vous répondent presque toujours oui. Il faut tourner la question autrement et demander : « D'où es-tu retourné? » L'Indien, par lassitude ou plutôt par indifférence pour la vérité, manque rarement de répondre affirmativement aux questions toutes faites. Pierre m'apprend maintenant qu'il a dépassé de quatre jours l'embouchure de l'Inipi.

Les sauvages et les civilisés ont une égale facilité au mensonge, mais dans des conditions différentes. Le sauvage, dans sa vie difficile, ayant contracté l'habitude de mentir par précaution, devient assez indifférent au mensonge comme à la vérité. Pour les choses indifférentes, il dira, au hasard, ce qu'il sait être parfaitement faux comme ce qu'il sait être vrai. Il lui arrivera même, mais plus rarement, de dire la vérité à propos de choses qu'il sait avoir intérêt à cacher et de mentir à propos de choses où la vérité lui serait favorable. Il ment par habitude, souvent sans calcul, comme cela se présente; dans sa morale, la vérité et le mensonge sont également indifférents. Il ne s'obstine pas d'ailleurs et finit toujours par dire vrai si on sait le questionner avec habileté.

Le demi-civilisé, au contraire, sait très bien ce qu'il fait en mentant; il sait qu'il n'est pas bien de mentir, mais il ment pour en tirer avantage, parce qu'il y a intérêt : il calcule, il trompe. Le premier est plus « innocent », plus sauvage ; le second est plus fourbe.

10 mai. — Il a fait aujourd'hui un froid de loup. Les bourrasques de pluie ont abaissé plusieurs fois la température à 16 degrés centigrades ; si le pôle se met ainsi à descendre vers l'équateur, qu'allons-nous devenir? C'en est fait du progrès humain ! Ce serait chiffonnant pour un ouvrier du progrès comme moi. On n'entendrait plus que les lamentations de ces dignes savants qui ont maintenant la bouche si pleine quand ils parlent du progrès. Il en est même qui croient que le progrès n'est pas localisé dans le cercle étroit de notre petite humanité, et des humanités cosmiques, s'il y en a, mais qu'il s'étend sur la masse entière de l'univers, que l'ensemble des systèmes stellaires et planétaires et des poussières cosmiques, que l'incompréhensible univers est en progrès, qu'il prend ses galons, qu'il gagne de l'avancement. Il ne leur suffit pas de constater que l'infime et passagère vermine humaine gagne depuis quelque temps en nombre, en force, en science et en richesse, comme le moucheron qui prend des ailes à midi avant de mourir le soir ; ils veulent que le vide noir avec ses mondes et ses poussières de mondes tournant dans des rondes hallucinantes, ils veulent que le Grand Tout vertigineux ne s'agite qu'afin de se perfectionner et de s'ennoblir, d'arriver à quelque chose de mieux. Ils encouragent l'Infini. Il est des gens que les récents balbutiements de la science ont rendus à peu près fous.

Je ne sais si je m'abuse, mais il me semble que rien n'est plus propre à faire sentir combien est petite la mesure du progrès humain que d'avoir passé toute sa jeunesse à suspendre son hamac aux branchages des forêts vierges pour y dormir au milieu des hommes primitifs. On pourrait penser tout le contraire, mais, à y regarder de près, la sagesse, la science et le bonheur des primitifs ont vraiment bien peu de choses à envier aux nôtres.

L'eau monte toujours, la grande crue annuelle approche.

L'étude des dialectes indigènes, quand il pleut et qu'on ne peut voyager, est un passe-temps assez absorbant, et qui rentre d'ailleurs parfaitement dans mon nouveau programme, qui est la recherche du vrai pour le vrai. Un explorateur est, dans son genre, une espèce d'érudit ambulant qui s'en va, dans des contrées difficiles, récolter péniblement les infiniment petits de la science, minuscules matériaux qui, joints à beaucoup d'autres, deviendront, sous la main des maîtres, des volumes parfaitement illisibles, des monuments sans objet bien déterminé. Bien prendre un dialecte indien de quelque deux mille mots avec mille phrases, cela demande autant de temps que pour faire un roman de trois cents pages. Et c'est consulté par quarante personnes dans l'espace de cinq siècles ! Je m'applique à l'oyampi avec la même ferveur que si c'était du sanscrit ou de l'hébreu, cependant que je me nourris de singe rouge boucané de vieille date et de couac en gros grains, le tout arrosé de l'eau jaunâtre du fleuve gonflé. Tant pis pour vous si la satisfaction, par à peu près, de vos appétits matériels ne suffit pas à vous rendre heureux, et si vous êtes trop difficile sur le choix de vos jouissances intellectuelles.

Je voudrais aussi faire du caïcouchiane; mais mon couroumi ne connaît pas son dialecte. L'idiome caïcouchiane, qui était de famille tupique et ressemblait assez à l'oyampi, est en train de disparaître complètement. Les quelques Caïcouchianes qui restent ne parlent plus qu'oyampi; les derniers vieillards parlant leur langue sont morts.

Il se relâche, mon couroumi Mimi, il revient à ses habitudes premières. Il faut tenir la main ferme à ses incartades, sans quoi il se gâterait absolument et ne serait bientôt plus bon à rien. Quand il prit son service, il apportait à tout ce qu'il faisait un soin extrême et des plus minutieux. Lui disait-on de laver une cuiller, il la passait d'abord à grande eau, puis l'essuyait d'abord avec sa main et ensuite avec sa queue de chemise, après quoi il la rapportait en se la frottant sur la cuisse. Maintenant nous trouvons de la terre dans les assiettes et des araignées dans la marmite.

L'éducation ne transforme pas aussi vite et aussi complètement qu'on le croit aujourd'hui un sauvage en civilisé. On peut apprendre à un singe à mettre un faux col et à attacher sa cravate, il s'en faudra encore de plusieurs milliers de siècles qu'il soit un homme.

Mais aujourd'hui on veut tout ramener à l'unité : on prend un jeune Indien, un jeune Chinois, un jeune Hottentot, un jeune cannibale du Congo, on leur administre le sacrement de la francisation, on les remet à un maître d'école qui leur fait ingurgiter du catéchisme civique, et le tour est joué : ils sont Français comme vous et moi. Le jeune nègre pourra devenir le professeur de votre fils; l'Indien, votre capitaine; le cannibale, votre juge de paix; le Chinois, votre préfet. Tous les hommes ne sont-ils pas égaux et frères? Voyez-les dans leurs colonies, ces bons assimilés, ils disent : « Nous ne voulons chez nous que des fonctionnaires de notre race, mais nous pouvons être fonctionnaires en France puisque nous sommes Français ». Nos hommes d'État de la dernière promotion se prêtent à merveille à ce jeu de dupe. On pourrait leur objecter qu'ils déprécient la qualité de Français en la prodiguant en aveugles à tant de races si complètement irréductibles avec la nôtre; que si un Français n'est plus seulement un homme ayant eu soixante générations d'ancêtres aryaques pensant et luttant sur le vieux sol gaulois, mais qu'il peut être tout aussi bien un homme pris aux antipodes de notre race, cela pourrait troubler le populaire dans sa superstition pour la patrie. On pourrait leur dire que, jusqu'à ce jour, on s'était toujours imaginé que le premier devoir d'un Français était d'être blanc; que cela n'est pas un bon moyen de m'apprendre à détester les Teutons ou les Toscans, que je ne saurais distinguer d'avec les Français quand ils parlent ma langue, et qui d'ailleurs m'ont donné Gutenberg et Volta, Dante et Goethe, que de me faire présenter les armes pendant trois ans, à moi jeune soldat métropolitain d'infanterie de marine, à des fonctionnaires, individus ici très haut gradés, mais qu'on est habitué à ne voir guère chez nous qu'au Jardin d'Acclimatation. Comment ne serais-je pas cosmopolite, internationaliste, quand on m'habitue à traiter en frères français, en chefs possibles, des hommes vivant à l'extrême frontière de l'humanité et dans des contrées où nous ne pourrions faire souche, pas plus que ces mêmes hommes ne peuvent faire souche chez nous ? Tous ces étrangers peuvent être nos égaux, mais ils sont des étrangers. Protégez-les, laissez-les se gouverner eux-mêmes, ou laissez-les complètement tranquilles; mais assez de cette plaisanterie de l'assimilation. Comment! il y a en France quatre cent mille Belges, de race française, de langue française, dont vous ne voulez pas faire des Français, et vous êtes si pressés de franciser partout à la ronde sitôt que l'instruction primaire obligatoire nous a préparé quelques académiciens de plus? Mais alors pourquoi ne pas naturaliser en bloc tous les Sénégalais, Soudaniens, Arabes et Indo-Chinois qui s'essayent à massacrer notre langage ? Est-ce l'idiome que vous prenez pour mesure de la nationalité? Alors tout homme instruit, de par le monde, est Français comme vous et moi. Si ce n'est ni la langue, ni la race, qu'est-ce donc qui a causé leur assimilation? l'intérêt politique; on voulait à la Chambre quelques députés libéraux de plus? Eh bien! aujourd'hui qu'on peut se passer sans péril de ce modeste appoint, donnons un parlement colonial autonome, ou plus ou moins autonome, à chacune de celles de nos vieilles ou grandes Colonies présentant un développement suffisant de civilisation, et n'oublions pas que si le catéchisme civique et l'enseignement primaire obligatoire ont leurs droits, la race a aussi les siens.

20 *mai*. — Nous avons eu, le 17 mai, le maximum de la crue. Presque aussitôt les eaux ont rapidement baissé.

Par ces grosses eaux, la pêche n'est guère fructueuse, et nous passons plus d'une journée avec des patates bouillies pour tout ordinaire. Chacune des femmes de Pierre nous apporte dans une calebasse quelques kilogrammes de ces tubercules pour recevoir quelques colliers de ces perles tant convoitées. Chacune d'elles met à part, dans la malle de Pierre, les marchandises qu'elle a reçues, roulées en paquet et enveloppées dans du papier. Les femmes d'un polygame ont chacune leurs petites richesses individuelles, le mari coupe un abatis à chacune d'elles, et chacune y plante à son gré manioc, patates, ignames, canne à sucre, ananas. Chacune à son tour apporte ses produits, qui sont consommés en commun ; mais si d'aventure elle les vend, comme c'est le cas avec moi, le produit de la vente lui appartient en propre, ainsi que le salaire des petits services qu'elle me rend. Il n'y a guère de jalousie ni de contestations entre elles : il n'est meilleur ménage que le ménage d'un polygame. Ce n'est pas que les femmes y soient toutes absolument égales devant le mari : la plus ancienne femme jouit généralement de certaines prérogatives. Ici la plus vieille femme est la petite grand'mère à menton de galoche qui nous a accompagnés dans le Yingarari et qui nous accompagne au Yaroupi, « pour voir Ouaïmicouare », dit-elle. Ce pauvre vieux visage creusé, ridé, toujours minaudant et miaulant; ce vieux corps parcheminé, cambré jusqu'au ridicule, avec des cuisses maigres et des seins triangulaires, flasques, tombant en bourse vide, plate, mince et ratatinée ; cette vieille laideur jouit du privilège d'accompagner le mari dans la plupart de ses voyages. Privilège apprécié, car en voyage on vit mieux qu'au village, et, de plus, comme on est seule avec son homme, on n'a pas à se gêner. Elle sait tout faire, cette petite vieille : coudre une chemise, flécher, patronner un canot ; pourtant elle n'a pas su donner d'enfant à son mari et il est probable qu'elle ne lui en donnera jamais plus, malgré ses voyages et sa bonne volonté entreprenante.

Aux patates nous joignons de temps à autre l'un des coqs qui, au début, nous assourdissaient de leur chant continuel, ce chant aigu et mal poussé des coqs de brousse, volailles maigres, nourries d'insectes et qui ne savent pas chanter. Ils commencent à se faire rares aujourd'hui, voici que nous avons tout mangé. D'où viennent-ils, ces coqs et ces poules ? ils sont indigènes sans doute. Les récits de la conquête nous montrent les Indiens élevant de la volaille. Les plus anciennes traditions, celles où ils racontent, dans des légendes confuses et disparates, les temps très lointains, bien antérieurs à la venue des Blancs, où les Indiens, ignorant le manioc et l'agriculture, ne vivaient que de chasse, de pêche et des fruits de la forêt, les plus anciens échos de la primitive vie indienne nous parlent des coqs chantant dans les villages, et c'est même le « beau chant du coq », le *gningatou*, qu'ils appelaient alors leur langue. Il est deux animaux qui ont été si universellement et si aisément domestiqués par l'homme, dès les premiers âges, qu'ils semblent avoir été tout spécialement prédestinés à lui servir de compagnons : le coq et le chien.

Et le temps passe, platement. Nous vivons en frères avec ces sauvages dont nous avons besoin. Or l'égalité de certain état sauvage, la seule égalité qui puisse réellement exister parmi les hommes, n'est pas sans faire une vie incolore et un peu bête. L'égalité est incompatible avec la vie civilisée; c'est la civilisation qui a développé, dans des proportions effrayantes, toutes les inégalités sociales. Il est vrai qu'elle nous vaut de nombreuses compensations. L'animal humain s'agite, cherchant l'insaisissable bonheur; il perd d'un côté ce qu'il gagne de l'autre. Mais, après tout le chemin parcouru, l'Européen du xix° siècle qui vient visiter le sauvage des forêts de l'Oyapock le trouve plus heureux que lui! Nous aurions peut-être aussi bien fait de rester dans nos primitives huttes. D'ailleurs tout est indifférent, et si demain l'humanité entière se donnait le mot pour se suicider, on ne verrait point pour si peu de signes mystérieux dans le ciel, mais seulement

LE SAUT OUAIMICOUARE.

des vols de corbeaux qui tournoieraient partout sur les cités et les campagnes, et nos chiens qui erreraient par bandes, hurlants, stupides, après avoir vidé la huche et le garde-manger.

Nous allons partir pour le Yaroupi, la rivière aux grandes chutes. Singulier pays que cette Guyane! Pas une rivière qui ne soit encombrée de sauts à partir de quelques lieues au-dessus de l'embouchure! Aucun des cours d'eau de la Guyane n'est navigable. Il est vrai que ceux de l'Algérie ne le sont pas non plus, ni ceux du Centre-Brésil, ni ceux du Mexique, ni ceux d'une foule de pays. L'imparfaite navigabilité des fleuves n'est pas un obstacle insurmontable au développement de la civilisation, pas plus que leur parfaite navigabilité n'est un facteur aussi extrêmement précieux qu'il semblerait tout d'abord.

30 *mai*. — Nous partons. Le petit Moye, quand son père lui dit : « Moye, je m'en vais », pleure en silence, discrètement. Il voudrait faire le voyage du Yaroupi, mais son père s'y oppose parce que les grandes pluies rendraient l'enfant malade. Et il est touchant dans ses larmes étouffées et silencieuses, le petit Moye. Les enfants indiens sont très sensibles, et ont parfois, pas trop souvent, juste ce qu'il faut, des larmes charmantes qui attendrissent.

Nous partons. Quand on part, le plaisir est toujours nouveau; on aime son canot comme le cavalier son cheval; le bruit des pagayes frappées en cadence emplit le cœur d'allégresse. Nous partons dans un rayon de soleil qui enveloppe de sa lumière blanche, indice de pluie, hélas! les masses sombres des îlots du fleuve et le vert tendre des maniocs nouveaux.

La rivière a baissé, il faut prendre garde aux roches. Les paysages d'Ourouaïtou et d'Ouiraparia sont toujours beaux quand nous partons et tristes quand nous revenons; je crois que leur vrai caractère est la banalité. Deux serpents grages à la morsure mortelle, qui ont traversé la rivière tout près de notre canot, à portée de la main : voilà tout le pittoresque de cette journée.

Nous déjeunons à l'embouchure du Mouroumouroucing, comme toujours. Après l'agape, on lave et frotte la batterie de cuisine avec le sable fin de la rivière. Et notre argenterie devient aussi brillante que si ce fer-blanc sortait de chez Christofle.

Nous arrivons chez le capitaine François après 6 heures 15 min. de canotage : 2 heures 5 min. de Moutouchy au Mouroumouroucing, 2 heures 10 min. du Mouroumouroucing à Coumaraoua, 2 heures de Coumaraoua à François.

Notre homme a la fièvre depuis quinze jours. Je la lui coupe en lui administrant un gramme et demi de quinine. Le pauvre vieux a essayé de faire un canot, il a abattu trois arbres, tous les trois étaient creux et ne valaient rien. Ces Indiens ne sont pas nés coiffés !

31 *mai*. — Pluie au réveil, et pluie jusqu'au Yaroupi, où nous arrivons après 2 heures 25 min. de canotage.

Le Yaroupi est l'ancienne rivière des Tarripis qui, en 1730, du temps des PP. Fauque et Lombard, habitaient son cours moyen, d'où ils communiquaient par terre avec les Indiens du Camopi. Vers 1830, les Oyampis, sous leur chef Ouaninika, sortirent de la tête de l'Eureupoucigne où ils étaient cantonnés, pour s'avancer plus au nord, vers les grandes rivières. Des partis prirent alors par le Yaroupi et son affluent de gauche, l'Araritowe, où ils restèrent établis jusque vers 1860 environ, époque à laquelle les derniers habitants de ces rivières s'éloignèrent, descendirent à l'Oyapock ou disparurent. On voit encore dans les deux cours d'eau de vagues traces d'assez nombreux villages, aujourd'hui reconquis par la forêt. On montre un manguier, parfois un pied de citronnier, et les anciens disent : C'était le village d'un tel. C'est ainsi que les Indiens vivent dans la postérité. Plus tard, les enfants des anciens diront : C'était un village ; et les petits-enfants ne diront rien ; ils auront oublié, ils ne sauront même plus si des ancêtres ont vécu là.

L'homme passe, dans ces forêts, les singes seuls restent, grimaçant au haut des arbres. Ils y restent même quand ils sont morts. En voici deux que nous venons de cribler de balles et qui nous obligent à abattre un gros arbre pour ne pas perdre ces vingt kilos de viande coriace haut perchée.

Nous passons le premier des grands sauts, Couéki, très long, de 10 mètres de dénivellation, avec des roches nombreuses, et pas mal dangereux. Les chutes successives miroitent au soleil couchant. Il ne nous a servi de rien d'attendre, nous sommes aux plus grosses eaux dans le Yaroupi : les troncs d'arbres flottés sont arrêtés sur des roches complètement immergées. Il y a quantité d'îlets et de chutes, l'eau bondit de tous les côtés. Nous prenons par les rapides du centre.

1ᵉʳ *juin.* — A trois heures en amont de Couéki, des masses flottantes de blanche écume mousseuse, qu'on voit avoir été battue, fouettée, nous annoncent un saut dont nous entendons bientôt le bruit. C'est d'abord comme de lointains coups de cymbales, puis, en se rapprochant, on perçoit des bruits de glas et de tocsin ; plus près, avant d'arriver à la dernière pointe, c'est un bruit sourd, énorme, et tel, quand on arrive au pied de la chute, qu'on ne s'entend pas parler. C'est Ouaïmicouare, magnifique chute de 15 mètres, guère moins importante que Trois Sauts, dans le Haut Oyapock. C'est la plus belle, avec Trois Sauts, que j'aie vue jusqu'à présent dans les rivières de la Guyane. Elle est partagée en deux par un îlet ; rive droite, elle est presque à pic ; rive gauche, la rivière bondit effroyablement au milieu d'énormes rochers noirs. Nous faisons un sentier rive droite et passons le canot à vide en le tirant avec le câble d'amarrage.

2 juin. — A une heure en amont de Ouaïmicouare, Mouroucioutou. On passe une première chute; on croit le saut fini, puis, deux pointes plus loin, on rencontre d'innombrables îlots au milieu desquels la rivière tombe par trois grandes chutes latérales de 4 mètres chacune. La passe est rive gauche ; c'est un long et étroit canal sinueux, violent rapide semé de rochers, resserré entre les îlots, donnant passage à plusieurs autres canaux plus ou moins dangereux. De loin, en avant, le bruit du saut rappelle un formidable tic tac de moulin.

Les sauts ne s'entendent généralement pas de bien loin : 2 ou 3 kilomètres tout au plus, et quelquefois 2 ou 300 mètres seulement; cela dépend surtout de la force et de la direction du vent, car le bruit que font les chutes n'est pas toujours proportionné à leur importance.

Après avoir franchi encore le saut Mouroucioutou, nous entrons dans les marécages ; à perte de vue, ce sont des arbustes bas, d'épaisses plantes aquatiques, des buissons chargés de convolvulus, des balourous et d'énormes plantes grasses, des pinots et d'autres palmiers au tronc menu et flexible. Pas un arbre, de l'eau partout, des myriades d'insectes et quelques boas. Des étendues de forêts coupées d'immenses marécages, telle est toute la Guyane. Pas une éclaircie, une plaine pelée, rocheuse, nue : rien que des forêts et des marécages.

Qu'une bande, un îlot de terre ferme se présente dans ces marais, et quelques grands arbres fort espacés s'y élèvent au-dessus des broussailles. Ici, d'énormes nids en pain de sucre, de 1 mètre de hauteur, avec une petite ouverture circulaire à la base, complètement à l'abri de la pluie, renferment une république de mouches suspendue à l'une des branches d'un de ces arbres solitaires. Là, un grand arbre au tronc lisse et blanc est percé, à 40 mètres de hauteur, tout près de la fourche, de trous ronds grands à y passer la main. C'est le « charpentier » qui, frappant, creusant, fouillant à coups précipités le bois qui résonne sous son petit bec comme sous un ciseau de menuisier, a ouvert cette petite galerie circulaire et percé le trou sphérique qui la termine au centre de l'arbre. C'est là que cet oiseau fait son nid à l'abri de la pluie et du vent. Parfois on voit des perroquets sortir du trou ; ils s'y installent quand il est vide, mais ils font généralement leur nid avec des brindilles sur les hautes branches des plus grands arbres.

De nombreux caïmans de la petite espèce, de 1 m. 50 au plus, sont postés sur les basses branches des buissons, attendant une proie. Des lézards se chauffent au soleil sur les feuillages supérieurs ; effrayés par le bruit du canot, ils se laissent tomber au plus vite à travers les feuilles pour s'aller cacher au fond de l'eau, où le caïman saura bien les trouver. Nous avons reçu dans notre canot (hélas ! trop rarement) quelques-uns de ces herbivores qui avaient mal pris leurs mesures, ce qui leur a valu chez les humains l'hospitalité de la marmite.

Nous trouvons enfin un coin de terre ferme pour y dormir, mais les maringouins empêchent de fermer l'œil. Nos pauvres Indiens, qui n'ont pas de moustiquaires, deviennent comme fous.

3 juin. — Nous passons une seconde journée dans les marais. Quelques arbres de haute futaie bordent parfois la rive ; derrière, les marécages s'étendent, on ne sait où ! Si la Providence envoie un hocco dans ces marécages, on ne manque pas de courir ou plutôt de ramper à sa poursuite ; il faut marcher à quatre pattes dans des brousses épineuses inondées, inextricables, recouvertes d'une voûte de plantes grimpantes, et l'on a de l'eau jusqu'aux genoux. Parfois on enfonce et il faut prendre garde de ne pas perdre pied. Et, tellement la faim vous talonne, on finit par tuer son gibier.

A déjeuner, rive gauche, nous trouvons des traces toutes fraîches : des arbustes de sous-bois, coupés au sabre dans un sens unique, indiquent qu'on venait de l'ouest. Qui a pu faire cette trace, qui date à peine de quelques mois, peut-être d'un mois seulement, personne n'ayant remonté le Yaroupi jusqu'à cette hauteur depuis plusieurs années ? Sont-ce des Indiens inconnus ? Sont-ce des transportés évadés de Cayenne et morts dans ces déserts ?

Des pluies formidables s'avancent à notre gauche, passent avec un bruit d'ouragan dans un ciel tout noir, puis s'enfoncent dans le lointain sans nous mouiller.

4 juin. — La nuit, l'odeur de ces marécages donne des cauchemars ; des rêves confus pleins de toute la tristesse vague des choses. Le matin, cela exhale des puanteurs glacées qui donnent le frisson.

Nous voici enfin dans les hautes terres ; nous avons mis 10 heures à traverser les grands marais du Yaroupi.

Nous nous attendons à chaque instant à entendre le Taïnoua. Parfois nous écoutons : est-ce le vent, est-ce la pluie, est-ce un saut ? car on s'y trompe. On poursuit : rien ! C'était le vent dans les forêts voisines.

Le Taïnoua, m'a dit François, est à deux bons jours du Mouroucioutou. Qu'est-ce que deux bons jours ? Évaluez donc les distances en ce pays ! Il faudrait compter en heures et pouvoir mesurer les vitesses. Or il n'est pas de rêve plus chimérique que celui d'évaluer les vitesses des pagayeurs. Tantôt c'est comme une gabare qu'on tire à la cordelle ; tantôt, par exemple à la poursuite d'un gibier qui traverse, c'est une vitesse de régate ; sans parler des moments où ils s'arrêtent pour écouter. La vitesse varie d'un jour à l'autre, d'équipage à équipage, de canot à canot, de rivière à rivière, de saison à saison, selon le nombre des pagayeurs, la charge du canot, son poids et sa coupe, la forme des pagayes, ou le tacari, et une infinité de circonstances, dont la principale est le courant.

Voici que nous canotons sans bruit : les hommes ont cessé de frapper les bordages en donnant leur coup de pagaye ; on écoute, on s'arrête tout à fait, il n'y a pas à s'y tromper, c'est un saut, c'est le Taïnoua, auquel nous arrivons après 15 heures 40 min. de canotage depuis le Mouroucioutou. Nous ne sommes pas allés vite ; en bien marchant on aurait pu faire la route en 12 heures.

Taïnoua est un petit saut de 2 mètres, à pic, avec des brèches étroites, dangereuses. Nous remplissons trois fois de suite. La vieille femme de Pierre pousse des hurlements qui dominent le bruit du saut. A la quatrième fois nous passons.

5 juin. — Au-dessus du saut, comme toujours, la rivière s'élargit un peu, car le barrage retient l'eau. Le Yaroupi nous promet bien encore deux ou trois jours de canotage.

A quarante minutes au-dessus du Taïnoua, nous trouvons un autre saut, plus fort, plus élevé, avec deux chutes à pic et des rapides violents, saut dangereux, avec des polissoirs sur les roches. C'est le cinquième saut du Yaroupi. Il présente 6 mètres de dénivellation.

Nous allons au tacari pour gagner en vitesse. Comme les tacaris font moins de bruit que les pagayes, nous trouvons un peu de gibier : des marayes, l'oiseau aux cris multiples. Les marayes tombent sous notre double zéro en poussant de lamentables gémissements d'agonie. Autour de nous, les lézards tombent par paquets, par deux, quatre, six. Ces inoffensifs herbivores ont, avec leur queue relevée et les épines de leur dos, des aspects formidables de guerriers très féroces.

Je découvre enfin deux montagnes qui n'ont pas de nom. Quand on veut faire, à un ami ou à un protecteur, cadeau d'une montagne, encore faut-il, autant que possible, qu'elle n'ait pas de nom indigène, sans quoi on s'expose à lui voir restituer son vrai nom par tous ceux qui, dans l'avenir, pourront marcher sur vos traces. Dans le cas actuel, si mes deux montagnes ont pu avoir un nom local, il y a déjà trente années que les derniers Indiens qui ont pu connaître ces appellatifs sont morts, et il n'est pas probable que l'on voie jamais, par ces temps de disparition rapide des indigènes, de nouveaux Indiens s'établir dans cette rivière. De plus, des sauts de 10 à 20 mètres comme Couéki, Ouaïmicouare et Mouroucioutou, des marécages de dix heures de traversée, sont des obstacles suffisants pour empêcher la population créole de venir donner des noms nouveaux à mes deux mornes. Je puis donc faire ici un baptême qui, selon toute probabilité, restera. Chacune de ces deux montagnes a environ 250 mètres, ce qui est beaucoup dans cette région uniformément plate. La plus au nord se trouve rive droite et s'élève de 100 mètres à pic sur la rive; celle du sud est rive gauche, un peu dans l'intérieur. Ce sont deux contreforts septentrionaux de la chaîne Tapiirangnanawe-Eureupoucigne, dans les Tumuc-Humac. Ils sont bien détachés, bien en vue, comme le Canigou dans les Pyrénées. Je leur donne le nom des deux hommes qui m'ont le plus aidé dans ma carrière des voyages : j'appelle la montagne du nord mont Gauthiot, et celle du sud, mont Maunoir.

Un peu en amont des montagnes, nous couchons au pied d'un sixième saut. Nous percevons distinctement le double bruit des rapides de la grande chute, celle-ci sonnant creux et faisant la basse dans le duo, ceux-là chantant sur un mode plus léger. La forêt voisine est pleine de ouasseyes chargés de régimes mûrs qui nous arrêtent.

6 *juin*. — Le matin, au réveil, tout le monde est auprès du feu : il fait froid. On déjeune de vin de ouasseye dans lequel on trempe du couac. Non loin, des urubus se repaissent des reliefs du tigre, une charogne qui pue, sans doute quelque carcasse de biche ou de pécari.

Le saut, le sixième saut — je préfère les numéroter ainsi, à l'Américaine (c'est vraiment un trop singulier présent à faire à quelqu'un que lui offrir une chute), — le sixième saut est long, divisé en une foule de rapides par un grand nombre d'îlots.

Au moment du déjeuner, on s'aperçoit qu'on a oublié au campement deux sabres et le trépied. Souvent les Indiens, quand ils ne veulent plus continuer, feignent ainsi d'oublier au bivouac les objets les plus indispensables, la hache, les sabres, et jusqu'à la marmite, si on ne veille pas soi-même à l'embarquement de tous les bagages. Ils veulent vous obliger ainsi à retourner. Je ne crois pas cependant que ce soit ici le cas; si les jeunes gens trouvent parfois que les sauts sont mauvais et que le voyage est trop long, Pierre y met de l'amour-propre, il n'a pas une seule fois demandé à retourner, il attend que je donne l'ordre du départ, je n'ai jamais rencontré à ce sujet la moindre mauvaise volonté chez lui. Quand il lui semble que la rivière est devenue trop petite et trop difficile pour que l'on continue le voyage, il me demande, au pied de quelque mauvais petit saut à sec ou de quelque grande barricade d'arbres tombés : « Comment allons-nous passer cela ? » Ce qui est une façon de dire : « Ne serait-ce pas le moment de rebrousser chemin ? » Et en effet il faut généralement s'en retourner de ce point : un jour de plus, au prix de mille difficultés, n'avancerait pas de 5 kilomètres. Mais nous n'en sommes pas encore là pour aujourd'hui, nous avons à peine commencé à sabrer.

7 juin. — Nos vêtements ont l'odeur des bois, une odeur fauve, forte et pénétrante. Ils sentent aussi la fumée : on les a fait sécher si souvent ! Nous sabrons les branchages, nous coupons à la hache les arbres tombés en travers ; la rivière n'a plus qu'une quinzaine de mètres et les basses branches et les buissons des rives n'en laissent pas la moitié de libre. Le ciel est fermé par cette voûte sur nos têtes.

Voici que les marais recommencent. Il pleut, il fait triste. On se sent vaincu par tout ce qu'il y a de banal, d'inutile, d'ennuyeux, de bête, dans ce milieu et dans la vie. Alors il faut se redresser, rajuster son caoutchouc troué, serrer sa pipe entre les dents, prendre un sabre et aider soi-même les hommes. Les guêpes vous piquent ; on peste, on passe, et on s'enfonce encore un peu dans ce fouillis où, un peu plus loin, on sera arrêté pour de bon. Et quelle maigre chère ! Un lézard, un reste de singe boucané, et du couac.

La brume est épaisse. Les contreforts de Tapiirangnanawe ne sont peut-être pas loin, mais on ne saurait les voir : le ciel est de plomb et suinte un nuage glacé, épais, compact, appuyé sur la terre, perdu dans le ciel.

La rivière se remplit de plus en plus d'arbres tombés. Les hommes, debout, les pieds posés au hasard sur ces troncs émergés, les uns énormes, les autres tout petits, frappent à grands coups, sans crainte de choir, en équilibristes consommés qu'ils sont. Cinq minutes plus loin, il faut recommencer. Ce n'est que dans les endroits où la forêt est grêle, faite d'arbres menus poussés en mauvaise terre, qu'on avance sans trouver d'obstacles. Mais bientôt ce sont encore les marais semés d'îlots de haute futaie. Là il faut sabrer sans répit, on met une heure à franchir cent mètres, et on a la tête enflée par les morsures des guêpes et l'estomac soulevé par l'odeur de musc des caïmans qui pullulent.

Aux endroits libres, la rivière n'a plus que 12 mètres de largeur avec 1 mètre d'eau. Mais les barrages d'arbres tombés s'espacent maintenant de 100 en 100 mètres, et un affreux marais que nous croyons toujours fini et qui recommence toujours nous menace de nous accompagner jusqu'aux inaccessibles montagnes des sources. Nous naviguons sur un amas de branches coupées, sous des voûtes de lianes et de ronces, dans les plantes grasses, au bourdonnement des insectes, au sifflement des reptiles; éraflés, déchirés, arrêtés à chaque pas.

Un barrage d'arbres tombés mêlés d'herbes et d'arbustes, plus épais,

MONTANT TAINOUA.

plus serré, et paraissant se prolonger très loin dans le hideux marécage, nous fait rebrousser chemin. Nous avons passé 40 heures 5 min. à remonter le Yaroupi, 2 heures de plus que pour le Yaoué.

Les lézards se laissent tomber à l'eau de tous les côtés, et de tous les côtés les caïmans apparaissent; mais nous n'en voyons pas de la grosse espèce, ils n'ont guère plus de 1 m. 50. De fréquentes odeurs de charogne se mêlent à celles des marais; des cadavres de loutres, des caïmans que nous avons tués en montant flottent çà et là, gonflés et pourris, assiégés de mouches bourdonnantes.

Les eaux ont baissé, par endroits le courant est très fort.

10 juin. — Nous finissons ce matin notre rivière. Nous avons mis 13 heures 40 min. pour la descendre, 2 heures 55 min. de plus que pour le Yaoué, nous avons pourtant fort bien marché, surtout au retour. Le Yaroupi est plus grand que le Yaoué, ou du moins nous sommes allés plus loin dans cette rivière. Nous avons fait environ 160 kilomètres dans le Yaroupi, et mon levé porte le terminus à 126 kilomètres de l'embouchure, en ligne droite. Le Yaroupi est la rivière des plus grandes chutes et des plus vastes marécages. Les sources, à la mystérieuse Tapiirangnanawe, ne doivent pas être bien éloignées, 25 ou 30 kilomètres tout au plus vers le sud-ouest.

Et nous voici encore dans ce trop familier Oyapock, et en quatre jours nous serons chez Pierre.

11 juin. — Temps affreux, les tempêtes sont continuelles. La pluie passe à côté de nous sur la rive droite, avec un bruit formidable, indéfinissable et saisissant. Le ciel est peint de couleurs horribles. Le vent secoue comme un hochet la tête des plus grands arbres, toute la forêt plie sous son souffle comme un champ de blé, des craquements sinistres suivis de coups sourds retentissent partout : ce sont des arbres qui s'abattent aux sifflements furieux du vent et au ronflement immense de la pluie. Les feuilles roulent, soulevées jusqu'à 150 mètres de hauteur dans l'atmosphère orageuse et noire.

Nous avons dans le canot un petit de l'aï de la grande espèce. Cela vagit comme un enfant nouveau-né. La mère a été atteinte d'une balle qui lui est entrée par une oreille et est sortie par l'autre.

12 juin. — Nous n'avons pas eu aujourd'hui les tempêtes d'hier, mais le temps est couvert de nuages sales et une pluie fine tombe toute la journée.

Au retour de chaque voyage une mélancolie stupide, mais atroce, m'envahit. Cela commence par un sentiment pénible de l'insignifiance de mes travaux pour finir par un noir dégoût de toutes choses, par la sensation presque douloureuse du vide et de l'inutilité de tout. C'est idiot; aussi me fais-je là-dessus les plus beaux raisonnements du monde.

La brume est épaisse, on ne voit rien. Des points noirs, qui doivent être des hirondelles, entre-croisent leurs voies dans ces ténèbres humides.

Nous voici de retour chez Pierre. Pour remonter du Yaroupi à François,

FIN DE LA CAMPAGNE D'HIVER

nous avons mis 4 heures 30 min. à marche forcée. De François à Pierre, il nous a fallu 16 heures 55 min., dont 6 heures 5 min. jusqu'à Coumaraoua, 6 heures 20 de Coumaraoua au Mouroumouroucing, et 4 heures 50 min. au-dessus du Mouroumouroucing, cette dernière étape à marche rapide.

Voici donc finie ma campagne d'hiver. Pierre va remettre des bordages et des courbes à son canot pendant que je mettrai au net mes notes et mes levés, puis nous descendrons. Ce sera le commencement de l'été. Je descendrais bien tout de suite, mais y a-t-il ici des pagayeurs et des canots de rechange? Dans tout le Haut Oyapock il n'y a que Pierre qui ait un canot en état et des hommes toujours prêts. Or ils sont tous bien fatigués et ils désirent se reposer.

Le Bas Camopi, l'Inipi, le Yaroupi, le Bas Eureupoucigne, le Yingarari, le Motoura, le Yaoué, soit sept rivières explorées : voilà un assez beau résultat. Ces rivières, mises à la suite, donnent environ 666 kilomètres, plus que la longueur de la Garonne! Et il a fallu descendre tout cela après l'avoir remonté, revenir chaque fois chez Pierre, se reposer un peu et faire du couac. Cela nous fait 80 jours de canotage depuis le départ de chez Gnongnon, et 2114 kilomètres parcourus! Plus des deux tiers du chemin parcouru en « faux frais ». Je crois que jamais voyageur ou placérien n'a fait autant de canotage en Guyane pendant un hiver. Sur une étendue de 150 kilomètres, des sources de l'Inipi à celles du Yaroupi; et de 200 kilomètres, de celles du Yaroupi à celles du Yaoué, sur plus de 50 000 kilomètres carrés, il n'y a plus à explorer que des ruisseaux.

Ce n'est assurément pas avec des créoles que j'aurais pu mener à bonne fin une telle campagne. Aux sauts un peu forts, ils m'auraient dit : « Il n'y a pas de chemin pour le canot, le saut n'est pas fini, il va loin encore, il est très dangereux, il faudrait prendre par terre, nous ne sommes pas assez forts, nous ne sommes pas habitués à un tel travail ». Ils auraient eu peur dans les hauts, n'auraient pas voulu couper tant d'arbres pour passer. Il aurait fallu du tafia, des douceurs; ils se seraient querellés; tous les mois il aurait fallu descendre à Saint-Georges, renouveler l'équipage. Grâces soient rendues à Pierre et à ses enfants!

Et nous allons maintenant, tout en procédant à la réparation de nos pirogues fatiguées, nous reposer quelque peu pour, en hâte, descendre, et puis, en hâte, remonter. Descendre tout l'Oyapock pour le reparcourir encore jusqu'aux sources, ce grand fleuve aux 120 chutes, et traverser ensuite les Tumuc-Humac deux fois pour arriver chez les Bonis par les Roucouyennes du Yary ! Anciens *bandeirantes*, *paulistas* et *mamelucos* du Brésil central, et vous tous, anciens *conquistadores* des trois Amériques, pouviez-vous penser que, trois siècles après vos épopées, deux petits Français et une demi-douzaine d'Indiens Oyampis auraient la fantaisie bizarre de recommencer, à une époque qui serait celle des *sleeping-car* et des ballons dirigeables, vos antiques folies, infatigables découvreurs!

URUBUS.

RIVE DU YAROUPI.

CHAPITRE XXI

FIÈVRE GÉNÉRALE. — LA CRUE. — ÉPICERIE DU MÉTIER. — MISÈRE. — COUCHER DE SOLEIL. — PAS D'ARGENT, PAS DE SUISSES. — LE OUASSEYE. — LES PLÉIADES ET L'ÉTÉ. — LE RENOUVEAU. — DÉPART POUR CAYENNE. — FIN DE SAISON. — LES POLISSOIRS DU YAOUÉ. — APERÇUS GÉOGRAPHIQUES. — M. JALBAUD. — A BORD DE LA « RÉGINA ». — SIX JOURS A CAYENNE. — RETOUR A L'OYAPOCK. — AU BASSIN DE RADOUB. — EN ROUTE! — PLUIES ET BRONCHITES. — PAAPOUIRAWE EN ARRIÈRE. — DESCENTE DE PIAN. — SOUS LA PLUIE. — TOUS MALADES. — NAVREMENT. — ENFIN! — EN ATTENDANT PAAPOUIRAWE. — LE PETIT CAPIOUARE. — ENCORE MES AMIS LES AGAMIS. — NOMBRIL SUR LE DOS. — L'ENFANT EST NATURELLEMENT BON. — PIERRE DE MOUTOUCHY ET JEAN DE LÉRY. — MORT DE PAAPOUIRAWE ET DE SON NEVEU. — PIAN SE MEURT. — L'ÉPIDÉMIE. — SCÈNES DE DÉSOLATION. — L'INCENDIE DE LA FORÊT VIERGE. — MORT DE M. JALBAUD. — ATTRIBUTION D'UNE PETITE VEUVE.

Le 14 JUIN. — Nous avons tous la fièvre : Pierre, ses enfants, sa famille, Laveau et moi. Nous ne pensons même pas à nous soigner ; nous sommes affaissés, résignés, indifférents. Aussi bien, plus de quinine, car la pharmacie est épuisée ; plus de vivres, car personne ne peut plus chasser ni pêcher. Le village semble déjà pris par la mort. On s'endort dans les abattements qui succèdent aux accès, et on ne sait plus si c'est le jour ou si c'est la nuit, si l'on veille ou si l'on rêve, ni où l'on est ni qui on est.

Certes on pourrait arriver au moment suprême, dont personne d'ailleurs ne s'apercevrait beaucoup, ni les voisins, ni l'intéressé, sans avoir la douleur, en passant Al-Sirat, de pleurer sa galerie de tableaux comme feu Mazarin, ce sympathique ministre si « fin de siècle » !

Dans le fleuve, c'est la crue. Du haut de la chute cela dévale à pleins bords, cela dégorge : ce sont d'énormes vomissements d'eaux jaunâtres tombées on ne sait où, car ici il ne pleut guère ; tombées dans les déserts du Sud où nul ne les a vues tomber, car ces déserts sont déserts. En regardant passer le puissant courant des eaux salies, courant énorme comme la houle des jours de fête, nous sentons la froide fièvre nous mordre les os sous nos épais paletots de laine, en plein ciel d'un soleil du 2e degré de latitude, distribuant 46 degrés de chaleur.

Et pourtant nous sommes heureux, n'est-ce pas, Laveau? Je me suis essayé parfois à la joie. La joie est un spasme nerveux. Qui dit joie calme, fait un contresens. Le véritable bonheur, c'est la résignation mélancolique sous le coup des affres suprêmes. Triste existence, laide et inconsistante trame, qui peut se vanter d'y avoir réellement brodé des fleurs? L'exercice cruellement soutenu de la volonté, reconnue inutile, si c'est de la joie, il n'y en a que là.

Le prophète dit : « Le paradis est sur la croupe des chevaux, entre les seins des femmes et dans le fouillement des livres. Mais il n'est de félicité pure que dans la prière. » Hélas! pauvre Mohammed! C'est l'exercice de sa volonté d'ambitieux qui lui donnait le bonheur. Cazalis est plus vrai :

> Du fier renoncement de ton âme à la joie
> Goûte la joie austère et le sombre plaisir.

L'eau monte toujours. La crue est aussi forte que celle du 17 mai. Tous les ans il se présente ainsi deux crues; la première, celle de la mi-mai, est la plus forte. La rivière baisse ensuite jusqu'en juin, époque à laquelle a lieu une nouvelle crue, après quoi la baisse va en s'accentuant jusqu'à la fin de l'été. Phénomènes physiques, phénomènes psychiques, tout est soumis à des lois fatales dont la connaissance, de plus en plus grande, rend de plus en plus banale la vie du chercheur, de l'analyste, comme on dit aujourd'hui. Le nouveau, vrai bien, seul bien, où le trouver?

19. Cette première campagne n'est pas finie qu'il faut déjà songer à dresser des plans pour le bon accomplissement de la seconde. Quel ennui de combiner sa prochaine campagne, de dresser la liste des marchandises et des provisions à acheter! Ironie du sort! Il y a tellement d'épicerie dans

ce métier prétendu héroïque, que je pourrais maintenant ouvrir boutique et tenir commerce tout comme un habile homme.

Pierre est allé abattre un arbre pour mettre de nouveaux bordages à sa pirogue, qu'ont achevé de délabrer les grands sauts du Yaroupi. Après quoi il procédera à un calfatage sérieux, adaptera les vieux bordages à une petite pirogue, et quand tout sera terminé, nous descendrons avec les deux embarcations, car il nous faut deux pirogues pour remonter les marchandises de la seconde expédition.

Nous vivons mal. Quand le garde-manger se trouve par trop dégarni — pas le moindre vieux morceau de singe ou de poisson boucané, — Pierre emmène tout son monde chercher dans la forêt des graines de palmier ouasseye. Il faut aller loin maintenant, car, à de grandes distances alentour du village, toutes les graines de ouasseye ont été utilisées. Pendant les cinq mois que dure la saison, de mars à juillet, ces graines, ravies aux perroquets et aux macaques, rendent autant de services aux Indiens que des champs de blé ou de pommes de terre. Mais nous en avons déjà mangé beaucoup, et les macaques et les perroquets plus encore. Elles sont finies, nos pauvres prunelles du Grand-Bois!

Une sorte d'été a commencé brusquement le lendemain de la grande crue. Depuis, cet été se continue sans interruption. Ce sont de grands jours chauds et secs, pleins de soleil, sans un nuage, avec des nuits étoilées et fraîches. Mais cet été de hasard fait déjà relâche. Voici qu'il tonne dans le lointain, le ciel s'obscurcit, un vent furieux se lève, l'averse du soir va tomber.

Puis, tout s'efface, pluie, embrun, humidité, balayés à travers les cieux par une vive brise fraîche et bonne. Puis voici que le soleil tombe, lentement, mélancoliquement. Le soleil disparu allume à l'horizon un merveilleux feu de Bengale rose orangé aux reflets changeants. A travers le vert sombre et menu des feuillages immobiles, le ciel brûle de l'éclat d'un immense incendie. Il flamboie. Fugitive splendeur! Déjà les couleurs pâlissantes prennent des teintes laiteuses, puis tout se noie dans la douceur d'un bleu tendre. Le bleu monte de l'horizon vaporeux à l'azur sombre du zénith ponctué d'or. Un croissant argenté glisse lentement dans les étendues célestes.

Poésie! Voici un des côtés de notre vie réelle.

Depuis que les couteaux commencent à se faire rares dans nos malles, nous sommes traités selon notre peu de mérites. Comme nous sommes obligés de baisser nos prix, on ne nous apporte plus guère de pacous ni de ouasseyes. Et pourtant, quand nous allons avec eux à la chasse, nous leur abandonnons plus des deux tiers de notre gibier. Et ces braves enfants ne nous donneraient pas à réduction de prix un oiseau, un poisson, une grenouille, une pleine main de fruits sauvages.

Il faut reconnaître que Pierre est plus généreux que son personnel. Il agit avec nous comme nous agissons avec sa famille : il offre toujours une partie de sa chasse. Il est vrai qu'il mange avec nous, ce cher Pierre, c'est-à-dire que nous le nourrissons : couac, gibier, poisson, ouasseye, tout. Aussi bien, peut-être est-ce parce qu'il a peur des Blancs qu'il est si généreux. Mais non, calomnie : la misère rend haineux.

Quoi qu'il en soit, rendons à ce prince indien la justice qui est due à César. Pierre est précieux. Quand on connaît les habitudes des Indiens, on ne peut qu'admirer un homme qui vous fait faire quatre rivières importantes en trois mois. En trois mois d'hiver! On ne saurait trop insister sur une telle célérité bien extraordinaire chez un sauvage guyanais, ou même chez un Guyanais civilisé.

26. Les bordages ont cassé en les mettant. C'est à recommencer. Ici on devient patient ou fou.

27. L'été se poursuit. Cependant, d'après Pierre, nous aurons encore des pluies, parce que la saison du ouasseye n'est pas encore tout à fait passée. Jusqu'à ce que les dernières graines de ce palmier soient tombées, il pleut toujours. Le régime du ouasseye attend, pour tomber, la fin de l'hiver. L'été venu, il se dépouille de ses fruits, se dessèche, et, à la germination prochaine, il tombe, quand le nouveau régime est formé.

Ainsi, quand le ouasseye est fini, l'hiver est fini. Pourtant Pierre dit encore que lorsque les Pléiades se montrent à l'horizon, l'été commence. Or les Pléiades ont déjà fait leur apparition depuis quinze jours. Pierre est perplexe. Pierre est pourtant un grand piaye. La météorologie indienne me paraît sujette à caution.

Fin d'hivernage, début de l'estivage : c'est le printemps d'ici. Cet autre printemps agit sur nous comme notre printemps d'Europe. On se sent rajeuni et en même temps plein de langueur.

Ce temps des ardeurs inquiètes est aussi celui de la plus grande âpreté de l'ennui. C'est la saison. Il y a les courants d'ennuis comme les courants marins et atmosphériques.

L'homme est naturellement bon et généreux. Mon ami Pierre m'aime beaucoup. Bien plus, il me l'a prouvé. Mais voici : mes marchandises sont finies. Je ne suis plus en mesure de payer aujourd'hui l'amitié désintéres-

LE CAMPEMENT.

sée de mon ami Pierre. Alors il me dit sans embarras : « Je fais en hâte la réparation des pirogues. Il faut que nous partions vite, pour que tu reviennes vite avec des marchandises. Après quoi nous ferons ce que tu voudras. »

Hier soir les Indiens se sont enivrés de cachiri pour fêter le départ. Aujourd'hui la journée est silencieuse. Tout le monde dort. Seuls les enfants sont bruyants ; ils jouent dans le saut, qu'ils s'amusent à franchir à la nage.

On met dans ce départ, sans le vouloir et comme par une précaution instinctive, quelque chose de la mélancolie des adieux éternels. Ce n'est pas que cela puisse se regretter beaucoup, de pareilles gens et un pareil pays, mais on laisse une partie de soi-même partout où l'on passe, et ce sont ces jours évanouis que l'on regrette, ces fragments de notre courte vie perdus dans des lieux qu'on ne reverra plus.

La journée est torride : il fait 35 degrés à l'ombre. Assis au soleil en plein midi, deux Visages Pâles grelottent sous d'épais vêtements de laine. C'est le mal de la terre, c'est la fièvre. Il est temps de changer d'air.

Nous partons le 2 juillet au matin.

Nos pagayeurs cueillent, en passant, quelques pacous. Sans même s'arrêter, ils flèchent dans les petits courants et rattrapent leur flèche emmanchée d'un poisson. Aujourd'hui ils sont heureux et adroits, mais il s'en faut qu'il en soit toujours ainsi.

Ils ont parfois de singulières façons de pêcher : ils font d'abord claquer la langue pour appeler le poisson, puis ils jettent, comme amorce, une graine quelconque qu'ils tiennent en joue, l'arc tendu, jusqu'au moment où le pacoucing viendra mordre et recevoir la flèche.

Souvent ils le manquent, et, plus souvent encore, le poisson ne mord même pas.

Tous les matins, d'épais brouillards pèsent sur nous jusqu'à neuf heures, et, souvent, nous avons le soir une demi-heure ou une heure de pluie. L'été semble ne pas vouloir commencer.

Le brouillard sent mauvais. Dans ses buées, la fumée de la pipe a l'odeur d'un abatis qui brûle. Mais les touffes blanches des fleurs de l'inga parfument la rive ; les fleurs blanches de l'inga, symbole de l'amour au pays indien.

« La *Femme Pâle* te dévorera un jour, disent les proverbes sauvages, « mais, quand tu es jeune, que la fleur de l'inga te soit propice. Aime, en « attendant la mort. »

Dans la nuit, l'oiseau qui gémit jette au silence attristé ses plaintes désolées.

Cette nuit, nuit pluvieuse. Il pleut tous les jours depuis le départ. L'été semblait commencer quand nous étions à Moutouchy; nous nous mettons en route et voici que recommence un nouvel hivernage.

Les Indiens sont dégoûtés. Ils crachent à tout propos. Ils s'imaginent que cela sent mauvais. C'est leur habitude. Le premier qui sent une mauvaise odeur se met à cracher, les autres l'imitent de confiance : « Je ne sens rien, qu'y a-t-il? » demandent les camarades.

Il tombe une pluie de fourmis volantes que les pacous happent à fleur d'eau. Ils disparaissent, emportant au fond la flèche qui les a frappés, mais, bientôt fatigués, ils remontent à la surface, promenant lentement le long roseau qui les emmanche.

Une lumière grise et triste, la sensation grise et triste de rentrer bientôt dans quelque peu de civilisation locale, une ironie mélancolique à la pensée des satisfactions que me procureront, d'ici un an, les mandarins de ma patrie : réfugions-nous dans la joie ineffable que réservent à l'initié les constatations géographiques.

Nous allons déjeuner au Yaoué, au saut de l'embouchure, pour y prendre des pacous. Si nous y prenons des pacous, nous déjeunerons.

Les roches du saut des Pacous sont entaillées d'innombrables polissoirs. Il y en a de très anciens que l'eau a déjà presque fini d'effacer. Des populations nombreuses ont dû se succéder ici. On distingue, en cet endroit, des polissoirs de différents âges, les uns sont encore très nets, et cependant, d'après la tradition et l'histoire, ils ne peuvent remonter à moins d'un siècle ou même deux. Les autres ont été tellement rongés par le passage des eaux sur le granit qu'on ne peut pas supposer qu'ils remontent à moins d'un millier d'années. Qui sait? ils remontent peut-être à dix mille ans, vingt mille ans, trente mille ans, puisqu'on prétend qu'il y aurait environ trois cents siècles que l'homme aurait fait son apparition ici-bas. Le granit s'use lentement, et les plus larges de ces polissoirs sont bien profondément effacés. Les os de ces ouvriers des premiers âges ne doivent plus être qu'argile aujourd'hui. Peut-être les poteries des Indiennes de Moutouchy et de Coumaraoua en sont-elles faites.

Voici l'Oyoua, crique beaucoup plus petite que le Crouatou. L'Oyoua est maintenant presque à sec, et, l'été, elle l'est complètement.

Voici le Taparari, plus grand que l'Oyoua, plus petit que le Crouatou.

Puis nous passons l'embouchure du Camopi. Au-dessous du Camopi, l'Oyapock double. Le Camopi a un cours aussi étendu que celui de l'Oyapock, mais il n'a pas d'affluents aussi importants. C'est à peu près comme le Tapanahoni et l'Aoua.

En aval de l'embouchure du Camopi, l'Oyapock reçoit six grandes rivières : le Sékni, le Nouciri, l'Armontabo, rive gauche ; le Maroupi, l'Anotaye, le Crécou, rive droite. Sans compter les rivières au bas des derniers sauts.

Le Sékni est un peu plus petit que le Yingarari. Canot chargé, on remonte le Sékni trois jours jusqu'au dégrad de l'ancien placer Bugeat. Au-dessus de ces trois petites journées de canotage, la crique est impraticable. Pierre a accompagné M. Bugeat, dans cette rivière, comme pagayeur.

Le Maroupi paraît un peu plus grand que le Yingarari, mais est plus petit assurément que la Motoura.

L'Anotaye est, avec le Crécou, la seule grande rivière qui rappelle le Yaoué ou la Motoura.

Le Nouciri et l'Armontabo semblent chacune un peu plus fortes que le Sékni, un peu moins que le Maroupi ; elles sont à peu près de l'importance du Yingarari.

6. — Nous rencontrons, un peu au-dessus de l'Armontabo, une personnalité guyanaise, M. Jalbaud.

En 1857, peu après la constatation officielle de la présence de l'or dans la colonie, une première Compagnie fut fondée, la *Compagnie agricole et aurifère de l'Approuague*, qui obtenait le droit d'exploitation sur 200 000 hectares.

Cette Compagnie n'ayant pas réussi, une seconde se fonda, qui, au bout de trois ans, dut aussi liquider.

Mais, en 1870, les placers de l'Approuague tombèrent dans les mains d'un propriétaire et directeur habile qui sut trouver sur son terrain assez d'or pour rembourser en quelques mois le prix d'achat. Le rendement atteignit bientôt plus d'un million de francs par an. Ce propriétaire, ce directeur habile, c'était M. Jalbaud.

M. Jalbaud repris, bien que millionnaire, de la nostalgie de la vie du Grand-Bois et des prospections, s'en va maintenant explorer les gisements d'or alluvionnaires que l'on dit exister entre le Camopi et la Haute Approuague. Fantaisie singulière après fortune faite et à soixante ans passés. M. Jalbaud consacre 50 000 francs à cette prospection qui va durer quelques mois.

Il a parmi ses pagayeurs presque toute mon ancienne troupe, avec

Mécro comme patron. Pourvu que Mécro ne le chavire point, comme moi à Galibi !

M. Jalbaud m'apprend que mon ami Florimond Auguste est promu administrateur de l'Oyapock. Pagayez ferme, mes amis !

Nous arrivons chez Gnongnon. Échoués sur la grande roche plate qui sert de débarcadère, nous tirons quelques coups de fusil, selon l'usage, pour annoncer l'arrivée de visiteurs de marque. Pas de réponse. Le cher homme est sans doute en voyage. Nous grimpons la petite colline au sommet de laquelle est construit le village, et, une fois là-haut, nous apercevons Gnongnon qui, du plus loin qu'il nous voit venir, s'emmaillote la tête d'un mouchoir pour faire croire qu'il est malade. Il a peur que je lui demande quelque service ou que je le tance pour sa défection à Coumaraoua.

Je veux seulement savoir si la marée est assez forte pour que nous puissions passer, car on ne se lance jamais dans le terrible saut Casfesoca, en bas de Grand'Roche, que lorsque la marée est au plein. Précisément la marée est étale, ce que je constate aisément des hauteurs du village de Gnongnon.

Sans prendre le temps de déjeuner, bien qu'il soit trois heures de l'après-midi, nous descendons. En deux minutes nous arrivons au saut Grand'Roche, magnifique, tout couvert d'une énorme nappe blanche, car ce sont les grosses eaux. Nous déchargeons nos pirogues, que nous faisons glisser sur les pentes les moins dangereuses ; nous rechargeons, et, en moins de deux heures, nous arrivons à Saint-Georges, chez Florimond Auguste. J'installe mes hommes et je m'enquiers de mon courrier.

Pas de courrier. Je n'ai ici que de vieilles lettres. Depuis quatre mois la poste de Cayenne ne m'a rien fait parvenir. J'attends cependant des fonds du Ministère. Sans doute trouverai-je ma traite au chef-lieu.

J'ai neuf Indiens sur les bras, de braves gens qui m'accompagnent parce qu'ils ont confiance en moi, mais qui sont pressés de revenir pour faire leurs abatis. Or, ici, pas de goélette. *Linda* de Dorville et la goélette d'Octave sont parties depuis quelques jours pour leur service de Cayenne. Elles ne reviendront pas avant une huitaine au plus tôt.

Auguste me demande si je veux me risquer sur une mauvaise petite goélette d'un nommé Eugène Platon, dit Colombine. Cela s'appelle la *Régina* et cela se répare chez M. Cumin, au bas du fleuve. Car *Régina* est pourrie et ne pourrait pas tenir la mer, bien qu'à cette saison la côte soit parfaitement sûre.

D'ailleurs je suis pressé. J'envoie Laveau affréter la *Régina*, de Platon-Colombine.

La goélette pourrie est affrétée. Fret, passages, Platon et ses deux mauvais matelots, six jours de présence à Cayenne : 350 francs.

8. — Nous embarquons ce soir, au perdant, comme disent les créoles.

D'un ciel gris descendu très bas, il tombe une pluie fine sur le vert vague des rives et le blanc indécis de la nappe du fleuve.

Nous nous réveillons à l'embouchure de l'Oyapock. Nous sommes en panne. Pas de brise. C'est le montant.

Notre bateau craque aux fortes vagues de la baie d'Oyapock. Colombine se querelle avec ses deux matelots, dont l'un n'est bon à rien et l'autre en est à son premier voyage.

Nous avons grain sur grain, mais sans vent. On n'avance pas. De la boue jaune dans la mer, des nimbus violacés et drus autour de nous et sur nous, des voiles flasques clapotant mollement aux risées d'une faible brise, et on tangue avec délices, sans bouger de place.

Le lendemain nous nous réveillons un peu en arrière de l'embouchure de l'Approuague, environ à deux milles au large, échoués sur un banc de vase voyageur où le perdant nous a surpris pendant que tout le monde dormait. Des aigrettes et des goélands s'abattent autour de nous. Mes Indiens me demandent si la mer est partout ainsi : pleine de vase et parsemée d'oiseaux de mer « comme des papillons sur les sables ».

Le soir, nous arrivons enfin à Cayenne où je vois d'abord le Gouverneur, l'excellent M. Daclin-Sibour. Quelques amis de là-bas me font fête : Élie Peyrot, le directeur de l'École coloniale, Henry Richard, délégué de la Guyane à l'Exposition de 89, Louis Hérard, conseiller général, Antoine Péri, gérant du Cercle Cayennais. Je m'installe au Cercle, et Richard colloque mes Indiens au Jardin Botanique, dont il est l'administrateur.

Je passe six jours au chef-lieu, du 11 au 17 juillet.

Je cherche mes lettres. Pas de lettres. On les a remises à *Linda*, juste avant-hier. Nous avions vu, en effet, quand nous étions échoués sur le grand banc de vase du sud de l'Approuague, une goélette qui rentrait dans le fleuve.

C'était Dorville qui portait mes lettres à l'Oyapock.

De par ce contretemps je m'en vais, tout confus, trouver mon fournisseur habituel, l'honorable et sympathique Sertorius Célestin. Je lui expose mon cas.

Sertorius me dit de faire ma note, espèces et marchandises, exactement comme si j'avais ma traite en poche. Mon cher Célestin, permettez-moi de vous remercier ici.

Je commence donc mes achats le 11 du mois de juillet de l'année 1890. Le lendemain, je continue.

Mais le surlendemain, qui se trouve être un dimanche, il faut s'arrêter. En ce pays, le dimanche est jour à peu près perdu pour le commerce. La plupart des magasins n'ouvrent que jusqu'à onze heures, beaucoup n'ouvrent pas de toute la journée.

Laveau et moi profitons de cette circonstance pour nous permettre d'avoir la fièvre du matin jusqu'au soir. La fièvre, cela se retarde, mais, quand on l'a dans le sang, il faut bien, un moment ou l'autre, lui donner son jour.

Celui de la fête nationale, les magasins sont fermés du matin au soir. J'envoie donc Laveau danser pour nous deux au Gouvernement.

Et j'emmène mon capitaine indien sur la Place d'armes, regarder le feu d'artifice. Les fusées et les soleils étonnent un instant mon brave Pierre. Puis : « Pourquoi les Blancs font-ils toutes ces choses? » me demande-t-il. Quand je lui réponds que c'est parce qu'on y trouve du plaisir, il me regarde de travers : il pense que je me moque de lui.

Je ne reste pas plus longtemps dans la capitale. Achats terminés, nous embarquons le 16 à six heures du soir, à bord de la *Régina*, goélette très pourrie.

Le lendemain matin, nous nous réveillons à 6 kilomètres de Cayenne, en face de Bourda, l'élégant chalet de M. le Gouverneur de la Guyane. Nous attendons le vent, en mangeant de la morue. En face, on danse.

Pendant deux jours, grains sur grains et vent contraire.

Enfin, le 20 au soir, nous voici dans l'Oyapock, attendant le vent et la marée pour monter.

Un coup de tempête nous prend dans le fleuve, une vraie trovoada de l'Amazone. Nous filons dix nœuds. Les haubans sont arrachés, la coque craque, mais tient bon. Le papa Mure passe dans la tempête, debout au gouvernail, les cheveux au vent dans la pluie et l'ouragan. A la proue, un petit Indien. C'est tout l'équipage. La petite goélette va au Cachipour.

Nous allons toujours vent arrière sous de furieuses rafales. Trois canots de pêcheur chavirent à quelques encablures, mais nous ne pouvons leur porter secours. La pauvre vieille carcasse de la *Régina* fait entendre à chaque instant de lamentables gémissements sous les coups de la tempête qui l'emporte comme un faucon ferait d'une caille. La coque tiendra-t-elle jusqu'au bout, ou bien quelque vague plus forte ne va-t-elle pas nous engloutir? Enfin nous entrons au mouillage devant chez Cumin, comme un cavalier dont le cheval emporté s'abat brusquement. Quelques rayons jaunes du soleil couchant rayent le ciel qui s'accalmit.

Je pars tout de suite pour Saint-Georges à la recherche de mon courrier.

A dix heures du soir j'arrive chez Auguste. Je trouve la traite, mais d'ailleurs pas de nouvelles. Nos amis de France ne nous écrivent plus quand ils nous savent là-bas, du côté des déserts. Cela nous ferait trop de bien.

21. — Avant de repartir pour les hauts de l'Oyapock et pour le Yary, il me faut faire réparer les pirogues des Indiens. Ces pirogues vieilles et fatiguées ne sauraient faire le voyage, chargées comme elles vont l'être. Je fais mettre des courbes à la plus grande, et les fais toutes les deux calfater et passer au brai. C'est le père Samedi, un vieux papa noir, conseiller municipal et père de jolies filles, qui va faire le travail. Il y mettra bien quatre ou cinq jours.

Pendant ce temps, Laveau va chercher les bagages chez M. Cumin, et en fait le tri pour l'arrimage définitif dans les caisses et dans les malles.

Moi, je fais mon courrier d'Europe : le plaisir d'écrire à une vingtaine de personnes qui ne vous écrivent pas.

Puis, tout en surveillant le travail du père Samedi, je fais quelques excursions en rivière. Je vais serrer encore une fois la main à mon ami M. Lombard et déjeuner à son habitation, en bas de la crique Gabaret, rive gauche.

27. — Nous partons ce matin à 8 h. 30, pour le Haut Oyapock et le Yary.

De la lumière éclatante et de l'ombre crue jouent sur les mornes. Tout à la joie du départ, je crois voir le ciel pavoisé.

Il est doux d'entreprendre ce bon voyage d'été, avec de braves Indiens sauvages, quand on a encore l'amer souvenir de cet autre voyage d'il y a six mois, commencé en plein hiver avec de mauvais garnements d'Indiens créolisés.

A midi nous arrivons, à marée pleine, au pied de Grand'Roche, que nous passons, et à la tombée de la nuit, nous nous arrêtons en bas du saut Massacara, sur une petite roche plate où nous dormons à la belle étoile.

Courte joie. Toute la nuit, pluie battante. Au réveil, pluie battante, impossible de faire du feu.

Ayant découvert un carbet dans un des innombrables îlots qui transforment en cet endroit le fleuve en archipel, nous nous y réfugions pour cuisiner à l'abri et sécher nos vêtements mouillés qui nous glacent.

C'est la cuisine des grands jours : une marmite de haricots et une marmite de morue. Nous communions d'abord, devant Toupan, sous les espèces d'un bon verre d'eau-de-feu, un bougearon de délicieux tafia blanc

UNE ALLÉE DU JARDIN BOTANIQUE DE CAYENNE.

à 35 degrés. Les Indiens, installés à côté des marmites, se chauffent alternativement de face et de dos. Cependant ils toussent. Nous toussons aussi; chacun a sa petite bronchite.

Réconfortés par notre copieux déjeuner, nous remontons dans nos pirogues sous la pluie qui recommence.

Le soir, nous nous arrêtons avant la nuit juste assez tôt pour pouvoir couper une douzaine de feuilles de ouasseye, abri sommaire contre les averses équatoriales.

29. — Il faut repasser l'interminable série des grandes chutes du Bas Oyapock. Pendant que les Indiens tirent les pirogues comme ils peuvent, nous suivons, sautant de rocher en rocher, glissant, tombant, nous meurtrissant les tibias.

Les eaux sont toujours grosses, bien qu'elles commencent cependant à baisser. Partout des flaques qui se dessèchent, vertes de larges plantes marines qui puent le poisson pourri.

Le lendemain nous attendons jusqu'à midi la petite pirogue d'Édouard, autrement nommé Paapouirawe, laquelle pirogue est restée en arrière depuis hier dans l'après-midi. Paapouirawe, son neveu, le gamin et la vieille : tout le monde est malade. Nous allons les approvisionner en conséquence, mais nous prenons les devants. Ils suivront de loin. Pour malades, les Indiens ne meurent pas comme cela.

Le ciel est sombre, il fait très chaud, le soleil brûle à travers les nuages. Je veux lire, je vois rouge.

Tous les jours, orage et pluie. Ce matin nous déjeunons à la roche Mompé (roche Emonet). Nous arpentons à grands pas le sommet de l'énorme masse rocheuse, fouillant tous les points de l'horizon pour y faire quelque découverte. Des forêts, partout des forêts, et, en bas, la nappe blanche de l'Oyapock.

Une flottille de deux pirogues descend du haut fleuve, remorquant quelque chose. C'est Petit François (Pian), de Coumaroua, qui s'en va porter à Mécro des billes d'acajou qu'il lui doit, acte de probité indienne qui montre bien que Petit François a un besoin pressant de poudre et de camisas.

Orage et pluie. Pendant la tempête qui brouille le paysage, le ciel et la pensée, couché sous mon imperméable qui ruisselle et perce, je m'abandonne, dans le crépitement de la pluie, dans la douce cadence des pagayes lentement frappées, à des rêveries délicieuses. Oh! les songes exquis que l'on fait alors et que l'on ne dira jamais à personne!

En canot. Trois heures consécutives d'une pluie menue, espacée, n'allant jamais ni plus vite ni plus fort, et qui empêche d'écrire, de lire et de fumer.

La pluie a cessé. Des vapeurs blanches s'élèvent du pied des mornes.

Ce soir, 5 juillet, nous arrivons à Coumaraoua, au village de Pian, dit Petit François. Personne, l'Indien étant parti avec tout son personnel conduire les acajous de Mécro.

Pas un chien. Le seul habitant du village est une unique poule. Avec le côté chokebored de mon hamerless-greener, à dix pas, j'enlève la tête du volatile. Je plante un couteau dans un poteau de la case : c'est le payement du meurtre. Et, ce soir, nous mangerons une poule au riz.

Mes pauvres Indiens sont malades, tous malades. La bronchite contractée dans le bas de l'Oyapock ne veut pas guérir. En plus, les deux tiers d'entre eux ont pris des ophtalmies. Où et comment? Personne n'en sait rien, mais ils les ont.

En route, ils ne valent pas grand'chose. Ils pagayent machinalement mais sans énergie. La chasse même ne les émeut plus. On leur signale des pécaris, Laveau est seul à courir après; Pierre met un quart d'heure à charger son fusil; les jeunes gens, tous malades, restent là.

Ces Indiens ne sont réellement pas une race bien robuste. Ils sont moins endurants que nous. On s'imagine qu'ils ont la pratique héréditaire et quotidienne de toutes sortes de privations et de souffrances : il n'en est rien ; ils vivent fort doucement, douillettement, ils se dorlotent.

Jadis j'aimais les privations et les misères de la vie sauvage, au beau soleil des prairies ou à l'ombre des forêts vierges; aujourd'hui je me sentirais volontiers un peu moins rébarbatif à l'idée du bien-être, tout comme mes Indiens. Cela m'est venu en me voyant traiter de haut par une série de grands personnages de ma connaissance, un lot de médiocrités ou de nullités qui touchent des émoluments de ministres pour signer, danser, faire danser.

Pierre a d'abord été atteint, puis ç'ont été les jeunes gens, puis ç'a été Laveau, puis moi. Le jour, ils pagayent machinalement. Laveau n'a guère plus la force de chasser; moi je prends des notes sans savoir au juste ce que je fais.

Le soir on s'arrête de bonne heure, à quatre heures au plus tard. Nous sommes plongés dans une prostration affreuse. Rien n'existe plus pour nous; le monde extérieur, le monde des idées, tout s'évanouit. On n'a qu'une sensation de fièvre, une impression de feu dans la tête et dans la poitrine, et des hallucinations d'hôpital, de forêts vierges et d'orages. Et nous sommes tous ainsi, les mains enfiévrées sur la poitrine déchirée et brûlante, regardant la lueur d'incendie qui tombe des grands arbres, écoutant les roulements incessants du tonnerre, tous toussant, tressautant, la fièvre secouant les arbustes auxquels sont suspendus nos hamacs, tous à demi inconscients, stupides, hagards.

Ils sont deux sur cinq qui prennent chaque jour un repas sur trois, celui de midi. Les autres ne mangent rien du tout. Et il y a trois jours que cela dure. Et tous pagayent du matin au soir. Cela ne saurait aller longtemps. Lequel va-t-on enterrer le premier?

Et ceux de la pirogue restée en arrière? Ils sont peut-être tous morts.

Qu'avons-nous? C'est une contagion, cela a commencé par Paapouirawe et son neveu, puis cela nous a tous pris successivement. Ce sont de gros rhumes de poitrine compliqués de maux de tête et de fièvre. On perd complètement l'appétit et on dort très mal, bien qu'on soit fort abattu. Et l'hiver se continue, à grands fracas d'orages continuels et d'incessantes averses torrentielles.

Aujourd'hui, arrivés de bonne heure à un de nos vieux carbets, nous dormons d'une traite, sans manger. Nous dormons de quatre heures du soir à neuf heures du matin. Mais d'affreux cauchemars bouleversent notre sommeil, qui ne nous repose pas.

La situation est mauvaise. Nous sommes tous malades. Les deux fils de Pierre sont dans un état inquiétant. Nous consommons cinq grammes de quinine par jour.

Plus que trois jours de voyage. Encore un effort! Mais nous savons bien ce qui arriverait s'il nous fallait canoter huit jours encore. Cependant parfois Pierre perd courage : « Qui te mènera là-haut, quand mes deux fils seront morts? »

Nous couchons aujourd'hui à Viritou, chez le capitaine François. Tous ses Indiens sont en bonne santé.

Fin d'hiver. De grosses volées de tonnerre courent de l'est à l'ouest dans un ciel bizarrement dessiné.

Cela va plus mal. Bronchite aiguë, fièvre violente, douleur insupportable à la tête : nous nous inspirons mutuellement une pitié découragée.

C'est alors que le dégoût du métier prend à la gorge. La promiscuité et la malpropreté de la vie sauvage écœurent bien plus encore dans l'état de maladie. Tous les jours, manger par terre salement des choses immangeables auxquelles on touche à peine. Tous les soirs un camarade de lit, un compagnon de chaîne, que la maladie rend dégoûtant, dégoûtant comme vous-même, et qui est là sous votre carbet, dans son hamac heurtant le vôtre, heurtant le vôtre à la moindre quinte de toux, au moindre spasme de fièvre. La nuit, on est réveillé par des crises bruyantes rappelant celles d'un asthmatique, des quintes sifflantes secouant cruellement les poitrines qu'elles écorchent. Et dans ce concert ils sont quatre ou cinq exécutants. Et ces pauvres Indiens, pendant qu'ils semblent rendre les boyaux, se mouchent longuement et bruyamment avec leurs doigts, s'essuyant ensuite à ce qui se trouve à leur portée, un poteau du carbet, une assiette, un verre.

Enfin! Aujourd'hui, 10 août, nous arrivons au village de Pierre, pas encore tout à fait morts. C'est notre quinzième jour de canotage depuis Saint-Georges.

Quelques jours de repos suffiront sans doute à nous guérir. Six jours de Cayenne — six jours de fatigues, — c'était insuffisant pour nous remettre des secousses de notre rude campagne d'hiver.

L'été n'est pas encore bien commencé, on trouve encore quelques régimes de ouasseye dont les graines ne sont qu'à moitié tombées. Nous n'avons pas eu un seul jour sans pluie pendant ce voyage; or les grandes marches sont dures quand la forêt n'est pas sèche et qu'il pleut. Attendons, en nous guérissant. Aussi bien, la petite pirogue, la pirogue montée par Paapouirawe, qu'on a laissé derrière parce que, faible en hommes, il ne pouvait nous suivre, la petite pirogue n'arrivera pas ici avant cinq ou six jours.

Ce matin, Laveau, sorti pour faire un tour de chasse, rentre à midi avec une fièvre violente. Je demande à une femme de Pierre une poule, que je tue et paye. Sitôt la poule payée, voilà Pierre qui descend de sa case, furieux et vociférant. Il ne veut plus donner de poules, et c'est bien la dernière! (Il lui en reste six.) Je l'ai pourtant assez bien traité durant tout ce voyage et notamment pendant qu'il était à Cayenne. Voilà comme ils sont, tous ces Indiens! ou plutôt, non, c'est la maladie.

Le 16, il nous arrive cinq Roucouyennes venus avec Mapari, peïto de Piayeouaye, tamouchi au Yary, pour brocanter quelque peu jusque chez Pierre. C'est une bonne aubaine pour moi. Je les charge d'aller au Yary chercher les pirogues qui seront nécessaires pour descendre, et de venir me prendre chez Acara, ou d'y envoyer d'autres Roucouyennes. Il ne se trouve actuellement, me disent-ils, qu'une seule pirogue au dégrad du Rouapir; il est donc nécessaire que je prenne mes précautions si je ne veux pas m'exposer à rester prisonnier avec mes bagages dans la forêt des hauts affluents du Kouc.

Je donne, pour leur commission, des couteaux et des camisas aux Roucouyennes, qui paraissent très satisfaits. Mapari exulte. C'est un grand Indien fort beau, vaniteux au premier chef, et non moins hypocrite. Il lève les yeux au ciel, prend un air tendre et me dit : « Je suis bon, moi. Bon, bon, très bon. Je suis trop bon, tu le verras. Je mérite, tellement je suis bon, que le Blanc me prenne pour son ami. » Je les connais, les doucereux, comme je connais les solennels. Bon ou digne frère indien, ou frère blanc, ou frère nègre, je vous connais. Je n'ai pas besoin de trahison nouvelle ; j'estime tout de suite un parfait scélérat mon ami Mapari.

Il faut se méfier des hommes qui ont trop d'esprit, de ceux qui ont trop d'innocence, de ceux qui ont trop de dévouement, de ceux qui ont trop de franchise ; il faut se méfier de tous les hommes, mais surtout des solennels, des très dignes et des très bons.

Je presse les femmes de Pierre pour faire, au plus vite, la cassave de voyage, afin de permettre à ces chers Roucouyennes de partir tout de suite. Adieu, saint Mapari, toi qui es si bon !

Saint Mapari et ses hommes partent. Ils sont partis.

Laveau revient, avec les Indiens, pour la troisième fois de la chasse. Pour la troisième fois, il n'a rien vu.

Maintenant reposons-nous sur un peu de météorologie.

On prétend généralement que la saison des pluies, dans notre région guyanaise, cesse au commencement de juillet.

Or voyez plus bas ces notes météorologiques au jour le jour :

« Jusqu'au 10 août : failli mourir sous les pluies incessantes.

11. Averse de midi à 3 heures. Et de 8 à 11 heures du soir.

12. Orage violent de 11 heures du matin à 2 heures du soir.

13. Pluie la nuit précédente. A 10 heures du matin, 11 heures matin, 2 heures soir, 4 heures soir, 10 heures soir.

14. Pluie toute la journée.

15. Averse avec fort orage à 1 heure ; pluie de 3 heures à 5 heures 1/2 soir.

16. Beau temps. Orage à 1 heure soir. Pluie de 2 à 5 heures. Pluie la nuit.

17. Brouillard tout le matin. Pluie fine toute la soirée.

18. L'hiver bat son plein. Pas 3 heures d'éclaircie entre le lever et le coucher du soleil.

Et cela continue. Cependant cela ne saurait durer. A moins que l'été ne devienne une mystification ici, comme le printemps en Europe.

23. Toutefois, le canot d'Edouard Paapouirawe n'arrivant pas, depuis

12 jours que nous sommes ici, j'envoie Laveau à sa recherche avec la grande pirogue de Pierre et les jeunes gens disponibles.

24. Pluie toute la nuit.

27. Violente averse de 2 à 4 heures de l'après-midi.

29. Orage et pluie de 3 à 4 heures.

30. Orage et pluie à 6 heures du soir.

1ᵉʳ *septembre*. Pluie de 2 à 5 heures du soir. »

Bornons ici ces citations à l'ordre du jour de la très ennuyeuse pluie et égayons nos esprits en étudiant les bêtes.

Je jouis ici de la société d'un petit capiouare (*alias* cabiaï) apprivoisé et charmant. Il se promène toute la nuit autour des cases, faisant entendre continuellement son petit cri semblable au chant de quelque oiseau nocturne mystérieux et discret. Je le vois, de mon hamac, passer au clair de lune, sa tête énorme flairant le vent, sa croupe, à la queue imperceptible, ondulant derrière comme par hasard. La tête emporte tout, dans cette bête-là, comme volume. Il ne dort pas, le petit capiouare. La nuit, c'est pour qu'il passe son temps à jouir de son petit cri baroque dont il se délecte. Le jour, il est muet. Dans les clairs de lune il va, ne regardant pas le sol, mais seulement l'astre d'un jaune presque blanc des mélancoliques nuits équatoriales. Le groin levé à la lune, il pousse, sans cesse et sans lassitude, son drôle de petit cri de satisfaction. Les bêtes ont des âmes singulières.

Toutefois mes réelles amours, ce sont les agamis.

Voyez-les. Le soleil vient de disparaître à l'horizon. On commence à ne plus distinguer un fil blanc d'un fil noir. Les agamis s'en vont coucher, toujours à la même heure, toujours à la même place. Ils s'envolent d'abord sur le toit d'une des ocas du village. Puis, de là, ils s'élancent sur un arbre voisin dont ils gagnent la cime à petites envolées, car ils ont le vol un peu lourd. Une fois sur leur plus haute branche, ils regardent quelques instants leur perchoir quotidien. Leur perchoir quotidien est à l'extrémité d'une lointaine branche sèche très élevée, dominant le fleuve et le village. Mais l'arbre est à 100 mètres de là, et ils ne sauraient atteindre leur branche sèche d'une seule envolée, car les ailes fléchissent sous le poids du corps engraissé. Ils prennent leur vol, accostent 10 mètres plus bas. Encore un effort, ils y sont! Et tous les soirs, ce sera le même itinéraire, envolée par envolée. — Ils sont là tous les deux, en plein ciel, côte à côte. Et, pluie ou vent, lune ou ténèbres, ils restent là immobiles toute la nuit, sur une patte, la tête baissée sur la poitrine : ils dorment au-dessus de la terre, en plein firmament.

Mais, voyez-les maintenant réveillés. Ils ne sont pas si angéliques qu'on s'est plu à le dire, ces beaux oiseaux. Ils ne sont pas toujours les bons gendarmes de la basse-cour, uniquement préoccupés de protéger la volaille et de séparer les coqs qui se battent. Ceux d'ici, s'ils sont inoffensifs à l'endroit des poules, sont féroces pour les coqs. Ils leur poussent des charges d'une heure, les piétinent de rage, leur enfoncent le crâne à coups de bec. Ils se mettent tous les deux contre la malheureuse bête qu'ils tueraient impitoyablement si on n'y mettait bon ordre. Seraient-ils donc méchants, ces beaux chevaliers si bien vêtus? seraient-ils donc bêtes? Mystère! Oh! Phébus de Chateaupers!

Pierre a tué aujourd'hui un cochon marron qui empoisonne le patchouli. Serait-ce donc vrai, comme l'affirmaient les vieux auteurs, que ces bêtes-là auraient parfois, sur le dos, leur nombril, un nombril nauséabond? Vérification faite de cette anomalie, on voit que certains de ces pécaris ont en effet souvent, sur le dos, une poche à musc, non pas normale, mais qui est un exutoire de leur odeur fauve, exutoire provenant sans doute de quelque plaie.

Paapouirawe? est-il mort, n'est-il pas mort? Laveau ne revient pas.

L'enfant est partout naturellement bon, comme l'homme. Ce petit sournois de Moye (Serpent), le boy de Pierre, bat ses sœurs en cachette, tout le long du jour. Puis, quand c'est fini, il court prendre son poste auprès de moi, avec un air très câlin. Alors les gamines, avec le plus grand sang-froid et sans une larme, se mettent à pousser des gémissements endiablés. Elles se proposent seulement de faire rosser par leurs mères, si c'est possible, le petit vaurien très gentil qu'elles ont pour frère... ou à moitié, et qu'elles égratignent d'ailleurs dans les coins, quand le petit esquive, à force de mensonges candides, la légitime rossée maternelle.

Ah! j'oubliais. Aujourd'hui 4 septembre, averse abominable de 5 à 6 heures du soir.

Je travaille l'oyampi avec Pierre, en attendant le retour des enfants dudit seigneur, de Laveau et, sans doute, de quelques cadavres... en effigie. Cet oyampis, c'est le pur tupi de Jean de Léry. Comment expliquer cela? Y a-t-il une suite de tribus appartenant à la même famille linguistique, qui s'étendraient des Oyampis et des Émerillons aux Guaranis; ou plutôt la presque identité de ces deux idiomes avec celui des Tupinambas de Léry (baie de Rio, 1557) ne prouverait-elle pas un exode? Les Tupis ont émigré, par l'intérieur, de Rio à Bahia, plus tard ils ont été refoulés jusqu'à l'Amazone, d'où viennent les Oyampis. Ceux-ci seraient donc venus, à travers les siècles et les bouleversements de toutes sortes, de Rio de Janeiro à l'Oyapock.

5 *septembre*. — Laveau arrive aujourd'hui après quatorze jours de voyage. Les deux Indiens qui montaient le canot, Paapouirawe et son neveu, sont morts des fièvres un peu en amont d'Armontabo, le jeune homme le soir à la nuit et Paapouirawe le lendemain matin avant le jour. On les a enterrés dans une même fosse, creusée avec un bois pointu. La femme de Paapouirawe et le couroumi ont survécu.

Pian, de Coumaraoua (Petit François), et Ari, de Viritou, qui revenaient de Saint-Georges, les ont pris dans leur canot vers Anatoye, mourants, et les ont descendus, espérant les faire soigner à Saint-Georges. Ils sont morts en route.

— Chose curieuse, un Indien revenant du pays des Blancs est pris d'une maladie grave en chemin. Il ne songe pas à rentrer chez lui pour se soigner, pour se guérir : il sait que le village indien, que le carbet indien, pour le malade, c'est la mort; il s'en retourne, tout mourant, chez les Blancs, implorer leur science, leur pitié !

JEUNE FILLE OYAMPIE.

Le malheureux Pian a contracté la maladie des deux Indiens. Laveau l'a laissé mourant dans son carbet. C'est lui qui l'a renseigné, sur menaces : Pian espérait voler les malles s'il réchappait.

Les malles étaient sous le carbet funéraire; il a fallu descendre jusque-là les chercher, à dix jours de chez Pierre, marche moyenne.

Tout l'équipage est en bonne santé, mais l'épidémie sévit en ce moment sur le restant des Indiens du Moyen Oyapock, aux deux uniques villages de Coumaraoua et de Viritou. Nous qui avons déjà échappé, fuyons au plus vite chez les Roucouyennes du Yary.

C'est une bonne chose toutefois que de pouvoir payer ainsi, au début de chaque voyage, sa dette au malheur. Pauvres Indiens de l'Oyapock, les deux tiers d'entre eux, les deux tiers de ce pauvre débris de grande tribu, ils vont mourir!

Il faut voir la maladie dans un hameau indien isolé. La fièvre les tord dans le hamac, ils délirent. La fièvre finit par les prendre tous. Ils sont maigres à faire peur. La poitrine en feu, ils toussent et ils crachent désespérément, l'haleine est infecte. Personne ne peut aller ni pêcher ni chasser : ni aliments, ni remèdes, ni soins. Ils ne font pas de cassave : une femme malade se lève si la faim presse trop, et fait une petite cassave que ces malheureux estomacs détraqués se refusent à recevoir. Pas de voisins à vingt lieues à la ronde; personne ne sait qu'ils se meurent. Ils meurent les uns après les autres, dans un effroyable dénûment, dans un horrible abandon, les survivants ayant à peine la force d'enterrer à un pied de terre ceux qui meurent les premiers. Et les derniers, pleurant « De l'eau, de l'eau! » dans le hamac où les cloue la trop lente agonie, n'ont personne qui les entende, et quand ils se trouveront raidis dans un dernier spasme, les corbeaux familiers qui les regardent, perchés sur les arbres voisins, descendront, majestueux et satisfaits, commencer à coups de bec leur office de fossoyeurs.

En sortant de ces scènes de désolation, Laveau essayait de donner cœur aux jeunes gens quelque peu affectés, mais le milieu ne prêtait pas à la gaieté : c'était le temps des incendies.

Parfois la foudre tombe dans la forêt et, si c'est l'été, y met le feu. On entend un bruit formidable de branches cassées et d'arbres tombés, mêlé au crépitement de la flamme; on voit s'élever des tourbillons de fumée au-dessus des profondeurs lointaines de la forêt, et, si l'on est sous le vent, d'immenses bouffées de chaleur pareilles à l'haleine de quelque gigantesque four chaud viennent vous griller le visage et rendre l'air irrespirable. C'est la forêt vierge qui brûle.

Pendant ces pittoresques journées de Laveau, je travaillais avec Pierre à la syntaxe de l'oyampi. Ah! qu'un interprète parlant bien une langue que l'on parle bien soi-même est précieux! En six mois, avec Pierre, j'ai fait plus que je n'aurais pu en six ans, isolé chez des Oyampis et ne parlant que leur langue. Toutefois il m'a fallu faire, en vérité, le juge d'instruction pour lui tirer les *formes* de son dialecte; les abstractions leur sont si peu familières!...

6. — La veuve d'Édouard nous raconte maintenant ce qu'elle a appris en bas, ce que Pian lui a raconté. M. Jalbaud s'est noyé dans le Camopi, au-dessus du saut Yanioué. Son canot a chaviré en passant sur un arbre à flottaison. Un de ses nègres s'est noyé aussi. A peu près à la même époque, Paapouirawe et son neveu mouraient à l'Armontabo. Malheur sur malheurs.

C'est le couroumi de Paapouirawe, Maracou, frère du petit-neveu, qui va hériter de la petite femme, une minuscule petite veuve de seize ans, qui a déjà un enfant de trente mois. Maracou a douze ans, ses lèvres sont trop courtes; il rit toujours, comme le héros de Victor Hugo. Maintenant il a les cheveux coupés ras, ou plutôt on lui a pelé la tête, comme il convient quand on sort de maladie ou qu'on vient d'éprouver un grand malheur.

Pauvre petite femme, pauvre petit Paapouirawe le Neveu! Je n'ai jamais su le nom de l'un ni de l'autre, mais ils étaient de ces figures moins « déjà vues » que celles qui constituent l'habituel défilé du chemin de la vie dans les pays civilisés ou sauvages.

Il était petit, de membres gracieux, de visage doux et souriant. Ses grands yeux noirs, son opulente chevelure d'ébène lui donnaient un air de page andalou. Et, ce page andalou, c'est de la même sorte qu'il eût aimé la reine de Grenade, qu'il aimait d'une tendresse grave et enfantine la gracieuse enfant si menue, si mignonne, communiante qu'on avait si précocement unie à lui à l'autel de l'amour.

Que sont peu les grâces de l'amour adulte à côté de celles de l'amour enfant! Je l'avais remarqué bien souvent ce couple adolescent, cette miniature d'Adam et d'Ève : ils faisaient naître des sourires au fond du cœur. Bien qu'ils fussent d'une race fort sobre de caresses, bien que leur initiation au bonheur jeune eût déjà subi l'épreuve de l'enfant, ils ne pouvaient se perdre des yeux et on voyait que toujours leurs mains se cherchaient, et leurs bras et leurs cœurs. Quels délicieux petits professeurs de caresses tendres, délicates et chastes! Que Fortunio est donc partout plus intéressant que Clavaroche! La maturité a perdu le vrai génie des caresses: c'est l'âge des brutalités plus ou moins savantes, et encore quelques cheveux gris, puis viendront les raffinements.

Pauvre Paapouirawe le Neveu, Fortunio, Chérubin indien, mort pour avoir voulu aller voir les Blancs, tout est effacé pour toi dans la grande paix où tu reposes! Mais ton souvenir et celui de la douce et frêle enfant qui peut-être, elle, t'a déjà oublié; la trace que vous avez laissée dans mon âme, eh bien, cela ne s'effacera que lorsque je rentrerai, moi aussi, dans la grande paix finale où vient sombrer toute chose.

Nous partons demain pour le Yary.

CABIAI.

TROIS-SAUTS.

CHAPITRE XXII

ADIEUX A LA PETITE VEUVE. — ENCOMBREMENT DE FEMMES. — « TROIS-SAUTS ». — NUIT BLANCHE ET HUMIDE. — PRÉVENANCES FÉMININES. — LE KERINDIOUTOU ET LE MOUTAQUOUÈRE. — LES ANCIENS SENTIERS DE L'AGAMIOUARE. — L'OUROUAÏTOU, L'AGAMIOUARE ET LE MAPARI. — RENCONTRE D'UN PARTI ROUCOUYENNE. — AU DÉGRAD. — LE CHEMIN DE CAOLÉ. — ACARA. — INTERPRÈTE ENTRE DEUX TRIBUS SAUVAGES. — DÉCÈS. — MAMIIALI. — LE VÉNÉRABLE ET SAVANT SAÏPO. — ÉQUIPAGE CAÏCOUCHIANE. — LA FORÊT DU ROUAPIR. — ANCIENS CAÏCOUCHIANES DE L'OUROUAÏTOU ET OYAMPIS ACTUELS DU MAPARI. — PANAKIRIS ET PARACHICHIS. — LES FEMMES BLANCHES ONT-ELLES DE LA BARBE COMME LES HOMMES ? — VERS DES PALMIERS. — AU DÉGRAD DU ROUAPIR. — LES DERNIERS OYAMPIS. — L'ORAISON FUNÈBRE DE PARTOUT. — LE MONT GEORGES PERIN. — L'OUROUAÏTOU, LE MAPARI ET LEURS HABITANTS ANCIENS ET MODERNES. — EN PIROGUE ROUCOUYENNE. — LE YARY, RIVIÈRE PRESQUE VIERGE. — FORTS ET FAIBLES. — LE DÉBOUCHÉ NATUREL DU HAUT YARY. — HEUREUX CHIENS. — LE TAMOUCHI MARIÈRE ET SON VILLAGE. — LE VRAI OUAYANA. — L' « ITOUTA-PACOLO » ET LES MARINGOUINS. — MORT DE LA FEMME DE MARIÈRE. — UN LÉPREUX. — HOSPITALITÉ ÉCOSSAISE. — VERTUS SAUVAGES. — MARIÈRE PROFESSEUR D'HISTOIRE, D'ETHNOGRAPHIE, DE THÉOLOGIE. — LE TAMOUCHI MARIÈRE VEUT UN HAMER-LESS-GREENER. — M. DE QUATREFAGES. — MARIÈRE GÉOGRAPHE. — LE TAMOUCHI ATOUPI VIENT ME RENDRE VISITE AVEC SON FRÈRE AHPANE. — DEUX EXCELLENCES. — CONVERSATIONS OFFICIELLES. — LA LANGOUSTE D'ICI. — CONVERSATIONS DIPLOMATIQUES. — HAMACS. — LA GRÈCE.

Adieu, petite veuve du fils de Paapouirawe, future femme du petit Maracou, pauvre petite veuve de seize ans dont va hériter un pauvre éphèbe étique, adieu !

Hier, quand ta pauvre nudité mignonne passait sur la place du village à côté de la haute et plantureuse femme de Paï, jeune carnation robuste et provocante, les chiens de Pierre, seigneur de céans, te prenant pour une pauvresse, te mordirent cruellement au mollet. Et chacun de rire au spectacle de ta petite jambe ensanglantée. Et les chiens ne furent point battus.

C'est là ta vie, pauvre petite Indienne, déjà mère d'un gros bébé de trente mois, déjà veuve d'un gamin de vingt ans, et déjà remariée à un enfant de douze qui ne saura te protéger ni te nourrir. Va! tu sentiras encore plus d'une fois, dans le cours de ta triste vie, les morsures de chiens vils faisant douloureusement jaillir ton sang de la gracilité de ta jeune chair. Et tes grands yeux, bons et doux, se mouilleront souvent de larmes brûlantes, et tu te demanderas plus d'une fois pourquoi ils mentaient, les vieillards de la tribu, dont le sourire de lutteurs satisfaits te faisait croire que la vie était bonne.

Adieu! Au retour de Pierre, tu seras livrée à quelque vieillard tout ridé dont ton pauvre petit Maracou, que tu aimeras peut-être, ne sera que le domestique. La tristesse de tes allures semble pressentir les avilissements qui t'attendent dans ton cœur et dans ta chair. Je voudrais te consoler, mais je ne trouverais à te dire qu'une seule chose qui ne console personne, toi surtout qui ne saurais la comprendre, c'est qu'en Europe ta misère et ton enfantine beauté devraient subir des prostitutions bien plus abjectes encore!

Ce matin, 8 septembre, à 7 heures 45 min. nos pagayes battent dans une cadence précipitée et enthousiaste les flots bondissants de la chute de Moutouchy. C'est le départ. Nous sommes onze dans la grande pirogue, qui porte encore cinq malles. Pierre nous a encombrés de ses femmes et de ses enfants. C'est trop chargé, mais tout le monde travaille; nous avons huit pagayes dans la grande pirogue, malheureusement à moitié pourrie, geignant et menaçant de crever sous les coups inconsidérément violents de pagayeurs et de pagayeuses ivres de la joie du voyage.

Comme nos flécheurs se sont grisés hier avec le cachiri du départ, ils manquent tous les poissons. Nous n'en avons pas un seul, bien qu'ils en aient fléché une vingtaine.

La pirogue trop chargée se fend à l'avant sur 1 mètre et demi de longueur. On raccommode comme on peut avec des cordes et des lianes. La pauvre vieille embarcation disloquée menace de s'ouvrir, d'un moment à l'autre, sur toute sa longueur.

Quand on voyage dans un canot chargé de femmes inutiles, dont il faut subir toute la journée l'assommant bavardage, de gamins et de fillettes dont les criailleries intolérables remplissent la ménagerie, il n'est que raisonnable de s'attendre à toutes sortes de malheurs.

Toutefois nos canotiers sont dégrisés. Après midi, huit pacous; Paï, le beau et vaillant Paï, le fils préféré de Pierre, en perce quelquefois deux du même coup de flèche. Sa grande et plantureuse jeune femme en tressaille de la tête aux pieds, et sa face épaisse s'illumine d'un sourire d'indescriptible satisfaction. Mais l'élégant jeune homme ne paraît en avoir cure. Déjà finie, la lune de miel!

Ce matin nous avons encore une averse. Il semblerait que cette année l'hiver ne serait pas disposé à rester dans les limites qui lui sont officiellement assignées.

Nous arrivons à l'Eureupoucigne, après 15 heures 30 min. de canotage depuis Moutouchy.

Nous revoyons la chute de Trois-Sauts. Trois-Sauts n'est décidément pas plus beau que Ouaïmicouare dans le Yaroupi.

Trois-Sauts tombe sur toute la largeur de la rivière, et en ligne droite, de sorte qu'on saisit, d'amont comme d'aval, tout l'ensemble de la chute. Ouaïmicouare est partagé en deux par un îlot; rive droite, la chute a lieu sur une large roche en pente assez douce; rive gauche, la rivière bondit dans un couloir semé d'énormes rochers noirs d'aspect sinistre. Mais, au-dessus des sauts d'aval, le Yaroupi tourne à droite et un autre saut termine l'ensemble de Ouaïmicouare, qui est sinueux et ne peut être embrassé d'un seul coup d'œil. Cependant, comme le Yaroupi sur ce point est plus large que le Haut Oyapock, la seule chute de la rive droite à Ouaïmicouare, et même seulement la partie visible d'aval, est à peu près aussi majestueuse que tout Trois-Sauts. Il est incontestable que quelqu'un qui contemplerait ces deux grandes chutes, élevé de 100 mètres au-dessus, trouverait Ouaïmicouare plus imposant dans son ensemble.

A Trois-Sauts il nous faut décharger nos bagages, que nous passons par les grandes roches plates de la rive occidentale. Trois-Sauts et Grand'Roche sont les deux seules chutes de l'Oyapock où l'on soit toujours obligé de décharger. Taïnoua, la chute la plus importante après ces deux premières, est au fond à l'époque des grosses eaux.

Nous faisons, sur la roche en haut de Trois-Sauts, des *patayas* sommaires pour y passer la nuit; ils sont à peine couverts, car il ne se trouve pas de feuilles dans la forêt voisine. Or, de onze heures du soir à une heure du matin, nous essuyons une averse diluvienne. L'eau monte et s'élève à un demi-mètre au-dessus de la roche où nous sommes installés. Les feuilles de palmier qui nous protègent laissent passer la pluie comme le ferait une écumoire. Nous roulons nos hamacs mouillés, nos vêtements mouillés, nous mettons le tout sous la petite bâche de notre grande pirogue, et nous nous réfugions sur les hauts rochers de la chute pour attendre le jour, grelottant dans le brouillard intense et sondant tristement la nuit noire qui pèse sur notre mauvaise humeur et sur le vacarme de la cataracte. Quatre heures pour attendre le jour ! Si seulement nous pouvions fumer ! Mais tout est mouillé, tabac et briquet.

11. — Il faut décharger à Taïnoua comme à Trois-Sauts et tirer le canot en haut des rochers. Pendant ce temps on fait sécher un peu le linge et les hamacs mouillés.

Puis on déjeune sur les hautes roches de Taïnoua. Le feu flambe sous nos trois marmites. Il y a grande abondance de pacous. Les femmes gâtent leur homme en cachette. Elles lui font rôtir les tripes des pacous, elles pétrissent à pleines mains des boulettes avec des œufs de lézard et du couac sec, et elles lui passent cela par derrière le dos, d'un air distrait, en roucoulant de petites minauderies engageantes auxquelles l'homme répond par de brusques délicatesses, faisant des reproches aimables de ce qu'on se donne vraiment trop de peine.

Cette nuit, une violente averse fait monter l'eau de plus de 1 m. 50. Toussassagne est gonflé ; ce n'est pas sans péril qu'on passe ce saut aux grosses eaux.

Nous voici au confluent des deux criques mères de l'Oyapock : le Kerindioutou (la rivière des chutes, de *ékeringouère*, famille, et *itou*, saut, en oyampi) et le Moutaquouère qui, en vieil oyampi, signifiait *fourche*, d'après le capitaine François. Le Kerindioutou est sensiblement plus fort que le Moutaquouère ; l'hiver, on pourrait rencontrer le Kerindioutou cinq jours en amont du confluent.

C'est dans le Kerindioutou qu'il a plu : le courant est violent et l'eau est boueuse ; le Moutaquouère est calme.

Le Moutaquouère est l'ancien chemin des Oyampis de l'Ourouaïtou. C'est ce chemin que suivit de Bauve en 1850-51.

Il n'y a guère que quelques années, il y avait encore des Oyampis à l'Ourouaïtou. On y allait par le Moutaquouère, que l'on remontait pendant trois jours. Même l'hiver on trouvait dans le Moutaquouère beaucoup d'arbres tombés. On prenait ensuite par terre. Au bout de deux jours on arrivait à l'Agamiouare, large en cet endroit comme le Pinooc à l'embouchure, c'est-à-dire de 4 mètres environ. Puis, deux jours après, on arrivait à l'Ourouaïtou, plus large que l'Agamiouare, à peu près comme le Mouroumouroucing à son embouchure, c'est-à-dire de 12 mètres environ. (L'Agamiouare est une petite rivière, l'Ourouaïtou est beaucoup plus fort, sans être cependant aussi important que le Moutaqouère. D'après Pierre, qui a fait le voyage, la grande rivière de cette région serait le Mapari, à deux ou trois jours au sud.) Ce voyage aux Oyampis de l'Ourouaïtou était donc de sept jours : trois dans le Moutaqouère, quatre par terre. Il y avait à l'Ourouaïtou deux villages grands comme ceux de Caolé et d'Acara.

Nous engageant dans le Kerindioutou, nous rencontrons, le matin, un parti de Roucouyennes. Ils allaient, disent-ils, commercer chez le capitaine François en m'attendant. Je les invite à s'en retourner avec moi, ce qu'ils m'accordent. Ils sont sept. Trois d'entre eux sont restés chez Mamhali le Caïcouchiane. Ils ont, au dégrad de Rouapir, cinq petites pirogues.

Un peu en amont d'ici se trouve l'embouchure du Ouaatéou, branche du Kerindioutou, Ouaatéou qui continue la direction d'ensemble de l'Oyapock.

Nous voici enfin au dégrad des Tumuc-Humac. Celui où je m'arrête maintenant n'est pas le même que celui où je me suis arrêté en 1888, ni que celui où s'est arrêté Crevaux. On en change tous les ans. On en change même de saison en saison, car, l'hiver, on peut remonter les criques plus haut qu'en été.

Cela nous fait vingt jours depuis le départ de Saint-Georges.

Tous les colis sont déposés à terre, en pleine forêt, sur la rive droite du Kerindioutou. Les Roucouyennes se préparent à les emballer, car Pierre et ses enfants, médiocres porteurs et considérant d'ailleurs leur voyage comme terminé, ne se chargent que de leurs flèches et de leur hamac. Seuls les peïtos de Pierre et leurs femmes porteront.

On coupe des feuilles de ouasseye dans la forêt. On prend les dimensions des malles et on fabrique les catouris dans lesquels elles seront portées. De larges lanières d'écorce sont arrachées aux arbres et maintiendront sur la poitrine du porteur le catouri et sa charge.

Les bons Indiens pèsent les fardeaux les uns après les autres : chacun veut porter le moins lourd. Ils recommencent vingt fois, geignant, trouvant toutes les charges exagérées. Au bout d'une heure d'hésitation, chacun a la sienne sur le dos. Les voici enfin partis; maintenant il n'y a plus qu'à les suivre.

Il pleut. Les pluies, qui tombent quotidiennement, ont gonflé les rivières et les marigots qui les relient entre elles. Il faut passer tous ces cours d'eau sur des arbres que l'on abat; on n'aurait pas pied pour passer les malles. Les criques sont presque aussi fortes qu'en plein hiver. L'arbre abattu à travers la crique, je fais établir une rampe à côté et on passe le pied assuré. Les eaux sont tellement grosses que nous aurions très bien pu arriver jusqu'au confluent du Ouaatéou et même pousser quelques centaines de mètres en amont, sans difficulté aucune, jusqu'au vieux dégrad où « Majo » (Crevaux) s'est arrêté.

Le sentier est tellement mauvais, tellement sale, que l'emploi du podomètre est presque impossible; on fait souvent trois pas pour un.

On traverse d'innombrables ruisseaux ou marigots. De grands espaces sont inondés. L'atmosphère du sous-bois est chargée d'humidité débilitante.

Le gibier est très rare; aujourd'hui nous avons tous vécu d'un petit caïman.

15 *septembre*. — On vient au-devant de nous des villages d'Acara et de Caolé, avec de la cassave, des bacovres, du cachiri. Le jeune ami Dosmon et quelques anciens de ma troupe sont aussi de la bande. Est-ce la joie de nous revoir ou le besoin de tirer de nous quelques marchandises?

Nous arrivons chez Acara après huit heures de marche qui nous ont pris trois jours, tant est difficile cette forêt inondée.

Acara et son peuple sont maintenant dans l'abondance; les abatis regorgent de manioc. Tous les Indiens sont gras; leur teint de cuir neuf luit et rayonne. Les femmes, qui savent que nous avons encore des perles, se mettent toutes, avec une égale ardeur, à nous fabriquer la cassave du voyage.

Pour nos Roucouyennes, il nous faut, selon l'usage, les payer d'avance. Ils sont sous les ordres d'Ouptoli, chef au Yary, et d'Ouhé, peïto d'un petit chef voisin, le vieil Aloucolé. Il restera quatre charges, que porteront quatre peïtos d'Acara.

17. — Ces bons Roucouyennes complotent de partir de nuit avec le payement qu'ils ont reçu pour tout le voyage; ils nous laisseront là avec nos malles et reviendront dans un mois nous rançonner à nouveau. Un homme d'Acara m'ayant mis au courant, Laveau va dormir dans leur carbet avec son fusil chargé.

Voyant leur projet éventé, les Roucouyennes se tiennent cois. Nous nous risquons à partir avec ces coquins. De chez Jean-Louis, où je prendrai de nouveaux porteurs, un jour de marche nous mènera chez Mamhali, village caïcouchiane qui n'existait pas lors de mon dernier voyage.

Nous arrivons chez Jean-Louis. Les quatre porteurs de chez Acara s'en retournent demain. Nous en prendrons ici quatre autres pour aller jusque chez Mamhali, à un jour de marche.

Les Roucouyennes et les Oyampis de ma troupe ne se comprennent guère entre eux : les Oyampis entendent fort peu le roucouyenne, et les Roucouyennes n'entendent aucunement l'oyampi. Il n'y a qu'Acara et ses fils qui parlent un peu la langue de leurs voisins, les autres Oyampis ne sont pas en état de la comprendre. Pour les Roucouyennes, ils ne connaissent pas vingt mots de la langue de ces Indiens qu'ils dédaignent. Quand les hommes des deux tribus ont à se dire quelque chose, ils m'emploient comme interprète, ce dont je suis très fier.

Beaucoup de décès à enregistrer depuis le précédent voyage. Ouira, Aripipoco et un de ses fils, un fils de Maracaya, le père d'Acara, sont morts. Jean-Louis, qui a la fièvre, croit que c'est aussi la mort pour lui.

Aussi bien, on y vit trop mal, dans cette contrée. Habitée depuis trop longtemps, elle est vide de poisson et de gibier. Nous sommes obligés de tuer les poules, les hoccos et les agamis des basses-cours indiennes, ce qui nous allège d'autant de camisas, de sabres et de couteaux.

La nuit, on monte tendre son hamac en compagnie des Indiens, dans de petites ocas malpropres. Par les fréquentes insomnies, on ne cesse d'entendre sortir des « licts de coton » oyampis ou roucouyennes ces bruits qui faisaient pâlir les pontifes d'Égypte. Et les odeurs nous obligent à quitter la place, dévalant en hâte de l'oca haut juchée, par l'échelle de perroquet invisible dans la nuit noire.

19. — De l'ancien village de Maracaya il ne reste plus qu'une seule case. Tout le reste de la population s'est dispersé dans les villages voisins.

Le village du Caïcouchiane Mamhali (Agami) n'existait pas il y a un an. Il se compose de deux cases assez misérables de style oyampi. Ces Caïcouchianes, débris de leur tribu disparue, ne parlent plus leur langue, mais l'oyampi ; quelques-uns d'entre eux parlent un peu le roucouyenne, mais fort peu, fort mal. L'oyampi est aujourd'hui leur véritable langue maternelle. Mamhali se donne à lui-même le nom de Yacami, ce qui est le mot oyampi pour dire agami. Mais comme ce malheureux n'est, en somme, qu'un peïto des Roucouyennes, nous continuerons à l'appeler Mamhali.

Chez Mamhali se trouve le vieux chef Saïpo que j'ai vu, il y a un an, chez Caolé. Il a voyagé un peu, ce vieux-là, ce dont il tire vanité. Il est allé deux ou trois fois à l'Ourouaïtou, quand il y avait encore dans cette crique des villages oyampis, et depuis il est allé chez Mataoualé, à la crique Mapari. Il a fait une ou deux fois le voyage des Bonis; une fois ou deux il est allé chez le capitaine François dans le Haut Oyapock, et c'est tout. Jamais il n'est allé chez les Aparaïs ni chez les Trios.

Nous restons un jour chez Mamhali pour attendre que la cassave de voyage du vieux Saïpo soit terminée. L'abatis de Mamhali est étroit, le village est triste. Je me distrais des ennuis de ma captivité forcée en causant avec les Indiens. Ils ont une conversation fort intéressante, ces braves sauvages. On discute la valeur comparée des couteaux, on parle de l'épaisseur des lames; puis, passant à un autre ordre d'idées, on ergote sur les couleurs préférées dans les camisas et les colliers de perles.

Tout cela est séduisant. Sois béni, Jean-Jacques, toi et ton homme primitif! Jadis, j'étais tellement épris d'indépendance que je préférais à tout la vie sauvage; aujourd'hui je reconnais combien était vain mon rêve de liberté. Et j'accepterais fort bien une sinécure pourvu qu'elle me laisse l'indépendance complète.

21. — Le cacique Saïpo est pourtant bien intéressant. Je lui dis, en lui montrant mon dictionnaire galibi de La Sauvage, que je possède parfaitement cette langue indienne, cette belle langue galibi. Au lieu de *galibi* il entend *alimi* (couata), et, sans paraître étonné, il me répond que, lui, il ne la sait pas.

Malgré l'habileté du vénérable Saïpo et celle des peïtos des deux autres petits chefs, la forêt demeure toujours ingrate. Rien dans ces bois maudits. Nous nous remettons au bouillon de piment des anciens jours de misère.

Les femmes, pour préparer la cassave, grugent le manioc à fortes secousses, à s'en allonger les mamelles d'un centimètre par jour au moins. Les Indiens ni moi ne trouvons d'ailleurs rien de bien pornographique à ce tableau.

Dans l'esprit des Indiens il n'y a pas entre l'homme et la femme la même différence que dans l'esprit des civilisés. Chez les Indiens cette différence est moindre: la femme est, le plus souvent, bâtie du même corps que l'homme, elle a la taille épaisse, on lui coupe les cheveux courts et d'ailleurs elle ne les a généralement pas bien longs. Elle n'a rien de délicat, ni d'élégant, ni d'affecté: c'est un homme aux mamelles pendantes, qui a la charge des enfants et qui fait la cuisine.

22. — Enfin nous repartons.

J'ai remplacé les porteurs du village de Jean-Louis par des Caïcouchianes de Mamhali. De grands garçons, très hauts, très maigres, avec de très longs cheveux noirs leur tombant sur les épaules, de grands jeunes gens très doux, très obéissants, très résignés, portant sur leur noble visage l'empreinte fatidique de la mélancolie des races qui se meurent.

Nous allons, par la forêt presque sèche du Rouapir, territoire sablonneux où l'eau filtre et ne s'arrête pas, nous allons par la Selva, maintenant déserte, hélas! désertée même par le gibier! Plusieurs fois par jour mes guides me signalent des ruines, ruines complètement effacées, vagues vestiges des anciennes nations indiennes de ce district, ce qui reste après cinquante ans des heureux sauvages qui vivent au sein des poussées de ces grandes forêts toujours envahissantes qui reprennent même jusqu'au souvenir de l'homme disparu.

Ici, ces brousses, c'est l'ancien village de Yamorao. Le chemin des Caïcouchianes de l'Ourouaïtou partait de l'ancien village de Yamorao. Le premier jour, on coupait le Rouapir et on couchait au Piraouiri. Le second jour, on passait près d'une grande montagne, et le troisième, on arrivait à l'Ourouaïtou; mais c'étaient des grands jours, d'au moins 5 heures de marche, soit 15 heures, soit 45 kilomètres en ligne droite.

Aujourd'hui les Oyampis de la crique Mapari, anciens voisins et ennemis de ces Caïcouchianes d'Ourouaïtou disparus, éteints, n'ont de relation ni avec les Roucouyennes, ni avec les Oyampis leurs congénères. Je n'ai pu trouver ni parmi les Oyampis, ni parmi les Roucouyennes, personne qui connût le chemin des Oyampis du Mapari, les Oyampis du tamouchy Mataoualé. Eux-mêmes ne sortent pas de leur village. On ne met aussi que trois jours de Yamorao à Mataoualé. Saïpo, seul des Roucouyennes, a fait le chemin trois fois, dit-il. C'est le même chemin jusqu'au delà de la grande montagne près de laquelle on passe le second jour. Couroua, l'Oyampi du Yary, n'est allé qu'une seule fois chez eux. Ces Oyampis de Mataoualé ont une pirogue ou deux sur leur rivière Mapari. Il y a beaucoup de chutes en bas, disent-ils. Ils ne descendent pas leur rivière au-dessous d'un jour ou deux, ils ne vont ni chez les Oyampis ni chez les Roucouyennes. Ils n'ont que de vieilles haches, à peu près pas de sabres, ni de couteaux, ni de camisas. Saïpo allait chez eux acheter des chiens. Ils ne possèdent qu'un seul village avec quatre cases et une dizaine d'hommes. Ces renseignements concordent avec les miens.

En route, on cause. Voici l'endroit où Apatou a fait le canot d'écorce pour descendre le Rouapir. Je vois encore l'arbre que mon ancien patron a abattu et dépouillé.

« Major » et Apatou étaient, me disaient les Roucouyennes, avec deux ou trois Parachichis. Des Parachichis nègres! Des *Parachichis*? Crevaux dit cependant que Parachichi, en langue roucouyenne, veut dire Français, et Panakiri, Hollandais. Il paraîtrait que non.

Panakiri ne veut point dire Hollandais, et Parachichi, Français; c'est là de l'ethnographie trop savante! Les Roucouyennes, le plus souvent, disent indifféremment Panakiri ou Parachichi pour blanc, nègre, civilisé, tout individu habillé ou à peu près.

Les Roucouyennes connaissent évidemment, mieux que personne ces questions d'ethnographie et de linguistique qui les concernent, ce qui ne les empêche pas de nous poser en toute bonne foi, sur ce qui a trait aux choses des Blancs, des points d'interrogation fort singuliers : les femmes blanches ont-elles de la barbe comme les hommes? nous demandent plusieurs d'entre eux.

Aussi bien l'erreur n'est-elle pas rare dans la vie, non seulement chez les sauvages, mais tout aussi bien dans les pays classiques : l'hiver officiel ne veut pas finir, tous les jours nous avons au moins deux heures d'averse, et souvent la nuit sommes-nous inondés, ce qui rend malade le pauvre Saïpo junior, mon cuisinier d'occasion, successeur du regretté Mimi, le couroumi caïcouchiane! Il est vrai que Saïpo junior ne mange que de la cassave sèche, parce que dix jours après son arrivée au village, il va recevoir le maraké.

Le 23 septembre, nous passons une première fois le Rouapir sur un arbre tombé en travers de la rivière. L'arbre est immergé. Prodiges d'équilibre! Cela rappelle le Nouveau Cirque moins le maillot.

Un peu plus loin les Indiens s'arrêtent pour fendre à coups de hache un palmier caumou. Savez-vous ce qui se trouve au cœur de ce palmier? De gros vers blancs semblables à des larves de hannetons, gras, nauséeux, mais exquis avec de la cassave.

24. — Nous coupons une seconde fois le Rouapir, et arrivons enfin au dégrad. Nos Roucouyennes y avaient laissé quatre gros catouris de cassave.

La cassave ne s'est point gâtée. Ils l'avaient remisée sur un petit boucan recouvert de feuilles de palmier.

Étrange! Nous avons passé neuf jours à parcourir les 90 kilomètres de ce chemin des Roucouyennes qui comporte juste une heure d'express!

Au cœur de l'été, le dégrad est plus loin, au confluent du Rouapir et du Kouc. A cette saison, par les eaux moyennes, le Rouapir est ici encore encombré d'arbres tombés.

Et cependant les orages et les pluies sévissent quotidiennement.

Nous voici sortis du pays oyampi. Nous en avons fini avec cette tribu.

J'estime, d'après les dires des anciens voyageurs et les renseignements des vieux chefs roucouyennes et oyampis, qu'il est mort de la variole, de la fièvre ou de bronchites, de 4 à 5 000 Oyampis depuis cinquante ans. Ils ne sont plus que 300 aujourd'hui. D'ici cinquante ans, le peu qui restera aura descendu dans le Bas Oyapock et se sera créolisé ou sera mort dans les bois. Tout l'Oyapock sera désert, des créoles du bas des sauts jusqu'au Yary. Les Oyampis se seront éteints, comme les Coussaris et les Caïcouchianes.

Nous voici au Kouc. Le Kouc a très peu de courant, beaucoup moins que le Yaoué et le Yaroupi. Il a peu de fond et beaucoup de roches; les rives sont basses et marécageuses, le grand bois se rencontre rarement.

Dans l'après-midi et dans la nuit ce ne sont qu'orages et averses.

On dort dans les brouillards, dans le froid. Il y a beaucoup de maringouins. Les Roucouyennes, qui n'ont pas de moustiquaires, ne dorment pas du tout.

Quand on ne dort pas, on cause. Les Indiens parlent des défunts chefs de la contrée aujourd'hui déserte. Le plus grand éloge qu'ils sachent faire de quelqu'un est de dire que chez lui on buvait beaucoup de cachiri, qu'on faisait bonne chère, que ce n'étaient que danses et parties de chasse. Faire l'éloge d'un mort en disant qu'*il recevait bien*, mais c'est comme en Europe!

Temps couvert, temps de pluie, temps d'hiver.

Je trouve enfin une montagne, contrefort des Tumuc-Humac du Sud, une montagne digne (dans ces parages) de la noble figure dont elle portera le nom : le mont Georges Perin est ici, rive gauche du Kouc. Vous voici obligé maintenant, cher monsieur, de porter un intérêt actif à ces territoires que le Brésil nous conteste, territoires qui n'appartiennent en réalité qu'à mes Indiens. Acceptez la carte forcée !

25. — Notre équipage va beaucoup moins vite que celui de Pierre, et le Kouc a beaucoup moins de courant que les affluents du Haut Oyapock.

Le voyage est ennuyeux. Heureusement que les Indiens savent le distraire. Ils vous montrent dans la forêt un endroit que rien n'indique. « Une fois j'ai déjeuné ici, disent-ils; ici j'ai vu un maïpouri, il y a longtemps. »

Nous voici à l'embouchure du Yaciouini. D'ici, Mataoulé est à peu près E.-S.-E., dit Saïpo. Dans le Yaciouini il y avait autrefois des Caïcouchianes, il y a une trentaine d'années, deux à trois cents environ. On remontait la rivière trois heures, puis on arrivait à un village caïcouchiane. Prenant

E.-S.-E., on marchait trois jours en forêt, puis on arrivait à un autre village caïcouchiane qui était sur le Mapari, rivière large en cet endroit comme le Rouapir. C'est non loin de cet ancien village que se trouve le village actuel du Mapari. Dans l'ancien chemin par terre, on dormait, le premier jour, à un bras du Yaciouini, le second jour à un bras du Mapari. Le troisième jour on arrivait au village. En route on ne trouvait pas de montagnes.

L'Ourouaïtou et le Mapari, dans cette région des anciens villages caïcouchianes, sont tous deux de la force du Rouapir; mais en aval de leur confluent ils forment un vrai fleuve, semblable au Haut Oyapock. L'Ourouaïtou doit couler entre le Yaciouini et le Piraouiri, et le Mapari entre le Yaciouini et l'angle du Kouc-Yary. L'Ourouaïtou et le Mapari vont au nord, dit Saïpo, et Caroni au sud-est. Mais tous ces renseignements de direction, donnés par un Indien, ne sont qu'approximatifs.

26. — Il n'est rien de lassant comme la navigation dans ces petites pirogues de sauvages, ne permettant de faire un mouvement sous peine de chavirer, avec un encombrement de femmes nues et de vilains roquets toujours grognant ou jappant. Les femmes se peignent dans le canot, la mère cherche les poux à sa fille, qu'elle tient nue entre ses cuisses nues, et elle croque les insectes qu'elle découvre laborieusement.

Et toujours pas de vitesse. On va au fil de l'eau, toujours roulant, la moitié du temps ne pagayant pas, disant des choses niaises, avec deux gamines qui ne peuvent tenir en place et qui voyagent sans cesse d'un bout à l'autre de la pirogue au risque de la faire chavirer à chaque instant. Puis les petites se battent et se mettent à hurler pour un rien. Les chiens font chorus. Tout le monde se soulage bruyamment. La pirogue est pleine d'odeurs infectes.

Et le vénérable Saïpo m'assomme avec ses questions enfantines. Il ne peut se représenter le pays des Blancs différent du sien. « N'est-ce pas, me dit-il, les *pacas* (les bœufs), c'est gros comme des cochons et cela se tue à coups de fusil dans les bois ? » Ou encore : « Le chef des Blancs, sans doute, il a beaucoup de peïtos qui cultivent ses abatis. Il doit avoir beaucoup de cachiri, n'est-ce pas ? C'est lui, évidemment, qui fabrique vos fusils ? »

Heureusement que notre cassave tire à sa fin : nous sommes obligés de nous rationner, mais nous accélérons notre marche. Le 26 au soir, après trois jours de canotage pour descendre le Kouc, nous entrons dans le Yary. Le Yary, cours d'eau fameux dans l'histoire héroïque de la Guyane, le

Yary vu jusqu'à ce jour par deux Français seulement, de Bauve et Crevaux.

A une trentaine de kilomètres en aval du confluent du Kouc, sur la rive gauche, se trouve un village oyampi de deux cases, celui de Couroua, récemment sorti de l'Ourouaïtou. Quelques Caïcouchianes vivent avec le petit chef. Quand Mambali et ses trois hommes nous auront conduits chez Marière, ils iront passer quelques jours chez Couroua.

Ces pauvres Caïcouchianes! timides, honteux, obéissants, malgré leur haute taille et leurs grands cheveux qui leur donnent un je ne sais quoi de guerriers mérovingiens : ils ont l'air d'être les esclaves des Roucouyennes, qui pourtant ne les traitent pas trop mal. Mais ils portent sur leur front et dans toute leur démarche la tristesse des derniers survivants des races qui s'éteignent. Les Roucouyennes, au contraire, se sachant les plus nombreux de la Guyane centrale, victorieux de tous leurs voisins, sont babillards, tapageurs et d'un sans-gêne étonnant.

OCA OYAMPIE.

Nous voici donc dans ce Haut Yary après lequel nous avons si souvent rêvé. La route est longue et dure par l'Oyapock. Et plus encore par le Maroni. S'il existe jamais une population civilisée dans le Haut Yary, ce n'est évidemment pas par l'Oyapock ou le Maroni qu'elle cherchera ses débouchés. Il serait si facile d'établir des portages aux trois ou quatre grandes chutes du bas fleuve plutôt que de faire 15 ou 20 lieues par terre ou plus, si l'on veut éviter les chutes du Kouc et du Mapaony pour arriver aux têtes du Maroni et de l'Oyapock, fleuves aux chutes innombrables !

27. — Ils flèchent, ils manquent, ils perdent une demi-heure à retrouver leurs flèches. Les roquets du canot emplissent la rivière de leurs hurlements.

Heureuses bêtes que ces chiens indiens ! Au moindre arrêt, en voici un qui saute à terre. Alors on ne l'appelle pas pour qu'il s'embarque, quitte à lui administrer une correction s'il n'obéit pas, non. On va le chercher dans la forêt, on le prend dans ses bras comme on ferait d'un enfant et on l'apporte doucement dans la pirogue. Le bon apôtre hurle toujours, et se fait longtemps caresser avant de se taire.

Heureux chiens ! La première divinité sérieuse que les Roucouyennes seront jamais tentés de s'offrir sera certainement le Chien.

En attendant, c'est leur premier article de commerce. Ces enragés mercantis s'imaginent, de bonne foi, que je ne suis venu dans leur pays que pour y acheter quelques chiens, quelques hamacs et quelques couronnes de plumes. Ils ne parlent que négoce, ils en sont insupportables.

Ce soir nous arrivons chez le tamouchi Marière, qui revient de chez les nègres Bonis où il a fait l'emplette d'une vieille vareuse d'infanterie de marine et d'un informe chapeau de feutre. Le village de Marière se compose de trois grands pacolos bien tenus. Sept peïtos, peu de femmes.

Marière est un petit gringalet grimaçant, aux cheveux châtains ; il louche un peu. Je l'ai déjà vu, au commencement de 1889, au village de Caolé, avec le vieux Saïpo. Marière est sympathique, il commande bien, est bien obéi, et traite bien. Je m'installe chez lui, tout en faisant prévenir Atoupi, un autre chef qui demeure à deux jours en amont, de venir me parler. Atoupi désire, paraît-il, faire le voyage des Bonis. Ce chef a, me dit son ami Marière, des pirogues plus grandes que celles des autres Roucouyennes. Il a beaucoup de peïtos. Je ne pourrai point pousser jusque chez les Trios, comme je me l'étais proposé, mes marchandises sont presque épuisées. Elles ont fondu dans ce voyage.

J'utilise mon séjour au coquet village de l'intelligent et complaisant Marière à apprendre la véritable langue roucouyenne, le *ouayana* pur. Le jargon boni-roucouyenne rapporté par Crevaux est tellement différent du ouayana pur, que des Indiens comme Marière, qui ont beaucoup fréquenté avec ces nègres, disent qu'ils ne l'entendent pas complètement. C'est un jargon que les Bonis ont fabriqué de toutes pièces avec un galibi mal prononcé pour base, et qu'ils ont imposé aux Roucouyennes en leur vendant des couteaux, des sabres et des haches. Je me sers de ce jargon pour prendre avec Marière un vocabulaire et des phrases de vrai ouayana.

Entre temps, on explore le village. On arrive à la cité de Marière par une allée assez longue, assez droite, assez bien entretenue, large comme un chemin de France. On gravit une petite colline; on passe, sur un arbre jeté en travers, une petite crique, et l'on voit les trois ou quatre toits du village dont on entendait chanter les coqs au dégrad. Ces toits indiens couverts de feuilles de palmiers rappellent exactement notre chaume de France.

Le village est entouré d'anciens abatis couverts maintenant d'herbes des prés. Parmi les graminées et les maigres arbustes de ces fausses prairies, s'étalent de magnifiques pieds d'ananas cultivés.

De vastes abatis neufs s'étendent au delà de ce premier périmètre. Dans l'un de ces abatis se trouve un itouta-pacolo, la maison de nuit où les Roucouyennes se réfugient pour éviter les insectes. Et ils ne sont pas rares ici les insectes; les maringouins pullulent. Marière, qui a voulu nous faire honneur en couchant à côté de nous sous son grand pacolo, n'a pas fermé l'œil de la nuit. Ses amis les Bonis lui ont bien donné un mauvais feutre et une vieille vareuse d'infanterie de marine, mais ils ne lui ont pas donné de moustiquaire. Eux-mêmes n'en ont pas à revendre.

Un autre itouta-pacolo se trouve dans la forêt à 1 kilomètre du village.

Un troisième vient d'être récemment abandonné, il y a quelques mois, à la suite d'un lamentable « fait divers ». Un soir que la famille indienne se rendait au sylvestre palais nocturne, Mme Marière fut, comme la femme symbolique de l'Écriture, mordue au talon par un serpent, et avant l'aube elle mourut de l'accident. Et Marière devint veuf, du moins à moitié, car il lui reste encore une petite femme de sept ans, la fille de son voisin Couroua, petite Oyampie roucouyennisée, c'est-à-dire ayant laissé la camisa pour la tangue. La douleur de Marière n'en est pas moins vive, bien que concentrée.

Malgré la présence, dans les allées voisines, de quelques serpents mal-intentionnés, et non moins venimeux, le petit village serait charmant s'il n'était gâté par la présence de certain lépreux ignoble qu'on laisse vaquer en toute liberté. Ce lépreux, le premier que je vois depuis dix ans chez les Indiens, a le cou enflé et entouré d'humeurs qui forment des croûtes hideuses.

Pour être bien traité par Marière, il ne s'ensuit pas que je sois hospitalisé par ce petit chef avec un désintéressement évangélique.

Car voici l'hospitalité indienne : on paye une espèce de droit d'octroi au chef du village où l'on veut passer quelques jours. Il a besoin d'un sabre, d'une grande camisa, d'un couteau, de perles, etc. Il faut lui donner ce dont il a besoin. Puis, lui et ses peïtos vous vendent tout, la cassave, le couac, le gibier, le poisson, les ignames, la canne à sucre, les ananas, les patates, les papayes. Il faut payer le gamin qui fait votre cuisine. Et le tamouchi vient manger avec vous ce qu'il vous a vendu ou fait vendre, et sa femme (il en a toujours une, morganatique ou légitime) reçoit son morceau, et le jeune cuisinier achève ce qui reste.

Ils sont incroyables, ces Indiens. Il faut payer à chaque pas; c'est pire qu'à Paris. On vous fait payer pour vous apporter une calebasse d'eau; on vous tend une main où vous voyez six petits piments, et on vous tend l'autre pour être payé. Ils estiment, en revanche, avoir un droit naturel aux cadeaux et demandent sans cesse des gratifications. Tout leur génie s'exerce à vous tendre des pièges où vous laisserez vos marchandises. Ils s'entendent admirablement à pratiquer la carte forcée : « Tu me donneras cela à l'avance ou je ne porterai pas tes bagages, je ne te conduirai pas où tu veux aller. »

Il faut subir cette exploitation éhontée, ce parasitisme effréné, entendre tout le long du jour leurs chiens qui hurlent à vos trousses, et se bien persuader cependant qu'on est en pays ami et hospitalier.

D'ailleurs, voyez s'ils sont civilisés ces sauvages! Ils vendent chez eux leurs marchandises trois fois plus cher que lorsqu'ils prennent la peine de les porter à l'Oyapock ou chez les Bonis, à 50 jours de voyage. Alors, ne voulant pas rapporter leurs produits, ils les laissent pour ce qu'on leur en offre. Quand ils sont chez eux, ils vous rançonnent du mieux qu'ils peuvent. Vous n'aviez qu'à ne pas vous donner la peine, peu petite, de porter chez eux vos marchandises. Les Bonis les ont formés.

Toutefois j'aime beaucoup Marière. Parce qu'il m'est utile. Il m'est utile comme professeur d'histoire, d'ethnographie et de théologie, sans parler de la linguistique.

« Il y a une trentaine d'années, me dit-il, quelques Brésiliens, nègres et blancs, sont venus faire leur village un peu en amont du confluent du Kouc. Ils sont morts, ou tous redescendus, depuis déjà plus de quinze ans.

« Il y a une cinquantaine d'années, continue mon professeur, il y avait encore un village d'Indiens inconnus, à la tête du Courouapi. Il y a à peu près vingt ans, ayant alors mon village dans cette rivière, je vis un jour des Indiens étrangers se présenter chez moi; ces Indiens de la tête du Courouapi, à ce que je suppose, étaient soit des Émerillons, soit de ces mystérieux Indiens du Ouanapi.

« Les Oupourouis ne sont point éteints, il en existe trois villages, à cinq jours de marche du village d'Atoupi. Le chemin fait S.-S.-E. Ces villages sont sur un grand affluent de gauche du Parou, une rivière appelée le Tounaïmeu. On rencontre en chemin beaucoup de grandes montagnes. La langue des Oupourouis est la même, ou à peu près, que celle des Ouayanas. »

Mais c'est surtout comme théologien que Marière est remarquable : « Yolock est bon, dit-il. Il n'y a qu'un Yolock, il est père de Couroum. Yolock est blanc. C'est lui que les piayes vont voir la nuit et consultent pour guérir les maladies. »

Marière dit que les piayes roucouyennes vont au ciel, chez Couroum, danser et manger. Ils ne boivent pas, mais il y a beaucoup de gibier. Ils sont là avec leurs femmes, ils font beaucoup d'enfants; ils ne meurent jamais. Il n'y a là que des piayes, les autres Indiens n'y vont pas, ni leurs femmes; seules les femmes des piayes y vont.

« Ce Couroum est blanc, il a un cousin qui s'appelle Aouira et qui est nègre. Aouira est le peïto de Couroum, il chasse pour lui. Couroum est blanc-gris, à moitié Indien; il est vieux, il n'a pas de cheveux, Aouira non plus. Couroum est petit, il ne travaille pas. Il pue énormément. Il dévore les mauvais piayes, sauf le ventre, qu'il ne mange pas.

« Ceux des Indiens qui ne sont pas piayés ne paraissent pas regretter du tout de ne pas aller avec leurs prêtres chez ce Couroum où l'on ne meurt jamais. »

Telle est la théogonie de Marière.

Pour prix de ses renseignements il me demande un fusil comme le mien, un hamerless-greener. Ce joujou ne m'a coûté que 800 francs! Pensez donc! ils sont dix dans le Yary à avoir des fusils à baguette plus ou moins cassés. Ils ne possèdent d'ailleurs de munitions que lorsqu'ils reviennent de chez les Nègres. Or Marière est un grand chef, très fort en linguistique, en ethnographie, en histoire, en théologie : il lui faut donc, pour se distinguer de ses collègues les autres petits rois du Yary, un fusil comme le mien, un hamerless-greener de chez Guinard, avec deux ou trois pleines malles de cartouches.

Comme Marière me voit hésitant, il me prend par mon faible. « Ah! tu veux des renseignements? en voilà :

« Au Yary il y a trois Aparaïs, chez Atoupi; Atoupi lui-même, le piaye

Ouhmeu, sont fils d'Aparaïs ; chez Arissaoui, au Mapaony, il y a deux Trios qui se sont faits ses peïtos en épousant ses filles. Ah! tu vas pouvoir apprendre des langues indiennes, grâce à moi! »

1er *octobre*. — Singulières races que ces races indiennes, et qui dérouteraient même l'illustre maître M. de Quatrefages. Je m'amuse à observer nos Roucouyennes évoluant autour des pots de cachiri, sur la place du village de Marière. D'aucuns sont presque blancs, d'autres jaune clair, jaune pâle, vermillon, vieux-cuir, rouge-brique, bronze-incarnat. Y a-t-il eu des croisements? Sans doute, mais ni avec les Blancs, ni avec les Nègres. Alors d'où viennent ces nuances disparates? Peut-être, la théorie que je me suis formulée pour ma gouverne, en toute discrétion, serait-elle vraie. Il y aurait eu primitivement, dans l'Orient des Amériques, un substratum de populations d'origine mongoloïde. A une époque relativement récente, des populations d'origine ibère ou berbère seraient venues s'installer là en conquérantes, peut-être par l'Atlantide. Mais comment prouver ces inductions?

Marière me donne de nouveaux renseignements géographiques.

« A l'Alaméapo, me dit-il, il existe trois villages roucouyennes dont le tamouchi est Alamétaoua, qui a son village le plus en amont.

« En aval du confluent de l'Alaméapo se trouve, rive droite, le village de Piaycouaye. De Piaycouaye à Yacoumane, à quatre jours de canotage, le Yary est désert.

« Dans le bas du Chimichimi se trouve le village d'Aloucolé. Dans le haut de la rivière, on voit d'assez fortes montagnes.

« Dans le Courouapi se trouve le village de Taloucali.

« Tous ces villages sont roucouyennes.

« En aval du confluent du Kouc se trouve le village oyampi de Couroua. Un peu en amont de ce village, rive gauche, se trouve la crique Carapana, à peu près de l'importance du Rouapir. »

Cher Marière, cher géographe! Je le récompense, lui et ses peïtos, en exhibant des images du *Tour du monde* empruntées au voyage de Crevaux.

Malheureusement la plupart de ces Indiens ne se reconnaissent nullement dans nos dessins les plus artistiques. Ils les regardent sens dessus dessous, de travers, et si on les leur met dans le droit sens, ils ne s'y reconnaissent pas davantage.

Mais, à leur tour, ils me sont reconnaissants de ma bonne volonté, les chers amis.

Je vois des racines de manioc crues bouillir tout le long du jour. Ils font du cachiri. Maintenant c'est froid ; nous allons nous griser. Les anciens Tupis et les anciens Caraïbes ne prenaient cette boisson que chaude. Aujourd'hui cette bière tiède paraîtrait insupportable à un estomac indien.

Après la petite orgie, on s'en va chasser, pour donner à ses poumons fatigués l'air nécessaire. Très peu de gibier, peu d'arbres à graines. Forêt fort sale ; peu de grands arbres, beaucoup d'arbustes de 10 à 20 mètres au plus.

4 octobre. — Arrivée d'Atoupi et de son frère Ahpane. Ils ont chacun un petit chapeau de feutre. Atoupi a un de mes anciens paletots bleus, donné, il y a deux ans, aux gens de Pililipou. Atoupi a aussi un de mes fusils de la guerre de Crimée, arme rayée que j'avais fait lisser et que j'avais apportée lors de mon premier voyage. Mais Atoupi n'a plus de capsules, et on ne trouve pas, chez les nègres, de capsules pour les grosses cheminées de ces vieux fusils de guerre. Atoupi est bien ennuyé : il me demande des capsules *ad hoc*; je n'en ai pas. Il ne sait pas combien l'exportation de ces armes et de leurs munitions est difficile en France.

Il pleut, et voici que nos bons sauvages causent.

Ils débitent leurs conversations de visites, longues de deux à trois heures, sur un ton chantant, comme des prêtres qui récitent des prières. Cela sent aussi le Monsieur officiel quelconque, qui dit des choses quelconques, dans un endroit quelconque, pour ne rien dire. Ils ne sont pas plus vides là-bas qu'ici.

Ce duo de tamouchis, S. Exc. Atoupi et S. Exc. Marière, se mettent en frais pour provoquer les largesses du chef blanc. On m'offre quelques toucas (noix du Brésil) provenant du Yary et du Mapaony, où elles sont d'ailleurs assez rares.

Mais il s'agit de briser la coque : il faut les casser nous-mêmes. Ces pauvres tamouchis ne commandent nullement à leurs hommes. Ils parlementent avec eux. « Il faut que je cause avec mes peïtos », disent-ils. Et ils se plaignent toujours que leurs peïtos n'obéissent jamais.

Cependant, aujourd'hui 8 octobre, nous avons, grâce auxdits peïtos, mangé du caïman avec mes deux rois indiens. Du petit caïman, *yacarétinga*, lequel vaut la langouste.

Maintenant qu'ils sont repus, comme ils bavardent, mes rois indiens ! Cette race a, presque autant que le nègre, la manie des longues conversations qui ne disent rien ; surtout quand ils arrivent et quand ils partent. Seulement l'Indien parle posément.

J'assiste à la confection de hamacs faits tout spécialement pour moi. Une femme roucouyenne, son coton filé, fait très bien son hamac en deux jours. Elle met trois jours si c'est un grand hamac. Mais il lui faut beaucoup de temps pour filer son coton. Aussi bien, son coton filé, met-elle encore huit jours pour faire un hamac, car elle n'y travaille que par intervalles.

Quand il leur arrive, ce qui est rare, de faire un hamac en tissu plein, un hamac oyampi, au lieu du hamac roucouyenne en filé, l'ornement dont ils usent, comme pour leurs cataris, leurs pagaras, leur poterie et leur vannerie, c'est la grecque, qu'ils ont découverte évidemment tout seuls. Il est vrai que depuis des siècles ils en sont toujours là. N'importe! c'est la Grèce!

LE TAMOUCHI MARIÈRE.

VILLAGE DE MARIÈRE.

CHAPITRE XXIII

LA PHILOSOPHIE DU « MARAKÉ ». — EN ROUTE POUR LA FÊTE. — L'IMPÔT SUR LES CÉLIBATAIRES. — ÉCONOMIE RURALE. — LA VIE AU VILLAGE. — LES HOMMES DE LA NATURE. — RIVES BANALES. — LE VILLAGE D'ATOUPI. — ÉPIDÉMIE DE « COUAMAYE ». — LE MARAKÉ DES SEPT CHEFS. — SAUTERIES ET FLAGELLATIONS. — EST-CE LE COMMERCE QUI A CIVILISÉ LES HOMMES ? — STATISTIQUE. — HISTOIRE ANCIENNE. — THÉOGONIE ET THÉOLOGIE DU VILLAGE D'ATOUPI. — HISTOIRE DES ORIGINES D'APRÈS LE GRAND PIAYE OUHMEU. — GRANDES DANSES POUR LE MARAKÉ. — EN PLEIN MARAKÉ. — L'HOMME QUI EST DANS LA LUNE. — ADIEUX AU PAYS ROUCOUYENNE. — HISTOIRE DES ROUCOUYENNES. — DÉNOMBREMENT DES ROUCOUYENNES.

Mais, tout le monde sur le pont! Voici venir la grande fête nationale, le maraké annuel des Roucouyennes!

Jeunes hommes qui désirez prouver par votre endurance à la douleur que vous êtes dignes d'avoir charge d'une jeune fille ou de plusieurs; jeunes filles qui avez vu passer dans vos rêves des nuits chaudes l'image du tyran qui vous rendra un jour heureuse, venez, venez, les uns et les autres, à la cérémonie sainte et nationale du maraké.

Pauvres jeunes gens, pauvres fillettes! allez recevoir l'initiation à la vie. Elle va commencer pour vous dans de grandes douleurs; mais elle vous laisse entrevoir de magiques horizons. Jouvenceaux et jouvencelles de quinze ans, vous pensez qu'après ces longues souffrances, la vie des adultes qui vous sera ouverte par l'initiation vous donnera ce qu'on rêve à votre âge : le bonheur par l'amour. Vous regardez, jeunes hommes, d'un œil ardent ces belles enfants que vous avez rêvées pour l'instrument de vos plus grandes joies, et vous, pauvres fillettes, aux seins à peine formés, aux membres grêles, femelles destinées à la polygamie, vous l'avez déjà entrevu, passant dans vos songes d'été, le premier qui vous aura. Et celui-là sera jeune, et il vous aimera comme on n'aime qu'en rêve.

Pauvres enfants! Vous, jeunes gens, vous serez peut-être mariés à des vieilles, et vous, fillettes, à des vieux. L'intérêt social l'exige souvent ainsi dans votre pays... et quelquefois aussi dans le mien.

Vous aurez, les uns et les autres, recours à l'adultère; mais le bonheur espéré vous échappera. L'amour durable, l'amour absolu, l'amour comme on le voudrait, n'est pas de ce monde. Chacun se croit capable de fournir la plus grande somme de passion pure, et tout le monde est trompé. Un homme que vous ne connaissez pas, un homme qui appartenait à une nation que nous appelons la nation anglaise, un nommé Shakespeare, disait, il y a déjà longtemps, que lorsqu'on a suffisamment expérimenté la vie, on ne sent plus peser sur sa tête, parmi toutes les malédictions ambiantes, que ces deux grandes fatalités : désespérer et mourir.

« Désespère et meurs! » dit la reine Anne dans *Richard III*, et c'est là, à n'en pas douter, la véritable formule de la vie humaine. L'optimisme et le pessimisme ne sont que des systèmes.

Pauvres fillettes du maraké, fillettes glabres, mais aux yeux déjà ardents; jeunes gens vigoureux et pleins d'espoir dans les lendemains, sachez-le : la vie est mauvaise, l'espérance ment.

Plus tard vous saurez la vérité, qui est piteuse. L'amour passe vite. Vous, jeunes gens, vous aurez plusieurs femmes qui travailleront pour vous. Vous, jeunes filles, vous aurez un maître et plusieurs amants. Pour tous, il n'y a que ceci : la sensation qui remplace le rêve, la vie physique plus ou moins mal assouvie.

Et le piaye Shakespeare ajoute : désespérer de tout avant de mourir.

Toutefois allez! garçons et fillettes, bravez les grandes douleurs pour arriver à l'amour possible. Car, voyez-vous, s'aimer, avant les désillusions et les prostitutions que réserve l'avenir; s'aimer bien, ne fût-ce que pendant quelques jours, s'aimer à plein cœur, à pleins bras, sans calcul d'intérêt, sans penser à rien : s'il est un paradis dans notre misère, il est là ! Surtout pour les cœurs simples des jeunes sauvages. En effet, l'amour ne peut être absolument pur et absolument heureux que lorsqu'on n'a pas encore atteint l'âge de raison.

Le maraké a lieu au village d'Atoupi. Tous les peïtos de Marière s'y rendent en même temps que nous. Ils emmènent leurs femmes, leurs enfants, leurs chiens : nous voici donc voyageant encore en famille. On n'a pas idée de ce supplice.

Et comment donner à manger à tout ce monde ? Car on n'a emporté, comme toujours, que de la cassave pour toute provision. Mais nos bons Roucouyennes ne se mettent pas en peine pour si peu. Voyez-les opérer.

Dans le lit de cette petite crique desséchée, ils fouillent dans la vase. Ils enfoncent le bras jusqu'au fond. Au fond, on trouve un petit poisson quelconque, un cuirassier, un patacachi. On brandit son petit poisson en poussant un cri de joie, on va laver sa proie dans la rivière et on jette le patacachi dans la marmite, qui petit à petit se remplit. On trouve à manger pour dix personnes au fond des vases du ruisseau desséché.

Mais, dans la grande rivière, le poisson est rare, le haut Yary est trop fréquenté. De plus, bien que les eaux baissent maintenant avec rapidité, elles sont encore trop fortes. Au cœur de l'été on n'a qu'à enivrer dans les parties les moins profondes pour faire des pêches miraculeuses de pacous et de coumarous. Maintenant rien.

Le Yary présente de grandes différences entre son régime d'été et son régime d'hiver. A l'étiage on touche presque partout à la pagaye. Aux grosses eaux la rivière déborde et inonde la forêt sur de grandes étendues. A certains endroits il y a certainement 6 mètres de différence de niveau entre l'étiage et la crue.

Pour le gibier, il est très rare, la végétation est trop pauvre sur les rives, ce ne sont que mauvaises terres, sable et marécages, des broussailles et très peu de grands arbres. Le gibier a élu domicile dans les terres hautes des rivières affluentes.

Nous arrivons au village d'Ouptoli, où Marière nous montre d'abord une femme oyampie en camisa, sa belle-mère, à ce qu'il dit, mais quelque peu aussi sa femme, à ce qu'il semblerait.

C'est la maman de la petite femme de sept ans. Une ancienne femme de Couroua, divorcée sans doute.

— Il est étonnant, ce Marière, il a tout au plus quarante ans ; il a eu déjà successivement quatre femmes légitimes, toutes mortes aujourd'hui. Aucun enfant n'est issu de ces quatre mariages. De même le capitaine François à l'Oyapock : sept femmes, toutes mortes, et pas d'enfants vivants. Ces races ne peuplent pas beaucoup. Chez nous, les moralistes attribuent la faiblesse de notre natalité à ce qu'on a négligé d'établir l'impôt sur les célibataires !

— A chaque femme qu'on perd, on change de village (chez les Roucouyennes). Marière en est à son cinquième et il va bientôt en « couper » un sixième, un peu en aval de celui d'aujourd'hui.

Au moins cela leur permet-il de bien connaître leur rivière. En route il me montre tous les endroits où Crevaux a campé, dans ses deux voyages au Yary. « Sur le bord de ce ruisseau, Major tua un capiouare. Sur cette plage il me donna un couteau. »

Le village que le nommé Ouptoli vint créer est récent. Il date de deux ans. Il est établi sur une colline dominant le Yary de plus de 25 mètres. On y monte par un dégrad à pic au sommet duquel on découvre cinq pacolos autour d'une place publique aussi nette d'herbes et de troncs d'arbres que la place de la Concorde. De la place du village on découvre le Yary en amont et en aval. Autour des pacolos, dans toutes les directions, s'étendent de vastes abatis où l'on accède par de larges allées bien entretenues, sarclées, pelées : des routes.

Les abatis du village embrassent une douzaine d'hectares, et cela pour environ vingt-cinq personnes.

C'est la moyenne indienne. Ils ont environ un demi-hectare d'abatis par tête. Leurs terres leur rapportent moins, quoi qu'on en ait dit, que la nôtre dans les pays civilisés. Ce n'est pas que sa productivité moyenne soit moins grande ; mais en raison du manque de soins et d'engrais les résultats obtenus sont relativement médiocres.

Dans leurs cultures, la plante essentielle, c'est le manioc ; mais ils cultivent aussi la canne à sucre, les ignames, les patates, les bananes, les acajous à fruits, les papayes, les ananas, le tabac, le maïs, le coton, le roucou.

Des calebassiers, divers palmiers de rapport, ornent la place publique du village.

Des hoccos, des agamis, des couyououis, des perroquets, quelques singes, divers animaux sauvages trouvés au hasard dans la forêt, constituent, comme dans tout le pays indien, la basse-cour ordinaire. Avec les poules quand il y en a.

Ici les Indiens ou les oiseaux de proie les ont mangées toutes. Il ne leur en reste plus qu'une seule au village, une pauvre petite poule blanche à la tête d'une famille de deux poussins.

Et voici ces barbares plumant vivante, sur un panier, leur pauvre petite poule, la seule qui leur reste. Il faut qu'à elle seule elle fournisse à tous ces gens-là les petites plumes blanches nécessaires pour leurs ornements de la danse du maraké.

La nuit tombe. Ils font un petit feu sur la place du village, et s'asseyent alentour, les uns sur des cololos, les autres à terre. Les vieux causent de leurs achats, de leurs ventes : ils parlent de sabres, de camisas, de perles. Ils racontent leurs échanges de chiens et de hamacs contre les marchandises des nègres, ou s'exposent mutuellement ce dont ils ont besoin pour le moment. Les malins racontent les ruses dont ils se sont servis pour tromper les Bonis quand ils sont allés chez eux faire le commerce. Les jeunes soufflent dans de grosses flûtes de roseau, s'interrompant pour pousser des cris sans signification, ou s'écriant : « Ah! un capiouare! Ah! un iguane! — Ah! un hocco! — Un aï! » Tous les oiseaux, toutes les bêtes de la forêt, tous les poissons y passent. Puis ils soufflent et reprennent : « Oye! oye! » Et ils se remettent après la liste de leur gibier, que chacun prononce à son tour, à sa tête, au hasard, au milieu d'un tapage assourdissant. Et les vieux continuent à toujours parler d'affaires.

Puis, à la fin de ces intéressants exercices et de ces intéressantes conversations, chacun, comme dans la chanson, s'en va coucher. Ils s'en vont aux itouta-pacolos. Il y en a deux dans la forêt. Deux ruches, à la toiture tombante et traînant sur le sol, avec une petite porte qui ferme hermétiquement. Là, obscurité complète, et pas de maringouins. Si l'on peut trouver qu'un pacolo ressemble à un parapluie demi-ouvert ou à un gigantesque champignon, l'itouta-pacolo ressemblerait à un énorme éteignoir.

J'y ai passé quelques nuits, sous cet éteignoir colossal, pour me rendre un peu compte de la vie nocturne des Roucouyennes : rien n'est moins gai. Pas de feu, ténèbres profondes, les hamacs les uns sur les autres, et des odeurs! Surtout lorsque les Indiens se nourrissent, comme maintenant ceux d'ici, de mixtures fermentées, d'ignames, de patates ou de bananes : c'est à n'y pas tenir!

Il arrive tous les jours de nouveaux visiteurs. Voici maintenant au port une douzaine de pirogues. C'est Taloucali qui revient de chez les Roucouyennes de l'Alaméapo et du Chimi-Chimi. Puis c'est un Roucouyenne de la Haute Itany qui vient acheter des chiens et des hamacs pour le compte d'Anato, grand-man des Bonis.

Tous ces Indiens, qui n'ont vu aucun Blanc depuis Crevaux, s'en donnent à cœur joie de nous questionner sur toutes sortes de sujets. Une des choses qui piquent le plus leur curiosité est de savoir comment nous vivons avec nos femmes, comment elles sont faites, si elles sont vêtues comme nous.

Malheureusement ils ne s'en tiennent pas à ces questions enfantines. La conversation de ces malheureux arrive à inspirer de l'appréhension et du dégoût : on sait qu'au bout de quelques minutes ils ne vont pas manquer de vous mendier quelque chose, à défaut de couteau, un peigne, des boutons de chemise, des boucles de rideaux.... Il ne faudrait pas croire, toutefois, que lorsqu'ils auront enfin réussi à vous arracher quelque cadeau à force de sollicitations et d'importunités, ils penseront à vous en remercier. Nullement. Ils prennent un air dégagé, et vous pouvez étudier leur physionomie, vous n'y lirez pas la moindre nuance de satisfaction.

Oh! ce ne sont pas de petits saints, ces hommes de la nature. S'ils sont passablement mendiants, ils ne sont pas moins filous. Ils se volent très bien entre eux, le fait n'est pas rare. Ils volent aussi, quand l'occasion se présente, voisins, amis et voyageurs. « Lorsque nous allons à l'Aoua chez nos amis les nègres, me dit Marière, il est rare que, la nuit, nous ne dérobions pas quelque chose dans les pagaras de nos hôtes. Pas moi, évidemment, car un tamouchi ne vole pas, mais mes peïtos. Quand ton ami Major est passé chez Aloucolé, on lui a volé beaucoup de marchandises. Il n'avait pas de malles fermées, comme toi, mais seulement des catouris. Major se montra très sévère. Il avait tort : il n'avait qu'à avoir des malles fermées. Il faut avoir des malles fermées, sans cela les peïtos volent, même les miens. »

Nous nous rendons au village d'Atoupi. Nous avons acheté et payé une bonne provision de fruits chez Ouptoli qui en a beaucoup. Mais en embarquant, nous en oublions la moitié, et les Indiens se gardent bien de nous y faire penser.

Je n'ai jamais vu nation moins gênée que ces Roucouyennes du Yary. « Partons, nous disent-ils; partez, nous vous suivons. » Et nous allons au dégrad, et nous nous embarquons. Eux, après un faux départ, reviennent s'asseoir sur leurs cololos, boire ou causer une heure ou deux. Leurs adieux terminés, ils mettent encore une heure et plus à embarquer 50 kilos de bagages, geignant et poussant des cris pour charger un croucou de 10 livres de couac.

Enfin on part. Les monotones paysages du Haut Yary se succèdent sans présenter le moindre intérêt : l'œil se lasse de les regarder. Pas de rochers, pas de plages de sables : la rivière est lamentablement banale.

Nous passons devant l'embouchure du Courouapi. Il y eut, assez récemment, dans cette rivière, beaucoup de villages roucouyennes. Le Courouapi traverse un pays de petites montagnes haut boisées, abondantes en gibier. C'est à trois jours et demi en amont que se trouve actuellement le village de Taloucali, en face d'un saut. L'eau est basse, maintenant; on rencontre beaucoup d'arbres tombés. L'hiver, on peut remonter la crique encore deux ou trois jours au-dessus du village. Taloucali a l'intention, m'a-t-il dit, d'abandonner son installation actuelle. Il va faire un nouveau village au Yary, un peu en amont du confluent du Courouapi.

Nos pagayeurs poursuivent mollement, dans la banalité des paysages de la rivière.

Mais voici des berges élevées, défrichées sur plus d'un kilomètre. On distingue des cultures et quelques toits de pacolos. C'est le village d'Atoupi, où nous sommes attendus. Nous tirons d'en bas quelques coups de fusil, auxquels les Indiens du village répondent aussitôt; nous grimpons par un large chemin presque à pic jusque sur la plate-forme, et voici le village.

Cinq pacolos autour d'une place publique. C'est plus petit et beaucoup plus vieux que chez Ouptoli. Une grande allée s'en va dans la forêt. D'immenses abatis, pour la plupart abandonnés, entourent le village.

Ce sont de beaux hommes avec de belles têtes, les peïtos d'Atoupi, de belles têtes mâles et fines. Par malheur, tout le monde a le *couamaye*, cette bronchite indienne dont j'ai cessé de rire depuis que j'ai vu deux de mes hommes en mourir, ce pauvre Paapouirawe et son neveu.

C'est la saison de la maladie, d'après ce que me disent les Roucouyennes. Contrairement à ce qui se passe chez nous, ce serait ici en été que les fluxions de poitrine seraient fréquentes et redoutables. Aussi les gens des villages voisins, Piayeouaye, Aloucolé et les autres, hésitent-ils à venir au maraké qu'Atoupi va donner en l'honneur des voyageurs français.

Sept villages doivent se réunir pour donner ce grand maraké. Tels les sept chefs devant Thèbes. Ce sont les tamouchis Atoupi, Ouptoli, Marière, Aloucolé, Piayeouaye, Alamétaoua et Arissaoui. Le maraké terminé, Atoupi et ses peïtos me conduiront à l'Aoua chez les nègres Bonis.

Ce sera une belle fête que ce grand maraké donné en l'honneur des Blancs. Dame! aucun des Roucouyennes du Sud n'a vu encore d'autre

Blanc que Crevaux. Cela va être une belle fête, mais qui va bien durer une quinzaine de jours.

En attendant, et tout en regardant danser ces beaux sauvages, je continue à apprendre, avec Atoupi et Marière, le ouayana pur, déjà commencé avec ce dernier.

Je suis confortablement installé avec Laveau, Marière et Atoupi dans un petit pacolo où nous a devancés le lépreux de chez Marière. La sœur du lépreux, atteinte aussi d'une maladie incurable, mais qui ne la défigure pas, est installée à côté de son frère Pendant des heures consécutives, elle pleure en silence dans son pauvre vieux hamac pourri et troué.

On prélude aux grandes danses du maraké par une espèce de répétition générale. On va danser ce soir, on dansera toute la nuit, de six heures du soir à six heures du matin. Ce sont les peïtos de Marière et d'Ouptoli qui dansent. Ouptoli aussi, tamouchi d'hier, danse. Il s'enivre même fort bien.

Ils dansent toute la nuit, jusqu'au petit jour. La maladie des sauteries sévit aussi cruellement chez les sauvages que chez les civilisés.

Ils s'accompagnent. Leurs airs sont des airs de romance, simples et primitifs, et font penser à certains airs d'église. Ils ne les chantent que pour accompagner leurs figures de danses, plus primitives encore que leurs chansons. Ils font deux pas en avant, puis un pas en arrière. Quand ils ne chantent pas, ils s'accompagnent de la flûte, avec laquelle fait un duo le son aigrelet de leur pouloupoulou, la guitare en carapace de tortue.

Le lendemain matin, on donne le petit maraké à des enfants de six à dix ans. Il y a peu de fourmis dans le manaret. On applique de une à six fois, suivant l'âge.

Les adultes se font donner par leur tamouchi des coups de verge — de petites stipes de palmier — sur les bras, les jambes et la poitrine. Ouéri, le beau Ouéri, que j'ai vu jadis à l'Oyapock, chez le capitaine François, vient prier les Blancs de lui rendre le service de lui appliquer les verges. Je tape de mon mieux, et la figure du bon Ouéri s'épanouit de reconnaissance. Il paraît que se faire fouetter par un chef est un moyen infaillible de s'inculquer toutes sortes de qualités physiques et morales.

Si seulement cela pouvait les rendre un peu moins rapaces et un peu moins ennuyeux ! Ils sont deux à manger avec nous, Atoupi, le patron du voyage, et Maïri dit Marière, qui nous restera sur le dos tant que nous serons dans le Yary, pour se faire bien nourrir et tirer encore quelques bagages par l'importunité de sa mendicité. Donc, d'abord, deux parasites. Ensuite, dès que nous avons fini de manger, ils s'installent là cinq ou six pour

VILLAGE D'OUPTOLI.

dévorer nos restes, quand il y en a. En revanche, si ces fidèles mangeurs nous apportent seulement un bâton de canne à sucre ou une banane, ils auront bien soin, en nous remettant leur offrande, de nous en demander un payement exorbitant. Ensuite, ils fument notre tabac dans nos pipes et restent toute la journée plantés devant nous ou assis sur nos malles, s'amusant à craquer nos allumettes et mendiant quelques marchandises. Pendant quoi il nous faut écouter leur intéressante conversation. Nous n'entendons guère plus qu'un mot : *imouinepalé* (marchandises). Ce qui domine, dans le sauvage, c'est le mercanti. Et on prétend que c'est le commerce qui a civilisé les hommes !

Je demande parfois à Marière et à Atoupi de me débarrasser de leurs encombrants peïtos. Rien n'y fait. L'autorité de ces prétendus chefs est illusoire ; elle est bien moindre que celle qu'un père de famille d'Occident peut avoir sur ses enfants, pourtant pas trop dociles aujourd'hui.

Ce village d'Atoupi est le village du vent, de la poussière et des chiens. On y est bien ; mais cette poussière, ce vent permanent, les hurlements ininterrompus des meutes nous assomment. Des chiens attachés qui jappent du matin au soir, ceux qui sont libres vous hurlant par bandes après les chausses pour peu qu'on fasse un pas dans le village ; ces sots animaux seraient intolérables, n'étaient les occasions qu'ils nous fournissent d'en assommer à moitié, de temps à autre, quelques-uns à coups de trique.

Mais tout cède aux délices de la linguistique. Je continue le ouayana pur avec Marière et Atoupi. Je fais aussi un peu d'aparaï avec les trois Aparaïs d'ici. L'un d'eux sait quelques mots d'un portugais douteux qu'il a appris à l'Amazone. L'aparaï est un idiome caraïbe presque identique au ouayana.

Ces trois Aparaïs, peïtos d'Atoupi, ont leur village au Moyen Parou, à un mois de voyage. Étant venus ici en promenade, il y a quelques étés, ils y trouvèrent des femmes à leur goût et ils ont élu domicile. Ils appellent Atoupi *papa*. Celui-ci est d'ailleurs fils d'Aparaï, mais il n'entend plus la langue.

On ne peut expliquer que par la tendance que les populations indiennes ont à s'éloigner des Blancs l'aversion qu'ont Roucouyennes et Aparaïs à descendre l'Amazone. Les chutes du Bas Yary et du Bas Parou sont loin d'être infranchissables, et pour arriver chez les nègres Bonis de l'Aoua, ou chez les Oyampis de l'Oyapock, il faut en passer un bien plus grand nombre et d'aussi dangereuses.

Le débouché naturel du Haut Yary et du Haut Parou est à l'Amazone. Mais cette région se peuplera, sans doute, fort tard, et alors seulement que les rivières de Guyane et de l'Amazone, que la colonisation ne prendra évidemment que d'aval en amont, auront été occupées jusqu'à leur cours supérieur.

Les Roucouyennes actuels sont incontestablement la tribu la plus importante de la Guyane centrale. Ils ont 35 villages, comptant chacun de 25 à 50 habitants, soit une population totale de 1 000 à 1 500 âmes, répartie sur 50 000 kilomètres carrés, ce qui donne de 1/20ᵉ à 1/30ᵉ d'habitant au kilomètre.

Leur natalité est assez faible, la mortalité des enfants est considérable, les vieillards sont rares. Dans ces villages roucouyennes du Yary, comme presque partout en pays indien, les plus vieux sauvages que l'on rencontre n'ont guère, sauf de très rares exceptions, qu'une soixantaine d'années.

Cette contrée, au sud des Tumuc-Humac, paraît plus pauvre que la partie au nord de la chaîne, du moins sur le bord des rivières. Les terres sont le plus souvent sablonneuses ou marécageuses.

J'ai vu cependant, dans mes excursions de chasse, des terres hautes extrêmement fertiles et des abatis donnant un manioc de plus de 3 mètres, récolte magnifique, bien que les Roucouyennes se bornent à planter sans s'en occuper davantage.

Le caoutchouc paraît plus rare que dans le versant nord.

Autrefois, me disent Apatou et Marière, les Roucouyennes du Yary habitaient de petites criques et ne faisaient que des canots d'écorce. C'est assez récemment qu'ils sont venus au Yary et ont fait de grandes pirogues.

Ceux du Parou ne sont pas depuis longtemps sur les bords de la grande rivière. Ils habitaient les hautes criques affluentes, du côté du Yary. Les Aparaïs avaient alors tout le cours du Parou. Les Ouayanas, ayant vaincu les Aparaïs et les Oyampis, prirent le Parou et le Yary.

Ceux des hauts du Marouini prirent l'Itany sur les Oyaricoulets et les Comayanas.

Les Oupourouis étaient autrefois aux sources du Paroupeu (le Tapanahony des Nègres Youcas). Ils ont eu jadis de longues guerres avec les Roucouyennes.

Ainsi, les Roucouyennes auraient eu autrefois guerre avec les Oupourouis, les Trios et les Aparaïs, c'est-à-dire tous leurs voisins. Et ils les auraient, naturellement, tous écrasés.

Ces traditions ne remontent pas à plus de cent ans environ.

Les Roucouyennes ne sont pas encore descendus au-dessous du confluent du Kouc. Le Bas Yary est la voie ancienne des Oyampis ; les Roucouyennes semblent encore la redouter aujourd'hui. Et pourtant ces Roucouyennes n'ont nullement l'air d'une tribu en voie de disparaître.

Aujourd'hui les Trios seraient, paraît-il, fort nombreux, aussi nombreux même que les Roucouyennes.

Il est à noter une chose, au point de vue du sentiment que les Roucouyennes nourrissent à notre endroit : c'est que les Roucouyennes ont, jusqu'à ces dernières années, appelé Cariponos (ennemis) les nègres Bonis, les Oyampis, les Trios, les Oupourouis et les Aparaïs ; et les vieux Roucouyennes ne nous ont jamais appelés que par notre nom véritable : les Parachichis (les hommes du Levant).

Ces temps lointains, qui datent d'un demi-siècle à peine, étaient l'époque de la pratique du maraké. Toutes les tribus de la Guyane centrale en usaient. Aujourd'hui les seuls Roucouyennes ont conservé l'institution. Et aussi les Oyampis des Tumuc-Humac, mais seulement pour les femmes. Les Oyampis de l'Oyapock ont complètement abandonné cette coutume.

Pauvres Oyampis, les voici bien décadents! De 6000, ils sont tombés à 500 ! Plus de grandes fêtes comme les Roucouyennes, pas de pono, pas de maraké, occasions de rassemblement, d'émulation, et qui les obligeaient à avoir de grands abatis pour fournir à leur énorme consommation de cachiri.

Leur langue même se disloque. L'oyampi parlé dans le Bas Oyapock, chez François, chez Pierre et aux Tumuc-Humac, n'est pas identiquement le même. Il est vrai de dire que la différence ne porte que sur un petit nombre de mots. Pourtant il est vrai que la langue s'en va comme la tribu.

Pauvres Indiens! ils finiront par disparaître complètement de leurs forêts natales. Les dieux indiens sont cruels pour leur peuple.

N'importe. Les peïtos d'Atoupi me donnent des renseignements précieux sur les véritables dieux des Roucouyennes. Voici la théogonie et la théologie du village d'Atoupi.

Ils connaissent un Couyouri qui a fait les Blancs, les Nègres, les Indiens, les eaux, le ciel. Il habite au Levant. Il a une femme et un garçon appelé Coulicamane. Il n'a pas de père; il est bon. Il est plus vieux que Couroum et que Yolock.

Couyouri, quand les Blancs, les Indiens, les marchandises, sont finis : il en fait d'autres, sans quoi, Blancs, Indiens et marchandises finiraient.

Taacoupanan est très mauvais, il mange les enfants de Couroum et des Indiens.

Couroum est toujours dansant, il est parti au ciel en dansant. Il habite moins loin que Couyouri.

Ils ne croient pas à une autre vie; ils disent que quand ils sont morts, c'est comme un chien mort; ils pourrissent dans la terre ou bien sont brûlés, mais ne reviennent nulle part. D'autres disent que quelques-uns s'en vont là-haut danser et boire. Leurs idées, leurs traditions à ce sujet, n'ont ni suite, ni unité.

Ces pauvres Roucouyennes ont d'ailleurs les superstitions les plus étranges. Quand il leur arrive de voir une comète ils disent que c'est un signe de la colère des Blancs, qui sont fâchés contre les Indiens.

Il est difficile de tirer d'eux quelque tradition ou légende un peu intéressante, un peu complète, qui se tienne.

Voici cependant une espèce d'histoire des origines d'après le grand piaye Ouhmeu. On y reconnaîtra sans peine un vieil enseignement chrétien presque complètement défiguré aujourd'hui :

« Autrefois, dit Ouhmeu, il y avait beaucoup d'Indiens. Un jour il arriva d'un village d'en haut, c'est-à-dire du ciel, une troupe nombreuse de danseurs parmi lesquels se trouvait un Blanc couvert d'ulcères. Les danseurs dansèrent toute la nuit et partirent au petit jour. Seul le Blanc couvert d'ulcères resta parmi les Indiens. Bientôt, au grand étonnement des Indiens, ses ulcères se guérirent comme par enchantement. On l'appelait pour manger, il ne venait pas. Le tamouchi essayait de causer avec lui, il ne répondait pas.

« Sur ces entrefaites, la pluie, une grande pluie, arriva à tomber. Les eaux montaient, montaient, couvrant la forêt, couvrant les montagnes. Tous les Indiens furent noyés.

« Avec deux petits enfants, un petit garçon et une petite fille qu'il avait adoptés, le Blanc s'était retiré sur une très haute montagne, dans un petit pacolo. Les eaux montaient toujours; les deux enfants, qui avaient faim, pleuraient. L'eau couvrit le pacolo. Le Blanc prit deux pilons, les planta sur le toit du pacolo et fit monter les enfants sur les pilons. Mais les eaux montaient toujours. Les enfants virent surgir un palmier bâche devant eux, ils y grimpèrent. Comme ils étaient montés sur les feuilles du bâche et que les eaux baignaient leurs pieds, les eaux s'arrêtèrent.

« Alors le Blanc dit aux enfants qu'il allait se promener un peu dans son village du ciel et il partit. Les enfants restèrent ainsi sur les feuilles du bâche, un mois, sans manger et sans dormir, mais ils n'avaient ni faim, ni sommeil. Le Blanc revenu, les enfants se plaignirent amèrement de ce qu'il les laissait si longtemps sur les eaux pour aller se promener à son village du ciel. Alors les eaux décrurent plus rapidement. Bientôt la terre apparut, mais ce n'était encore que vase molle.

« Les enfants descendirent de leur bâche, mais il n'y avait rien sur la terre, ni pacolo, ni feu, ni manioc, ni bananes. Le Blanc dit aux enfants de bâtir un pacolo. Ils le bâtirent, pendant que le Blanc était retourné à son village du ciel. Le temps passa, le Blanc fit plusieurs voyages à son village du ciel, les enfants grandirent.

« Une fois, le Blanc était à son village du ciel, le petit jeune homme résolut d'aller à la recherche de son père adoptif. Il prit par les montagnes, marcha longtemps, puis finit par arriver en haut. Il trouva, au village d'en haut, beaucoup d'Indiens et beaucoup à manger. Il demanda où était son père. Son père parut et lui dit qu'ici, dans ce village d'en haut, il y avait beaucoup à manger, mais pas de feu, on faisait sécher la cassave au soleil.

« Fais une couleuvre, un manaret et tout ce qu'il faut pour faire de « la cassave, dit le père blanc, puis va chercher du manioc. » Le jeune homme fit couleuvre, manaret et le reste, puis partit pour chercher son manioc. Il marcha quelque temps ; plus il marchait et plus il trouvait le soleil chaud ; arrivé à l'abatis, le soleil y était tellement brûlant qu'il avait tué le propriétaire qui était mort sur le sentier. Le jeune homme, effrayé, raconta à son père adoptif ce qu'il avait vu. Celui-ci lui dit : « C'est « bien ».

« Comme il avait oublié la couleuvre et le manaret à l'abatis du grand soleil et de l'homme mort, le Blanc lui dit d'en faire d'autres. Puis le jeune homme partit avec des femmes à un autre abatis. Ils prirent beaucoup de manioc et le gragèrent. Mais il n'y avait pas de feu pour le faire cuire. Les femmes lui montrèrent, à côté de l'abatis, une petite crique qui venait d'une grosse roche. Cette petite crique, c'était du soleil ; cette grosse roche, c'était du feu. Pour sécher la cassave, cuire la viande, on n'avait qu'à mettre la viande ou la cassave sur la grosse roche, cela cuisait. C'était du feu, mais on ne voyait pas de feu.

« Cela fait, le jeune homme dit bonjour à son père blanc et s'en retourna en bas, sur la terre, voir sa sœur qui était restée seule. Les deux jeunes gens, sachant maintenant le chemin du village de leur père blanc où il y avait tant à manger, s'y rendirent souvent. Une fois, le frère voulut s'y rendre seul et défendit à sa sœur de l'accompagner. Mais quand il fut parti, elle prit le chemin à son tour. Arrivée au village d'en haut, elle chercha son frère. Elle l'entendit chanter et se dirigea du côté d'où partait la chanson. Sur son chemin elle trouva un pacolo dont les poteaux étaient faits de gros pieds de manioc. Plus loin elle rencontra son frère, et tous deux allèrent trouver leur père blanc.

« Il n'y avait toujours ni feu ni manioc sur la terre. Comme le jeune homme avait encore laissé couleuvre et manaret à l'abatis de la petite crique, son père blanc lui dit encore d'en faire d'autres. La couleuvre et le manaret terminés, le jeune homme revint. « Va chercher ta cou- « leuvre », lui dit le père. Il y va, mais il la trouve transformée en un serpent boa. Il a peur, revient et raconte ce qu'il a vu. « Maintenant, va « chercher ton manaret », lui dit son père blanc. Il y va, mais il le trouve transformé en un essaim de grosses guêpes appelées *moglaoualé*. Il revient et raconte ce qu'il a vu. « C'est bien, dit le Blanc. Maintenant va « chercher le morceau de bois que tu vois là. » Le jeune homme obéit encore, mais quand il va pour prendre le morceau de bois, c'était un paquet de toutes sortes de serpents.

« Le jeune Indien, étonné, regardait son père blanc. Bientôt il vit venir tout seuls la couleuvre, le manaret et le morceau de bois. Le manaret était bien un manaret, la couleuvre une couleuvre à manioc, le morceau de bois, c'était du feu.

« Tu vas partir en bas, sur la terre, lui dit son père blanc. Fais de la « cassave, amarre-la dans un catouri et va-t'en avec ta sœur. Voici deux « morceaux d'arrouman, un morceau de bois et deux couis. » Les deux jeunes gens arrivèrent sur la terre. Sitôt qu'ils y furent arrivés, les deux morceaux d'arrouman se transformèrent en plants de manioc, de bananes, de canne à sucre, d'ignames et de toutes les bonnes plantes, lesquelles couvrirent un grand abatis. Le morceau de bois s'alluma tout seul et donna du feu, qu'ils n'eurent plus qu'à entretenir. Et comme ils regardaient les deux couis qui formaient les deux moitiés d'une même calebasse, ils virent sortir de l'un quantité d'Indiens et de l'autre quantité d'Indiennes. Tous les premiers Indiens et toutes les premières Indiennes de la terre sont sortis de ces deux couis.

« Tous étaient parfaitement heureux, tous leurs désirs étaient satisfaits avant d'être formulés. Ils aimaient beaucoup le jeune homme et la jeune fille sa sœur.

« Le Blanc du ciel descendit une dernière fois. Il visita ces nouveaux Indiens et remonta pour ne plus revenir.

« Quelque temps après, les deux jeunes gens, pendant que les Indiens étaient à travailler à l'abatis, s'attachèrent aux épaules des plumes d'ara couleur de flamme et s'envolèrent pour aller retrouver leur père blanc. Les Indiens voulurent les retenir, mais ils ne le purent.

« Depuis, les deux jeunes gens vivent toujours au village d'en haut avec leur père blanc. Celui-ci se nomme Atacassi, le jeune homme Mopéré et la jeune fille Ouélépo. C'est donc Atacassi qui, par le moyen de Mopéré et de Ouélépo, a fait tout ce qui existe sur la terre : le manioc, le feu et tout le reste. »

Marière me confirme la vérité absolue du récit d'Ouhmeu. Et on ne lui en fait pas accroire à lui, Marière! Il n'a aucune superstition. Il ne croit qu'aux choses sérieuses. Ainsi, il ne mange pas maintenant de pakira parce que sa femme est morte récemment, et que, *par conséquent*, s'il mangeait du pakira, cela ferait mourir ses chiens.

Ce qui n'empêche pas Marière de se moquer des *oubias* et des autres superstitions des Bonis. Tous les Indiens sont d'ailleurs moqueurs non moins que médisants. Non seulement de tribu à tribu, mais encore de village à village, de pacolo à pacolo, ils disent les uns des autres tout le mal imaginable.

Ils construisent maintenant, oh! en toute lenteur, la future case fermée des victimes du maraké. Ces pauvres Indiens ne savent ce que c'est qu'une besogne suivie. Ils travaillent par demi-heures placées entre de nombreuses heures de repos, aussi sont-ils longs dans tout ce qu'ils font. Un paysan, un ouvrier d'Europe qui ne travaillerait pas plus qu'eux, ne tarderait pas à mourir de faim.

Ils partent aujourd'hui pour inviter tout l'arrière-ban d'Ouptoli, et ceux d'Aloucolé, pour la grande danse qui terminera le maraké.

Ceux qui restent entretiennent un petit maraké pour entraîner au grand.

Ils dansent le jour et la nuit pour attendre la grande fête. Ils font des chœurs en tournant en rond à la file indienne, d'un pas rapide. De jeunes enfants les suivent, leur emboîtant le pas. Leurs danses se composent des premiers pas que l'on enseigne chez nous dans l'art de danser, de même que dans leurs dessins ils n'emploient que l'antique et primitive figure de la grecque. Leurs airs sont simples et agréables. Les couayes résonnent, attachées au-dessus des pieds qui frappent la terre en cadence. Le *tapehem*, le chapeau symbolique, est porté en trophée dans la danse. C'est le chapeau que porte Yolock quand on le rencontre dans la forêt. Ils chantent Macoumé comme à Pililipou. Il va de soi qu'ils boivent ferme. Les deux tamouchis nous font remarquer que les peïtos sont presque tous ivres.

VILLAGE DU TAMOUCHI ATOUPI.

Eux-mêmes se tiennent bien. Les femmes regardent, mais ne dansent pas encore.

Maintenant c'est une femme qui conduit la danse; d'autres femmes prennent place dans les rangs. Ils sont en tout une vingtaine, tournant toute la nuit à la file indienne, la main droite sur l'épaule de celui qui est devant, tournant en rond, autour du pacolo d'Atoupi.

Tous ivres, hommes et femmes, vomissant partout, viennent vomir à côté de nous. Une odeur infecte est répandue dans le village. Sur la fin, la moitié des danseurs, ivres morts ou fourbus, dorment dans les hamacs. Alors les flûtes, les guitares en carapace de tortue, donnent l'illusion d'une sorte d'orchestre. Mais bientôt, le cachiri venant réveiller les zèles assoupis, ce ne sont que chants éraillés entrecoupés de hurlements.

Le lendemain, la plupart ont tellement mal aux jambes qu'ils souffrent visiblement à mettre un pied devant l'autre. Mais ils boivent encore, et bientôt s'échauffent et recommencent.

Heureusement que chaque village ne danse qu'une seule fois! Ils commencent la danse au coucher du soleil et les dernières sauteries ne prennent fin que le lendemain dans l'après-midi. Cela dure près de vingt heures consécutives, à la lueur des torches de bois-flambeaux ou sous la brûlante clarté du soleil, sautillant sur un pied, tournant au petit trot autour des pacolos, s'arrêtant de temps à autre pour boire.

L'odeur fade et écœurante du cachiri est heureusement combattue par la fumée d'encens des bois-flambeaux qui peu à peu imprègne l'atmosphère.

Ces braves Roucouyennes ont beau être ivres, ils ne querellent ni ne se querellent jamais. Ils sont relativement calmes, mais très ennuyeux; ils bavardent et s'amusent sottement, comme des gens ivres.

Le jour, on applique de temps à autre quelques piqûres aux enfants, et quelques coups de verges. D'aucuns crient, d'autres non.

Il vient jusqu'à des hommes de trente-cinq ans se faire donner par nous des coups de verges en cœur de pinot. Ils nous amènent leurs enfants qui, de loin, pleurent de frayeur. Nous fouettons tous les amateurs qui se présentent. La verge a soixante centimètres de longueur et cingle bien.

Des ornements de plumes, froissés et souillés, traînent partout dans la poussière de la place du village.

On pourrait croire, en voyant une si grande quantité de ces beaux ornements en plumes d'ara ou de toucan que les Indiens tuent beaucoup de ces oiseaux, cependant toujours haut perchés et difficiles à atteindre. Mais la plus grande partie de ces plumes leur proviennent d'aras et de toucans privés qu'ils prennent au nid dans la forêt et qu'ils élèvent pour les plumer de temps à autre, à l'instar des poules, qu'ils n'élèvent qu'à cet effet.

Toutefois ces fêtes pompeuses, ces magnifiques costumes ne sauraient me distraire entièrement de mes préoccupations linguistiques. Quelle stratégie pour démêler la vraie langue d'avec le jargon boni ! Que de périphrases, de redites, de tentatives ratées ! Et ils ne savent pas un mot de créole et à peine quelques mots d'oyampi. Pourtant c'est grâce à l'oyampi que je découvre certains mots roucouyennes, chanter, par exemple, qui, en oyampi, se dit *oyingare* et à peu près de la même façon en ouayama pur : *ingare*.

Aloucolé, l'octogénaire Aloucolé, arrive ce soir avec ses Indiens. Ce sont de beaux hommes ; beaucoup d'entre eux paraîtraient de haute taille en France.

Aloucolé danse au milieu de ses peïtos habillés de plumes. Lui est seulement revêtu d'un chapeau et d'une chemise, qu'il porte comme insignes. Dès qu'ils ont un peu de linge, les Indiens laissent perles et plumes sans regret. Le goût du linge est une de leurs passions. Le plus grand plaisir que l'on puisse faire à un tamouchi est de lui offrir un paletot, un chapeau et un pantalon. J'ai donné à Marière et à Atoupi — disons plus exactement vendu — un complet en toile bleue qui fait leur bonheur.

Pour les peïtos, ils se contentent de leurs ornements de plumes, auxquels ils joignent des colliers de boutons de chemises qu'ils s'attachent au cou ; des grelots de mules, des dés à coudre, des sonnettes de salles à manger, qu'ils se suspendent dans le dos.

C'est ce soir la grande danse qui va terminer le maraké. Les malheureux adolescents, qui vont être exécutés demain matin, sont parés comme des châsses. L'étole sacrée, le gracieux *harikété*, leur pend dans le dos et sur la poitrine. Un chapeau de plumes de plus de 1 mètre de hauteur leur orne le chef. Ils s'avancent, tenant à la main leurs flûtes enrubannées, et pendant toute cette nuit ils seront les ornements de la fête dont ils auront tous les honneurs. Ils dansent joyeux. Ils semblent ne pas penser à l'atroce finale du lendemain matin.

Ces Roucouyennes ont des motifs de danses réellement singuliers. Voici la danse de l' « homme qui est dans la lune ». D'après eux, l' « homme qui est dans la lune » est un Indien qui a mangé sa femme. Il grimpa sur son pacolo, puis plus haut, encore plus haut, et il arriva enfin dans la lune, où il resta. Ses parents le cherchèrent, s'élançant derrière lui dans le ciel; mais ils furent brûlés en route : ce sont les étoiles. Les traditions des Roucouyennes, aussi complètement dénuées d'imagination que de poésie, sont presque toutes aussi grossières que celle-là.

30 *octobre.* Ils ont pris le maraké ce matin, ils étaient quatre jeunes hommes. Un seul a défailli.

Maintenant c'est le moment du départ, le moment des adieux. On ne dit guère adieu ni au revoir. Les gens d'Aloucolé, dépités de ne pas avoir eu leur part de mes marchandises, me proposent, avec insistance, de me conduire jusqu'à Cayenne. Mais je n'ai que faire de ces douteuses et intempestives bonnes volontés.

Le dernier qui me serre la main est Marière. L'intéressant petit tamouchi me mendie jusqu'à la dernière minute, avec une dignité soutenue, un couteau, un peigne, ce que je voudrai. Enfin, de son canot, d'aussi loin que je puisse l'entendre, il me recommande de lui apporter, quand je reviendrai au Yary, un fusil comme le mien, des malles, des marmites, de la vaisselle, et il me donnera beaucoup de cassave.

Avant de quitter, pour longtemps sans doute, ces bons Roucouyennes que je ne reverrai peut-être jamais plus, voici, faite à coups de traditions, de légendes et de documents coloniaux, une esquisse de l'histoire générale de la tribu.

— Les Roucouyennes, qui s'appellent eux-mêmes Ouayanas, du nom d'un grand arbre de leurs forêts, les Roucouyennes semblent avoir eu pour berceau les Tumuc-Humac occidentales, le Haut Yary, le Haut Parou, la Haute Marouini, c'est-à-dire le territoire qu'ils occupent encore aujourd'hui.

Leur nom de Roucouyennes leur a été donné par les premiers colons de la Guyane; celui de Ouayanas, ou Gouayanas, par lequel ils se désignent eux-mêmes, semble nous donner l'origine du nom de Guyane.

En 1766 Patris ne mentionne pas de Roucouyennes à l'Ouaqui, mais seulement dans le haut de la Marouini, dans la région de Tripoupou (Pililipou).

Les Roucouyennes.— Patris ne parle pas des Oupourouis, — les Roucouyennes étaient alors en guerre avec les Oyampis, qui n'étaient pas encore aux sources de l'Oyapock, où ils n'arrivèrent que vers 1800, mais qui habitaient alors le Moyen et le Bas Yary, où se trouvent encore aujourd'hui, entre le Bas Yary et le Bas Parou, ces autres Oyampis appelés Calayouas.

En 1767, Mentelle, qui descendit l'Araoua, n'y rencontra ni Roucouyennes ni Oupourouis, mais seulement des Aramichaux et des Calcuchéens (Caïcouchianes), chez lesquels il vit des Émerillons chassés de leur pays par les Tayras.

En 1766-69, les Roucouyennes devaient habiter la Haute Marouini, le Haut Apaouini, le Haut Yary et le Haut Parou. Ils avaient aussi des villages dans la Haute Itany : Tribici était un de ces villages. Mais la Moyenne et la Basse Itany étaient occupées jusqu'au confluent de la Marouini par une tribu ennemie, les Comayanas.

C'est dans les hauts de la Marouini que se trouvait alors le village chef-lieu de la tribu. C'est là que résidait le chef général, le *yapotoli*. Du temps de Patris c'était le yapotoli Toropé, qui fut investi par le voyageur sous le nom de Jean-Pierre. Toropé habitait à la crique Carapahetpé, à l'est de Pililipou. Le yapotoli Toropé et son frère le tamouchi Ouèt sont restés populaires chez les Roucouyennes.

L'époque du grand village de guerre d'Ariquinamaye, de l'antique Ciquilale, est antérieure et paraît devoir remonter au commencement du xviiie siècle. C'est une époque de pur sauvagisme. Les Roucouyennes de ce temps-là, dit la tradition, mangeaient de la chair humaine et même celle de leurs enfants. Ils étaient très guerroyeurs. Les yapotolis de l'époque du grand village d'Ariquinamaye ont été, dit la tradition, le féroce Caïraoua, puis son successeur Sarara, qui ont laissé la réputation de grands tueurs et de grands mangeurs d'hommes. Les Roucouyennes en étaient alors aux haches de pierre, aux sabres en dent de pakira et aux couteaux en dent d'agouti.

C'est postérieurement à 1766, puisque à cette époque Patris ne les mentionne pas et qu'il mentionne les Aramichaux, qu'un parti de Galibis vint s'établir dans la Moyenne Marouini. Ces Galibis venaient évidemment de la côte, leur primitif et principal habitat; ils avaient remonté le Maroni et l'Aoua. Presque en même temps, sans doute, les Aramichaux de l'Ouaqui et de l'Araoua vinrent s'établir dans le bas de la Marouini, laissant l'Ouaqui et l'Araoua aux Émerillons. Cela devait se passer vers 1770.

Les Galibis se conduisirent mal avec les Roucouyennes. Quand les Indiens des deux tribus se rendaient en visite les uns chez les autres, les Galibis, avec les marchandises qu'ils tenaient de la côte, les Galibis qui manquaient de femmes, dit toujours la tradition, les Galibis séduisaient et enlevaient les femmes des Roucouyennes. Ceux-ci résolurent d'en finir avec d'aussi mauvais voisins et ils leur firent la guerre. Les Galibis eurent pour alliés les Aramichaux (appelés Alamessons par les Roucouyennes). Après diverses péripéties dont l'épisode le plus populaire fut l'enlèvement, au village de Tribici, dans la Haute Itany, de Péléoua, femme roucouyenne d'une grande beauté pour laquelle les Galibis livrèrent, dans les abatis de Tribici, un combat dans lequel les Roucouyennes perdirent beaucoup de monde, les Galibis et les Aramichaux, vaincus, furent chassés, et descendirent ensemble l'Aoua, puis le Maroni jusqu'à l'embouchure. Les Galibis se fixèrent rive gauche dans la zone qu'ils occupent encore aujourd'hui, les Aramichaux se fixèrent rive droite dans les parages où devait s'élever plus tard le village pénitentiaire de Saint-Louis, et où ils devaient s'étendre jusqu'au dernier avant la création du village des Blancs. Ce fut le yapotoli Toropé, le mari de la demoiselle Dujay, qui dirigea la guerre contre les Galibis et les Aramichaux. Cela devait se passer vers 1775.

La tradition ne fait pas mention que les Roucouyennes, dans leurs guerres contre les Galibis et les Aramichaux, eussent pour alliés les Oupourouis. C'est donc postérieurement à cette guerre, probablement vers 1780, que les Oupourouis arrivèrent chez les Roucouyennes, car à cette époque les événements se précipitent.

Les Oupourouis, ou Apourouis, appelés aussi Poupourouis, notamment par Leblond, mais par eux-mêmes Oupourouis, venaient du Bas Yary, qu'ils fuyaient parce qu'ils y étaient en guerre avec les Oyampis. Les Oupourouis, ennemis des Oyampis, arrivant chez les Roucouyennes, eux-mêmes ennemis des Oyampis, furent bien accueillis.

A cette époque, dit la tradition, les Oupourouis ne cultivaient pas le manioc, qu'ils remplaçaient par des graines de la forêt. Ils n'avaient pas d'abatis. Ce furent les Roucouyennes qui leur enseignèrent à cultiver le manioc et les autres plantes de l'agriculture indienne. Ils étaient exclusivement chasseurs et pêcheurs, ils devinrent ainsi agriculteurs.

Les Oupourouis, dans leur exode, ne s'arrêtèrent ni au Haut Yary, ni au Haut Parou, ni au Haut Mapahony. Ils franchirent les Tumuc-Humac et se rendirent chez les Roucouyennes de la Marouini, où se trouvait le yapotoli de la nation. Les Roucouyennes, depuis leur victoire sur les Galibis et les Aramichaux, possédèrent tout le cours de la Marouini.

Alors un accord semble intervenir. Les Roucouyennes donnent aux Oupourouis le territoire au nord du leur, le territoire récemment conquis. Les Roucouyennes, plus puissants, interposent leur masse entre les Oyampis et leurs victimes, les Oupourouis, désormais vassaux, protégés, des Roucouyennes.

Les Roucouyennes et les Oupourouis, commandés par le yapotoli Ouèt, frère et successeur de Toropé, attaquent les Comayanas, leur enlèvent la

Moyenne et la Basse Itany, et même leur grande rivière, l'Oulémary, alors appelée Tounamaypo, et les refoulent dans l'intérieur.

Puis, soit que les Émerillons et les Calcuchéens (Caïcouchianes), après la défaite des Galibis et des Aramichaux, eussent évacué l'Araoua et le Ouaqui, soit que les Roucouyennes aient usé de la force, les Oupourouis et les Roucouyennes s'emparent de ces deux rivières.

Le territoire de l'Araoua et du Ouaqui pris aux Émerillons et aux Caïcouchianes, et les territoires de la Moyenne et de la Basse Itany ainsi que celui de Tounamaypo (Oulémary), pris aux Camayanas, viennent s'ajouter au territoire de la Moyenne et de la Basse Marouini pris aux Galibis et aux Aramichaux pour former le patrimoine des Oupourouis.

Les Roucouyennes assignent à leurs vassaux l'Araoua, le Ouaqui, la Moyenne et la Basse Marouini, la Moyenne et la Basse Itany, la Moyenne et la Basse Oulémary et ne gardent pour eux que la Haute Oulémary, qu'ils ajoutent à leurs anciens domaines de la Haute Marouini et de la Haute Itany, le Haut Yary et le Haut Parou, c'est-à-dire des deux versants des Tumuc-Humac occidentales. La frontière entre les Oupourouis et les Roucouyennes passait au nord de Pilipipou et au sud du village actuel de Yamaïké. C'était comme une grande marche septentrionale que les Roucouyennes donnaient à leurs protégés.

C'est ainsi que la carte de Leblond nous représente les deux tribus en 1787.

Mais cet état de choses ne devait durer que quelques années. Un événement considérable y mit bientôt fin.

Vers 1790, les Bonis, poursuivis par les Youcas et les Hollandais, firent irruption dans la Marouini.

Cette invasion jeta la terreur chez les Oupourouis. Ces peu belliqueux Oupourouis, qui venaient de faire un si grand voyage pour fuir les Oyampis, évacuèrent précipitamment la Moyenne et la Basse Marouini, qu'ils abandonnèrent sans coup férir aux guerriers noirs. La tradition roucouyenne ne tarit pas sur la lâcheté de leurs alliés. Les Oupourouis évacuèrent aussi la Basse Araoua et se concentrèrent dans la Moyenne Araoua, à quelques jours par terre du yapotoli de la Marouini. Ils durent aussi évacuer en ce moment l'Ouaqui, où les Émerillons s'installèrent pour y rester jusqu'à nos jours. Pour les Oupourouis de la Moyenne et de la Basse Itany et ceux de la Basse et de la Moyenne Oulémary, pris de la même panique, ils se réfugièrent dans le haut de Paroupeu (rivière Tapanahony). Les Roucouyennes, indignés de leur lâcheté, les y attaquèrent et les chassèrent successivement du Haut

Tapanahoni, du Haut Parou, jusqu'aux montagnes d'entre Yary et Parou, où ils sont aujourd'hui.

Du côté de l'Oulémary et de l'Aroué, les Comayanas, d'abord refoulés, reprirent possession de leur ancien territoire.

Cependant les Bonis, installés paisiblement dans leurs villages de la Moyenne et de la Basse Marouini, vivaient en assez bons termes avec leurs voisins. Les Roucouyennes, grâce à eux, firent alors un peu connaissance avec les *Panakiri* (parana-okiri : les hommes de la mer), les Hollandais ; en même temps qu'ils nouaient au district de Paritou (la montagne Leblond), dans la Moyenne Araoua, des relations plus importantes et plus durables avec les Parachichi (parana-chichi-okiri : les hommes du levant de la mer), les Français. Aujourd'hui cette distinction entre Panakiri et Parachichi s'est un peu perdue chez les Roucouyennes.

Les Roucouyennes, que les Bonis laissaient en paix, eurent alors dans la Haute Itany, le Haut Parou, le Haut Yary et dans le district de Paritou, des villages nombreux.

La Moyenne Araoua, voilà tout ce qui restait aux Roucouyennes de leurs éphémères conquêtes. Les Émerillons avaient repris le Ouaqui ; les Comayanas, l'Oulemary avec la Moyenne et la Basse Itany ; les Bonis occupaient maintenant la Moyenne et la Basse Marouini, naguère enlevées aux Galibis et aux Aramichaux.

Toutefois les Roucouyennes firent de leur nouveau district de Paritou, poste avancé de la nation, point de contact avec les Blancs, un de leurs plus riches cantons. Les Français continuaient à y arriver par le Camopi et le Tamouri, comme du temps où ce district était aux mains des Oupourouis. Cette pénétration des groupes roucouyennes par le district de Paritou dura en tout une trentaine d'années (1780-1810). A cette époque, trois Indiens roucouyennes, Couraïpo, Atoura et Alounanoualé, s'étaient fait une spécialité d'accompagner les Français qui venaient dans leur pays. Ils accompagnèrent sans doute Patris, Mentelle, Leblond, ainsi que les commerçants créoles qui commençaient à suivre cette voie. « Ils étaient toujours en voyage avec les Français, ils avaient des malles pleines de marchandises et ils parlaient la langue des Blancs. »

Les Roucouyennes restent donc avec le Haut Parou, les Tumuc-Humac du Haut Parou et du Haut Yary, la Haute Itany, les Tumuc-Humac de l'Itany et de la Marouini, la Haute Marouini et la Haute Araoua, et Paritou. Le district de Pililipou reste leur centre principal, la résidence des yapotolis. Des sentiers en partaient qui, d'un côté, aboutissaient à Paritou, de l'autre, en longeant les Tumuc-Humac par la région d'Alama et de Coulécoulé, aboutissaient aux villages ouayanas du Haut Parou.

Vers 1800, quand les Oyampis s'établirent à Rouapir et aux sources de l'Oyapock, une guerre acharnée s'engagea entre eux et les Roucouyennes unis aux Émerillons, leurs récents alliés.

Ce fut au début de la guerre entre les Roucouyennes et les Oyampis, vers 1810, qu'après une première entrevue à Piquiolo, village plusieurs fois abandonné et reconstruit, un traité d'alliance fut conclu à la crique Coutou, affluent de gauche de la Marouini, entre les Bonis représentés par le grand-man Gongo et les Roucouyennes représentés par le yapotoli Tamoui, fils et successeur du yapotoli Ouèt.

Depuis leur établissement dans la Marouini jusqu'à cette époque (1790-1810), les relations des Roucouyennes et des Bonis, sans avoir été mauvaises, avaient souvent été quelque peu tendues. Les Bonis voyageaient librement en pays roucouyenne, et réciproquement, mais la rapacité des Bonis faillit plusieurs fois amener la guerre. Le grand-man Gougo fut un jour sur le point de se faire massacrer chez les Ouayanas du Yary et un peu plus tard chez ceux de Coulécoulé, pour avoir voulu faire payer deux fois les marchandises qu'il leur avait vendues.

Ce fut alors qu'il proposa un traité d'alliance définitive, qui fut accepté. Mais comme les Bonis commençaient en ce moment à évacuer la Marouini pour s'établir à l'Aoua; comme, d'autre part, ils ne tenaient pas à voir les Roucouyennes approvisionnés par les Blancs à Paritou, qu'attaquaient alors les Oyampis, préférant se constituer leurs intermédiaires; comme, enfin, les Roucouyennes n'étaient pas en état d'imposer leur volonté aux Bonis, il fut stipulé que les Bonis attaqueraient les Oyampis à leur heure. Ce traité d'alliance, qui établissait presque la tutelle des Bonis sur les Roucouyennes, fut conclu avec pompe à Coutou. Gougo s'y rendit avec plusieurs de ses capitaines, et le yapotoli Tamoui avec ses principaux tamouchis : Ouané, père de Touanké, Tamoucoli et Acayoli.

Ce fut le yapotoli Tamoui, fils de Ouèt, qui dirigea la guerre contre les Oyampis et Ouaninika, commandés par ses lieutenants Tambaoura et Tapayaour.

Ce fut dans le district de Paritou, objet de la jalousie des Oyampis, que se livrèrent les plus grandes batailles.

Au début, Oyampis et Roucouyennes commencèrent par se visiter, par étudier la tribu ennemie et les routes du pays. Puis des enlèvements de femmes roucouyennes par les Oyampis et de femmes oyampies par les Roucouyennes donnèrent le signal des hostilités. La guerre fut, paraît-il, atroce. Les Oyampis, encore mangeurs d'hommes, rôtissaient les prisonniers, et, après avoir incendié les villages, emmenaient les femmes captives, les mains attachées derrière le dos. Les Roucouyennes ne tardèrent pas à leur rendre la pareille.

Les deux tribus faisaient sur le territoire l'un de l'autre de fréquentes incursions, mais le gros des efforts se portait sur Paritou, que les Oyampis, arrivés par le Camopi et le Tamouri, l'ancienne voie des Français, tenaient comme assiégé. Quelque temps après le traité de Coutou, les Roucouyennes et les Émerillons furent complètement battus, et les Oyampis détruisirent tous les villages roucouyennes et émerillons du district de Paritou, qui est demeuré désert jusqu'à la fin de la guerre, époque à laquelle les Émerillons, mais les Émerillons seuls, y établirent de nouveaux villages, ceux qu'y vit Milthiade en 1824.

La guerre se poursuivit jusque vers 1830; mais, à partir de la ruine de Paritou, vers 1812, ce ne fut plus qu'une guerre de razzias et de massacres isolés.

Les Roucouyennes perdirent beaucoup de monde dans cette guerre. Les Oyampis leur tuèrent dix tamouchis. Plus nombreux que les Émerillons, ils supportèrent presque seuls le poids de la lutte. Noyer, député de la Guyane, écrit, vers 1820, que « les Roucouyennes viennent d'être complètement exterminés par leurs ennemis les Oyampis ».

Ce fut alors que les Bonis, voyant la défaite complète des Roucouyennes, pensèrent que le moment était favorable pour attaquer les Oyampis, conquérir et garder pour eux seuls la route de l'Oyapock et le monopole du commerce avec les Blancs. De la sorte, ils se passaient des Youcas, leurs suzerains, qui leur fermaient le Maroni, et ils devenaient les seuls intermédiaires entre les Blancs de la côte et les Indiens devenus, Oyampis comme Roucouyennes, vassaux de nos ingénieux Bonis.

Les débuts furent heureux. Les Bonis entrèrent dans l'Oyapock par l'Inini et le Camopi et remportèrent d'abord de grands succès sur les Oyampis. En 1842, ils tuèrent Ouaninika. Ils allaient se rendre maîtres de tout l'Oyapock, quand ils eurent l'idée outrecuidante d'aller offrir la guerre à notre poste militaire de Casfesoca, dans le bas fleuve. Ils reçurent là une terrible leçon : tout le petit corps expéditionnaire fut détruit, sauf deux ou trois malheureux qui purent échapper et qui revinrent porter à l'Aoua la nouvelle du désastre. Depuis lors (1842), les Bonis renoncèrent à l'Oyapock et, vassaux des Youcas, restèrent comme bloqués dans leur Aoua, à côté de leurs alliés les Roucouyennes, également privés de toutes relations avec les Blancs.

Pendant cette guerre des Bonis contre les Oyampis, de 1836 à 1842, les Roucouyennes, qui avaient subi de trop grandes pertes, ne prirent point part aux hostilités, et, à leur tour, laissèrent leurs alliés supporter seuls le poids de la lutte.

Quelque temps après la défaite des Bonis, vers 1850, un traité de paix et d'amitié fut conclu entre les Roucouyennes et les Oyampis. Ceux-ci, en vainqueurs généreux et sûrs d'avoir toujours pour eux le rôle d'intermédiaires entre les Blancs et les Roucouyennes, ouvrirent l'Oyapock à leurs voisins et les conduisirent eux-mêmes à Cayenne. Il faut dire aussi que, de 1850 à 1856, au dire de Leprieur et de De Bauve, la variole avait fait de terribles ravages chez les Oyampis, qu'elle avait en partie détruits. Les Oyampis n'étaient plus alors en état de soutenir la lutte contre les Roucouyennes. D'ailleurs, les Roucouyennes profitèrent assez peu de cette voie qui leur était ouverte; ils s'habituèrent à acheter chez les Bonis les marchandises dont ils avaient besoin. Les Roucouyennes d'aujourd'hui sont devenus timides; ils ont trouvé, quand ils ont tenté de descendre l'Oyapock, deux ou trois mauvais Indiens et cela a suffi pour les décourager. Pendant une dizaine d'années, le bandit Raymond, établi à Coumaraoua, suffit à lui seul à empêcher les Roucouyennes de descendre dans le Moyen Oyapock : il les dépouillait quand ils passaient, et, comme ils ne voulaient pas se battre, ils restaient avec leurs Bonis.

Aujourd'hui, Oyampis et Roucouyennes, parfaitement amis, se visitent fréquemment. Ceux du Yary apportent du haut de l'Oyapock les marchandises qu'ils tiennent des Bonis; ceux du Haut Oyapock portent au Yary les marchandises qu'ils tiennent des Blancs. Quelques Oyampis parlent le roucouyenne; mais les plus érudits des Roucouyennes ne savent que quelques mots d'oyampi. C'est la langue roucouyenne qui gagne le plus ; elle semble en voie de devenir, dans la contrée, une espèce de *lingua geral*. Toutefois les Bonis, qui vont au Yary, n'ont pas encore osé, jusqu'à ce jour, s'aventurer chez les Oyampis qui, de leur côté, s'abstiennent d'aller chez les Bonis par les Émerillons. Ces derniers Indiens sont également en bons termes et avec les Bonis et avec les Oyampis et avec les Roucouyennes. Leur idiome est de la même famille que celui des Oyampis.

Depuis leur grande guerre avec les Oyampis, les Roucouyennes sont demeurés en paix avec tous leurs voisins.

Les Oyaricoulets, sans doute dédoublement des primitifs Comayanas, tentèrent cependant, assez récemment, il y a une trentaine d'années, de leur faire la guerre. Les Oyaricoulets arrivèrent en force sur l'Itany, mais une femme de leur nation s'interposa en disant que les Roucouyennes étaient de bons Indiens. Elle réussit, dit-on, par on ne sait quel stratagème, à mettre la main sur tous les arcs des guerriers de sa tribu et elle empêcha ainsi le combat. Depuis lors les Oyaricoulets et les Roucouyennes sont en paix, mais en froid ; ils ne se visitent pas.

Deux petites tribus du versant nord des Tumuc-Humac, du Yary et du Parou, les Toinayes et les Marouayes, viennent, il y a environ une génération, de se mêler aux Roucouyennes de l'Itany et de la Marouini.

Si les Roucouyennes ne tardèrent guère à nouer des relations avec leurs vieux ennemis les Oyampis, ils furent beaucoup plus longs à renouer avec leurs anciens alliés les Émerillons, comme si le district de Paritou leur rappelait de trop tristes souvenirs pour qu'ils s'aventurassent de ce côté. Pourtant, un jour, il y a environ trente ans, comme ils faisaient une grande chasse dans les forêts du Ouanapi, ils virent des Indiens qui, de loin, leur faisaient signe d'approcher. Nos Roucouyennes, devenus peu belliqueux, s'enfuirent à toutes jambes. Les Indiens les suivirent et arrivèrent en même temps qu'eux aux villages de la Marouini. C'étaient des Émerillons. Depuis cette époque, de très rares relations ont été établies entre les villages du Ouaqui et ceux de la Marouini, toutefois non plus par terre, mais par la seule voie de l'Itany et de l'Inini. Il n'y aurait pourtant que six jours de marche, du Marouini au Ouaqui, dont cinq pour arriver à Paritou.

L'événement le plus récent à enregistrer dans l'histoire des Roucouyennes est leur descente du Maroni qu'ils accomplirent en 1888 avec moi, et leur présentation officielle au Gouverneur de la colonie.

Depuis leur grande guerre avec les Oyampis, les Roucouyennes ont laissé péricliter leurs institutions militaires. De batailleurs qu'ils étaients ils sont devenus éminemment pacifiques, sédentaires et agricoles. L'institution du yapotoli tomba en désuétude. Chaque village vit s'élever son tamouchi autonome, ne relevant d'aucun chef ni d'aucune confédération.

Les Aparaïs et les Trios n'ont jamais été affiliés aux Roucouyennes. Ils ont, au contraire, soutenu de longues guerres contre ces derniers.

Les Roucouyennes ont-ils diminué en nombre ?

Du temps de Leblond, en 1787, les chefs des Roucouyennes et des Oupourouis disaient avoir 52 villages et 600 flécheurs ou hommes faits. Ces chefs estimaient que chaque village pouvait fournir environ 20 flécheurs et que la population totale de chaque village dépensait, en moyenne, 100 personnes.

Aujourd'hui les Roucouyennes possèdent 36 villages. Quelques-uns de ces villages ne comptent que 3 ou 4 pacolos, d'autres en comptent jusqu'à 6. D'ailleurs on connaît l'habitude indienne : chaque pacolo abrite plusieurs ménages. On ne peut compter pourtant aujourd'hui une moyenne de 20 flécheurs et de 100 habitants par village.

Leblond, d'après Ouèt et ses tamouchis, évalue à 4 000 le chiffre total de la population des Roucouyennes et des Oupourouis. Cette population, aujourd'hui, se trouve assurément diminuée, mais dans une proportion qu'il est difficile de préciser.

Compter les villages, compter le nombre de pacolos de chaque village, c'est là tout ce qu'on peut faire, et on ne tire point de cette opération une approximation suffisante. Parfois le pacolo compte 30 personnes abritées sous son toit, parfois 10 seulement. On a beau visiter les villages les uns après les autres, la population s'y transporte avec vous, repeinte à neuf : vous ne reconnaissez plus vos hôtes de la veille et ne pouvez distinguer quels sont ceux qui sont les véritables habitants du village que vous visitez. Parfois c'est le contraire qui se produit : à l'approche des voyageurs, les femmes et les enfants courent se cacher dans la forêt, où ils resteront tant que durera votre visite. Si l'on se renseigne auprès des chefs de village, ils répugnent à vous énumérer en détail les hommes, les femmes et les enfants de leurs petits centres, et ils ne sauraient les évaluer en bloc puisqu'ils ne savent pas compter au delà de vingt. Je voudrais bien savoir comment les Roucouyennes du xviiie siècle s'y prenaient pour exprimer à Leblond les chiffres *six cents* et *quatre mille* qu'il donne comme lui ayant été fournis par les tamouchis eux-mêmes. Pour moi, je leur entends dire seulement qu'ils ont beaucoup d'Indiens : *Colé Calina*; qu'il y en a pas mal : *colépsic*, ou que le village est moins peuplé qu'autrefois : *aouempo chimalélé*.

Rien n'est plus variable, d'ailleurs, que le total d'une population indienne. Qu'il surgisse quelques chefs intelligents, les abatis se multiplient, la population augmente, et, en deux générations, la population a doublé, triplé. Vienne une épidémie de variole et en dix mois la population peut perdre la moitié de ses membres. Quelques bons colons civilisés, de bons exemples d'hygiène, la vaccine, quelques saines pratiques médicales, moins de polygamie, et la population s'accroîtrait très vite. Une invasion de mercantis, le tafia, la débauche, et la tribu s'éteindra bientôt, après une période de lamentable abrutissement.

On compte actuellement 36 villages roucouyennes.

Voici quelle est la répartition de ces villages :

Itany : 5. Tatayel, Apouroure, Yamaïké, Ochi, Apoïké.

Marouini : 3. Pililipou, Peïo, Acouli.

Mapaony : 3. Arissaoui, Souroui, Tépi.

Haut Yary : 4. Piayeouaye, Yacoumane, Opomo, Caréta.

Moyen Yary : 3. Atoupi, Ouptoli, Marière.

Chimichimi : 1. Aloucolé.

Courouapi : 1. Taloucali.

Alaméapo : 3. Alamétaoua et deux autres.

Chemin du Yary au Parou : 2. Poune, Courichane.

Tapanahoni : 3. Ouiri, Souroua, Hémoutaye.

Parou : 5. Canéa, Rémoune, Amouamouetpé, Talouman, Soouo (appelé aussi Couanari).

Ariaouaou, affluent du Parou en aval de Talouman : 1. Moucouanari.

Citaré, grand affluent de droite du Parou : 2. Caïraoua, Caïcouy.

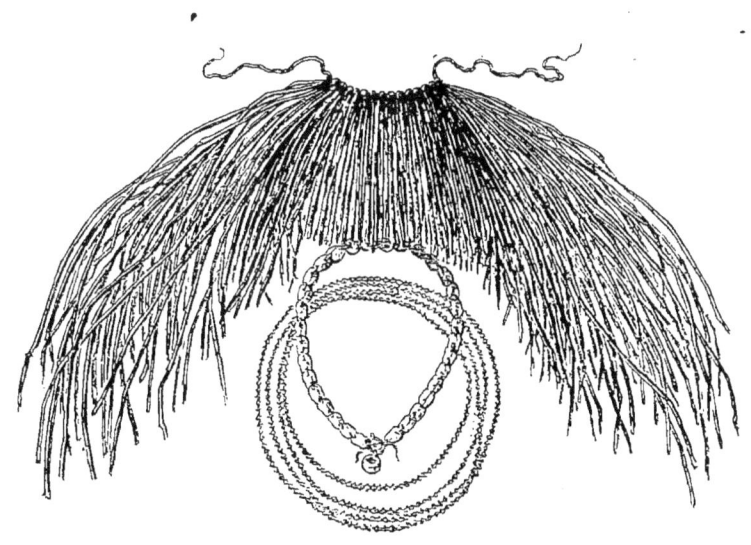

ORNEMENTS ROUCOUYENNES.

LES TUMUC-HUMAC A L'EST DE TÉMOMAÏREM.

CHAPITRE XXIV

DÉPART. — LES CHIENS INDIENS. — FLOTTILLE DE PIROGUES DANS LE YARY. — LE PATRIOTISME CHEZ LES ROUCOUYENNES. — LA TERRE EN FEU. — CREVAUX VENGÉ DE MACOUIPY. — ENCYCLOPÉDIE ROUCOUYENNE. — QUAND J'ÉTAIS PROTESTANT. — PHILOSOPHIE ET MARAUDAGE. — YACOUMANE DÉTRÔNÉ. — PRIX DE VILLES D'EAUX. — GRANDS SAUTS. — ON DEMANDE UN ÉTYMOLOGISTE. — MAPAONY-RUISSEAU. — LE CHEMIN DES MONTAGNES. — RENCONTRE DU CACIQUE ACOULI. — A TRAVERS LES TUMUC-HUMAC. — BELVÉDÈRE DE TÉMOMAÏREM. — GÉOGRAPHIE A VOL D'OISEAU. — LE COULÉCOULÉ. — TENÉNEK PATARE. — OCHI ET APOÏKÉ : GUERRE CIVILE. — FIN DE ROUTE. — CHEZ OCHI. — APOÏKÉ ME REND VISITE. —PHILOSOPHIE BANALE. — OÙ L'ON REVOIT UN ANCIEN AMI DE PILILIPOU. — YAMAÏKÉ. — TALOULIPAN, OU : LE DIABLE NE PERD JAMAIS SES DROITS. — APOUROURE, C'EST-A-DIRE : BOUCHON. — RENCONTRE D'UN CAMARADE DE COLLÈGE. — LES GRANDS SAUTS. — LES POSTES DE L'AOUA. — ÉTAT ACTUEL DES PLACERS. — CHEZ ANATO. — JE RECRUTE COUACOU ET ACHUITI. — COUACOU IVRE MORT PENDANT TROIS JOURS.

Le 31 octobre. — Je pars avec 5 pirogues et 11 Indiens : Atoupi, 6 de ses peïtos, les 3 Aparaïs, et une femme : une de celles du célèbre piaye Ouhmeu.

Ils emmènent sept chiens pour des Bonis qui les leur ont achetés depuis longtemps. Ce sont d'assez beaux chiens pour des chiens indiens, c'est-à-dire qu'ils sont presque de la taille de nos chiens de berger. Ces chiens nous donnent une sérénade chaque fois que nous mangeons, jappant à l'envi, en chœur. Cela veut dire qu'ils veulent manger aussi. Les Indiens ne s'avisent pas de les faire taire; c'est à peine si on peut dire que les chiens indiens ont reçu un commencement de domestication. S'ils jugent à propos de mordre quelqu'un, on ne leur dit rien : les Indiens croient au droit pour les chiens de mordre les hommes; mais ces chiens sont très lâches pour l'ordinaire et se bornent à japper de loin. Attachés, ils se hérissent comme des fauves prêts à s'élancer sur leur proie; détachés, ils se précipitent vers nous avec des aboiements effroyables, mais ils n'approchent pas à plus de 2 mètres de notre pantalon. Quand l'Indien veut baigner son chien, il le prend dans ses bras, le porte à l'eau et le lave en le caressant doucement; le chien se laisse faire d'un air bonhomme. Ces chiens ne savent ni arriver quand on les appelle, ni obéir à aucun commandement. Il faut ajouter qu'ils ne valent généralement rien pour la chasse et que, sous tous les rapports, nos chiens de berger leur sont bien supérieurs. Mais les Indiens aiment à entendre leur musique. Il y a dans chaque village à peu près autant de chiens que d'habitants.

Le temps est orageux. Le matin, le ciel reste couvert jusqu'à dix heures. Le soir, on entend de lointains orages d'été, dans un ciel presque clair.

La rivière est banale et sale. Pas de roches, pas de plages de sable; en descendant de pirogue, il faut toujours traverser de la boue pour arriver à terre. Le sol est pauvre, le bois est rabougri, le gibier manque.

Nous ne sommes pas encore aux plus basses eaux, et cependant on constate ici plus de 4 mètres de différence avec le niveau des eaux d'hiver.

1er *novembre*. — La pirogue de Ouayari, le peïto d'Apoïké, et celle d'Asrissaoui sont devant; nous voyageons avec les pirogues de Piayeouaye, d'Alamétaoua, de Saïpo et du peïto de Marière. Ces deux derniers vont au Parou, chez les Aparaïs, acheter des chiens et des hamacs. Les pirogues d'Aloucolé sont entrées dans le Chimichimi (la rivière des hirondelles). Le village du vieux chef est à une heure environ dans la crique, laquelle est de l'importance du Courouapi.

A cause de toutes ces pirogues voyageant de conserve, le poisson fait aussi complètement défaut que le gibier. Nous vivons de famine.

Cependant tous ces voyageurs sont gais. Du plus loin qu'ils aperçoivent une pirogue : « Voilà les Ouayanas! » s'écrient-ils; car ils ne diront pas comme nous : « Voilà du monde! » ils disent : « Voilà des Ouayanas! » Et pour tout ainsi; ils emploient sans cesse le nom de leur tribu quand nous employons le pronom indéfini ou bien quelque terme vague. C'est d'un patriotisme admirable.

On brûle, en passant, l'abatis du futur village d'Atoupi. Le ciel, à perte de vue, noir de fumée avec des dessous rougeâtres, découvre des perspectives de géhenne, des paysages qui datent des âges géologiques incandescents.

Non loin du futur village d'Atoupi se trouvent plusieurs vieux abatis abandonnés. Mais les Indiens n'utilisent jamais les emplacements des anciens abatis, qui leur coûteraient pourtant beaucoup moins de peine à défricher. Ils s'imaginent que toute terre qui a fourni deux ou trois récoltes est épuisée et inutilisable pour plusieurs générations successives. Ils ne se servent presque jamais non plus de l'emplacement des anciens villages, même abandonnés depuis très longtemps. C'est une sorte de *tabou*.

Tous les matins, le temps reste couvert pendant plusieurs heures. Il semble que ce soit déjà la fin de l'été, bien que nous n'en jouissions que depuis deux mois à peine.

Nous sommes misérables. Il faut nous arrêter de bonne heure, pour courir après d'hypothétiques couatas que l'on n'a pas entendus, mais que l'on appelle et que l'on ne rencontre pas.

Voici l'ancien village du tamouchi Macouipy, dont Crevaux eut à se plaindre. Ce Macouipy est le père d'Arissaoui. Macouipy avait tué quatre ou cinq Indiens ; finalement, des Indiens d'en bas, Roucouyennes et Calayouas, sont arrivés à son village, celui où Crevaux l'a vu et qui a été son dernier. Et ces Indiens tuèrent Macouipy.

Nous entrons dans l'Apaouini, que les Roucouyennes appellent le Mapaony.

Il pleut. Conservation de pluie. Ouhmeu, le profond piaye, m'entretient de mon pays, qu'il connaît bien. « Ton pays est comme le mien, n'est-ce pas ? Comment appelles-tu les singes rouges dans ton pays ? Y a-t-il des poissons ? — Oui. — De gros ? — Oui. — Alors ce sont des pirarucus ? Le chef des Blancs a des peïtos qui fabriquent des fusils, n'est-ce pas ? Y a-t-il encore du coumou chez vous ? Avez-vous coupé tous les pieds de coumou ? Dans ton pays, combien donne-t-on d'arcs et de flèches pour un fusil ? Faut-il plus de temps pour faire un fusil que pour faire un arc ? »

Et telles sont les connaissances encyclopédiques de la nation roucouyenne, représentée par un de ses plus doctes piayes, le célèbre Ouhmeu.

Malgré les joies variées qu'on éprouve à consulter ce dictionnaire inédit, on n'en trouve pas le voyage moins fastidieux et moins dur. Dès l'embouchure, le Mapaony a peu d'eau. On va au tacari, ce qui d'ailleurs, il est vrai, fait gagner en vitesse.

Atoupi, le long, maigre et sec Atoupi, le tamouchi au visage osseux, paterne, doux et souriant, qui me rappelle, Dieu me pardonne! trait pour trait, certain pasteur protestant que j'aimais beaucoup quand j'appartenais à la religion réformée, Atoupi, me fait, sans s'en douter, des remarques d'une grande portée philosophique : « Ici j'ai dansé quand j'étais jeune. C'était un grand village, le village du tamouchi Trois-Étoiles. Beaucoup de peïtos. Beaucoup de cachiri. » Vous regardez, c'est la forêt vierge.

Ils sont très philosophes, ces sauvages, ce qui ne les empêche pas d'être quelque peu maraudeurs. En passant devant le *pénatounpeu* (ou ancien village) d'Arissaoui, ils volent, dans l'abatis abandonné, trois ou quatre régimes de bananes, plusieurs paquets de cannes à sucre, des papayes et des acajous. Si les camarades en faisaient autant dans les établissements qu'ils ont délaissés, ils en auraient pour des mois à maudire tous les jours ces indignes voleurs, et pendant toute leur vie ils s'appliqueraient à les couvrir d'opprobre. Décidément il n'y a, entre les sauvages et les civilisés, que l'épaisseur de quelques codes inutiles.

Des Roucouyennes qui sont à faire des abatis autour de deux nouveaux villages dans le bas du Mapaony, ceux de Souroui et de Tépi, nous racontent qu'ils ont vu, dans le Haut Yary d'où ils arrivent, le vieux Yacoumane qui se rend chez Arissaoui pour y attendre ses fils, en voyage à l'Aoua. Yacoumane serait passé hier ici, par conséquent nous le trouverons chez le petit chef de là-haut.

Le vieux Yacoumane, nous disent ces Indiens, est aujourd'hui presque abandonné par ses hommes. Il n'a plus avec lui que des enfants. Ses peïtos adultes l'ont planté là. Les vaillants de son village ont créé d'autres installations à quelque distance de la sienne. Il est trop vieux, disent-ils, pour faire un chef de village, pour commander à des hommes. C'est leur habitude. Ce qu'ils viennent de faire à Yacoumane, on va le faire à Aloucolé. Quand ils sont trop vieux, leurs peïtos les abandonnent. Et les pauvres sachems restent avec de tout jeunes couroumis. C'est un reste de la coutume du massacre des parents trop âgés.

Nous voilà chez Arissaoui, et voici Yacoumane.

Le village d'Arissaoui n'est encore qu'en formation. Les deux pacolos qui le composent provisoirement sont en plein dans l'abatis : les pieds de manioc touchent les bas côtés de la toiture.

Arissaoui est un grand diable d'Indien de trente-cinq ans, bon garçon, bien que fils de l'assassin Macouipy. Il a les dents gâtées. Ses deux peïtos Trios arrivent en même temps que nous, revenant de leur pays. Chacun d'eux est chargé d'un énorme catouri de viande de pakira.

De la viande de pakira pour laquelle on nous demande des prix exorbitants. Décidément tous ces Indiens sont devenus très rapaces. Dans leurs villages ils ne vous invitent pas à manger, et ils vous vendent les vivres, la cassave, les poules, le poisson, aussi cher qu'on les payerait dans une ville de bains de mer. Puis, quand on les a payés, ils mendient encore toutes sortes de choses. Ils étaient jadis plus hospitaliers, le mercantilisme les a gâtés.

Nous allons par un temps de fin d'été. Le matin le ciel est couvert jusqu'à midi. Le soir on a fréquemment de l'orage et de la pluie.

Dans la forêt on trouve quelques pieds de toucas, le castanheiro de l'Amazone, qui donne la noix du Brésil. Toutefois les grands arbres sont rares dans la forêt, qui est le plus souvent marécageuse et sale.

Le Mapaony est barré par un nombre considérable de grandes chutes, bien plus que le Kouc, qui n'en a qu'une ou deux d'un peu fortes.

La première est Tépiaroukem, qui a 1 mètre et où il faut décharger.

Coupimane est un peu long, mais pas très fort.

Conopoamoueye est le premier grand saut. Il est dangereux. La passe saute 3 mètres à pic. On hisse le canot à vide sur la roche de la rive droite.

Dès ici, au-dessus de Conopoamoueye, le Mapaony est moins large que le Kouc au confluent du Rouapir, il a à peine 30 mètres. Le Mapaony me paraît beaucoup moins long que le Kouc.

La plupart de ces sauts sont presque à sec, longs et ennuyeux plutôt que mauvais. La rivière est étroite et pleine de roches.

Nous rencontrons, en amont de Conopoamoueye, le Roucouyenne Tatala, de Pililipou, qui s'en va, avec deux camarades, faire du commerce à Alaméapo. Acouli, le tamouchi Acouli, le digne vieux piaye que j'ai fait nommer cacique des Roucouyennes français par M. Gerville-Réache, gouverneur de la Guyane, Acouli est en chemin. Nous allons nous rencontrer dans le haut de la rivière, ou bien dans le sentier des Tumuc-Humac.

Caranamaraca, la seconde grande chute, ressemble à Trois-Sauts dans l'Oyapock, mais en plus petit. On passe sur la roche de droite, à sec l'été, les canots à vide.

Tonimagrèm est le troisième grand saut. C'est une chute de trois mètres, à gauche. A droite, la rivière filtre sous les pierres. On hisse le canot sur les rochers à sec, comme à Conopoamoueye et à Caranamaraca.

Cachiri est le quatrième grand saut, un saut très long, très sinueux, très dangereux, très ennuyeux à passer.

C'est maintenant le commencement des arbres tombés, de ces colosses que la vétusté ou les vents ont jetés à travers les cours d'eau pour la damnation des pagayeurs.

Au-dessus du confluent de la crique Carapi, les arbres nous arrêtent à chaque pas. Dès lors le Mapaony est beaucoup moins large que le Rouapir dans le sentier. Ce n'est plus qu'un ruisseau plein d'arbres tombés, peu coupés. On passe dessus, dessous, comme on peut. La navigabilité en pirogue cesse en réalité au confluent du Carapi. On va très lentement, un kilomètre à l'heure environ, en naviguant entre les arbres tombés, passant dessus, dessous ou par terre.

Le saut Tamokéné a deux mètres de hauteur. On ne le franchit jamais parce qu'il est très mauvais. On passe les canots dans une petite rigole, marigot qui est à sec pendant l'été.

Les marais succèdent aux marais. Notre maigre ruisseau, qui n'a plus que 10 mètres de large, est presque complètement barré d'arbres tombés, ou bouché par les végétations envahissantes. Le Mapaony n'est plus navigable, même pour les petites pirogues. On ne poursuit qu'à force de bonne volonté. Bien que très fréquentée par les Roucouyennes du Yary de l'Itany, la crique est fort mal nettoyée.

La moitié du temps, on va dans des broussailles qui masquent la direction. Le levé est très difficile.

Cela sent les Tumuc-Humac. Ces Tumuc-Humac, dont j'ai beaucoup parlé aux Roucouyennes, leur sont chose bien inconnue. Tumuc-Humac ou Toumouc-Houmac, pour prononcer à la portugaise, ils ne savent ce que c'est. D'ailleurs ils n'ont pas de nom générique pour dire chaîne de montagnes; l'idée même d'une chaîne de montagnes leur est complètement étrangère. Chaque montagne a son nom, ou peut l'avoir, mais l'ensemble, c'est « beaucoup de montagnes » : *coléman ippoui*. D'où vient ce nom de Tumuc-Humac, par qui a-t-il été donné, à quelle époque? Autant de questions que je ne saurais résoudre, bien que j'aie lu, ou à peu près, tout ce qui a été écrit sur la Guyane ancienne. Mais après les leçons de géographie que j'ai faites aux Roucouyennes sur la chaîne des Tumuc-Humac, peut-être ces Indiens, qui ont bonne mémoire, serviront-ils mes théories, comme les leurs propres, aux voyageurs de l'avenir émerveillés de la science de ces sauvages.

Voici qu'il va finir, le Mapaony, ou l'Apaouini comme disent les Bonis. Car les rivières de ces contrées ne présentent pas seulement cette particularité de changer de nom, pour la plupart, toutes les deux ou trois générations, mais encore, de tribu à tribu, elles ont des noms différents. Le Kouc, par exemple, ainsi nommé, par onomatopée, du cri de l'oiseau rouge appelé *caouanare*, commun sur ses rives, le Kouc est appelé par les Oyampis, Kou : ou encore Kouou.

On remonte le Mapaony jusqu'à un point où l'on peut le sauter à pieds joints. Il n'est pas surprenant que la traversée des Tumuc-Humac de l'Oyapock au Rouapir soit plus longue que celle du Mapaony à l'Itany ; on remonte cette première rivière beaucoup plus haut qu'on ne fait pour l'Oyapock et le Rouapir.

Ce n'est plus de la navigation, c'est de l'escalade. Dans les marais ou les forêts marécageuses qui s'étendent presque sans interruption au-dessus du Carapi, il faut à chaque instant descendre, escalader les arbres tombés, sur lesquels ont hisse les pirogues.

Partout où ils peuvent passer sur l'arbre, même au prix des plus grands efforts, ils passent. Ils ne pensent point à le couper, même quand il est petit. Puis ils s'extasient que le « chemin des marchandises » soit si mauvais ! Quand ils sont obligés de couper un arbre, ils le coupent juste à un mètre de la rive ; une pirogue un peu plus grande ne passerait pas.

Il faut à chaque instant décharger les bagages pour tirer le canot par terre, ou à la cime d'un échafaudage de gros arbres écroulés. Et il suffirait de quinze jours de travail à quatre hommes pour rendre cette crique parfaitement navigable pour les pirogues !

11. — Enfin c'est fini, Mapaony-Ruisseau ! Ce matin on prend le chemin des montagnes. Ils sont allés couper dans la forêt, toujours sale, broussailleuse et marécageuse, les feuilles de ouasseye nécessaires à la confection des catouris. Dans leurs hottes sauvages ils emporteront les trois malles qui me restent, et les hamacs qu'ils doivent à leurs amis les Bonis. Pour leurs chiens... ils se dispensent pourtant de les porter dans les catouris ; les chiens suivront dans la forêt.

Bons sauvages ! Ils resteront maintenant trois ou quatre ans, ces chers Roucouyennes, sans aller faire le troc avec leurs amis les nègres Bonis, futurs électeurs français, et de la prochaine promotion assurément ! Déjà l'éminent Apatou est affublé de trois décorations françaises.

Petit commerce ! (je parle du commerce des Roucouyennes avec les Bonis). Peut-être trente hamacs et vingt chiens par an.

Nous sommes maintenant dans les hautes terres, sur la rampe des Tumuc-Humac.

Non loin du dégrad du Mapaony, nous entendons, dans la forêt, les cris d'une bande indienne. C'est Acouli qui est là avec sa famille. Il va au Yary voir à « acheter des marchandises »! Il s'arrêtera quelque temps chez Arissaoui, son *yépé*. Il dit qu'il voudrait bien s'en retourner avec moi à Cayenne. Ils sont là une vingtaine dans la suite d'Acouli. Enchanté de son grade de capitaine et de la canne et du papier que je lui ai fait donner à Cayenne par le gouverneur, il me prodigue les marques d'une affection et d'une reconnaissance que je crois sincères.

Toutefois, mon brave Acouli, malheureusement pour toi, je ne suis pas en mesure de prendre, comme tu me le demandes, la direction générale des Indiens du désert. Tu ne sais point ce que c'est qu'un missionnaire scientifique du gouvernement français. Quand nous arrivons, il est vrai que nos chefs nous exhibent comme un éléphant blanc ou un ours à cinq pattes, mais tout de suite après ils rejettent loin d'eux l'instrument devenu inutile. Nous vivons dans l'incertitude continuelle du lendemain, et notre situation est plus précaire que celle d'un Indien dont le manioc a été mangé par les fourmis. Nos grands chefs font moins de cas de nous que des derniers de leurs peïtos, voire même que de certains petits apprentis piayes qu'on appelle les employés de bureau.

Allons, mes bons sauvages, prenons le sentier des grandes montagnes, le sentier de ces grandes forêts où l'homme n'a pas encore été si complètement qu'ailleurs domestiqué et avili.

Au moment de partir, les Roucouyennes s'attachent dans le cou, à la Louis XVI, leurs longs cheveux qui, dans les broussailles, en pourraient faire autant d'Absalons.

Nous passons une petite colline, sur la rive droite du Mapaony, puis nous coupons à nouveau cette crique; enfin, après avoir passé une autre colline un peu plus forte, longue, assez douce, assez haute et sans nom, nous recoupons le Mapaony, qu'on laisse définitivement.

Tous les jours nous avons un peu de pluie.

On prend la montagne du Mapaony (Mapaony-Epoyane), puis la montagne du Sarara (Sarara-Epoyane), un peu plus petite, et, après trois heures de marche pour aujourd'hui, on s'arrête sur les bords de la petite crique Sarara, un ruisseau à pinots d'un mètre de large et de dix centimètres d'eau.

12. — Aujourd'hui nous arrivons sur les flancs du Témomaïrem, un magnifique belvédère : c'est une roche couverte d'herbes peu hautes, d'où l'on embrasse les trois quarts de l'horizon. La roche a deux ou trois hectares de superficie. Nous nous donnons le plaisir de brûler la petite

savane. À un kilomètre d'ici, se trouve un énorme rocher nu de cinquante mètres de hauteur, avec quelques arbres et quelques arbustes grimpant à l'escalade de la grosse masse rocheuse. Du sommet de ce pic de Témomaïrem, on découvre tout l'ensemble des chaînons occidentaux des Tumuc-Humac. C'est le plus beau point d'observation de la chaîne, avec Mitaraca et Tayaouaou.

Le chemin du Parou, qui passe par le village de Caréta, se détache, au belvédère du Témomaïrem, du sentier de Mapaony-Itany. Il se dirige au pied du Mounpaïmeu-Patare, que nous voyons d'ici.

Le Témomaïrem n'est pas tout à fait sur le sentier de Mapaony-Itany. On ne le voit pas de ce sentier, il est un peu N.-N.-O., à quelques centaines de mètres sur le chemin du Parou. Nous nous y transportons. Il est couronné d'une roche à pic d'une cinquantaine de mètres avec des cavernes dans le genre de celles de Tayaouaou ; on trouve sur les roches quelques pieds d'ananas sauvages. C'est la Roche Garde-Manger de Crevaux, qui ne l'a pas vue. Les Indiens y cachent parfois de la cassave dans une anfractuosité de la base, à un mètre de hauteur, pour en trouver à leur retour de l'Itany ou du Parou.

L'ascension du Témomaïrem donne surtout un très beau point de vue des montagnes de l'est et du groupe du Timotakem : Toapikem, Timotakem et Arouco Patare.

Toapikem donne les sources d'une branche du Pilli, Timotakem celles de cette rivière, Arouco celles d'une autre branche du Pilili. Des branches du Marouini descendent de ces trois montagnes. Le Timotakem et le Toapikem paraissent avoir 800 mètres d'altitude absolue. La ligne méridienne Mitaraca-Timotakem est à dix ou quinze kilomètres environ par le travers O.-E. d'ici.

Du belvédère du Tamomaïrem, on distingue très nettement des montagnes qui continuent le Timotakem sur la haute Chimichimi. Ces montagnes ont environ cinq à six cents mètres de hauteur.

Nous poursuivons. Ce sentier grimpe de montagne en montagne. Voici un gros sommet limité au nord par la petite crique Counichpane, branche du Mapaony qui a 1 m. 50 de large et 0 m. 20 de profondeur, et qui est un peu plus forte que Sarara. C'est la haute forêt, les palmiers sont rares.

Autre montagne. Une petite crique, l'Itoumhacane, coule à gauche.

Puis on passe un petit affluent du Mapaony, le Courimapouphane, qui coule à droite. Ensuite, après une autre montagne, un autre affluent du Mapaony, le Couayeoucoure, qui coule aussi à droite.

Au delà du Couayeoucoure on prend le Tépouénétop, assez forte montagne.

Du sommet du Tépouénétop on voit le Palourouimènepeu, à huit ou dix kilomètres environ O.-1/4 S.-O. Le Palourimènepeu est un peu moins fort que le Timotakem; là sont les sources du Ouarémahpane (Ouaremapane). trouve encore gisant, au sommet du Tépouénétop, l'arbre qu'a fait abattre Crevaux pour voir le Palourouimènepeu.

Ce sentier de montagne est très dur. Cependant nous sommes tous en bonne santé. Il paraîtrait toutefois que nos prédécesseurs n'ont pas tous été aussi heureux que nous. Le sentier est jalonné de cadavres d'Indiens morts en voyage de maladie ou de misère. « Un tel est enterré ici », me disent mes hommes.

Ils s'en souviennent, mais rien n'indique la tombe.

Après le Tépouénétop on prend le Courimapahpane, premier affluent du Coulécoulé, puis on prend le mont Couhérapatatpeu (Cassabatiki), où nous essuyons une sérieuse averse.

En montant le Couhérapatatpeu on voit à droite trois montagnes formant une chaîne vers l'E.-N.-E. Ces montagnes donnent les sources du Coulécoulé et celles du Mapaony.

Du sommet du Couhérapatatpeu on voit, à 6 ou 8 kilomètres N. 1/4 N.-O., une montagne qui ressemble singulièrement à Knopoamoye, mais qui ne saurait l'être. Les Roucouyennes, qui la voient pour la première fois, frappés de ce que leur chemin se rapproche en ce point si près de l'Itany (du moins c'est ce qu'ils pensent, trompés par la ressemblance), disent qu'ils veulent d'ici tracer un sentier beaucoup plus court que le sentier actuel et qui aboutira en face du village d'Ochi.

On longe quelques instants le Coulécoulé sur les hauteurs, puis on coupe la crique à un saut de 25 mètres en plusieurs cascades. La crique est toute petite en cet endroit, elle n'a que 2 mètres de largeur. On reprend ensuite les collines.

Nous recoupons le Coulécoulé, qui a maintenant 5 mètres de large, avec 10 centimètres d'eau sur fond de sable.

Puis nous prenons le Couacouaïmeu Patare. Du sommet du Couacouaïmeu Patare on voit, S.-S.-O., se profiler la chaîne des sources du Coulécoulé-Mapaony.

On recoupe encore le Coulécoulé, qui a maintenant 6 mètres et que nous laissons coulant à notre gauche.

Nous franchissons ensuite les petits mornes du Coulécoulé, les Croucrou-

Croucrou des Bonis, quatorze collines peu élevées mais assez à pic, s'échelonnant sur la rive droite du Coulécoulé.

Puis nous couchons sur le bord de cette crique au pied du Ténének Patare. Coulécoulé a, en cet endroit, 4 à 5 mètres seulement de largeur, à un petit saut de 1 mètre, où nous fléchons quelques petits poissons.

Comme nous regardons bouillir nos marmites, un monsieur très digne se présente gravement, suivi de trois pages. Il sort du sentier d'amont.

LES TUMUC-HUMAC A L'OUEST DU TÉMOMAIREM.

C'est M. Ochi, qui s'est récemment promu, dans la Haute Itany, tamouchi d'un village, lequel, naturellement, porte son nom. Le seigneur Ochi était, lors de mon dernier voyage dans la contrée, en 1887, simple peïto du nommé Apoïké, suzerain incontesté de la haute rivière. Apoïké, depuis cette récente époque, a, paraît-il, commis toute une série de forfaitures, ce qui lui mérite bien de déchoir de son titre de tamouchi général de la haute Itany. Apoïké vole les femmes de ses peïtos. Pourtant il est vieux, le pauvre homme. Ces demi-vieillards de cinquante-cinq ans sont terribles! Toutefois cela a marché normalement jusqu'au jour où Apoïké s'est avisé de prendre, malgré elle, la sœur du peïto Ochi. Ochi ne montra pas l'esprit pacifique et résigné de ses camarades. Ce n'est pas par ce procédé qu'il voulait obtenir de l'avancement. Ochi attisa le feu de la révolte. Il fit sentir aux Roucouyennes, qui peu à peu s'indignèrent, qu'un tamouchi, si suzerain, si quinquagénaire et si canaille qu'il fût, n'avait pas le droit d'accaparer — peut-être inutilement — les jolies femmes mariées et les jolies jeunes filles d'un village déjà pas mal démeublé de beautés. Alors Ochi, chef insurrectionnel, fit comprendre aux mécontents que leur premier intérêt était de tuer l'individu objet de leur grande ire.

Il est décidé aujourd'hui qu'on va expédier Apoïké.

Apoïké s'en va faire un voyage d'achat dans le Haut Parou. Il passera par le sentier du Témomaïrem à Caréta, un sentier plein de montagnes. Au pied de l'une de ces montagnes, Ochi et sa bande vont l'assassiner.

Au moment où ces notes au jour le jour auront été publiées, il est probable qu'Apoïké aura divorcé avec sa belle âme.

Je l'aime beaucoup, cet Apoïké. En 1887, il m'a gracieusement volé, il est vrai, mais enfin il est intéressant. Il est spirituel, habile, correct, sérieux : un véritable homme du monde.

Toutefois, comme ses électeurs se plaignent aujourd'hui de la façon dont il a rempli son mandat, mon devoir de *reporter* est de rester neutre et d'enregistrer avec indifférence.

On va tuer Apoïké. C'est leur justice à eux. Je reconnais d'ailleurs, en contribuable correct — quoi qu'il m'en puisse coûter, — que si on me prenait, sans ma permission, ma femme ou ma sœur, j'en ferais sans doute tout autant, au cas, bien entendu, où l' « éternel féminin » se serait formellement refusé à la galante aventure.

Ce qui ne m'empêche pas de m'intéresser tout de même à lui, à ce sacripant d'Apoïké. Aussi bien en vaut-il la peine. D'après mes derniers renseignements — très sérieux — il ne devait pas tarder à être affublé d'un ordre quelconque du Cambodge ou de l'Annam, comme le compère Apatou. Services rendus dans l'Aoua, la Californie guyanaise.

Reprenons toutefois, sans trop de larmes, l'exercice de notre profession.

Nous coupons le Coulécoulé un peu en amont d'un grand saut que nous entendons à notre droite.

Ensuite nous nous engageons sur les flancs du Ténének Patare. De là nous voyons une assez forte montagne au sud. On traverse de grands espaces couverts d'arbres déracinés abattus par le vent.

Ténének Patare est une grosse montagne. Le sentier passait jadis à son sommet. Ténének était un tigre noir, on le nommait Ténének parce que son cri disait distinctement ce mot. Le ténének fut tué par un Roucouyenne au pied de la montagne.

Du flanc nord du Ténének Patare on voit, E.-N.-E., à 8 ou 10 kilomètres, une forte montagne.

Nous coupons Yétpéécoure, une crique de 3 mètres, affluent du Coulécoulé, puis le Coulécoulé, qui a 6 mètres avec 50 centimètres d'eau et qui peut porter canot. Il s'y trouve une vieille pirogue pourrie.

Puis, après avoir traversé deux pinotières, on prend les premiers affluents de Halinao (Saranaou), qui sont également des criques à pinots. Après cette première crique on atteint une montagne d'où l'on voit S.-S.-E. la montagne vue tout à l'heure E.-N.-E.

On traverse toujours des pinotières, puis on passe deux fois le Missoécoure, petit affluent du Halinao, avec 2 mètres de large et 0 m. 10 d'eau, puis on atteint le Halinao à l'ancien village du tamouchi Baha.

Nous coupons une autre Yétpéécoure, aussi affluent du Halinao; cette autre Yétpéécoure a trois mètres de largeur. Puis on longe Halinao, qui a 5 ou 6 mètres avec 50 centimètres enfin d'eau, on arrive à l'embouchure de cette rivière, rive gauche. La crique a 5 mètres de largeur et 50 centimètres d'eau. C'est le dégrad. Sur le sentier, à 40 minutes avant le dégrad, s'embranche le sentier qui se raccorde à celui de Pililipou au point où ce dernier coupe l'Alama en aval.

Au dégrad de Halinao, nous trouvons deux pirogues, l'une un peu en amont, l'autre au dégrad d'Alama.

Pour parcourir ce sentier nous avons mis 18 heures 40, ce qui représente environ 73 kilom. 600, et, en ligne droite, 55 kilom. 200, parce que le sentier suit les deux côtés d'un angle.

16. — Ce matin nous partons remontant la Haute Itany. Nous nous rendons au village d'Ochi, faire de la cassave pour le voyage chez les Bonis. Nous mettons huit heures pour arriver au village.

Le village d'Ochi est situé sur la rive gauche. Il ne se compose encore que de deux cases. C'est un village en formation.

Chaque jour, chaque nuit, il pleut. Singulière fin d'été. C'est déjà l'hiver.

Les hommes d'Ochi nous font de la cassave. Mais ce n'est pas tout. Il nous faut une grande pirogue pour descendre, car nous sommes arrivés ici avec de vieilles coques pourries, bonnes tout au plus pour aller à la pêche.

Nous avons quelque chose ici qui ressemble à un canot, cela appartient à Aloupkerye. Mais la pauvre barque est dans un état pitoyable. L'avant est crevé, l'arrière aussi. Il faut tout rapetasser, puis calfater. La chose faite, je mettrai dans ce vaisseau amiral ce qui me reste de marchandises. Les autres Roucouyennes de mon escorte prendront passage dans quelque coque disloquée.

M. Apoïké, futur officier du Cambodge, vient rendre visite à son ancienne dupe. Il est fort correct. Il est quelque peu le canotier officiel des futurs placers de la Haute Aoua. Il vient, accompagné de toutes ses femmes. Très bien, ma foi, les femmes d'Apoïké. Comme peïtos il n'a que des enfants. Les adultes l'ont abandonné en attendant qu'ils le tuent.

Il est de bonne compagnie. Il est riche. Il m'offre un verre de tafia. Il est *select*, ce petit chef sauvage. Il a rapporté cela des placers de l'Aoua. Voilà ce que c'est que d'être un personnage officiel!

Les hommes du village jouent avec mes fusils, qui heureusement ne sont pas chargés.

Je n'aurais qu'à faire un geste.

Mais j'ai d'autres chats à fouetter.

« Allons voir ton canot », dis-je à cet intéressant fonctionnaire. Malheureusement Apoïké n'a qu'une petite pirogue de pêcheur. Je lui donne quelques marchandises indiennes pour le remercier de son verre de tafia, et je le salue. Adieu, Apoïké. Tu es capable tout de même de recevoir, comme jadis Dupanloup le lendemain de sa mort le chapeau de cardinal, toutes sortes de faveurs et d'insignes, quelques lunes après que la justice populaire des sauvages de ta tribu t'aura fait passer, comme nous disons dans notre dialecte, le goût de la cassave [1].

Nous laissons le petit village d'Ochi. La réparation de la pirogue est terminée. Les provisions sont faites.

Nous partons. Il est huit heures du matin. Le temps est couvert. Tout de suite il pleut. Nous redescendons la Haute Itany. Les rares arbres tombés qui bordent son cours, large de 20 à 30 mètres, sont, à la descente, facilement franchis. Nous arrivons en quatre heures à Halinao, presque sans difficultés.

Nous poursuivons et un peu plus bas nous arrivons à l'embouchure de l'Alama.

A la mi-octobre 1887, nous couchions ici, au dégrad d'Alama. Bien que nous soyons maintenant plus avancés d'un mois dans l'été, il y a maintenant autant d'eau qu'alors et peut-être plus.

Philosophie banale, mais cependant.... Je me revois alors, plus riche

---

1. *Dernières nouvelles*. Apoïké a été empoisonné, dans l'été de 1891, vers juillet, par mon ami Acouli, cacique officiel des Roucouyennes français. H. C.

d'espérances et plus riche de santé, couchant dans le même milieu sauvage, dans la même forêt déserte, avec les mêmes Indiens inconscients. Qu'ai-je fait depuis ces trois ans? À quoi me servent ces travaux moins appréciés que ceux d'une divette? Doublé le cap de la trentaine, nous voyons un chérubin qui agonise, et c'est l'espérance; et un démon qui s'installe à nos côtés, et c'est le dégoût.

Et le temps est toujours couvert, et il tombe presque incessamment une pluie fine.

Nous rencontrons Opomoc qui revient de chez les Nègres, avec ses deux peïtos. Un peu plus loin c'est Yacana, de Pililipou, qui se rend au Yary faire des achats. Yacana était au nombre des Roucouyennes que j'emmenai à Cayenne en 1888. Ce brave Indien ne paraît pas m'avoir gardé une grande reconnaissance du voyage que je lui ai fait faire. Il s'arrête à peine en passant à côté de mon canot, me dit deux mots en hâte et disparaît. Ingrat comme un civilisé.

Le temps est couvert presque toute la journée. La nuit, il pleut.

Nous arrivons à un village roucouyenne, qui n'était encore qu'en formation en 1887, le petit village de Yamaïké, joli petit centre de trois cases, dans une situation charmante, au milieu de vastes défrichements.

Une partie de la population de l'ancien Pililipou s'est transportée chez Yamaïké, notamment Talilipan.

Talilipan, ou Taoulipan, se meurt. Le pauvre garçon n'est plus que l'ombre de lui-même. Il paye cher aujourd'hui ses exploits donjuanesques d'autrefois. Il est atteint d'un ramollissement de la moelle épinière. Sa petite femme de 1888 est toujours avec lui. Elle paraît l'aimer toujours beaucoup. Elle le soigne avec un dévouement de mère pour son enfant. Mais tous ses soins sont inutiles : il est probable que d'ici quelques mois la fille d'Akessé sera veuve.

Le pauvre Talilipan, si arrogant naguère, est aujourd'hui humble et doux.

« Je vais mourir, me dit-il; mais ne pourrais-tu point me donner quelques remèdes pour prolonger encore ma vie? » Et il reste inerte dans son hamac. Quand il veut faire quelques pas dans le village, il est obligé de s'appuyer sur l'épaule de sa petite femme, devenue garde-malade de l'agonisant qu'elle a tué de plaisir.

Ce soir, nous arrivons à un autre petit village roucouyenne, celui d'Apouroure. Apouroure, en langue roucouyenne : bouchon. Une averse d'une heure nous a fait la conduite en amont du village, en cette partie du cours de l'Itany qui est la plus encombrée de roches. La pluie était aveuglante.

On ne voyait rien. A chaque pas on aurait pu chavirer.

Le village d'Apouroure se compose en tout d'une unique case au toit percé, case sale, mal tenue et sans vivres.

Nous poursuivons par le même temps d'hiver.

Ce pauvre Atoupi ne connaît pas la rivière, et de plus il est mauvais patron. Or, dans cette région de l'Itany, ce ne sont que roches, rapides et chutes.

Nous passons devant l'Aroué, puis devant l'Oulémary. Ce sont deux grandes rivières, la première, à peu près aussi forte que le Mapaony, la seconde, de la force du Yaoué. Quand il y a de l'eau, il faudrait certainement de six à huit jours pour remonter l'Aroué et de huit à dix pour remonter l'Oulémary. Les deux rivières doivent traverser des contrées d'aspect assez différent. Aroué est une rivière d'eau noire, et l'Oulémary d'eau blanche.

Au-dessous du confluent de l'Oulémary, l'Itany double presque de largeur : l'Oulémary n'est en effet guère moins importante que cette dernière rivière.

Comme nous allons, rêvant aux fameux Indiens Oyaricoulets qui habitent les forêts de la rive occidentale, nous entendons, en aval, deux coups de fusil. Quels peuvent bien être les voyageurs qui s'aventurent jusque dans ces parages si peu fréquentés?

A un coude de la rivière nous voyons un grand canot qui monte, battant pavillon français. De plus près, nous reconnaissons deux blancs avec des noirs créoles armés de fusils Gras.

J'arbore aussi mon pavillon, et fais accoster à une grande roche plate sur le passage du canot.

Un grand jeune homme, portant l'uniforme de pharmacien de la marine, se tient debout dans le canot inconnu et, descendant bientôt sur la roche, s'avance au-devant de moi.

« Vous devez être, sans doute, M. Coudreau ? bien que tout le monde vous croie encore à l'Oyapock. Moi, je suis M. Geoffroy, pharmacien de la marine, comme vous le voyez aux galons de ma veste. Je suis en mission du sous-secrétaire d'État des Colonies pour chercher quelques plantes dans les forêts de la Guyane.

« Vous paraissez avoir complètement perdu mon souvenir, je suis, à n'en pas douter, un étranger pour vous, et cependant nous étions en même temps, en 1873, au collège de Saintes, mais vous chez les moyens, moi chez les petits.

« J'ai du vin, du pain, du tafia, des provisions; je régale.

— Aimez-vous le caïman ? interrompis-je. J'en ai un superbe qui mijote dans ma marmite. Vous allez faire connaissance avec ce plat de gourmet et vous me direz si cela vous rappelle l'ordinaire de notre bon vieux collège. »

Nous causâmes jusqu'à deux heures du matin, non sans sabler force gobelets de vin et de tafia offerts par Geoffroy. Nos Indiens eux-mêmes étaient gris.

Geoffroy et le chef des postes de l'Aoua, M. Gaudchoutrillet, qui l'accompagne dans son excursion, se rendent jusqu'au premier village roucouyenne pour voir s'ils y trouveront à acheter quelques arcs et quelques flèches. J'attendrai Geoffroy chez les nègres Bonis, et, à son retour, si sa santé le lui permet, nous ferons ensemble le voyage de l'Inini à l'Approuague.

Adieu ! au revoir !

Nous arrivons aux grands sauts de l'Itany.

Pour descendre les grands sauts de l'Itany nous mettons 5 heures 20, dont 3 heures en amont du Marouini et 2 heures 20 en aval. Il faut deux jours pour les monter, avec un bon équipage de Bonis. Comme la chose m'arriva jadis à moi aussi, en 1887, Geoffroy vient, il y a quelques jours, d'y chavirer, en y perdant la moitié de ses bagages.

Le 26, nous rencontrons un nouveau canot indien, monté par trois peïtos d'Apoïké et de Caréta.

A partir de l'embouchure de l'Araoua on trouve fréquemment sur les rives de grands carbets abandonnés. Ce sont les restes des expéditions des chercheurs d'or qui sont récemment venus travailler jusque dans la Basse Araoua elle-même. Les prospections n'ont pas été très heureuses. Aujourd'hui toutes ces petites exploitations sont évacuées. Il en reste toutefois deux ou trois dans la Basse Araoua.

Nous avons fort peu d'eau en rivière. Le canot traîne souvent sur les roches. Devant le poste de l'embouchure de l'Inini, le canot racle pendant plus d'une demi-heure de trajet sur un banc de gravier.

Nous voici arrivés au premier, au plus méridional des fameux postes de l'Aoua. Ces postes sont établis, d'aval en amont : 1° au village d'Apatou, 2° à Poligoudoux, 3° à Assissi, 4° à Inini. Ils coûtent ensemble 60 000 francs par an d'entretien. Chaque poste se compose d'un agent et de quelques soldats créoles : *les volontaires de l'Aoua !* A côté du poste français d'Assissi et de celui de Poligoudoux se trouve un poste hollandais.

Ces postes avaient primitivement pour objet de faire respecter la convention de non-exploitation réciproque des gisements d'or alluvionnaire du territoire contesté. Depuis que, de par de nouveaux règlements, des concessions importantes avaient été accordées dans le territoire litigieux, les postes n'ont guère plus qu'un rôle de police, d'ailleurs aussi inutile que peu prestigieux.

Le poste d'Inini se compose d'un carbet de prospection et d'un drapeau. Un vieux nègre employé du poste, le père Pamphile, nous reçoit. Le sous-chef, Philémon Cyrus, que j'ai jadis connu à Kourou, arrive bientôt flanqué du second agent, le nommé Pompilius Atanase, ex-aide mécanicien à la Compagnie Transatlantique. La cordiale réception se prolonge jusqu'à trois ou quatre heures du matin.

Nous poursuivons, par les grains. Au dégrad Pointu, l'ancien dégrad des placers, nous sommes reçus par MM. Goron et Lémery qui exploitent ici un petit terrain qui rapporte. Ce dégrad leur est commun avec la grande Compagnie E. Leblond et Cie qui possède 72 000 hectares. C'est ici que se trouve le gros des travailleurs de l'Aoua et ce sont ces deux exploitations qui fournissent la presque totalité de l'or produit par la rivière. Cela donne à peine une quinzaine de kilos par mois, pour une quarantaine d'hommes. Mais on espère beaucoup mieux pour l'avenir. D'autres terrains aurifères existent plus haut, au delà des grands sauts du confluent du Marouini, du côté de l'Oulémary notamment, où quelques-uns prétendent avoir déjà fait des découvertes. Toutefois, pour exploiter à cette hauteur, il faudra que les terrains soient exceptionnellement riches.

J'arrive à Cormontibo chez mon ami Firmin Gaillot, qui a installé dans ce dernier village des Bonis son magasin de ravitaillement. Ses terrains sont un peu en amont, en bas de Grand-Bamba. Gaillot a déjà trouvé d'excellentes criques, mais le terrain n'est pas encore suffisamment prospecté.

Il a aussi des intérêts connexes à ceux de la Grande Compagnie de la rive gauche. Des procès, les terrains étant mal délimités, ont été engagés. On se plaint de partialité, de faveurs aux puissants. Patience! mon digne et vaillant ami, c'est surtout dans ce pays-ci qu'elle tourne vite, la roue de la fortune et des faveurs !

Firmin Gaillot, de l'aveu de tous en Guyane, est le plus intrépide mineur de la Colonie. Quelques-unes de ses prospections sont des tours de force d'audace, de ténacité et d'endurance. Il n'a point d'ennemis dans ce pays, où il n'est pas toujours facile d'avoir seulement quelques amis.

Il a été Conseiller général, il a une situation à Cayenne ; mais le Grand-Bois le fascine, peut-être plus encore à cause de sa rude vie qu'à cause de ses pépites ; et il est dans le Grand-Bois depuis vingt ans ! Ah ! si cette sinistre Déesse Fortune, si souvent cynique et bête, lui jetait un beau jour, à ce brave, vrai spécimen des anciens grands défricheurs et découvreurs de l'Amérique, le million qu'elle prodigue si volontiers à d'autres comme par ironie, elle n'entendrait ce jour-là, à travers tous les champs d'or des Guyanes coloniales, que des applaudissements dont l'écho ne serait pas long à s'éveiller dans mon cœur.

Les Bonis dansent à Pomofou. Anato est là avec Apatou, avec qui il s'est à moitié réconcilié.

Je fais ma correspondance à Assissi chez M. Lucien, sous-chef de poste. Assissi est le centre des postes de l'Aoua, dont M. Gaudchoutrillet est le chef supérieur. Les autres postes sont commandés par un sous-chef.

Le 1ᵉʳ décembre j'arrive à Pomofou. Anato est malade et couché. On ne danse plus. Apatou me voyant : « Ah ! chef ! » fait-il. Et il m'embrasse. Loyal compagnon !

Anato, toujours malade, ordonne à Apatou de me chercher des hommes pour mon voyage d'Inini-Approuague.

Nous descendons à Cottica avec le grand-man malade, qui me loge dans sa maison et s'en va habiter un petit carbet à côté.

On m'a arrangé deux hommes, le vieil Achuiti, qui est allé chez les Émerillons, il y a une vingtaine d'années, et le gros Couacou, qui a un canot qui fait juste mon affaire. Couacou est une vigoureuse brute, très ivrogne et assez mauvaise tête.

Couacou et Achuiti doivent venir nous prendre à Assissi le 6. Nous retournons à Assissi. Geoffroy est arrivé. Quand il eut fini son pain et son vin, il fut pris de violents accès de fièvre. Il renonce au voyage d'Inini-Approuague et descend à Saint-Laurent par la première occasion.

Nous passons les journées du 5 et du 6 décembre à Assissi chez Geoffroy, installés chez Gaudchoutrillet. De fréquents orages et de violentes averses nous autorisent à penser que notre voyage d'Inini-Approuague ne sera pas dépourvu d'un certain nombre d'inconvénients.

Achuiti et Couacou arrivent le 7 au matin. Nous partons à une heure de l'après-midi. Apatou a déjeuné avec Laveau et moi chez Geoffroy. Il nous embarque à l'extrémité de la plage de sable d'Assissi, et nous accompagne de ses souhaits.

« *Ou qua fait oune bonne voyage!* dit-il, *a mo qui dit ou ça. Achuiti conseil général Boni, Couacou famille grand-man.* »

Nous allons lentement. Couacou est ivre mort. Il a volé du tafia dans le canot et il en a tellement bu qu'il arrive sans connaissance à Cormontibo, où il faut s'arrêter toute une journée pour lui laisser le temps de cuver son ivresse.

Mais il emploie si bien cette journée de repos que le lendemain matin, quand nous partons, il est encore complètement ivre.

Avant d'arriver au dégrad Pointu il est tombé une douzaine de fois à la rivière. Ces bains brusques lui rendent un peu d'aplomb pour quelques minutes, mais dès qu'il est parvenu à remonter dans le canot, où il s'assoit tant mal que bien, il recommence à osciller sur son siège et bientôt fait un nouveau plongeon.

En arrivant au poste d'Inini, j'abandonne les quelques bouteilles de tafia qui me restent encore et nous pourrons maintenant poursuivre avec un peu plus de sécurité.

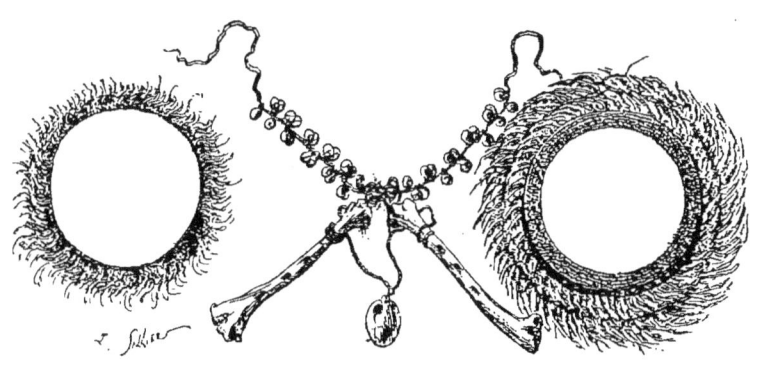

FLUTES ET COLLIERS ROUCOUYENNES.

SUR L'ININI.

CHAPITRE XXV

DANS L'ININI. — COUACOU DEMANDE DE L'AUGMENTATION. — LES BANCS DE GRAVIER. — LA PLUIE. — LA FIÈVRE. — AU DÉGRAD. — L'ININI ET LE SAÏ. — A LA RECHERCHE DES ÉMERILLONS. — AU VILLAGE D'ÉDOUARD. — LES ÉMERILLONS. — UN INDIEN SOURD-MUET. — LES TAYRAS. — PARITOU ET ARAOUA DÉSERTS. — LES PARITOUS. — NOMBRE DE JOURNÉES DE CANOTAGE ET ÉVALUATION DES DISTANCES. — RENSEIGNEMENTS GÉOGRAPHIQUES. — GÉOGRAPHIE ANCIENNE. — LES PLACERS DES SOURCES DE L'APPROUAGUE ET DE L'ININI. — LES QUATRE VILLAGES ÉMERILLONS. — VOYAGE AUX SOURCES DE L'ININI. — RHUMATISME. — MARCHES DOULOUREUSES. — GRANDES MISÈRES. — RENCONTRE PROVIDENTIELLE. — EN ROUTE POUR LES DÉGRADS DE L'APPROUAGUE. — CRÉOLISATION DES ÉMERILLONS. — DESCENTE DE L'APPROUAGUE. — LES GRANDS SAUTS. — LES GRANDS AFFLUENTS. — DANS LA BASSE APPROUAGUE. — A CAYENNE. — RETOUR EN FRANCE.

C'est le 10 décembre, dans l'après-midi, que nous entrons dans l'Inini. Cette rivière, bien moins fréquentée que l'Aoua et l'Itany, est très giboyeuse. Les hoccos, les caouas, les iguanes abondent de toutes parts.

Nous nous couchons sur cette bonne impression. Malheureusement il pleut toute la nuit et nous avions négligé de faire des carbets.

L'Inini est une rivière difficile ; elle présente beaucoup de bancs de gravier sur lesquels, quand la crique est sèche, au cœur de l'été, il faut traîner les canots. Les difficultés commencent dès le second jour : bancs de gravier et arbres tombés. L'hiver, on n'éprouve aucune difficulté, sauf celle de la violence du courant.

L'été, aux basses eaux, on a tellement de mal qu'on peut mettre jusqu'à un mois pour remonter la rivière. Aux grosses eaux, le courant est si dur qu'on met au moins dix jours pour gagner le dégrad. Aux eaux moyennes on met de six à huit jours.

Au-dessus du premier grand affluent de droite, le Premier Fourca des créoles, la rivière Camopici des Émerillons, l'Inini perd la moitié de sa force en largeur et en profondeur.

Au-dessus du Saut de l'Isthme, la crique s'élargit et atteint de 30 à 40 mètres, puis se rétrécit normalement.

Dès le second jour nous coupons plusieurs arbres barrant la crique. L'Inini semble avoir tout au plus l'importance de la Motoura.

Couacou nous menace déjà de s'en retourner. « Il y a trop d'arbres à couper, dit-il, la rivière est trop difficile. Il faut donner à Couacou deux pièces (10 francs) par jour en plus des 8 francs qu'on lui a promis. »

Une forte averse à cinq heures du soir. Toute la nuit, la pluie. La fièvre nous prend.

Des bancs de gravier sans fin, sur lesquels il y a en ce moment juste assez d'eau pour passer avec un petit canot. Ces bancs s'étendent sur tout le lit de la rivière. La quille frôle le banc. Bientôt nous ne pourrons plus passer.

La fièvre continue.

Nous traînons maintenant notre canot sur les bancs de gravier. Ils ne sont plus recouverts que de 10 centimètres d'eau ou même moins. Le canot ne flotte plus. Ces bancs ont de 200 à 300 mètres de longueur. Nous sortons tous les quatre du canot. Achuiti pousse derrière, Couacou tire devant, Laveau et moi donnons un coup de main sur les côtés.

Chaque soir il pleut vers les cinq heures. Cette pluie et les bancs de gravier ne sont pas de nature à nous guérir de notre fièvre.

Nous sommes obligés maintenant d'enlever les cailloux dans le lit de la rivière pour faire un passage au canot, ou bien nous coupons des rondins sur lesquels nous le faisons rouler.

Un grand nombre d'arbres tombés retardent considérablement la marche. Les créoles ont nettoyé l'Inini, il y a quelques années, mais il faut couper encore beaucoup d'arbres tombés depuis le passage des chercheurs d'or.

De nombreux îlots rétrécissent la rivière. Il faut passer par de petits canaux complètement bouchés par les bancs ou les barricades de troncs d'arbre. Des raies venimeuses et des gymnotes nous guettent sur les bancs de sable immergés.

Voici quatre jours que nous sommes, Laveau et moi, la moitié du temps dans l'eau pour délester le canot et aider à le tirer, à le pousser. La pluie tombe continuellement. Les deux Blancs ont la fièvre et ne mangent plus du tout. Les deux nègres ne valent guère mieux.

Nous arrivons enfin au Saut du Confluent, le plus grand saut de l'Inipi, le plus fort, le plus long et le plus dangereux.

Au-dessus de ce saut il n'y a plus de bancs de gravier, on trouve partout assez d'eau, mais les arbres tombés deviennent de plus en plus nombreux.

20. — Nous voici au confluent de la crique Saï. Couacou ne connaît pas le pays et Achuiti ne s'y reconnaît plus. « Ce n'est plus le même chemin que de mon temps », fait-il, découragé.

L'Inini (m'ont déjà dit les créoles et m'ont, plus tard, confirmé les Émerillons) est plus large et plus profond que le Saï, qui est presque tout de suite à moitié à sec et fort rétréci. Le Saï n'est navigable qu'aux grosses eaux et seulement jusqu'à trois heures de marche d'ici. L'Inini, aux grosses eaux, ou l'été si l'on coupe les arbres tombés en travers, peut être remonté encore pendant deux jours de canotage, au moins deux fois plus loin que le Saï. C'est sur les bords du Saï que se trouvent les villages des Émerillons.

Il faut donc suivre le Saï, mais où prendre le chemin? Nous sommes tout perplexes, d'autant plus que nous sommes tous malades.

Couacou, dégoûté, nous menace tout simplement de nous planter là et de s'en aller avec son canot. Mais comme le drôle fait mine de virer son embarcation pour descendre la rivière, deux fusils braqués sur lui le font changer de détermination.

M'aidant des renseignements qui m'ont été donnés par les créoles, je prends devant, cherchant le sentier. Les deux Bonis suivent. Le village d'Édouard, le premier que l'on rencontre, est à une journée de marche, m'a-t-on dit.

Nous marchons trois heures sans rencontrer le moindre ruisseau, puis nous arrivons au Saï. C'est à ce point que se trouve le dégrad, quand les eaux sont grosses. Il y a ici plusieurs carbets de prospection. Laveau, pris d'un accès pernicieux, ne peut aller plus loin. Comme nous n'avons rien à manger, je vais pousser jusqu'au village où peut-être trouverai-je quelques provisions que je pourrai envoyer à mon compagnon malade. Je laisse le vieil Achuiti avec celui-ci et je pars avec Couacou.

Couacou ne veut pas s'occuper de chercher le sentier, c'est moi qui vais devant, à la découverte. Ce voyage s'accomplit sous une pluie battante. Trois heures de marche sous l'averse. Nous coupons trois fois le Saï, et nous arrivons au village d'Édouard après une marche totale de six heures.

Tous les villages émerillons sont sur les bords du Saï. L'Inini reste au N.-N.-E., sa tête est tout près de la tête de la Mana, à cinq ou six jours de marche d'ici. Édouard a habité autrefois ces parages, quand il était encore enfant.

J'arrive au village d'Édouard. Couacou est resté un peu en arrière. Édouard n'est pas chez lui, il est allé porter du couac et de la cassave à un placer de la Haute Approuague. Les gens du village parlent mal le créole et comprennent fort peu l'oyampi. Je rencontre, fort heureusement, le vieux Tapi, dont le fils, jeune homme de vingt ans, parle très bien le roucouyenne vulgaire. On me traite assez bien, on me donne du cachiri, de la canne à sucre et un peu à manger. Demain matin de bonne heure, le fils de Tapi et deux autres Indiens iront au-devant de Laveau jusqu'au dégrad du Saï.

21. — Les Émerillons sont partis ce matin au-devant de Laveau et d'Achuiti.

Le village d'Édouard est peu important. J'y compte une quarantaine d'Indiens, répartis dans cinq cases et quelques carbets.

Les femmes portent généralement la tangue, mais avec une camisa par-dessus.

Quelques-uns des hommes ont des chemises et des chapeaux, mais la plupart en sont encore au calembé. Ils ont beaucoup de fusils donnés par les créoles, qui cherchent de l'or dans la contrée, en payement du couac et de la cassave que les Émerillons leur fournissent. Ces fusils sont, pour la plupart, des lefaucheux à broche. Ils en ont aussi, mais en très petit nombre, à percussion centrale ou à baguette. Les abatis émerillons sont semblables aux abatis roucouyennes : ils sont assez vastes et bien tenus. La plupart des hommes savent un peu de créole, quelques mots de roucouyenne et quelques mots d'oyampi. Ce dernier dialecte et l'émerillon ne sont pas absolument identiques. Il y a à peu près autant de ressemblance entre eux qu'entre l'aparaï et le ouyana.

La population est de couleur claire. Elle est belle. Elle paraît sympathique, mais elle a été gâtée par les créoles et rendue exigeante par leurs largesses intempestives.

Un Émerillon avec lequel je lie le plus vite connaissance est un garçon de quarante ans, sourd-muet, très intelligent et très gai. Les créoles, pour faire de l'esprit, l'ont appelé : *Parler pas bon*.

Les Émerillons n'ont plus de relations avec les Tayras. Il semblerait même que les relations entre Tayras et Émerillons n'aient jamais été que des expéditions de guerre et de pilleries entreprises par les Tayras sur le territoire de leurs voisins.

Il y a déjà fort longtemps, me disent encore les Émerillons, que les villages de Paritou et d'Araoua ont été évacués par la tribu.

Il y a plusieurs Paritou (en émerillon : roches brillantes des montagnes), un à la tête de Saï, l'autre, celui que nous connaissons déjà, dans les hauts de l'Araoua, un autre du côté de la Haute Inini, près des sources.

Laveau revient à midi, encore très fatigué par son accès pernicieux.

Ces Émerillons, dépeints sous de si belles couleurs par les chercheurs d'or il y a trois ou quatre ans, ont déjà singulièrement changé aujourd'hui. Ce sont de parfaits filous, à en juger par leurs relations avec les placériens, qu'ils fournissent de couac. Il est trop tard pour rien faire avec les Émerillons, comme avec les Galibis. Restent quelques Oyampis, les Roucouyennes, les populations du Sud-Ouest.

Les Émerillons ont généralement la lèvre inférieure percée ; ils y passent un petit morceau de bois à défaut d'une épingle. Il est faux qu'ils mangent les tigres.

Nous récapitulons notre voyage, Laveau et moi.

Le nombre de journées mises à monter ou à descendre les rivières n'est pas un élément sérieux d'évaluation des distances. On arrive de Saint-Laurent à Cottica en huit jours aux eaux moyennes ; il faut jusqu'à vingt-cinq jours dans la grande sécheresse. Aux eaux favorables on remonte l'Inini en six jours ; on en peut mettre vingt, trente, quand la crique est très sèche. Il faut dix à douze jours aux grosses eaux à cause des courants.

On met vingt-cinq jours pour remonter l'Approuague aux époques favorables, bien que ce fleuve n'ait que les deux tiers du parcours de l'Oyapock, que j'ai remonté, deux fois, en vingt jours seulement, pendant les grandes sécheresses. L'Approuague peut demander deux mois. Il faudrait pouvoir faire des comparaisons entre les différentes rivières pendant la même saison, avec le même équipage, et encore n'arriverait-on, par ce procédé, qu'à des approximations assez grossières pour l'évaluation de la longueur des cours d'eau.

Je recueille chez les Émerillons quelques renseignements géographiques : la source de l'Inini est à Amanaroupia, très haute montagne.

La source de la Mana est à Touroua, au N.-N.-O. d'Amanaroupa.

Les sources du Fourca d'Inini (Camopici) sont à Ioutire Oû et à la montagne Acinon.

Une montagne Ouéragne est entre Amanaroupa et Touroua.

Un mont Paritou (Paritoucing) est sur le bord de la haute Inini : on le voit de la rive.

C'est par le Camopici que les Tayras venaient attaquer les Émerillons établis dans l'Inini, ce qui rejeta ceux-ci dans l'intérieur. Le Fourca (Camopici) était le chemin des Tayras.

La montagne Paritou de Saï, celle de Ouaqui, tout près les unes des autres, se trouvent à peu près au S.-E. du village d'Édouard.

Du village d'Édouard on prend, S.-S.-O., un sentier qui, en 10 kilomètres environ, mène à Apitiri, grande montagne, tête d'une branche du Ouaqui. Apitiri n'est pas rocheuse.

Le Ouaqui est une rivière de l'importance de l'Inini, d'après Édouard, qui y a eu son village, à deux jours d'ici, dans la direction S.-S.-E., non loin du Paritou et de l'Araoua. Édouard a descendu l'Ouaqui pour se rendre chez les Roucouyennes de la Haute Itany, puis l'a remonté pour revenir à son village. Il a mis cinq jours pour le descendre, et deux pour le remonter. Cette rivière a de petits sauts, peu forts. L'été, on y trouve de grands bancs de gravier comme dans l'Inini.

On ne peut pas monter au sommet de ce Paritou d'Araoua (la montagne Leblond). Leblond dit le contraire ; on l'a trompé sans doute. « On embrasse tout le pays à perte de vue », dit-il. La roche qui surplombe est à pic et absolument nue. La montagne Leblond est entre le Couréni, déjà à peu près navigable, et l'Araoua.

Un mont Simiriuit (ou Simirioure) se trouve à la tête de l'Inipi du Sud.

Les Émerillons sont décidément une nation pacifique. Nous voyons ici les guerriers filant le coton aussi bien que leurs femmes. Ils sont d'ailleurs laborieux ; ils regorgent de toutes les cultures indiennes.

Les Émerillons d'aujourd'hui ne savent pas que leur tribu ait jamais eu de village dans le haut du Camopi, et à plus forte raison à Conomi Patare et dans le haut du Courouapi, comme me l'affirmaient les Roucouyennes de Pililipou et du Yary. Ils ne connaissent pas non plus, même de tradition, les prétendus Indiens du Ouanapi ; Élélianas ou Séouyanas dont m'avaient parlé ces mêmes Roucouyennes.

VILLAGE ÉMERILLON D'ÉDOUARD.

Ils ont eu, disent-ils, des villages seulement dans le Bas Camopi, en aval de l'Inipi ; dans les hautes branches de l'Approuague, dans la Haute et la Moyenne Inini, la Haute Ouaqui, la Haute Couréni et la Haute Araoua.

Au bas de la tangue, les femmes ajoutent une rangée d'élytres de scarabées qui font un bruit de grelots.

25 décembre. — Les trois malles que j'avais laissées au dégrad de l'Inini, et que j'avais envoyé chercher par des hommes d'Édouard, arrivent aujourd'hui, par une pluie battante, car il pleut toujours maintenant.

Laveau a un nouvel accès de fièvre très violent avec des vomissements répétés et une inflammation d'intestins. C'est un second accès pernicieux. De braves créoles chercheurs d'or, qui sont ici, m'aident des ressources de leur misère et de leur bonne volonté pour à guérir mon pauvre compagnon.

Ils sont là quatre ou cinq petits placers, de cinq à vingt hommes, faisant à peine leurs frais. Le terrain est pauvre au point de vue aurifère. Des prospecteurs peu scrupuleux ont menti, et deux négociants de Cayenne ont perdu chacun de 30 à 40 000 francs dans les fallacieuses opérations indiquées.

Ces chercheurs d'or sont installés dans le haut bassin de l'Approuague et aux têtes, toutes voisines, des branches de l'Inipi. On vit mal : ni tafia, ni vin, ni bacaliau. On se fournit de couac et de cassave chez les Émerillons que l'on paye en poudre. Et on se nourrit des produits de la chasse. Les provisions, venues d'en bas, arrivent épuisées, et elles sont presque nulles. Les hommes sont à la part, et souvent le directeur les trompe, ce qui ne l'empêche pas de voler aussi le capitaliste. Les hommes gagnent souvent moins qu'à la journée.

Les créoles canotiers du bas de l'Approuague demandent 6 fr. 50 ; le patron, 7 fr. 50, et trente-cinq jours pour aller et revenir. Un grand canot de huit pagayes coûte 1 500 francs, rien que pour le payement des hommes, et il n'apporte presque rien ; les vivres, à cause de la distance, sont mangés en grande partie avant d'arriver.

Et toutes ces petites exploitations sont en contestation les unes avec les autres. Comme la carte du pays n'existe pas encore, nul ne sait au juste où se trouve exactement son terrain.

Dans l'intérêt de l'industrie aurifère il serait indispensable d'établir enfin, tout au moins à grands traits, une bonne carte de notre centre Guyane et du haut pays. On peut dire que de toutes les concessions actuelles il n'y en a pas une seule qui soit exactement à sa place. C'est une source inépuisable de chicanes et de procès. Cela est vrai pour l'Aoua, la Haute Approuague, l'Inini et l'Inipi. Chacun se croit sur son terrain quand il trouve une crique riche. De là querelles, grandes dépenses pour faire monter l'arpenteur. Une bonne carte bien établie dans ses traits généraux rendrait cet état de choses moins défectueux.

L'exploitation est dure et très peu lucrative, surtout maintenant, par cette saison d'hiver qui commence. Il pleut toute la soirée, il pleut toute la nuit.

Nous contemplons les Émerillons qui, par la pluie, dansent sous leurs carbets avec le Maraca. La race est plus belle, plus vigoureuse et plus laborieuse que celle des Oyampis, sauf, toutefois, que les Oyampis de chez Pierre.

Malgré la pluie, je vais me rendre à l'Inipi pour raccorder mes itinéraires.

27. — Édouard m'accompagne, il me conduira jusqu'au dégrad d'Inipi.

Je le paye en conséquence. Puis, arrivé au village de Philémon, à une heure et demie de marche, Édouard me déclare qu'il n'ira pas plus loin. Il vient ici, me dit-il, pour boire le cachiri avec son collègue le capitaine Philémon (le Fionfion de Perdrix). Et il me rit doucement au nez quand je lui redemande le payement que je lui ai donné pour faire le voyage de l'Inipi.

Ces Indiens en voie de civilisation n'ont qu'une pensée quand ils vous voient arriver chez eux, c'est de vous exploiter sans merci. Tous les jours c'est la carte forcée.

Pour arriver chez Philémon nous avons passé d'abord une petite colline, recoupé le Saï, puis sommes arrivés au village de Raymond, à trente minutes de chez Édouard.

Le village de Raymond se compose d'un grand carbet délabré, mal couvert, où il pleut, et de deux petits carbets de cuisine. Incurie et malpropreté incroyables, avec des Indiens en haillons sous prétexte d'être habillés. Nous sommes loin des Roucouyennes!

Un peu après Raymond, on fait un petit crochet de quelques minutes pour aller au village de Yary, sur le bord du Saï.

Le village de Yary est dans un petit débroussement neuf. Il se compose de six misérables carbets petits et bas. Mais ce n'est qu'un village d'attente.

Une heure plus loin, c'est Philémon, à une heure trente-cinq de chez Édouard.

Ici nous voyons des gens qui se mettent du duvet de poules sur les cheveux, à la mode des anciens Tupinambas. Et des Indiens habillés d'un pantalon de laine, d'une chemise de flanelle et d'un chapeau. D'autres Indiens sont vêtus complètement à la créole. D'autres sont presque nus. Il y a aussi des femmes habillées à la créole, mais la plupart n'ont rien que la tangue à franges sonores.

Quatre ou cinq carbets délabrés, dont un ou deux temporairement habités par des créoles des placers qui viennent ici faire des vivres : tel est le village.

Chez les Émerillons, l'oca oyampie est l'exception. Ils n'en ont que deux : une inhabitée, au village d'Édouard, l'autre chez Philémon. Tout le reste : des carbets allongés dont trois ou quatre fort grands, les autres assez petits.

Le capitaine, le nommé Philémon, est un jeune sauvage de quarante ans qui en paraît avoir vingt, bien qu'il ait un fils de cet âge. Ce Philémon me semble sujet à caution. Il a une case fermée, à gaulettes, divisée en deux pièces ; l'une est son magasin, fruit de ses extorsions sur les créoles et de leurs générosités. Il a plusieurs malles, il a des pépites. Il parle très mal le créole, pas du tout l'oyampi ni le roucouyenne. Toutefois il est intelligent.

Les Émerillons ne sont guère plus d'une centaine. C'est une assez belle population, il est vrai, mais médiocrement intéressante, complètement gâtée qu'elle est par une créolisation trop rapide.

Je poursuis mon voyage à l'Inipi.

Ce ne sont, jusqu'à l'Approuague, que de petits ruisseaux et de petites collines, puis on passe le fleuve, large, à cet endroit, de 4 mètres, avec 20 centimètres d'eau. Au delà, on attaque une longue montagne plate, puis on arrive à un affluent de l'Inipi.

A ce premier affluent de l'Inipi, mes vieilles douleurs rhumatismales me reprennent, et il me faut peiner lamentablement pour poursuivre un sentier que je ne connais pas. Car les deux seuls Indiens qui aient bien voulu consentir à m'accompagner sont partis devant, sous prétexte de chasse. Comme je propose à l'un d'eux de porter mon fusil, qui, dans ma fatigue, m'excède : « Ah ! vois donc, fait-il, comme je suis chargé moi-même avec mes flèches ! »

On couche le soir sur le bord d'un ruisseau, et comme la chasse a été malheureuse, on n'a rien à manger que de la cassave trempée dans l'onde pure.

Il faut pourtant poursuivre jusqu'au dégrad. Atroces journées ! Le retour est particulièrement douloureux pour moi. Les Indiens me tiennent ce raisonnement plausible : « Puisque tu ne peux marcher, va devant. Nous chasserons derrière. » Et toute la première journée je ne les vois point.

J'ai dans mon sac quelques morceaux de cassave fort sèche. Je me traîne, appuyé sur un bâton. Le plus secourable de mes deux Indiens a bien voulu à la fin se charger de porter mon fusil, avec lequel il chasse.

Ce sentier de plusieurs jours, que je n'ai, de ma vie, parcouru qu'une seule fois, il y a quelques jours, à l'aller, c'est bien le véritable sentier indien, le sentier de feuilles froissées. Or il faut que je m'applique à ne pas le perdre; en le perdant je m'exposerais à mourir de faim dans la forêt, car mes deux Émerillons, sans aucun doute, ne se mettraient pas en frais pour me chercher.

Dans cet équipage de goutteux, passer des marécages à demi inondés, grimper de petites montagnes et, ce qui m'est encore plus dur, les descendre, cela me donne de fréquentes envies de me coucher au pied d'un arbre sans plus me préoccuper de rien.

Et puis il faut se nourrir. L'appétit vous vient quand on reste plusieurs jours sans manger. De la mauvaise galette de manioc, dure comme une planche, ce n'est nourriture suffisante ni agréable. Je cherche dans la forêt des fruits sauvages. J'ai le bonheur de rencontrer, par-ci, par-là, quelques cerisiers sylvestres : la cerise aigrelette de l'équateur au noyau trilobé et à consistance de liège. Et j'en fais de bons déjeuners.

Le soir mes deux Indiens arrivent toujours, mais le plus souvent bredouilles, au carbet où je me suis arrêté. Ils ont sans doute fait rôtir en route et mangé le gibier qu'ils ont dû tuer : quelque perdrix, quelque agami, ou bien un lézard. S'ils avaient fait quelques grosses pièces, ils m'en auraient sans doute apporté un morceau.

J'arrive enfin chez Philémon, digne frère de mon ancien guide Inamou. Le capitaine émerillon me reçoit comme nous autres les civilisés recevons les mendiants. Il m'envoie, sur une assiette, un morceau de cassave gros comme un jeu de cartes et un morceau de perdrix gros comme un dé à coudre. Mais je tombe d'inanition à un degré tel que je garderai toujours, à ce généreux pharisien, une profonde reconnaissance.

Copieusement sustenté, je reprends, toujours solitaire, le chemin du village d'Édouard. Mes deux Émerillons ne devaient arriver que le lendemain ! Ah! il n'est pas nécessaire qu'ils portent des noms chrétiens, ces sauvages baptisés par les créoles de l'Approuague, ils n'ont pas la moindre charité dans le cœur.

Comme j'arrive au village, j'appelle Laveau qui ne paraît pas. Entré sous le grand carbet du chef, je découvre mon compagnon dans son hamac. Il y est, me dit-il, depuis deux jours, deux mortelles journées, pendant lesquels il a lutté contre un troisième accès pernicieux, celui qui tue, généralement.

Laveau avait soif, on ne lui donnait pas d'eau. Il éprouvait un impérieux besoin de prendre du bouillon : la veille on lui en avait promis à diverses reprises, mais on s'était bien gardé de lui en apporter.

En pays indien il est d'usage de ne jamais tuer une volaille sans s'être enquis au préalable de son propriétaire et sans avoir débattu le prix.

Je prends le fusil de Laveau, m'avance au milieu de la basse-cour, avise la plus grasse des jeunes poules et lui dépêche deux balles, une de plus qu'il n'était nécessaire, mais c'est pour souligner l'infraction à la règle.

Cela paraît très *shocking* aux bons Émerillons. Mais quelques heures plus tard Laveau a le bouillon attendu depuis deux jours.

Le bouillon et peut-être aussi ma présence réconfortent le malade, qui, les jours suivants, semble disposé à guérir.

Vain espoir! Voici Laveau au plus bas, il est perdu si nous restons encore quelques semaines ici. À tout prix il faut descendre.

Descendre! mais avec qui, mais comment? Je ne sache pas que quelques-uns des rares créoles, chercheurs d'or dans le district, aient l'intention de se rendre dans le bas de l'Approuague. Comment le saurais-je? Les diverses petites exploitations aurifères de la région sont à plusieurs jours de marche du village, et je ne puis marcher. Faire faire la commission par les Émerillons? il n'y a pas à y songer!

Édouard, cependant, alléché par la promesse d'un énorme payement, consent à me descendre. Nous allons d'abord nous rendre à son grand abatis, distant de 5 kilomètres d'ici. Là, nous ferons la farine de manioc nécessaire pour le voyage; après quoi, Édouard et moi partirons faire un sentier pour arriver au dégrad Canouri, sur la Haute Approuague, à deux jours de marche de l'abatis. Soit cinq jours de sabrage. Il préférerait cependant s'ouvrir un chemin vers le dégrad Montagne, mais comme il est deux fois plus éloigné d'ici que le dégrad Canouri, j'arrive à l'y faire renoncer. Le sentier de Canouri terminé, nous retournerons chercher Laveau à l'abatis et nous nous installerons au dégrad.

Quand nous serons installés au dégrad Canouri, notre fidèle Édouard et deux de ses hommes vont nous construire un canot; car les Émerillons d'aujourd'hui n'ont plus une seule pirogue sur leur fleuve. Le canot construit, nous descendrons.

3 *janvier* 1891. — Nous voici à l'abatis du capitaine Édouard. Le brave homme nous a installés de son mieux. Mais la confection de la farine de manioc ne va pas vite.

Nous en avons bien pour deux mois avant de pouvoir canoter sur le fleuve Approuague. Laveau sera mort d'ici là.

4. — Je rêve tristement à la funeste échéance tout en fumant un cigare indien dans mon hamac.

Tout à coup je vois surgir, dans le petit défrichement qui entoure nos carbets, un nègre aux trois quarts nu qui me parle un français correct. Quelque ouvrier de placer sans doute.

Le monsieur s'avance gracieusement en brandissant un morceau de pain de belle apparence.

« J'ai su que deux arpenteurs blancs, qui venaient de l'Amazone, étaient à l'abatis d'Édouard. Je vous apporte un peu de pain, car, sans doute, il y a longtemps que vous n'en avez mangé. Moi, je m'appelle Émile Coco. J'ai été dix ans matelot. Je suis créole de l'île de la Réunion. Je suis en prospection ici et descends dans trois jours. Voulez-vous que je vous emmène? »

Pour toute réponse, je saute de mon hamac et embrasse le nègre Émile Coco.

Laveau se sent revivre.

Édouard, dont le nez s'allonge, veut bien pourtant nous donner des hommes pour porter notre mince bagage au dégrad Montagne où nous embarquons. C'est là que se trouve le canot de la prospection d'Émile. Le soir même nous couchons chez Philémon, où nous nous arrêtons toute la journée du lendemain pour faire de la cassave.

Puis nous prenons le chemin du dégrad Montagne, chemin qui, jusqu'à l'Approuague, se confond avec celui d'Inipi.

De l'Approuague on prend au nord. On arrive d'abord à l'ancien placer Colette où était établie la prospection dont fait partie Émile Coco, le Bourbonien.

Cette prospection a pour chef un Krouman appelé Louis Soyon, que m'a fait connaître autrefois son protecteur, mon ami Henry Richard. Soyon veut bien m'accorder passage sans trop me faire sentir sa protection. Outre Émile, la prospection se compose du vieux Noco, cousin de Soyon et également Krouman, de Ali, coulie malabar, et de Jacobi, créole nègre de Paramaribo.

La prospection opérait sur des ruisseaux allant, les uns à l'Inipi, les autres à la crique Montagne, affluent de droite de l'Approuague.

L'hiver tout est inondé entre les têtes des ruisseaux allant à la crique Montagne et les têtes de ceux allant à l'Inipi, ce qui établit en ce point une communication entre les eaux de l'Approuague et celles de l'Oyapock, communication qui, d'ailleurs, n'est pas utilisable même en pirogue.

Cette région n'est guère aurifère, pas plus que toute celle des sources de l'Approuague et des sources de l'Inini. Le terrain est *poché*, mais les poches sont très courtes, n'atteignant que quelques mètres de longueur.

MULÂTRESSE DE LA MARTINIQUE.

Les expéditions ne font pas leurs frais. Aussi, dans tout le district, ne sont-elles composées que d'hommes à la part qui pagayent eux-mêmes, n'emportent point de vivres et vivent fort mal, sans pain ni vin, de chasse et de pêche, et du couac qu'ils achètent chez les Indiens.

Au bout de quelques mois, chaque homme a pour sa part 2 ou 300 francs tout au plus. Le directeur ne rend aucunement compte aux hommes de la production journalière: quand c'est fini, il accuse ce que bon lui semble. Lui seul fait ses bénéfices; les ouvriers et le bailleur de fonds sont le plus souvent lésés. Et si les capitalistes se risquent à faire une expédition complètement à leurs frais, ils en sont, au bout de l'année, de 30 à 40 000 francs de leur poche.

Louis Soyon et ses hommes me déclarent que le terrain qu'ils viennent de prospecter n'est pas exploitable à ces hauteurs.

Il y a trop de frais. Aussi bien les Émerillons leur font-ils la vie très chère.

Gâtés par les largesses des créoles qui s'imaginaient trouver des monceaux d'or dans leurs criques, les Émerillons sont devenus les Indiens les

FORT-DE-FRANCE.

plus exigeants, les plus rapaces, les plus mendiants que l'on puisse rencontrer en Guyane.

Ils demandent un fusil pour un hamac, une couverture de laine pour un hocco.

Tout cela est la faute des créoles. J'en ai vu un, un petit nègre appelé Alphonse, leur distribuant, à ces Indiens, dans un de leurs villages, ces villages où ils vous laissent si bien mourir de faim et où ils vous demandent pour une poule une dizaine de francs de marchandises, leur distribuant généreusement un pakira qu'il venait de tuer. C'était pour se faire bien venir de ces bons Émerillons. Nous étions là deux Européens que le petit créole salua à peine et regarda même de travers, nous prenant sans doute pour des chercheurs d'or concurrents!

Ils sont joliment ridicules avec les Indiens, ces pauvres créoles, ridicules jusque dans la façon dont ils s'expriment avec les sauvages. Pour se mieux mettre, pensent-ils, à leur portée, ils ont inventé, pour parler avec eux, un jargon encore plus simple et plus enfantin que leur rudimentaire patois : *Mo même, créole, bon, mo même; to même, Émerillon, pas bon, to même.*

7. — Nous partons avec nos prospecteurs et Philémon suivi de quelques-uns de ses hommes, pour le dégrad Montagne.

Après avoir passé trois collines, dont la dernière est assez forte, nous coupons encore l'Approuague. Puis, après avoir passé cinq petites montagnes, nous arrivons à un placer dénommé Caïman, fondé par Caïman, fils de François Dousseau, créole de l'Approuague. Ce placer est administré aujourd'hui par ledit François Dousseau, directeur pour M. Ad. Bally, principal capitaliste, avec une compagnie d'hommes à la part. Le placer, affirme Dousseau, ne donne que 50 grammes par jour avec vingt hommes. C'est médiocre.

Nous passons deux collines, nous coupons encore l'Approuague et allons dormir à l'ancien placer Ménado. De là part le chemin du dégrad Canouri, où est installé Caïman, dirigeant un autre petit placer pour le compte de M. Ad. Bally.

Nous mourons de faim en passant par ces placers. Ces pauvres misérables qui cherchent l'or à la part sont encore moins hospitaliers pour nous que les Indiens.

De Caïman au dégrad Canouri on part le matin et on revient le soir; il y a environ de 15 à 18 kilomètres, dont 7 à 10 seulement de Ménado.

8. — Nous passons la plus forte montagne de la route, montagne d'une heure de marche et de 300 mètres d'altitude absolue. Après quoi on longe, jusqu'au dégrad, pendant quatre heures, la crique Montagne, coupant un très grand nombre de ruisseaux entre lesquels s'arrondissent de faibles collines bien boisées.

Mais nous nous arrêtons pour chasser. Nous n'avons rien mangé depuis deux jours. Laveau est pris d'un nouvel accès de fièvre.

9. — Nous voici au dégrad Montagne. L'Approuague a ici quinze mètres de largeur. Voici le canot, grand canot de six pagayes, canot français à gouvernail. On nettoie l'embarcation; les Indiens, bien payés, s'en retournent en récoltant précieusement les menus objets dont nous nous débarrassons au dégrad.

Ces Émerillons sont sans pareils pour ramasser les bouteilles vides, les boîtes vides, toutes les inutilités que nous abandonnons en évacuant nos campements : rapacité développée par une civilisation naissante.

Demain nous allons descendre le fleuve.

De notre dégrad Montagne au dégrad Canouri, à environ 15 kilomètres en ligne droite, on met, aux grosses eaux, deux jours de canot pour monter et un pour descendre. L'Approuague conserve sur ce parcours une quinzaine de mètres de largeur.

10. — Nous voici dans les eaux de notre fleuve Approuague : c'est ici une petite crique bien nettoyée. La rivière est gonflée. On coupe quelques bois sur lesquels on avait passé aux eaux basses. Pendant quelques heures cela ressemble au Kerindioutou.

Les rochers à fleur d'eau commencent ainsi que les terrains marécageux des rives. Il y en a pendant des heures entières.

On passe le canot sur des arbres immergés. Parfois la végétation envahit toute la crique : on glisse à travers les branches.

L'hiver est commencé depuis le 15 novembre (a-t-on eu un été?), mais depuis le 15 décembre il pleut tous les après-midi pendant deux ou trois heures. Les criques ont déjà beaucoup d'eau.

Voici Yapii, saut long et dangereux. Il faut passer les bagages par terre et lancer le canot à vide dans le saut.

Nous arrivons à l'embouchure de Sapoucaye. Le nom des criques n'est pas de première importance ici ; elles en ont plusieurs et en changent souvent. Ainsi la crique Koura est maintenant appelée Sapoucaye par les Émerillons, et Camopi par les créoles.

Le saut Couata est le second grand saut. Sans Victor, un créole de l'Approuague qui connaît bien la rivière et qui descend du placer de Dousseau fils, où il travaillait et où il ne s'est pas entendu avec le patron, je ne sais comment nous pourrions faire. C'est le premier voyage que mon équipage fasse dans l'Approuague, par conséquent c'est la première fois que mes cinq Argonautes vont descendre le fleuve ; or Louis est mauvais patron, Ali sait à peine pagayer, seuls Noco, Jacobi et Émile ont quelque pratique et encore ne valent-ils même pas un Roucouyenne.

Nous couchons dans les carbets que l'expédition a faits en montant, il y a huit mois. Ces carbets ne sont pas trop mauvais, quelques-uns toutefois sont complètement pourris.

Aujourd'hui, dimanche 11, nous couchons en bas du saut Grand Canouri, nous arrivons le soir à sept heures, par une nuit noire, une pluie battante, et passons dans cet équipage la petite colline de vingt-cinq mètres sur laquelle il faut faire glisser le canot vide au moyen de rondins, travail qui va prendre la journée de demain. Ce soir nous ne dînons pas.

On ne saurait passer en canot ce saut Canouri : c'est un énorme barrage de rochers coupant toute la rivière ; il faut hisser canot et marchandises par-dessus la colline de la rive droite.

Ce matin nous ne déjeunons pas. On fait sécher le linge.

13 janvier. — Nous arrivons aujourd'hui au saut Machicou, le deuxième très grand saut, le plus fort avec Canouri. Il faut décharger les bagages, mais on va passer le canot dans le saut, qui a environ dix-huit cents mètres de longueur.

Au dégrad d'aval, une croix de bois indique la place où a été enterré un nommé Pointu, créole de Cayenne qui avait été mordu par un serpent dans l'Inini et qui est venu mourir ici. Il était presque guéri, à ce qu'on dit ; mais ayant chaviré dans Machicou, il resta quelque temps dans l'eau, ce qui est, paraît-il, mortel quand on est convalescent de la morsure d'un serpent venimeux.

Ce matin on passe le canot dans Machicou. On met une heure pour descendre les cinq grandes chutes du saut, en se lançant en plein au milieu des brèches et des remous.

D'après Victor, qui connaît bien le fleuve, voici l'importance comparée des différents affluents de la basse Approuague.

L'Ikéni est fort comme l'Armontabo, cependant cette rivière a seulement huit mètres de largeur à l'embouchure.

L'Ipoucin est plus petit.

Le Mataroni est un peu plus faible que la crique Couy.

Le Néry (Juéry) est comme le Gabaret.

Le Cououèye (Courouaye) est plus petit que l'Arataye, qui est la plus grande crique de l'Approuague.

L'Arataye passe derrière l'Orapu et va vers la tête du Sinnamary, mais non jusqu'à celle de la Mana.

15. — Nous rencontrons des embarcations qui montent avec des canotiers créoles. Ils chantent à tue-tête, ces braves mathurins des cataractes. Ils ont raison : ils sont bien payés.

A l'Approuague, les canotiers sont à 6 francs et les patrons à 7 ; en plus, les vivres : couac, tafia, saindoux, bacaliau, lard salé. Comme avec tous les canotiers créoles, il faut leur payer leurs journées de retour, et s'ils font un voyage qui devra leur prendre dix jours aller et retour, ils vous en compteront quinze, chiffre sur lequel il faudra tabler. Ils augmentent le nombre de jours parce qu'ils laissent leur bacaliau et leur lard salé chez eux et qu'ils chassent et pêchent tout le long de la route pour se nourrir. Le salaire réel des canotiers revient à 12 francs et celui des patrons à 15 francs environ.

Voici l'embouchure de l'Ipoucin. La tête de l'Ipoucin est tout près de celle de la Rivière Blanche.

17 *janvier*. — Nous arrivons au grand saut Tourépé. La marée passe au-dessus de Tourépé, qu'elle couvre d'un mètre d'eau. Elle va jusqu'au saut Mapaou. On ne peut passer Tourépé qu'à la marée haute alors que le saut est entièrement couvert. A la marée basse, Tourépé a cinq ou six mètres à pic et fait tourbillon au centre.

A Tourépé je retrouve le chêne à glands. On en rencontre décidément partout, et non pas seulement aux Tumuc-Humac comme Leblond l'avait prétendu.

Une maison civilisée se présente, celle de M. Ridel, ancien gendarme, agent de la Compagnie aurifère de l'Approuague (Ipoucin et Mataroni). M. Ridel a encore son accent normand. Il nous fait un cordial accueil. Nous attendons ici la goélette qui va venir d'ici quelques jours. C'est *Colombine*, déjà affrétée par moi.

18. — Les vampires m'ont sucé, cette nuit, j'ai perdu au moins un litre de sang. Je n'avais pas besoin de cela pour m'anémier. Laveau a un nouvel accès de fièvre très violent; sans les soins empressés de Mme Ridel, Maraone civilisée et très compatissante, cette fois Laveau y passait.

23. - *Colombine* arrive aujourd'hui chez M. Ridel. Nous partons. Nous arrivons à minuit à la gendarmerie d'Approuague, chez le brigadier Millot.

25. — En mer. Pas de vent. La nuit nous couchons sur le pont, à la pluie, la goélette étant encombrée de passagères et de passagers empilés sous le rouf ténébreux et malpropre.

Au large d'Approuague, nous sommes en panne ; pas de vent.

27 *janvier*. — Nous arrivons à Cayenne. Je m'installe chez mon vieil ami Elie Peyrot, directeur de l'École coloniale.

Laveau est complètement anémié; son médecin, le docteur Hamon, ancien médecin de marine, lui ordonne un régime de deux mois : quinium, arsenic, quinine, lait. Nous passerons ici février et mars, car Laveau ne peut tenir la mer. Je remettrai au net mes notes, mes cartes et mes vocabulaires.

Adieu, vous tous en bloc, Cayennais et Guyanais ! Adieu?

Le paquebot du 5 avril me ramène vers les rives de France.

Une station à la Martinique et ce sera le vaste Océan, de la mer des Antilles à la mer de Gascogne.

Pauvre Martinique! son chef-lieu vient d'être deux fois incendié. Seize cents maisons brûlées! Fort-de-France n'est qu'une ruine. Les jolies mulâtresses sont installées en camp volant sur la savane. Les porteuses de charbon, elles-mêmes, ont l'air affligé, en montant et descendant, comme des fourmis sur un brin de paille, le pont volant par lequel elles se rendent à l'escalade des soutes du paquebot.

Terre! c'est Saint-Nazaire. Et bientôt c'est Paris, où je fais, par une pluie battante, une entrée peu triomphale, le 7 du mois de mai de l'année 1891.

Une bourrasque diluvienne et glacée sévit aux abords de la gare Montparnasse. De petites lumières pâles errent à travers la place couverte de parapluies.

Au restaurant voisin, quelques amis me soulignent, autour d'une table bien servie, toutes les exquisités de notre chère civilisation, pendant qu'au dehors dominent les bruits de l'averse, le roulement des fiacres et la rumeur des foules rapidement écoulées; les camelots glapisssent je ne sais quelle sensationnelle banalité du jour.

Et je regrette mes interminables canotages dans les rivières de la Guyane Centrale. Je regrette les radieux étés de l'Amérique Amazonienne. Je regrette les paisibles solitudes où vivent les Indiens.

Eh bien, adieu! Et si c'est pour toujours, eh bien, pour toujours adieu!

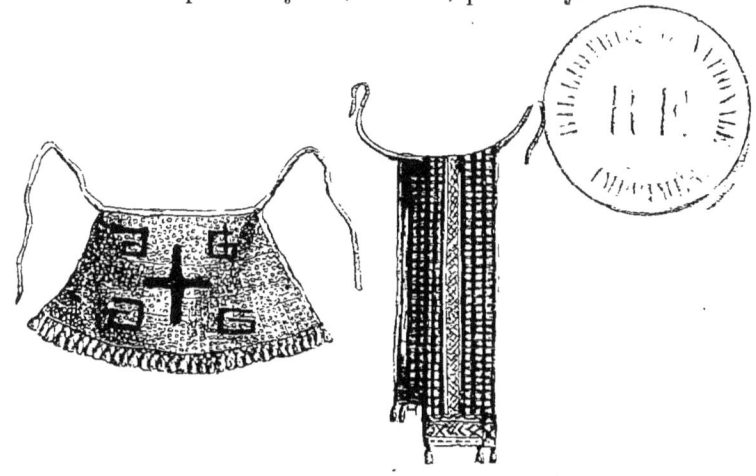

TANGUE ET CALEMBÉ D'ÉMERILLONS.

TABLE DES GRAVURES

Henri Coudreau . . . . Frontispice

	Pages
Village d'Apatou	1
Itinéraire de M. Coudreau	5
Apatou primitif	8
Apatou seconde manière	9
Femme bonie vêtue	16
Pirogues indiennes	17
Village de Bonis	38
Le Maroni, à l'ancien pénitencier de Saint-Louis	39
Femmes des placers	57
Pêche au coumarou	64
Chasse aux cochons marrons	65
Paniers des Roucouyennes	94
Campement à Pililipou	95
Passage dans les bois tombés	97
Village de Pililipou	104
Marche en forêt	105
Le *tamouchi* Acouli	106
Type du village de Pililipou	107
Un marais	121
Les Tumuc-Humac à l'est du mont Mitaraca	128
Les Tumuc-Humac au sud du mont Mitaraca	129
Counicamane, le petit-fils de « la Française »	140
Les Tumuc-Humac, vues du mont Ariquinamaye	141
Parures roucouyennes	166
Un abatis chez les Roucouyennes	167
Roucouyenne dansant le *toulé*	177
Dans le Chinalé	201
Un piaye	210
Les Tumuc-Humac	211

Instrument pour la cérémonie du *maraké*	244
Ruines de Cayenne en 1888	245
Dans les hauts du Marouini	249
Mulâtresse de Cayenne	261
Cayenne : promenade des Cocotiers	264
Place des Palmistes à Cayenne	265
Mulâtresse de Cayenne	266
Le village de Gnongnon	267
L'Oyapock en face du village de Gnongnon	281
Ruines du fort de Casfesoca	286
Rives de l'Oyapock	287
Raymond, père de Pierre	296
M. Laveau	297
L'Oyapock à sec et *pataouas*	305
Saut du Souanre	309
Poteries des Oyampis	312
Les Tumuc-Humac vues du mont Tayaouaou	315
Rochers du Tayaouaou	321
La chaîne d'Eureupoucigne, vue du Tayaouaou	329
Un *pakira*	330
Village d'Ouira	331
Saut du Maritowe	337
La couleuvre du fond des eaux	345
Un *ouaïkiri*, panier long des Oyampis	358
Coqs de roche	359
Un agouti	364
Le Bas Oyapock	365
Un Acoqua	380
Embouchure de l'Oyapock	381
Négresse de l'Oyapock	385
Nid de guêpes	390
Mont Alikéné	391
La belle Nicou, fille de Mécro	393
Arbre géant près du confluent du Camopi	401
Dans l'Inipi	409
Sur l'Oyapock. — L'averse continuelle	413
Polissoirs	416
Village du capitaine François	417
Village de Moutouchy	433
Mimi	438
Pirogue indienne	439
Bijou roucouyenne	458
Descente du cinquième saut du Yaroupi	459
Chute des Polissoirs	465

Les hauts du Yaoué	475
Le saut Ouaïmicouare	481
Montant Tainoua	489
Urubus	492
Rive du Yaroupi	493
Le campement	497
Une allée du Jardin botanique de Cayenne	505
Jeune fille oyampie	513
Un *cabiai*	516
Les Trois Sauts	517
Oca oyampie	529
Le tamouchi Marière	536
Village de Marière	537
Village d'Ouptoli	545
Village du tamouchi Atoupi	553
Ornements roucouyennes	566
Les Tumuc-Humac à l'est de Témomaïrem	567
Les Tumuc-Humac à l'ouest de Témomaïrem	577
Flûtes et colliers roucouyennes	586
Sur l'Inini	587
Village émerillon d'Édouard	593
Mulâtresse de la Martinique	600
Fort-de-France	601
Tangue et calembé d'Émerillons	606

TABLE DES CHAPITRES

Chapitre I. — Paris-Cayenne. — Cayenne-Apatou. — Apatou seconde manière. — Pourquoi Apatou n'a pas accompagné Crevaux dans son voyage au Pilcomayo. — Histoire de la tribu d'Apatou. . . 1

Chapitre II. — En route. — Mon cuisinier Gouacou. — Histoire d'un placer. — Le saut Hermina. — Le Maroni est un fleuve noir. — Le beriberi. — Les Paramacas. — Prise de Boni Doro. — Nasson. — Premier naufrage. — Les premiers Youcas. — Les grands sauts du Maroni. — Poligoudoux et les Poligoudoux. — Le Contesté Franco-Hollandais. 17

Chapitre III. — L'Aoua. — Les Youcas de la Basse Aoua. — Un nouveau quartier en Guyane française. — Expédition de Boni contre Pokéti. — Les premiers grands sauts de l'Aoua. — Cottica. — Un roi protégé. — Relais de poste. — Les villages bonis. — Les placers de l'Aoua. — L'Inini. — Récapitulation des Noirs Réfugiés. — Coup d'œil d'ensemble sur les Noirs Réfugiés. — Maroni et Oyapock 39

Chapitre IV. — Entrée en Haute Guyane. — Histoire de la mort et de la tête de Boni. — Les voyages à l'Inini, à la Haute Approuague, à l'Araoua et au Marouini. — Histoire d'une femme. — Épidémie dans mon expédition. — Massacre. — Indiens féroces. — Les grands sauts de la Haute Aoua et de la Basse Itany, Thermopyles des Roucouyennes. — Second naufrage. — Les Oyaricoulets et leurs voisins les Trios. — Les Comayanas. — Rencontre des Roucouyennes. — Combat d'un lézard, d'une couleuvre et d'un homme. — Village roucouyenne de Piquiolo. — La Moyenne Itany. — Les Yapocoyes. — Baptêmes géographiques. — La Haute Itany. — Le dégrad d'Alama. — Question d'altitude. — Second relais de poste. — Au-dessus des dégrads. — Le village d'Apoïké. — Les sources de l'Itany. — Les tribus des Tumuc-Humac occidentales. — Le district d'Apoïké. — Arrivée au sentier des Roucouyennes du Marouini. 65

Chapitre V. — De l'Itany à Pililipou. — La marche en forêt. — Plaisirs et travaux du cantonnement. — La société de Pililipou. — Reprise de l'histoire de la « Femme française ». — Le village indien. — Poésie du désert. — Les villages de Peïo et de Chinalé. — Dans les Tumuc-Humac. — Repos et études. — La femme roucouyenne. — Enfants et vieilles femmes. — Funérailles. — Costume. — La vie matérielle. 95

Chapitre VI. — Itinéraire du Pic d'Amana. — Ma captivité aux Tumuc-Humac. — Lune de miel. — Trantran bourgeois. — Départ d'Apoïké. — Gouacou nous donne une séance de sorcellerie. — J'envoie un Indien m'acheter des collections au Yary. — Maître d'école à Pililipou. — Mariage de Laveau. — Les tristes. — Encore Gouacou. — Visiteurs du Yary. — Amitiés entre Bonis et Roucouyennes. — Les ambassadeurs de Yacoumane. — Apoïké me manque de parole. — Messieurs les amis d'Apatou. — Vie préhistorique. — Renseignements géographiques. — Çà et là. — Grandes pêcheries. — Retour de mon collectionneur. — Fin de l'été. — Itinéraire du sud-ouest. — Difficultés des voyages dans les Tumuc-Humac occidentales 141

Chapitre VII. — Mars. — L'hiver. — Petit sermon à Apatou. — Apatou artiste. — J'envoie un courrier à Cottica. — *Toulé, pono, acomeu* : les grandes danses. — Les fruits de l'hivernage. — Un nouveau vin. — Alounaoualé, de Chimi-Chimi. — Agonie de Laveau. — Cantonnement et exploration. — Apatou encore malade. — Apatou termine son hamac. — Confection des canots. — Mets singuliers. — Paysages d'hiver. — Marchandises perdues. — Retour de Toti. — Apatou encore malade. — Tous les Indiens malades. — Notre frère le Nègre. — Mes rhumatismes. — Encore Apatou. — Dansez, mes amis. — Laveau rosse enfin Gouacou. — Piayes et piayeries. — Restrictions dans l'alimentation. 167

CHAPITRE VIII. — Pâques. — Toujours l'hiver. — Pourquoi Apatou n'aime pas Anato. — Apatou comique. — La chanson des pleurs. — Histoire d'un accouchement. — Les orphelins chez les Roucouyennes. — Il n'y a pas d'orphelins chez les Bonis. — Secrets de magie. — Gouacou malade. — Nouveaux paysages d'hiver. — Un menu. — Apatou demande des journaux. — Les Roucouyennes aiment toujours les Français. — Retour des danseurs. — La *maloca* indienne et la *maloca* européenne. — Querelles d'Indiens. — Les mois des Roucouyennes. — Les bandits indiens. — Apatou a terminé ses canots. — Grande chasse de Touanké. — « Père, je vais mourir. » — Les poissons montent. — Retour de Touanké. — Rayon de soleil. — Nouveau duel de Laveau et de Gouacou. — Visite d'adieu aux Tumuc-Humac. — Le *maraké*. — Arrivée de Yacoumane. — Un billet de Crevaux. — Dernières heures. — Le départ. — Quelques notes. — État politique et social des Roucouyennes. — *Tamouchis* et *peïtos*. — La propriété et le travail. — Le bonheur sauvage. . 211

CHAPITRE IX. — Exploration de la rivière Marouini. — Le Chinalé. — Anciens villages roucouyennes. — L'ajoupa quotidien. — Beau temps pour les rhumatismes. — Le Marouini. — Anciens villages bonis. — Premiers paysages. — Apatou va faire ses dévotions à l'arbre-sorcier. — Iguanes et coumarous. — La crique Coutou. — Premiers sauts. — Encore Boni. — La rivière Ouanapi. — Les deux grands sauts de l'embouchure du Marouini. — Dans l'Aoua. — Pêche à la ligne dans les cataractes. — Canot brisé. — Aux dégrads des placers. — Nouvelles de France. — Cottica. — Canal de Coumati Condé. — Acouli dans les sauts. — Comment je découvre les Tayras. — En attendant le bon plaisir de Monsieur Apatou. — Arrivée chez Apatou. — L'oasis de M. Schreiber. — Cayenne. — Gouacou expédié. — Les Roucouyennes sont présentés au Gouverneur, voient Cayenne, puis s'en retournent aux Tumuc-Humac. — Apatou s'en va chez lui et ne revient plus. — Conférence; 14 juillet; Cayenne brûle; amis de Counani. — Je repars 245

CHAPITRE X. — Les adieux au port. — La *Donzella Theodora*. — Saint-Georges : une ville de deux habitants. — Histoire de l'Oyapock. — Les Indiens créoles du Bas Oyapock 267

CHAPITRE XI. — En route. — Le capitaine Gnongnon. — De Saint-Georges aux premiers sauts. — Le village de Gnongnon. — Les cacaoyers de Saint-Paul. — La grande rivière Anotaye. — Comment il faut traiter les douleurs. — Prévoyance d'une vieille femme. — Un nom trop long. — Sauts en série et sauts isolés. — Changement de destination des voies géographiques. — Trois vieilles rivières. — Le district du capitaine François. — Coup d'État de Gnongnon. — Histoire contemporaine des Oyampis. — Bouquet de rivières. — La Vénus Oyampie. — La couleuvre du fond des eaux. — Pierre. — Le spécifique des Oyampis contre la morsure des serpents venimeux. — Inguérarou. — Amours séniles. — La nuit parfumée. — Une grande chaîne de montagnes. — Autre bouquet de rivières. — L'exode des Oyampis. — Les grands sauts. — Un saut qui démolit une théorie. — Laveau intrépide. — Le problème des sources de l'Oyapock. — Le dégrad de Kerindioutou. . . 287

CHAPITRE XII. — Les villages de Caolé et d'Acara. — L'*oca*. — Le cérémonial indien. — Entrevue de deux frères. — La famine. — Situation grave. — Comment je recrute mes hommes. — Coup d'œil préalable sur le pays. — Philosophie du voyage indien. — La roche de Tayaouaou. — Portraits d'Oyampis. — Panorama du Tayaouaou. — Le ver macaque. — Jean-Louis et son village. — La chaîne et le lac de Tacouandewe. — Communication par eau entre l'Oyapock et l'Amazone. . . 313

CHAPITRE XIII. — L'abatis des acajous. — Supériorité de l'état de civilisation sur l'état sauvage. — Bifurcation de l'Ananirapotiwe. — Entre les chaînons des Tumuc-Humac, mais dans le bassin de l'Amazone. — Étymologie de Tumuc-Humac. — Festin après la diète. — Ouira, Aripipoco et leurs hommes. — Voyage au Tapiirangnannawe. — Deux jours dans le lit des criques. — Abandonné. — Dans la forêt sans sentiers. — Repos chez Ouira. — Nouvelle excursion. — Mort du piaye Coussaris. — Nouveaux sabrages. — Les boussoles s'affolent. — La montagne qui pleure. — Touiri dévoré par un boa. — Le fils de Maracaya mangé par un tigre. — Nouveau voyage au nord-ouest. — Une montagne de connaissance. — Les Coussaris nous attaquent. — Je suis blessé. — Le remède des flèches empoisonnées. — Nous poursuivons avec un seul Indien. — Longeant le Ouanapi. — Comment on retrouve son chemin. — Arrivée à Pililipou. — Acouli revient avec nous. — Fin des difficultés 331

CHAPITRE XIV. — D'Aripipoco à Tapiire. — Les sentiers de chasse. — Grandes forêts à cacao. — Quelques erreurs de Crevaux. — Le village de Tapiire et les environs. — Le mont Ouatagnampa, source de l'Oyapock. — Les cacaos du Touéré. — Vengeance de singe. — Nettoyage nécessaire. . . 359

TABLE DES CHAPITRES.   613

Chapitre XV. — Insectes très féroces. — L'ancien chemin de Crevaux. — La pointe des sources de l'Oyapock. — Encore des cacaoyers. — L'Agamiouare. — Entraînement. — Sainte marmite ! — Les Caïcouchianes de l'Iriouatou. — Mataoualé et Apéci ; la dernière des Tamocomes. — L'Araguary. — Le village des morts. — Fin de voyage ! — Retour à Caolé. — Résumé de mes itinéraires dans les Tumuc-Humac occidentales. — Encore les Roucouyennes. — Grillet et Béchamel en Haute Guyane. — L'œuvre de Guyanne. — Descente de l'Oyapock. — Renseignements sur le Couripi, Ouassa, Rocaoua, les Araouas, les Palicours, les Caripounes. — Rentrée en France. 365

Chapitre XVI. — Les Cent Jours. — Rétrospectif. — Paysage nocturne. — Confidences à M. Dorville. — L'auteur fait à son ami Lombard le récit de ses malheurs. — Naufrage au saut Galibi . . 381

Chapitre XVII. — Messe et mariage. — Paysage de minuit. — Éther et valériane. — Dénombrement de mes guerriers. — L'averse. — L'hiver fleurit tout. — Philosophie de la valse des feuilles. — Le *caramourou* et Diego Alvarez Correa. — Le Bas Camopi. — Le Haut Camopi d'après le lieutenant Mécro. — Le levé. — La chasse. — Réflexions pleines de sagacité. — Jouissances intellectuelles. — Dans l'Inipi. — La crue. — Voyage funèbre. — Assiégés. — Nouveau succès. — En retraite ! — Exercices de philosophie pratique. — Idées noires. — Poésie des chutes. — Où l'on est forcé de confesser que la civilisation a du bon. — Recensement d'iguanes. — M. Jules Gros. — Vers le Haut Oyapock. — Défection de Gnongnon. — Déterminisme. — Marmite vide. — Fresques au noir. — Dans mes meubles. — Mauvaises dents. — L'âme du soleil 391

Chapitre XVIII. — Arrivée au village de Viritou. — Le capitaine François est interviewé. — Je bâtis. — Mimi. — La veuve de la Pleine-Lune et François II. — Nos raisins. — Joies de mendiants. — Cachiri de famine. — Quand ils meurent de faim, ils s'enivrent. — Le capitaine François n'est pas un *struggleforlifer*. — Un vieux philosophe sauvage. — Météorologie au pinceau. — Les monarques et les explorateurs. — Disraeli et La Bruyère. — La joie de vivre. — Comme quoi les voyages disposent à la gaieté. — L'exotisme. — De Viritou à Moutouchy. — Partie de plaisir. — États d'âme sous les pluies équatoriales. — Où nous refaisons connaissance avec un assassin des plus sympathiques. — Fête de famille. — Paysages du matin. — Les agamis familiers. — Travaux domestiques : cassave, couac, cachiri. — Notre grande pirogue. — Départ pour la Motoura. 417

Chapitre XIX. — Un peu de joie. — Dans la Motoura. — Le village des *paripous*. — Encore Leblond. — Le caumou et le ouasseye. — Histoires de chasse. — Décors de la saison d'hiver. — Le mouroumourou et le counana. — Michelet. — Des vols d'oiseaux. — Paysages mélancoliques. — Chasse aux singes rouges. — Les boucaniers. — Fin de la Motoura. — Torses de pagayeurs. — Enthousiasme et optimisme. — Les cochons sauvages. — L'Eureupoucigne. — Nouveaux paysages d'hiver. — Chasses. — Géographie de l'Eureupoucigne. — L'agent voyer du désert. — Marécages. — Déconvenue. — Joies pures. — Le Yingarari, la Rivière des Chansons. — Les anciens voyageurs. — Fin de rivière. — Poètes et explorateurs. — La fièvre. — Un ambassadeur Roucouyenne. 439

Chapitre XX. — Un peu d'armurerie. — Coquetterie indienne. — Vieille guitare. — Spectacle au coin d'un bois. — Dans le Yaoué, la rivière héroïque. — Grands sauts du Yaoué. — *Flirtation* de singes. — Vie domestique. — L'idée de justice. — Ananas sauvages. — Canot en fuite. — Les Indiens féroces ne se montrent pas. — Autres grands sauts. — Les polissoirs et l'histoire des Indiens. — Allumettes locales. — Pêche primitive. — Le jeu de la mort et du hasard. — Paysages dans l'Oyapock. — Encore les singes, leurs mœurs publiques et privées. — Cueillette de paripous. — Le remède de la folie et du phylloxera. — Attente chez Pierre. — Passez à la caisse ! — La manutention. — Le mensonge chez les sauvages et les civilisés. — Hymne au progrès. — Étude de dialectes. — Mimi se relâche. — Théories coloniales. — Le ménage d'un polygame. — Basse-cour et étymologie. — Voyage au Yaroupi. — Histoire du Yaroupi. — Les grands sauts. — Les grands marais. — Paysages des marais. — Trace mystérieuse. — Évaluation des vitesses. — Mont Maunoir et mont Gauthiot. — Numérotage à l'américaine. — Nettoyage des hauts des criques. — Fin du Yaroupi. — Tempêtes. — Mélancolie du retour. — Fin de la campagne d'hiver. 459

Chapitre XXI. — Fièvre générale. — La crue. — Épicerie du métier. — Misère. — Coucher de soleil. — Pas d'argent, pas de Suisses. — Le ouasseye. — Les Pléiades et l'été. — Le renouveau. — Départ pour Cayenne. — Fin de saison. — Les polissoirs du Yaoué. — Aperçus géographiques. — M. Jalbaud. — A bord de la *Régina*. — Six jours à Cayenne. — Retour à l'Oyapock. — Au bassin de radoub. — En route ! — Pluie et bronchites. — Paapouirawe en arrière. — Descente de Pian. — Sous la pluie. — Tous malades. — Navrement. — Enfin ! — En attendant Paapouirawe. — Le petit capiouare. — Encore mes amis les agamis. — Nombril sur le dos. — L'enfant est naturellement bon. — Pierre de Moutouchy et Jean de Léry. — Mort de Paapouirawe et de son neveu. — Pian se meurt. — L'épidémie. — Scènes de désolation. — L'incendie de la forêt vierge. — Mort de M. Jalbaud. — Attribution d'une petite veuve............................... 493

Chapitre XXII. — Adieux à la petite veuve. — Encombrement de femmes. — *Trois-Sauts.* — Nuit blanche et humide. — Prévenances féminines. — Le Kerindioutou et le Moutsqouère. — Les anciens sentiers de l'Agamiouare. — L'Ourouaïtou, l'Agamiouare et le Mapari. — Rencontre d'un parti roucouyenne. — Au dégrad. — Le chemin de Caolé. — Acara. — Interprète entre deux tribus sauvages. — Décès. — Mamhali. — Le vénérable et savant Saïpo. — Équipage caïcouchiane. — La forêt du Rouapir. — Anciens Caïcouchianes de l'Ourouaïtou et Oyampis actuels du Mapari. — Panakiris et Parachichis. — Les femmes blanches ont-elles de la barbe comme les hommes? — Vers des palmiers. — Au dégrad du Rouapir. — Les derniers Oyampis. — L'oraison funèbre de partout. — Le mont Georges Périn. — L'Ourouaïtou, le Mapari et leurs habitants anciens et modernes. — En pirogue roucouyenne. — Le Yary, rivière presque vierge. — Forts et faibles. — Le vrai débouché naturel du Haut Yary. — Heureux chiens. — Le tamouchi Marière et son village. — Le vrai Ouayana. — L'*itouta-pacolo* et les maringouins. — Mort de la femme de Marière. — Un lépreux. — Hospitalité écossaise. — Vertus sauvages. — Marière professeur d'histoire, d'ethnographie, de théologie. — Le tamouchi Marière veut un hamerless-greener. — M. de Quatrefages. — Marière géographe. — Le tamouchi Atoupi vient me rendre visite avec son frère Ahpane. — Deux Excellences. — Conversations officielles. — La langouste d'ici. — Conversations diplomatiques. — Hamacs. — La Grèce................................ 517

Chapitre XXIII. — La philosophie du *maraké*. — En route pour la fête. — L'impôt sur les célibataires. — Économie rurale. — La vie au village. — Les hommes de la nature. — Rives banales. — Le village d'Atoupi. — Épidémie de *couamaye*. — Le maraké des sept chefs. — Sauteries et flagellations. — Est-ce le commerce qui a civilisé les hommes? — Statistique. — Histoire ancienne. — Théologie et théogonie du village d'Atoupi. — Histoire des origines d'après le grand piaye Ouhmeu. — Grandes danses pour le maraké. — En plein maraké. — L'homme qui est dans la lune. — Adieux au pays roucouyenne. — Histoire des Roucouyennes. — Dénombrement des Roucouyennes................................ 537

Chapitre XXIV. — Départ. — Les chiens indiens. — Flottille de pirogues dans le Yary. — Le patriotisme chez les Roucouyennes. — La terre en feu. — Crevaux vengé de Macouipy. — Encyclopédie roucouyenne. — Quand j'étais protestant. — Philosophie et maraudage. — Yacoumane détrôné. — Prix de villes d'eaux. — Grands sauts. — On demande un étymologiste. — Mapaony-Ruisseau. — Le chemin des montagnes. — Rencontre du cacique Acouli. — A travers les Tumuc-Humac. — Belvédère du Temomaïrem. — Géographie à vol d'oiseau. — Coulécoulé. — Tenenek Patare. — Ochi et Apoïké: guerre civile. — Fin de route. — Chez Ochi. — Apoïké me rend visite. — Philosophie banale. — Où l'on reçoit un ancien ami de Pililipou. — Yamaïké. — Taloulipan, c'est-à-dire le Diable ne perd jamais ses droits. — Apouroure, c'est-à-dire Bouchon. — Rencontre d'un camarade de collège. — Les grands sauts. — Les postes de l'Aoua. — État actuel des placers. — Chez Anato. — Je recrute Couacou et Achuiti. — Couacou ivre mort pendant trois jours............ 567

Chapitre XXV. — Dans l'Inini. — Couacou demande de l'augmentation. — Les bancs de gravier. — La pluie. — La fièvre. — Au dégrad. — L'Inini et le Saï. — A la recherche des Emerillons. — Au village d'Édouard. — Les Emerillons. — Un Indien sourd-muet. — Les Tayras. — Paritou et Araoua déserts. — Les Paritous. — Nombre de journées de canotages et évaluation des distances. — Renseignements géographiques. — Géographie ancienne. — Les placers des sources de l'Approuague et de l'Inini. — Les quatre villages émérillons. — Voyage aux sources de l'Inipi. — Rhumatisme. — Marches douloureuses. — Grandes misères. — Rencontre providentielle. — En route pour les dégrads de l'Approuague. — Créolisation des Emerillons. — Descente de l'Approuague. — Les grands sauts. — Les grands affluents. — Dans la Basse Approuague. — A Cayenne. — Retour en France........ 587

Table des gravures................................ 607

www.ingramcontent.com/pod-product-compliance
Lightning Source LLC
Chambersburg PA
CBHW071153230426
43668CB00009B/930